2022

中国社会统计年鉴

China Social Statistical Yearbook

国家统计局社会科技和文化产业统计司　编

Compiled by
Department of Social, Science and Technology, and Cultural Statistics
National Bureau of Statistics of China

图书在版编目（CIP）数据

中国社会统计年鉴. 2022 = China Social Statistical Yearbook 2022 : 汉英对照 / 国家统计局社会科技和文化产业统计司编. -- 北京 : 中国统计出版社, 2022.12
ISBN 978-7-5230-0051-9

Ⅰ. ①中… Ⅱ. ①国… Ⅲ. ①社会统计－统计资料－中国－2022－年鉴－汉、英 Ⅳ. ①C832-54

中国版本图书馆 CIP 数据核字(2022)第 217269 号

中国社会统计年鉴 2022

作　　者/国家统计局社会科技和文化产业统计司
责任编辑/李　冲
执行编辑/张　怡
封面设计/李雪燕
出版发行/中国统计出版社有限公司
通信地址/北京市西城区月坛南街 57 号　邮政编码/100826
办公地址/北京市丰台区西三环南路甲 6 号　邮政编码/100073
发行电话/邮购（010）63376909　书店（010）68783171
网　　址/http://www.zgtjcbs.com
印　　刷/河北鑫兆源印刷有限公司
经　　销/新华书店
开　　本/880×1230 毫米　1/16
字　　数/820 千字
印　　张/25.75
版　　别/2022 年 12 月第 1 版
版　　次/2022 年 12 月第 1 次印刷
定　　价/360.00 元

《中国社会统计年鉴 2022》
编委会和编辑人员

#《China Social Statistical Yearbook 2022》
Editorial Board and Staff

Editorial Board

Editorial Staff

编者说明

一、《中国社会统计年鉴2022》是一部反映我国社会发展相关领域基本情况的综合性统计资料年刊。书中收录了2021年全国和各省、自治区、直辖市社会发展各领域的主要统计数据以及重要年份的全国主要统计数据，同时收录了国际社会统计的主要数据。

二、本年鉴正文内容分为13个篇章。即：1.综合；2.人口家庭；3.卫生健康；4.教育培训；5.就业；6.收入消费；7.社会保障；8.居住环境；9.文化休闲；10.资源环境；11.公共安全；12.社会参与；13.国际资料。附录为主要统计指标解释。

三、本年鉴所涉及的全国性统计数据，除行政区划、土地面积和森林资源及特殊注明外，均未包括香港、澳门特别行政区和台湾省数据。

四、本年鉴所使用的度量衡单位均采用国际统一标准计量单位。

五、本年鉴中部分数据合计数或相对数由于单位取舍不同而产生的计算误差，均未做机械调整。

六、本年鉴资料分别来自于：中央宣传部、最高人民法院、最高人民检察院、教育部、公安部、民政部、司法部、财政部、人力资源和社会保障部、自然资源部、生态环境部、住房和城乡建设部、交通运输部、水利部、文化和旅游部、国家卫生健康委员会、退役军人事务部、应急管理部、国家广播电视总局、国家体育总局、国家医疗保障局、国家林业和草原局、国家文物局、国家药品监督管理局、中国气象局、国家档案局、中华全国总工会和中国残疾人联合会等部门、国家统计局有关司。

七、符号使用说明：年鉴各表中的“空格”表示该项统计指标数据不详或无该项数据；“#”表示其中的主要项。

八、本年鉴编辑过程中，得到各相关部门的大力支持，在此表示衷心感谢。由于本年鉴涉及内容多、范围广，在资料的整理和编撰方面难免存在不足，敬请指正。

PREFACE

I. *China Social Statistical Yearbook 2022* is the comprehensive statistics yearbook which reflects various aspects related to social development. It is collected main social statistical data on provinces and national total data in 2021, also main social indicators of other countries/regions in some years.

II. This Yearbook includes 13 sections: 1.General Survey, 2.Population and Family, 3.Health and Wellness, 4.Education and Training, 5.Employment, 6.Earning and Consumption, 7.Social Security, 8.Living Condition, 9.Culture and Leisure, 10.Resources and Environment, 11.Public Safety, 12.Social Participation, 13.International Statistical Indicators. Explanatory notes on main statistical indicators are provided in Appendix.

III. The national data in this Yearbook do not include those of the Hong Kong Special Administrative Region, the Macao Special Administrative Region and Taiwan Province, except for the divisions of administrative areas, the area of the national territory and forest resources and otherwise specified.

IV. The units of measurement used in the Yearbook are internationally standard measurement units.

V. Statistical discrepancies on totals and relative figures due to rounding are not adjusted in the Yearbook.

VI. Data in the Yearbook are sourced from the following departments:the Propaganda Department of CPC Central Committee, Supreme People's Court, Supreme People's Procuratorate, Ministry of Education, Ministry of Public Security, Ministry of Civil Affairs, Ministry of Justice, Ministry of Finance, Ministry of Human Resources and Social Security, Ministry of Natural Resources, Ministry of Ecology and Environment, Ministry of Housing and Urban-Rural Development, Ministry of Transport, Ministry of Water Resources, Ministry of Culture and Tourism, National Health Commission, Ministry of Veterans Affairs, Ministry of Emergency Management, National Radio and Television Administration, General Administration of Sports, National Healthcare Security Administration, State Administration of Forest and Grassland, State Administration of Culture Heritage, National Medical Products Administration, Meteorological Administration, State Archives Administration, All-China Federation of Trade Unions, China Disabled Persons' Federation, Some Departments of National Bureau of Statistics of China, etc.

VII. Notations used in the Yearbook: (blank space) indicates that the data are unknown, or are not available; "#" indicates a major breakdown of the total.

VIII. Our deep appreciation goes to many departments which provided supports in compiling this Yearbook. It is inevitable that there might be some mistakes in the book because of wide coverage involved in collecting and compiling social statistics. Suggestions from readers are welcome so as to improve the quality of this publication in the future.

目　　录

CONTENTS

一、综　合
General Survey

1-1　县及以上行政区划 …… 3
Division of Administrative Areas at County Level and Above
1-2　乡镇级行政区划 …… 4
Division of Administrative Areas at Townships Level
1-3　分地区行政区划(2021 年底)…… 5
Divisions of Administrative Areas in China (End of 2021)
1-4　人口与家庭基本情况 …… 7
Basic Statistics on Population and Family
1-5　卫生与健康基本情况 …… 8
Basic Statistics on Health and Wellness
1-6　教育培训基本情况 …… 9
Basic Statistics on Education and Training
1-7　就业基本情况 …… 10
Basic Statistics on Employment
1-8　全国居民人均收支情况 …… 11
Nationwide Per Capita Income and Consumption Expenditure
1-9　社会保障基本情况 …… 12
Basic Statistics on Social Insurance
1-10　居住环境基本情况 …… 13
Basic Statistics on Living Condition
1-11　文化休闲基本情况 …… 14
Basic Statistics on Culture Leisure
1-12　资源环境基本情况 …… 15
Basic Statistics on Resources and Environment
1-13　公共安全基本情况 …… 16
Basic Statistics on Public Security
1-14　社会参与基本情况 …… 16
Basic Statistics of Social Participation
1-15　国内生产总值及构成 …… 17
Gross Domestic Product and Composition
1-16　地区生产总值 …… 18
Gross Regional Product
1-17　人均地区生产总值 …… 19
Per Capita Gross Regional Product

1-18 分地区一般公共预算收入(2021 年) …… 20
General Public Budget Revenue by Region (2021)
1-19 分地区一般公共预算支出(2021 年) …… 24
General Public Expenditure by Region (2021)
1-20 全社会固定资产投资 …… 28
Total Investment in Fixed Assets in the Whole Country
1-21 各行业按建设性质和构成分固定资产投资比上年增长情况(2021 年) …… 30
Growth Rate of Total Investment in Fixed Assets over Preceding Year by Sector, Type of Construction and Composition of Funds (2021)
1-22 分地区各行业固定资产投资比上年增长情况(2021 年) …… 36
Growth Rate of Total Investment in Fixed Assets over Preceding Year by Region and Sector (2021)

二、人口家庭
Population and Family

2-1 人口数及构成 …… 43
Population and Composition
2-2 人口出生率、死亡率和自然增长率 …… 44
Birth Rate, Death Rate and Natural Growth Rate of Population
2-3 人口年龄结构和抚养比 …… 45
Age Composition and Dependency Ratio of Population
2-4 人口密度 …… 46
Population Density
2-5 七次全国人口普查基本情况 …… 47
Basic Statistics on National Population Census in 1953, 1964, 1982, 1990, 2000, 2010 and 2020
2-6 分地区年末人口数 …… 48
Number of Population at Year-end by Region
2-7 分地区年末城镇人口比重 …… 49
Proportion of Urban Population at Year-end by Region
2-8 分地区人口城乡构成(2021 年) …… 50
Total Population and Composition of Urban and Rural Residence by Region (2021)
2-9 按年龄和性别分人口数(2021 年) …… 51
Population by Age and Sex (2021)
2-10 分地区户数、人口数、性别比和户规模(2021 年) …… 52
Household, Population, Sex Ratio and Household Size by Region (2021)
2-11 分地区人口年龄构成和抚养比(2021 年) …… 54
Age Composition and Dependency Ratio of Population by Region (2021)
2-12 分地区按性别和婚姻状况分的人口(2021 年) …… 55
Population by Sex, Marital Status and Region (2021)
2-13 分地区按家庭户规模分的户数(2021 年) …… 57
Family Households by Size and Region (2021)
2-14 结婚登记情况 …… 58
Statistics on Registered Marriages
2-15 离婚办理情况 …… 59
Statistics on Registration of Divorces

2-16 分地区婚姻登记情况(2021 年)……60
Statistics on Marriage Registration by Region(2021)

三、卫生健康
Health and Wellness

3-1 医疗卫生机构情况……63
Statistics on Health Care Institutions
3-2 分地区医疗卫生机构情况(2021 年)……65
Statistics on Health Care Institutions by Region(2021)
3-3 分地区分等级医院情况(2021 年)……66
Statistics on Hospitals by Level and Region (2021)
3-4 分地区分床位医院情况(2021 年)……67
Statistics on Hospitals by Bed and Region (2021)
3-5 分地区基层医疗卫生机构情况(2021 年)……68
Statistics on Health Care Institutions at Grass-root Level by Region(2021)
3-6 分地区专业公共卫生机构情况(2021 年)……69
Statistics on Specialized Public Health Institutions by Region(2021)
3-7 村卫生室情况……70
Statistics on Village Clinics
3-8 分地区村卫生室情况(2021 年)……71
Statistics on Village Clinics by Region(2021)
3-9 卫生人员情况……72
Statistics on Health Personnel
3-10 分地区卫生人员情况(2021 年)……73
Statistics on Health Personnel by Region(2021)
3-11 分地区全科医生情况(2021 年)……74
Statistics on General Doctors by Region (2021)
3-12 每千人口卫生技术人员情况……75
Statistics on Health Technical Personnel per 1000 Persons
3-13 分地区每千人口卫生技术人员情况(2021 年)……76
Statistics on Health Technical Personnel per 1000 Persons by Region(2021)
3-14 医疗卫生机构床位情况……77
Statistics on Beds in Health Care Institutions
3-15 分地区医疗卫生机构床位情况(2021 年)……78
Statistics on Beds in Health Care Institutions by Region(2021)
3-16 分城乡医疗卫生机构床位情况……79
Statistics on Beds in Health Care Institutions by Urban and Rural Areas
3-17 各类医疗卫生机构医疗服务及床位利用情况(2021 年)……80
Statistics on Health Services in Health Care Institutions and Occupancy of Beds (2021)
3-18 分地区医疗卫生机构门诊服务情况(2021 年)……81
Statistics on Outpatient Services of Health Care Institutions by Region (2021)
3-19 分地区医疗卫生机构住院服务情况(2021 年)……82
Statistics on Hospitalization Services in Health Care Institutions by Region (2021)

3-20 各类医院病床使用率 ···· 83
Occupancy Rate of Beds of all Kinds of Hospitals
3-21 分地区医院住院服务情况(2021 年) ···· 84
Statistics on Hospitalization Services in Hospital by Region (2021)
3-22 分地区医院床位利用情况(2021 年) ···· 85
Statistics on Occupancy of Hospital Bed by Region (2021)
3-23 医院门诊病人次均医药费用情况 ···· 86
Per Person-time Medical Expenses of Outpatient in Hospital
3-24 部分病种平均住院医药费用情况(2021 年) ···· 87
Statistics on Average Hospitalization Medical Expenses of Some Diseases (2021)
3-25 分级别医院部分病种平均住院医药费用情况(2021 年) ···· 88
Statistics on Average Hospitalization Medical Expenses of Some Diseases of Different Level Hospitals (2021)
3-26 分地区医院门诊和住院病人人均医药费用(2021 年) ···· 89
Medical Expenses of Outpatient and Discharged Patient by Region (2021)
3-27 社区卫生服务中心(站)医疗服务情况 ···· 90
Statistics on Health Services of Community Health Service Centers (Stations)
3-28 分地区乡镇卫生院医疗服务情况(2021 年) ···· 91
Statistics on Health Services of Township Health Centers by Region(2021)
3-29 甲乙类法定报告传染病发病人数及死亡人数(2021 年) ···· 92
Number of Reported Cases and Deaths of Class A and B Notifiable Infectious Diseases (2021)
3-30 甲乙类法定报告传染病发病率和死亡率(2021 年) ···· 93
Reported Morbidity and Mortality Rates of Class A and B Notifiable Infectious Diseases (2021)
3-31 部分地区城市居民主要疾病死亡率及死因构成(2021 年) ···· 94
Mortality Rate and Composition of Major Diseases of Urban Residents in Selected Areas (2021)
3-32 部分地区农村居民主要疾病死亡率及构成(2021 年) ···· 95
Mortality Rate and Percentage of Major Diseases of Rural Residents in Selected Areas (2021)
3-33 监测地区儿童和孕产妇死亡率 ···· 96
Mortality Rate of Maternity Female and Children in Surveillance Areas
3-34 孕产妇保健情况 ···· 97
Statistics on Maternal Health Care
3-35 分地区儿童保健情况(2021 年)···· 98
Statistics on Child Health Care by Region (2021)
3-36 分地区孕产妇保健情况(2021 年) ···· 99
Statistics on Maternal Health Care by Region (2021)
3-37 分地区孕产妇死亡率及死因构成(2021 年) ···· 100
Maternal Mortality Rate and Composition of Maternal Mortality by Region (2021)
3-38 卫生总费用情况 ···· 101
Statistics on Total Health Expenditure
3-39 分地区卫生总费用情况(2021 年) ···· 102
Statistics on Total Health Expenditure by Region (2021)
3-40 政府卫生支出情况 ···· 103
Statistics on Composition of Government Health Expenditure
3-41 分地区城乡居民医疗保健支出情况(2021 年) ···· 104
Statistics on Urban and Rural Residents Health Care Expenditure by Region (2021)

四、教育培训

Education and Training

4-1 各级各类学校情况 …… 107
Statistics on Schools by Type and Level

4-2 各级各类学校专任教师情况 …… 108
Statistics on Full-time Teachers of Schools by Type and Level

4-3 各级各类学校招生情况 …… 109
Statistics on Entrants of Formal Education by Type and Level

4-4 各级各类学校在校学生情况 …… 110
Statistics on Enrolment of Formal Education by Type and Level

4-5 各级各类学校毕业生情况 …… 111
Statistics on Graduates of Formal Education by Type and Level

4-6 各级各类学校和教职工情况 (2021 年) …… 112
Number of Schools and Educational Personnel by Type and Level (2021)

4-7 每十万人口各级学校平均在校生数 …… 113
Number of Average School Enrolment per 100 000 Population by Level

4-8 分地区每十万人口各级学校平均在校生数(2021 年) …… 114
Number of Average School Enrolment per 100 000 Population by Level and Region(2021)

4-9 分地区各级学校生师比(2021 年) …… 115
Student-Teacher Ratio by Level of Regular Schools by Region (2021)

4-10 义务教育巩固率、高中阶段和高等教育毛入学率 …… 116
Consolidation Rate of Compulsory Education, Gross Enrollment Rate of High School Education and Higher Education

4-11 高等教育学校(机构)数(2021 年) …… 117
Statistics on Higher Education Institutions(2021)

4-12 分地区高等教育学校(机构)数(2021 年) …… 118
Statistics on Higher Education Institutions by Region(2021)

4-13 分类型普通、职业高等学校情况(2021 年) …… 119
Statistics on Regular and Vocational Higher Education Institutions by Type (2021)

4-14 分地区普通、职业高等学校情况 (2021 年) …… 120
Statistics on Regular and Vocational Higher Education Institutions by Region (2021)

4-15 分学科研究生情况 (2021 年) …… 121
Statistics on Postgraduate Students by Academic Field (2021)

4-16 普通本科分学科学生情况 (2021 年) …… 122
Statistics on Regular Students of Normal Courses in HEIs by Discipline (2021)

4-17 高职专科分学科学生情况 (2021 年) …… 122
Statistics on Students Higher Vocational (Specialist) Schools Field of Study (2021)

4-18 分地区普通本专科学生情况 (2021 年) …… 123
Statistics on Regular Students Enrolled in Normal and Short-cycle Courses in Regular Higher Education by Region (2021)

4-19 成人本科分学科学生情况(2021 年) …… 125
Statistics on Adult Students of Normal Courses in HEIs by Discipline(2021)

4-20 成人专科分学科学生情况 (2021 年) …… 125
Statistics on Adult Students of Short-cycle Courses in HEIs by Discipline (2021)

4-21 网络本科分学科学生情况 (2021 年) …… 126
Statistics on Web-based Students of Normal Courses in HEIs by Discipline (2021)
4-22 网络专科分学科学生情况 (2021 年) …… 126
Statistics on Web-based Students of Short-cycle Courses in HEIs by Discipline (2021)
4-23 普通高中学校情况(2021 年) …… 127
Statistics on Regular Senior Secondary Schools(2021)
4-24 普通高中学生情况 (2021 年) …… 128
Statistics on Students of Regular Senior Secondary Schools(2021)
4-25 分地区普通高中情况 (2021 年) …… 129
Statistics on Regular Senior Secondary Schools by Region (2021)
4-26 中等职业学校分学科学生情况 (2021 年) …… 130
Statistics on Students of Secondary Vocational Schools by Field of Education(2021)
4-27 分地区中等职业学校情况(2021 年) …… 131
Statistics on Secondary Vocational Schools by Region (2021)
4-28 技工学校情况 …… 132
Statistics on Skilled Workers Schools
4-29 分地区技工学校情况(2021 年) …… 133
Statistics on Skilled Workers Schools by Region (2021)
4-30 初中阶段学校情况(2021 年) …… 134
Statistics on Schools of Junior Secondary Education(2021)
4-31 初中学生情况(2021 年) …… 135
Statistics on Students of Junior Secondary Schools(2021)
4-32 分地区初中情况 (2021 年) …… 136
Statistics on Regular Junior Secondary Schools by Region (2021)
4-33 普通小学校数、教学点数及学生情况(2021 年) …… 137
Statistics on Schools, External Teaching Sites and Students in Regular Primary Schools (2021)
4-34 分地区普通小学情况 (2021 年) …… 138
Statistics on Regular Primary Schools by Region (2021)
4-35 幼儿园数、班数情况(2021 年) …… 139
Statistics on Kindergartens, Classes of Pre-primary Education (2021)
4-36 特殊教育学校数和学生情况(2021 年) …… 140
Statistics on Schools and Students in Special Education (2021)
4-37 分地区特殊教育情况 (2021 年) …… 141
Statistics on Special Education by Region (2021)
4-38 进城务工子女和农村留守儿童在校情况 (2021 年) …… 142
Statistics on Children of Migrant Workers and Children Left Behind (2021)
4-39 分地区就业训练中心情况(2021 年) …… 143
Employment Training Centers by Region (2021)
4-40 分地区民办职业培训机构综合情况(2021 年) …… 145
Statistics on Vocational Training Agencies by Region (2021)
4-41 全国职业技能鉴定情况 …… 147
Statistics on Occupational Skill Testing
4-42 分地区职业技能鉴定综合情况(2021 年) …… 149
Statistics on Occupational Skill Testing by Region (2021)
4-43 教育经费情况 …… 151
Statistics on Educational Funds

4-44 各类学校教育经费情况(2020 年) …… 152
Statistics on Educational Funds in Various Schools (2020)
4-45 分地区一般公共预算教育经费情况(2020 年) …… 153
Statistics on General Public Budget on Education Expenditure by Region (2020)
4-46 分地区各级教育生均一般公共预算教育经费增长情况 …… 154
Statistics on Growth of Per Student General Public Budget Expenditure on Education by Level and Region
4-47 分地区各级教育生均一般公共预算教育事业费增长情况 …… 156
Statistics on Growth of Per Student General Public Budget Expenditure on Educational Operating Expenses by Level and Region
4-48 分地区各级教育生均一般公共预算公用经费增长情况 …… 158
Statistics on Growth of Per Student General Public Budget on Communal Expenditure by Level and Region

五、就业
Employment

5-1 就业基本情况 …… 163
Basic Statistics on Employment
5-2 三次产业就业人员和构成 (年底数) …… 164
Number and Composition of Employed Persons at Year-end by Three Strata of Industry
5-3 分地区就业人员数(2021 年底数) …… 165
Number of Employed Persons by Region (End of 2021)
5-4 按登记注册类型和行业分城镇非私营单位就业人员数 (2021 年底) …… 166
Number of Employed Persons in Urban Non-Private Units at Year-end by Status of Registration and Sector (2021)
5-5 按行业分城镇非私营单位就业人员数(年底数) …… 167
Number of Employed Persons in Urban Non-Private Units at Year-end by Sector
5-6 分地区就业人员受教育程度构成(2021 年) …… 168
Educational Attainment Composition of Employed Persons by Region (2021)
5-7 按受教育程度和性别分全国就业人员职业构成(2021 年) …… 169
Occupation of Employed Persons by Educational Attainment and Sex(2021)
5-8 城镇按结束上一份工作原因、性别分的失业人员受教育程度构成(2021) …… 170
Educational Attainment Composition of Urban Unemployed Persons by Reason and Sex(2021)
5-9 按年龄和性别分城镇就业人员工作时间构成(2021 年) …… 172
Composition of Urban Employment Working Hours by Age and Sex (2021)
5-10 城镇登记失业人数和失业率 …… 173
Urban Registered Unemployment and Unemployment Rate
5-11 分地区城镇登记失业人员及失业率 …… 174
Urban Registered Unemployment and Increase Rate by Region
5-12 各地区研究与试验发展(R&D)人员全时当量(2021 年) …… 175
Full-time Equivalent of R&D Personnel by Region (2021)
5-13 公共就业服务工作情况(2021 年) …… 176
Statistics on Public Employment Services (2021)
5-14 各地区公共就业服务工作情况(2021 年) …… 177
Situations of Public Employment Services by Region (2021)

六、收入消费

Earning and Consumption

6-1 城镇非私营单位就业人员工资总额和指数 …… 181
Total Wage Bill of Employed Persons in Urban Non-Private Units and Indices

6-2 按登记注册类型和行业分城镇非私营单位就业人员工资总额(2021 年) …… 182
Total Wage Bill of Employed Persons in Urban Non-Private Units by Status of Registration and Sector (2021)

6-3 分地区城镇非私营单位就业人员工资总额和指数(2021 年) …… 183
Total Wage Bill and Indices of Employed Persons in Urban Non-Private Units by Region (2021)

6-4 城镇非私营单位就业人员平均工资和指数 …… 184
Average Wage of Employed Persons in Urban Non-Private Units and Indices

6-5 按登记注册类型和行业分城镇非私营单位就业人员平均工资(2021 年) …… 185
Average Wage of Employed Persons in Urban Non-Private Units by Status of Registration and Sector (2021)

6-6 分地区城镇非私营单位就业人员平均工资和指数(2021 年) …… 186
Average Wage of Employed Persons in Urban Non-Private Units and Indices (2021)

6-7 城乡居民恩格尔系数 …… 188
Engel's Coefficient of Urban and Rural Households

6-8 全国居民人均收支情况 …… 189
Nationwide Per Capita Income and Consumption Expenditure

6-9 城镇居民人均收支情况 …… 190
Per Capita Income and Consumption Expenditure of Urban Households

6-10 农村居民人均收支情况 …… 191
Per Capita Income and Consumption Expenditure of Rural Households

6-11 城乡居民按收入五等份分组的人均可支配收入情况 …… 192
Per Capita Disposable Income of Urban and Rural Households by Income Quintile

6-12 东、中、西部及东北地区城乡居民人均可支配收入情况 …… 192
Per Capita Disposable Income of Urban and Rural Households in Eastern, Central, Western and Northeastern Regions

6-13 分地区城乡居民人均可支配收入情况 …… 193
Per Capita Disposable Income of Urban and Rural Households by Region

6-14 分地区全国居民人均可支配收入来源情况(2021 年) …… 194
Per Capita Disposable Income of Nationwide Households by Source and Region(2021)

6-15 分地区城镇居民人均可支配收入来源情况(2021 年) …… 195
Per Capita Disposable Income of Urban Households by Source and Region(2021)

6-16 分地区农村居民人均可支配收入来源情况(2021 年) …… 196
Per Capita Disposable Income of Rural Households by Source and Region(2021)

6-17 分地区全国居民人均消费支出情况(2021 年) …… 197
Per Capita Consumption Expenditure of Nationwide Households by Region (2021)

6-18 分地区城镇居民人均消费支出情况(2021 年) …… 198
Per Capita Consumption Expenditure of Urban Households by Region (2021)

6-19 分地区农村居民人均消费支出情况(2021 年) …… 199
Per Capita Consumption Expenditure of Rural Households by Region (2021)

七、社会保障

Social Security

7-1 社会保险基金收支及累计结余情况 …… 203
Revenue, Expenses and Balance of Social Insurance Fund

7-2 社会保险基本情况 …… 206
Basic Statistics on Social Insurance

7-3 分地区城镇职工基本养老保险情况(2021 年) …… 208
Statistics on Basic Endowment Insurance for Urban Workers by Region (2021)

7-4 分地区城乡居民基本养老保险情况(2021 年) …… 209
Statistics on Basic Endowment Insurance for Urban and Rural Residents by Region (2021)

7-5 分地区基本医疗保险参保人数(2021 年) …… 210
Participants of Basic Medical Insurance by Region (2021)

7-6 分地区基本医疗保险基金收支情况 (2021 年) …… 211
Revenue and Expenses of Basic Medical Insurance by Region (2021)

7-7 分地区失业保险情况(2021 年) …… 212
Statistics on Unemployment Insurance by Region (2021)

7-8 分地区工伤保险情况(2021 年) …… 213
Statistics on Work-related Injury Insurance by Region (2021)

7-9 分地区生育保险情况 (2021 年) …… 214
Statistics on Birth Insurance by Region (2021)

7-10 分地区医疗救助情况(2021 年) …… 215
Statistics on Medical Aid by Region (2021)

7-11 城市居民最低生活保障情况 …… 216
Statistics on Subsistence Allowance for Urban Residents

7-12 农村社会救助情况 …… 217
Statistics on Social Assistance for Rural Residents

7-13 分地区城市居民最低生活保障情况 (2021 年) …… 218
Statistics on Subsistence Allowance for Urban Residents by Region (2021)

7-14 分地区农村居民社会救助情况(2021 年) …… 219
Statistics on Social Assistance for Rural Residents by Region (2021)

7-15 分地区城市居民最低生活保障平均标准 …… 220
Average Standard of Subsistence Allowance for Urban Residents by Region

7-16 分地区农村居民最低生活保障平均标准 …… 221
Average Standard of Subsistence Allowance for Rural Residents by Region

7-17 分地区养老机构数(2021 年) …… 222
Statistics on Elderly Care Institution by Region(2021)

7-18 分地区每千老年人口养老床位情况 …… 224
Statistics on Beds per 1000 Senior Citizens by Region

7-19 分地区孤儿和收养登记情况(2021 年) …… 225
Statistics on Orphans and Children Adoption Registration by Region(2021)

7-20 分地区儿童福利和救助机构情况(2021 年) …… 226
Statistics on Child Welfare and Assistance Institutions by Region (2021)

7-21 分地区优抚和褒扬基本情况(2021 年) …… 227
Statistics on Preferential Treatment and Praise by Region (2021)

7-22 分地区残疾人参加社会保险情况(2021 年) …… 228
Statistics on PWDs Covered by Social Insurance(2021)
7-23 分地区残疾人托养服务情况(2021 年) …… 229
Statistics on PWDs Fostering service by Region (2021)
7-24 保险公司业务经济技术指标 …… 231
Economic and Technical Indicators of Insurance Companies
7-25 分地区原保险保费收入和赔付支出情况 (2021 年) …… 232
Premium of Primary Insurance and Claim Payment by Region (2021)

八、居住环境
Living Condition

8-1 城镇环境基础设施建设投资情况(2021 年) …… 235
Statistics on Investment in Urban Environmental Infrastructure (2021)
8-2 城市公用事业基本情况 …… 236
Basic Statistics on City Public Utilities
8-3 分地区城市市容环境卫生情况(2021 年) …… 237
Statistics on Urban Sanitation in Cities by Region (2021)
8-4 分地区城市生活垃圾无害化处理情况(2021 年) …… 238
Statistics on Harmless Treatment of Consumption Wastes in Cities by Region (2021)
8-5 分地区城市设施水平情况(2021 年) …… 240
Statistics on Level of Public Facilities in Cities by Region (2021)
8-6 分地区城市绿地和园林情况(2021 年) …… 241
Statistics on Parks and Green Areas in Cities by Region (2021)
8-7 分地区城市公共交通情况(2021 年) …… 242
Statistics on Public Transportation in Cities by Region (2021)
8-8 分地区城市污水排放和处理情况(2021 年) …… 243
Statistics on Urban Waste Water Discharged and Treated by Region (2021)
8-9 分地区农村水电建设和发电量、农村用电量情况 …… 245
Statistics on Rural Hydropower Construction and Amount of Electric Power Generation, Electricity Consumption
8-10 分地区村庄公共设施情况(2021 年) …… 246
Public Facilities of Villages by Region(2021)
8-11 互联网主要指标发展情况(年底数) …… 249
Main Indicators on Internet Development at Year-end

九、文化休闲
Culture and Leisure

9-1 主要文化机构情况 …… 253
Statistics on Main Cultural Institutions
9-2 分地区艺术表演团体、艺术表演场馆演出情况(2021 年) …… 254
Statistics on Operation of Art Performance Troupes and Art Performance Venues by Region (2021)
9-3 分地区公共图书馆基本情况(2021 年) …… 255
Statistics on Public Libraries by Region (2021)

9-4 分地区文化馆(站)基本情况(2021 年) …… 257
Statistics on Cultural Centers by Region (2021)
9-5 分地区博物馆基本情况(2021 年) …… 258
Statistics on Museums by Region (2021)
9-6 全国文化事业费基本情况 …… 259
Basic Statistics on Operating Expenses of Culture
9-7 分地区文化事业费及占财政支出比重 …… 260
Operating Expenses of Culture and Proportion in Government Financial Expenditures by Region
9-8 图书、期刊和报纸出版情况 …… 263
Statistics on Books, Periodicals and Newspapers Published
9-9 图书出版情况(2021 年) …… 264
Statistics on Books Published by Categories (2021)
9-10 课本出版情况(2021 年) …… 265
Statistics on Publication of Textbooks (2021)
9-11 图书、期刊、报纸进出口情况(2021 年) …… 265
Statistics on Imports and Exports of Books, Periodicals and Newspapers (2021)
9-12 分地区各类出版物情况(2021 年) …… 266
Statistics on Publications Published by Region (2021)
9-13 分地区少年儿童读物和课本出版情况(2021 年) …… 268
Statistics on Juvenile and Children's Books, Textbooks by Region(2021)
9-14 国家综合档案馆基本情况 …… 269
Basic Statistics on National Comprehensive Archives
9-15 档案馆机构和人员情况 …… 270
Statistics on Archive Institutions and Personnel
9-16 全国成年国民阅读情况 …… 271
Statistics on Reading of Adult
9-17 广播电视电影事业发展情况 …… 271
Statistics on Radio, Television and Films
9-18 广播电视节目制作时间 …… 272
Statistics on Production of Radio and Television Programs
9-19 公共广播电视节目播出时间 …… 272
Statistics on Broadcasting of Public Radio and Television Programs
9-20 分地区广播电视节目播出情况(2021 年) …… 273
Statistics on Broadcasting of Radio and TV Programs by Region (2021)
9-21 分地区广播电视节目综合人口覆盖情况(2021 年) …… 274
Statistics on Population Coverage of Radio and TV Programs by Region (2021)
9-22 分地区有线广播电视传输干线网络及实际用户情况 (2021 年) …… 275
Statistics on Transmission Trunk and Actual Users of Cable Radio and TV by Region (2021)
9-23 电影生产情况 …… 276
Statistics on Film Production
9-24 全国电影市场情况 …… 277
Statistics on Movie
9-25 体育系统机构及人员情况(2021 年) …… 277
Statistics on Sports-Related Institutions and Personnel (2021)
9-26 运动员获世界冠军情况 …… 278
Statistics on World Championships Won by Chinese Athletes

9-27　分地区按文化程度分在岗专职教练员情况(2021 年) …… 279
Statistics on Coaches with Full-time Contracts by Educational Attainment by Region (2021)
9-28　分类型体育场地和面积情况(截至 2021 年 12 月 31 日)…… 280
Statistics on Sports Ground and Area By Type(by 2021.12.31)
9-29　分机构类型体育场地分布情况(截至 2021 年 12 月 31 日)…… 280
Statistics on Sports Ground by Organization Type (by 2021.12.31)
9-30　分年龄城乡居民参加体育锻炼情况 …… 281
Statistics on Urban and Rural Residents Participating in Physical Exercises by Age
9-31　分年龄接受体育锻炼指导的人数比重(2014 年) …… 281
Proportion of People Accepting Guidance of Physical Exercises by Age(2014)
9-32　国内游客旅游情况 …… 282
Statistics on Domestic Visitors
9-33　城乡居民国内旅游情况 …… 283
Statistics on Tourism of Urban and Rural Residents
9-34　按城乡和性别划分的个人自由支配活动平均时间(2018 年) …… 284
Average Time Use on Free Time Activities by Urban/Rural Residence and Gender (2018)
9-35　按城乡和性别划分的个人自由支配活动参与率(2018 年) …… 285
Participation Rate on Free Time Activities by Urban/Rural Residence and Gender (2018)
9-36　按城乡和性别划分的个人自由支配活动参与者平均时间(2018 年) …… 286
Average Time Use of Participants on Free Time Activities by Urban/Rural Residence and Gender (2018)

十、资源环境
Resources and Environment

10-1　全国自然生态情况…… 289
Statistics on Natural Ecology
10-2　分地区自然保护基本情况(2021 年)…… 290
Basic Statistics on Natural Protection by Region (2021)
10-3　水资源情况…… 291
Statistics on Water Resources
10-4　分地区水资源情况(2021 年)…… 292
Statistics on Water Resources by Region(2021)
10-5　供水用水情况…… 293
Statistics on Water Supply and Water Use
10-6　分地区供水用水情况(2021 年)…… 294
Statistics on Water Supply and Water Use by Region (2021)
10-7　分地区森林资源情况…… 295
Statistics on Forest Resources by Region
10-8　分地区草原建设利用情况(2021 年)…… 296
Statistics on Grassland Protection and Use by Region (2021)
10-9　主要城市气候情况(2021 年)…… 297
Statistics on Climate of Major Cities (2021)
10-10　主要城市空气质量情况(2021 年)…… 298
Statistics on Ambient Air Quality in Key Cities of Environmental Protection (2021)

10-11 自然灾害和救灾情况 …… 299
Statistics on Natural Disasters and Disaster Relief
10-12 分地区自然灾害损失情况(2021 年) …… 300
Statistics on Loss Caused by Natural Disasters by Region (2021)
10-13 森林火灾情况(2021 年) …… 302
Statistics on Forest Fires (2021)
10-14 分地区火灾事故情况(2019 年) …… 303
Basic Statistics on Fire Accidents by Region (2019)
10-15 突发环境事件情况(2021 年) …… 304
Statistics on Environmental Emergencies (2021)
10-16 工业污染治理投资完成情况(2021 年) …… 305
Statistics on Investment Completed in the Treatment of Industrial Pollution(2021)

十一、公共安全

Public Safety

11-1 公安机关立案的刑事案件和构成 …… 309
Criminal Cases Registered in Public Security Organs and Composition
11-2 公安机关受理和查处治安案件数(2021 年) …… 309
Cases of Offence Against Public Order Handled by Public Security Organs (2021)
11-3 交通事故情况(2021 年) …… 310
Statistics on Traffic Accidents (2021)
11-4 分地区交通事故情况(2021 年) …… 311
Statistics on Traffic Accidents by Region (2021)
11-5 人民检察院审查逮捕、审查起诉情况(2021 年) …… 312
Arrests and Prosecution Approved by People's Procuratorate (2021)
11-6 人民检察院处理申诉案件情况(2021 年) …… 313
Statistics on Appeals Cases Handled by People's Procuratorate (2021)
11-7 人民检察院办理刑事抗诉案件情况(2021 年) …… 313
Statistics on Criminal Appeals Handled by People's Procuratorate (2021)
11-8 人民检察院办理民事、行政抗诉案件情况 (2021 年) …… 314
Statistics on Civil and Administrative Protest Cases Handled by People's Procuratorate (2021)
11-9 人民检察院纠正违法情况 …… 314
Statistics on Law-breaking Cases Rectified by People's Procuratorate
11-10 人民法院审理一审案件情况 …… 315
First Trial Cases by People's Courts
11-11 人民法院审理刑事一审案件收结案情况(2021 年) …… 316
First Trial Criminal Cases Accepted and Settled by People's Courts and Composition (2021)
11-12 人民法院审理刑事案件罪犯情况 …… 316
Statistics on Criminal Offenders Heard by People’s Courts
11-13 人民法院审理婚姻家庭、继承一审案件收结案情况(2021 年) …… 317
Statistics on First Trial Civil Cases of Marriage, Family Affairs and Inheritance Accepted and Settled by People's Courts (2021)
11-14 人民法院审理民事一审案件收结案情况(2021 年) …… 317
Statistics on First Trial Civil Cases Accepted and Settled People's Courts (2021)

11-15 人民法院审理行政一审案件收结案情况(2021 年) …… 318
First Trial Administrative Cases Accepted and Settled by People's Courts(2021)
11-16 律师、公证和调解工作基本情况 …… 319
Basic Statistics on Lawyers, Notarization and Mediation
11-17 分地区律师和公证员情况(2021 年) …… 320
Statistics on Lawyers and Notaries by Region (2021)
11-18 公证业务分类(2021 年) …… 321
Notarial Services by Type (2021)
11-19 调解民间纠纷分类情况 …… 322
Civil Disputes Mediated by Type
11-20 劳动人事争议仲裁情况 …… 322
Arbitration of Labor and Personnel Disputes
11-21 全国生产安全事故情况 …… 323
Statistics on Production Safety Accident Nation Wide
11-22 按投诉性质分全国消协组织受理投诉情况 …… 325
Statistics on Complaints Accepted by Consumer Society Nationwide by Nature of Complaints
11-23 按商品大类分全国消协组织受理投诉情况 …… 325
Statistics on Complaints Accepted by Consumer Society Nationwide by Merchandise Type Accepted
11-24 按服务大类分全国消协组织受理投诉情况 …… 326
Statistics on Complaints Accepted by Consumer Society Nationwide by Service Type
11-25 受理药品投诉和查处案件情况 …… 326
Statistics on Complaint and Investigation Case of Medicine

十二、社会参与
Social Participation

12-1 历届全国人民代表大会代表人数 …… 329
Number of Deputies to Previous National People's Congresses
12-2 历届全国政治协商会议委员人数 …… 329
Number of Members of Previous Chinese People's Political Consultative Conferences
12-3 分地区居委会选举情况(2021 年) …… 330
Statistics on Election of Neighborhood Committee by Region(2021)
12-4 分地区村委会选举情况(2021 年) …… 331
Statistics on Election of Village Committee by Region (2021)
12-5 社区服务机构情况 …… 332
Statistics on Community Service Facilities
12-6 社会组织情况 …… 333
Statistics on NGOs
12-7 分地区社会组织情况(2021 年) …… 334
Statistics on Social Organizations(2021)
12-8 自治组织情况 …… 336
Statistics on Autonomy Organizations
12-9 分地区自治组织和年末成员情况(2021 年) …… 337
Statistics on Autonomy Organizations and Members by Region(2021)
12-10 分地区工会组织情况(2021 年) …… 338
Statistics on Trade Unions by Region (2021)

十三、国际资料
International Statistical Indicators

13-1 人类发展指数(2021 年) …… 341
Human Development Index (2021)
13-2 国土面积和人口(2021 年) …… 351
Surface Area and Population (2021)
13-3 人口粗出生率和粗死亡率 …… 352
Crude Birth Rate and Crude Death Rate
13-4 人口出生时预期寿命 …… 353
Life Expectancy at Birth
13-5 人口构成(2021 年) …… 354
Population Composition(2021)
13-6 按三次产业分就业人员构成 …… 355
Employment by Type of Industry
13-7 享有卫生设施人口占总人口比重 …… 356
Percentage of Population with Access to Improved Sanitation Facilities
13-8 享有清洁饮用水源人口占总人口比重 …… 357
Percentage of Population with Access to Improved Water Source
13-9 每千人口医生数和医院床位数 …… 358
Physicians and Hospital Beds per 1000 Persons
13-10 儿童健康情况 …… 359
Statistics on Children Health
13-11 生殖健康情况 …… 360
Statistics on Reproductive Health
13-12 经常性卫生费用与国内生产总值之比及构成 …… 361
Current Health Expenditure as Percentage of GDP and Composition
13-13 人均经常性卫生费用及人均广义政府卫生支出 …… 362
Current Health Expenditure per Capita and Domestic General Government Health Expenditure per Capita
13-14 15 岁及以上成人识字率 …… 363
Adult Literacy Rate as Percentage of People Aged 15 and Above
13-15 25 岁以上人口平均受教育年限 …… 364
Mean Schooling Years of Population Over 25 Years Old
13-16 各级教育毛入学率 …… 365
Gross Enrollment Ratio of School by Level
13-17 教育经费情况 …… 366
Statistics on Education Expenditure
13-18 劳动力及劳动参与率(2021 年) …… 367
Labor Force and Labor Force Participation Rate(2021)
13-19 居民消费支出 …… 368
Household Consumption Expenditure
13-20 国际旅游人数 …… 369
Number of Arrivals and Departures of International Tourism

附　录
Appendix

主要统计指标解释 ······ 373

一、综　合
General Survey

1-1　县及以上行政区划
Division of Administrative Areas at County Level and Above

单位：个　(unit)

年　份 Year	省级 Provinces, Autonomous Regions and Municipalities	地级区划数 Number of Divisions at Prefecture Level	#地级市 Cities at Pre-fecture Level	县级区划数 Number of Divisions at County Level	#市辖区 Districts under the Jurisdiction of Cities	#县级市 Cities at County Level	#县 Counties
1978	30	310	98	2653	408	92	2011
1979	30	315	104	2690	428	109	2002
1980	30	318	107	2775	511	113	1998
1981	30	316	108	2780	514	122	2001
1982	30	322	112	2797	527	130	1998
1983	30	322	144	2785	552	142	1942
1984	30	322	147	2814	595	150	1926
1985	30	327	162	2826	621	159	1893
1986	30	325	166	2830	629	184	1856
1987	30	326	170	2826	632	208	1817
1988	31	334	183	2831	647	248	1765
1989	31	336	185	2829	648	262	1741
1990	31	336	185	2833	651	279	1723
1991	31	338	187	2833	650	289	1714
1992	31	339	191	2833	662	323	1668
1993	31	335	196	2835	669	371	1617
1994	31	333	206	2845	697	413	1560
1995	31	334	210	2849	706	427	1542
1996	31	335	218	2858	717	445	1522
1997	33	332	222	2862	727	442	1520
1998	33	331	227	2863	737	437	1516
1999	34	331	236	2858	749	427	1510
2000	34	333	259	2861	787	400	1503
2001	34	332	265	2861	808	393	1489
2002	34	332	275	2860	830	381	1478
2003	34	333	282	2861	845	374	1470
2004	34	333	283	2862	852	374	1464
2005	34	333	283	2862	852	374	1464
2006	34	333	283	2860	856	369	1463
2007	34	333	283	2859	856	368	1463
2008	34	333	283	2859	856	368	1463
2009	34	333	283	2858	855	367	1464
2010	34	333	283	2856	853	370	1461
2011	34	332	284	2853	857	369	1456
2012	34	333	285	2852	860	368	1453
2013	34	333	286	2853	872	368	1442
2014	34	333	288	2854	897	361	1425
2015	34	334	291	2850	921	361	1397
2016	34	334	293	2851	954	360	1366
2017	34	334	294	2851	962	363	1355
2018	34	333	293	2851	970	375	1335
2019	34	333	293	2846	965	387	1323
2020	34	333	293	2844	973	388	1312
2021	34	333	293	2843	977	394	1301

1-2 乡镇级行政区划
Division of Administrative Areas at Townships Level

单位：个 (unit)

年 份 Year	乡镇级区划数 Number of Divisions at Township Level	镇 Towns	乡 Town-ships	#民族乡 Ethnic Townships	街道 Sub-districts	区公所 District Communities
1978	6195	2173				4022
1979	10424	2361			4444	3619
1980						
1981	11434	2678			4965	3791
1982						
1983	49695	2968	35514		5304	5909
1984	106439	7186	85290		5844	8119
1985	104900	9140	82450	3144	5402	7908
1986	83954	10718	61353	2936	5718	6165
1987	81025	11103	58739	3020	5680	5503
1988	65345	11481	45195	1571	5099	3570
1989	65419	11873	44624	1755	5420	3502
1990	65188	12084	44397	1980	5269	3438
1991	63391	12455	42654	1403	5186	3096
1992	54830	14539	33827	1348	5233	1231
1993	54863	15805	32445	1351	5470	1143
1994	54605	16702	31463	1322	5372	1068
1995	53360	17532	29502	1330	5596	730
1996	51336	18171	27056	1383	5565	544
1997	50967	18925	25966	1545	5678	398
1998	50999	19216	25712	1517	5732	339
1999	50750	19756	24745	1222	5904	345
2000	51024	20312	24555	1356	5902	255
2001	46369	20358	20012	1165	5972	27
2002	44822	20600	18640	1162	5516	66
2003	44067	20226	18064	1149	5751	26
2004	43275	19892	17534	1127	5829	20
2005	41636	19522	15951	1093	6152	11
2006	41040	19369	15306	1089	6355	10
2007	40813	19249	15120	1094	6434	10
2008	40828	19234	15067	1097	6524	3
2009	40858	19322	14848	1098	6686	2
2010	40906	19410	14571	1096	6923	2
2011	40466	19683	13587	1086	7194	2
2012	40466	19881	13281	1064	7282	2
2013	40497	20117	12812	1035	7566	2
2014	40381	20401	12282	1020	7696	2
2015	39789	20515	11315	991	7957	2
2016	39862	20883	10872	989	8105	2
2017	39888	21116	10529	982	8241	2
2018	39945	21297	10253	981	8393	2
2019	38755	21013	9221	966	8519	2
2020	38741	21157	8809	962	8773	2
2021	38558	21322	8309	958	8925	2

注：民族乡中含1个民族苏木。
a) The data of ethnic townships includes one ethnic sumu.

1-3 分地区行政区划(2021年底)
Divisions of Administrative Areas in China (End of 2021)

单位：个 (unit)

省级区划名称 Provinces, Autonomous Regions and Municipalities		地级区划数 Number of Regions at Prefecture Level	#地级市 Cities at Prefecture Level	县级区划数 Number of Regions at County Level	#市辖区 Districts under the Jurisdiction of Cities	#县级市 Cities at County Level	#县 Counties
全 国	**National Total**	**333**	**293**	**2843**	**977**	**394**	**1301**
北京市	Beijing			16	16		
天津市	Tianjin			16	16		
河北省	Hebei	11	11	167	49	21	91
山西省	Shanxi	11	11	117	26	11	80
内蒙古自治区	Inner Mongolia	12	9	103	23	11	17
辽宁省	Liaoning	14	14	100	59	16	17
吉林省	Jilin	9	8	60	21	20	16
黑龙江省	Heilongjiang	13	12	121	54	21	45
上海市	Shanghai			16	16		
江苏省	Jiangsu	13	13	95	55	21	19
浙江省	Zhejiang	11	11	90	37	20	32
安徽省	Anhui	16	16	104	45	9	50
福建省	Fujian	9	9	84	31	11	42
江西省	Jiangxi	11	11	100	27	12	61
山东省	Shandong	16	16	136	58	26	52
河南省	Henan	17	17	157	54	21	82
湖北省	Hubei	13	12	103	39	26	35
湖南省	Hunan	14	13	122	36	19	60
广东省	Guangdong	21	21	122	65	20	34
广西壮族自治区	Guangxi	14	14	111	41	10	48
海南省	Hainan	4	4	25	10	5	4
重庆市	Chongqing			38	26		8
四川省	Sichuan	21	18	183	55	19	105
贵州省	Guizhou	9	6	88	16	10	50
云南省	Yunnan	16	8	129	17	18	65
西藏自治区	Tibet	7	6	74	8		66
陕西省	Shaanxi	10	10	107	31	7	69
甘肃省	Gansu	14	12	86	17	5	57
青海省	Qinghai	8	2	44	7	5	25
宁夏回族自治区	Ningxia	5	5	22	9	2	11
新疆维吾尔自治区	Xinjiang	14	4	107	13	28	60
香港特别行政区	Hong Kong Special Administrative Region						
澳门特别行政区	Macao Special Administrative Region						
台湾省	Taiwan						

注：乡镇级总数包含河北省、新疆维吾尔自治区的各一个区公所。
a) Number of regions at townships level include one district office of Hebei and Xinjiang separately.

1-3 续表 continued

单位：个 (unit)

省级区划名称	Provinces, Autonomous Regions and Municipalities	#自治县 Autonomous Counties	乡镇级区划数 Number of Regions at Town-ships Level	#镇 Towns	#乡 Towns	#民族乡 Minority Towns	#街道 Sub-districts
全　国	**National Total**	**117**	**38558**	**21322**	**8309**	**958**	**8925**
北京市	Beijing		343	143	35	5	165
天津市	Tianjin		252	125	3	1	124
河北省	Hebei	6	2254	1287	656	39	310
山西省	Shanxi		1278	631	430		217
内蒙古自治区	Inner Mongolia		1025	509	270	17	246
辽宁省	Liaoning	8	1354	640	201	54	513
吉林省	Jilin	3	958	426	181	28	351
黑龙江省	Heilongjiang	1	1316	565	336	52	415
上海市	Shanghai		215	106	2		107
江苏省	Jiangsu		1237	699	19	1	519
浙江省	Zhejiang	1	1364	618	258	14	488
安徽省	Anhui		1512	997	239	9	276
福建省	Fujian		1102	655	252	19	195
江西省	Jiangxi		1570	834	562	8	174
山东省	Shandong		1825	1072	57		696
河南省	Henan		2457	1178	606	12	673
湖北省	Hubei	2	1255	761	161	10	333
湖南省	Hunan	7	1943	1133	389	83	421
广东省	Guangdong	3	1609	1112	11	7	486
广西壮族自治区	Guangxi	12	1253	806	312	59	135
海南省	Hainan	6	218	175	21		22
重庆市	Chongqing	4	1031	625	161	14	245
四川省	Sichuan	4	3101	2016	626	83	459
贵州省	Guizhou	11	1509	831	314	192	364
云南省	Yunnan	29	1418	665	539	140	214
西藏自治区	Tibet		699	142	534	9	23
陕西省	Shaanxi		1316	973	17		326
甘肃省	Gansu	7	1356	892	337	32	127
青海省	Qinghai	7	404	140	222	28	42
宁夏回族自治区	Ningxia		242	103	90		49
新疆维吾尔自治区	Xinjiang	6	1142	463	468	42	210
香港特别行政区	Hong Kong Special Administrative Region						
澳门特别行政区	Macao Special Administrative Region						
台湾省	Taiwan						

1-4 人口与家庭基本情况
Basic Statistics on Population and Family

项 目	Item	1995	2000	2005	2010	2015	2020	2021
总人口(年末)(万人)	Total Population(year-end 10 000 persons)	121121	126743	130756	134091	138326	141212	141260
#女	Female	59313	61306	63381	65343	67469	68855	68949
#城镇人口	Urban	35174	45906	56212	66978	79302	90220	91425
乡村人口	Rural	85947	80837	74544	67113	59024	50992	49835
性别比(女性=100)	Sex Ratio (female = 100)	104.2	106.7	106.3	105.2	105.0	105.1	104.6
出生率(‰)	Birth Rate (‰)	17.12	14.03	12.40	11.90	11.99	8.52	7.52
死亡率(‰)	Death Rate (‰)	6.57	6.45	6.51	7.11	7.07	7.07	7.18
自然增长率(‰)	Natural Growth Rate (‰)	10.55	7.58	5.89	4.79	4.93	1.45	0.34
年龄结构(%)	Age Composition (%)							
0-14岁	Age 0-14	26.6	22.9	20.3	16.6	16.5	17.9	17.5
15-64岁	Age 15-64	67.2	70.1	72.0	74.5	73.0	68.6	68.3
65岁及以上	Age 65 and Over	6.2	7.0	7.7	8.9	10.5	13.5	14.2
总抚养比(%)	Gross Dependency Ratio (%)	48.8	42.6	38.8	34.2	37.0	45.9	46.3
少儿抚养比(%)	Children Dependency Ratio (%)	39.6	32.6	28.1	22.3	22.6	26.2	25.6
老年抚养比(%)	Old Dependency Ratio (%)	9.2	9.9	10.7	11.9	14.3	19.7	20.8
平均家庭户规模(人/户)	Average Family Size (person/household)	3.7	3.4	3.4	3.1	3.1	2.6	2.8
结婚登记(万对)	Total Number of Registered Marriages (10 000 couples)	934.1	848.5	823.1	1241.0	1224.7	814.3	764.3
离婚登记(万对)	Total Number of Registered Divorces (10 000 couples)	105.6	121.3	178.5	267.8	384.1	433.9	283.9
离婚率(‰)	Divorce Rate (‰)	0.88	0.96	1.37	2.00	2.79	3.09	2.01
15岁及以上人口婚姻状况构成(%)	Marital Status of Population Aged 15 and Over (%)							
未婚	Never Married	20.0	20.2	19.2	21.6	19.7		19.4
有配偶	Married with Spouse	73.2	73.3	74.1	71.3	73.1		72.6
离婚	Divorced	0.7	0.9	1.0	1.4	1.7		2.4
丧偶	Widowed	6.1	5.6	5.7	5.7	5.5		5.7

注：1.2000、2010、2020年数据为当年人口普查数据推算数；其余年份数据为年度人口抽样调查推算数据。
2.总人口和按性别分人口中包括现役军人，按城乡分人口中现役军人计入城镇人口。

a) For the year, 2000, 2010 and 2020 are the census year estimates; the rest of the data covered in those tables have been estimated on the basis of the an national sample surveys of population.

b) Total population and population by sex include the military personnel of the Chinese People's Liberation Army, the military personnel are classified as urban population in the item of population by residence.

1−5 卫生与健康基本情况
Basic Statistics on Health and Wellness

项　目	Item	1995	2000	2005	2010	2015	2020	2021
医疗卫生机构(个)	Number of Health Care Institutions(unit)	994409	1034229	882206	936927	983528	1022922	1030935
#医院	Hospitals	15663	16318	18703	20918	27587	35394	36570
基层医疗卫生机构	Health Care Institutions at Grass-root Level		1000169	849488	901709	920770	970036	977790
#乡镇卫生院	Township Health Centers	51797	49229	40907	37836	36817	35762	34943
村卫生室	Village Clinics	804352	709458	583209	648424	640536	608828	599292
专业公共卫生机构	Specialized Public Health Institutions		11386	11177	11835	31927	14492	13276
#疾病预防控制中心	Center for Disease Control and Prevention	3729	3741	3585	3513	3478	3384	3376
卫生人员(万人)	Number of Employed Persons in Health Institutions (10 000 persons)	670.4	691.0	644.7	820.8	1069.4	1347.5	1398.5
#卫生技术人员	Health Technical Personnel	425.7	449.1	456.4	587.6	800.8	1067.8	1124.4
#执业(助理)医师	Licensed (Assistant) Physicians	191.8	207.6	204.2	241.3	303.9	408.6	428.8
注册护士	Registered Nurses	112.6	126.7	135.0	204.8	324.1	470.9	501.9
乡村医生和卫生员	Village Doctors and Assistants	133.1	131.9	91.7	109.2	103.2	79.6	69.7
每千人口执业(助理)医师(人)	Number of Licensed (Assistant) Physicians per 1000 Persons (person)	1.6	1.7	1.6	1.8	2.2	2.9	3.0
医疗卫生机构床位(万张)	Number of Beds of Health Care Institutions (10 000 beds)	314.1	317.7	336.8	478.7	701.5	910.1	945.0
#医院	Hospitals	206.3	216.7	244.5	338.7	533.1	713.1	741.4
基层医疗卫生机构	Health Care Institutions at Grass-root Level		76.7	72.6	119.2	141.4	164.9	170.0
#乡镇卫生院	Township Health Centers	73.3	73.5	67.8	99.4	119.6	139.0	141.7
专业公共卫生机构	Specialized Public Health Institutions		11.9	13.6	16.5	23.6	29.6	30.2
每千人口医疗卫生机构床位(张)	Beds of Health Institutions per 1000 Population (bed)				3.6	5.1	6.5	6.7
医疗卫生机构诊疗人次数(亿人次)	Number of Visits in Health Institutions (100 million persontimes)			41.0	58.4	77.0	77.4	84.7
监测地区婴儿死亡率(‰)	Infant Mortality Rate in Surveillance Areas (‰)	36.4	32.2	19.0	13.1	8.1	5.4	5.0
监测地区5岁以下儿童死亡率(‰)	Mortality Rate of Children under 5 in Surveillance Areas (‰)	44.5	39.7	22.5	16.4	10.7	7.5	7.1
监测地区孕产妇死亡率(1/10万)	Maternal Mortality Rate in Surveillance Areas (1/100 000)	61.9	53.0	47.7	30.0	20.1	16.9	16.1
卫生总费用(亿元)	Total Health Expenditure (100 million yuan)	2155.1	4586.6	8659.9	19980.4	40974.6	72175.0	76845.0
政府卫生支出	Government Health Expenditure	387.3	709.5	1552.5	5732.5	12475.3	21941.9	20676.1
社会卫生支出	Social Health Expenditure	767.8	1171.9	2586.4	7196.6	16506.7	30273.7	34963.3
个人现金卫生支出	Out-of-Pocket Health Expenditure	1000.0	2705.2	4521.0	7051.3	11992.6	19959.4	21205.7
卫生总费用与GDP之比(%)	Health Expenditure as Percentage of GDP (%)	3.51	4.57	4.62	4.84	5.95	7.10	6.72

1-6 教育培训基本情况
Basic Statistics on Education and Training

项 目	Item	1995	2000	2005	2010	2015	2020	2021
学校数(所)	**Number of Schools (unit)**							
普通、职业高等学校	Higher Education Schools	1054	1041	1792	2358	2560	2738	3012
普通高中	Regular Senior Secondary Schools	13991	14564	16092	14058	13240	14235	14585
中等职业教育	Secondary Vocational Schools	22072	19727	14466	13862	11202	9896	7294
初中学校	Junior Secondary Schools	68564	63898	62486	54890	52405	52805	52871
普通小学	Regular Primary Schools	668685	553622	366213	257410	190525	157979	154279
特殊教育学校	Special Education Schools	1379	1539	1593	1706	2053	2244	2288
幼儿园	Kindergarten	180438	175836	124402	150420	223683	291715	294832
专任教师数(万人)	**Number of Full-time Teachers (10 000 persons)**							
普通、职业高等学校	Higher Education Schools	40.1	46.3	96.6	134.3	157.3	183.3	188.5
普通高中	Regular Senior Secondary Schools	55.1	75.7	130.0	151.8	169.5	193.3	202.8
中等职业教育	Secondary Vocational Schools	74.0	79.7	75.0	87.0	84.4	85.7	69.5
初中阶段	Junior Secondary Schools	282.1	328.7	349.2	352.5	347.6	386.1	397.1
小学阶段	Regular Primary Schools	566.4	586.0	559.3	561.7	568.5	643.4	660.1
特殊教育	Special Education Schools	2.5	3.2	3.2	4.0	5.0	6.6	6.9
学前教育	Pre-school Education Schools	87.5	85.6	72.2	114.4	205.1	291.3	319.1
在校学生数(万人)	**Total Enrolment (10 000 persons)**							
研究生	Postgraduates	14.5	30.1	97.9	153.8	191.1	314.0	333.2
普通、职业本专科	Undergraduate in Regular and Vocational HEIs	290.6	556.1	1561.8	2231.8	2625.3	3285.3	3496.1
普通高中	Regular Senior Secondary Schools	713.2	1201.3	2409.1	2427.3	2374.4	2494.5	2605.0
中等职业教育	Secondary Vocational Schools	1230.2	1284.5	1600.0	2238.5	1656.7	1663.4	1311.8
初中阶段	Junior Secondary Schools	4727.5	6256.3	6214.9	5279.3	4312.0	4914.1	5018.4
小学阶段	Primary Education	13195.2	13013.3	10864.1	9940.7	9692.2	10725.4	10779.9
特殊教育	Special Education	29.6	37.8	36.4	42.6	44.2	88.1	92.0
学前教育	Pre-school Education	2711.2	2244.2	2179.0	2976.7	4264.8	4818.3	4805.2
每十万人口平均在校生数(人)	**Number of Enrolment of Per 100 000 Inhabitants by Level (person)**							
高等教育	Higher Education	457	723	1613	2189	2524	3126	3301
高中阶段	Senior Secondary	1610	2000	3070	3504	2965	2948	2774
初中阶段	Junior Secondary	3945	4969	4781	3955	3152	3510	3554
小学阶段	Regular Primary Schools	11010	10335	8358	7448	7086	7661	7634
学前教育	Pre-school Education	2262	1782	1676	2230	3118	3441	3403
教育经费合计(亿元)	**Total Edutional Fund (100 million yuan)**	**1878**	**3849**	**8419**	**19562**	**36129**	**53034**	**57874**
#国家财政性教育经费	Government Appropriation for Education	1412	2563	5161	14670	29221	42908	45835

注：1.完全中学的学校数和教职工数计入高中阶段教育，九年一贯制学校的校数和教职工数计入初中阶段教育，十二年一贯制学校的校数和教职工数计入高中阶段教育。
2.2021年起，中等职业教育数据不含人社部管理的技工学校。

a) Number of combined secondary schools and their educational personnel are classified into the number of senior secondary education, the number of 9-year schools and their educational personnel are classified into the number of junior secondary education, the number of 12-year schools and their educational personnel are classified into the number of senior secondary education. The full-time teachers are classified by educational level.

b) Since 2021, Secondary Vocational Education data do not include Technical Schools managed by the Ministry of Human Resources and Social Security.

1-7 就业基本情况
Basic Statistics on Employment

项　目	Item	1995	2000	2005	2010	2015	2020	2021
就业人员合计(万人)	Total Number of Employed Persons (10 000 persons)	68065	72085	74647	76105	77451	75064	74652
第一产业	Primary Industry	35530	36043	33442	27931	21919	17715	17072
第二产业	Secondary Industry	15655	16219	17766	21842	22693	21543	21712
第三产业	Tertiary Industry	16880	19823	23439	26332	32839	35806	35868
城镇就业人员(万人)	Urban Employed (10 000 persons)	19040	23151	28389	34687	40410	46271	46773
#国有单位	Stats-owned Units	11261	8102	6488	6516	6208	5563	5633
城镇集体单位	Urban Collective-own Units	3147	1499	810	597	481	271	262
乡村就业人员(万人)	Rural Employed Persons (10 000 persons)	49025	48934	46258	41418	37041	28793	27879
城镇登记失业人数(万人)	Number of Registered Unemployed Persons in Urban Areas (10 000 persons)	520	595	839	908	966	1160	1040
城镇登记失业率(%)	Registered Unemployment Rate in Urban Areas (%)	2.9	3.1	4.2	4.1	4.1	4.2	4.0
城镇非私营单位就业人员工资总额(亿元)	Total Wage Bill of Employed Persons in Urban Areas Non-Private Units (100 million yuan)	8056	10955	20627	47270	112008	164127	180818
城镇非私营单位就业人员工资总额指数(上年=100)	Indices of Total Wage Bill of Employed Persons in Urban Non-Private Units (preceding year =100)	118.8	107.9	117.1	117.3	108.9	106.4	110.2
城镇非私营单位就业人员平均工资(元)	Average Wage of Employed Persons in Urban Non-Private Units (yuan)	5348	9333	18200	36539	62029	97379	106837
城镇非私营单位就业人员平均货币工资指数(上年=100)	Indices of Average Wage of Employed Persons in Urban Non-Private Units (preceding year =100)	118.9	112.2	114.3	113.3	110.1	107.6	109.7
城镇非私营单位就业人员平均实际工资指数(上年=100)	Indices of Average Real Wage of Employed Persons in Urban Non-Private Units (preceding year =100)	101.8	111.3	112.5	109.8	108.5	105.2	108.6

1—8　全国居民人均收支情况
Nationwide Per Capita Income and Consumption Expenditure

单位：元　　(yuan)

指　标	Item	2015	2016	2017	2018	2019	2020	2021
全国居民人均收入	**Nationwide Per Capita Income**							
可支配收入	**Disposable Income**	**21966.2**	**23821.0**	**25973.8**	**28228.0**	**30732.8**	**32188.8**	**35128.1**
1.工资性收入	1.Income of Wages and Salaries	12459.0	13455.2	14620.3	15829.0	17186.2	17917.4	19629.4
2.经营净收入	2.Net Business Income	3955.6	4217.7	4501.8	4852.4	5247.3	5306.8	5892.7
3.财产净收入	3.Net Income from Property	1739.6	1889.0	2107.4	2378.5	2619.1	2791.5	3075.5
4.转移净收入	4.Net Income from Transfer	3811.9	4259.1	4744.3	5168.1	5680.3	6173.2	6530.5
现金可支配收入	**Cash Disposable Income**	**20424.3**	**22204.5**	**24201.9**	**26291.4**	**28612.1**	**29918.7**	**32382.7**
1.工资性收入	1.Income of Wages and Salaries	12386.2	13379.0	14537.8	15746.4	17096.9	17817.6	19493.2
2.经营净收入	2.Net Business Income	3782.7	4111.4	4424.1	4880.3	5269.7	5307.1	5664.5
3.财产净收入	3.Net Income from Property	689.5	739.8	811.5	877.8	1001.5	1067.5	1246.5
4.转移净收入	4.Net Income from Transfer	3565.9	3974.3	4428.6	4786.9	5244.0	5726.4	5978.5
全国居民人均支出	**Nationwide Per Capita Expenditure**							
消费支出	**Consumption Expenditure**	**15712.4**	**17110.7**	**18322.1**	**19853.1**	**21558.9**	**21209.9**	**24100.1**
1.食品烟酒	1.Food,Tobacco and Liquor	4814.0	5151.0	5373.6	5631.1	6084.2	6397.3	7178.1
2.衣着	2.Clothing and Footwear	1164.1	1202.7	1237.6	1288.9	1338.1	1238.4	1418.7
3.居住	3.Housing	3419.2	3746.4	4106.9	4646.6	5054.8	5215.3	5641.1
4.生活用品及服务	4.Household Equipments, Furnishings and Services	951.4	1043.7	1120.7	1222.7	1280.9	1259.5	1423.2
5.交通通信	5.Transport and Communications	2086.9	2337.8	2498.9	2675.4	2861.6	2761.8	3155.6
6.教育文化娱乐	6.Education, Culture and Recreation	1723.1	1915.3	2086.2	2225.7	2513.1	2032.2	2598.9
7.医疗保健	7.Health Care and Medical Services	1164.5	1307.5	1451.2	1685.2	1902.3	1843.1	2115.1
8.其他用品及服务	8.Miscellaneous Goods and Services	389.2	406.3	447.0	477.5	524.0	462.2	569.4
现金消费支出	**Consumption Expenditure in Cash**	**12988.7**	**14142.0**	**15122.3**	**16174.8**	**17526.0**	**16994.7**	**19410.7**
1.食品烟酒	1.Food, Tobacco and Liquor	4505.0	4846.7	5073.0	5366.2	5798.1	6068.0	6783.4
2.衣着	2.Clothing and Footwear	1163.5	1202.2	1237.0	1288.3	1337.6	1237.9	1417.9
3.居住	3.Housing	1251.9	1359.8	1519.0	1615.1	1755.7	1774.3	1899.7
4.生活用品及服务	4.Household Equipments, Furnishings and Services	943.8	1036.1	1110.8	1211.0	1266.9	1245.8	1410.5
5.交通通信	5.Transport and Communications	2083.7	2332.9	2495.3	2669.1	2857.4	2758.2	3150.4
6.教育文化娱乐	6.Education, Culture and Recreation	1722.0	1914.3	2085.3	2224.1	2511.7	2031.5	2597.8
7.医疗保健	7.Health Care and Medical Services	933.3	1048.5	1160.7	1332.6	1482.4	1426.0	1597.3
8.其他用品及服务	8.Miscellaneous Goods and Services	385.6	401.5	441.2	468.4	516.2	452.9	553.6

注：自2013年起，数据来源于国家统计局开展的城乡一体化住户收支与生活状况调查。

a) Since 2013, the data are complied on the basis of the intergrated household income and expenditure survey of the NBS, including both urban and rural households.

1-9 社会保障基本情况
Basic Statistics on Social Insurance

项　目	Item	1995	2000	2005	2010	2015	2020	2021
社会保险年末参保人数（万人）	**Number of People Participated in Social Insurance at Year-end (10 000 persons)**							
城镇职工基本养老保险	Urban Employees Basic Endowment Insurance	10979.0	13617.4	17487.9	25707.3	35361.2	45621.1	48074.0
职工	Staff and Workers	8737.8	10447.5	13120.4	19402.3	26219.2	32858.7	34917.1
离退休人员	Retirees	2241.2	3169.9	4367.5	6305.0	9141.9	12762.3	13157.0
城乡居民基本养老保险	Basic Endowment Insurance for Urban and Rural Residents				10276.8	50472.2	54243.8	54797.4
基本医疗保险	Basic Medical Insurance	745.9	3786.9	13782.9	43262.9	66581.6	136131.1	136296.7
职工	Staff and Workers	745.9	3786.9	13782.9	23734.7	28893.1	34455.1	35430.9
城乡居民	Residents				19528.3	37688.5	101676.0	100865.9
失业保险	Unemployment Insurance	8237.7	10408.4	10647.7	13375.6	17326.0	21689.5	22957.9
工伤保险	Work-related Injury Insurance	2614.8	4350.3	8478.0	16160.7	21432.5	26763.4	28286.5
生育保险	Birth Insurance	1500.2	3001.6	5408.5	12335.9	17771.0	23567.3	23751.7
社会保险基金收入(亿元)	**Revenue of Social Insurance Fund (100 million yuan)**	**1006.0**	**2644.9**	**6975.2**	**19276.1**	**46012.1**	**75512.5**	**96936.8**
基本养老保险	Basic Endowment Insurance	950.1	2278.5	5093.3	13872.9	32195.5	49228.6	65793.3
基本医疗保险	Basic Medical Insurance	9.7	170.0	1405.3	4308.9	11192.9	24846.1	28732.0
失业保险	Unemployment Insurance	35.3	160.4	340.3	649.8	1367.8	951.5	1459.6
工伤保险	Work-related Injury Insurance	8.1	24.8	92.5	284.9	754.2	486.3	951.9
生育保险	Birth Insurance	2.9	11.2	43.8	159.6	501.7		
社会保险基金支出(亿元)	**Expenses of Social Insurance Fund (100 million yuan)**	**877.1**	**2385.6**	**5400.8**	**15018.9**	**38988.1**	**78611.8**	**86734.9**
基本养老保险	Basic Endowment Insurance	847.6	2115.5	4040.3	10755.3	27929.4	54656.5	60196.5
基本医疗保险	Basic Medical Insurance	7.3	124.5	1078.7	3538.1	9312.1	21032.1	24048.2
失业保险	Unemployment Insurance	18.9	123.4	206.9	423.3	736.4	2103.0	1500.0
工伤保险	Work-related Injury Insurance	1.8	13.8	47.5	192.4	598.7	820.3	990.2
生育保险	Birth Insurance	1.6	8.3	27.4	109.9	411.5		
社会服务	**Social Services**							
提供住宿的民政机构床位数(万张)	Beds of Civil Affairs Institutions with Accommodations(10 000 beds)	97.6	113.0	180.7	349.6	393.2	515.4	530.5
#养老床位	The Aged	91.9	104.5	158.1	316.1	358.2	488.2	503.6
儿童福利和救助床位	Child Welfare and Assistance	1.1	1.8	3.2	5.5	10.0	10.1	9.8
每千人口社会服务床位数(张)	Beds of Social Services per 1000 Population(bed)	0.80	0.89	1.38	2.61	5.33	6.01	5.97
每千老年人口养老床位数(张)	Beds per 1000 Senior Citizens(bed)			10.97	17.79	30.31	31.10	30.52
被收养儿童(人)	Number of Children Adopted (person)		55802	49506	34529	22348	11103	12447
领取国家抚恤补助的优抚对象(万人)	Number of People Receiving Endowment and Subsidy (10 000 persons)		442.4	460.3	625.0	897.0	824.0	827.4
社区服务机构和设施(个)	Community Service Centers(unit)	115175	187888	203275	152941	360956	801789	884772
城市居民最低生活保障人数(万人)	Number of Urban Residents Entitled to Minimum Living Allowance (10 000 persons)		403	2234	2311	1701	805	738
农村居民最低生活保障人数(万人)	Number of Rural Residents Entitled to Minimum Living Allowance (10 000 persons)			825	5214	4904	3621	3474

注：1.2007年及以后基本医疗保险中包括职工基本医疗保险和城乡居民基本医疗保险。
2.2010年及以后基本养老保险中包括城镇职工基本养老保险和城乡居民基本养老保险。
3.民政机构床位数口径有所调整。2001-2017年，除收养性机构床位数外，还包括了救助类机构床位数、社区类机构床位数以及军休所、军供站等机构床位数。2011年起，养老床位含社区服务床位(含日间照料床位)。2018年起，不包含军休所、军供站等机构床位数
4.老年人口指60岁及以上人口。
5.2019年起，基本医疗保险基金中包含生育保险基金。

a) Data of basic medical insurance include the basic medical insurance for workers and the basic medical insurance for urban and rural residents from 2007.

b) Data of basic endowment insurance for 2010 and following years include the basic endowment insurance for urban workers and basic endowment insurance for urban and rural residents.

c) The coverage of beds of civil affairs institutions has changed. From 2001 to 2017, it includes beds of salvation institutions, community institutions, and serviceman recreation habitation, serviceman supply stations, etc. Since 2011, beds of the aged include community service beds (including day care beds). Since 2018, it excludes beds of serviceman recreation habitation, serviceman supply stations, etc.

d) The aged refer to those 60 years old and above.

e) Since 2019, the data of basic medical care insurance fund includes the data of maternity insurance fund.

1-10　居住环境基本情况
Basic Statistics on Living Condition

项　目	Item	1995	2000	2005	2010	2015	2020	2021
城市人口密度（人/平方公里）	Population Density of City Districts (person/sq.km)	322	442		2209	2399	2778	2868
城市人均生活用水(吨)	Per Capita Water Consumption for Residential Use in City (ton)	71.3	95.5	75.0	62.6	63.7	65.5	67.5
城市燃气普及率(%)	Coverage Rate of Population with Access to Gas in City (%)	34.3	45.4	82.1	92.0	95.3	97.9	98.0
城市人均公园绿地面积（平方米）	Per Capita Area of Parks and Green Land in City (sq.m)	2.5	3.7	7.9	11.2	13.3	14.8	14.9
城市每万人拥有公共汽电车辆(标台)	Number of Public Transportation Vehicles per 10 000 Population in City (unit)				10.7	12.2	12.9	11.2
城市生活垃圾清运量(万吨)	Volume of Garbage Disposal (10 000 ton)	10671	11819	15577	15805	19142	23512	24869
城市生活垃圾无害化处理率(%)	Proportion of Harmless Treated Garbage in City (%)				77.9	94.1	99.7	99.7
城市污水日处理能力（万立方米）	Daily Disposal Capacity of City Sewage (10 000 cu.m)		4741	7990	13393	16065	20405	21746
农村用电量(亿千瓦时)	Electricity Consumed in Rural Areas (100 million kWh)	1655.7	2421.3	4375.7	6632.3	9026.9	9717.2	6736.3
农村居民平均每百户年末彩色电视机拥有量(台)	Number of Color TV Set Owned Per 100 Rural Households at Year-end(set)	16.9	48.7	84.1	111.8	116.9	117.8	116.3
电话普及率(含移动电话)（部/百人）	Telephone Popularization Rate (including Mobile Telephone) (set/100 persons)	4.7	19.1	57.2	86.4	109.3	125.8	129.2
移动电话普及率(部/百人)	Popularization Rate of Mobile Telephone (set/100 persons)	0.3	6.7	30.1	64.4	92.5	112.9	116.3
互联网上网人数(万人)	Number of Internet Users (10 000 persons)		2250	11100	45730	68826	98899	103195
互联网普及率(%)	Popularization Rate of Internet (%)			8.5	34.3	50.3	70.4	73.0

1-11 文化休闲基本情况
Basic Statistics on Culture Leisure

项 目	Item	1995	2000	2005	2010	2015	2020	2021
公共图书馆(个)	Public Libraries (unit)	2615	2675	2762	2884	3139	3212	3215
公共图书馆总藏量(亿件册)	Total Collections of Public Libraries (100 million volumes)		4.1	4.8	6.2	8.4	11.8	12.6
文化馆(站)(个)	Cultural Centers (unit)	13487	45321	41588	43382	44291	43687	43531
博物馆(个)	Museums (unit)	1194	1392	1581	2435	3852	5452	5772
艺术表演团体(个)	Arts Performance Troupes (unit)	2682	2619	2805	6864	10787	17581	18370
艺术表演场馆(个)	Arts Performance Venues (unit)	1958	1900	1866	1461	2143	2770	3093
国家综合档案馆(个)	National Comprehensive Archives (unit)	3024	3070	3142	3194	3322	3341	3320
广播节目综合人口覆盖率(%)	Population Coverage Rate of Radio Programs (%)	78.7	92.5	94.5	96.8	98.2	99.4	99.5
广播节目制作时间(万小时)	Length of Radio Programs Produced (10 000 hours)	233.2	404.3	613.9	681.4	771.8	821.0	812.7
电视节目综合人口覆盖率(%)	Population Coverage Rate of TV Programs (%)	84.5	93.7	95.8	97.6	98.8	99.6	99.7
电视节目制作时间(万小时)	Length of TV Programs Produced (10 000 hours)	38.4	87.1	255.4	274.3	352.0	328.2	306.0
有线广播电视实际用户数占家庭总户数比重(%)	Popularization Rate of Cable Radio and TV (%)			35.4	46.4	54.6	46.2	44.6
#农村	Rural				29.4	33.5	30.2	33.1
广播电视总收入(亿元)	Revenue of Radio and TV (100 million yuan)	170.3	431.0	931.1	2301.9	4634.6	9214.6	10319.1
生产故事影片(部)	Feature Films Produced (film)	146	91	260	526	686	531	565
生产动画、科教、纪录、特种影片(部)	Cartoon Films, Popular Science Films, Documentary Films and Special Films Produced (reel)	188	60	42	95	202	119	175
图书出版种数(种)	Number of Books Published (kind)	101381	143376	222473	328387	475768	489051	529197
图书出版总印数(亿册、亿张)	Total Printed Copies of Books (100 million copies)	63.2	62.7	64.7	71.7	86.6	103.7	118.6
期刊出版种数(种)	Number of Periodicals Published (kind)	7583	8725	9468	9884	10014	10192	10185
期刊出版总印数(亿册)	Total Printed Copies of Periodicals (100 million copies)	23.4	29.4	27.6	32.2	28.8	20.4	20.1
报纸出版种数(种)	Number of Newspapers Published (kind)	2089	2007	1931	1939	1906	1810	1752
报纸出版总印数(亿份)	Total Printed Copies of Newspapers (100 million copies)	263.3	329.3	412.6	452.1	430.1	289.1	283.0
运动员获世界冠军个数(个)	World Championships Won by Chinese Athletes (unit)	102	110	106	108	127	4	67
运动员创世界纪录次数(次)	World Records Set up by Chinese Athletes by Events (times)	24	30	21	15	12	1	12

注：1.2007年以前艺术表演团体为文化系统内数据，2007年起含非文化部门单位。艺术表演场馆不含民营艺术表演场馆。

2.1996年以前文化站数据未包括其他部门所属乡镇文化站。1996—1998年包括其他部门所属文化站，1999年以后，其他部门所属文化站划归文化部门管理。

3.受新型冠状病毒肺炎疫情影响，2020年国际级体育赛事大幅减少，我国运动员获世界冠军数及创世界记录数比往年有所减少。

a) Art performance troupes referred to those under the cultural departments before 2007, and expanded to cover those both under and outside the cultural departments starting from 2007. Art performance venues do not include those of non-state owned.

b) Culture stations did not include township culture stations of other departments before 1996. During 1996-1998, culture stations of other departments Since 1999, culture stations of other department were put under the management of culture departments.

c) The number of Chinese athletes winning world championships and setting the world record decreased compared with previous years as the number of international sports events in 2020 decreased significantly due to the COVID-19 pandemic.

1−12 资源环境基本情况
Basic Statistics on Resources and Environment

项 目	Item	1995	2000	2005	2010	2015	2020	2021
森林覆盖率(%)	Forest Coverage Rate (%)	13.40	16.55	18.21	20.36	21.63		
造林总面积(万公顷)	Area of Afforestation (10 000 hectares)	521	511	540	591	768	693	375
自然保护区(个)	Number of Nature Reserves (unit)	799	1227	2349	2588	2740		
自然保护区面积(万公顷)	Area of Nature Reserves (10 000 hectares)	7191	9821	14995	14944	14703		
水资源总量(亿立方米)	Total Amount of Water Resources (100 million cu.m)		27701	28053	30906	27963	31605	29638
人均水资源量(立方米/人)	Per Capita Water Resources (cu.m)		2194	2152	2310	2039	2240	2099
用水总量(亿立方米)	Water Use (100 million cu.m)		5498	5633	6022	6103	5813	5920
人均用水量(立方米/人)	Per Capita Water Use (cu.m)		435	432	450	445	412	419
废水排放总量(亿吨)	Waste Water Discharged (100 million tons)	373	415	525	617	735		
二氧化硫排放量(万吨)	Emission of SO_2 (10 000 tons)	1891	1995	2549	2185	1859	318	275
发生地质灾害数量(处)	Geological Disasters (unit)		19653	17751	30670	8355	7840	4761
森林火灾次数(起)	Total Number of Forest Fires (case)			11542	7723	2936	1153	616
森林火灾火场总面积(万公顷)	Total Area of Forest Fires (10 000 hectares)	7.1	8.8	7.4	11.6	3.3	2.5	2.2
环境污染治理投资总额(亿元)	Total Investment in the Treatment of Environmental Pollution (100 million yuan)		1015	2388	7612	8806		
环境污染治理投资总额与GDP之比(%)	Total Investment in the Treatment of Environmental Pollution as of GDP (%)		1.13	1.30	1.86	1.28		

注：森林覆盖率为历次全国森林资源清查资料数。
a) Forest coverage rate are the figures of the National Forestry Survey.

1－13　公共安全基本情况
Basic Statistics on Public Security

项　目	Item	1995	2000	2005	2010	2015	2020	2021
公安机关刑事案件立案数(万起)	Criminal Cases Registered in Public Security Organs (10 000 cases)	169.7	363.7	464.8	597.0	717.4	478.1	502.8
公安机关治安案件查处数(万起)	Offence Cases Against Public Order Handled by Public Security Organs (10 000 cases)	296.8	382.3	630.1	1212.2	1097.2	772.4	820.5
检察机关审查批捕、决定逮捕人数(万人)	Arrests of Criminal Suspects and Defendants Approved by People's Procuratorate (10 000 persons)					89.3	77.1	86.8
人民法院审理一审案件收案数(万件)	First Trial Cases Accepted by Courts Cases Accepted (10 000 cases)	454.6	535.6	516.1	699.9	1144.5	1451.8	1822.7
刑事案件	Criminal	49.6	56.0	68.5	78.0	112.7	110.8	127.7
民事案件	Civil	271.9	341.2	438.0	609.1	1009.8	1313.6	1661.3
行政案件	Administrative	5.3	8.6	9.6	12.9	22.0	26.0	32.0
行政赔偿案件	Administrative Compensation						1.4	1.7
人民法院审理刑事案件罪犯总数(万人)	Criminal Offenders Heard by Courts Number of Offenders (10 000 persons)		64.0	84.3	100.6	123.2	152.7	171.5
#不满18岁青少年罪犯	Juvenile Offenders Less Than 18 Years		4.2	8.3	6.8	4.4	3.4	3.5
律师事务所(个)	Number of Law Offices (unit)	7263	9541	12988	17230	24425	34441	36504
专职律师(万人)	Full-time Lawyers (10 000 persons)	4.5	6.9	11.4	17.6	26.8	42.4	45.7
公证员(万人)	Notaries (10 000 persons)	1.1	1.3	1.2	1.1	1.3	1.4	1.5
交通事故发生数(万起)	Traffic Accidents (10 000 cases)	27.0	62.0	45.0	22.0	18.8	24.5	27.3
交通事故死亡人数(万人)	Deaths on Traffic Accidents (10 000 persons)	7.1	9.4	9.9	6.5	5.8	6.2	6.2
交通事故直接财产损失(亿元)	Direct Property Losses on Traffic Accidents (100 million yuan)	15.2	26.7	18.8	9.3	10.4	13.1	14.5

1－14　社会参与基本情况
Basic Statistics of Social Participation

项　目	Item	1995	2000	2005	2010	2015	2020	2021
社会团体(万个)	Social Organization (10 000 units)	18.1	13.1	17.1	24.5	32.9	37.5	37.1
基金会(个)	Fund Organization (unit)			975	2202	4784	8432	8877
民办非企业单位(万个)	Non-enterprise Units Run by NGO (10 000 units)		2.3	14.8	19.8	32.9	51.1	52.2
村民委员会(万个)	Village Committee (10 000 units)	93.2	73.2	62.9	59.5	58.1	50.2	49.0
社区居委会(万个)	Neighborhood Committee (10 000 units)	11.2	10.8	8.0	8.7	10.0	11.3	11.7
工会基层组织数(万个)	Number of Grassroots Trade Unions (10 000 units)	59.3	85.9	117.4	197.6	280.6	247.6	221.4
工会专职工作人员人数(万人)	Number of Full-time Personnel of Trade Unions (10 000 persons)	46.8	48.2	47.7	86.4	111.4	90.2	82.9

1-15 国内生产总值及构成
Gross Domestic Product and Composition

年 份 Year	国内生产总值(亿元) GDP (100 million yuan)	第一产业 Primary Industry	第二产业 Secondary Industry	第三产业 Tertiary Industry	国内生产总值构成(%) GDP Composition (%)	第一产业 Primary Industry	第二产业 Secondary Industry	第三产业 Tertiary Industry	人均国内生产总值(元) Per Capita GDP (yuan)
1978	3678.7	1018.5	1755.1	905.1	100.0	27.7	47.7	24.6	385
1979	4100.5	1259.0	1925.3	916.1	100.0	30.7	47.0	22.3	423
1980	4587.6	1359.5	2204.7	1023.4	100.0	29.6	48.1	22.3	468
1981	4935.8	1545.7	2269.0	1121.1	100.0	31.3	46.0	22.7	497
1982	5373.4	1761.7	2397.6	1214.0	100.0	32.8	44.6	22.6	533
1983	6020.9	1960.9	2663.0	1397.1	100.0	32.6	44.2	23.2	588
1984	7278.5	2295.6	3124.7	1858.2	100.0	31.5	42.9	25.5	702
1985	9098.9	2541.7	3886.4	2670.8	100.0	27.9	42.7	29.4	866
1986	10376.2	2764.1	4515.1	3097.0	100.0	26.6	43.5	29.8	973
1987	12174.6	3204.5	5273.8	3696.3	100.0	26.3	43.3	30.4	1123
1988	15180.4	3831.2	6607.2	4742.0	100.0	25.2	43.5	31.2	1378
1989	17179.7	4228.2	7300.7	5650.8	100.0	24.6	42.5	32.9	1536
1990	18872.9	5017.2	7744.1	6111.6	100.0	26.6	41.0	32.4	1663
1991	22005.6	5288.8	9129.6	7587.2	100.0	24.0	41.5	34.5	1912
1992	27194.5	5800.3	11725.0	9669.2	100.0	21.3	43.1	35.6	2334
1993	35673.2	6887.6	16472.7	12313.0	100.0	19.3	46.2	34.5	3027
1994	48637.5	9471.8	22452.5	16713.1	100.0	19.5	46.2	34.4	4081
1995	61339.9	12020.5	28676.7	20642.7	100.0	19.6	46.8	33.7	5091
1996	71813.6	13878.3	33827.3	24108.0	100.0	19.3	47.1	33.6	5898
1997	79715.0	14265.2	37545.0	27904.8	100.0	17.9	47.1	35.0	6481
1998	85195.5	14618.7	39017.5	31559.3	100.0	17.2	45.8	37.0	6860
1999	90564.4	14549.0	41079.9	34935.5	100.0	16.1	45.4	38.6	7229
2000	100280.1	14717.4	45663.7	39899.1	100.0	14.7	45.5	39.8	7942
2001	110863.1	15502.5	49659.4	45701.2	100.0	14.0	44.8	41.2	8717
2002	121717.4	16190.2	54104.1	51423.1	100.0	13.3	44.5	42.2	9506
2003	137422.0	16970.2	62695.8	57756.0	100.0	12.3	45.6	42.0	10666
2004	161840.2	20904.3	74285.0	66650.9	100.0	12.9	45.9	41.2	12487
2005	187318.9	21806.7	88082.2	77430.0	100.0	11.6	47.0	41.3	14368
2006	219438.5	23317.0	104359.2	91762.2	100.0	10.6	47.6	41.8	16738
2007	270092.3	27674.1	126630.5	115787.7	100.0	10.2	46.9	42.9	20494
2008	319244.6	32464.1	149952.9	136827.5	100.0	10.2	47.0	42.9	24100
2009	348517.7	33583.8	160168.8	154765.1	100.0	9.6	46.0	44.4	26180
2010	412119.3	38430.8	191626.5	182061.9	100.0	9.3	46.5	44.2	30808
2011	487940.2	44781.5	227035.1	216123.6	100.0	9.2	46.5	44.3	36277
2012	538580.0	49084.6	244639.1	244856.2	100.0	9.1	45.4	45.5	39771
2013	592963.2	53028.1	261951.6	277983.5	100.0	8.9	44.2	46.9	43497
2014	643563.1	55626.3	277282.8	310654.0	100.0	8.6	43.1	48.3	46912
2015	688858.2	57774.6	281338.9	349744.7	100.0	8.4	40.8	50.8	49922
2016	746395.1	60139.2	295427.8	390828.1	100.0	8.1	39.6	52.4	53783
2017	832035.9	62099.5	331580.5	438355.9	100.0	7.5	39.9	52.7	59592
2018	919281.1	64745.2	364835.2	489700.8	100.0	7.0	39.7	53.3	65534
2019	986515.2	70473.6	380670.6	535371.0	100.0	7.1	38.6	54.3	70078
2020	1013567.0	78030.9	383562.4	551973.7	100.0	7.7	37.8	54.5	71828
2021	1143669.7	83085.5	450904.5	609679.7	100.0	7.3	39.4	53.3	71828

注：本表按当年价格计算。

a) Data in this table are calculated at current prices.

1-16 地区生产总值
Gross Regional Product

单位：亿元 (100 million yuan)

地 区	Region	2010	2014	2015	2016	2017	2018	2019	2020	2021
北 京	Beijing	14113.58	21330.83	23014.59	25669.13	28014.94	30319.98	35371.28	36102.55	40269.55
天 津	Tianjin	9224.46	15726.93	16538.19	17885.39	18549.19	18809.64	14104.28	14083.73	15695.05
河 北	Hebei	20394.26	29421.15	29806.11	32070.45	34016.32	36010.27	35104.52	36206.89	40391.27
山 西	Shanxi	9200.86	12761.49	12766.49	13050.41	15528.42	16818.11	17026.68	17651.93	22590.16
内蒙古	Inner Mongolia	11672.00	17770.19	17831.51	18128.10	16096.21	17289.22	17212.53	17359.82	20514.19
辽 宁	Liaoning	18457.27	28626.58	28669.02	22246.90	23409.24	25315.35	24909.45	25114.96	27584.08
吉 林	Jilin	8667.58	13803.14	14063.13	14776.80	14944.53	15074.62	11726.82	12311.32	13235.52
黑龙江	Heilongjiang	10368.60	15039.38	15083.67	15386.09	15902.68	16361.62	13612.68	13698.50	14879.19
上 海	Shanghai	17165.98	23567.70	25123.45	28178.65	30632.99	32679.87	38155.32	38700.58	43214.85
江 苏	Jiangsu	41425.48	65088.32	70116.38	77388.28	85869.76	92595.40	99631.52	102718.98	116364.20
浙 江	Zhejiang	27722.31	40173.03	42886.49	47251.36	51768.26	56197.15	62351.74	64613.34	73515.76
安 徽	Anhui	12359.33	20848.75	22005.63	24407.62	27018.00	30006.82	37113.98	38680.63	42959.18
福 建	Fujian	14737.12	24055.76	25979.82	28810.58	32182.09	35804.04	42395.00	43903.89	48810.36
江 西	Jiangxi	9451.26	15714.63	16723.78	18499.00	20006.31	21984.78	24757.50	25691.50	29619.67
山 东	Shandong	39169.92	59426.59	63002.33	68024.49	72634.15	76469.67	71067.53	73129.00	83095.90
河 南	Henan	23092.36	34938.24	37002.16	40471.79	44552.83	48055.86	54259.20	54997.07	58887.41
湖 北	Hubei	15967.61	27379.22	29550.19	32665.38	35478.09	39366.55	45828.31	43443.46	50012.94
湖 南	Hunan	16037.96	27037.32	28902.21	31551.37	33902.96	36425.78	39752.12	41781.49	46063.09
广 东	Guangdong	46013.06	67809.85	72812.55	80854.91	89705.23	97277.77	107671.07	110760.94	124369.67
广 西	Guangxi	9569.85	15672.89	16803.12	18317.64	18523.26	20352.51	21237.14	22156.69	24740.86
海 南	Hainan	2064.50	3500.72	3702.76	4053.20	4462.54	4832.05	5308.93	5532.39	6475.20
重 庆	Chongqing	7925.58	14262.60	15717.27	17740.59	19424.73	20363.19	23605.77	25002.79	27894.02
四 川	Sichuan	17185.48	28536.66	30053.10	32934.54	36980.22	40678.13	46615.82	48598.76	53850.79
贵 州	Guizhou	4602.16	9266.39	10502.56	11776.73	13540.83	14806.45	16769.34	17826.56	19586.42
云 南	Yunnan	7224.18	12814.59	13619.17	14788.42	16376.34	17881.12	23223.75	24521.90	27146.76
西 藏	Tibet	507.46	920.83	1026.39	1151.41	1310.92	1477.63	1697.82	1902.74	2080.17
陕 西	Shaanxi	10123.48	17689.94	18021.86	19399.59	21898.81	24438.32	25793.17	26181.86	29800.98
甘 肃	Gansu	4120.75	6836.82	6790.32	7200.37	7459.90	8246.07	8718.30	9016.70	10243.31
青 海	Qinghai	1350.43	2303.32	2417.05	2572.49	2624.83	2865.23	2965.95	3005.92	3346.63
宁 夏	Ningxia	1689.65	2752.10	2911.77	3168.59	3443.56	3705.18	3748.48	3920.55	4522.31
新 疆	Xinjiang	5437.47	9273.46	9324.80	9649.70	10881.96	12199.08	13597.11	13797.58	15983.65

注：本表按当年价格计算。

a) Data in this table are calculated at current prices.

1-17 人均地区生产总值
Per Capita Gross Regional Product

单位：元 (yuan)

地 区	Region	2010	2014	2015	2016	2017	2018	2019	2020	2021
北 京	Beijing	73856	99995	106497	118198	128994	140211	164220	164889	183980
天 津	Tianjin	72994	105231	107960	115053	118944	120711	90371	101614	113732
河 北	Hebei	28668	39984	40255	43062	45387	47772	46348	48564	54172
山 西	Shanxi	26283	35070	34919	35532	42060	45328	45724	50528	64821
内蒙古	Inner Mongolia	47347	71046	71101	72064	63764	68302	67852	72062	85422
辽 宁	Liaoning	42355	65201	65354	50791	53527	58008	57191	58872	65026
吉 林	Jilin	31599	50160	51086	53868	54838	55611	43475	50800	55450
黑龙江	Heilongjiang	27076	39226	39462	40432	41916	43274	36183	42635	47266
上 海	Shanghai	76074	97370	103796	116562	126634	134982	157279	155768	173630
江 苏	Jiangsu	52840	81874	87995	96887	107150	115168	123607	121231	137039
浙 江	Zhejiang	51711	73002	77644	84916	92057	98643	107624	100620	113032
安 徽	Anhui	20888	34425	35997	39561	43401	47712	58496	63426	70321
福 建	Fujian	40025	63472	67966	74707	82677	91197	107139	105818	116939
江 西	Jiangxi	21253	34674	36724	40400	43424	47434	53164	56871	65560
山 东	Shandong	41106	60879	64168	68733	72807	76267	70653	72151	81727
河 南	Henan	24446	37072	39123	42575	46674	50152	56388	55435	59410
湖 北	Hubei	27906	47145	50654	55665	60199	66616	77387	74440	86416
湖 南	Hunan	24719	40271	42754	46382	49558	52949	57540	62900	69440
广 东	Guangdong	44736	63469	67503	74016	80932	86412	94172	88210	98285
广 西	Guangxi	20219	33090	35190	38027	38102	41489	42964	44309	49206
海 南	Hainan	23831	38924	40818	44347	48430	51955	56507	55131	63707
重 庆	Chongqing	27596	47850	52321	58502	63442	65933	75828	78170	86879
四 川	Sichuan	21182	35128	36775	40003	44651	48883	55774	58126	64326
贵 州	Guizhou	13119	26437	29847	33246	37956	41244	46433	46267	50808
云 南	Yunnan	15752	27264	28806	31093	34221	37136	47944	51975	57686
西 藏	Tibet	17027	29252	31999	35184	39267	43398	48902	52345	56831
陕 西	Shaanxi	27133	46929	47626	51015	57266	63477	66649	66292	75360
甘 肃	Gansu	16113	26433	26165	27643	28497	31336	32995	35995	41046
青 海	Qinghai	24115	39671	41252	43531	44047	47689	48981	50819	56398
宁 夏	Ningxia	26860	41834	43805	47194	50765	54094	54217	54528	62549
新 疆	Xinjiang	25034	40648	40036	40564	44941	49475	54280	53593	61725

1-18 分地区一般公共预算收入(2021年)

单位：亿元

地 区	Region	地方一般公共预算收入 General Public Budget Revenue	税收收入 Tax Revenue	国内增值税 Domestic Value-added Tax	企业所得税 Corporate Income Tax	个人所得税 Individual Income Tax
地方合计	**Region Total**	**111084.23**	**83789.27**	**31766.55**	**15437.04**	**5596.69**
北 京	Beijing	5932.31	5164.64	1742.86	1395.07	743.28
天 津	Tianjin	2141.06	1621.89	672.84	337.35	129.04
河 北	Hebei	4167.62	2735.73	980.34	405.50	79.38
山 西	Shanxi	2834.47	2094.72	810.06	308.41	46.66
内蒙古	Inner Mongolia	2349.95	1671.05	541.81	234.00	59.33
辽 宁	Liaoning	2765.59	1970.87	738.17	355.05	72.15
吉 林	Jilin	1143.98	809.41	297.35	142.23	40.79
黑龙江	Heilongjiang	1300.51	870.18	307.11	109.03	32.87
上 海	Shanghai	7771.80	6606.74	2485.91	1694.40	860.78
江 苏	Jiangsu	10015.16	8171.30	3319.63	1566.00	456.35
浙 江	Zhejiang	8262.64	7171.97	2687.98	1444.03	532.11
安 徽	Anhui	3498.19	2389.90	1007.58	392.42	93.53
福 建	Fujian	3383.40	2493.14	929.05	454.54	218.33
江 西	Jiangxi	2812.23	1929.33	941.00	244.42	77.18
山 东	Shandong	7284.46	5475.99	2030.31	867.43	243.40
河 南	Henan	4353.92	2842.56	1087.92	363.02	95.46
湖 北	Hubei	3283.32	2559.68	943.09	435.96	111.44
湖 南	Hunan	3250.69	2245.99	784.17	270.97	91.77
广 东	Guangdong	14105.04	10785.23	4091.37	2111.31	916.19
广 西	Guangxi	1800.15	1191.09	501.21	173.48	49.60
海 南	Hainan	921.16	742.93	216.58	127.29	69.65
重 庆	Chongqing	2285.45	1543.40	573.68	268.38	78.66
四 川	Sichuan	4773.15	3334.86	1200.71	596.53	162.89
贵 州	Guizhou	1969.39	1177.15	453.77	251.71	45.10
云 南	Yunnan	2278.29	1514.21	563.83	229.30	57.21
西 藏	Tibet	215.62	142.17	82.44	13.69	14.20
陕 西	Shaanxi	2775.42	2237.04	824.94	339.53	105.14
甘 肃	Gansu	1001.86	667.41	303.34	80.06	23.99
青 海	Qinghai	328.76	234.73	99.54	33.30	9.16
宁 夏	Ningxia	460.01	300.74	121.54	33.55	19.42
新 疆	Xinjiang	1618.61	1093.24	426.41	159.10	61.66

General Public Budget Revenue by Region (2021)

(100 million yuan)

资源税 Resource Tax	城市维护建设税 City Maintenance and Construction Tax	房产税 House Property Tax	印花税 Stamp Tax	城镇土地使用税 Urban Land Use Tax	土地增值税 Land Appreciation Tax	车船税 Tax on Vehicles and Boat Operation
2230.32	**5005.03**	**3277.64**	**1598.08**	**2126.28**	**6896.02**	**1020.62**
31.28	245.61	342.86	105.63	18.93	247.43	33.34
11.70	107.08	81.88	40.63	15.01	106.06	14.37
74.20	151.62	89.57	62.51	155.59	286.93	59.16
493.51	98.95	45.51	44.78	29.12	57.37	27.42
385.12	79.52	46.75	27.55	64.67	60.06	25.29
51.51	137.34	104.88	41.05	145.06	91.35	46.18
11.93	61.82	35.04	17.74	25.84	29.14	21.72
65.06	55.05	44.86	15.27	75.78	57.29	26.29
	302.69	221.98	122.73	18.64	464.16	20.26
9.06	498.80	373.39	130.12	170.28	655.95	64.33
14.01	413.74	249.82	121.78	99.52	698.78	65.07
33.46	163.38	89.07	37.22	112.92	142.97	28.36
9.86	142.39	93.64	55.56	36.83	256.81	27.98
24.42	133.29	40.47	32.82	44.83	118.29	24.11
126.15	324.72	188.96	109.51	302.53	487.11	94.43
77.96	173.03	87.01	50.49	135.61	216.66	57.94
21.73	184.84	98.83	44.85	59.14	281.44	40.09
15.44	155.00	89.49	38.83	77.95	277.61	33.23
17.94	630.05	374.14	196.79	94.41	1392.05	89.88
22.59	85.28	47.96	30.83	22.09	75.35	26.00
3.66	33.49	24.31	12.37	22.00	165.92	5.70
13.25	99.86	86.11	34.26	85.42	70.86	17.76
83.06	207.03	143.29	70.34	92.82	283.59	46.47
39.21	91.44	38.90	22.83	33.32	54.21	18.19
41.11	133.57	57.38	29.05	42.01	128.88	27.48
6.10	11.80		3.56	0.16	4.64	1.87
373.06	130.36	81.29	42.07	56.16	80.64	29.33
29.46	53.86	28.43	16.49	22.20	34.10	16.85
22.63	15.93	9.18	5.07	4.49	8.37	4.50
25.53	17.46	14.22	7.56	12.19	11.93	5.71
96.35	66.03	48.41	27.79	50.76	50.07	21.32

1—18 续表

单位：亿元

地　区	Region	耕地占用税 Farm Land Occupation Tax	契　税 Deed Tax	烟叶税 Tobacco Leaf Tax	环　境 保护税 Environment Protection Tax	其他税 收收入 Other Tax Revenue
地方合计	**Region Total**	**1065.36**	**7427.49**	**119.38**	**203.27**	**19.50**
北　京	Beijing	4.52	245.09		10.48	-1.73
天　津	Tianjin	4.05	98.85		2.67	0.33
河　北	Hebei	103.11	267.08	0.38	19.22	1.13
山　西	Shanxi	18.56	102.43	0.15	11.53	0.28
内蒙古	Inner Mongolia	49.53	76.45	0.10	18.33	2.54
辽　宁	Liaoning	17.22	161.37	0.46	8.05	1.03
吉　林	Jilin	19.88	103.66	0.37	1.44	0.47
黑龙江	Heilongjiang	14.03	62.61	1.07	2.57	1.28
上　海	Shanghai	2.89	410.45		1.85	0.01
江　苏	Jiangsu	41.18	848.29		36.79	1.14
浙　江	Zhejiang	72.93	767.28	0.01	3.19	1.74
安　徽	Anhui	22.71	262.05	0.67	2.57	0.98
福　建	Fujian	11.13	246.15	6.73	2.94	1.19
江　西	Jiangxi	21.12	222.37	1.52	3.26	0.25
山　东	Shandong	97.46	588.66	2.36	11.84	1.09
河　南	Henan	162.07	320.69	6.10	7.93	0.65
湖　北	Hubei	55.53	271.48	4.24	6.59	0.42
湖　南	Hunan	64.75	333.17	9.35	4.03	0.23
广　东	Guangdong	50.96	809.80	1.28	7.35	1.71
广　西	Guangxi	33.37	117.86	0.96	4.34	0.18
海　南	Hainan	1.24	59.75	0.03	0.80	0.14
重　庆	Chongqing	22.69	186.09	2.53	3.15	0.72
四　川	Sichuan	71.54	358.42	9.89	6.81	1.48
贵　州	Guizhou	11.89	98.30	12.81	5.85	-0.37
云　南	Yunnan	20.09	120.33	56.41	6.57	1.00
西　藏	Tibet	3.04	0.26		0.18	0.23
陕　西	Shaanxi	25.41	143.33	1.80	3.85	0.12
甘　肃	Gansu	6.82	49.03	0.14	2.48	0.15
青　海	Qinghai	6.44	14.51		0.89	0.72
宁　夏	Ningxia	6.97	23.13	0.02	1.53	-0.02
新　疆	Xinjiang	22.20	58.54		4.22	0.40

continued

(100 million yuan)

非税收入 Non-Tax Revenue	专项收入 Special Program Receipts	行政事业性收费收入 Charge of Administrative and Institutional Units	罚没收入 Penalty Receipts	国有资本经营收入 Operating Income from Government Capital	国有资源(资产)有偿使用收入 Income from Use of State-owned Resources (Assets)	其他收入 Other Revenue
27294.96	**7654.15**	**3724.35**	**3431.82**	**753.16**	**9207.76**	**2523.72**
767.66	348.12	68.74	69.98	41.67	146.30	92.85
519.17	129.47	30.08	38.85	11.87	248.65	60.24
1431.90	381.48	130.33	154.93	29.48	597.35	138.33
739.75	208.56	98.03	116.01	26.23	228.97	61.95
678.90	150.96	117.57	190.96	5.54	188.65	25.21
794.72	150.52	97.09	139.25	9.55	344.54	53.77
334.57	83.97	90.52	46.39	4.28	88.56	20.85
430.33	63.31	62.04	79.78	5.57	172.01	47.63
1165.06	524.22	80.41	70.16	0.60	438.25	51.42
1843.86	448.90	345.80	241.77		624.22	183.17
1090.66	481.58	166.86	156.17	-86.49	325.24	47.30
1108.30	313.78	127.72	112.00	34.30	438.81	81.69
890.27	296.40	85.69	97.56	28.52	323.22	58.88
882.90	158.22	167.84	147.00	9.22	344.55	56.07
1808.47	378.94	336.99	299.79	37.37	619.19	136.19
1511.36	455.26	240.02	162.99	89.47	399.99	163.63
723.64	217.48	148.20	118.42	2.10	171.48	65.96
1004.70	224.91	163.68	166.33	6.52	278.14	165.12
3319.80	1199.34	292.42	263.19	101.15	1110.55	353.14
609.07	126.37	94.03	106.91	5.29	238.90	37.56
178.22	61.74	23.55	39.17	1.26	42.92	9.58
742.05	172.87	77.74	55.32		330.41	105.71
1438.29	274.31	186.91	186.97	81.14	532.55	176.40
792.24	120.17	91.16	79.10	247.97	207.22	46.62
764.08	221.95	134.44	92.80	-0.79	211.68	104.01
73.45	19.79	15.09	13.75	0.16	17.56	7.09
538.39	179.69	97.04	67.93	4.29	146.53	42.91
334.45	98.80	49.47	38.23	14.54	95.10	38.30
94.04	24.38	15.84	11.30	0.18	33.73	8.60
159.28	37.10	24.31	17.51	2.44	58.11	19.81
525.37	101.57	64.71	51.27	39.72	204.37	63.72

1-19 分地区一般公共预算支出(2021年)

单位：亿元

地 区	Region	地方一般公共预算支出 General Public Budget Expenditure	一般公共服务支出 Expenditure for General Public Services	外交支出 Expenditure for Foreign Affairs	国防支出 Expenditure for National Defense	公 共 安全支出 Expenditure for Public Security	教育支出 Expenditure for Education
地方合计	**Region Total**	**210623.04**	**18307.54**	**1.70**	**229.65**	**11891.10**	**35778.50**
北 京	Beijing	7205.12	532.65		8.25	497.15	1147.83
天 津	Tianjin	3152.55	234.40		1.27	215.69	479.25
河 北	Hebei	8848.21	819.68		10.21	424.99	1628.81
山 西	Shanxi	5046.62	453.28		4.34	250.18	778.00
内蒙古	Inner Mongolia	5239.57	396.10		4.25	249.79	641.29
辽 宁	Liaoning	5879.21	453.78		3.68	385.20	703.64
吉 林	Jilin	3696.84	318.75		4.34	197.30	486.96
黑龙江	Heilongjiang	5104.81	323.93		5.79	263.72	570.95
上 海	Shanghai	8430.86	382.43		9.50	453.73	1039.47
江 苏	Jiangsu	14585.26	1304.63		21.67	908.30	2563.41
浙 江	Zhejiang	11014.59	1105.31		10.92	729.51	2039.52
安 徽	Anhui	7591.05	522.57		5.81	308.94	1315.66
福 建	Fujian	5204.72	449.93	0.06	4.88	336.76	1079.81
江 西	Jiangxi	6778.87	540.62		9.21	292.43	1249.10
山 东	Shandong	11713.16	1136.11		17.00	635.20	2411.09
河 南	Henan	9784.29	995.38		6.55	452.58	1786.41
湖 北	Hubei	7933.67	737.30		5.68	433.28	1201.93
湖 南	Hunan	8325.50	820.29		12.79	407.42	1373.63
广 东	Guangdong	18247.01	1828.89		17.94	1407.31	3796.69
广 西	Guangxi	5806.54	501.24		9.87	288.38	1094.08
海 南	Hainan	1971.37	157.21	0.90	6.31	102.42	295.10
重 庆	Chongqing	4835.06	357.61	0.41	6.63	273.20	794.95
四 川	Sichuan	11215.69	976.81		13.36	531.89	1733.04
贵 州	Guizhou	5590.01	485.12		4.40	274.27	1129.35
云 南	Yunnan	6634.36	563.76		9.81	375.60	1143.30
西 藏	Tibet	2027.01	283.72	0.15	1.87	124.76	259.13
陕 西	Shaanxi	6069.22	543.87		4.15	289.72	1025.00
甘 肃	Gansu	4032.56	359.63		3.45	193.55	661.92
青 海	Qinghai	1854.52	140.41		1.13	93.90	221.21
宁 夏	Ningxia	1427.89	90.23		0.80	63.95	200.01
新 疆	Xinjiang	5376.91	491.90	0.19	3.80	429.99	927.96

General Public Expenditure by Region (2021)

(100 million yuan)

科　学 技术支出 Expenditure for Science and Technology	文化旅游体育 与传媒支出 Expenditure for Culture, Tourism, Sport and Media	社会保障 和就业支出 Expenditure for Social Security and Employment	卫生健康 支　出 Expenditure for Health Care	节　能 环保支出 Expenditure for Energy Conservation and Environment Protection	城　乡 社区支出 Expenditure for Urban and Rural Community Affairs	农林水支出 Expenditure for Agriculture, Forestry and Water Conservancy
6464.24	**3774.10**	**32900.97**	**18919.17**	**5251.36**	**19366.72**	**21535.59**
449.45	220.06	1054.19	632.67	249.24	860.00	497.87
103.97	36.97	597.96	182.58	47.14	459.59	148.01
112.64	127.08	1405.03	853.49	351.65	882.98	924.79
83.38	97.04	886.50	416.78	214.79	436.66	514.23
35.28	107.33	874.77	362.73	143.87	496.84	818.84
78.45	84.36	1649.57	399.25	80.39	532.60	409.44
38.43	61.08	784.24	279.72	112.27	297.50	462.32
43.52	55.42	1329.89	392.28	140.54	295.19	868.98
422.70	156.42	1023.96	633.12	159.30	1431.04	455.77
671.59	271.01	1891.50	1183.71	336.80	1757.05	1106.20
578.60	249.35	1286.13	908.04	203.56	1159.89	795.27
416.09	86.10	1229.58	732.00	199.45	858.00	942.55
155.11	104.82	592.50	533.63	139.97	410.50	366.61
210.95	117.32	892.12	643.27	229.59	669.53	762.26
372.32	180.36	1863.39	1092.72	266.79	1087.33	1026.95
329.25	122.01	1560.44	1018.59	210.41	978.22	1015.22
314.57	131.37	1517.49	706.33	167.10	745.77	841.65
217.30	134.98	1312.65	739.92	194.62	877.55	949.01
982.76	395.59	2131.89	1857.10	493.55	1556.64	1109.47
71.13	88.51	923.05	613.75	83.50	356.43	757.80
40.47	37.74	260.42	194.17	50.55	184.94	260.72
92.64	64.23	1019.58	427.72	163.75	435.64	406.26
273.12	210.47	2165.82	1044.14	218.55	647.62	1330.10
88.34	117.08	688.64	542.07	158.74	260.03	730.74
61.85	77.57	997.63	725.99	136.10	348.52	919.74
8.34	46.56	194.02	115.26	27.45	106.82	340.54
93.00	161.76	957.51	565.72	176.25	471.07	694.26
34.95	82.71	590.11	390.38	82.10	194.87	737.04
12.19	36.99	312.60	176.33	72.17	98.00	251.05
29.00	24.39	229.33	110.72	47.71	113.79	242.37
42.86	87.44	678.48	445.02	93.48	356.09	849.55

1−19 续表

单位：亿元

地 区	Region	交通运输支出 Expenditure for Transportation	资源勘探信息等支出 Expenditure for Resource Exploration and Information	商业服务业等支出 Expenditure for Commerce and Services	金融支出 Expenditure for Financial Affairs	援助其他地区支出 Expenditure for Assistance to Other Regions
地方合计	**Region Total**	**10599.04**	**6273.05**	**1536.36**	**942.57**	**467.81**
北 京	Beijing	362.70	149.24	30.86	24.36	55.49
天 津	Tianjin	92.18	272.87	54.73	2.17	27.04
河 北	Hebei	448.27	185.88	27.64	5.73	8.30
山 西	Shanxi	299.27	94.26	16.03	83.09	3.24
内蒙古	Inner Mongolia	345.99	117.86	17.74	8.45	
辽 宁	Liaoning	163.34	201.91	37.90	111.69	12.62
吉 林	Jilin	218.49	67.06	14.91	9.87	2.58
黑龙江	Heilongjiang	213.67	95.82	14.47	2.40	3.20
上 海	Shanghai	475.57	955.54	199.79	18.48	78.55
江 苏	Jiangsu	598.39	441.36	114.19	39.45	57.95
浙 江	Zhejiang	514.30	391.68	232.10	26.91	31.34
安 徽	Anhui	303.98	97.76	56.80	7.40	5.74
福 建	Fujian	277.05	264.65	86.07	9.35	5.33
江 西	Jiangxi	290.78	348.46	31.72	28.21	2.13
山 东	Shandong	326.26	258.98	84.79	115.33	34.18
河 南	Henan	332.42	106.62	29.00	87.14	4.03
湖 北	Hubei	335.82	184.12	35.58	47.08	7.92
湖 南	Hunan	308.61	164.67	46.62	49.70	5.65
广 东	Guangdong	728.22	472.76	135.85	23.47	114.41
广 西	Guangxi	335.51	160.96	26.94	70.96	
海 南	Hainan	108.29	38.33	3.46	5.96	0.00
重 庆	Chongqing	277.44	132.02	32.15	15.80	1.48
四 川	Sichuan	717.35	293.25	66.12	59.31	6.52
贵 州	Guizhou	336.45	182.89	14.83	3.60	
云 南	Yunnan	601.40	66.57	24.89	10.23	
西 藏	Tibet	323.92	61.27	4.56	20.22	
陕 西	Shaanxi	325.83	129.93	47.42	37.53	0.07
甘 肃	Gansu	287.29	65.05	7.41	6.69	
青 海	Qinghai	189.44	62.28	3.58	2.30	0.03
宁 夏	Ningxia	84.35	39.54	4.82	5.96	
新 疆	Xinjiang	376.47	169.46	33.37	3.72	

continued

(100 million yuan)

自然资源海洋气象等支出 Expenditure for Nature Resources, Ocean and Weather	住房保障支出 Expenditure for Housing Security	粮油物资储备支出 Expenditure for Reserve of of Grain, Oil and Other Materials	灾害防治及应急管理支出 Expenditure for Prevention of Disasters and Emergency Management	债务付息支出 Expenditure for Interest Payments on Debts	债务发行费用支出 Expenditure for Issuing Debts	其他支出 Other Expendi-ture
2001.36	**6463.02**	**660.66**	**1583.80**	**4579.56**	**24.38**	**1070.79**
31.74	152.58	11.91	52.90	77.91	0.40	105.67
24.02	72.48	8.83	22.67	58.78	0.39	9.57
144.70	184.68	16.98	58.92	199.05	1.11	25.60
74.96	141.36	16.49	55.55	86.68	0.63	39.88
64.89	173.57	17.59	31.32	274.16	1.03	55.87
52.33	202.92	18.73	33.93	227.90	1.13	34.47
33.89	129.99	30.85	22.15	117.54	0.54	6.06
36.77	229.37	46.95	40.83	129.77	0.65	0.71
26.89	327.28	11.13	40.61	98.28	0.39	30.89
130.72	779.59	26.04	82.47	241.61	1.20	56.43
131.40	268.09	29.78	69.48	238.10	1.17	14.14
64.98	221.09	29.52	36.97	145.93	0.66	3.46
52.80	127.40	18.73	34.48	113.18	0.72	40.38
49.11	185.76	16.17	53.72	117.23	0.69	38.50
136.28	280.68	24.97	89.34	247.69	1.50	23.89
87.95	273.58	36.43	112.95	174.76	1.15	63.22
65.78	185.16	33.61	55.82	160.44	0.91	18.98
94.98	222.28	36.75	63.66	247.12	0.97	44.33
172.74	568.97	58.00	146.48	202.80	1.48	43.99
60.57	154.41	19.09	35.80	144.88	0.68	8.98
23.17	41.32	5.52	11.73	56.52	0.37	85.75
45.61	128.09	20.89	42.39	93.52	0.76	2.30
82.68	371.53	42.12	134.35	227.64	1.17	68.73
41.10	180.34	14.01	48.48	226.01	1.15	62.35
63.58	218.69	16.88	52.75	194.44	0.77	24.31
15.80	44.36	1.98	15.20	9.36	0.11	21.62
91.52	208.85	17.54	51.86	141.81	1.02	33.52
34.91	133.97	13.58	38.17	76.15	0.35	38.29
19.92	62.49	6.23	16.54	69.46	0.41	5.87
13.39	55.21	3.93	9.57	49.17	0.21	9.44
32.17	136.95	9.42	22.71	131.65	0.64	53.58

1-20 全社会固定资产投资
Total Investment in Fixed Assets in the Whole Country

年 份 Year	全社会固定资产投资 Total Investment in Fixed Assets		房地产开发投资 Real Estate Development	
	绝对数(亿元) Value (100 million yuan)	比上年增长(%) Growth Rate over Preceding Year (%)	绝对数(亿元) Value (100 million yuan)	比上年增长(%) Growth Rate over Preceding Year (%)
1981	961	5.5		
1982	1230	28.0		
1983	1430	16.2		
1984	1833	28.2		
1985	2543	38.8		
1986	3121	22.7	101	
1987	3792	21.5	150	48.5
1988	4754	25.4	257	71.6
1989	4410	-7.2	273	6.0
1990	4517	2.4	253	-7.1
1991	5595	23.9	336	32.7
1992	8080	44.4	731	117.5
1993	13072	61.8	1938	165.0
1994	17042	30.4	2554	31.8
1995	20019	17.5	3149	23.3
1996	22974	14.8	3216	2.1
1997	24941	8.8	3178	-1.2
1998	28406	13.9	3614	13.7
1999	29855	5.1	4103	13.5
2000	32918	10.3	4984	21.5
2001	37214	13.0	6344	27.3

注：根据经济普查、投资统计制度方法改革以及统计执法检查、统计督察等因素，对2003年以来的全社会固定资产投资总量及增速、固定资产投资(不含农户)总量及增速、民间投资总量及增速、第一、二、三产投资总量及增速进行了修订。

a) According to the results of the National Economic Cencus, Reform of Statistic System and Methods, the Statistical Law Enforcement Inspection, Statistics supervision and other factors, the value and growth rates of investment in fixed assets in the whole country since 2003, the value and growth rates of investment in fixed assets (excluding rural households), the value and growth rates of non-governmental investment in fixed assets, and the value and growth rates of the primary, secondary, tertiary industry are revised.

1－20　续表　continued

年　份 Year	全社会固定资产投资 Total Investment in Fixed Assets		房地产开发投资 Real Estate Development	
	绝对数(亿元) Value (100 million yuan)	比上年增长(%) Growth Rate over Preceding Year (%)	绝对数(亿元) Value (100 million yuan)	比上年增长(%) Growth Rate over Preceding Year (%)
2002	43500	16.9	7791	22.8
2003	53841	23.8	10154	30.3
2004	66235	23.0	13158	29.6
2005	80994	22.3	15909	20.9
2006	97583	20.5	19423	22.1
2007	118323	21.3	25289	30.2
2008	144587	22.2	31203	23.4
2009	181760	25.7	36242	16.1
2010	218834	20.4	48259	33.2
2011	238782	20.1	61797	28.1
2012	281684	18.0	71804	16.2
2013	329318	16.9	86013	19.8
2014	373637	13.5	95036	10.5
2015	405928	8.6	95979	1.0
2016	434364	7.0	102581	6.9
2017	461284	6.2	109799	7.0
2018	488499	5.9	120165	9.4
2019	513608	5.1	132194	10.0
2020	527270	2.7	141443	7.0
2021	552884	4.9	147602	4.4
平均每年增长(%)				
Annual Growth Rate(%)				
1982－2021	18.7			
1991－2021	18.7		25.4	
2001－2021	16.7		20.2	

1-21 各行业按建设性质和构成分固定资产投资比上年增长情况(2021年)

单位：%

指 标	Item	全部投资 Total Investment
全 国 总 计	**National Total**	**4.9**
农、林、牧、渔业	**Agriculture, Forestry, Animal Husbandry and Fishery**	**9.3**
农业	Farming	3.4
林业	Forestry	-4.0
畜牧业	Animal Husbandry	20.3
渔业	Fishery	4.9
农、林、牧、渔专业及辅助性活动	Professional and Support Activities for Agriculture, Forestry, Animal Husbandry and Fishery	10.5
采矿业	**Mining**	**10.9**
煤炭开采和洗选业	Mining and Washing of Coal	11.1
石油和天然气开采业	Extraction of Petroleum and Natural Gas	4.2
黑色金属矿采选业	Mining and Processing of Ferrous Metal Ores	26.9
有色金属矿采选业	Mining and Processing of Non-Ferrous Metal Ores	1.9
非金属矿采选业	Mining and Processing of Non-metal Ores	26.9
开采专业及辅助性活动	Professional and Support Activities for Mining	45.2
其他采矿业	Mining of Other Ores	9.2
制造业	**Manufacturing**	**13.5**
农副食品加工业	Processing of Food from Agricultural Products	18.8
食品制造业	Manufacture of Foods	10.4
酒、饮料和精制茶制造业	Manufacture of Liquor, Beverages and Refined Tea	16.8
烟草制品业	Manufacture of Tobacco	34.5
纺织业	Manufacture of Textile	11.9
纺织服装、服饰业	Manufacture of Textile, Wearing Apparel and Accessories	4.1
皮革、毛皮、羽毛及其制品和制鞋业	Manufacture of Leather, Fur, Feather and Related Products and Footwear	2.0
木材加工和木、竹、藤、棕、草制品业	Processing of Timber, Manufacture of Wood, Bamboo, Rattan, Palm and Straw Products	13.7
家具制造业	Manufacture of Furniture	1.7
造纸及纸制品业	Manufacture of Paper and Paper Products	13.3
印刷和记录媒介复制业	Printing and Reproduction of Recording Media	6.7
文教、工美、体育和娱乐用品制造业	Manufacture of Articles for Culture, Education, Arts and Crafts, Sport and Entertainment Activities	11.2
石油、煤炭及其他燃料加工业	Processing of Petroleum, Coal and Other Fuels	8.0
化学原料及化学制品制造业	Manufacture of Raw Chemical Materials and Chemical Products	15.7
医药制造业	Manufacture of Medicines	10.6
化学纤维制造业	Manufacture of Chemical Fibres	31.8
橡胶和塑料制品业	Manufacture of Rubber and Plastics Products	13.2
非金属矿物制品业	Manufacture of Non-metallic Mineral Products	14.1
黑色金属冶炼和压延加工业	Smelting and Pressing of Ferrous Metals	14.6
有色金属冶炼和压延加工业	Smelting and Pressing of Non-ferrous Metals	4.6
金属制品业	Manufacture of Metal Products	11.4
通用设备制造业	Manufacture of General Purpose Machinery	9.8

Growth Rate of Total Investment in Fixed Assets over Preceding Year by Sector, Type of Construction and Composition of Funds (2021)

(%)

#新 建 New Construction	#扩 建 Expansion	#改建和技术改造 Reconstruction and Technical Transformation	建筑安装工程投资 Construction and Installation	设备工器具购置 Purchase of Equipment and Instruments	其他费用 Other Expenses
7.0	**-3.0**	**10.1**	**8.9**	**-2.6**	**-1.5**
11.5	**-1.4**	**1.0**	**17.8**	**-25.7**	**-25.7**
4.9	-1.0	12.2	13.9	-42.0	-48.9
-1.8	-37.5	-48.1	7.2	-59.5	-28.3
21.0	15.7	12.7	26.1	-11.1	0.1
7.8	-16.5	-3.3	11.2	-33.8	8.7
14.8	-22.7	-13.9	14.8	-21.4	-9.6
36.9	**-39.8**	**8.7**	**10.1**	**0.2**	**51.2**
9.6	30.5	13.2	7.8	1.9	45.3
59.2	-85.7	-7.5	3.5	8.8	16.2
27.9	46.4	21.9	33.2	-6.2	83.0
8.7	-23.2	10.3	4.0	6.5	-24.4
38.7	25.7	9.7	24.2	-16.8	119.4
24.6	237.1	11.4	50.2	45.6	-10.8
63.1	101.8	-35.1	62.1	-38.0	-18.9
15.1	**13.2**	**13.9**	**22.1**	**1.9**	**-1.2**
24.2	8.8	15.5	26.9	-4.9	-9.3
8.1	7.3	15.4	15.7	-0.4	-4.9
15.8	22.7	17.0	22.1	-0.8	8.4
-36.3	-33.3	49.2	14.4	72.4	-12.2
18.5	1.3	9.0	26.6	-10.2	13.6
-3.5	7.7	15.4	10.6	-11.5	-26.7
-2.7	19.5	-0.5	11.4	-21.9	-24.7
21.6	-1.4	11.4	23.5	-8.0	-13.0
2.0	14.2	2.0	7.3	-15.1	-15.9
26.1	23.2	-3.4	12.2	17.0	1.3
-1.9	13.3	11.5	10.6	3.9	-22.9
10.9	12.9	17.5	18.1	-6.7	-5.6
5.8	-10.6	21.0	28.5	-11.5	-20.5
19.7	8.2	14.8	24.4	0.5	14.8
17.2	13.9	1.3	19.9	-7.7	6.9
83.8	20.4	-19.1	62.4	8.8	2.1
13.5	2.1	16.7	20.3	3.4	-4.9
13.6	10.6	15.9	18.6	5.9	0.2
4.5	20.6	7.6	35.3	-7.2	-1.3
2.5	8.8	8.5	16.3	-9.8	-25.0
10.5	5.3	15.9	19.0	-4.9	0.7
7.9	9.6	13.5	16.9	-0.4	-12.3

1-21 续表 1

单位：%

指　　标	Item	全部投资 Total Investment
专用设备制造业	Manufacture of Special Purpose Machinery	24.3
汽车制造业	Manufacture of Automobiles	-3.7
铁路、船舶、航空航天和其他运输设备制造业	Manufacture of Railway, Ship, Aerospace and Other Transport Equipments	20.5
电气机械和器材制造业	Manufacture of Electrical Machinery and Apparatus	23.3
计算机、通信和其他电子设备制造业	Manufacture of Computers, Communication and Other Electronic Equipment	22.3
仪器仪表制造业	Manufacture of Measuring Instruments and Machinery	12.0
其他制造业	Other Manufacture	8.7
废弃资源综合利用业	Utilization of Waste Resources	6.7
金属制品、机械和设备修理业	Repair Service of Metal Products, Machinery and Equipment	43.6
电力、热力、燃气及水生产和供应业	**Production and Supply of Electricity, Heat, Gas and Water**	**1.1**
电力、热力生产和供应业	Production and Supply of Electric Power and Heat Power	3.2
燃气生产和供应业	Production and Supply of Gas	-2.2
水的生产和供应业	Production and Supply of Water	-4.2
建筑业	**Construction**	**1.6**
房屋建筑业	Construction of Buildings	10.8
土木工程建筑业	Civil Engineering	-7.7
建筑安装业	Building Installation	43.7
建筑装饰、装修和其他建筑业	Building Decoration and Other Constructions	51.9
批发和零售业	**Wholesale and Retail Trades**	**-5.9**
批发业	Wholesale Trade	-6.2
零售业	Retail Trade	-5.7
交通运输、仓储和邮政业	**Transport, Storage and Post**	**1.6**
铁路运输业	Railway Transport	-1.8
道路运输业	Road Transport	-1.2
水上运输业	Water Transport	17.9
航空运输业	Air Transport	18.8
管道运输业	Transport Via Pipelines	-1.4
多式联运和运输代理业	Intermodality and Forwarding Agency	15.5
装卸搬运和仓储业	Loading, Unloading and Storage	6.6
邮政业	Post	25.2
住宿和餐饮业	**Hotels and Catering Services**	**6.6**
住宿业	Hotels	6.3
餐饮业	Catering Services	8.8
信息传输、软件和信息技术服务业	**Information Transmission, Software and Information Technology**	**-12.1**
电信、广播电视和卫星传输服务	Telecommunication, Radio and Television and Satellite Transmission Service	-7.0
互联网和相关服务	Internet and Related Service	44.6
软件和信息技术服务业	Software and Information Technology	-15.0

continued

(%)

#新 建 New Construction	#扩 建 Expansion	#改建和技术改造 Reconstruction and Technical Transformation	建筑安装工程投资 Construction and Installation	设备工器具购置 Purchase of Equipment and Instruments	其他费用 Other Expenses
28.0	26.0	19.0	36.5	0.8	2.9
-6.0	-6.0	-0.3	2.3	-9.5	-13.9
24.5	-7.4	30.1	28.0	-1.2	26.4
22.9	28.2	20.1	24.4	23.6	10.0
21.1	37.6	27.9	32.5	13.7	10.2
13.6	4.0	12.8	18.1	-1.0	16.2
10.1	-6.7	6.0	11.9	-23.5	-11.3
11.5	-6.1	1.3	15.9	-4.4	-40.7
33.9	30.3	93.2	52.5	29.8	10.2
4.9	**-14.7**	**-6.5**	**3.5**	**-5.3**	**4.4**
6.6	-13.9	-4.2	6.2	-3.1	9.7
-1.5	-7.5	-0.3	1.5	-24.1	4.0
1.1	-17.9	-13.7	-1.0	-24.4	-21.5
-4.9	**17.1**	**54.1**	**4.7**	**15.1**	**-40.2**
6.4	-18.3	169.1	21.0	18.6	-38.6
-13.4	19.6	20.2	-6.3	3.1	-41.8
46.3	-54.9	-10.5	68.7	12.7	-26.4
28.3	160.4	86.0	35.6	118.9	-38.0
-4.7	**-16.0**	**0.2**	**0.2**	**-40.9**	**-17.9**
-4.9	-20.4	12.5	-0.3	-47.0	-8.8
-4.6	-11.1	-8.5	0.6	-33.9	-21.2
3.0	**-9.8**	**-8.3**	**2.2**	**0.3**	**-4.0**
7.2	-15.6	15.3	2.8	-1.3	-13.3
0.6	-13.8	-9.5	-0.6	-11.6	-1.8
19.1	-28.1	-7.8	22.1	35.3	-20.0
1.1	47.0	-49.3	16.9	23.9	16.7
0.7	-49.6	33.9	4.5	-32.9	2.1
18.5	-39.3	17.3	8.6	86.4	26.6
12.8	11.5	-0.9	17.9	-17.9	-6.2
44.5	-1.6	-55.3	10.4	78.9	78.4
8.5	**-20.2**	**7.6**	**9.0**	**-29.0**	**2.3**
8.5	-23.2	2.1	7.9	-31.4	6.3
7.8	-6.7	26.6	17.1	-23.1	-31.5
8.7	**22.8**	**9.8**	**19.2**	**11.7**	**-11.3**
-10.6	25.1	-21.3	-5.4	-10.3	10.4
40.3	39.8	73.3	44.1	53.4	17.1
12.7	8.7	27.0	27.0	42.6	-29.9

1—21 续表 2

单位：%

指　标	Item	全部投资 Total Investment
金融业	**Financial Intermediation**	**1.9**
货币金融服务	Monetary and Financial Service	10.6
资本市场服务	Capital Market Service	-26.5
保险业	Insurance	-12.3
其他金融业	Other Financial Activities	18.1
房地产业	**Real Estate**	**5.0**
租赁和商务服务业	**Leasing and Business Services**	**13.6**
租赁业	Leasing	6.6
商务服务业	Business Services	14.0
科学研究和技术服务业	**Scientific Research and Technical Services**	**14.5**
研究和试验发展	Research and Experimental Development	17.3
专业技术服务业	Professional Technical Services	8.0
科技推广和应用服务业	Science and Technology Popularization and Application Services	15.8
水利、环境和公共设施管理业	**Management of Water Conservancy, Environment and Public Facilities**	**-1.2**
水利管理业	Management of Water Conservancy	1.3
生态保护和环境治理业	Ecological Protection and Environmental Treatment	-2.6
公共设施管理业	Management of Public Facilities	-1.3
土地管理业	Management of Land	-23.5
居民服务、修理和其他服务业	**Service to Households, Repair and Other Services**	**-10.3**
居民服务业	Service to Households	-11.1
机动车、电子产品和日用产品修理业	Repair of Motor Vehicles, Electronics and Household Products	-3.3
其他服务业	Other Services	-12.3
教育	**Education**	**11.7**
卫生和社会工作	**Health and Social Service**	**19.5**
卫生	Health	24.5
社会工作	Social Service	-3.1
文化、体育和娱乐业	**Culture, Sports and Entertainment**	**1.6**
新闻和出版业	Journalism and Publishing Activities	58.5
广播、电视、电影和影视录音制作业	Radio, Television, Motion Picture and Audio-risual Programme Production Services	-27.1
文化艺术业	Cultural and Art Activities	6.4
体育	Sports Activities	-9.3
娱乐业	Entertainment	4.7
公共管理、社会保障和社会组织	**Public Management, Social Security and Social Organization**	**-38.2**
中国共产党机关	Organs of Communist Party of China	-21.4
国家机构	Government Agencies	-40.8
人民政协、民主党派	People's Political Consultative Conference and Democratic Parties	81.2
社会保障	Social Security	-28.2
群众团体、社会团体和其他成员组织	Mass Organizations, Social Organizations and Other Membership Organizations	-17.6
基层群众自治组织	Grass Roots Self-Governing Organizations	-16.9
国际组织	**International Organizations**	

continued

(%)

#新 建 New Construction	#扩 建 Expansion	#改建和技术改造 Reconstruction and Technical Transformation	建筑安装工程投资 Construction and Installation	设备工器具购置 Purchase of Equipment and Instruments	其他费用 Other Expenses
-2.2	**4.8**	**5.5**	**-0.3**	**48.5**	**-8.9**
4.8	-14.9	35.7	2.2	44.2	7.7
-25.0	-23.9	-52.5	-36.7	10.5	-9.3
-13.3	-42.9	95.1	5.2	28.5	-32.0
12.3	207.9	-23.1	32.4	749.5	-32.7
10.3	**-20.5**	**17.6**	**7.5**	**-13.6**	**0.9**
14.6	**20.4**	**29.0**	**16.7**	**-8.4**	**8.9**
81.6	-4.3	107.2	19.3	6.2	-80.8
13.7	22.0	26.9	16.7	-29.9	9.5
13.4	**9.4**	**15.7**	**17.5**	**4.9**	**7.6**
13.4	84.5	20.9	14.3	17.3	31.0
6.7	-18.7	12.6	12.0	4.6	-13.4
17.0	-3.0	13.8	22.9	-11.6	-2.9
-1.5	**-13.8**	**7.7**	**0.4**	**-45.4**	**-2.6**
3.8	-29.8	-3.2	3.0	-42.6	-2.0
-0.4	-15.5	-12.4	-0.6	-27.7	-1.7
-2.3	-10.7	11.9	0.2	-51.5	-2.4
-23.4	-56.3	0.2	-18.2	-67.5	-59.9
-11.3	**-5.6**	**-2.3**	**-6.0**	**-25.5**	**-37.7**
-11.5	-5.6	-16.9	-6.6	-29.7	-38.6
-7.5	-13.0	65.4	6.0	-40.8	-49.5
-13.2	8.2	-11.0	-13.7	4.1	-18.0
11.9	**2.8**	**25.3**	**11.7**	**16.8**	**8.9**
21.0	**9.4**	**17.8**	**22.5**	**9.8**	**7.4**
27.6	10.3	18.2	27.6	12.3	19.1
-3.2	0.8	15.8	1.8	-32.9	-28.2
1.6	**1.5**	**6.9**	**5.6**	**-29.5**	**-13.1**
48.6	50.9	175.7	39.8	97.9	232.5
-26.1	-35.7	-28.5	-22.0	-37.4	-40.0
6.4	0.7	8.9	11.5	-35.8	-13.8
-7.7	-29.2	-12.8	-6.6	-51.7	-16.0
3.9	13.6	20.3	8.4	-23.8	-8.8
-41.1	**-27.9**	**-1.6**	**-37.5**	**-59.0**	**-6.7**
-21.7	-22.4	-12.4	-32.5	192.2	73.0
-44.3	-20.5	-2.0	-40.4	-59.7	-5.7
6.3			-21.2		
-30.1	72.5	7.2	-23.0	-86.1	-9.7
-17.0	-26.5	5.2	-16.8	-48.9	-0.1
-9.3	-50.0	-0.4	-13.4	-77.9	-36.9
-33.7	**-58.8**	**-28.7**			

1-22 分地区各行业固定资产投资比上年增长情况(2021年)

单位：%

地 区	Region	合 计 Total	农、林、牧、渔业 Agriculture, Forestry, Animal Husbandry and Fishery	采矿业 Mining	制造业 Manufacturing	电力、热力、燃气及水生产和供应业 Production and Supply of Electricity, Heat, Gas and Water
全国总计	**National Total**	**4.9**	**9.3**	**10.9**	**13.5**	**1.1**
北 京	Beijing	4.9	-59.7	-21.9	68.3	-12.6
天 津	Tianjin	4.8	-44.0	9.1	13.8	-3.7
河 北	Hebei	3.0	5.7	5.2	2.3	-6.5
山 西	Shanxi	8.7	30.0	15.5	24.5	-25.0
内蒙古	Inner Mongolia	9.8	-4.7	51.0	29.2	5.4
辽 宁	Liaoning	2.6	-2.6	29.0	-3.7	25.4
吉 林	Jilin	11.0	22.1	14.7	4.2	32.8
黑龙江	Heilongjiang	6.4	-4.8	24.9	-6.9	33.1
上 海	Shanghai	8.0	21.5		7.8	10.3
江 苏	Jiangsu	5.8	-8.2	69.7	16.1	-29.5
浙 江	Zhejiang	10.8	5.4	5.5	19.8	7.3
安 徽	Anhui	9.4	35.9	23.3	14.6	3.7
福 建	Fujian	6.0	20.7	47.6	13.9	-4.8
江 西	Jiangxi	10.8	-4.4	8.3	17.1	-5.1
山 东	Shandong	6.0	-14.9	0.7	13.1	-6.9
河 南	Henan	4.5	-7.9	7.7	12.7	7.5
湖 北	Hubei	20.4	42.5	20.1	18.9	27.7
湖 南	Hunan	8.0	7.8	-0.5	17.5	-3.9
广 东	Guangdong	6.3	25.6	74.9	18.7	19.7
广 西	Guangxi	7.6	13.7	20.0	37.4	1.6
海 南	Hainan	10.2	4.4	-37.7	84.2	-11.4
重 庆	Chongqing	6.1	16.1	11.3	10.6	-4.1
四 川	Sichuan	5.9	6.0	10.2	2.7	24.2
贵 州	Guizhou	-3.1	30.0	41.1	18.3	9.8
云 南	Yunnan	4.0	37.0	3.9	0.4	7.3
西 藏	Tibet	-14.2	54.6	-8.5	-23.3	-37.6
陕 西	Shaanxi	-3.0	2.9	39.3	-0.2	-3.1
甘 肃	Gansu	11.1	-3.1	18.2	15.5	80.8
青 海	Qinghai	-2.9	-16.0	22.8	13.1	-18.5
宁 夏	Ningxia	2.2	45.7	54.2	-3.9	-9.0
新 疆	Xinjiang	15.0	38.1	8.0	36.9	-16.3

Growth Rate of Total Investment in Fixed Assets over Preceding Year by Region and Sector (2021)

(%)

建 筑 业 Construction	批发和零售业 Wholesale and Retail Trades	交通运输、仓储和邮政业 Transport, Storage and Post	住宿和餐饮业 Hotels and Catering Services	信息传输、软件和信息技术服务业 Information Transmission, Software and Information Technology	金融业 Financial Intermediation
1.6	**-5.9**	**1.6**	**6.6**	**-12.1**	**1.9**
-36.8	3.9	-3.5	10.5	20.0	68.2
-24.0	-40.3	5.0		74.2	32.8
	-15.0	-21.7	3.7	22.8	95.8
88.1	8.4	22.2	109.2	39.4	-26.0
	27.4	-14.3	95.8	26.4	-44.1
-75.2	18.6	17.0	-12.8	-11.7	31.8
49.9	-15.6	11.4	47.1	-81.9	
	36.5	2.9	-28.2	18.1	103.7
-62.5	9.4	20.0	-5.4	31.0	-63.5
8.1	-12.2	-7.4	-13.1	27.8	9.6
29.8	-30.8	3.8	11.7	6.3	13.0
7.5	2.3	6.6	7.9	46.5	19.4
44.5	0.7	3.6	-21.6	-4.0	-6.1
39.8	44.7	1.4	20.1	63.0	-11.7
155.7	-32.4	-3.2	-1.8	-5.7	-18.8
	-15.3	3.4	24.7	-15.9	-25.1
163.5	17.6	12.7	2.5	12.5	-41.7
-32.4	-17.7	6.7	5.5	28.5	39.1
-4.2	-4.1	5.0	33.0	5.0	-5.1
-12.1	14.5	33.8	-16.3	-14.8	-32.5
39.1	17.8	18.4	14.5	37.9	
-12.5	-6.4	2.9	4.3	2.0	-55.4
5.4	-22.6	4.4	31.9	7.5	15.7
75.0	1.3	-25.0	-4.3	-2.5	4.7
47.1	-2.7	1.7	8.8	58.9	-63.3
	42.8	-27.1	27.6	-1.3	-5.9
-10.0	4.2	-15.7	-22.1	7.2	-38.0
-68.6	-33.3	-0.4	-32.2	13.2	-18.4
-56.1	20.1	8.0	12.5	-7.7	122.3
	9.7	9.6	50.0	-17.0	147.6
230.3	39.6	18.1	51.2	4.6	206.4

1-22 续表

单位：%

地 区	Region	房地产业 Real Estate	租赁和商务服务业 Leasing and Business Services	科学研究和技术服务业 Scientific Research and Technical Services	水利、环境和公共设施管理业 Management of Water Conservancy, Environment and Public Facilities
全国总计	**National Total**	**5.0**	**13.6**	**14.5**	**-1.2**
北 京	Beijing	6.9	-8.0	-25.7	-18.2
天 津	Tianjin	5.7	-17.4	53.5	-1.2
河 北	Hebei	17.4	-4.3	-0.6	3.9
山 西	Shanxi	5.2	73.9	-16.4	-2.4
内蒙古	Inner Mongolia	4.1	30.2	76.2	9.5
辽 宁	Liaoning	-2.1	-18.5	19.1	6.5
吉 林	Jilin	6.2	236.3	4.9	9.6
黑龙江	Heilongjiang	-5.5	16.3	46.7	17.6
上 海	Shanghai	7.3	6.7	68.6	-12.4
江 苏	Jiangsu	1.6	-4.5	24.9	3.4
浙 江	Zhejiang	10.2	27.6	19.2	1.0
安 徽	Anhui	3.3	16.4	31.6	6.8
福 建	Fujian	1.1	26.1	122.9	6.1
江 西	Jiangxi	6.5	1.5	29.9	-0.2
山 东	Shandong	9.3	39.9	3.2	-8.8
河 南	Henan	2.1	6.6	4.2	0.9
湖 北	Hubei	22.7	51.2	38.7	8.4
湖 南	Hunan	7.0	2.2	5.3	1.5
广 东	Guangdong	3.9	16.0	41.4	-17.5
广 西	Guangxi	-4.4	-31.3	-1.9	-9.4
海 南	Hainan	4.8	105.3	27.2	-7.8
重 庆	Chongqing	-0.4	18.1	-0.5	16.8
四 川	Sichuan	6.2	28.6	29.9	-4.5
贵 州	Guizhou	-3.9	-10.9	-43.3	-17.3
云 南	Yunnan	-6.0	-26.0	-20.6	19.1
西 藏	Tibet	-10.4	-34.4	-34.6	4.8
陕 西	Shaanxi	-3.0	17.5	-2.6	-9.6
甘 肃	Gansu	10.2	-13.7	-20.1	16.0
青 海	Qinghai	5.2	-46.1	12.1	-0.8
宁 夏	Ningxia	7.0	-58.4	-33.5	-8.8
新 疆	Xinjiang	16.2	32.3	117.2	17.1

continued

(%)

居民服务、修理和其他服务业 Service to Households, Repair and Other Services	教 育 Education	卫生和社会工作 Health and Social Service	文化、体育和娱乐业 Culture, Sports and Entertainment	公共管理、社会保障和社会组织 Public Management, Social Security and Social Organization	国际组织 International Organizations
-10.3	**11.7**	**19.5**	**1.6**	**-38.2**	
-93.6	17.4	22.8	-13.7	29.6	
-14.6	9.0	30.5	-43.9	64.5	
-41.4	19.3	27.7	-24.7	-67.5	
16.3	12.5	47.4	-14.2	-16.7	
3.4	5.4	42.9	-2.2	-7.3	
-28.7	19.2	24.2	4.9	48.8	
-58.4	-10.1	82.2	-0.7	14.2	
-9.3	37.5	16.7	31.9	11.1	
75.8	59.9	51.2	8.0	-24.9	
-33.5	5.6	18.0	-16.0	-17.1	
6.3	32.6	37.0	14.5	15.6	
31.2	27.5	62.4	1.7	-8.8	
-12.8	10.3	5.4	-0.1	23.7	
42.2	18.4	24.1	11.3	-14.6	
-25.7	20.8	13.1	-12.8	5.3	
-5.2	2.0	4.8	10.2	68.3	
8.3	53.6	63.8	12.9	13.3	
-11.5	1.8	-3.7	7.9	-6.3	
-10.5	38.3	5.0	-3.6	-19.6	
22.7	0.2	-0.7	-8.1	-35.8	
-42.7	0.2	42.8	-39.2	49.8	
-46.3	24.8	24.4	57.8	-8.7	
10.0	7.1	28.2	28.2	4.2	
-20.5	1.6	-15.0	13.1	-24.8	
7.0	-30.6	34.1	-7.2	0.2	
1.2	6.8	60.9	-33.3	10.4	
-25.3	-27.2	12.8	3.3	26.0	
-20.9	24.5	35.6	-18.7	-41.3	
-27.1	-2.7	31.7	-57.6	-34.2	
-44.6	46.9	-21.2	-3.2	-0.4	
-0.9	-11.8	5.0	-8.0	-8.8	

二、人口家庭
Population and Family

2-1 人口数及构成
Population and Composition

单位：万人，%　　　　(10 000 persons, %)

年 份 Year	总人口(年末) Total Population (year-end)	按性别分 By Sex				按城乡分 By Residence			
		男 Male		女 Female		城镇 Urban		乡村 Rural	
		人口数 Population	比重 Proportion	人口数 Population	比重 Proportion	人口数 Population	比重 Proportion	人口数 Population	比重 Proportion
1949	54167	28145	51.96	26022	48.04	5765	10.64	48402	89.36
1950	55196	28669	51.94	26527	48.06	6169	11.18	49027	88.82
1951	56300	29231	51.92	27069	48.08	6632	11.78	49668	88.22
1955	61465	31809	51.75	29656	48.25	8285	13.48	53180	86.52
1960	66207	34283	51.78	31924	48.22	13073	19.75	53134	80.25
1965	72538	37128	51.18	35410	48.82	13045	17.98	59493	82.02
1970	82992	42686	51.43	40306	48.57	14424	17.38	68568	82.62
1971	85229	43819	51.41	41410	48.59	14711	17.26	70518	82.74
1972	87177	44813	51.40	42364	48.60	14935	17.13	72242	82.87
1973	89211	45876	51.42	43335	48.58	15345	17.20	73866	82.80
1974	90859	46727	51.43	44132	48.57	15595	17.16	75264	82.84
1975	92420	47564	51.47	44856	48.53	16030	17.34	76390	82.66
1976	93717	48257	51.49	45460	48.51	16341	17.44	77376	82.56
1977	94974	48908	51.50	46066	48.50	16669	17.55	78305	82.45
1978	96259	49567	51.49	46692	48.51	17245	17.92	79014	82.08
1979	97542	50192	51.46	47350	48.54	18495	18.96	79047	81.04
1980	98705	50785	51.45	47920	48.55	19140	19.39	79565	80.61
1981	100072	51519	51.48	48553	48.52	20171	20.16	79901	79.84
1982	101654	52352	51.50	49302	48.50	21480	21.13	80174	78.87
1983	103008	53152	51.60	49856	48.40	22274	21.62	80734	78.38
1984	104357	53848	51.60	50509	48.40	24017	23.01	80340	76.99
1985	105851	54725	51.70	51126	48.30	25094	23.71	80757	76.29
1986	107507	55581	51.70	51926	48.30	26366	24.52	81141	75.48
1987	109300	56290	51.50	53010	48.50	27674	25.32	81626	74.68
1988	111026	57201	51.52	53825	48.48	28661	25.81	82365	74.19
1989	112704	58099	51.55	54605	48.45	29540	26.21	83164	73.79
1990	114333	58904	51.52	55429	48.48	30195	26.41	84138	73.59
1991	115823	59466	51.34	56357	48.66	31203	26.94	84620	73.06
1992	117171	59811	51.05	57360	48.95	32175	27.46	84996	72.54
1993	118517	60472	51.02	58045	48.98	33173	27.99	85344	72.01
1994	119850	61246	51.10	58604	48.90	34169	28.51	85681	71.49
1995	121121	61808	51.03	59313	48.97	35174	29.04	85947	70.96
1996	122389	62200	50.82	60189	49.18	37304	30.48	85085	69.52
1997	123626	63131	51.07	60495	48.93	39449	31.91	84177	68.09
1998	124761	63940	51.25	60821	48.75	41608	33.35	83153	66.65
1999	125786	64692	51.43	61094	48.57	43748	34.78	82038	65.22
2000	126743	65437	51.63	61306	48.37	45906	36.22	80837	63.78
2001	127627	65672	51.46	61955	48.54	48064	37.66	79563	62.34
2002	128453	66115	51.47	62338	48.53	50212	39.09	78241	60.91
2003	129227	66556	51.50	62671	48.50	52376	40.53	76851	59.47
2004	129988	66976	51.52	63012	48.48	54283	41.76	75705	58.24
2005	130756	67375	51.53	63381	48.47	56212	42.99	74544	57.01
2006	131448	67728	51.52	63720	48.48	58288	44.34	73160	55.66
2007	132129	68048	51.50	64081	48.50	60633	45.89	71496	54.11
2008	132802	68357	51.47	64445	48.53	62403	46.99	70399	53.01
2009	133450	68647	51.44	64803	48.56	64512	48.34	68938	51.66
2010	134091	68748	51.27	65343	48.73	66978	49.95	67113	50.05
2011	134916	69161	51.26	65755	48.74	69927	51.83	64989	48.17
2012	135922	69660	51.25	66262	48.75	72175	53.10	63747	46.90
2013	136726	70063	51.24	66663	48.76	74502	54.49	62224	45.51
2014	137646	70522	51.23	67124	48.77	76738	55.75	60908	44.25
2015	138326	70857	51.22	67469	48.78	79302	57.33	59024	42.67
2016	139232	71307	51.21	67925	48.79	81924	58.84	57308	41.16
2017	140011	71650	51.17	68361	48.83	84343	60.24	55668	39.76
2018	140541	71864	51.13	68677	48.87	86433	61.50	54108	38.50
2019	141008	72039	51.09	68969	48.91	88426	62.71	52582	37.29
2020	141212	72357	51.24	68855	48.76	90220	63.89	50992	36.11
2021	141260	72311	51.19	68949	48.81	91425	64.72	49835	35.28

注：1.1981年及以前数据为户籍统计数；1982、1990、2000、2010、2020年数据为当年人口普查数据推算数；其余年份数据为年度人口抽样调查推算数据(以下相关表同)。

2.总人口和按性别分人口中包括现役军人，按城乡分人口中现役军人计入城镇人口。

a) Figures before and of 1981 are from household registrations; for the years of 1982, 1990, 2000, 2010 and 2020 are the census year estimates; and figures for the rest of years are estimated on the basis of the annual national sample survey of population. The same applies to the relevant following tables.

b) Total population and population by sex include the servicemen of the Chinese People's Liberation Army, which are classified as urban population in population by residence.

2-2 人口出生率、死亡率和自然增长率
Birth Rate, Death Rate and Natural Growth Rate of Population

单位：‰ (‰)

年 份 Year	出生率 Birth Rate	死亡率 Death Rate	自然增长率 Natural Growth Rate
1978	18.25	6.25	12.00
1980	18.21	6.34	11.87
1981	20.91	6.36	14.55
1982	22.28	6.60	15.68
1983	20.19	6.90	13.29
1984	19.90	6.82	13.08
1985	21.04	6.78	14.26
1986	22.43	6.86	15.57
1987	23.33	6.72	16.61
1988	22.37	6.64	15.73
1989	21.58	6.54	15.04
1990	21.06	6.67	14.39
1991	19.68	6.70	12.98
1992	18.24	6.64	11.60
1993	18.09	6.64	11.45
1994	17.70	6.49	11.21
1995	17.12	6.57	10.55
1996	16.98	6.56	10.42
1997	16.57	6.51	10.06
1998	15.64	6.50	9.14
1999	14.64	6.46	8.18
2000	14.03	6.45	7.58
2001	13.38	6.43	6.95
2002	12.86	6.41	6.45
2003	12.41	6.40	6.01
2004	12.29	6.42	5.87
2005	12.40	6.51	5.89
2006	12.09	6.81	5.28
2007	12.10	6.93	5.17
2008	12.14	7.06	5.08
2009	11.95	7.08	4.87
2010	11.90	7.11	4.79
2011	13.27	7.14	6.13
2012	14.57	7.13	7.43
2013	13.03	7.13	5.90
2014	13.83	7.12	6.71
2015	11.99	7.07	4.93
2016	13.57	7.04	6.53
2017	12.64	7.06	5.58
2018	10.86	7.08	3.78
2019	10.41	7.09	3.32
2020	8.52	7.07	1.45
2021	7.52	7.18	0.34

2–3 人口年龄结构和抚养比
Age Composition and Dependency Ratio of Population

单位：万人，%

(10 000 persons, %)

年份 Year	总人口(年末) Total Population (year-end)	0–14岁 Aged 0-14 人口数 Population	比重 Proportion	15–64岁 Aged 15-64 人口数 Population	比重 Proportion	65岁及以上 Aged 65 and Over 人口数 Population	比重 Proportion	总抚养比 Gross Dependency Ratio	少儿抚养比 Children Dependency Ratio	老年抚养比 Old-age Dependency Ratio
1953	58796	21331	36.3	34872	59.3	2593	4.4	68.6	61.2	7.4
1964	70499	28686	40.7	39303	55.8	2510	3.6	79.4	73.0	6.4
1982	101654	34146	33.6	62517	61.5	4991	4.9	62.6	54.6	8.0
1987	109300	31347	28.7	71985	65.9	5968	5.4	51.8	43.5	8.3
1990	114333	31659	27.7	76306	66.7	6368	5.6	49.8	41.5	8.3
1991	115823	32095	27.7	76791	66.3	6938	6.0	50.8	41.8	9.0
1992	117171	32339	27.6	77614	66.2	7218	6.2	51.0	41.7	9.3
1993	118517	32177	27.2	79051	66.7	7289	6.2	49.9	40.7	9.2
1994	119850	32360	27.0	79868	66.6	7622	6.4	50.1	40.5	9.5
1995	121121	32218	26.6	81393	67.2	7510	6.2	48.8	39.6	9.2
1996	122389	32311	26.4	82245	67.2	7833	6.4	48.8	39.3	9.5
1997	123626	32093	26.0	83448	67.5	8085	6.5	48.1	38.5	9.7
1998	124761	32064	25.7	84338	67.6	8359	6.7	47.9	38.0	9.9
1999	125786	31950	25.4	85157	67.7	8679	6.9	47.7	37.5	10.2
2000	126743	29012	22.9	88910	70.1	8821	7.0	42.6	32.6	9.9
2001	127627	28716	22.5	89849	70.4	9062	7.1	42.0	32.0	10.1
2002	128453	28774	22.4	90302	70.3	9377	7.3	42.2	31.9	10.4
2003	129227	28559	22.1	90976	70.4	9692	7.5	42.0	31.4	10.7
2004	129988	27947	21.5	92184	70.9	9857	7.6	41.0	30.3	10.7
2005	130756	26504	20.3	94197	72.0	10055	7.7	38.8	28.1	10.7
2006	131448	25961	19.8	95068	72.3	10419	7.9	38.3	27.3	11.0
2007	132129	25660	19.4	95833	72.5	10636	8.1	37.9	26.8	11.1
2008	132802	25166	19.0	96680	72.7	10956	8.3	37.4	26.0	11.3
2009	133450	24659	18.5	97484	73.0	11307	8.5	36.9	25.3	11.6
2010	134091	22259	16.6	99938	74.5	11894	8.9	34.2	22.3	11.9
2011	134916	22261	16.5	100378	74.4	12277	9.1	34.4	22.1	12.3
2012	135922	22427	16.5	100718	74.1	12777	9.4	34.9	22.2	12.7
2013	136726	22423	16.4	101041	73.9	13262	9.7	35.3	22.2	13.1
2014	137646	22712	16.5	101032	73.4	13902	10.1	36.2	22.5	13.7
2015	138326	22824	16.5	100978	73.0	14524	10.5	37.0	22.6	14.3
2016	139232	23252	16.7	100943	72.5	15037	10.8	37.9	22.9	15.0
2017	140011	23522	16.8	100528	71.8	15961	11.4	39.3	23.4	15.9
2018	140541	23751	16.9	100065	71.2	16724	11.9	40.4	23.7	16.8
2019	141008	23689	16.8	99552	70.6	17767	12.6	41.5	23.8	17.8
2020	141212	25277	17.9	96871	68.6	19064	13.5	45.9	26.2	19.7
2021	141260	24678	17.5	96526	68.3	20056	14.2	46.3	25.6	20.8

2–4 人口密度
Population Density

年 份 Year	总人口 (万人) Population (10 000 persons)	人口密度 (人/平方公里) Population Density (person/sq.km)	年 份 Year	总人口 (万人) Population (10 000 persons)	人口密度 (人/平方公里) Population Density (person/sq.km)
1949	54167	56	1986	107507	112
1950	55196	57	1987	109300	114
1951	56300	59	1988	111026	116
1952	57482	60	1989	112704	117
1953	58796	61	1990	114333	119
1954	60266	63	1991	115823	121
1955	61465	64	1992	117171	122
1956	62828	65	1993	118517	123
1957	64653	67	1994	119850	125
1958	65994	69	1995	121121	126
1959	67207	70	1996	122389	127
1960	66207	69	1997	123626	129
1961	65859	69	1998	124761	130
1962	67295	70	1999	125786	131
1963	69172	72	2000	126743	132
1964	70499	73	2001	127627	133
1965	72538	76	2002	128453	134
1966	74542	78	2003	129227	135
1967	76368	80	2004	129988	135
1968	78534	82	2005	130756	136
1969	80671	84	2006	131448	137
1970	82992	86	2007	132129	138
1971	85229	89	2008	132802	138
1972	87177	91	2009	133450	139
1973	89211	93	2010	134091	140
1974	90859	95	2011	134916	141
1975	92420	96	2012	135922	142
1976	93717	98	2013	136726	142
1977	94974	99	2014	137646	143
1978	96259	100	2015	138326	144
1979	97542	102	2016	139232	145
1980	98705	103	2017	140011	146
			2018	140541	146
1981	100072	104	2019	141008	147
1982	101654	106	2020	141212	148
1983	103008	107			
1984	104357	109	2021	141260	150
1985	105851	110			

2-5 七次全国人口普查基本情况
Basic Statistics on National Population Census in 1953, 1964, 1982, 1990, 2000, 2010 and 2020

指　标	Item	1953	1964	1982	1990	2000	2010	2020
总人口（万人）	**Total Population (10 000 persons)**	**58260**	**69458**	**100818**	**113368**	**126583**	**133972**	**141178**
男	Male	30190	35652	51944	58495	65355	68685	72334
女	Female	28070	33806	48874	54873	61228	65287	68844
性别比（以女性为100）	Sex Ratio (female=100)	107.56	105.46	106.30	106.60	106.74	105.20	105.07
家庭户规模（人/户）	**Average Family Household Size (person/household)**	**4.33**	**4.43**	**4.41**	**3.96**	**3.44**	**3.10**	**2.62**
各年龄组人口比重（%）	**Percentage of Population by Age Group (%)**							
0–14岁	Aged 0-14	36.28	40.69	33.59	27.69	22.89	16.60	17.95
15–64岁	Aged 15-64	59.31	55.75	61.50	66.74	70.15	74.53	68.55
65岁及以上	Aged 65 and Over	4.41	3.56	4.91	5.57	6.96	8.87	13.50
民族人口	**Population by Ethnicity**							
汉族（万人）	Han (10 000 persons)	54728	65456	94088	104248	115940	122593	128631
占总人口比重（%）	Percentage to Total Population (%)	93.94	94.24	93.32	91.96	91.59	91.51	91.11
少数民族（万人）	Ethnic Minorities (10 000 persons)	3532	4002	6730	9120	10643	11379	12547
占总人口比重（%）	Percentage to Total Population (%)	6.06	5.76	6.68	8.04	8.41	8.49	8.89
每十万人拥有的各种受教育程度人口（人）	**Population with Various Education Attainments Per 100 000 Persons (person)**							
大专及以上	Junior College and Above		416	615	1422	3611	8930	15467
高中和中专	Senior Secondary School and Technical Secondary School		1319	6779	8039	11146	14032	15088
初中	Junior Secondary School		4680	17892	23344	33961	38788	34507
小学	Primary School		28330	35237	37057	35701	26779	24767
文盲人口及文盲率	**Illiterate Population and Illiterate Rate**							
文盲人口（万人）	Illiterate Population (10 000 persons)		23327	22996	18003	8507	5466	3775
文盲率（%）	Illiterate Rate (%)		33.58	22.81	15.88	6.72	4.08	2.67
城乡人口	**Population by Residence**							
城镇化率（%）	Urbanization Rate (%)	13.26	18.30	20.91	26.44	36.22	49.68	63.89
城镇人口（万人）	Urban Population (10 000 persons)	7726	12710	21082	29971	45844	66557	90199
乡村人口（万人）	Rural Population (10 000 persons)	50534	56748	79736	83397	80739	67415	50979

注：1.1953年、1964年、1982年及1990年全国人口普查标准时点为当年7月1日零时，2000、2010和2020年全国人口普查标准时点为当年11月1日零时。
2.历次普查总人口数据包括中国人民解放军现役军人。在城乡人口中，中国人民解放军现役军人列为城镇人口统计。
3.1964年文盲人口为13岁及以上不识字人口，1982、1990、2000、2010和2020年文盲人口为15岁及以上不识字或识字很少的人口。

a) Standard reference time of national population census in 1953,1964,1982 and 1990 was zero hour of July 1st, and in 2000,2010 and 2020 was zero hour of November 1st.

b) Total population from the five national population censuses includes the military personnel. Military personnel is listed as urban population in population by residence. population and the urban/rural population.

c) Illiterate population of 1964 National Population Census referred to the population aged 13 and over who are unable to read. Illiterate population of 1982, 1990, 2000 , 2010 and 2020 National Population Censuses referred to the population aged 15 and over who are unable or have difficulty to rea

2–6 分地区年末人口数
Number of Population at Year-end by Region

单位：万人 (10 000 persons)

地 区	Region	2012	2013	2014	2015	2016	2017	2018	2019	2020	2021
全 国	**National Total**	**135922**	**136726**	**137646**	**138326**	**139232**	**140011**	**140541**	**141008**	**141212**	**141260**
北 京	Beijing	2078	2125	2171	2188	2195	2194	2192	2190	2189	2189
天 津	Tianjin	1378	1410	1429	1439	1443	1410	1383	1385	1387	1373
河 北	Hebei	7262	7288	7323	7345	7375	7409	7426	7447	7464	7448
山 西	Shanxi	3548	3535	3528	3519	3514	3510	3502	3497	3490	3480
内蒙古	Inner Mongolia	2464	2455	2449	2440	2436	2433	2422	2415	2403	2400
辽 宁	Liaoning	4375	4365	4358	4338	4327	4312	4291	4277	4255	4229
吉 林	Jilin	2698	2668	2642	2613	2567	2526	2484	2448	2399	2375
黑龙江	Heilongjiang	3724	3666	3608	3529	3463	3399	3327	3255	3171	3125
上 海	Shanghai	2399	2448	2467	2458	2467	2466	2475	2481	2488	2489
江 苏	Jiangsu	8120	8192	8281	8315	8381	8423	8446	8469	8477	8505
浙 江	Zhejiang	5685	5784	5890	5985	6072	6170	6273	6375	6468	6540
安 徽	Anhui	5978	5988	5997	6011	6033	6057	6076	6092	6105	6113
福 建	Fujian	3841	3885	3945	3984	4016	4065	4104	4137	4161	4187
江 西	Jiangxi	4475	4476	4480	4485	4496	4511	4513	4516	4519	4517
山 东	Shandong	9708	9746	9808	9866	9973	10033	10077	10106	10165	10170
河 南	Henan	9532	9573	9645	9701	9778	9829	9864	9901	9941	9883
湖 北	Hubei	5781	5798	5816	5850	5885	5904	5917	5927	5745	5830
湖 南	Hunan	6590	6600	6611	6615	6625	6633	6635	6640	6645	6622
广 东	Guangdong	11041	11270	11489	11678	11908	12141	12348	12489	12624	12684
广 西	Guangxi	4694	4731	4770	4811	4857	4907	4947	4982	5019	5037
海 南	Hainan	910	920	936	945	957	972	982	995	1012	1020
重 庆	Chongqing	2975	3011	3043	3070	3110	3144	3163	3188	3209	3212
四 川	Sichuan	8085	8109	8139	8196	8251	8289	8321	8351	8371	8372
贵 州	Guizhou	3587	3632	3677	3708	3758	3803	3822	3848	3858	3852
云 南	Yunnan	4631	4641	4653	4663	4677	4693	4703	4714	4722	4690
西 藏	Tibet	315	317	325	330	340	349	354	361	366	366
陕 西	Shaanxi	3787	3804	3827	3846	3874	3904	3931	3944	3955	3954
甘 肃	Gansu	2550	2537	2531	2523	2520	2522	2515	2509	2501	2490
青 海	Qinghai	571	571	576	577	582	586	587	590	593	594
宁 夏	Ningxia	659	666	678	684	695	705	710	717	721	725
新 疆	Xinjiang	2253	2285	2325	2385	2428	2480	2520	2559	2590	2589

2-7 分地区年末城镇人口比重
Proportion of Urban Population at Year-end by Region

单位：% (%)

地 区	Region	2012	2013	2014	2015	2016	2017	2018	2019	2020	2021
全 国	**National Total**	**53.10**	**54.49**	**55.75**	**57.33**	**58.84**	**60.24**	**61.50**	**62.71**	**63.89**	**64.72**
北 京	Beijing	86.29	86.39	86.50	86.71	86.76	86.93	87.09	87.35	87.55	87.50
天 津	Tianjin	81.55	82.29	82.55	82.88	83.27	83.57	83.95	84.31	84.70	84.88
河 北	Hebei	46.60	48.02	49.36	51.67	53.87	55.74	57.33	58.77	60.07	61.14
山 西	Shanxi	51.32	52.88	54.30	55.87	57.27	58.59	59.85	61.29	62.53	63.42
内蒙古	Inner Mongolia	58.42	59.82	60.97	62.09	63.40	64.60	65.51	66.46	67.48	68.21
辽 宁	Liaoning	65.65	66.45	67.05	68.05	68.87	69.49	70.26	71.21	72.14	72.81
吉 林	Jilin	54.54	55.74	56.81	57.64	58.75	59.71	60.85	61.63	62.64	63.36
黑龙江	Heilongjiang	56.88	58.04	59.22	60.47	61.09	61.90	63.46	64.62	65.61	65.69
上 海	Shanghai	89.30	89.60	89.30	88.53	89.00	89.10	89.13	89.22	89.30	89.30
江 苏	Jiangsu	63.01	64.39	65.70	67.49	68.93	70.18	71.19	72.47	73.44	73.94
浙 江	Zhejiang	62.91	63.94	64.96	66.32	67.72	68.91	70.02	71.58	72.17	72.66
安 徽	Anhui	46.30	47.87	49.31	50.97	52.62	54.29	55.65	57.02	58.33	59.39
福 建	Fujian	59.32	60.80	61.99	63.22	64.39	65.78	66.98	67.87	68.75	69.70
江 西	Jiangxi	47.39	49.04	50.55	52.30	53.99	55.70	57.34	59.07	60.44	61.46
山 东	Shandong	52.03	53.46	54.77	56.97	59.13	60.79	61.46	61.86	63.05	63.94
河 南	Henan	41.99	43.60	45.05	47.02	48.78	50.56	52.24	54.01	55.43	56.45
湖 北	Hubei	53.23	54.51	55.73	57.18	58.57	59.88	61.00	61.83	62.89	64.09
湖 南	Hunan	46.22	47.63	48.98	50.79	52.70	54.62	56.09	57.45	58.76	59.71
广 东	Guangdong	67.15	68.09	68.62	69.51	70.15	70.74	71.81	72.65	74.15	74.63
广 西	Guangxi	43.48	45.11	46.54	47.99	49.24	50.59	51.82	52.98	54.20	55.08
海 南	Hainan	51.02	52.28	53.30	54.91	56.70	58.04	59.13	59.37	60.27	60.97
重 庆	Chongqing	56.64	58.29	59.74	61.47	63.33	65.00	66.61	68.24	69.46	70.32
四 川	Sichuan	43.35	44.96	46.51	48.27	50.00	51.78	53.50	55.36	56.73	57.82
贵 州	Guizhou	36.30	37.89	40.24	42.96	45.56	47.76	49.54	51.48	53.15	54.33
云 南	Yunnan	38.47	39.99	41.21	42.93	44.64	46.29	47.44	48.67	50.05	51.05
西 藏	Tibet	22.87	23.93	26.23	28.87	31.57	33.38	33.80	34.51	35.73	36.61
陕 西	Shaanxi	49.71	51.57	53.01	54.74	56.39	58.07	59.65	61.28	62.66	63.63
甘 肃	Gansu	38.78	40.50	42.28	44.24	46.07	48.12	49.69	50.70	52.23	53.33
青 海	Qinghai	47.85	49.29	50.84	51.67	53.55	55.45	57.27	58.78	60.08	61.02
宁 夏	Ningxia	51.15	52.84	54.82	56.98	58.74	60.95	62.15	63.63	64.96	66.04
新 疆	Xinjiang	44.22	44.94	46.79	48.78	50.42	51.90	54.01	55.51	56.53	57.26

2-8 分地区人口城乡构成(2021年)
Total Population and Composition of Urban and Rural Residence by Region (2021)

地 区	Region	总人口(万人) Total Population (year-end) (10 000 persons)	城镇人口 Urban Population		乡村人口 Rural Population	
			人口数 Population	比重 (%) Proportion	人口数 Population	比重 (%) Proportion
全 国	**National Total**	**141260**	**91425**	**64.72**	**49835**	**35.28**
北 京	Beijing	2189	1916	87.50	273	12.52
天 津	Tianjin	1373	1165	84.88	208	15.15
河 北	Hebei	7448	4554	61.14	2894	38.86
山 西	Shanxi	3480	2207	63.42	1273	36.58
内蒙古	Inner Mongolia	2400	1637	68.21	763	31.79
辽 宁	Liaoning	4229	3079	72.81	1150	27.19
吉 林	Jilin	2375	1505	63.36	870	36.63
黑龙江	Heilongjiang	3125	2053	65.69	1072	34.30
上 海	Shanghai	2489	2223	89.30	266	10.69
江 苏	Jiangsu	8505	6289	73.94	2216	26.06
浙 江	Zhejiang	6540	4752	72.66	1788	27.34
安 徽	Anhui	6113	3631	59.39	2482	40.60
福 建	Fujian	4187	2918	69.70	1269	30.31
江 西	Jiangxi	4517	2776	61.46	1741	38.54
山 东	Shandong	10170	6503	63.94	3667	36.06
河 南	Henan	9883	5579	56.45	4304	43.55
湖 北	Hubei	5830	3736	64.09	2094	35.92
湖 南	Hunan	6622	3954	59.71	2668	40.29
广 东	Guangdong	12684	9466	74.63	3218	25.37
广 西	Guangxi	5037	2774	55.08	2263	44.93
海 南	Hainan	1020	622	60.97	398	39.02
重 庆	Chongqing	3212	2259	70.32	953	29.67
四 川	Sichuan	8372	4841	57.82	3531	42.18
贵 州	Guizhou	3852	2093	54.33	1759	45.66
云 南	Yunnan	4690	2394	51.05	2296	48.96
西 藏	Tibet	366	134	36.61	232	63.39
陕 西	Shaanxi	3954	2516	63.63	1438	36.37
甘 肃	Gansu	2490	1328	53.33	1162	46.67
青 海	Qinghai	594	362	61.02	232	39.06
宁 夏	Ningxia	725	479	66.04	246	33.93
新 疆	Xinjiang	2589	1482	57.26	1107	42.76

注：1.本表数据根据2021年全国人口变动情况抽样调查数据推算。
2.全国总人口包括现役军人数，分地区数据中未包括。

a) Data in the table are estimates from the 2021 National Sample Survey on Population Changes.
b) The military personnel were included in the national total population, but were not included in the population by region.

2-9 按年龄和性别分人口数(2021年)
Population by Age and Sex (2021)

年 龄 Age	人口数(人) Population (person)	男 Male	女 Female	占总人口比重(%) Percentage to Total Population(%)	男 Male	女 Female	性别比(女=100) Sex Ratio (Female=100)
总 计	**1494054**	**763842**	**730212**	**100.00**	**51.13**	**48.87**	**104.61**
0-4	72978	38288	34690	4.88	2.56	2.32	110.37
5-9	96094	50970	45124	6.43	3.41	3.02	112.96
10-14	92304	49345	42959	6.18	3.30	2.88	114.86
15-19	79414	42677	36737	5.32	2.86	2.46	116.17
20-24	77256	41020	36236	5.17	2.75	2.43	113.20
25-29	91729	48189	43540	6.14	3.23	2.91	110.68
30-34	128056	66101	61955	8.57	4.42	4.15	106.69
35-39	109171	56115	53057	7.31	3.76	3.55	105.76
40-44	98023	50206	47817	6.56	3.36	3.20	105.00
45-49	114545	58320	56225	7.67	3.90	3.76	103.73
50-54	129319	65216	64103	8.66	4.37	4.29	101.74
55-59	121989	61237	60752	8.16	4.10	4.07	100.80
60-64	70755	35357	35399	4.74	2.37	2.37	99.88
65-69	81345	39951	41394	5.44	2.67	2.77	96.51
70-74	56208	27247	28962	3.76	1.82	1.94	94.08
75-79	34886	16457	18429	2.33	1.10	1.23	89.30
80-84	22543	10175	12368	1.51	0.68	0.83	82.27
85-89	12317	5066	7252	0.82	0.34	0.49	69.86
90-94	4249	1643	2606	0.28	0.11	0.17	63.07
95+	871	263	608	0.06	0.02	0.04	43.20

注：1.本表是2021年全国人口变动情况抽样调查样本数据，抽样比为1.058‰。

2.由于各地区数据采用加权汇总的方法，全国(部分省区)人口变动情况抽样调查样本数据合计与各分项或分组相加略有误差(以下表同)。

a)Data in this table are obtained from the 2021 National Sample Survey on Population Changes. The sampling fraction is 1.058‰.

b) Data by region are calculated by the method of weighted sum, total data of the National (some Provinces and Autonomous Regions) Sample Survey on Population Changes is not equal to the sum of each item or group. The same applies to the following tables.

2-10 分地区户数、人口数、性别比和户规模(2021年)
Household, Population, Sex Ratio and Household Size by Region (2021)

地 区	Region	户数(户) Number of Households (household)	家庭户 Family Household	集体户 Collective Household	人口数(人) Population (person)	男 Male	女 Female	性别比(女=100) Sex Ratio (Female=100)
全 国	**National Total**	**528365**	**510132**	**18233**	**1494054**	**763842**	**730212**	**104.61**
北 京	Beijing	9315	8750	564	23185	11835	11351	104.26
天 津	Tianjin	5801	5614	187	14541	7457	7083	105.28
河 北	Hebei	27241	26518	723	78885	39240	39645	98.98
山 西	Shanxi	13668	13275	393	36863	18828	18035	104.40
内蒙古	Inner Mongolia	10002	9783	219	25418	12981	12436	104.38
辽 宁	Liaoning	18620	18309	311	44797	22127	22671	97.60
吉 林	Jilin	10251	9963	289	25158	12597	12560	100.30
黑龙江	Heilongjiang	13964	13662	302	33098	16584	16514	100.42
上 海	Shanghai	10904	10359	544	26365	13674	12691	107.75
江 苏	Jiangsu	32381	31028	1352	90085	45718	44367	103.05
浙 江	Zhejiang	27164	25997	1167	69273	36198	33074	109.45
安 徽	Anhui	23798	23083	715	64744	33061	31684	104.35
福 建	Fujian	15223	14614	610	44352	22978	21374	107.50
江 西	Jiangxi	15118	14733	384	47847	24739	23109	107.05
山 东	Shandong	39683	38468	1216	107712	54665	53047	103.05
河 南	Henan	34278	33193	1085	104679	52601	52078	101.00
湖 北	Hubei	19966	18918	1048	61748	31813	29934	106.28
湖 南	Hunan	23038	22272	767	70141	35937	34205	105.06
广 东	Guangdong	46113	43730	2384	134340	70883	63458	111.70
广 西	Guangxi	16606	16179	427	53347	27634	25713	107.47
海 南	Hainan	3143	3036	107	10800	5741	5059	113.47
重 庆	Chongqing	12663	12192	471	34019	17206	16814	102.33
四 川	Sichuan	31621	30828	794	88670	44782	43889	102.03
贵 州	Guizhou	13092	12653	438	40798	20876	19922	104.79
云 南	Yunnan	15669	15001	668	49677	25602	24076	106.34
西 藏	Tibet	1182	1136	46	3873	2029	1844	110.04
陕 西	Shaanxi	15381	15101	281	41876	21375	20502	104.26
甘 肃	Gansu	8648	8408	239	26368	13407	12961	103.45
青 海	Qinghai	2068	2013	56	6289	3163	3126	101.19
宁 夏	Ningxia	2733	2649	84	7678	3916	3762	104.11
新 疆	Xinjiang	9032	8666	365	27427	14196	13231	107.29

2-10 续表 continued

地 区	Region	家庭户人口数(人) Family Household Population (person)	男 Male	女 Female	集体户人口数(人) Collective Household Population (person)	男 Male	女 Female	平均家庭户规模(人/户) Average Family Size (person/household)
全 国	**National Total**	**1412402**	**717732**	**694670**	**81652**	**46110**	**35542**	**2.77**
北 京	Beijing	21256	10527	10729	1929	1308	621	2.43
天 津	Tianjin	13719	6907	6812	822	551	271	2.44
河 北	Hebei	75368	37569	37798	3517	1670	1847	2.84
山 西	Shanxi	35142	17867	17275	1721	962	760	2.65
内蒙古	Inner Mongolia	24334	12218	12116	1084	763	321	2.49
辽 宁	Liaoning	43402	21469	21933	1395	658	737	2.37
吉 林	Jilin	24036	11994	12042	1122	603	519	2.41
黑龙江	Heilongjiang	31632	15817	15815	1466	767	699	2.32
上 海	Shanghai	24600	12557	12043	1765	1118	648	2.37
江 苏	Jiangsu	84806	42623	42182	5279	3094	2185	2.73
浙 江	Zhejiang	65197	33647	31550	4075	2551	1524	2.51
安 徽	Anhui	61535	31454	30081	3209	1607	1602	2.67
福 建	Fujian	41948	21654	20294	2404	1324	1080	2.87
江 西	Jiangxi	45935	23633	22302	1913	1106	807	3.12
山 东	Shandong	102706	52053	50653	5006	2612	2394	2.67
河 南	Henan	99220	49805	49416	5459	2797	2662	2.99
湖 北	Hubei	56688	28666	28021	5060	3147	1913	3.00
湖 南	Hunan	65718	33474	32244	4423	2463	1961	2.95
广 东	Guangdong	124946	64744	60203	9394	6139	3255	2.86
广 西	Guangxi	50424	26236	24188	2923	1398	1525	3.12
海 南	Hainan	10309	5460	4849	491	281	210	3.40
重 庆	Chongqing	32050	15963	16088	1969	1243	726	2.63
四 川	Sichuan	84064	42402	41662	4607	2380	2227	2.73
贵 州	Guizhou	38319	19645	18674	2479	1231	1247	3.03
云 南	Yunnan	46327	23871	22456	3350	1731	1619	3.09
西 藏	Tibet	3714	1943	1771	159	86	73	3.27
陕 西	Shaanxi	40569	20607	19963	1307	768	539	2.69
甘 肃	Gansu	25259	12876	12383	1109	531	577	3.00
青 海	Qinghai	6048	3044	3004	242	120	122	3.00
宁 夏	Ningxia	7357	3727	3631	321	190	131	2.78
新 疆	Xinjiang	25773	13283	12491	1653	913	741	2.97

2–11 分地区人口年龄构成和抚养比(2021年)
Age Composition and Dependency Ratio of Population by Region (2021)

地 区	Region	人口数(人) Population (person)	0–14岁 Aged 0-14		15–64岁 Aged 15-64		65岁及以上 Aged 65 and Over		总抚养比(%) Gross Dependency Ratio (%)	少年儿童抚养比 Children Dependency Ratio	老年人口抚养比 Elderly Dependency Ratio
			人口数 Population	比重(%) Proportion	人口数 Population	比重(%) Proportion	人口数 Population	比重(%) Proportion			
全 国	**National Total**	**1494054**	**261376**	**17.49**	**1020258**	**68.29**	**212419**	**14.22**	**46.44**	**25.62**	**20.82**
北 京	Beijing	23185	2807	12.11	17078	73.66	3300	14.23	35.76	16.44	19.33
天 津	Tianjin	14541	1929	13.27	10296	70.81	2315	15.92	41.23	18.74	22.49
河 北	Hebei	78885	15162	19.22	51954	65.86	11769	14.92	51.84	29.18	22.65
山 西	Shanxi	36863	5862	15.90	25958	70.42	5043	13.68	42.01	22.58	19.43
内蒙古	Inner Mongolia	25418	3489	13.73	18411	72.43	3518	13.84	38.06	18.95	19.11
辽 宁	Liaoning	44797	4825	10.77	31549	70.43	8424	18.80	41.99	15.29	26.70
吉 林	Jilin	25158	2815	11.19	18137	72.09	4205	16.71	38.71	15.52	23.19
黑龙江	Heilongjiang	33098	3236	9.78	24309	73.45	5553	16.78	36.16	13.31	22.84
上 海	Shanghai	26365	2589	9.82	19177	72.74	4600	17.45	37.49	13.50	23.99
江 苏	Jiangsu	90085	13228	14.68	61503	68.27	15354	17.04	46.47	21.51	24.96
浙 江	Zhejiang	69273	9177	13.25	50281	72.58	9815	14.17	37.77	18.25	19.52
安 徽	Anhui	64744	12074	18.65	42673	65.91	9997	15.44	51.72	28.29	23.43
福 建	Fujian	44352	8380	18.89	30854	69.57	5117	11.54	43.75	27.16	16.59
江 西	Jiangxi	47847	9996	20.89	31915	66.70	5936	12.41	49.92	31.32	18.60
山 东	Shandong	107712	19835	18.41	70725	65.66	17152	15.92	52.30	28.05	24.25
河 南	Henan	104679	23236	22.20	66799	63.81	14644	13.99	56.71	34.79	21.92
湖 北	Hubei	61748	9815	15.90	42409	68.68	9524	15.42	45.60	23.14	22.46
湖 南	Hunan	70141	13231	18.86	46061	65.67	10849	15.47	52.28	28.73	23.55
广 东	Guangdong	134340	25167	18.73	96922	72.15	12252	9.12	38.61	25.97	12.64
广 西	Guangxi	53347	12226	22.92	34405	64.49	6716	12.59	55.06	35.54	19.52
海 南	Hainan	10800	2115	19.58	7517	69.60	1168	10.81	43.67	28.13	15.54
重 庆	Chongqing	34019	5196	15.27	22783	66.97	6041	17.76	49.32	22.81	26.51
四 川	Sichuan	88670	13863	15.63	59217	66.78	15590	17.58	49.74	23.41	26.33
贵 州	Guizhou	40798	9596	23.52	26402	64.71	4799	11.76	54.53	36.35	18.18
云 南	Yunnan	49677	9560	19.24	34517	69.48	5601	11.27	43.92	27.70	16.23
西 藏	Tibet	3873	958	24.74	2690	69.46	225	5.81	43.97	35.60	8.37
陕 西	Shaanxi	41876	7180	17.15	28836	68.86	5861	14.00	45.22	24.90	20.33
甘 肃	Gansu	26368	5052	19.16	17877	67.80	3439	13.04	47.49	28.26	19.24
青 海	Qinghai	6289	1299	20.66	4368	69.45	622	9.89	43.98	29.75	14.24
宁 夏	Ningxia	7678	1538	20.03	5369	69.93	772	10.05	43.02	28.65	14.37
新 疆	Xinjiang	27427	5939	21.65	19271	70.26	2217	8.08	42.33	30.82	11.50

2-12 分地区按性别和婚姻状况分的人口(2021年)
Population by Sex, Marital Status and Region (2021)

单位：人 (person)

地 区	Region	15岁及以上人口 Population Aged 15 and Over	男 Male	女 Female	未 婚 Never Married	男 Male	女 Female	有配偶 Married	男 Male	女 Female
全 国	**National Total**	**1232677**	**625238**	**607439**	**238753**	**142861**	**95891**	**895198**	**447679**	**447519**
北 京	Beijing	20378	10374	10004	4298	2384	1915	14751	7556	7195
天 津	Tianjin	12611	6445	6166	2294	1308	986	9257	4764	4493
河 北	Hebei	63723	31270	32453	9884	5572	4313	49136	24005	25131
山 西	Shanxi	31001	15804	15197	5682	3306	2376	23005	11726	11279
内蒙古	Inner Mongolia	21929	11168	10760	3469	2078	1390	16724	8508	8217
辽 宁	Liaoning	39973	19631	20342	6340	3692	2647	29271	14425	14846
吉 林	Jilin	22343	11137	11206	3453	1991	1462	16336	8196	8141
黑龙江	Heilongjiang	29862	14912	14949	4654	2677	1977	21913	10946	10966
上 海	Shanghai	23776	12321	11455	4732	2750	1982	17349	9054	8295
江 苏	Jiangsu	76857	38690	38167	12218	7307	4911	58864	29400	29464
浙 江	Zhejiang	60096	31332	28764	10683	6601	4082	45374	23392	21982
安 徽	Anhui	52670	26569	26101	9277	5626	3651	39103	19317	19786
福 建	Fujian	35972	18429	17543	6880	4179	2701	26505	13474	13032
江 西	Jiangxi	37851	19292	18559	8182	4947	3236	26888	13436	13452
山 东	Shandong	87877	43977	43900	14278	8353	5925	67020	33359	33661
河 南	Henan	81443	40259	41184	17102	9900	7202	58281	28155	30126
湖 北	Hubei	51933	26514	25418	9470	5968	3502	37976	18907	19069
湖 南	Hunan	56910	28876	28034	11141	6799	4343	40751	20385	20366
广 东	Guangdong	109174	57392	51781	29166	18140	11026	73798	37270	36528
广 西	Guangxi	41121	21104	20017	9920	6124	3796	27815	13816	13999
海 南	Hainan	8685	4585	4100	2206	1406	800	5932	3003	2930
重 庆	Chongqing	28823	14496	14327	5571	3252	2319	20504	10214	10289
四 川	Sichuan	74807	37583	37224	14066	8302	5764	53485	26589	26896
贵 州	Guizhou	31201	15757	15444	7132	4185	2947	21148	10434	10714
云 南	Yunnan	40118	20628	19489	8570	5203	3367	27875	14058	13816
西 藏	Tibet	2915	1540	1375	981	562	418	1721	906	815
陕 西	Shaanxi	34697	17620	17077	6425	3908	2517	25658	12760	12897
甘 肃	Gansu	21316	10775	10542	3923	2328	1595	15640	7809	7832
青 海	Qinghai	4990	2497	2492	1140	641	499	3403	1697	1704
宁 夏	Ningxia	6140	3119	3021	1138	656	481	4554	2304	2250
新 疆	Xinjiang	21488	11139	10348	4477	2718	1759	15165	7816	7350

2-12 续表 continued

单位：人 (person)

地 区	Region	离 婚 Divorced	男 Male	女 Female	丧 偶 Widowed	男 Male	女 Female
全 国	**National Total**	**29002**	**15988**	**13013**	**69725**	**18709**	**51016**
北 京	Beijing	541	243	297	788	190	597
天 津	Tianjin	383	177	206	677	197	481
河 北	Hebei	1156	664	492	3547	1030	2517
山 西	Shanxi	574	335	240	1740	439	1301
内蒙古	Inner Mongolia	591	312	279	1144	270	874
辽 宁	Liaoning	1654	804	850	2709	710	1999
吉 林	Jilin	979	518	461	1574	432	1142
黑龙江	Heilongjiang	1353	750	603	1942	539	1403
上 海	Shanghai	681	305	376	1014	213	802
江 苏	Jiangsu	1509	782	727	4267	1202	3065
浙 江	Zhejiang	1340	731	609	2699	608	2091
安 徽	Anhui	1162	685	477	3128	941	2187
福 建	Fujian	744	383	361	1843	393	1450
江 西	Jiangxi	710	411	299	2071	498	1573
山 东	Shandong	1260	753	508	5319	1513	3806
河 南	Henan	1286	789	497	4774	1415	3359
湖 北	Hubei	1213	668	546	3273	972	2302
湖 南	Hunan	1300	763	536	3718	929	2789
广 东	Guangdong	2084	1036	1048	4125	945	3179
广 西	Guangxi	822	506	316	2564	658	1906
海 南	Hainan	142	87	55	406	89	316
重 庆	Chongqing	1003	544	459	1746	486	1259
四 川	Sichuan	2222	1244	977	5035	1448	3586
贵 州	Guizhou	930	599	330	1991	539	1453
云 南	Yunnan	1165	704	461	2509	663	1845
西 藏	Tibet	65	29	36	149	43	106
陕 西	Shaanxi	601	361	240	2013	591	1423
甘 肃	Gansu	383	233	150	1370	405	965
青 海	Qinghai	162	85	78	285	74	211
宁 夏	Ningxia	181	93	88	268	66	202
新 疆	Xinjiang	807	396	410	1038	209	829

2–13 分地区按家庭户规模分的户数(2021年)
Family Households by Size and Region (2021)

单位：户 (household)

地 区	Region	家庭户户数 Number of Family Households	一人户 One Person	二人户 Two Persons	三人户 Three Persons	四人户 Four Persons	五人户 Five Persons	六人户 Six Persons	七人户 Seven Persons	八人户 Eight Persons	九人户 Nine Persons	十人及以上户 Ten Persons and Over
全 国	**National Total**	**510132**	**86969**	**124057**	**110090**	**94679**	**48583**	**28556**	**10154**	**3742**	**1648**	**1654**
北 京	Beijing	8750	2105	2467	2156	1049	595	235	83	36	16	8
天 津	Tianjin	5614	1014	1814	1601	749	283	116	26	10	1	
河 北	Hebei	26518	3879	7369	5434	5551	2233	1331	490	136	59	35
山 西	Shanxi	13275	2186	3558	3215	2768	924	457	120	28	13	6
内蒙古	Inner Mongolia	9783	1477	3202	2919	1491	445	181	50	13	4	1
辽 宁	Liaoning	18309	3343	5436	5174	2528	1148	510	125	36	6	3
吉 林	Jilin	9963	1760	3308	2666	1300	598	240	67	13	7	3
黑龙江	Heilongjiang	13662	2738	5153	3629	1357	528	196	40	15	6	1
上 海	Shanghai	10359	2380	3190	2594	1193	717	222	45	10	2	6
江 苏	Jiangsu	31028	4862	8051	7407	5208	3123	1571	510	164	75	58
浙 江	Zhejiang	25997	6033	7199	5444	3818	1961	1104	308	74	31	26
安 徽	Anhui	23083	3205	5558	5056	4711	2288	1489	501	159	67	49
福 建	Fujian	14614	2587	2848	2952	2918	1586	1047	359	166	71	78
江 西	Jiangxi	14733	1618	2855	2731	3424	1850	1349	573	176	74	83
山 东	Shandong	38468	6147	10851	8612	8255	2665	1497	305	87	30	18
河 南	Henan	33193	4776	7230	6077	7500	3750	2495	930	255	104	75
湖 北	Hubei	18918	2696	4463	4614	3549	2050	1012	333	128	40	32
湖 南	Hunan	22272	3149	4731	4664	4765	2504	1553	558	190	81	79
广 东	Guangdong	43730	10383	8576	7075	7215	4617	2967	1381	687	381	448
广 西	Guangxi	16179	2117	2391	3026	3642	2282	1379	668	309	163	203
海 南	Hainan	3036	417	470	529	718	410	235	110	67	33	46
重 庆	Chongqing	12192	2092	2969	2741	2139	1267	683	197	69	21	15
四 川	Sichuan	30828	5477	7344	6555	5427	3185	1941	541	210	72	76
贵 州	Guizhou	12653	1746	2161	2197	2767	1767	1114	511	206	95	89
云 南	Yunnan	15001	2413	2639	2680	3174	1931	1302	518	196	72	77
西 藏	Tibet	1136	377	162	142	134	95	69	47	37	21	53
陕 西	Shaanxi	15101	2782	3440	3489	2981	1364	774	193	56	16	5
甘 肃	Gansu	8408	1059	1631	1806	1660	1004	770	296	106	41	36
青 海	Qinghai	2013	359	423	424	354	210	137	56	26	11	13
宁 夏	Ningxia	2649	395	674	632	519	233	122	47	16	6	5
新 疆	Xinjiang	8666	1398	1893	1851	1816	971	460	166	60	27	26

2-14 结婚登记情况
Statistics on Registered Marriages

年 份 Year	结婚登记总数 (万对) Total Number of Registered Marriages (10 000 couples)	内地居民登记结婚数 Registered Marriages of the Mainland	涉外华侨港澳台登记结婚数 Registered Marriages with Foreigners, Overseas Chinese and Citizens of Hong Kong, Macao and Taiwan	结婚率 (‰) Marriage Rate (‰)
1978	597.8	597.8		6.2
1979	637.1	636.3	0.8	6.7
1980	720.9	719.8	1.1	7.3
1981	1041.7	1040.3	1.4	10.4
1982	836.9	835.5	1.4	8.3
1983	765.4	764.2	1.3	7.5
1984	784.8	783.4	1.4	7.5
1985	831.3	829.1	2.2	7.9
1986	884.0	882.3	1.7	8.2
1987	926.7	924.7	2.0	8.6
1988	899.2	897.2	2.0	8.3
1989	937.2	935.2	2.0	8.4
1990	951.1	948.7	2.4	8.2
1991	953.6	951.0	2.6	8.3
1992	957.5	954.5	3.0	8.3
1993	915.4	912.2	3.3	7.8
1994	932.4	929.0	3.4	7.8
1995	934.1	929.7	4.4	7.7
1996	938.7	934.0	4.7	7.7
1997	914.1	909.1	5.1	7.4
1998	891.7	886.7	5.0	7.2
1999	885.3	879.9	5.4	7.1
2000	848.5	842.0	6.5	6.7
2001	805.0	797.1	7.9	6.3
2002	786.0	778.8	7.3	6.1
2003	811.4	803.5	7.8	6.3
2004	867.2	860.8	6.4	6.7
2005	823.1	816.6	6.4	6.3
2006	945.0	938.2	6.8	7.2
2007	991.4	986.3	5.1	7.5
2008	1098.3	1093.2	5.1	8.3
2009	1212.4	1207.5	4.9	9.1
2010	1241.0	1236.1	4.9	9.3
2011	1302.4	1297.5	4.9	9.7
2012	1323.6	1318.3	5.3	9.8
2013	1346.9	1341.4	5.5	9.9
2014	1306.7	1302.0	4.7	9.6
2015	1224.7	1220.6	4.1	9.0
2016	1142.8	1138.6	4.2	8.3
2017	1063.1	1059.0	4.1	7.7
2018	1013.9	1009.1	4.8	7.3
2019	927.3	922.4	4.9	6.6
2020	814.3	812.6	1.7	5.8
2021	764.3	762.7	1.6	5.4

2–15 离婚办理情况
Statistics on Registration of Divorces

年 份 Year	离婚总数 (万对) Total Number of Divorces (10 000 couples)	民政部门登记离婚数 (万对) Number of Divorces Registered in Civil Affairs Departments (10 000 couples)	内地居民登记离婚数 (万对) Registered Divorces of the Mainland (10 000 couples)	涉外华侨港澳台登记离婚数 (对) Registered Divorces with Foreigners, Overseas Chinese and Citizens of Hong Kong, Macao and Taiwan (couple)	法院部门办理离婚数 (万对) Number of Divorces Registered in Courts (10 000 couples)	离婚率 (‰) Number of Divorces per 1000 Population (Divorce Rate) (‰)
1978	28.5	17.0	17.0		11.5	0.18
1979	31.9	19.3	19.3	82	12.6	0.33
1980	34.1	18.0	18.0	330	16.1	0.35
1981	38.9	18.7	18.7	46	20.2	0.39
1982	42.8	21.1	21.1	116	21.7	0.42
1983	41.8	19.7	19.7	126	22.1	0.42
1984	45.4	19.9	19.9	110	25.5	0.40
1985	45.8	19.6	19.6	108	26.2	0.44
1986	50.6	21.4	21.4	205	29.2	0.47
1987	58.1	23.6	23.6	220	34.5	0.55
1988	65.5	26.4	26.4	310	39.1	0.60
1989	75.3	28.8	28.7	518	46.5	0.68
1990	80.0	30.1	30.0	602	49.9	0.69
1991	83.1	30.1	30.0	588	53.0	0.72
1992	85.0	31.6	31.5	833	53.4	0.74
1993	91.0	33.6	33.5	968	57.4	0.77
1994	98.2	35.5	35.4	737	62.7	0.82
1995	105.6	36.8	36.7	813	68.8	0.88
1996	113.4	39.4	39.3	1175	74.0	0.93
1997	119.9	44.0	43.9	1385	75.9	0.97
1998	119.2	46.6	46.5	948	72.6	0.96
1999	120.2	47.8	47.7	975	72.4	0.96
2000	121.3	48.9	48.8	1075	72.4	0.96
2001	125.0	52.8	52.5	2856	72.2	0.98
2002	117.7	57.3	56.8	5221	60.4	0.90
2003	133.0	69.0	68.7	3333	64.0	1.05
2004	166.5	104.6	104.0	5830	61.9	1.28
2005	178.5	118.4	117.5	8267	60.1	1.37
2006	191.3	129.1	128.3	8414	62.2	1.46
2007	209.8	145.7	144.8	8852	64.1	1.59
2008	226.9	161.0	160.0	9470	65.9	1.71
2009	246.8	180.2	179.6	5747	66.6	1.85
2010	267.8	201.0	200.4	5783	66.8	2.00
2011	287.4	220.7	220.2	5761	66.7	2.13
2012	310.4	242.3	241.7	6161	68.1	2.29
2013	350.0	281.5	280.9	6538	68.5	2.58
2014	363.7	295.7	295.1	6714	67.9	2.67
2015	384.1	314.9	314.3	6237	69.3	2.79
2016	415.8	348.6	348.0	6315	67.2	3.02
2017	437.4	370.4	369.8	6307	66.9	3.15
2018	446.1	381.2	380.5	7567	64.9	3.20
2019	470.1	404.7	404.0	7104	65.3	3.36
2020	433.9	373.6	373.2	4125	60.3	3.09
2021	283.9	214.1	213.9	2231	69.8	2.01

2-16 分地区婚姻登记情况(2021年)
Statistics on Marriage Registration by Region(2021)

地 区	Region	结婚登记(万对) Total Number of Marriage Registration (10 000 couples)	内地居民登记结婚 Marriage Registration of Mainland Residents	初婚(万人) First Marriages (10 000 persons)	再婚(万人) Re-marriages (10 000 persons)	离婚(万对) Divorces (10 000 couples)	结婚率(‰) Marriage Rate (‰)	离婚率(‰) Divorce Rate (‰)
全 国	**National Total**	**764.30**	**762.70**	**1157.80**	**370.80**	**283.93**	**5.40**	**2.01**
北 京	Beijing	10.34	10.29	13.63	7.04	5.04	4.72	2.30
天 津	Tianjin	8.04	8.03	9.10	6.98	4.14	5.83	3.00
河 北	Hebei	33.71	33.69	45.80	21.63	13.40	4.52	1.80
山 西	Shanxi	22.33	22.32	37.29	7.37	5.86	6.41	1.68
内蒙古	Inner Mongolia	13.21	13.20	17.59	8.83	5.49	5.50	2.29
辽 宁	Liaoning	21.44	21.41	33.40	9.49	9.60	5.06	2.26
吉 林	Jilin	13.89	13.87	17.32	10.46	6.40	5.82	2.68
黑龙江	Heilongjiang	17.22	17.20	24.64	9.81	8.51	5.47	2.70
上 海	Shanghai	8.98	8.90	11.40	6.57	3.62	3.61	1.46
江 苏	Jiangsu	46.70	46.63	77.74	15.65	17.98	5.50	2.12
浙 江	Zhejiang	26.32	26.26	40.10	12.54	9.50	4.05	1.46
安 徽	Anhui	42.05	42.02	62.52	21.59	14.65	6.88	2.40
福 建	Fujian	18.48	18.39	29.20	7.77	6.94	4.43	1.66
江 西	Jiangxi	24.38	24.36	38.31	10.45	7.99	5.40	1.77
山 东	Shandong	46.25	46.21	64.16	28.34	18.72	4.55	1.84
河 南	Henan	59.65	59.62	92.12	27.18	19.99	6.02	2.02
湖 北	Hubei	31.56	31.53	49.86	13.26	12.63	5.45	2.18
湖 南	Hunan	30.17	30.12	45.42	14.92	12.94	4.55	1.95
广 东	Guangdong	59.11	58.62	98.74	19.49	16.72	4.67	1.32
广 西	Guangxi	27.28	27.02	43.81	10.75	9.51	5.42	1.89
海 南	Hainan	6.01	5.99	10.06	1.96	1.53	5.91	1.51
重 庆	Chongqing	19.68	19.66	25.37	14.00	9.04	6.13	2.82
四 川	Sichuan	51.16	51.11	72.90	29.42	19.82	6.11	2.37
贵 州	Guizhou	29.28	29.26	44.57	13.98	10.70	7.59	2.78
云 南	Yunnan	29.98	29.92	45.43	14.53	9.86	6.37	2.10
西 藏	Tibet	3.48	3.48	6.51	0.46	0.54	9.51	1.48
陕 西	Shaanxi	22.10	22.09	33.01	11.20	8.17	5.59	2.07
甘 肃	Gansu	16.41	16.41	27.57	5.25	4.25	6.58	1.70
青 海	Qinghai	4.57	4.57	7.35	1.78	1.35	7.70	2.28
宁 夏	Ningxia	4.87	4.87	7.66	2.08	1.67	6.74	2.31
新 疆	Xinjiang	15.63	15.63	25.23	6.03	7.34	6.04	2.83

三、卫生健康
Health and Wellness

3-1 医疗卫生机构情况
Statistics on Health Care Institutions

单位：个 (unit)

年 份 Year	合 计 Total	#医院 Hospitals	#综合医院 General Hospitals	#中医医院 Traditional Chinese Medicine Hospitals	#专科医院 Specialized Hospitals	#基层医疗卫生机构 Health Care Institutions at Grass-root Level	#社区卫生服务中心(站) Community Health Service Centers (Stations)	#乡 镇卫生院 Township Health Centers
1950	8915	2803	2692	4	85			
1955	67725	3648	3351	67	188			
1960	261195	6020	5173	330	401			24849
1965	224266	5330	4747	131	339			36965
1970	149823	5964	5353	117	385			56568
1975	151733	7654	6817	160	543			54026
1978	169732	9293	7539	447	643			55018
1980	180553	9902	7859	678	694			55413
1985	978540	11955	9197	1485	938			47387
1986	999102	12442	9363	1646	1030			46967
1987	1012804	12962	9657	1790	1097			47177
1988	1012485	13544	9916	1932	1190			47529
1989	1027522	14090	10242	2046	1265			47523
1990	1012690	14377	10424	2115	1362			47749
1991	1003769	14628	10562	2195	1345			48140
1992	1001310	14889	10774	2269	1376			46117
1993	1000531	15436	11426	2298	1438			45024
1994	1005271	15595	11549	2336	1440			51929
1995	994409	15663	11586	2361	1445			51797
1996	1078131	15833	11696	2405	1473			51277
1997	1048657	15944	11771	2413	1488			50981
1998	1042885	16001	11779	2443	1495			50071
1999	1017673	16678	11868	2441	1533			49694
2000	1034229	16318	11872	2453	1543	1000169		49229
2001	1029314	16197	11834	2478	1576	995670		48090
2002	1005004	17844	12716	2492	2237	973098	8211	44992
2003	806243	17767	12599	2518	2271	774693	10101	44279
2004	849140	18393	12900	2611	2492	817018	14153	41626
2005	882206	18703	12982	2620	2682	849488	17128	40907
2006	918097	19246	13120	2665	3022	884818	22656	39975
2007	912263	19852	13372	2720	3282	878686	27069	39876
2008	891480	19712	13119	2688	3437	858015	24260	39080
2009	916571	20291	13364	2728	3716	882153	27308	38475
2010	936927	20918	13681	2778	3956	901709	32739	37836
2011	954389	21979	14328	2831	4283	918003	32860	37295
2012	950297	23170	15021	2889	4665	912620	33562	37097
2013	974398	24709	15887	3015	5127	915368	33965	37015
2014	981432	25860	16524	3115	5478	917335	34238	36902
2015	983528	27587	17430	3267	6023	920770	34321	36817
2016	983394	29140	18020	3462	6642	926518	34327	36795
2017	986649	31056	18921	3695	7220	933024	34652	36551
2018	997433	33009	19693	3977	7900	943639	34997	36461
2019	1007579	34354	19963	4221	8531	954390	35013	36112
2020	1022922	35394	20133	4426	9021	970036	35365	35762
2021	1030935	36570	20307	4630	9699	977790	36160	34943

注：1.村卫生室数计入医疗卫生机构数中。
2.2002年起，医疗卫生机构数不再包括高中等医学院校本部、药检机构、国境卫生检疫所和非卫生部门举办的计划生育指导站。
3.2013年起，医疗卫生机构数包括原计生部门主管的计划生育技术服务机构。
4.1996年以前，门诊部(所)不包括私人诊所。

a) Number of village clinics was included in health care institutions.
b) Since 2002, health care institutions no longer includes headquarters of higher and secondary medical schools, drug test institutions, frontier health and quarantine institutions and family planning service stations run by non-health departments.
c) Since 2013, health care institutions include family planning technical services institutions managed by original family planning department.
d) Before 1996, outpatient departments did not include private clinics.

3-1 续表 continued

单位：个 (unit)

年 份 Year	#村卫生室 Village Clinics	#门诊部(所) Outpatient Departments	#专业公共卫生机构 Specialized Public Health Institutions	#疾病预防控制中心 Centers for Disease Control and Prevention	#专科疾病防治院(所/站) Specialized Disease Prevention & Treatment Institutions	#妇幼保健院(所/站) Maternal and Children Care Centers	#卫生监督所(中心) Health Inspection Institutions (Centers)
1950		3356		61	30	426	
1955		51600		315	287	3944	
1960		213823		1866	683	4213	
1965		170430		2499	822	2910	
1970		79600		1714	607	1124	
1975		80739		2912	683	2128	
1978		94395		2989	887	2571	
1980		102474		3105	1138	2745	
1985	777674	126604		3410	1566	2996	
1986	795963	127575		3475	1635	3059	
1987	807844	128459		3512	1697	3082	
1988	806497	128422		3532	1727	3103	
1989	820798	128112		3591	1747	3112	
1990	803956	129332		3618	1781	3148	
1991	794733	128665		3652	1818	3187	
1992	796523	125873		3673	1845	3187	
1993	806945	115161		3729	1872	3115	
1994	813529	105984		3711	1905	3190	
1995	804352	104406		3729	1895	3179	
1996	755565	237153		3737	1887	3172	
1997	733642	229474		3747	1893	3180	
1998	728788	229349		3746	1889	3191	
1999	716677	226588		3763	1877	3180	
2000	709458	240934	11386	3741	1839	3163	
2001	698966	248061	11471	3813	1783	3132	
2002	698966	219907	10787	3580	1839	3067	571
2003	514920	204468	10792	3584	1749	3033	838
2004	551600	208794	10878	3588	1583	2998	1284
2005	583209	207457	11177	3585	1502	3021	1702
2006	609128	212243	11269	3548	1402	3003	2097
2007	613855	197083	11528	3585	1365	3051	2553
2008	613143	180752	11485	3534	1310	3011	2675
2009	632770	182448	11665	3536	1291	3020	2809
2010	648424	181781	11835	3513	1274	3025	2992
2011	662894	184287	11926	3484	1294	3036	3022
2012	653419	187932	12083	3490	1289	3044	3088
2013	648619	195176	31155	3516	1271	3144	2967
2014	645470	200130	35029	3490	1242	3098	2975
2015	640536	208572	31927	3478	1234	3078	2986
2016	638763	216187	24866	3481	1213	3063	2986
2017	632057	229221	19896	3456	1200	3077	2992
2018	622001	249654	18033	3443	1161	3080	2949
2019	616094	266659	15958	3403	1128	3071	2869
2020	608828	289542	14492	3384	1048	3052	2934
2021	599292	306883	13276	3376	932	3032	3010

3-2　分地区医疗卫生机构情况(2021年)
Statistics on Health Care Institutions by Region(2021)

单位：个　(unit)

地　区	Region	合 计 Total	#医院 Hospitals	#综合医院 General Hospitals	#中医医院 Traditional Chinese Medicine Hospitals	#专科医院 Specialized Hospitals	#基层医疗卫生机构 Health Care Institutions at Grass-root Level	#专业公共卫生机构 Specialized Public Health Institutions
全　国	**National Total**	**1030935**	**36570**	**20307**	**4630**	**9699**	**977790**	**13276**
北　京	Beijing	10699	644	214	167	206	9777	101
天　津	Tianjin	6076	432	276	55	97	5489	73
河　北	Hebei	88162	2395	1589	275	476	85029	644
山　西	Shanxi	41007	1427	678	217	486	39101	431
内蒙古	Inner Mongolia	24948	806	379	140	172	23684	400
辽　宁	Liaoning	33051	1444	758	207	444	30919	539
吉　林	Jilin	25344	825	406	131	271	24155	285
黑龙江	Heilongjiang	20578	1187	762	177	231	18772	548
上　海	Shanghai	6308	426	178	23	132	5656	103
江　苏	Jiangsu	36448	2030	974	152	532	33387	619
浙　江	Zhejiang	35120	1485	603	194	561	33021	406
安　徽	Anhui	29554	1338	760	147	342	27629	466
福　建	Fujian	28693	711	381	88	224	27463	392
江　西	Jiangxi	36764	939	562	126	223	35216	513
山　东	Shandong	85715	2654	1447	347	730	82062	779
河　南	Henan	78536	2410	1395	431	495	75174	791
湖　北	Hubei	36529	1167	601	146	382	34823	459
湖　南	Hunan	55677	1716	848	211	608	53354	539
广　东	Guangdong	57964	1762	955	185	569	55139	788
广　西	Guangxi	34112	803	429	114	227	32643	599
海　南	Hainan	6277	269	166	22	74	5881	111
重　庆	Chongqing	21361	858	442	133	215	20268	154
四　川	Sichuan	80249	2481	1483	266	641	76875	703
贵　州	Guizhou	29292	1449	982	116	319	27465	328
云　南	Yunnan	26885	1405	877	163	337	24869	544
西　藏	Tibet	6907	179	115	1	11	6600	127
陕　西	Shaanxi	34971	1270	754	172	320	33185	415
甘　肃	Gansu	25759	699	361	116	169	24373	652
青　海	Qinghai	6408	222	121	15	40	6011	173
宁　夏	Ningxia	4571	213	128	31	48	4242	95
新　疆	Xinjiang	16970	924	683	62	117	15528	499

3–3 分地区分等级医院情况(2021年)
Statistics on Hospitals by Level and Region (2021)

单位：个 (unit)

地 区	Region	医 院 Hospitals	#三级医院 Third-level Hospitals	#甲等 Grade A	#乙等 Grade B	#丙等 Grade C	#二级医院 Second-level Hospitals	#一级医院 First-level Hospitals
全 国	**National Total**	**36570**	**3275**	**1651**	**487**	**32**	**10848**	**12649**
北 京	Beijing	644	116	56	1	19	149	348
天 津	Tianjin	432	49	33	5		87	188
河 北	Hebei	2395	100	51	1		621	1316
山 西	Shanxi	1427	62	44	8		411	276
内蒙古	Inner Mongolia	806	91	42	15	1	331	272
辽 宁	Liaoning	1444	161	66	19	2	360	473
吉 林	Jilin	825	68	31	13	7	274	173
黑龙江	Heilongjiang	1187	109	73	13	1	364	354
上 海	Shanghai	426	53	32	16		93	10
江 苏	Jiangsu	2030	203	80	52		463	713
浙 江	Zhejiang	1485	144	76	63		219	48
安 徽	Anhui	1338	111	53	4		496	506
福 建	Fujian	711	93	39	10		285	240
江 西	Jiangxi	939	98	53	11	1	280	256
山 东	Shandong	2654	196	107	31		740	997
河 南	Henan	2410	141	72	1		633	1269
湖 北	Hubei	1167	161	74	11		395	305
湖 南	Hunan	1716	124	57	1	1	579	521
广 东	Guangdong	1762	254	130	2		624	464
广 西	Guangxi	803	94	58	2		342	266
海 南	Hainan	269	36	16			68	83
重 庆	Chongqing	858	65	34			267	345
四 川	Sichuan	2481	299	129	129		751	932
贵 州	Guizhou	1449	79	32	12		420	727
云 南	Yunnan	1405	107	54	3		488	508
西 藏	Tibet	179	17	11	3		60	47
陕 西	Shaanxi	1270	82	51	9		443	365
甘 肃	Gansu	699	62	34	28		194	64
青 海	Qinghai	222	25	10	15		99	14
宁 夏	Ningxia	213	19	6	7		86	73
新 疆	Xinjiang	924	56	47	2		226	496

3-4 分地区分床位医院情况(2021年)
Statistics on Hospitals by Bed and Region (2021)

单位：个 (unit)

地区	Region	合计 Total	0-99张 0-99 Beds	100-299张 100-299 Beds	300-499张 300-499 Beds	500张及以上 500 Beds over and above
全国	**National Total**	**36570**	**21907**	**7904**	**2526**	**4233**
北京	Beijing	644	429	97	40	78
天津	Tianjin	432	323	52	16	41
河北	Hebei	2395	1702	352	139	202
山西	Shanxi	1427	981	301	73	72
内蒙古	Inner Mongolia	806	486	197	50	73
辽宁	Liaoning	1444	879	320	79	166
吉林	Jilin	825	456	243	51	75
黑龙江	Heilongjiang	1187	711	294	69	113
上海	Shanghai	426	152	119	63	92
江苏	Jiangsu	2030	1176	497	130	227
浙江	Zhejiang	1485	770	394	151	170
安徽	Anhui	1338	728	332	87	191
福建	Fujian	711	341	194	70	106
江西	Jiangxi	939	487	229	82	141
山东	Shandong	2654	1739	478	133	304
河南	Henan	2410	1536	429	127	318
湖北	Hubei	1167	631	259	87	190
湖南	Hunan	1716	981	384	116	235
广东	Guangdong	1762	876	434	163	289
广西	Guangxi	803	354	221	107	121
海南	Hainan	269	172	54	17	26
重庆	Chongqing	858	511	188	54	105
四川	Sichuan	2481	1452	566	182	281
贵州	Guizhou	1449	985	238	100	126
云南	Yunnan	1405	838	333	101	133
西藏	Tibet	179	135	34	6	4
陕西	Shaanxi	1270	758	296	82	134
甘肃	Gansu	699	396	145	64	94
青海	Qinghai	222	135	53	18	16
宁夏	Ningxia	213	131	48	18	16
新疆	Xinjiang	924	656	123	51	94

3–5 分地区基层医疗卫生机构情况(2021年)
Statistics on Health Care Institutions at Grass-root Level by Region(2021)

单位：个 (unit)

地 区	Region	基层医疗卫生机构 Health Care Institutions at Grass-root Level	#社区卫生服务中心(站) Community Health Service Centers (Stations)	#乡 镇 卫生院 Township Health Centers	#村卫生室 Village Clinics	#门诊部(所) Outpatient Departments
全 国	**National Total**	**977790**	**36160**	**34943**	**599292**	**306883**
北 京	Beijing	9777	1989		2559	5229
天 津	Tianjin	5489	673	133	2214	2464
河 北	Hebei	85029	1543	1970	59967	21549
山 西	Shanxi	39101	1037	1312	26355	10149
内蒙古	Inner Mongolia	23684	1230	1251	12965	8237
辽 宁	Liaoning	30919	1387	1025	16235	12258
吉 林	Jilin	24155	321	762	9463	13609
黑龙江	Heilongjiang	18772	673	964	10128	7000
上 海	Shanghai	5656	1159		1147	3350
江 苏	Jiangsu	33387	2669	973	14936	14802
浙 江	Zhejiang	33021	4658	1042	11221	16087
安 徽	Anhui	27629	1814	1347	15630	8829
福 建	Fujian	27463	725	889	16847	9002
江 西	Jiangxi	35216	587	1588	27189	5847
山 东	Shandong	82062	2406	1492	52940	25176
河 南	Henan	75174	1791	2010	58488	12876
湖 北	Hubei	34823	1073	1110	22961	9650
湖 南	Hunan	53354	970	2099	37078	13207
广 东	Guangdong	55139	2736	1166	25448	25782
广 西	Guangxi	32643	338	1263	19088	11954
海 南	Hainan	5881	222	274	2737	2648
重 庆	Chongqing	20268	577	810	9495	9377
四 川	Sichuan	76875	1116	3661	50309	21763
贵 州	Guizhou	27465	893	1331	20105	5090
云 南	Yunnan	24869	652	1369	13588	9234
西 藏	Tibet	6600	14	675	5258	653
陕 西	Shaanxi	33185	741	1531	22394	8519
甘 肃	Gansu	24373	698	1357	16301	6015
青 海	Qinghai	6011	275	410	4472	854
宁 夏	Ningxia	4242	239	205	2159	1639
新 疆	Xinjiang	15528	954	924	9615	4034

3–6 分地区专业公共卫生机构情况(2021年)
Statistics on Specialized Public Health Institutions by Region(2021)

单位：个 (unit)

地 区	Region	专业公共卫生机构 Specialized Public Health Institutions	#疾病预防控制中心 Centers for Disease Control and Prevention	#专科疾病防治院(所/站) Specialized Disease Prevention & Treatment Institutions	#妇幼保健院(所/站) Maternal and Children Care Centers	#卫生监督所(中心) Health Inspection Institutions (Centers)
全 国	**National Total**	**13276**	**3376**	**932**	**3032**	**3010**
北 京	Beijing	101	25	19	18	18
天 津	Tianjin	73	20	3	17	18
河 北	Hebei	644	187	12	184	181
山 西	Shanxi	431	132	8	127	124
内蒙古	Inner Mongolia	400	121	14	114	116
辽 宁	Liaoning	539	109	51	86	107
吉 林	Jilin	285	66	55	71	49
黑龙江	Heilongjiang	548	146	32	117	140
上 海	Shanghai	103	19	16	19	17
江 苏	Jiangsu	619	115	34	118	110
浙 江	Zhejiang	406	103	14	95	99
安 徽	Anhui	466	122	41	126	113
福 建	Fujian	392	100	23	94	87
江 西	Jiangxi	513	144	92	112	110
山 东	Shandong	779	191	86	161	150
河 南	Henan	791	183	22	164	183
湖 北	Hubei	459	116	70	101	108
湖 南	Hunan	539	144	78	136	137
广 东	Guangdong	788	142	128	130	160
广 西	Guangxi	599	122	30	105	125
海 南	Hainan	111	29	16	25	
重 庆	Chongqing	154	41	13	41	39
四 川	Sichuan	703	212	23	202	178
贵 州	Guizhou	328	100	5	99	79
云 南	Yunnan	544	150	28	147	143
西 藏	Tibet	127	82		36	2
陕 西	Shaanxi	415	119	5	118	118
甘 肃	Gansu	652	103	9	99	97
青 海	Qinghai	173	55	2	50	53
宁 夏	Ningxia	95	25		23	24
新 疆	Xinjiang	499	153	3	97	125

3–7 村卫生室情况
Statistics on Village Clinics

单位：个 (unit)

年 份 Year	村卫生室 Village Clinics	村办 Village-run	乡卫生院设点 Outlets of Township Health Centers	联合办 Joint-run	私人办 Private-run	其他 Others
1985	777674	305537	29769	88803	323904	29661
1990	803956	266137	29963	87149	381844	38863
1995	804352	297462	36388	90681	354981	22876
2000	709458	300864	47101	89828	255179	16486
2005	583209	313633	32396	38561	180403	18216
2006	609128	333790	34803	36805	186524	17206
2007	613855	340082	33633	33649	186841	19650
2008	613143	342692	40248	31698	180157	18348
2009	632770	350515	45434	31035	183699	22087
2010	648424	365153	49678	32650	177080	23863
2011	662894	372661	56128	33639	175747	24719
2012	653419	370099	58317	32278	167025	25700
2013	648619	371579	59896	32690	158811	25643
2014	645470	349428	59396	29180	160549	46917
2015	640536	353196	60231	29208	153353	44548
2016	638763	351016	60419	29336	152164	45828
2017	632057	349025	63598	28687	147046	43701
2018	622001	342062	65495	28353	141623	44468
2019	616094	339525	69091	27626	134575	45277
2020	608828	337868	71858	26817	125503	46782
2021	599292	338065	67551	26751	118322	48603

3–8 分地区村卫生室情况(2021年)
Statistics on Village Clinics by Region(2021)

单位：个 (unit)

地 区	Region	村卫生室 Village Clinics	村办 Village-run	乡卫生院设点 Outlets of Township Health Centers	联合办 Joint-run	私人办 Private-run	其他 Others
全 国	**National Total**	**599292**	**338065**	**67551**	**26751**	**118322**	**48603**
北 京	Beijing	2559	2308	4	1	186	60
天 津	Tianjin	2214	590	762	125	130	607
河 北	Hebei	59967	30399	5205	1213	19012	4138
山 西	Shanxi	26355	18264	1204	674	2769	3444
内蒙古	Inner Mongolia	12965	4900	2734	242	3750	1339
辽 宁	Liaoning	16235	7298	419	141	7688	689
吉 林	Jilin	9463	3644	1918	1047	2308	546
黑龙江	Heilongjiang	10128	7014	1543	147	932	492
上 海	Shanghai	1147	783				364
江 苏	Jiangsu	14936	8026	3788	1956	38	1128
浙 江	Zhejiang	11221	6413	2156	127	1647	878
安 徽	Anhui	15630	9169	280	2408	762	3011
福 建	Fujian	16847	10570	1062	208	3418	1589
江 西	Jiangxi	27189	12974	587	1481	11040	1107
山 东	Shandong	52940	27176	13329	4231	4886	3318
河 南	Henan	58488	34860	1139	2772	15805	3912
湖 北	Hubei	22961	14149	3932	2728	1090	1062
湖 南	Hunan	37078	25038	1673	923	6083	3361
广 东	Guangdong	25448	12813	2573	171	5771	4120
广 西	Guangxi	19088	13257	1156	134	4011	530
海 南	Hainan	2737	845	395	35	1273	189
重 庆	Chongqing	9495	6673	836	179	827	980
四 川	Sichuan	50309	25222	3454	2423	15816	3394
贵 州	Guizhou	20105	12160	1	354	4232	3358
云 南	Yunnan	13588	10121	1737	509	211	1010
西 藏	Tibet	5258	1896	2593	33		736
陕 西	Shaanxi	22394	21238	190	97	848	21
甘 肃	Gansu	16301	5855	5645	729	2501	1571
青 海	Qinghai	4472	1710	768	602	737	655
宁 夏	Ningxia	2159	870	654	145	224	266
新 疆	Xinjiang	9615	1830	5814	916	327	728

3-9 卫生人员情况
Statistics on Health Personnel

单位：人 (person)

年 份 Year	卫生人员 Health Personnel	#卫生技术人员 Health Technical Personnel	#执业(助理)医师 Licensed Physicians & Physician Assistants	#执业医师 Licensed Physicians	#注册护士 Registered Nurses	#药师(士) Pharmacists	#乡村医生和卫生员 Village Doctors and Assistants
1950	611240	555040	380800	327400	37800	8080	
1955	1052787	874063	500398	402409	107344	60974	
1960	1769205	1504894	596109	427498	170143	119293	
1965	1872300	1531600	762804	510091	234546	117314	
1970	6571795	1453247	702304	446251	295147		4779280
1975	7435212	2057068	877716	521617	379545	219904	4841695
1978	7883041	2463931	978152	609608	405223	266570	4777469
1980	7355483	2798241	1153234	709473	465798	308438	3820776
1985	5606105	3410910	1413281	724238	636974	365145	1293094
1986	5725854	3506517	1444150	745592	680583	372760	1279935
1987	5842621	3608618	1481754	777333	717596	382121	1278499
1988	5924557	3723756	1618174	1095926	829261	394287	1247045
1989	6028234	3809097	1718018	1257668	921687	401098	1241275
1990	6137711	3897921	1763086	1302997	974541	405978	1231510
1991	6278458	3984974	1779545	1310933	1011943	409325	1253324
1992	6409307	4073986	1808194	1327875	1039674	413598	1269061
1993	6540522	4117067	1831665	1372471	1056096	413025	1325106
1994	6630710	4199217	1882180	1425375	1093544	417166	1323701
1995	6704395	4256923	1917772	1454926	1125661	418520	1331017
1996	6735097	4311845	1941235	1475232	1162609	424952	1316095
1997	6833962	4397805	1984867	1505342	1198228	428295	1317786
1998	6863315	4423721	1999521	1513975	1218836	423644	1327633
1999	6894985	4458669	2044672	1561584	1244844	418574	1324937
2000	6910383	4490803	2075843	1603266	1266838	414408	1319357
2001	6874527	4507700	2099658	1637337	1286938	404087	1290595
2002	6528674	4269779	1843995	1463573	1246545	357659	1290595
2003	6216971	4380878	1942364	1534046	1265959	357378	867778
2004	6332739	4485983	1999457	1582442	1308433	355451	883075
2005	6447246	4564050	2042135	1622684	1349589	349533	916532
2006	6681184	4728350	2099064	1678031	1426339	353565	957459
2007	6964389	4913186	2122925	1715460	1558822	325212	931761
2008	7251803	5174478	2201904	1791881	1678091	330525	938313
2009	7781448	5535124	2329206	1905436	1854818	341910	1050991
2010	8207502	5876158	2413259	1972840	2048071	353916	1091863
2011	8616040	6202858	2466094	2020154	2244020	363993	1126443
2012	9115705	6675549	2616064	2138836	2496599	377398	1094419
2013	9790483	7210578	2794754	2285794	2783121	395578	1081063
2014	10234213	7589790	2892518	2374917	3004144	409595	1058182
2015	10693881	8007537	3039135	2508408	3241469	423294	1031525
2016	11172945	8454403	3191005	2651398	3507166	439246	1000324
2017	11748972	8988230	3390034	2828999	3804021	452968	968611
2018	12300325	9529179	3607156	3010376	4098630	467685	907098
2019	12928335	10154010	3866916	3210515	4445047	483420	842302
2020	13474992	10678019	4085689	3401672	4708717	496793	795510
2021	13985363	11244217	4287604	3590846	5019422	520865	696749

注：1.卫生人员和卫生技术人员中包括获得“卫生监督员”证书的公务员1万人。
2.2013年起，卫生人员数包括原卫生计生部门主管的计划生育技术服务机构人员数。
3.执业(助理)医师数包括村卫生室执业(助理)医师数。
4.1985年以前乡村医生和卫生员系赤脚医生数。
5.2021年起，管理人员指仅从事管理的人员数，不含同时担负临床或监督工作的管理人员。

a) Health personnel and health technical personnel include 10 000 civil servants who obtain the Certificate of Health Supervisor.
b) Since 2013, health personnel include personnel of family planning technical service institutions managed by family planning departments.
c) Licensed Physicians & physician assistants include those in village clinics.
d) Before 1985, village doctors and assistants referred to barefoot doctors.
e) Since 2021, administrative staffs refer to the number of personnel who are only engaged in management, excluding those who are also responsible for clinical or supervision work.

3-10 分地区卫生人员情况(2021年)
Statistics on Health Personnel by Region(2021)

单位：人 (person)

地 区	Region	卫生人员 Health Personnel	#卫生技术人员 Health Technical Personnel	#执业(助理)医师 Licensed Physicians & Physician Assistants	#执业医师 Licensed Physicians	#注册护士 Registered Nurses	#药师(士) Pharmacists	#乡村医生和卫生员 Village Doctors and Assistants
全 国	**Natoional Total**	**13985363**	**11244217**	**4287604**	**3590846**	**5019422**	**520865**	**696749**
北 京	Beijing	361004	289021	112514	105757	124086	15515	2367
天 津	Tianjin	152473	121717	51777	48546	46810	7179	3745
河 北	Hebei	710338	559405	254233	197945	225019	21179	56605
山 西	Shanxi	362910	281533	113350	96227	124305	11526	29672
内蒙古	Inner Mongolia	261660	211694	84230	71988	88938	11619	13417
辽 宁	Liaoning	417681	334026	132022	119022	152697	13907	16036
吉 林	Jilin	276724	217251	87309	75430	97803	8894	12643
黑龙江	Heilongjiang	314884	248554	96932	83220	107095	11082	13878
上 海	Shanghai	281031	229024	84055	80241	103859	11187	500
江 苏	Jiangsu	853428	691783	272663	230820	308650	34323	21328
浙 江	Zhejiang	694800	579080	232669	206656	250311	32483	6474
安 徽	Anhui	519418	435127	172581	140783	200950	17098	26888
福 建	Fujian	366095	294368	111058	95297	130171	16728	16853
江 西	Jiangxi	381722	305661	111394	93000	139922	17530	29676
山 东	Shandong	1055683	853147	342790	282332	376542	38925	71765
河 南	Henan	969594	755601	297515	228705	328077	31940	71914
湖 北	Hubei	564148	456373	169525	143673	214644	19291	29925
湖 南	Hunan	619810	506165	192504	152842	239222	22387	30118
广 东	Guangdong	1058702	873183	319438	270948	401698	46559	19357
广 西	Guangxi	493178	393882	131975	109429	182407	21721	27116
海 南	Hainan	99580	80506	29682	25362	38410	3544	2665
重 庆	Chongqing	308519	246615	92134	76155	114010	10527	13337
四 川	Sichuan	865416	672694	250397	209833	306685	30283	54138
贵 州	Guizhou	384145	309378	105369	84453	141650	11510	24672
云 南	Yunnan	470049	380657	125764	104086	182586	13987	31797
西 藏	Tibet	42311	25607	10627	8304	7795	1196	10457
陕 西	Shaanxi	445858	368611	120561	97605	159406	16058	18985
甘 肃	Gansu	247666	200989	70649	57995	91701	8043	16376
青 海	Qinghai	66755	51656	18773	15796	21349	2570	6088
宁 夏	Ningxia	73110	60596	22519	19722	27255	3345	2723
新 疆	Xinjiang	256671	200313	70595	58674	85369	8729	15234

3-11 分地区全科医生情况(2021年)
Statistics on General Doctors by Region (2021)

单位：人 (person)

年份 Year 地区 Region	全科医生数 General Doctors	注册为全科医学专业的人数 Persons Registered as General Practice Specialty	每万人口全科医生数 General Doctors per 10 000 persons
2013	145511	47402	1.07
2014	172597	64156	1.27
2015	188649	68364	1.37
2016	209083	77631	1.51
2017	252717	96235	1.82
2018	308740	156800	2.22
2019	365082	210622	2.61
2020	408820	255867	2.90
2021	434868	314279	3.08
北　京 Beijing	9303	7595	4.25
天　津 Tianjin	5615	3669	4.09
河　北 Hebei	24410	15389	3.28
山　西 Shanxi	7441	4141	2.14
内蒙古 Inner Mongolia	6103	3756	2.54
辽　宁 Liaoning	11922	10146	2.82
吉　林 Jilin	8272	5739	3.48
黑龙江 Heilongjiang	6906	3946	2.21
上　海 Shanghai	10673	10622	4.29
江　苏 Jiangsu	49433	36771	5.81
浙　江 Zhejiang	23446	22888	3.59
安　徽 Anhui	17101	13902	2.80
福　建 Fujian	11644	9587	2.78
江　西 Jiangxi	9624	5043	2.13
山　东 Shandong	35914	15924	3.53
河　南 Henan	33830	15783	3.42
湖　北 Hubei	12625	9574	2.17
湖　南 Hunan	17958	14204	2.71
广　东 Guangdong	39016	36995	3.08
广　西 Guangxi	13091	11596	2.60
海　南 Hainan	2853	2502	2.80
重　庆 Chongqing	8944	7192	2.78
四　川 Sichuan	20776	18329	2.48
贵　州 Guizhou	9269	5534	2.41
云　南 Yunnan	9250	6755	1.97
西　藏 Tibet	467	367	1.28
陕　西 Shaanxi	13255	8548	3.35
甘　肃 Gansu	7422	3182	2.98
青　海 Qinghai	1686	907	2.84
宁　夏 Ningxia	1627	1034	2.24
新　疆 Xinjiang	4992	2659	1.93

3-12 每千人口卫生技术人员情况
Statistics on Health Technical Personnel per 1000 Persons

单位：人 (person)

年 份 Year	卫生技术人员 Health Technical Personnel			执业(助理)医师 Licensed Physicians & Physician Assistants			注册护士 Registered Nurses		
	合计 Total	城市 Urban	农村 Rural	合计 Total	城市 Urban	农村 Rural	合计 Total	城市 Urban	农村 Rural
1949	0.93	1.87	0.73	0.67	0.70	0.66	0.06	0.25	0.02
1955	1.42	3.49	1.01	0.81	1.24	0.74	0.14	0.64	0.04
1960	2.37	5.67	1.85	1.04	1.97	0.90	0.23	1.04	0.07
1965	2.11	5.37	1.46	1.05	2.22	0.82	0.32	1.45	0.10
1970	1.76	4.88	1.22	0.85	1.97	0.66	0.29	1.10	0.14
1975	2.24	6.92	1.41	0.95	2.66	0.65	0.41	1.74	0.18
1980	2.85	8.03	1.81	1.17	3.22	0.76	0.47	1.83	0.20
1985	3.28	7.92	2.09	1.36	3.35	0.85	0.61	1.85	0.30
1990	3.45	6.59	2.15	1.56	2.95	0.98	0.86	1.91	0.43
1995	3.59	5.36	2.32	1.62	2.39	1.07	0.95	1.59	0.49
1998	3.64	5.30	2.35	1.65	2.34	1.11	1.00	1.64	0.51
1999	3.64	5.24	2.38	1.67	2.33	1.14	1.02	1.64	0.52
2000	3.63	5.17	2.41	1.68	2.31	1.17	1.02	1.64	0.54
2001	3.62	5.15	2.38	1.69	2.32	1.17	1.03	1.65	0.54
2002	3.41			1.47			1.00		
2003	3.48	4.88	2.26	1.54	2.13	1.04	1.00	1.59	0.50
2004	3.53	4.99	2.24	1.57	2.18	1.04	1.03	1.63	0.50
2005	3.50	5.82	2.69	1.56	2.46	1.26	1.03	2.10	0.65
2006	3.60	6.09	2.70	1.60	2.56	1.26	1.09	2.22	0.66
2007	3.72	6.44	2.69	1.61	2.61	1.23	1.18	2.42	0.70
2008	3.90	6.68	2.80	1.66	2.68	1.26	1.27	2.54	0.76
2009	4.15	7.15	2.94	1.75	2.83	1.31	1.39	2.82	0.81
2010	4.39	7.62	3.04	1.80	2.97	1.32	1.53	3.09	0.89
2011	4.58	7.90	3.19	1.82	3.00	1.33	1.66	3.29	0.98
2012	4.94	8.54	3.41	1.94	3.19	1.40	1.85	3.65	1.09
2013	5.27	9.18	3.64	2.04	3.39	1.48	2.04	4.00	1.22
2014	5.56	9.70	3.77	2.12	3.54	1.51	2.20	4.30	1.31
2015	5.84	10.21	3.90	2.22	3.72	1.55	2.37	4.58	1.39
2016	6.12	10.42	4.08	2.31	3.79	1.61	2.54	4.75	1.50
2017	6.47	10.87	4.28	2.44	3.97	1.68	2.74	5.01	1.62
2018	6.83	10.91	4.63	2.59	4.01	1.82	2.94	5.08	1.80
2019	7.26	11.10	4.96	2.77	4.10	1.96	3.18	5.22	1.99
2020	7.57	11.46	5.18	2.90	4.25	2.06	3.34	5.40	2.10
2021	7.97	9.87	6.27	3.04	3.73	2.42	3.56	4.58	2.64

注：1.2002年以前，执业(助理)医师系医生，执业医师系医师，注册护士系护师(士)。
2.城市包括直辖市区和地级市辖区，农村包括县及县级市。
3.合计项分母系常住人口数，分城乡项分母系推算户籍人口数。

a) Before 2002, licensed physician assistants referred to doctors, licensed physicians referred to physicians, registered nurses referred to nurses.
b) Urban area includes districts of municipalities and prefecture-level cities, rural area includes counties and cities at county level.
c) Population for total refers to permanent population, while population for urban and rural areas refers to the estimated population by household registr

3-13 分地区每千人口卫生技术人员情况(2021年)
Statistics on Health Technical Personnel per 1000 Persons by Region(2021)

单位：人 (person)

地 区 Region	卫生技术人员 Health Technical Personnel			执业(助理)医师 Licensed Physicians & Physician Assistants			注册护士 Registered Nurses		
	合计 Total	城市 Urban	农村 Rural	合计 Total	城市 Urban	农村 Rural	合计 Total	城市 Urban	农村 Rural
全 国 National Total	**7.97**	**9.87**	**6.27**	**3.04**	**3.73**	**2.42**	**3.56**	**4.58**	**2.64**
北 京 Beijing	13.20	13.20		5.14	5.14		5.67	5.67	
天 津 Tianjin	8.87	8.87		3.77	3.77		3.41	3.41	
河 北 Hebei	7.51	10.50	5.88	3.41	4.51	2.82	3.02	4.60	2.16
山 西 Shanxi	8.09	11.58	5.63	3.26	4.42	2.44	3.57	5.54	2.19
内蒙古 Inner Mongolia	8.82	11.63	6.91	3.51	4.45	2.87	3.71	5.31	2.61
辽 宁 Liaoning	7.90	9.73	5.21	3.12	3.77	2.18	3.61	4.63	2.11
吉 林 Jilin	9.15	9.76	8.63	3.68	3.79	3.58	4.12	4.65	3.66
黑龙江 Heilongjiang	7.95	10.07	5.94	3.10	3.84	2.40	3.43	4.72	2.20
上 海 Shanghai	9.20	9.20		3.38	3.38		4.17	4.17	
江 苏 Jiangsu	8.13	9.23	6.77	3.21	3.52	2.82	3.63	4.24	2.88
浙 江 Zhejiang	8.85	10.67	7.20	3.56	4.17	3.00	3.83	4.74	3.00
安 徽 Anhui	7.12	9.54	5.54	2.82	3.64	2.29	3.29	4.58	2.44
福 建 Fujian	7.03	9.28	5.19	2.65	3.55	1.92	3.11	4.20	2.22
江 西 Jiangxi	6.77	9.35	5.35	2.47	3.29	2.01	3.10	4.54	2.31
山 东 Shandong	8.39	10.64	6.51	3.37	4.25	2.64	3.70	4.86	2.74
河 南 Henan	7.65	11.88	5.81	3.01	4.50	2.37	3.32	5.60	2.33
湖 北 Hubei	7.83	10.07	6.19	2.91	3.67	2.35	3.68	4.94	2.76
湖 南 Hunan	7.64	11.16	6.21	2.91	4.06	2.43	3.61	5.59	2.80
广 东 Guangdong	6.88	7.47	5.38	2.52	2.76	1.90	3.17	3.47	2.39
广 西 Guangxi	7.82	10.30	6.01	2.62	3.59	1.91	3.62	4.93	2.66
海 南 Hainan	7.89	9.44	6.45	2.91	3.39	2.46	3.77	4.70	2.89
重 庆 Chongqing	7.68	7.68	7.68	2.87	2.88	2.82	3.55	3.59	3.39
四 川 Sichuan	8.04	9.99	6.43	2.99	3.72	2.39	3.66	4.75	2.77
贵 州 Guizhou	8.03	10.22	7.05	2.74	3.65	2.32	3.68	4.89	3.13
云 南 Yunnan	8.12	12.04	6.88	2.68	4.18	2.21	3.89	6.03	3.22
西 藏 Tibet	7.00	14.62	4.46	2.90	6.14	1.83	2.13	5.43	1.03
陕 西 Shaanxi	9.32	10.21	8.33	3.05	3.48	2.57	4.03	4.74	3.24
甘 肃 Gansu	8.07	11.06	6.29	2.84	3.84	2.24	3.68	5.39	2.66
青 海 Qinghai	8.70	12.52	6.25	3.16	4.35	2.40	3.59	5.85	2.15
宁 夏 Ningxia	8.36	10.40	5.94	3.11	3.87	2.20	3.76	4.83	2.49
新 疆 Xinjiang	7.74	11.79	6.82	2.73	4.48	2.33	3.30	5.32	2.84

3-14 医疗卫生机构床位情况
Statistics on Beds in Health Care Institutions

单位：万张 (10 000 beds)

年 份 Year	合 计 Total	#医院 Hospitals	#综合医院 General Hospitals	#中医医院 Traditional Chinese Medicine Hospitals	#专科医院 Specialized Hospitals	#基层医疗卫生机构 Health Care Institutions at Grass-root Level	#社区卫生服务中心(站) Community Health Service Centers (Stations)	#乡镇卫生院 Township Health Centers	#专业公共卫生机构 Specialized Public Health Institutions	#妇幼保健院(所/站) Maternal and Children Care Centers	#专科疾病防治院(所/站) Specialized Disease Prevention & Treatment Institutions
1950	11.91	9.71	8.46	0.01	0.74					0.27	
1955	36.28	21.53	17.08	0.14	2.80					0.57	
1960	97.68	59.14	44.74	1.42	7.95			4.63		0.88	1.74
1965	103.33	61.20	48.04	1.04	7.49			13.25		0.92	
1970	126.15	70.50	57.21	1.01	7.79			36.80		0.70	
1975	176.43	94.02	76.33	1.37	11.11			62.03		0.97	2.88
1980	218.44	119.58	94.11	5.00	12.87			77.54		1.64	2.73
1985	248.71	150.86	112.77	11.23	16.56			72.06		3.46	2.95
1986	256.25	155.98	117.52	12.52	17.71			71.12		3.67	3.06
1987	268.50	165.34	123.71	14.21	19.03			72.30		4.00	3.07
1988	279.49	174.70	129.06	15.55	20.23			72.61		4.35	3.00
1989	286.70	181.46	133.60	16.60	20.93			72.30		4.50	3.10
1990	292.54	186.89	136.90	17.57	21.95			72.29		4.66	3.10
1991	299.19	192.61	140.55	18.82	22.26			72.92		4.80	3.17
1992	304.94	197.66	144.10	20.04	22.71			73.28		5.00	3.22
1993	309.90	203.64	156.63	21.35	24.37			73.08		4.50	3.03
1994	313.40	207.04	158.70	22.18	24.85			73.24		4.80	2.98
1995	314.06	206.33	158.72	22.72	24.51			73.31		5.13	3.07
1996	309.96	209.65	159.73	23.75	24.86			73.47		5.60	2.83
1997	313.45	211.92	161.21	24.46	24.97			74.24		6.02	3.06
1998	314.30	213.41	162.00	24.95	25.01			73.77		6.30	2.90
1999	315.90	215.07	163.25	25.33	25.03			73.40		6.63	2.93
2000	317.70	216.67	164.09	25.93	25.08	76.65		73.48	11.86	7.12	2.84
2001	320.12	215.56	150.50	24.60	25.65	77.14		74.00	12.02	7.40	2.70
2002	313.61	222.18	168.38	24.67	26.21	71.05	1.20	67.13	12.37	7.98	3.18
2003	316.40	226.95	171.34	26.02	26.72	71.05	1.21	67.27	12.61	8.09	3.38
2004	326.84	236.35	177.68	27.55	28.26	71.44	1.81	66.89	12.73	8.70	3.12
2005	336.75	244.50	183.47	28.77	29.21	72.58	2.50	67.82	13.58	9.41	3.34
2006	351.18	256.04	190.29	30.32	32.05	76.19	4.12	69.62	13.50	9.93	2.80
2007	370.11	267.51	197.16	32.16	34.37	85.03	7.66	74.72	13.29	10.62	2.59
2008	403.87	288.29	211.28	35.03	37.77	97.10	9.80	84.69	14.66	11.73	2.64
2009	441.66	312.08	227.11	38.56	41.67	109.98	13.13	93.34	15.40	12.61	2.71
2010	478.68	338.74	244.95	42.42	45.95	119.22	16.88	99.43	16.45	13.44	2.93
2011	515.99	370.51	267.07	47.71	49.65	123.37	18.71	102.63	17.81	14.59	3.14
2012	572.48	416.15	297.99	54.80	55.74	132.43	20.32	109.93	19.82	16.16	3.57
2013	618.19	457.86	325.52	60.88	62.11	134.99	19.42	113.65	21.49	17.55	3.85
2014	660.12	496.12	349.99	66.50	68.58	138.12	19.59	116.72	22.30	18.48	3.76
2015	701.52	533.06	372.10	71.54	76.25	141.38	20.10	119.61	23.63	19.54	4.03
2016	741.05	568.89	392.79	76.18	84.46	144.19	20.27	122.39	24.72	20.65	4.00
2017	794.03	612.05	417.24	81.82	94.56	152.85	21.84	129.21	26.26	22.11	4.08
2018	840.41	651.97	437.89	87.21	105.41	158.36	23.13	133.39	27.44	23.28	4.08
2019	880.70	686.65	453.27	93.26	115.81	163.11	23.74	136.99	28.50	24.32	4.11
2020	910.07	713.12	462.25	98.11	125.83	164.94	23.83	139.03	29.61	25.29	4.23
2021	945.01	741.42	469.97	102.28	139.84	169.98	25.17	141.74	30.16	26.01	4.06

3-15 分地区医疗卫生机构床位情况(2021年)
Statistics on Beds in Health Care Institutions by Region(2021)

单位：张 (bed)

地区	Region	合计 Total	#医院 Hospitals	#基层医疗卫生机构 Health Care Institutions at Grass-root Level	#社区卫生服务中心(站) Community Health Service Centers (Stations)	#乡镇卫生院 Township Health Centers	#专业公共卫生机构 Specialized Public Health Institutions	#妇幼保健院(所、站) Maternal and Child Care Centers	#专科疾病防治院(所、站) Specialized Prevention & Treatment Institutions
全国	**National Total**	**9450110**	**7414228**	**1699776**	**251720**	**1417410**	**301566**	**260132**	**40611**
北京	Beijing	130259	122287	5243	5243		2729	2090	639
天津	Tianjin	68681	62238	5867	1780	3893	351		351
河北	Hebei	454994	360191	79694	8415	69928	14711	14443	192
山西	Shanxi	228946	186067	37686	4308	30327	4503	4036	460
内蒙古	Inner Mongolia	166598	133841	27301	5031	21368	4817	4481	336
辽宁	Liaoning	324528	278149	39426	7211	30078	2977	1795	1044
吉林	Jilin	176546	151196	20529	3224	15804	2831	1731	1100
黑龙江	Heilongjiang	260536	221206	32718	7583	23917	5871	3697	2155
上海	Shanghai	160378	142730	15537	15537		1346	1142	204
江苏	Jiangsu	548560	429886	104712	25501	77851	11520	9712	1771
浙江	Zhejiang	369875	327374	29765	9826	19123	11507	11044	427
安徽	Anhui	411023	318415	81997	10153	70681	9574	8044	1524
福建	Fujian	223813	176316	37451	4346	33105	8986	6827	2113
江西	Jiangxi	307292	223990	65449	3862	60898	16422	12674	3742
山东	Shandong	673920	522326	121696	19309	98065	26632	20835	5733
河南	Henan	721329	536984	150946	18924	130970	27564	25412	2071
湖北	Hubei	433965	314615	101445	15818	83365	17604	15350	2250
湖南	Hunan	532668	389837	124927	18164	106303	17334	13584	3750
广东	Guangdong	588964	479712	75834	8797	66310	33030	26743	6276
广西	Guangxi	319045	219722	81584	3361	78203	16609	16194	414
海南	Hainan	61408	48537	10171	1518	8327	2370	2338	28
重庆	Chongqing	240741	178223	57673	12052	44766	4517	4385	132
四川	Sichuan	662029	497531	148484	15970	131720	14708	13398	1299
贵州	Guizhou	296902	232086	54012	6997	45749	10519	10295	224
云南	Yunnan	330278	256141	62247	5866	55086	10607	9718	646
西藏	Tibet	19650	14808	4216	114	4066	468	468	
陕西	Shaanxi	284545	233562	40533	4527	35777	9655	8500	1155
甘肃	Gansu	183166	142546	33146	4155	28747	6304	5786	500
青海	Qinghai	42153	35825	5693	705	4795	543	503	40
宁夏	Ningxia	41191	35703	3884	455	3394	1604	1604	
新疆	Xinjiang	186127	142184	39910	2968	34794	3353	3303	35

3-16 分城乡医疗卫生机构床位情况
Statistics on Beds in Health Care Institutions by Urban and Rural Areas

单位：张 (bed)

年份 Year 地区 Region		医疗卫生机构床位数 Beds in Health Care Institutions			每千人口医疗卫生机构床位 Beds in Health Care Institutions per 1000 Population	
		合计 Total	城市 Urban	农村 Rural	合计 Total	城市 Urban	农村 Rural
	2010	4786831	2302297	2484534	3.58	5.94	2.60
	2011	5159889	2475222	2684667	3.84	6.24	2.80
	2012	5724775	2733403	2991372	4.24	6.88	3.11
	2013	6181891	2948465	3233426	4.55	7.36	3.35
	2014	6601214	3169880	3431334	4.85	7.84	3.54
	2015	7015214	3418194	3597020	5.11	8.27	3.71
	2016	7410453	3654956	3755497	5.37	8.41	3.91
	2017	7940252	3922024	4018228	5.72	8.75	4.19
	2018	8404088	4141427	4262661	6.03	8.70	4.56
	2019	8806956	4351540	4455416	6.30	8.78	4.81
	2020	9100700	4502529	4598171	6.46	8.81	4.95
	2021	9450110	4970374	4479736	6.70	7.47	6.01
北 京	Beijing	130259	130259		5.95	5.95	
天 津	Tianjin	68681	68681		5.00	5.00	
河 北	Hebei	454994	205098	249896	6.11	7.82	5.18
山 西	Shanxi	228946	122201	106745	6.58	8.49	5.23
内蒙古	Inner Mongolia	166598	85759	80839	6.94	8.83	5.66
辽 宁	Liaoning	324528	219454	105074	7.67	8.72	6.14
吉 林	Jilin	176546	86479	90067	7.43	7.94	7.00
黑龙江	Heilongjiang	260536	162678	97858	8.34	10.68	6.11
上 海	Shanghai	160378	160378		6.44	6.44	
江 苏	Jiangsu	548560	335828	212732	6.45	7.13	5.61
浙 江	Zhejiang	369875	214262	155613	5.66	6.87	4.55
安 徽	Anhui	411023	203710	207313	6.72	8.44	5.61
福 建	Fujian	223813	114425	109388	5.35	6.08	4.74
江 西	Jiangxi	307292	137697	169595	6.80	8.62	5.81
山 东	Shandong	673920	359171	314749	6.63	7.76	5.68
河 南	Henan	721329	294039	427290	7.30	9.84	6.20
湖 北	Hubei	433965	207836	226129	7.44	8.45	6.71
湖 南	Hunan	532668	202797	329871	8.04	10.55	7.02
广 东	Guangdong	588964	417802	171162	4.64	4.58	4.79
广 西	Guangxi	319045	157135	161910	6.33	7.39	5.56
海 南	Hainan	61408	29762	31646	6.02	6.05	5.99
重 庆	Chongqing	240741	180645	60096	7.50	7.10	8.99
四 川	Sichuan	662029	327848	334181	7.91	8.70	7.26
贵 州	Guizhou	296902	108298	188604	7.71	9.07	7.09
云 南	Yunnan	330278	96546	233732	7.04	8.62	6.55
西 藏	Tibet	19650	9939	9711	5.37	10.88	3.54
陕 西	Shaanxi	284545	157127	127418	7.20	7.52	6.83
甘 肃	Gansu	183166	85921	97245	7.36	9.23	6.24
青 海	Qinghai	42153	21028	21125	7.10	9.06	5.84
宁 夏	Ningxia	41191	26712	14479	5.68	6.79	4.37
新 疆	Xinjiang	186127	40859	145268	7.19	8.52	6.89

注：每千人口床位数合计项分母系常住人口数，分城乡项分母系推算户籍人口数。

a) Population for total refers to permanent population, while population for urban and rural areas refers to the estimated population by household registration.

3-17 各类医疗卫生机构医疗服务及床位利用情况(2021年)
Statistics on Health Services in Health Care Institutions and Occupancy of Beds (2021)

机构名称	Institutions	诊疗人次数(万人次) Visits (10 000 person-times)	入院人数(万人) Inpatients (10 000 persons)	医师日均担负诊疗人次(人次) Daily Visits Per Physican (person-time)	病床周转次数(次) Turnover of Beds (time)	病床工作日(日) Working Days of Beds (day)	病床使用率(%) Occupancy Rate of Beds (%)	平均住院日(日) Average Length of Stay in Hospital (day)
总　计	**Total**	**847203**	**24732**	**7.3**	**27.7**	**252.9**	**69.3**	**8.8**
医　院	Hospitals	388380	20155	6.5	28.5	272.3	74.6	9.2
综合医院	General Hospitals	278130	14827	6.8	32.7	273.5	74.9	8.2
中医医院	Traditional Chinese Medicine Hospitals	59668	2766	6.6	28.1	269.8	73.9	9.3
中西医结合医院	Hospital of Integrated Traditional Chinese and Western Medicine	7790	316	6.3	25.6	260.0	71.2	9.9
民族医院	Nationalities Hospitals	1455	80	3.9	20.7	216.2	59.2	9.9
专科医院	Specialized Hospitals	41058	2129	5.4	16.3	273.9	75.1	15.7
护理院	Nursing Hospital	279	37	1.4	3.7	254.4	69.7	52.8
基层医疗卫生机构	Basic Medical Institutions	425024	3592	8.5	23.1	172.9	47.4	6.8
#社区卫生服务中心(站)	Community Health Service Centers	83603	325	13.9	14.7	157.1	43.1	9.8
卫生院	Health Centers	117417	3241	8.9	24.3	175.6	48.1	6.6
街道卫生院	Urban Health Centers	1353	18	9.7	15.3	145.9	40.0	8.6
乡镇卫生院	Township Health Centers	116064	3223	8.9	24.3	175.8	48.2	6.6
村卫生室	Village Clinics	134184						
门诊部	Outpatient Departments	18692	26	4.0				
专业公共卫生机构	Specialized Public Health Institutions	33671	963	7.6	33.7	214.6	58.8	6.1
#专科疾病防治院(所、站)	Specialized Disease Prevention & Treatment Institutions	1902	36	5.6	9.2	237.5	65.1	23.4
妇幼保健院(所、站)	Maternal and Children Care Centers	30723	928	7.8	37.5	211.0	57.8	5.4
其他医疗卫生机构	Other Institutions	128	22	2.2	11.6	162.6	44.6	11.1

3–18 分地区医疗卫生机构门诊服务情况(2021年)
Statistics on Outpatient Services of Health Care Institutions by Region (2021)

地 区	Region	诊疗人次数(万人次) Visits (10 000 person-times)	#门急诊 Outpatient and Emergency Visits	观察室留观病例数(万人) Cases in Observation Rooms (10 000 persons)	健康检查人数(万人) Number of Health Examinations (10 000 persons)	急诊病死率(%) Fatality Rate among Emergency Admissions (%)	观察室病死率(%) Fatality Rate in Observation Rooms (%)	居民平均就诊次数(次) Average Number of Visits of Residents (time)
全 国	**National Total**	**847203**	**804135**	**3506.05**	**54873.03**	**0.08**	**0.14**	**6.01**
北 京	Beijing	22748	22593	141.47	1021.92	0.13	0.38	10.39
天 津	Tianjin	10853	10308	90.29	503.09	0.11	0.14	7.90
河 北	Hebei	39875	36707	113.18	2200.31	0.18	0.16	5.35
山 西	Shanxi	13441	12487	50.55	1094.20	0.14	0.25	3.86
内蒙古	Inner Mongolia	10291	9466	34.70	690.59	0.15	0.37	4.29
辽 宁	Liaoning	16728	15476	155.24	1130.18	0.14	0.14	3.96
吉 林	Jilin	10460	8878	41.57	598.31	0.15	0.24	4.40
黑龙江	Heilongjiang	9644	8875	23.23	727.14	0.16	0.73	3.09
上 海	Shanghai	26691	26344	13.18	1499.90	0.13	1.47	10.72
江 苏	Jiangsu	56976	55505	110.87	4024.04	0.05	0.07	6.70
浙 江	Zhejiang	67115	64489	106.27	3757.19	0.04	0.26	10.26
安 徽	Anhui	36406	33653	86.22	2182.04	0.07	0.07	5.96
福 建	Fujian	26710	25009	52.49	1532.66	0.03	0.06	6.38
江 西	Jiangxi	22865	21740	103.54	1442.70	0.03	0.04	5.06
山 东	Shandong	67153	62921	264.68	3385.86	0.16	0.18	6.60
河 南	Henan	61873	58807	129.02	3146.10	0.10	0.12	6.26
湖 北	Hubei	34398	32151	194.73	2604.94	0.07	0.05	5.90
湖 南	Hunan	30126	27611	315.63	2200.88	0.03	0.27	4.55
广 东	Guangdong	81669	79117	375.17	7410.83	0.03	0.06	6.44
广 西	Guangxi	25570	24546	71.00	1981.34	0.04	0.06	5.08
海 南	Hainan	5055	4686	18.64	319.87	0.04	0.01	4.96
重 庆	Chongqing	19363	18637	162.80	1167.80	0.07	0.02	6.03
四 川	Sichuan	54647	51525	193.85	3420.26	0.08	0.08	6.53
贵 州	Guizhou	18088	17593	106.75	1182.49	0.04	0.03	4.70
云 南	Yunnan	29366	28379	304.75	1503.78	0.04	0.06	6.26
西 藏	Tibet	1621	1443	3.93	195.27	0.04	0.18	4.43
陕 西	Shaanxi	18705	18276	31.41	1331.73	0.09	0.19	4.73
甘 肃	Gansu	11520	10802	89.15	850.76	0.09	0.05	4.63
青 海	Qinghai	2651	2484	21.77	209.63	0.14	0.06	4.46
宁 夏	Ningxia	4117	3894	42.79	269.51	0.11	0.03	5.68
新 疆	Xinjiang	10478	9733	57.18	1287.71	0.22	0.44	4.05

3-19 分地区医疗卫生机构住院服务情况(2021年)
Statistics on Hospitalization Services in Health Care Institutions by Region (2021)

地 区	Region	入院人数 (万人) Number of Inpatients (10 000 persons)	出院人数 (万人) Patients Discharged (10 000 persons)	住院病人手术人次 (万人次) Surgical Operations of Impatients (10 000 person-times)	病死率 (%) Fatality Rate (%)	每床出院人数 (人) Patients Discharged per Bed (person)	每百门急诊入院人数 (人) Inpatients per 100 Outpatient and Emergency Visits (person)	居民年住院率 (%) Annual Hospitalization Rate of Residents (%)
全 国	**National Total**	**24731.8**	**24642.1**	**8103.1**	**0.4**	**26.1**	**4.1**	**17.5**
北 京	Beijing	367.7	349.8	163.3	1.0	26.9	1.7	16.8
天 津	Tianjin	162.7	162.6	94.4	0.7	23.7	1.8	11.8
河 北	Hebei	1025.0	1019.9	263.2	0.4	22.4	4.4	13.8
山 西	Shanxi	445.8	434.8	144.7	0.3	19.0	4.6	12.8
内蒙古	Inner Mongolia	311.8	310.9	82.5	0.7	18.7	4.1	13.0
辽 宁	Liaoning	614.2	610.3	191.8	1.1	18.8	4.7	14.5
吉 林	Jilin	348.4	346.1	87.3	1.1	19.6	4.9	14.7
黑龙江	Heilongjiang	442.1	440.2	141.6	1.2	17.0	5.6	14.1
上 海	Shanghai	448.1	447.2	401.7	1.3	27.9	1.9	18.0
江 苏	Jiangsu	1415.7	1415.6	532.9	0.2	25.9	3.3	16.6
浙 江	Zhejiang	1081.2	1083.0	424.2	0.3	29.3	2.1	16.5
安 徽	Anhui	949.3	947.3	306.8	0.4	23.1	4.0	15.5
福 建	Fujian	561.0	560.2	203.9	0.2	25.1	3.2	13.4
江 西	Jiangxi	861.6	857.9	222.1	0.2	27.9	6.0	19.1
山 东	Shandong	1823.2	1817.1	564.9	0.5	27.0	4.6	17.9
河 南	Henan	1914.9	1908.9	463.2	0.3	26.5	4.8	19.4
湖 北	Hubei	1214.7	1212.0	396.7	0.4	27.9	5.3	20.8
湖 南	Hunan	1510.0	1505.8	349.3	0.2	28.3	7.6	22.8
广 东	Guangdong	1729.3	1730.0	963.4	0.5	29.4	2.8	13.6
广 西	Guangxi	1067.6	1064.0	241.0	0.3	33.4	5.6	21.2
海 南	Hainan	128.2	128.3	49.1	0.3	21.0	3.4	12.6
重 庆	Chongqing	730.5	729.8	193.1	0.4	30.3	5.9	22.7
四 川	Sichuan	1863.0	1856.7	584.4	0.4	28.1	5.2	22.3
贵 州	Guizhou	844.9	839.4	212.1	0.2	28.3	6.2	21.9
云 南	Yunnan	993.9	992.0	275.5	0.3	30.1	4.8	21.2
西 藏	Tibet	32.2	32.3	8.3	0.2	16.4	2.9	8.8
陕 西	Shaanxi	728.4	727.9	270.3	0.3	25.6	5.4	18.4
甘 肃	Gansu	445.1	444.2	88.6	0.2	24.3	5.7	17.9
青 海	Qinghai	98.2	97.3	23.4	0.4	23.1	4.9	16.5
宁 夏	Ningxia	108.1	107.9	31.8	0.3	26.2	3.4	14.9
新 疆	Xinjiang	465.1	462.7	127.7	0.5	24.9	5.4	18.0

3-20 各类医院病床使用率
Occupancy Rate of Beds of all Kinds of Hospitals

单位：%　　(%)

分　类	Item	2005	2010	2015	2019	2020	2021
总　计	**Total**	**70.3**	**86.7**	**85.4**	**83.6**	**72.3**	**74.6**
按经济类型分	By Economic Type						
公立医院	State Hospitals	71.5	90.0	90.4	91.2	77.4	80.3
民营医院	Private Hospitals	49.8	59.0	62.8	61.4	58.3	59.9
按主办单位分	By Organizer						
政府办	Organized by Government	74.9	92.8	91.9	92.5	78.2	81.1
社会办	Organized by Society	55.6	69.1	72.6	69.2	63.6	65.4
个人办	Organized by Private	47.4	55.2	59.9	58.2	55.8	57.4
按营利类别分	Profit Type						
非营利性	Non-profit	71.4	88.9	88.3	87.7	75.2	77.8
营利性	Profit	48.3	52.9	56.9	57.8	55.7	57.8
按医院等级分	By Level						
三级医院	Third-level Hospitals	90.5	102.9	98.8	97.5	81.3	85.3
二级医院	Second-level Hospitals	68.1	87.3	84.1	81.6	70.7	71.1
一级医院	First-level Hospitals	49.6	56.6	58.8	54.7	52.1	52.1
按机构类别分	By Organization Type						
综合医院	General Hospitals	76.6	87.5	86.1	84.8	72.5	74.9
中医医院	Traditional Chinese Medicine Hospitals	65.7	84.1	84.7	83.4	72.3	73.9
中西医结合医院	Hospital of Integrated Traditional Chinese and Western Medicine	68.0	82.8	81.5	78.2	67.9	71.2
民族医院	Nationalities Hospitals	57.4	70.6	71.4	70.9	58.9	59.2
专科医院	Specialized Hospitals	75.7	85.7	83.2	80.2	72.9	75.1
护理院	Nursing Hospitals	89.6	85.3	76.5	71.7	68.9	69.7

3–21 分地区医院住院服务情况(2021年)
Statistics on Hospitalization Services in Hospital by Region (2021)

单位：万人，万人次 (10 000 persons, 10 000 person times)

地 区	Region	入院人数 Number of Inpatients			出院人数 Number of Discharged Patients			住院病人手术人次数 Person Times of Operation of Hospital Patients		
		合计 Total	公立 State	民营 Private	合计 Total	公立 State	民营 Private	合计 Total	公立 State	民营 Private
全 国	**National Total**	**20155.1**	**16409.9**	**3745.3**	**20067.5**	**16369.8**	**3697.7**	**7573.8**	**6549.2**	**1024.7**
北 京	Beijing	357.5	302.5	55.0	339.7	284.7	55.0	159.0	139.5	19.5
天 津	Tianjin	160.9	151.4	9.6	160.9	151.4	9.5	94.1	90.2	3.9
河 北	Hebei	897.7	727.6	170.1	893.3	725.5	167.8	249.5	214.9	34.6
山 西	Shanxi	412.7	329.4	83.3	401.9	329.1	72.8	138.3	118.1	20.2
内蒙古	Inner Mongolia	281.2	256.0	25.2	280.3	255.5	24.8	78.6	71.6	7.0
辽 宁	Liaoning	579.2	454.6	124.6	575.3	451.7	123.6	189.3	155.3	34.0
吉 林	Jilin	333.1	262.4	70.7	330.8	261.3	69.5	86.3	71.4	14.9
黑龙江	Heilongjiang	411.1	332.7	78.4	409.3	332.1	77.2	139.2	121.9	17.3
上 海	Shanghai	432.5	405.8	26.7	431.6	405.4	26.2	392.8	375.1	17.7
江 苏	Jiangsu	1168.3	849.3	319.0	1168.2	851.0	317.2	485.6	388.8	96.8
浙 江	Zhejiang	989.2	847.1	142.1	990.6	849.1	141.5	394.0	348.4	45.6
安 徽	Anhui	831.7	656.6	175.1	830.0	656.5	173.5	284.9	229.6	55.4
福 建	Fujian	481.7	402.1	79.6	481.0	401.8	79.2	193.4	161.0	32.4
江 西	Jiangxi	641.2	517.3	123.9	637.8	516.3	121.5	201.7	174.8	26.9
山 东	Shandong	1489.9	1236.2	253.6	1484.5	1234.1	250.4	523.1	450.8	72.3
河 南	Henan	1524.6	1184.6	340.0	1513.6	1179.3	334.3	425.1	348.9	76.3
湖 北	Hubei	903.9	784.2	119.8	902.7	784.2	118.5	371.5	329.0	42.5
湖 南	Hunan	1064.6	868.0	196.6	1059.8	867.3	192.5	322.0	278.0	44.0
广 东	Guangdong	1412.9	1225.5	187.4	1414.0	1226.5	187.6	863.9	779.9	83.9
广 西	Guangxi	693.4	619.6	73.8	691.2	618.3	72.9	219.1	195.2	23.9
海 南	Hainan	112.8	95.8	17.0	112.7	95.8	16.9	45.6	38.7	6.9
重 庆	Chongqing	502.3	360.8	141.5	501.2	360.4	140.8	175.5	137.9	37.6
四 川	Sichuan	1357.0	1032.3	324.6	1352.7	1030.1	322.7	551.1	475.6	75.5
贵 州	Guizhou	672.1	473.2	198.9	667.0	470.9	196.1	197.9	160.2	37.8
云 南	Yunnan	793.8	630.9	162.9	792.1	629.9	162.2	259.7	221.0	38.6
西 藏	Tibet	30.7	21.5	9.2	30.8	21.6	9.2	7.0	4.3	2.7
陕 西	Shaanxi	649.5	511.0	138.6	649.5	511.9	137.6	264.2	227.1	37.2
甘 肃	Gansu	361.9	317.8	44.1	360.6	316.7	43.8	82.4	74.0	8.4
青 海	Qinghai	89.5	77.7	11.8	88.6	76.9	11.6	23.3	20.1	3.1
宁 夏	Ningxia	99.1	85.4	13.7	98.9	85.3	13.6	30.1	26.9	3.2
新 疆	Xinjiang	418.8	390.6	28.2	416.7	389.0	27.7	125.7	121.0	4.7

3-22 分地区医院床位利用情况(2021年)
Statistics on Occupancy of Hospital Bed by Region (2021)

地 区	Region	病床工作日(日) Work Day of Beds (day)			病床使用率(%) Occupancy Rate of Beds(%)			出院者平均住院日(日) Average Stay Days in Hospital (day)		
		合计 Total	公立 State	民营 Private	合计 Total	公立 State	民营 Private	合计 Total	公立 State	民营 Private
全 国	**National Total**	**272.3**	**293.1**	**218.7**	**74.6**	**80.3**	**59.9**	**9.2**	**9.0**	**10.5**
北 京	Beijing	267.3	285.6	213.2	73.2	78.2	58.4	8.9	8.6	10.6
天 津	Tianjin	249.8	270.7	158.2	68.4	74.2	43.3	8.4	8.1	14.2
河 北	Hebei	251.5	273.6	193.6	68.9	75.0	53.0	9.2	9.0	10.0
山 西	Shanxi	244.4	269.3	175.4	67.0	73.8	48.1	10.3	10.3	10.4
内蒙古	Inner Mongolia	219.3	240.7	113.4	60.1	66.0	31.1	9.4	9.5	8.3
辽 宁	Liaoning	228.9	249.2	182.4	62.7	68.3	50.0	10.1	10.1	10.1
吉 林	Jilin	242.5	261.3	198.1	66.4	71.6	54.3	9.9	9.6	11.0
黑龙江	Heilongjiang	202.7	204.8	195.9	55.5	56.1	53.7	10.8	10.4	12.3
上 海	Shanghai	326.0	337.5	295.9	89.3	92.5	81.1	10.0	8.3	36.5
江 苏	Jiangsu	281.9	304.0	246.6	77.2	83.3	67.6	9.5	8.9	10.9
浙 江	Zhejiang	291.6	313.4	245.0	79.9	85.9	67.1	8.9	7.7	16.2
安 徽	Anhui	258.0	287.4	193.0	70.7	78.7	52.9	8.9	8.9	9.1
福 建	Fujian	268.5	285.4	216.3	73.6	78.2	59.3	8.7	8.7	8.8
江 西	Jiangxi	278.2	293.7	235.9	76.2	80.5	64.6	9.0	8.7	9.9
山 东	Shandong	274.7	298.4	207.4	75.3	81.7	56.8	8.8	8.7	9.5
河 南	Henan	292.4	315.4	233.9	80.1	86.4	64.1	9.4	9.4	9.5
湖 北	Hubei	288.1	309.1	203.4	78.9	84.7	55.7	9.4	9.4	9.7
湖 南	Hunan	283.1	309.0	215.5	77.6	84.7	59.0	9.4	9.3	10.0
广 东	Guangdong	271.1	288.4	217.6	74.3	79.0	59.6	8.7	8.2	12.3
广 西	Guangxi	297.9	312.8	245.3	81.6	85.7	67.2	8.7	8.2	12.8
海 南	Hainan	249.3	268.2	191.4	68.3	73.5	52.4	9.1	9.1	9.1
重 庆	Chongqing	285.3	321.9	214.7	78.2	88.2	58.8	9.7	10.2	8.6
四 川	Sichuan	300.1	328.6	244.1	82.2	90.0	66.9	10.4	10.1	11.4
贵 州	Guizhou	279.1	304.5	242.5	76.5	83.4	66.4	8.3	8.2	8.6
云 南	Yunnan	286.5	315.9	220.0	78.5	86.6	60.3	8.7	8.5	9.3
西 藏	Tibet	206.6	208.8	199.0	56.6	57.2	54.5	8.2	9.2	5.9
陕 西	Shaanxi	264.4	286.9	208.4	72.4	78.6	57.1	9.0	8.9	9.4
甘 肃	Gansu	254.0	263.1	205.5	69.6	72.1	56.3	8.5	8.6	8.1
青 海	Qinghai	243.2	256.3	169.9	66.6	70.2	46.5	9.0	9.3	6.9
宁 夏	Ningxia	246.0	271.6	165.3	67.4	74.4	45.3	8.4	8.3	9.4
新 疆	Xinjiang	268.6	283.5	158.5	73.6	77.7	43.4	8.3	8.3	8.4

3-23 医院门诊病人次均医药费用情况
Per Person-time Medical Expenses of Outpatient in Hospital

级 别 年 份	Type Year	门诊病人次均医药费(元) Per Person-time Medical Expenses of Outpatient (yuan)	#药费 Expenses for Medicine	#检查费 Expenses for Inspection	比重 Proportion 药费 Expenses for Medicine	比重 Proportion 检查费 Expenses for Inspection
医院合计	Hospital Total					
	2010	166.8	85.6	30.0	51.3	18.0
	2011	179.8	90.9	32.4	51.5	18.5
	2012	192.5	96.9	35.0	50.3	18.2
	2013	206.4	101.7	37.4	49.3	18.1
	2014	220.0	106.3	40.3	48.3	18.3
	2015	233.9	110.5	42.7	47.3	18.3
	2016	245.5	111.7	45.2	45.5	18.4
	2017	257.0	109.7	47.6	42.7	18.5
	2018	274.1	112.0	51.0	40.9	18.6
	2019	290.8	118.1	54.1	40.6	18.6
	2020	324.4	126.9	61.6	39.1	19.0
	2021	329.1	123.2	62.7	37.5	19.0
#公立医院	State Hospital					
	2010	167.3	87.4	30.8	52.3	18.4
	2011	180.2	92.8	33.4	51.5	18.5
	2012	193.4	99.3	36.2	51.3	18.7
	2013	207.9	104.4	38.7	50.2	18.6
	2014	221.6	109.3	41.8	49.3	18.9
	2015	235.2	113.7	44.3	48.4	18.8
	2016	246.5	115.1	46.9	46.7	19.0
	2017	257.1	113.1	49.6	44.0	19.3
	2018	272.2	114.8	53.0	42.2	19.5
	2019	287.6	120.9	56.1	42.0	19.5
	2020	320.2	129.8	64.4	40.5	20.1
	2021	320.8	124.6	65.3	38.8	20.4
#三级医院	Third-level Hospital					
	2010	220.2	117.6	37.9	53.4	17.2
	2011	231.8	122.0	40.2	52.6	17.3
	2012	242.1	126.7	42.7	52.3	17.6
	2013	256.7	132.1	45.2	51.5	17.6
	2014	269.8	136.0	48.4	50.4	17.9
	2015	283.7	139.8	51.1	49.3	18.0
	2016	294.9	139.8	53.9	47.4	18.3
	2017	306.1	135.7	57.0	44.3	18.6
	2018	322.1	135.8	61.5	42.2	19.1
	2019	337.6	141.3	65.3	41.8	19.4
	2020	373.6	150.8	74.9	40.4	20.1
	2021	370.0	142.9	75.4	38.6	20.4
#二级医院	Second-level Hospital					
	2010	139.3	70.5	28.9	50.6	20.8
	2011	147.6	73.6	31.0	49.9	21.0
	2012	157.4	77.9	33.3	49.5	21.1
	2013	166.2	79.6	35.2	47.9	21.2
	2014	176.0	82.8	37.7	47.1	21.4
	2015	184.1	85.0	39.2	46.2	21.3
	2016	190.6	85.5	40.6	44.9	21.3
	2017	197.1	84.3	42.1	42.8	21.4
	2018	204.3	85.2	43.0	41.7	21.0
	2019	214.5	90.4	44.1	42.1	20.5
	2020	238.4	96.8	49.7	40.6	20.9
	2021	232.1	90.9	48.3	39.1	20.8
#一级医院	First-level Hospital					
	2010	93.1	51.6	11.5	55.4	12.4
	2011	103.9	56.1	13.4	54.0	12.9
	2012	112.0	59.9	14.7	53.5	13.1
	2013	119.8	64.2	15.6	53.6	13.1
	2014	125.3	66.4	17.1	53.0	13.7
	2015	132.9	70.6	17.6	53.1	13.3
	2016	144.5	73.8	19.4	51.0	13.4
	2017	150.1	76.2	19.9	50.8	13.3
	2018	156.8	80.5	20.5	51.3	13.1
	2019	162.2	82.6	19.8	50.9	12.2
	2020	175.5	90.2	21.8	51.4	12.4
	2021	174.6	85.4	22.4	48.9	12.8

注：按当年价格计算。

a) Data are calculated at current prices.

3-24 部分病种平均住院医药费用情况(2021年)
Statistics on Average Hospitalization Medical Expenses of Some Diseases (2021)

疾病名称(ICD-10)	Diseases	出院人数(人) Patients Discharged (person)	平均住院日(日) Average Duration of Hospitalization (day)	人均医药费(元) Per Capita Medical Expenses (yuan)	#药费 Medicine Expenses	#检查费 Inspection Expenses	#治疗费 Treatment Expenses	#手术费 Operation Expenses	#卫生材料费 Healthcare Material Expenses
病毒性肝炎	Viral Hepatitis	105579	9.8	7468	2818	802	446	375	355
浸润性肺结核	Infiltrative Pulmonary Tuberculosis	233837	12.9	9607	2689	991	1061	872	745
急性心肌梗塞	Acute Myocardial Infarction	651090	8.1	26519	4766	2067	2651	5073	9077
充血性心力衰竭	Chronic Heart Failure	101775	8.9	9326	3209	1176	1352	825	568
细菌性肺炎	Bacterial Pneumonia	998911	8.6	8472	2717	930	1259	487	398
慢性肺源性心脏病	Chronic Pulmonary Heart Disease	91019	9.7	8370	2798	1043	1407	392	336
急性上消化道出血	Acute Upper Gastrointestinal Bleeding	144670	7.5	9260	3343	989	969	556	587
原发性肾病综合征	Primary Nephrotic Syndrome	140846	8.3	7662	2359	912	447	234	323
甲状腺功能亢进	Hyperthyroidism	94698	6.6	5732	1103	1076	465	2760	444
脑出血	Cerebral Hemorrhage	546930	15.1	26088	8117	2881	4844	3406	3304
脑梗死	Cerebral Infarction	3885316	9.8	10741	3735	1938	1327	1429	1058
再生障碍性贫血	Aplastic Anemia	163503	7.3	11048	4432	690	631	170	309
急性白血病	Acute Leukemia	64484	15.8	35230	15385	1580	2373	239	1534
结节性甲状腺肿	Nodular Goiter	184578	6.1	13758	1792	1020	709	3832	3783
急性阑尾炎	Acute Appendicitis	750022	6.2	10258	2317	625	658	3442	1876
急性胆囊炎	Acute Cholecystitis	85547	7.4	8682	2851	1155	688	2675	895
腹股沟疝	Inguinal Hernia	564591	5.4	10212	1205	612	472	2916	3516
胃恶性肿瘤	Malignant Gastric Tumor	220355	13.3	33276	8211	2528	2109	5544	10758
肺恶性肿瘤	Malignant Lung Tumor	337114	11.1	39527	5759	3159	2034	6478	15759
食管恶性肿瘤	Malignant Esophageal Tumor	108557	13.9	26930	6938	2529	3310	4884	7065
心肌梗死冠状动脉搭桥	Myocardial Infarction Coronary Artery Bypass	16241	21.0	116280	23132	7604	10001	17691	39123
膀胱恶性肿瘤	Malignant Bladder Tumor	86113	10.9	21601	5007	1897	1321	4857	4254
前列腺增生	Benign Prostatic Hyperplasia	318486	9.8	13316	2708	1342	921	4084	1994
颅内损伤	Intracranial Injury	645294	12.7	17859	5864	2261	2560	2726	2551
腰椎间盘突出症	Lumbar Disc Herniation	453845	9.5	12611	1457	1211	1614	4655	5342
儿童支气管肺炎	Children Bronchopneumonia	1421724	6.6	3256	959	183	512	111	154
子宫平滑肌瘤	Leiomyoma of Uterus	359144	7.7	15382	2216	929	973	5125	2838
剖宫产	Caesarean Section	1489799	6.0	9119	1557	462	889	2547	1198
老年性白内障	Senile Cataract	854809	3.0	6708	286	494	223	2544	2350

注：本表系卫生健康部门公立医院数据。
a) Data are obtained from State Hospitals in health department.

3–25 分级别医院部分病种平均住院医药费用情况(2021年)

Statistics on Average Hospitalization Medical Expenses of Some Diseases of Different Level Hospitals (2021)

单位：元 (yuan)

疾病名称(ICD–10)	Diseases	中央属 Central	省属 Provincial	地级市属 Prefecture-level City	县级市属 County-level City	县属 County
病毒性肝炎	Viral Hepatitis	14601	9510	7965	6581	5301
浸润性肺结核	Infiltrative Pulmonary Tuberculosis	20084	14220	11552	9223	6294
急性心肌梗塞	Acute Myocardial Infarction	38145	34300	28170	21159	17045
充血性心力衰竭	Chronic Heart Failure	28170	13542	11788	7944	6404
细菌性肺炎	Bacterial Pneumonia	30173	15522	10593	6628	4878
慢性肺源性心脏病	Chronic Pulmonary Heart Disease	24178	15393	11004	8307	6742
急性上消化道出血	Acute Upper Gastrointestinal Bleeding	22227	16058	11997	7900	6778
原发性肾病综合征	Primary Nephrotic Syndrome	11323	9394	7441	5707	4557
甲状腺功能亢进	Hyperthyroidism	9378	6904	5567	4752	4174
脑出血	Cerebral Hemorrhage	42012	36637	31918	22494	18543
脑梗塞	Cerebral Infarction	21760	16645	13838	8830	6960
再生障碍性贫血	Aplastic Anemia	22118	15939	11026	7890	5917
急性白血病	Acute Leukemia	55121	47453	29606	18475	9971
结节性甲状腺肿	Nodular Goiter	18057	15704	13917	11631	9580
急性阑尾炎	Acute Appendicitis	17544	14584	11780	8880	7247
急性胆囊炎	Acute Cholecystitis	24529	16476	11643	7047	5494
腹股沟疝	Inguinal Hernia	14366	13819	11315	8869	7045
胃恶性肿瘤	Malignant Gastric Tumor	52346	46580	34845	21830	13876
肺恶性肿瘤	Malignant Lung Tumor	52420	45918	34583	26027	18189
食管恶性肿瘤	Malignant Esophageal Tumor	42335	39303	30811	20151	13615
心肌梗塞冠状动脉搭桥	Myocardial Infarction Coronary Artery Bypass	123836	116124	117054	89852	83165
膀胱恶性肿瘤	Malignant Bladder Tumor	25093	25852	21340	16242	12612
前列腺增生	Benign Prostatic Hyperplasia	18308	16900	14544	11307	9105
颅内损伤	Intracranial Injury	46176	31725	23558	15067	11669
腰椎间盘突出症	Lumbar Disc Herniation	41136	26730	15319	8063	5641
儿童支气管肺炎	Bronchopneumonia	7152	5057	3961	3065	2692
子宫平滑肌瘤	Leiomyoma of Uterus	18959	18719	15216	12515	10395
剖宫产	Caesarean Section	14438	12795	10126	7629	6378
老年性白内障	Senile Cataract	7441	7695	7247	6347	5112

注：本表系卫生健康部门综合医院数据。
a) Data are obtained from General Hospitals in health department.

3-26 分地区医院门诊和住院病人人均医药费用(2021年)
Medical Expenses of Outpatient and Discharged Patient by Region (2021)

地 区	Region	门诊病人次均医药费(元) Per-time Medical Expenses of Outpatient (yuan)	#药费 Medicine Expenses	#检查费 Inspection Expenses	住院病人人均医药费(元) Per-capita Medical Expenses of Discharged Patient (yuan)	#药费 Medicine Expenses	#检查费 Inspection Expenses	#手术费 Operation Expenses
全 国	**National Total**	**329.1**	**123.2**	**62.7**	**11002.3**	**2759.4**	**1099.1**	**925.7**
北 京	Beijing	679.8	297.3	80.9	26254.4	5845.9	1721.4	2330.6
天 津	Tianjin	452.4	221.0	64.8	19976.6	4902.5	1740.2	1698.0
河 北	Hebei	293.3	112.4	62.5	10853.6	3280.0	1214.0	605.8
山 西	Shanxi	295.2	110.5	60.6	10127.9	2428.4	925.8	718.2
内蒙古	Inner Mongolia	307.6	106.2	72.3	9378.0	2482.6	1086.3	758.6
辽 宁	Liaoning	376.3	136.5	84.6	11625.6	2952.2	1211.2	1139.7
吉 林	Jilin	323.9	110.8	70.2	12596.7	3764.7	1171.2	884.1
黑龙江	Heilongjiang	318.0	90.1	83.8	11316.3	3632.2	958.5	619.6
上 海	Shanghai	436.6	177.3	61.7	22959.8	5578.6	1719.2	1999.0
江 苏	Jiangsu	366.3	144.4	67.4	13034.8	3919.2	1141.8	856.6
浙 江	Zhejiang	311.8	111.4	42.1	12142.5	2819.6	808.9	1273.2
安 徽	Anhui	292.9	119.3	61.7	8935.7	2326.1	896.6	748.0
福 建	Fujian	319.5	115.3	60.8	10841.3	2393.2	1219.7	1209.8
江 西	Jiangxi	309.8	135.1	58.6	9723.4	2693.7	827.1	750.8
山 东	Shandong	306.0	115.9	68.6	11311.3	2679.3	1200.5	1065.3
河 南	Henan	237.4	98.4	53.1	9658.4	2729.8	1123.0	694.0
湖 北	Hubei	291.8	109.2	56.7	11224.1	2749.7	1161.4	1140.0
湖 南	Hunan	344.0	112.8	71.9	9093.3	2338.6	880.6	718.2
广 东	Guangdong	351.8	120.6	69.8	14103.7	2979.7	1381.6	1499.8
广 西	Guangxi	251.3	85.9	50.0	9385.4	2123.7	1150.9	671.7
海 南	Hainan	326.0	127.6	59.4	12449.6	3238.5	1060.2	858.2
重 庆	Chongqing	374.1	139.4	64.1	9697.6	2506.3	1062.1	686.7
四 川	Sichuan	298.6	95.2	66.0	9263.3	2087.7	1025.3	797.7
贵 州	Guizhou	275.3	81.7	60.4	6690.7	1635.4	766.4	592.4
云 南	Yunnan	246.2	83.5	50.1	7254.9	1630.7	916.4	483.9
西 藏	Tibet	268.4	79.1	52.0	8540.3	2047.4	716.3	646.9
陕 西	Shaanxi	288.6	105.3	62.2	9159.2	2563.9	1051.6	791.0
甘 肃	Gansu	227.1	93.1	50.2	7013.3	1582.1	819.0	571.3
青 海	Qinghai	254.5	80.0	56.3	9334.9	2233.3	1149.0	601.8
宁 夏	Ningxia	255.8	101.2	54.9	8812.6	1928.1	1005.1	892.0
新 疆	Xinjiang	257.9	95.8	59.4	8931.8	1733.5	1267.2	657.5

3–27 社区卫生服务中心(站)医疗服务情况

Statistics on Health Services of Community Health Service Centers (Stations)

年份 Year 地区 Region	社区卫生服务中心 Community Health Service Centers					社区卫生服务站 Community Health Service Stations	
	诊疗人次(万人次) Number of Visits (10 000 person-times)	入院人数(万人) Number of Inpatients (10000 persons)	病床使用率(%) Occupancy Rate of Beds (%)	平均住院日(日) Average Duration of Hospitalization(day)	医师日均担负诊疗人次(人次) Daily Visits Per Doctor (person-time)	诊疗人次(万人次) Visits of Community Health Service Stations (10 000 person-times)	医师日均担负诊疗人次(人次) Daily Visits Per Doctor (person-time)
2005	5938.5	26.6	60.7	17.2	13.7	6281.5	11.0
2006	8285.5	43.6	57.9	15.5	13.0	9378.9	13.1
2007	12712.4	74.3	59.6	13.1	13.1	9875.0	14.6
2008	17247.3	103.3	58.7	13.4	12.9	8425.1	12.5
2009	26080.2	164.2	59.8	10.6	14.0	11617.3	13.7
2010	34740.4	218.1	56.1	10.4	13.6	13711.1	13.6
2011	40950.0	247.3	54.4	10.2	14.0	13703.8	13.7
2012	45475.1	268.7	55.5	10.1	14.8	14393.6	14.0
2013	50788.6	292.1	57.0	9.8	15.7	14921.2	14.3
2014	53618.8	298.1	55.6	9.9	16.1	14912.0	14.4
2015	55902.6	305.5	54.7	9.8	16.3	14742.5	14.1
2016	56327.0	313.7	54.6	9.7	15.9	15561.9	14.5
2017	60743.2	344.2	54.8	9.5	16.2	15982.4	14.1
2018	63897.9	339.5	52.0	9.9	16.1	16011.5	13.7
2019	69110.7	339.5	49.7	9.7	16.5	16805.7	14.0
2020	62068.4	292.7	42.8	10.3	13.9	13403.7	10.8
2021	69596.6	319.3	43.2	9.8	14.6	14005.9	11.0
北 京 Beijing	5722.1	1.5	25.5	27.6	17.1	764.5	19.5
天 津 Tianjin	1678.5	0.2	18.7	21.3	17.3	219.1	27.8
河 北 Hebei	795.9	4.1	25.9	9.1	8.1	802.4	6.5
山 西 Shanxi	512.4	2.1	17.9	9.9	7.7	393.2	5.6
内蒙古 Inner Mongolia	525.7	2.1	18.0	7.9	7.0	274.9	5.5
辽 宁 Liaoning	950.1	2.7	20.6	10.6	8.1	380.6	6.0
吉 林 Jilin	711.9	1.3	20.7	9.9	9.1	29.2	4.6
黑龙江 Heilongjiang	805.1	2.3	14.0	8.5	7.5	49.9	4.2
上 海 Shanghai	7103.6	2.6	72.7	160.9	20.2		
江 苏 Jiangsu	6991.3	36.7	45.9	10.1	14.1	1195.5	17.2
浙 江 Zhejiang	10490.8	9.6	42.7	13.9	21.1	304.3	20.9
安 徽 Anhui	2028.7	11.6	28.2	5.5	15.2	1241.9	12.3
福 建 Fujian	2534.3	4.8	25.4	7.9	22.2	340.8	9.9
江 西 Jiangxi	485.4	3.7	31.0	6.5	10.6	329.5	11.6
山 东 Shandong	3141.6	25.5	47.0	9.5	11.1	1754.9	12.6
河 南 Henan	2281.7	23.7	44.0	9.7	10.7	843.4	10.1
湖 北 Hubei	1826.0	23.4	44.4	8.4	10.4	572.4	14.4
湖 南 Hunan	1866.3	37.6	52.7	7.0	9.4	257.3	6.8
广 东 Guangdong	10507.1	10.5	36.6	9.6	19.6	1379.0	19.3
广 西 Guangxi	915.6	6.8	57.5	8.6	12.3	189.3	10.3
海 南 Hainan	138.3	1.1	26.1	6.8	8.1	242.1	14.1
重 庆 Chongqing	1208.5	35.4	64.8	7.8	9.7	165.2	10.2
四 川 Sichuan	3042.2	36.6	56.4	7.8	14.9	468.6	12.6
贵 州 Guizhou	881.9	13.6	40.2	5.9	10.3	295.2	8.2
云 南 Yunnan	773.9	10.5	47.0	7.8	11.5	307.2	10.1
西 藏 Tibet	18.6		0.2		6.2	4.1	5.2
陕 西 Shaanxi	596.3	4.0	20.9	7.5	9.6	271.5	8.8
甘 肃 Gansu	356.5	3.4	44.8	6.6	7.6	330.3	10.3
青 海 Qinghai	93.6	0.5	26.1	8.2	8.1	152.4	13.2
宁 夏 Ningxia	158.9	0.1	8.3	8.8	17.0	287.1	22.0
新 疆 Xinjiang	453.8	1.1	18.1	10.0	11.5	160.3	4.4

3–28 分地区乡镇卫生院医疗服务情况(2021年)
Statistics on Health Services of Township Health Centers by Region(2021)

地 区	Region	诊疗人次 (万人次) Number of Visits (10 000 person-times)	入院人数 (万人) Number of Inpatients (10 000 persons)	病床使用率 (%) Occupancy Rate of Beds (%)	平均住院日 (日) Average Duration of Hospitalization (day)
全 国	**National Total**	**11.61**	**3223.00**	**48.2**	**6.6**
北 京	Beijing				
天 津	Tianjin	0.08	1.06	9.6	7.0
河 北	Hebei	0.38	79.40	27.7	6.8
山 西	Shanxi	0.14	18.06	17.3	9.1
内蒙古	Inner Mongolia	0.10	17.78	23.8	6.3
辽 宁	Liaoning	0.11	24.81	28.5	8.8
吉 林	Jilin	0.07	9.33	22.9	6.7
黑龙江	Heilongjiang	0.08	21.08	21.7	6.2
上 海	Shanghai				
江 苏	Jiangsu	0.90	167.97	52.6	7.9
浙 江	Zhejiang	1.00	23.94	38.0	9.4
安 徽	Anhui	0.71	84.92	29.4	6.7
福 建	Fujian	0.39	53.87	31.0	6.5
江 西	Jiangxi	0.39	159.20	49.8	5.8
山 东	Shandong	0.81	224.31	53.2	7.5
河 南	Henan	1.26	275.99	49.8	7.0
湖 北	Hubei	0.51	233.56	59.8	6.9
湖 南	Hunan	0.56	348.29	60.9	6.0
广 东	Guangdong	0.73	174.31	48.5	5.9
广 西	Guangxi	0.49	284.43	58.8	5.4
海 南	Hainan	0.09	4.28	23.1	9.4
重 庆	Chongqing	0.22	168.77	73.8	6.8
四 川	Sichuan	0.93	411.33	66.9	7.1
贵 州	Guizhou	0.38	125.81	43.6	5.2
云 南	Yunnan	0.62	151.95	47.1	5.6
西 藏	Tibet	0.04	0.84	9.6	4.0
陕 西	Shaanxi	0.20	49.48	28.8	7.1
甘 肃	Gansu	0.13	59.67	50.3	5.8
青 海	Qinghai	0.03	7.15	34.8	6.4
宁 夏	Ningxia	0.06	3.12	30.1	7.3
新 疆	Xinjiang	0.18	38.26	45.4	7.5

3-29 甲乙类法定报告传染病发病人数及死亡人数(2021年)
Number of Reported Cases and Deaths of Class A and B Notifiable Infectious Diseases (2021)

单位：人 (person)

序号 No.	发病 Diseases 疾病名称	Diseases	发病人数 Number of Cases	死亡 Death 疾病名称	Diseases	死亡人数 Number of Deaths
1	病毒性肝炎	Viral Hepatitis	1226165	艾滋病	AIDS	19623
2	肺结核	Pulmonary Tuberculosis	639548	肺结核	Pulmonary Tuberculosis	1763
3	梅毒	Syphilis	480020	病毒性肝炎	Viral Hepatitis	520
4	淋病	Gonorrhea	127803	狂犬病	Hydrophobia	150
5	布鲁氏菌病	Brucellosis	69767	流行性出血热	Hemorrhage Fever	64
6	艾滋病	AIDS	60154	梅毒	Syphilis	30
7	细菌性和阿米巴性痢疾	Dysentery	50403	流行性乙型脑炎	Encephalitis B	6
8	猩红热	Scarlet Fever	29503	流行性脑脊髓膜炎	Epidemic Encephalitis	5
9	新型冠状病毒肺炎	COVID-19	15243	细菌性和阿米巴性痢疾	Dysentery	3
10	百日咳	Pertussis	9611	布鲁氏菌病	Brucellosis	3
11	流行性出血热	Hemorrhage Fever	9187	疟疾	Malaria	3
12	伤寒和副伤寒	Typhoid and Paratyphoid Fever	7244	炭疽	Anthrax	2
13	疟疾	Malaria	783	百日咳	Pertussis	2
14	麻疹	Measles	552	钩端螺旋体病	Leptospirosis	2
15	钩端螺旋体病	Leptospirosis	403	新型冠状病毒肺炎	COVID-19	2
16	炭疽	Anthrax	392	新生儿破伤风	Newborn Tetanus	1
17	流行性乙型脑炎	Encephalitis B	207	鼠疫	The Plague	
18	狂犬病	Hydrophobia	157	霍乱	Cholera	
19	流行性脑脊髓膜炎	Epidemic Encephalitis	63	传染性非典型肺炎	SARS	
20	登革热	Dengue Fever	41	脊髓灰质炎	Poliomyelitis	
21	新生儿破伤风	Newborn Tetanus	23	人感染高致病性禽流感	HpAI	
22	血吸虫病	Schistosomiasis	13	麻疹	Measles	
23	霍乱	Cholera	5	登革热	Dengue Fever	
24	鼠疫	The Plague	1	伤寒和副伤寒	Typhoid and Paratyphoid Fever	
25	传染性非典型肺炎	SARS		白喉	Diphtheria	
26	脊髓灰质炎	Poliomyelitis		猩红热	Scarlet Fever	
27	人感染高致病性禽流感	HpAI		淋病	Gonorrhea	
28	白喉	Diphtheria		血吸虫病	Schistosomiasis	
29	人感染H7N9禽流感	Avian Influenza H7N9		人感染H7N9禽流感	Avian Influenza H7N9	

注：1.空格系无报告发病或死亡病例。以下相关表同。
2.疟疾数据系按照终审日期以及按照报告地区统计的中国籍病例。以下相关表同。

a) Blank cell means no infections or death cases reported. The same applies to the relevant following table.

b) Data on malaria are the Chinese cases counted on the date of final review and the reporting area. The same applies to the relevant following table.

3–30 甲乙类法定报告传染病发病率和死亡率(2021年)
Reported Morbidity and Mortality Rates of Class A and B Notifiable Infectious Diseases (2021)

顺位 No.	发病 Diseases			死亡 Deaths		
	疾病名称	Diseases	发病率 (1/10万) Morbidity Rate (1/100 000)	疾病名称	Diseases	死亡率 (1/10万) Mortality Rate (1/100 000)
1	病毒性肝炎	Viral Hepatitis	86.9757	艾滋病	AIDS	1.3919
2	肺结核	Pulmonary Tuberculosis	45.3651	肺结核	Pulmonary Tuberculosis	0.1251
3	梅毒	Syphilis	34.0493	病毒性肝炎	Viral Hepatitis	0.0369
4	淋病	Gonorrhea	9.0655	狂犬病	Hydrophobia	0.0106
5	布鲁氏菌病	Brucellosis	4.9488	流行性出血热	Hemorrhage Fever	0.0045
6	艾滋病	AIDS	4.2669	梅毒	Syphilis	0.0021
7	细菌性和阿米巴性痢疾	Dysentery	3.5752	流行性乙型脑炎	Encephalitis B	0.0004
8	猩红热	Scarlet Fever	2.0927	流行性脑脊髓膜炎	Epidemic Encephalitis	0.0004
9	新型冠状病毒肺炎	COVID-19	1.0812	细菌性和阿米巴性痢疾	Dysentery	0.0002
10	百日咳	Pertussis	0.6817	布鲁氏菌病	Brucellosis	0.0002
11	流行性出血热	Hemorrhage Fever	0.6517	疟疾	Malaria	0.0002
12	伤寒和副伤寒	Typhoid and Paratyphoid Fever	0.5138	炭疽	Anthrax	0.0001
13	疟疾	Malaria	0.0555	百日咳	Pertussis	0.0001
14	麻疹	Measles	0.0392	钩端螺旋体病	Leptospirosis	0.0001
15	钩端螺旋体病	Leptospirosis	0.0286	新型冠状病毒肺炎	COVID-19	0.0001
16	炭疽	Anthrax	0.0278	新生儿破伤风	Newborn Tetanus	0.0001
17	流行性乙型脑炎	Encephalitis B	0.0147	鼠疫	The Plague	
18	狂犬病	Hydrophobia	0.0111	霍乱	Cholera	
19	流行性脑脊髓膜炎	Epidemic Encephalitis	0.0045	传染性非典型肺炎	SARS	
20	登革热	Dengue Fever	0.0029	脊髓灰质炎	Poliomyelitis	
21	新生儿破伤风	Newborn Tetanus	0.0019	人感染高致病性禽流感	HpAI	
22	血吸虫病	Schistosomiasis	0.0009	麻疹	Measles	
23	霍乱	Cholera	0,0004	登革热	Dengue Fever	
24	鼠疫	The Plague	0.0001	伤寒和副伤寒	Typhoid and Paratyphoid Fever	
25	传染性非典型肺炎	SARS		白喉	Diphtheria	
26	脊髓灰质炎	Poliomyelitis		猩红热	Scarlet Fever	
27	人感染高致病性禽流感	HpAI		淋病	Gonorrhea	
28	白喉	Diphtheria		血吸虫病	Schistosomiasis	
29	人感染H7N9禽流感	Avian Influenza H7N9		人感染H7N9禽流感	Avian Influenza H7N9	

3-31 部分地区城市居民主要疾病死亡率及死因构成(2021年)
Mortality Rate and Composition of Major Diseases of Urban Residents in Selected Areas (2021)

疾病名称	Categoroy of Diseases	合计 Total			男 Male			女 Female		
		死亡率(1/10万) Mortality Rate (1/100000)	构成(%) Composi-tion (%)	位次 Rank	死亡率(1/10万) Mortality Rate (1/100000)	构成(%) Composi-tion (%)	位次 Rank	死亡率(1/10万) Mortality Rate (1/100000)	构成(%) Composi-tion (%)	位次 Rank
传染病(含呼吸道结核)	Infectious Disease(including Respiratory Tuberculosis)	5.30	0.82	10	7.36	1.00	10	3.21	0.58	11
寄生虫病	Parasitic Disease	0.07	0.01	16	0.06	0.01	16	0.08	0.01	16
恶性肿瘤	Malignant Neoplasms	158.70	24.61	2	200.10	27.20	1	116.76	21.11	3
血液,造血器官及免疫疾病	Diseases of the Blood and Blood-forming Organs and Immunodeficiency	1.33	0.21	13	1.39	0.19	13	1.27	0.23	13
内分泌,营养和代谢疾病	Endocrine, Nutritional & Metabolic Diseases	24.15	3.74	6	24.31	3.30	6	23.99	4.34	6
精神障碍	Mental Disorders	3.45	0.54	11	3.07	0.42	11	3.84	0.70	10
神经系统疾病	Diseases of the Nervous System	9.44	1.46	8	9.36	1.27	8	9.53	1.72	8
心脏病	Heart Diseases	165.37	25.64	1	171.26	23.28	2	159.40	28.83	1
脑血管病	Cerebrovascular Disease	140.02	21.71	3	155.32	21.11	3	124.52	22.52	2
呼吸系统疾病	Diseases of the Respiratory System	54.49	8.45	4	67.30	9.15	4	41.51	7.51	4
消化系统疾病	Diseases of the Digestive System	15.41	2.39	7	18.76	2.55	7	12.01	2.17	7
肌肉骨骼和结缔组织疾病	Diseases of the Musculoskeletal System and Connective Tissue	1.95	0.30	12	1.48	0.20	12	2.43	0.44	12
泌尿生殖系统疾病	Diseases of the Genitourinary System	6.75	1.05	9	7.94	1.08	9	5.56	1.00	9
妊娠,分娩产褥期并发症	Pregnancy, Childbirth and the Puerperium	0.02		17				0.04	0.01	17
围生期疾病	Perinatal Diseases	0.69	0.11	15	0.79	0.11	15	0.58	0.11	15
先天畸形,变形和染色体异常	Congenital Malformations, Deformations and Chromosomal Abnormalities	0.87	0.13	14	0.86	0.12	14	0.88	0.16	14
损伤和中毒外部原因	External Causes of Injury and Poison	35.22	5.46	5	42.93	5.83	5	27.41	4.96	5
诊断不明	Undiagnosed Diseases	3.19	0.50		4.32	0.59		2.05	0.37	
其他疾病	Other Diseases	5.57	0.86		4.56	0.62		6.60	1.19	

注：本表系605个死因监测点结果(下表同)。

a) Data in this table are results from the 605 monitoring sites. The same applies to the following table.

3-32 部分地区农村居民主要疾病死亡率及构成(2021年)
Mortality Rate and Percentage of Major Diseases of Rural Residents in Selected Areas (2021)

疾病名称	Categoroy of Diseases	合计 Total			男 Male			女 Female		
		死亡率(1/10万) Mortality Rate (1/100000)	构成(%) Composi-tion (%)	位次 Rank	死亡率(1/10万) Mortality Rate (1/100000)	构成(%) Composi-tion (%)	位次 Rank	死亡率(1/10万) Mortality Rate (1/100000)	构成(%) Composi-tion (%)	位次 Rank
传染病(含呼吸道结核)	Infectious Disease(including Respiratory Tuberculosis)	6.52	0.88	10	8.96	1.06	10	3.99	0.62	10
寄生虫病	Parasitic Disease	0.04	0.01	17	0.05	0.01	16	0.03		17
恶性肿瘤	Malignant Neoplasms	167.06	22.47	3	213.11	25.30	1	119.11	18.60	3
血液造血器官及免疫疾病	Diseases of the Blood and Blood-forming Organs and Immunodeficiency	1.36	0.18	13	1.44	0.17	13	1.27	0.20	13
内分泌营养和代谢疾病	Endocrine, Nutritional & Metabolic Diseases	21.09	2.84	6	19.42	2.31	7	22.83	3.56	6
精神障碍	Mental Disorders	3.54	0.48	11	3.29	0.39	11	3.81	0.59	11
神经系统疾病	Diseases of the Nervous System	10.15	1.37	8	9.71	1.15	8	10.61	1.66	8
心脏病	Heart Diseases	188.58	25.36	1	192.09	22.80	3	184.93	28.87	1
脑血管病	Cerebrovascular Disease	175.58	23.62	2	192.41	22.84	2	158.06	24.68	2
呼吸系统疾病	Diseases of the Respiratory System	65.23	8.77	4	77.67	9.22	4	52.27	8.16	4
消化系统疾病	Diseases of the Digestive System	15.98	2.15	7	20.19	2.40	6	11.60	1.81	7
肌肉骨骼和结缔组织疾病	Diseases of the Musculoskeletal System and Connective Tissue	2.48	0.33	12	2.17	0.26	12	2.81	0.44	12
泌尿生殖系统疾病	Diseases of the Genitourinary System	7.86	1.06	9	9.34	1.11	9	6.32	0.99	9
妊娠分娩产褥期并发症	Pregnancy, Childbirth and the Puerperium	0.04	0.01	16				0.08	0.01	16
围生期疾病	Perinatal Diseases	0.79	0.11	15	0.88	0.10	15	0.69	0.11	15
先天畸形,变性和染色体异常	Congenital Malformations, Deformations and Chromosomal Abnormalities	1.04	0.14	14	1.15	0.14	14	0.93	0.15	14
损伤和中毒外部原因	External Causes of Injury and Poison	52.98	7.13	5	66.62	7.91	5	38.77	6.05	5
诊断不明	Undiagnosed Diseases	2.61	0.35		3.43	0.41		1.75	0.27	
其他疾病	Other Diseases	6.91	0.93		5.45	0.65		8.42	1.32	

注：农村包括县及县级市。
a) Rural areas include counties and county-level cities.

3–33 监测地区儿童和孕产妇死亡率
Mortality Rate of Maternity Female and Children in Surveillance Areas

年份 Year	新生儿死亡率(‰) Neonatal Mortality Rate(‰)			婴儿死亡率(‰) Infant Mortality Rate(‰)			5岁以下儿童死亡率(‰) Mortality Rate of Children under 5(‰)			孕产妇死亡率(1/10万) Maternal Mortality Rate (1/100 000)		
	合计 Total	城市 Urban	农村 Rural	合计 Total	城市 Urban	农村 Rural	合计 Total	城市 Urban	农村 Rural	合计 Total	城市 Urban	农村 Rural
1991	33.1	12.5	37.9	50.2	17.3	58.0	61.0	20.9	71.1	80.0	46.3	100.0
1992	32.5	13.9	36.8	46.7	18.4	53.2	57.4	20.7	65.6	76.5	42.7	97.9
1993	31.2	12.9	35.4	43.6	15.9	50.0	53.1	18.3	61.6	67.3	38.5	85.1
1994	28.5	12.2	32.3	39.9	15.5	45.6	49.6	18.0	56.9	64.8	44.1	77.5
1995	27.3	10.6	31.1	36.4	14.2	41.6	44.5	16.4	51.1	61.9	39.2	76.0
1996	24.0	12.2	26.7	36.0	14.8	40.9	45.0	16.9	51.4	63.9	29.2	86.4
1997	24.2	10.3	27.5	33.1	13.1	37.7	42.3	15.5	48.5	63.6	38.3	80.4
1998	22.3	10.0	25.1	33.2	13.5	37.7	42.0	16.2	47.9	56.2	28.6	74.1
1999	22.2	9.5	25.1	33.3	11.9	38.2	41.4	14.3	47.7	58.7	26.2	79.7
2000	22.8	9.5	25.8	32.2	11.8	37.0	39.7	13.8	45.7	53.0	29.3	69.6
2001	21.4	10.6	23.9	30.0	13.6	33.8	35.9	16.3	40.4	50.2	33.1	61.9
2002	20.7	9.7	23.2	29.2	12.2	33.1	34.9	14.6	39.6	43.2	22.3	58.2
2003	18.0	8.9	20.1	25.5	11.3	28.7	29.9	14.8	33.4	51.3	27.6	65.4
2004	15.4	8.4	17.3	21.5	10.1	24.5	25.0	12.0	28.5	48.3	26.1	63.0
2005	13.2	7.5	14.7	19.0	9.1	21.6	22.5	10.7	25.7	47.7	25.0	53.8
2006	12.0	6.8	13.4	17.2	8.0	19.7	20.6	9.6	23.6	41.1	24.8	45.5
2007	10.7	5.5	12.8	15.3	7.7	18.6	18.1	9.0	21.8	36.6	25.2	41.3
2008	10.2	5.0	12.3	14.9	6.5	18.4	18.5	7.9	22.7	34.2	29.2	36.1
2009	9.0	4.5	10.8	13.8	6.2	17.0	17.2	7.6	21.1	31.9	26.6	34.0
2010	8.3	4.1	10.0	13.1	5.8	16.1	16.4	7.3	20.1	30.0	29.7	30.1
2011	7.8	4.0	9.4	12.1	5.8	14.7	15.6	7.1	19.1	26.1	25.2	26.5
2012	6.9	3.9	8.1	10.3	5.2	12.4	13.2	5.9	16.2	24.5	22.2	25.6
2013	6.3	3.7	7.3	9.5	5.2	11.3	12.0	6.0	14.5	23.2	22.4	23.6
2014	5.9	3.5	6.9	8.9	4.8	10.7	11.7	5.9	14.2	21.7	20.5	22.2
2015	5.4	3.3	6.4	8.1	4.7	9.6	10.7	5.8	12.9	20.1	19.8	20.2
2016	4.9	2.9	5.7	7.5	4.2	9.0	10.2	5.2	12.4	19.9	19.5	20.0
2017	4.5	2.6	5.3	6.8	4.1	7.9	9.1	4.8	10.9	19.6	16.6	21.1
2018	3.9	2.2	4.7	6.1	3.6	7.3	8.4	4.4	10.2	18.3	15.5	19.9
2019	3.5	2.0	4.1	5.6	3.4	6.6	7.8	4.1	9.4	17.8	16.5	18.6
2020	3.4	2.1	3.9	5.4	3.6	6.2	7.5	4.4	8.9	16.9	14.1	18.5
2021	3.1	1.9	3.6	5.0	3.2	5.8	7.1	4.1	8.5	16.1	15.4	16.5

3–34 孕产妇保健情况
Statistics on Maternal Health Care

年 份 Year	活产数（人）Number of Live Birth Maternal (person)	高危产妇比重(%) Percentage of Maternal Women at High Risk (%)	建卡率(%) Percentage of Setting Record for Maternal Care (%)	系统管理率(%) Percentage of Systematic Management (%)	产前检查率(%) Percentage of Antenatal Care (%)	产后访视率(%) Percentage of Postnatal Visit for Mother (%)	住院分娩率(%) Hospital Delivery Rate (%) 合计 Total	市 Urban	县 Rural
1980									
1985							43.7	73.6	36.4
1990	14517207						50.6	74.2	45.1
1991	15293237						50.6	72.8	45.5
1992	11746275		76.6		69.7	69.7	52.7	71.7	41.2
1993	10170690		75.7		72.2	71.0	56.5	68.3	51.0
1994	11044607		79.1		76.3	74.5	65.6	76.4	50.4
1995	11539613		81.4		78.7	78.8	58.0	70.7	50.2
1996	11412028	7.3	82.4	65.5	83.7	80.1	60.7	76.5	51.7
1997	11286021	8.1	84.5	68.3	85.9	82.3	61.7	76.4	53.0
1998	10961516	8.6	86.2	72.3	87.1	83.9	66.2	79.0	58.1
1999	10698467	9.2	87.9	75.4	89.3	85.9	70.0	83.3	61.5
2000	10987691	10.0	88.6	77.2	89.4	86.2	72.9	84.9	65.2
2001	10690630	11.1	89.4	78.6	90.3	87.2	76.0	87.0	69.0
2002	10591949	11.9	89.2	78.2	90.1	86.7	78.7	89.4	71.6
2003	10188005	11.8	87.6	75.5	88.9	85.4	79.4	89.9	72.6
2004	10892614	12.4	88.3	76.4	89.7	85.9	82.8	91.4	77.1
2005	11415809	12.8	88.5	76.7	89.8	86.0	85.9	93.2	81.0
2006	11770056	13.0	88.2	76.5	89.7	85.7	88.4	94.1	84.6
2007	12506498	13.7	89.3	77.3	90.9	86.7	91.7	95.8	88.8
2008	13307045	15.7	89.3	78.1	91.0	87.0	94.5	97.5	92.3
2009	13825431	16.4	90.9	80.9	92.2	88.7	96.3	98.5	94.7
2010	14218657	17.1	92.9	84.1	94.1	90.8	97.8	99.2	96.7
2011	14507141	17.7	93.8	85.2	93.7	91.0	98.7	99.6	98.1
2012	15442995	18.5	94.8	87.6	95.0	92.6	99.2	99.7	98.8
2013	15108153	19.4	95.7	89.5	95.6	93.5	99.5	99.9	99.2
2014	15178881	20.7	95.8	90.0	96.2	93.9	99.6	99.9	99.4
2015	14544524	22.6	96.4	91.5	96.5	94.5	99.7	99.9	99.5
2016	18466561	24.7	96.6	91.6	96.6	94.6	99.8	100.0	99.6
2017	17578815		96.6	89.6	96.5	94.0	99.9	100.0	99.8
2018	15207729		92.5	89.9	96.6	93.8	99.9	99.9	99.8
2019	14551298		92.4	90.3	96.8	94.1	99.9	100.0	99.8
2020	12034516		94.1	92.7	97.4	95.5	99.9	100.0	99.9
2021	9532531		94.2	92.9	97.6	96.0	99.9	100.0	99.9

注：2016年起活产数源自全国住院分娩月报，包括户籍和非户籍活产数；2015年及以前年份活产数源自全国妇幼卫生年报，仅包括户籍活产数。

a) Since 2016, number of live birth is from national monthly statistics report, includes live birth of registered and non-registered household. Before and including 2015, number of live birth is from national annual lapel on martial and child health, includes live birth of registere household.

3-35 分地区儿童保健情况(2021年)
Statistics on Child Health Care by Region (2021)

地 区 Region	围产儿死亡率(‰) Mortality Rate of Perinatal Infant (‰)	5岁以下儿童中重度营养不良比重(%) Percentage of Moderate and Severe Malnutrition among Children under 5 (%)	新生儿访视率(%) Rate of Postnatal Visit for Children (%)	3岁以下儿童系统管理率(%) Rate of Systematic Management of Children under 3 (%)	7岁以下儿童保健管理率(%) Rate of Health Care Management of Children under 7 (%)
全 国 National Total	**3.9**	**1.2**	**96.2**	**92.8**	**94.6**
北 京 Beijing	2.9	0.2	98.0	96.1	99.1
天 津 Tianjin	4.2	0.6	98.9	96.1	93.7
河 北 Hebei	2.8	1.4	94.3	92.2	94.0
山 西 Shanxi	4.4	0.8	96.1	92.7	93.7
内蒙古 Inner Mongolia	4.2	0.6	97.2	95.1	94.8
辽 宁 Liaoning	5.0	0.7	96.5	93.6	94.2
吉 林 Jilin	5.6	0.3	97.2	94.2	95.6
黑龙江 Heilongjiang	4.2	0.7	97.7	94.5	95.3
上 海 Shanghai	1.7	0.3	97.7	97.3	99.6
江 苏 Jiangsu	2.6	0.4	98.1	96.3	95.6
浙 江 Zhejiang	3.3	0.5	99.0	97.1	98.0
安 徽 Anhui	3.1	0.5	96.1	90.7	93.3
福 建 Fujian	3.2	0.9	96.4	94.2	95.8
江 西 Jiangxi	2.2	2.0	96.4	92.9	93.7
山 东 Shandong	3.6	0.8	96.2	94.8	94.9
河 南 Henan	3.9	1.2	91.5	89.9	91.4
湖 北 Hubei	3.5	1.1	95.5	91.6	94.1
湖 南 Hunan	4.4	1.0	97.7	93.9	94.8
广 东 Guangdong	3.9	2.3	95.9	92.3	96.1
广 西 Guangxi	5.3	3.2	97.2	82.5	94.4
海 南 Hainan	4.4	2.6	98.3	88.0	93.6
重 庆 Chongqing	3.8	0.8	96.6	91.7	93.9
四 川 Sichuan	3.7	1.1	96.8	95.5	95.7
贵 州 Guizhou	4.0	1.2	95.5	93.1	93.8
云 南 Yunnan	4.5	1.4	97.6	93.1	94.2
西 藏 Tibet	11.5	2.1	89.8	84.8	84.2
陕 西 Shaanxi	3.0	0.7	97.7	95.2	96.2
甘 肃 Gansu	6.1	1.0	96.7	93.8	94.3
青 海 Qinghai	5.7	0.8	94.1	92.8	91.4
宁 夏 Ningxia	4.4	0.5	99.1	96.2	96.4
新 疆 Xinjiang	8.6	0.8	96.9	96.2	95.9

3-36 分地区孕产妇保健情况(2021年)
Statistics on Maternal Health Care by Region (2021)

地区	Region	活产数(人) Number of Live Birth Maternal (person)	建卡率(%) Rate of Setting Record for Maternal Care (%)	系统管理率(%) Rate of Systematic Management (%)	产前检查率(%) Rate of Antenatal Care (%)	产后访视率(%) Rate of Postnatal Visit for Mother (%)	住院分娩率(%) Hospital Delivery Rate (%)
全国	**National Total**	**9532531**	**94.2**	**92.9**	**97.6**	**96.0**	**99.9**
北京	Beijing	91894	93.2	97.9	98.4	98.2	100.0
天津	Tianjin	62054	98.8	95.2	98.9	97.5	100.0
河北	Hebei	465027	92.8	91.4	97.4	94.0	100.0
山西	Shanxi	226833	89.5	91.4	98.2	95.4	100.0
内蒙古	Inner Mongolia	141075	96.8	95.4	98.1	96.6	100.0
辽宁	Liaoning	188432	89.9	92.9	98.3	96.3	100.0
吉林	Jilin	91968	97.4	96.2	98.4	98.5	100.0
黑龙江	Heilongjiang	91351	95.4	94.2	98.7	97.1	100.0
上海	Shanghai	51811	98.5	96.2	98.3	97.7	99.8
江苏	Jiangsu	490449	93.9	94.3	98.7	97.6	100.0
浙江	Zhejiang	269592	98.1	96.5	98.4	98.2	100.0
安徽	Anhui	409136	92.3	91.4	96.8	95.5	100.0
福建	Fujian	292206	94.2	92.7	98.2	95.8	100.0
江西	Jiangxi	343096	96.6	94.5	97.6	96.3	100.0
山东	Shandong	658882	96.7	94.5	97.0	95.5	100.0
河南	Henan	817787	88.7	86.9	95.2	91.3	100.0
湖北	Hubei	373663	94.9	93.1	97.3	95.5	100.0
湖南	Hunan	455364	96.5	95.1	97.7	96.6	100.0
广东	Guangdong	1018391	94.6	94.4	98.1	96.9	100.0
广西	Guangxi	454818	96.0	90.3	98.1	97.7	100.0
海南	Hainan	88340	95.4	92.3	98.5	97.9	100.0
重庆	Chongqing	183875	97.0	93.4	98.4	95.7	100.0
四川	Sichuan	552430	95.7	95.1	97.9	96.6	99.8
贵州	Guizhou	473565	94.1	92.1	97.0	95.3	99.7
云南	Yunnan	426317	92.4	91.1	98.7	97.2	99.9
西藏	Tibet	52757	78.2	75.1	86.6	86.5	98.6
陕西	Shaanxi	282982	97.8	96.5	98.6	97.2	99.9
甘肃	Gansu	206522	91.7	92.0	97.5	96.3	99.9
青海	Qinghai	58003	86.9	92.5	97.2	94.8	99.8
宁夏	Ningxia	66808	99.0	97.9	99.2	98.8	100.0
新疆	Xinjiang	147103	96.7	94.3	99.1	98.0	99.9

3–37 分地区孕产妇死亡率及死因构成(2021年)
Maternal Mortality Rate and Composition of Maternal Mortality by Region (2021)

地 区 Region	孕产妇死亡率(1/10万) Maternal Mortality Rate(1/100 000)			孕产妇死因构成(%) Composition of Maternal Mortality Causes(%)				
	合计 Total	城市 Urban	农村 Rural	产科出血 Obstetric Haemorrhage	妊娠高血压疾病 Pregnancy-related Hypertension	内科合并症 Medical Complication	羊水栓塞 Amniotic Fluid Embolism	其他 Others
全 国 National Total	**16.1**	**15.4**	**16.5**	**16**	**6.4**	**24.9**	**16.2**	**36.4**
北 京 Beijing	2.2	2.2				50.0		50.0
天 津 Tianjin	8.1	8.1			20.0	20.0		60.0
河 北 Hebei	9.0	6.3	11.9	26.2		14.3	16.7	42.9
山 西 Shanxi	12.8	10.6	15.4	17.2	10.3	13.8	3.4	55.2
内蒙古 Inner Mongolia	9.9	10.7	9.1		7.1	35.7	14.3	42.9
辽 宁 Liaoning	11.1	10.9	12.4		9.5	23.8	28.6	38.1
吉 林 Jilin	10.9	9.4	17.1	10.0		10.0	20.0	60.0
黑龙江 Heilongjiang	14.2	13.6	16.0		23.1	23.1	15.4	38.5
上 海 Shanghai								
江 苏 Jiangsu	4.3	4.5	3.3	28.6		19.0	9.5	42.9
浙 江 Zhejiang	4.1	3.5	5.6	9.1		36.4	45.5	9.1
安 徽 Anhui	5.6	4.8	6.2	39.1	13.0	17.4	13.0	17.4
福 建 Fujian	6.2	5.6	6.9	16.7		33.3	5.6	44.4
江 西 Jiangxi	5.0	4.5	5.3	11.8		29.4	35.3	23.5
山 东 Shandong	5.5	6.3	4.2	5.6	13.9	27.8	8.3	44.4
河 南 Henan	11.1	13.0	9.7	15.4	12.1	29.7	13.2	29.7
湖 北 Hubei	8.6	8.9	7.8	18.8		37.5	9.4	34.4
湖 南 Hunan	5.1	4.1	5.8	8.7	4.3	26.1	17.4	43.5
广 东 Guangdong	8.4	7.7	12.4	16.3	3.5	25.6	23.3	31.4
广 西 Guangxi	8.8	10.5	7.3	12.5		32.5	35.0	20.0
海 南 Hainan	14.7	6.5	33.6	15.4	7.7	30.8	7.7	38.5
重 庆 Chongqing	9.8	8.6	13.6	22.2	5.6	16.7	11.1	44.4
四 川 Sichuan	6.0	2.0	9.1	24.2		18.2	9.1	48.5
贵 州 Guizhou	9.7	8.6	10.4	21.7	6.5	21.7	15.2	34.8
云 南 Yunnan	12.0	5.6	15.7	17.6	9.8	29.4	9.8	33.3
西 藏 Tibet	46.7	28.3	51.5	33.3	8.3	20.8	16.7	20.8
陕 西 Shaanxi	9.9	12.0	6.5		7.1	25.0	25.0	42.9
甘 肃 Gansu	10.3	10.3	10.4	14.3	14.3	23.8	14.3	33.3
青 海 Qinghai	24.8	14.5	30.8	28.6	7.1	21.4	14.3	28.6
宁 夏 Ningxia	10.5	5.6	16.1			42.9		57.1
新 疆 Xinjiang	12.2	9.1	14.8		5.6	5.6	22.2	66.7

3-38 卫生总费用情况
Statistics on Total Health Expenditure

年 份 Year	卫生总费用(亿元) Total Health Expenditure (100 million yuan)				卫生总费用构成(%) Composition of Health Expenditure (%)			人均卫生费用(元) Per Capita Health Expenditure (yuan)	卫生总费用与GDP之比(%) Ratio of Health Expenditure to GDP(%)
	合计 Total	政府卫生支出 Government Health Expenditure	社会卫生支出 Social Health Expenditure	个人现金卫生支出 Out-of-Pocket Health Expenditure	政府卫生支出 Government Health Expenditure	社会卫生支出 Social Health Expenditure	个人现金卫生支出 Out-of-Pocket Health Expenditure		
1978	110.21	35.44	32.16	52.25	47.41	22.52	20.43	11.45	3.00
1979	126.19	40.64	32.21	59.88	47.45	25.67	20.34	12.94	3.08
1980	143.23	51.91	36.24	60.97	42.57	30.35	21.19	14.51	3.12
1981	160.12	59.67	37.27	62.43	38.99	38.02	23.74	16.00	3.24
1982	177.53	68.99	38.86	70.11	39.49	38.43	21.65	17.46	3.30
1983	207.42	77.63	37.43	64.55	31.12	65.24	31.45	20.14	3.44
1984	242.07	89.46	36.96	73.61	30.41	79.00	32.64	23.20	3.33
1985	279.00	107.65	38.58	91.96	32.96	79.39	28.46	26.36	3.07
1986	315.90	122.23	38.69	110.35	34.93	83.32	26.37	29.38	3.04
1987	379.58	127.28	33.53	137.25	36.16	115.05	30.31	34.73	3.12
1988	488.04	145.39	29.79	189.99	38.93	152.66	31.28	43.96	3.21
1989	615.50	167.83	27.27	237.84	38.64	209.83	34.09	54.61	3.58
1990	747.39	187.28	25.06	293.10	39.22	267.01	35.73	65.37	3.96
1991	893.49	204.05	22.84	354.41	39.67	335.02	37.50	77.14	4.06
1992	1096.86	228.61	20.84	431.55	39.34	436.70	39.81	93.61	4.03
1993	1377.78	272.06	19.75	524.75	38.09	580.97	42.17	116.25	3.86
1994	1761.24	342.28	19.43	644.91	36.62	774.06	43.95	146.95	3.62
1995	2155.13	387.34	17.97	767.81	35.63	999.98	46.40	177.93	3.51
1996	2709.42	461.61	17.04	875.66	32.32	1372.15	50.64	221.38	3.77
1997	3196.71	523.56	16.38	984.06	30.78	1689.09	52.84	258.58	4.01
1998	3678.72	590.06	16.04	1071.03	29.11	2017.63	54.85	294.86	4.32
1999	4047.50	640.96	15.84	1145.99	28.31	2260.56	55.85	321.78	4.47
2000	4586.63	709.52	15.47	1171.94	25.55	2705.17	58.98	361.88	4.57
2001	5025.93	800.61	15.93	1211.43	24.10	3013.88	59.97	393.80	4.53
2002	5790.03	908.51	15.69	1539.38	26.59	3342.14	57.72	450.75	4.76
2003	6584.10	1116.94	16.96	1788.50	27.16	3678.67	55.87	509.50	4.79
2004	7590.29	1293.58	17.04	2225.35	29.32	4071.35	53.64	583.92	4.69
2005	8659.91	1552.53	17.93	2586.41	29.87	4520.98	52.21	662.30	4.62
2006	9843.34	1778.86	18.07	3210.92	32.62	4853.56	49.31	748.84	4.49
2007	11573.97	2581.58	22.31	3893.72	33.64	5098.66	44.05	875.96	4.29
2008	14535.40	3593.94	24.73	5065.60	34.85	5875.86	40.42	1094.52	4.55
2009	17541.92	4816.26	27.46	6154.49	35.08	6571.16	37.46	1314.49	5.03
2010	19980.39	5732.49	28.69	7196.61	36.02	7051.29	35.29	1490.06	4.85
2011	24345.91	7464.18	30.66	8416.45	34.57	8465.28	34.77	1804.52	4.99
2012	28119.00	8431.98	29.99	10030.70	35.67	9656.32	34.34	2068.76	5.22
2013	31668.95	9545.81	30.14	11393.79	35.98	10729.34	33.88	2316.23	5.34
2014	35312.40	10579.23	29.96	13437.75	38.05	11295.41	31.99	2565.45	5.49
2015	40974.64	12475.28	30.45	16506.71	40.29	11992.65	29.27	2962.18	5.95
2016	46344.88	13910.31	30.01	19096.68	41.21	13337.90	28.78	3328.61	6.21
2017	52598.28	15205.87	28.91	22258.81	42.32	15133.60	28.77	3756.72	6.32
2018	59121.91	16399.13	27.74	25810.78	43.66	16911.99	28.61	4206.74	6.43
2019	65841.39	18016.95	27.36	29150.57	44.27	18673.87	28.36	4669.34	6.67
2020	72175.00	21941.90	30.40	30273.67	41.94	19959.43	27.65	5112.34	7.10
2021	76844.99	20676.06	26.91	34963.26	45.50	21205.67	27.60	5439.97	6.72

注：1.本表系按当年价格核算数，2021年为初步测算数。
2.2001年起卫生总费用不含高等医学教育经费，2006年起包括城乡医疗救助经费。

a) Data in this table are at current prices. Data of 2021 are preliminary data.

b) Since 2001, total health expenditure does not include expenditure on higher medical education. Since 2006, it includes expenditure on medical aid in urban and rural areas.

3–39 分地区卫生总费用情况(2021年)
Statistics on Total Health Expenditure by Region (2021)

地 区 Region	卫生总费用构成(%) Composition of Health Expenditure (%)			人均卫生费用(元) Per Capita Health Expenditure (yuan)	卫生总费用与GDP之比(%) Ratio of Health Expenditure to GDP (%)
	政府卫生支出 Government Health Expenditure	社会卫生支出 Social Health Expenditure	个人现金卫生支出 Out-of Pocket Health Expenditure		
全 国 National Total	**26.9**	**45.5**	**27.6**	**5439.97**	**6.72**
北 京 Beijing	23.4	63.5	13.1	15315.34	8.32
天 津 Tianjin	18.7	53.3	28.1	7810.62	6.83
河 北 Hebei	25.7	44.3	30.0	4442.29	8.19
山 西 Shanxi	27.8	41.0	31.2	4509.19	6.95
内蒙古 Inner Mongolia	29.3	40.9	29.8	5543.80	6.49
辽 宁 Liaoning	21.3	48.7	30.0	4611.08	7.07
吉 林 Jilin	26.6	43.4	30.0	4902.29	8.80
黑龙江 Heilongjiang	26.0	44.0	30.0	5595.98	11.75
上 海 Shanghai	21.7	60.2	18.2	13362.78	7.70
江 苏 Jiangsu	21.7	54.0	24.2	6794.95	4.97
浙 江 Zhejiang	22.7	53.1	24.2	6560.17	5.84
安 徽 Anhui	30.2	40.6	29.2	4116.03	5.86
福 建 Fujian	27.4	47.6	25.0	4962.17	4.26
江 西 Jiangxi	35.3	36.8	27.9	4118.97	6.28
山 东 Shandong	21.8	50.0	28.2	5284.90	6.47
河 南 Henan	26.7	43.3	30.0	4132.02	6.93
湖 北 Hubei	24.9	45.2	29.9	5233.30	6.10
湖 南 Hunan	26.8	45.3	27.8	4608.05	6.62
广 东 Guangdong	24.4	49.8	25.8	6357.60	6.48
广 西 Guangxi	32.7	39.5	27.8	3854.68	7.85
海 南 Hainan	37.3	41.0	21.6	5447.16	8.58
重 庆 Chongqing	27.0	45.1	27.9	5268.31	6.07
四 川 Sichuan	26.1	46.3	27.6	5082.07	7.90
贵 州 Guizhou	37.1	38.3	24.6	3989.88	7.85
云 南 Yunnan	36.9	36.0	27.0	4403.22	7.61
西 藏 Tibet	67.9	23.2	8.9	6958.61	12.24
陕 西 Shaanxi	27.7	42.9	29.5	5426.12	7.20
甘 肃 Gansu	37.2	34.4	28.4	4460.63	10.84
青 海 Qinghai	49.2	28.7	22.1	6533.09	11.60
宁 夏 Ningxia	31.7	40.4	28.0	5143.74	8.25
新 疆 Xinjiang	33.8	42.2	24.0	6121.00	9.91

3-40 政府卫生支出情况
Statistics on Composition of Government Health Expenditure

单位：亿元 (100 million yuan)

年 份 Year	政府卫生支出 Government Health Expenditure	医疗卫生服务支出 Medical and Health Service Expenditure	医疗保障支出 Medical Security Expenditure	行政管理事务支出 Administrative Affairs Expenditure	人口与计划生育事务支出 Population and Family Planing Expenditure
1990	187.28	122.86	44.34	4.55	15.53
1991	204.05	132.38	50.41	5.15	16.11
1992	228.61	144.77	58.10	6.37	19.37
1993	272.06	164.81	76.33	8.04	22.89
1994	342.28	212.85	92.02	10.94	26.47
1995	387.34	230.05	112.29	13.09	31.91
1996	461.61	272.18	135.99	15.61	37.83
1997	523.56	302.51	159.77	17.06	44.23
1998	590.06	343.03	176.75	19.90	50.38
1999	640.96	368.44	191.27	22.89	58.36
2000	709.52	407.21	211.00	26.81	64.50
2001	800.61	450.11	235.75	32.96	81.79
2002	908.51	497.41	251.66	44.69	114.75
2003	1116.94	603.02	320.54	51.57	141.82
2004	1293.58	679.72	371.60	60.90	181.36
2005	1552.53	805.52	453.31	72.53	221.18
2006	1778.86	834.82	602.53	84.59	256.92
2007	2581.58	1153.30	957.02	123.95	347.32
2008	3593.94	1397.23	1577.10	194.32	425.29
2009	4816.26	2081.09	2001.51	217.88	515.78
2010	5732.49	2565.60	2331.12	247.83	587.94
2011	7464.18	3125.16	3360.78	283.86	694.38
2012	8431.98	3506.70	3789.14	323.29	812.85
2013	9545.81	3838.93	4428.82	373.15	904.92
2014	10579.23	4288.70	4958.53	436.95	895.05
2015	12475.28	5191.25	5822.99	625.94	835.10
2016	13910.31	5867.38	6497.20	804.31	741.42
2017	15205.87	6550.45	7007.51	933.82	714.10
2018	16399.13	6908.05	7795.57	1005.79	689.72
2019	18016.95	7986.42	8459.16	883.77	687.61
2020	21941.90	11415.83	8844.93	1021.15	660.00
2021	20676.06	9564.18	9416.78	1048.13	646.97

3-41 分地区城乡居民医疗保健支出情况(2021年)

Statistics on Urban and Rural Residents Health Care Expenditure by Region (2021)

单位：元，% (yuan, %)

地区	Region	全国居民 National Residents			城镇居民 Urban Residents			农村居民 Rural Residents		
		人均消费支出 Per Capita Consumer Expenditure	#医疗保健 Health Care	医疗保健支出占消费支出比重 Proportion of Health Care Expenditure in Consumer Expenditure	人均消费支出 Per Capita Consumer Expenditure	#医疗保健 Health Care	医疗保健支出占消费支出比重 Proportion of Health Care Expenditure in Consumer Expenditure	人均消费支出 Per Capita Consumer Expenditure	#医疗保健 Health Care	医疗保健支出占消费支出比重 Proportion of Health Care Expenditure in Consumer Expenditure
全国	**National Total**	**24100.1**	**2115.1**	**8.8**	**30307.2**	**2521.3**	**8.3**	**15915.6**	**1579.6**	**9.9**
北京	Beijing	43640.4	4285.7	9.8	46775.7	4609.8	9.9	23574.0	2211.9	9.4
天津	Tianjin	33188.4	3747.6	11.3	36066.9	4021.0	11.1	19285.5	2427.2	12.6
河北	Hebei	19953.6	1983.9	9.9	24192.4	2205.3	9.1	15390.7	1745.5	11.3
山西	Shanxi	17191.2	1935.2	11.3	21965.5	2497.2	11.4	11410.1	1254.6	11.0
内蒙古	Inner Mongolia	22658.3	2354.7	10.4	27194.2	2617.7	9.6	15691.4	1950.7	12.4
辽宁	Liaoning	23830.8	2485.1	10.4	28438.4	2904.8	10.2	14605.9	1644.9	11.3
吉林	Jilin	19604.6	2360.7	12.0	24420.9	2701.1	11.1	13411.0	1922.9	14.3
黑龙江	Heilongjiang	20635.9	2475.2	12.0	24422.1	2850.5	11.7	15225.0	1938.8	12.7
上海	Shanghai	48879.3	3877.9	7.9	51294.6	4063.1	7.9	27204.8	2216.4	8.1
江苏	Jiangsu	31451.4	2463.4	7.8	36558.0	2800.5	7.7	21130.1	1781.9	8.4
浙江	Zhejiang	36668.1	2498.9	6.8	42193.5	2865.6	6.8	25415.2	1751.8	6.9
安徽	Anhui	21910.9	1783.6	8.1	26495.1	1891.2	7.1	17163.3	1672.1	9.7
福建	Fujian	28440.1	1768.5	6.2	33942.0	1939.4	5.7	19290.4	1484.3	7.7
江西	Jiangxi	20289.9	1693.8	8.3	24586.5	2015.4	8.2	15663.1	1347.4	8.6
山东	Shandong	22820.9	2015.5	8.8	29314.3	2403.9	8.2	14298.7	1505.8	10.5
河南	Henan	18391.3	1786.8	9.7	23177.5	2058.0	8.9	14073.2	1542.1	11.0
湖北	Hubei	23846.1	2238.7	9.4	28505.6	2541.1	8.9	17646.9	1836.5	10.4
湖南	Hunan	22798.2	2122.2	9.3	28293.8	2399.2	8.5	16950.7	1827.5	10.8
广东	Guangdong	31589.3	1900.9	6.0	36621.1	2143.7	5.9	20011.8	1342.2	6.7
广西	Guangxi	18087.9	1752.8	9.7	22555.3	2163.1	9.6	14165.3	1392.5	9.8
海南	Hainan	22241.9	1682.9	7.6	27564.8	2012.3	7.3	15487.3	1264.9	8.2
重庆	Chongqing	24597.8	2325.8	9.5	29849.6	2661.9	8.9	16095.7	1781.8	11.1
四川	Sichuan	21518.0	2071.9	9.6	26970.8	2281.1	8.5	16444.0	1877.3	11.4
贵州	Guizhou	17957.3	1368.2	7.6	25333.0	1952.1	7.7	12557.0	940.8	7.5
云南	Yunnan	18851.0	1700.1	9.0	27440.7	2551.8	9.3	12386.3	1059.2	8.6
西藏	Tibet	15342.5	781.4	5.1	28159.2	1565.8	5.6	10576.6	489.8	4.6
陕西	Shaanxi	19346.5	2264.6	11.7	24783.7	2758.6	11.1	13158.0	1702.3	12.9
甘肃	Gansu	17456.2	1761.4	10.1	25756.6	2291.7	8.9	11206.1	1362.2	12.2
青海	Qinghai	19020.1	1938.1	10.2	24512.5	2454.1	10.0	13300.2	1400.7	10.5
宁夏	Ningxia	20023.8	2126.6	10.6	25385.6	2559.2	10.1	13535.7	1603.2	11.8
新疆	Xinjiang	18960.6	1990.7	10.5	25724.0	2850.2	11.1	12821.4	1210.6	9.4

四、教育培训
Education and Training

4-1 各级各类学校情况

Statistics on Schools by Type and Level

单位：所 (unit)

年 份 Year	普通、职业高等学校 Regular and Vocational HEIs	#高职(专科)院校 Higher Vocational (Specialist) Schools	普通高中 Regular Senior Secondary Schools	中等职业教育 Secondary Vocational Education	初中 Junior Secondary Schools	普通小学 Regular Primary Schools	特殊教育学校 Special Education Schools	幼儿园 Kindergarten
1978	598		49215	2760	113130	949323	292	163952
1980	675		31300	3459	87077	917316	292	170419
1985	1016		17318	14190	77529	832309	375	172262
1990	1075		15678	20763	73462	766072	746	172322
1995	1054		13991	22072	68564	668685	1379	180438
2000	1041	442	14564	19727	63898	553622	1539	175836
2001	1225	628	14907	17580	66590	491273	1531	111706
2002	1396	767	15406	15919	65645	456903	1540	111752
2003	1552	908	15779	14682	64730	425846	1551	116390
2004	1731	1047	15998	14454	63757	394183	1560	117899
2005	1792	1091	16092	14466	62486	366213	1593	124402
2006	1867	1147	16153	14693	60885	341639	1605	130495
2007	1908	1168	15681	14832	59384	320061	1618	129086
2008	2263	1184	15206	14847	57914	300854	1640	133722
2009	2305	1215	14607	14388	56320	280184	1672	138209
2010	2358	1246	14058	13862	54890	257410	1706	150420
2011	2409	1280	13688	13083	54117	241249	1767	166750
2012	2442	1297	13509	12654	53216	228585	1853	181251
2013	2491	1321	13352	12262	52804	213529	1933	198553
2014	2529	1327	13253	11878	52623	201377	2000	209881
2015	2560	1341	13240	11202	52405	190525	2053	223683
2016	2596	1359	13383	10893	52118	177633	2080	239812
2017	2631	1388	13555	10671	51894	167009	2107	254950
2018	2663	1418	13737	10229	51982	161811	2152	266677
2019	2688	1423	13964	10078	52415	160148	2192	281174
2020	2738	1468	14235	9896	52805	157979	2244	291715
2021	2756	1486	14585	7294	52871	154279	2288	294832

4–2 各级各类学校专任教师情况

Statistics on Full-time Teachers of Schools by Type and Level

单位：万人 (10 000 persons)

年份 Year	普通、职业高等学校 Regular and Vocational HEIs	#高职(专科)学校 Higher Vocational (Specialist) Schools	普通高中 Regular Senior Secondary Schools	中等职业教育 Secondary Vocational Education	初中阶段 Junior Secondary Schools	小学阶段 Regular Primary Schools	特殊教育 Special Education Schools	学前教育 Pre-school Education Institutions
1978	20.6		74.1	9.9	244.1	522.6	0.4	27.7
1980	24.7		57.1	13.3	244.9	549.9	0.5	41.1
1985	34.4		49.2	35.5	216.0	537.7	0.7	55.0
1990	39.5		56.2	66.3	249.9	558.2	1.4	75.0
1995	40.1		55.1	74.0	282.1	566.4	2.5	87.5
2000	46.3	8.7	75.7	79.7	328.7	586.0	3.2	85.6
2001	53.2	12.4	84.0	73.8	338.6	579.8	2.9	54.6
2002	61.8	15.6	94.6	69.1	346.8	577.9	3.0	57.1
2003	72.5	19.7	107.1	71.3	349.8	570.3	3.0	61.3
2004	85.8	23.8	119.1	73.6	350.0	562.9	3.1	65.6
2005	96.6	26.8	129.9	75.0	349.2	559.2	3.2	72.2
2006	107.6	31.6	138.7	79.9	347.5	558.8	3.3	77.6
2007	116.8	35.5	144.3	85.9	347.3	561.3	3.5	82.7
2008	123.7	37.7	147.6	89.5	347.6	562.2	3.6	89.9
2009	129.5	39.5	149.3	86.7	351.8	563.3	3.8	98.6
2010	134.3	40.4	151.8	87.1	352.5	561.7	4.0	114.4
2011	139.3	41.3	155.7	88.1	352.5	560.5	4.1	131.6
2012	144.0	41.3	159.5	88.0	350.4	558.5	4.4	147.9
2013	149.7	43.7	162.9	86.8	348.1	558.5	4.6	166.3
2014	153.5	43.8	166.3	85.8	348.8	563.4	4.8	184.4
2015	157.3	45.5	169.5	84.4	347.6	568.5	5.0	205.1
2016	160.2	46.7	173.3	84.0	348.8	578.9	5.3	223.2
2017	163.3	48.2	177.4	83.9	354.9	594.5	5.6	243.2
2018	167.3	49.8	181.3	83.4	363.9	609.2	5.9	258.1
2019	174.0	51.4	185.9	84.3	374.7	626.9	6.2	276.3
2020	183.3	55.6	193.3	85.7	386.1	643.4	6.6	291.3
2021	186.6	57.0	202.8	69.5	397.1	660.1	6.9	319.1

4–3　各级各类学校招生情况
Statistics on Entrants of Formal Education by Type and Level

单位：万人　　　　(10 000 persons)

年　份 Year	研究生 Post-Graduates	普通、职业本专科 Undergraduate in Regular and Vocational HEIs	#专科 Short-cycle Courses	普通高中 Regular Senior Secondary Schools	中等职业教育 Secondary Vocational Education	初中阶段 Junior Secondary Education	小学阶段 Primary Schools	特殊教育 Special Education	学前教育 Pre-school Education
1978	1.1	40.2	12.4	692.9	44.7	2006.0	3315.4	0.6	
1980	0.4	28.1	7.7	383.4	58.3	1557.6	2942.3	0.6	
1985	4.7	61.9	30.2	257.5	234.2	1367.0	2298.2	0.9	
1990	3.0	60.9	29.2	249.8	286.1	1389.3	2064.0	1.6	
1995	5.1	92.6	47.8	273.6	498.6	1781.1	2531.8	5.6	1972.4
2000	12.8	220.6	48.7	472.7	408.3	2295.6	1946.5	5.3	1531.1
2001	16.5	268.3	66.6	558.0	399.9	2287.9	1944.2	5.6	1398.2
2002	20.3	320.5	89.1	676.7	473.6	2281.8	1952.8	5.3	1373.6
2003	26.9	382.2	199.6	752.1	515.8	2220.1	1829.4	4.9	1316.8
2004	32.6	447.3	237.4	821.5	566.2	2094.6	1747.0	5.1	1350.3
2005	36.5	504.5	268.1	877.7	655.7	1987.6	1671.7	4.9	1356.2
2006	39.8	546.1	293.0	871.2	747.8	1929.5	1729.4	5.0	1391.3
2007	41.9	565.9	283.8	840.2	810.0	1868.5	1736.1	6.3	1433.6
2008	44.6	607.7	310.6	837.0	812.1	1859.6	1695.7	6.2	1482.7
2009	51.1	639.5	313.4	830.3	868.2	1788.5	1637.8	6.4	1546.9
2010	53.8	661.8	310.5	836.2	870.4	1716.6	1691.7	6.5	1700.4
2011	56.0	681.5	324.9	850.8	813.9	1634.7	1736.8	6.4	1827.3
2012	59.0	688.8	314.8	844.6	754.1	1570.8	1714.7	6.6	1911.9
2013	61.1	699.8	318.4	822.7	674.8	1496.1	1695.4	6.6	1970.0
2014	62.1	721.4	338.0	796.6	619.8	1447.8	1658.4	7.1	1987.8
2015	64.5	737.8	348.4	796.6	601.2	1411.0	1729.0	8.3	2008.8
2016	66.7	748.6	343.2	802.9	593.3	1487.2	1752.5	9.2	1922.1
2017	80.6	761.5	350.7	800.1	582.4	1547.2	1766.6	11.1	1938.0
2018	85.8	791.0	368.8	792.7	557.0	1602.6	1867.3	12.4	1863.9
2019	91.7	914.9	483.6	839.5	600.4	1638.8	1869.0	14.4	1688.2
2020	110.7	967.5	524.3	876.4	644.7	1632.1	1808.1	14.9	1791.4
2021	117.7	1001.3	552.6	905.0	489.0	1705.4	1782.6	14.9	1526.2

4-4 各级各类学校在校学生情况
Statistics on Enrolment of Formal Education by Type and Level

单位：万人 (10 000 persons)

年份 Year	研究生 Post-Graduates	普通、职业本专科 Undergraduate in Regular and Vocational HEIs	#专科 Short-cycle Courses	普通高中 Regular Senior Secondary Schools	中等职业教育 Secondary Vocational Education	初中阶段 Junior Secondary Education	小学阶段 Primary Schools	特殊教育 Special Education	学前教育 Pre-school Education
1978	1.1	85.6	38.0	1553.1	212.8	4995.2	14624.0	3.1	787.7
1980	2.2	114.4	28.2	969.8	586.3	4551.8	14627.0	3.3	1150.8
1985	8.7	170.3	58.0	741.1	476.1	4010.1	13370.2	4.2	1479.7
1990	9.3	206.3	74.3	717.3	763.5	3916.6	12241.4	7.2	1972.2
1995	14.5	290.6	126.8	713.2	1230.2	4727.5	13195.2	29.6	2711.2
2000	30.1	556.1	100.9	1201.3	1284.5	6256.3	13013.3	37.8	2244.2
2001	39.3	719.1	146.8	1405.0	1164.9	6514.4	12543.5	38.6	2021.8
2002	50.1	903.4	193.4	1683.8	1190.8	6687.4	12156.7	37.5	2036.0
2003	65.1	1108.6	479.4	1964.8	1256.7	6690.8	11689.7	36.5	2003.9
2004	82.0	1333.5	595.7	2220.4	1409.2	6527.5	11246.2	37.2	2089.4
2005	97.9	1561.8	713.0	2409.1	1600.0	6214.9	10864.1	36.4	2179.0
2006	110.5	1738.8	795.5	2514.5	1809.9	5957.9	10711.5	36.3	2263.9
2007	119.5	1884.9	860.6	2522.4	1987.0	5736.2	10564.0	41.9	2348.8
2008	128.3	2021.0	916.8	2476.3	2087.1	5585.0	10331.5	41.7	2475.0
2009	140.5	2144.7	964.8	2434.3	2195.2	5440.9	10071.5	42.8	2657.8
2010	153.8	2231.8	966.2	2427.3	2238.5	5279.3	9940.7	42.6	2976.7
2011	164.6	2308.5	958.9	2454.8	2205.3	5066.8	9926.4	39.9	3424.5
2012	172.0	2391.3	964.2	2467.2	2113.7	4763.1	9695.9	37.9	3685.8
2013	179.4	2468.1	973.6	2435.9	1923.0	4440.1	9360.5	36.8	3894.7
2014	184.8	2547.7	1006.6	2400.5	1755.3	4384.6	9451.1	39.5	4050.7
2015	191.1	2625.3	1048.6	2374.4	1656.7	4312.0	9692.2	44.2	4264.8
2016	198.1	2695.8	1082.9	2366.6	1599.0	4329.4	9913.0	49.2	4413.9
2017	264.0	2753.6	1105.0	2374.5	1592.5	4442.1	10093.7	57.9	4600.1
2018	273.1	2831.0	1133.7	2375.4	1555.3	4652.6	10339.3	66.6	4656.4
2019	286.4	3031.5	1280.7	2414.3	1576.5	4827.1	10561.2	79.5	4713.9
2020	314.0	3285.3	1459.5	2494.5	1663.4	4914.1	10725.4	88.1	4818.3
2021	333.2	3496.1	1590.1	2605.0	1311.8	5018.4	10779.9	92.0	4805.2

4-5 各级各类学校毕业生情况
Statistics on Graduates of Formal Education by Type and Level

单位：万人 (10 000 persons)

年 份 Year	研究生 Post-Graduates	普通、职业本专科 Undergraduate in Regular and Vocational HEIs	#专科 Short-cycle Courses	普通高中 Regular Senior Secondary Schools	中等职业教育 Secondary Vocational Education	初中阶段 Junior Secondary Education	小学阶段 Primary Schools	特殊教育 Special Education	学前教育 Pre-school Education
1978	0.0	16.5	0.8	682.7	40.3	1692.6	2287.9	0.3	
1980	0.0	14.7		616.2	73.3	964.8	2053.3	0.4	
1985	1.7	31.6	14.4	196.6	92.5	1007.2	1999.9	0.4	
1990	3.5	61.4	30.6	233.0	240.6	1123.0	1863.1	0.5	
1995	3.2	80.5	48.0	201.6	348.4	1244.4	1961.5	1.9	
2000	5.9	95.0	17.9	301.5	476.7	1633.5	2419.2	4.3	
2001	6.8	103.6	19.3	340.5	430.6	1731.5	2396.9	4.6	1160.2
2002	8.1	133.7	27.7	383.8	380.1	1903.7	2351.9	4.4	1152.7
2003	11.1	187.7	94.8	458.1	346.4	2018.5	2267.9	4.5	1072.0
2004	15.1	239.1	119.5	546.9	359.2	2087.3	2135.2	4.7	1059.7
2005	19.0	306.8	160.2	661.6	418.2	2123.4	2019.5	4.3	1025.4
2006	25.6	377.5	204.8	727.1	479.1	2071.6	1928.5	4.5	1045.1
2007	31.2	447.8	248.2	788.3	530.9	1963.7	1870.2	5.0	1049.1
2008	34.5	511.9	286.3	836.1	580.7	1868.0	1865.0	5.2	1040.5
2009	37.1	531.1	285.6	823.7	624.9	1797.7	1805.2	5.7	1040.6
2010	38.4	575.4	316.4	794.4	665.0	1750.4	1739.6	5.9	1057.6
2011	43.0	608.2	328.5	787.7	660.0	1736.7	1662.8	4.4	1184.7
2012	48.6	624.7	320.9	791.5	674.6	1660.8	1641.6	4.9	1433.6
2013	51.4	638.7	318.7	799.0	674.4	1561.5	1581.1	5.1	1491.7
2014	53.6	659.4	318.0	799.6	622.9	1413.5	1476.6	4.9	1527.2
2015	55.2	680.9	322.3	797.7	567.9	1417.6	1437.3	5.3	1590.3
2016	56.4	704.2	329.8	792.4	533.6	1423.9	1507.4	5.9	1623.2
2017	57.8	735.8	351.6	775.7	496.9	1397.5	1565.9	6.9	1652.7
2018	60.4	753.3	366.5	779.2	487.3	1367.8	1616.5	8.1	1790.6
2019	64.0	758.5	363.8	789.2	493.5	1454.1	1647.9	9.8	1765.2
2020	72.9	797.2	376.7	786.5	484.9	1535.3	1640.3	12.1	1779.4
2021	77.3	826.5	398.4	780.2	375.4	1587.1	1718.0	14.6	1714.8

4-6 各级各类学校和教职工情况（2021年）
Number of Schools and Educational Personnel by Type and Level (2021)

项　目	Item	学校数（所）Schools (unit)	教职工数（人）Educational Personnel (person)
高等教育学校	**Higher Education Schools**	**3012**	**2785592**
普通本科学校	HEIs Offering Degree Programs	1238	1931463
#独立学院	Independent Institutions	164	82566
本科层次职业学校	Undergraduate Level Vocational Schools	32	32202
高职(专科)学校	Higher Vocational (Specialist) Schools	1486	787355
成人高等学校	Adult HEIs	256	34363
其他普通高教机构	Other Institutions	(21)	209
高中阶段学校	**Senior Secondary Schools**	**21879**	**3947581**
普通高中	Regular Senior Secondary Schools	14585	3119854
完全中学	Combined Secondary Schools	5384	1163066
高级中学	Regular High Schools	7407	1483279
十二年一贯制学校	12-Year Schools	1794	473509
中等职业教育	Secondary Vocational Education	7294	827727
中等职业学校	Secondary Vocational Schools	7294	816327
其他中职机构	Other Secondary Vocational Institutions	(297)	11400
义务教育阶段学校	**Compulsory Education Schools**	**207150**	**10907695**
初中学校	Junior Secondary Schools	52871	4685682
初级中学	Regular Junior Secondary Schools	34629	2914044
九年一贯制学校	9-Year Schools	18233	1771403
职业初中	Vocational Junior Secondary Schools	9	235
普通小学	Regular Primary Schools	154279	6222013
小学	Primary Schools	154279	5846493
小学教学点	External Teaching Sites	(83623)	375520
特殊教育学校	**Schools for Special Education**	**2288**	**82529**
幼儿园	**Kindergarten**	**294832**	**5646384**
专门学校	**Specialized Schools**	**104**	**3149**

注：1.完全中学的学校数和教职工数计入高中阶段教育，九年一贯制学校的校数和教职工数计入初中阶段教育，十二年一贯制学校的校数和教职工数计入高中阶段教育(以下相关表同)。
2.2021年起，中等职业教育数据不含人社部管理的技工学校(以下相关表同)。
3."()"内数据为不计校数(以下相关表同)。

a) Number of combined secondary schools and their educational personnel are classified into the number of senior secondary education, the number of 9-year schools and their educational personnel are classified into the number of junior secondary education, the number of 12-year schools and their educational personnel are classified into the number of senior secondary education. The full-time teachers are classified by educational level. The same applies to the relevant following tables.
b) Since 2021, Secondary Vocational Education data do not include Technical Schools managed by the Ministry of Human Resources and Social Security. The same applies to the relevant following tables.
c) Data within "( )" do not include the number of schools. The same applies to the relevant following tables.

4-7 每十万人口各级学校平均在校生数
Number of Average School Enrolment per 100 000 Population by Level

单位：人 (person)

年 份 Year	学前教育 Pre-school Education	小学阶段 Primary Education	初中阶段 Junior Secondary Education	高中阶段 Senior Secondary Education	高等教育 Higher Education
1990	1725	10707	3426	1337	326
1991	1907	10502	3465	1355	304
1992	2072	10413	3518	1365	313
1993	2190	10656	3599	1448	376
1994	2219	10819	3681	1293	433
1995	2262	11010	3945	1610	457
1996	2208	11273	4180	1780	470
1997	2058	11435	4289	1905	482
1998	1944	11287	4408	1978	519
1999	1864	10855	4656	2032	594
2000	1782	10335	4969	2000	723
2001	1602	9937	5161	2021	931
2002	1595	9525	5240	2283	1146
2003	1560	9100	5209	2523	1298
2004	1617	8725	5058	2824	1420
2005	1676	8358	4781	3070	1613
2006	1731	8192	4557	3321	1816
2007	1787	8037	4364	3409	1924
2008	1873	7819	4227	3463	2042
2009	2001	7584	4097	3495	2128
2010	2230	7448	3955	3504	2189
2011	2554	7403	3779	3495	2253
2012	2736	7196	3535	3411	2335
2013	2876	6913	3279	3227	2418
2014	2977	6946	3222	3100	2488
2015	3118	7086	3152	2965	2524
2016	3211	7211	3150	2887	2530
2017	3327	7300	3213	2861	2576
2018	3350	7438	3347	2828	2658
2019	3378	7569	3459	2850	2857
2020	3441	7661	3510	2948	3126
2021	3403	7634	3554	2774	3301

注：1.高等教育在校生数包括研究生、普通本科、职业本专科、成人本专科，不含网络本专科生。
2.2021年起，高中阶段在校生数不含人社部管理的技工学校。

a) The number of students in higher education includes postgraduates, regular undergraduates, vocational undergraduates and adult undergraduates, excluding web-based undergraduates.

b) Since 2021, The number of students in Senior Secondary Education data do not include Technical Schools managed by the Ministry of Human Resources and Social Security.

4–8 分地区每十万人口各级学校平均在校生数(2021年)

Number of Average School Enrolment per 100 000 Population by Level and Region(2021)

单位：人 (person)

地 区	Region	学前教育 Pre-school Education	小学阶段 Primary Education	初中阶段 Junior Secondary Education	高中阶段 Senior Secondary Education	高等教育 Higher Education
全 国	**National Total**	**3403**	**7634**	**3554**	**2774**	**3301**
北 京	Beijing	2589	4735	1597	1024	5313
天 津	Tianjin	2278	5421	2458	1953	5153
河 北	Hebei	3310	9169	4139	3429	2926
山 西	Shanxi	2893	6671	3131	2880	3112
内蒙古	Inner Mongolia	2514	5861	2770	2454	2351
辽 宁	Liaoning	2049	4638	2335	2062	3742
吉 林	Jilin	1749	4798	2506	2423	4550
黑龙江	Heilongjiang	1541	3700	2632	2367	3448
上 海	Shanghai	2251	3588	2000	1139	3691
江 苏	Jiangsu	2979	6909	3113	2233	3531
浙 江	Zhejiang	3105	5928	2572	2162	2632
安 徽	Anhui	3506	7678	3765	3138	3089
福 建	Fujian	4020	8481	3668	2583	3023
江 西	Jiangxi	3581	8758	4789	3712	4001
山 东	Shandong	3830	7435	3818	2622	3429
河 南	Henan	4018	10179	4820	3578	3424
湖 北	Hubei	3108	6670	3085	2413	3914
湖 南	Hunan	3452	7977	3874	3161	3487
广 东	Guangdong	3964	8547	3400	2306	2922
广 西	Guangxi	4533	10280	4580	3792	3432
海 南	Hainan	3871	8596	3876	3112	2839
重 庆	Chongqing	3101	6329	3528	3129	3605
四 川	Sichuan	3127	6558	3343	2760	2925
贵 州	Guizhou	4291	10273	4665	3533	2593
云 南	Yunnan	3748	8158	3886	3318	2871
西 藏	Tibet	4274	9989	3964	2976	1634
陕 西	Shaanxi	3473	7494	3046	2395	4279
甘 肃	Gansu	3879	8097	3538	2868	2999
青 海	Qinghai	3845	8730	3747	3719	1613
宁 夏	Ningxia	3626	8373	3980	3380	2749
新 疆	Xinjiang	4305	11328	4312	2906	2526

4–9 分地区各级学校生师比(2021年)
Student-Teacher Ratio by Level of Regular Schools by Region (2021)

(教师人数=1) (Number of Teachers=1)

地 区	Region	小学阶段 Primary Education	初中阶段 Junior Secondary School	普通高中 Regular Senior Secondary School	中等职业学校 Secondary Vocational School	高等教育 Higher Education
全 国	**National Total**	**16.33**	**12.64**	**12.84**	**18.86**	**18.54**
北 京	Beijing	13.92	8.87	8.08	7.86	16.31
天 津	Tianjin	15.26	11.21	11.14	14.64	18.81
河 北	Hebei	16.59	13.39	13.18	16.99	17.91
山 西	Shanxi	13.56	10.28	10.50	12.68	21.78
内蒙古	Inner Mongolia	13.09	10.57	10.46	12.43	17.86
辽 宁	Liaoning	14.03	9.94	11.34	13.75	20.48
吉 林	Jilin	11.03	8.99	13.10	9.79	19.91
黑龙江	Heilongjiang	11.60	9.77	13.01	13.88	17.65
上 海	Shanghai	14.10	10.80	9.00	13.53	15.48
江 苏	Jiangsu	16.31	11.85	11.07	14.08	16.80
浙 江	Zhejiang	16.80	12.24	10.97	14.62	16.02
安 徽	Anhui	17.42	13.50	13.48	24.11	19.84
福 建	Fujian	17.79	13.54	12.76	20.08	17.82
江 西	Jiangxi	16.14	14.33	16.06	27.07	18.47
山 东	Shandong	16.14	12.28	11.72	15.66	17.70
河 南	Henan	16.70	13.66	14.46	22.87	18.47
湖 北	Hubei	17.47	12.58	13.13	19.77	18.93
湖 南	Hunan	17.04	13.16	14.24	19.93	18.73
广 东	Guangdong	18.22	13.62	12.76	20.09	18.97
广 西	Guangxi	17.60	14.61	15.82	32.17	20.42
海 南	Hainan	15.35	13.35	12.76	32.85	18.08
重 庆	Chongqing	15.24	13.20	15.12	20.48	18.24
四 川	Sichuan	15.71	12.49	13.48	21.27	19.87
贵 州	Guizhou	18.63	13.87	13.69	23.07	20.04
云 南	Yunnan	16.30	13.20	13.54	25.48	21.45
西 藏	Tibet	14.40	11.55	12.04	13.14	17.63
陕 西	Shaanxi	16.02	11.55	11.42	17.14	19.19
甘 肃	Gansu	13.31	10.75	10.88	15.00	19.55
青 海	Qinghai	17.26	13.09	12.26	37.94	16.47
宁 夏	Ningxia	17.25	13.60	13.86	21.97	17.74
新 疆	Xinjiang	17.24	12.45	12.27	19.91	20.52

4–10 义务教育巩固率、高中阶段和高等教育毛入学率
Consolidation Rate of Compulsory Education, Gross Enrollment Rate of High School Education and Higher Education

单位：%　　(%)

年 份 Year	九年义务教育巩固率 Consolidation Rate of 9-year Compulsory Education	高中阶段毛入学率 Gross Enrollment Rate of High School Education	高等教育毛入学率 Gross Enrollment Rate of Higher Education
1995		33.6	7.2
1996		38.0	8.3
1997		40.6	9.1
1998		40.7	9.8
1999		41.0	10.5
2000		42.8	12.5
2001		42.8	13.3
2002		42.8	15.0
2003		43.8	17.0
2004		48.1	19.0
2005		52.7	21.0
2006		59.8	22.0
2007		66.0	23.0
2008		74.0	23.3
2009		79.2	24.2
2010	91.1	82.5	26.5
2011	91.5	84.0	26.9
2012	91.8	85.0	30.0
2013	92.3	86.0	34.5
2014	92.6	86.5	37.5
2015	93.0	87.0	40.0
2016	93.4	87.5	42.7
2017	93.8	88.3	45.7
2018	94.2	88.8	48.1
2019	94.8	89.5	51.6
2020	95.2	91.2	54.4
2021	95.4	91.4	57.8

4-11 高等教育学校(机构)数(2021年)
Statistics on Higher Education Institutions(2021)

单位：所 (unit)

项目	Item	合计 Total	中央部门 HEIs under Central Ministries & Agencies 小计 Subtotal	教育部 HEIs unde MOE	其他部门 HEIs unders Other Central Agencies	地方 HEIs under Local Auth. 小计 Subtotal
研究生培养机构（不计校数）	**Institutions Providing Postgraduate Programs**	**827**	**301**	**76**	**225**	**526**
普通高校	Regular HEIs	594	111	76	35	483
科研机构	Research Institutes	233	190		190	43
普通高等学校	**Regular HEIs**	**3012**	**131**	**77**	**54**	**2881**
本科院校	HEIs Offering Degree Programs	1238	114	76	38	1124
#独立学院	Independent Institutions	164				164
本科层次职业学校	Undergraduate Level Vocational Schools	32				32
高职(专科)院校	Higher Vocational Colleges	1486	4		4	1482
成人高等学校	**Adult HEIs**	**256**	**13**	**1**	**12**	**243**
民办的其他高等教育机构（不计校数）	**Other Non-government HEIs**	**21**	**1**		**1**	**20**

4-11 续表 continued

单位：所 (unit)

项目	Item	地方 HEIs under Local Auth. 教育部门 HEIs under MOE	其他部门 Run by Non-ed. Dept.	地方企业 Local Enterprises	民办 Non-government	具有独立法人资格的中外合作办 Sino-foreign Cooperation Institution with Indenpent Legal Personality
研究生培养机构（不计校数）	**Institutions Providing Postgraduate Programs**	**454**	**65**	**1**	**5**	**1**
普通高校	Regular HEIs	454	24		5	
科研机构	Research Institutes		41	1		1
普通高等学校	**Regular HEIs**	**1322**	**701**	**82**	**764**	**12**
本科院校	HEIs Offering Degree Programs	648	77		390	9
#独立学院	Independent Institutions				164	
本科层次职业学校	Undergraduate Level Vocational Schools	9	1		22	
高职(专科)院校	Higher Vocational Colleges	580	503	46	350	3
成人高等学校	**Adult HEIs**	**85**	**120**	**36**	**2**	
民办的其他高等教育机构（不计校数）	**Other Non-government HEIs**	**2**	**3**		**15**	

4–12 分地区高等教育学校(机构)数(2021年)
Statistics on Higher Education Institutions by Region(2021)

单位：所 (unit)

地 区	Region	普通本科院校 Regular HEIs	#中央部门 HEIs under Central Ministries & Agencies	本科层次职业学校 Vocational Institutions for Undergraduates	高职(专科)院校 Higher Vocational Colleges	成人高等学 校 Adult HEIs	#中央部门 HEIs under Central Ministries & Agencies
全 国	**National Total**	**1238**	**114**	**32**	**1486**	**256**	**13**
北 京	Beijing	67	39		25	23	8
天 津	Tianjin	30	3		26	13	
河 北	Hebei	58	4	3	62	6	1
山 西	Shanxi	32		2	48	9	
内蒙古	Inner Mongolia	17			37	2	
辽 宁	Liaoning	62	5	1	51	18	2
吉 林	Jilin	37	2		29	14	
黑龙江	Heilongjiang	39	3		41	16	
上 海	Shanghai	39	9	1	24	12	
江 苏	Jiangsu	77	10	1	89	8	1
浙 江	Zhejiang	58	1	2	49	8	
安 徽	Anhui	46	2		75	6	
福 建	Fujian	38	2	1	50	3	
江 西	Jiangxi	42		3	61	5	
山 东	Shandong	67	3	3	83	11	
河 南	Henan	56	1	1	99	10	
湖 北	Hubei	68	8		62	14	
湖 南	Hunan	51	2	1	76	12	
广 东	Guangdong	65	3	2	93	14	
广 西	Guangxi	36		2	47	4	
海 南	Hainan	7		1	13	1	
重 庆	Chongqing	25	2	1	43	3	
四 川	Sichuan	52	6	1	81	13	1
贵 州	Guizhou	28		1	46	3	
云 南	Yunnan	32			50	1	
西 藏	Tibet	4			3		
陕 西	Shaanxi	55	6	2	40	14	
甘 肃	Gansu	20	2	2	27	4	
青 海	Qinghai	4			8	2	
宁 夏	Ningxia	8	1		12	1	
新 疆	Xinjiang	18		1	36	6	

4–13 分类型普通、职业高等学校情况(2021年)

Statistics on Regular and Vocational Higher Education Institutions by Type (2021)

单位：所 (unit)

项目	Item	合计 Total	本科院校 HEIs Offering Degree Programs	本科层次职业院校 Undergraduate Level Vocational Schools	高职(专科)院校 Higher Vocational (Specialist) Schools	#高等职业技术学院 Higer Vocational and Technical College
合 计	**Total**	**2756**	**1238**	**32**	**1486**	**1333**
综合大学	Comprehensive University	662	299	6	357	353
理工院校	College of Science and Engineering	977	361	19	597	587
农业院校	Agricultural Colleges	85	40	1	44	44
林业院校	Forestry Colleges	20	7		13	13
医药院校	Medical Colleges	220	106	2	112	71
师范院校	Normal Colleges	248	154		94	6
语文院校	Language & Literature	53	32	1	20	19
财经院校	Financial University	272	128	2	142	136
政法院校	Political Science & Law	69	36		33	31
体育院校	Sport Colleges	37	16		21	20
艺术院校	Art Colleges	95	45	1	49	49
民族院校	Institute of Nationalities	18	14		4	4
总计中民办高校	of the Total:Non-government HEIs	762	390	22	350	343

4-14 分地区普通、职业高等学校情况（2021年）
Statistics on Regular and Vocational Higher Education Institutions by Region (2021)

单位：人 (person)

地区	Region	学校数（所） Institutions (unit)	教职工数 Educational Personnel	#专任教师 Full-time Teachers	正高级 Senior	副高级 Sub-senior	中级 Middle	初级 Junior	未定职级 No-ranking	#行政人员 Administrative Personnel	#教辅人员 Supporting Staff	#工勤人员 Workers
全　国	**National Total**	**2756**	**2751229**	**1865541**	**244132**	**555873**	**705491**	**195753**	**164292**	**392599**	**243351**	**127038**
北　京	Beijing	92	156701	73566	21135	27181	20883	1956	2411	28476	19586	11688
天　津	Tianjin	56	48368	32459	4938	10349	13131	2598	1443	8838	4505	1609
河　北	Hebei	123	122080	89396	11328	26079	33846	7831	10312	15560	8912	6251
山　西	Shanxi	82	64185	40205	2996	11595	17472	5652	2490	8991	7334	3503
内蒙古	Inner Mongolia	54	41852	26981	3183	8795	10933	1929	2141	6986	4162	1796
辽　宁	Liaoning	114	97034	62612	9581	20672	26061	4383	1915	17056	10635	4828
吉　林	Jilin	66	64350	41197	6825	13403	14772	5133	1064	10928	6711	4160
黑龙江	Heilongjiang	80	75101	48343	8212	16420	17562	3727	2422	12494	6905	4793
上　海	Shanghai	64	83911	48692	9762	15908	18337	3085	1600	16095	11814	2828
江　苏	Jiangsu	167	171500	116615	17700	39975	44811	8157	5972	27064	14818	6517
浙　江	Zhejiang	109	109481	74227	11166	21229	30756	5221	5855	17675	9790	2252
安　徽	Anhui	121	93607	70185	7325	19326	26266	10018	7250	10332	5902	3435
福　建	Fujian	89	78199	52856	6389	16654	20455	6365	2993	13721	6463	2669
江　西	Jiangxi	106	93293	67510	5809	17001	25838	9196	9666	8558	11425	3410
山　东	Shandong	153	177805	129888	15349	39441	51265	15969	7864	22073	14611	5123
河　南	Henan	156	183980	137725	11071	35380	54220	24006	13048	17327	9745	8423
湖　北	Hubei	130	138566	90996	12807	31005	31657	8345	7182	21692	13191	7714
湖　南	Hunan	128	113308	79247	9207	22999	31558	6803	8680	14553	9963	4812
广　东	Guangdong	160	190310	128811	17363	34613	49268	9776	17791	26155	16553	7681
广　西	Guangxi	85	78418	56576	5889	14333	21192	3457	11705	10731	5748	4683
海　南	Hainan	21	19332	12983	1818	3515	4510	1415	1725	2743	1691	1654
重　庆	Chongqing	69	70499	52097	6078	14426	20938	5529	5126	9356	4089	2483
四　川	Sichuan	134	140637	97670	10015	25369	36809	16979	8498	18154	10242	7379
贵　州	Guizhou	75	55823	40660	4086	12239	12872	5642	5821	7646	4779	1964
云　南	Yunnan	82	63447	44248	4615	12036	15824	5598	6175	8608	5309	3657
西　藏	Tibet	7	4052	2738	355	792	1066	287	238	727	340	158
陕　西	Shaanxi	97	111948	75079	10440	24374	28501	7711	4053	16983	10252	4847
甘　肃	Gansu	49	44079	32369	4475	10607	11602	3559	2126	5237	2772	1770
青　海	Qinghai	12	8316	5035	711	1562	1522	634	606	1139	777	1093
宁　夏	Ningxia	20	13252	9440	1594	2579	2691	1596	980	1876	1022	420
新　疆	Xinjiang	55	37795	25135	1910	6016	8873	3196	5140	4825	3305	3438

4–15 分学科研究生情况（2021年）
Statistics on Postgraduate Students by Academic Field (2021)

单位：人 (person)

项　目	Item	毕业生数 Graduates	博士 Doctor's Degree	硕士 Master's Degree	招生数 Entrants	博士 Doctor's Degree	硕士 Master's Degree	在校学生数 Enrolment	博士 Doctor's Degree	硕士 Master's Degree
分学科研究生数（总计）	**Total**	**772761**	**72019**	**700742**	**1176526**	**125823**	**1050703**	**3332373**	**509453**	**2822920**
#女	Female	422398	30639	391759	607362	53831	553531	1717458	214877	1502581
#学术型学位	Academic Degree	363572	67889	295683	509435	107708	401727	1575340	460145	1115195
#专业学位	Professional Degree	409189	4130	405059	667091	18115	648976	1757033	49308	1707725
哲　学	Philosophy	3931	679	3252	4675	1038	3637	15707	4942	10765
经济学	Economics	35267	2250	33017	50733	3427	47306	129141	16653	112488
法　学	Law	50410	3278	47132	70423	5879	64544	197811	26183	171628
教育学	Education	56666	1200	55466	80739	3292	77447	227879	12499	215380
文　学	Literature	36205	2132	34073	47555	3338	44217	129072	15484	113588
历史学	History	5816	835	4981	7818	1325	6493	24420	6342	18078
理　学	Science	61454	14906	46548	95211	22977	72234	285066	91999	193067
工　学	Engineering	267399	26659	240740	418893	52433	366460	1194599	215273	979326
农　学	Agriculture	33592	3254	30338	59679	5408	54271	160093	21416	138677
医　学	Medicine	89257	12546	76711	142549	19846	122703	387806	65181	322625
军事学	Military Science	81	16	65	91	8	83	257	51	206
管理学	Administrators	106435	3517	102918	159358	5509	153849	473201	28259	444942
艺术学	Art	26248	747	25501	38776	1317	37459	107295	5145	102150
交叉学科	Interdisciplinary Subject				26	26		26	26	
分学科研究生数（普通本科学校）	**Regular HEIs Offering Degree Programs**	**764603**	**70689**	**693914**	**1165569**	**123862**	**1041707**	**3299770**	**501346**	**2798424**
#女	Female	418518	30162	388356	602130	52943	549187	1702355	211695	1490660
#学术型学位	Academic Degree	357690	66586	291104	501435	105864	395571	1550811	452306	1098505
#专业学位	Professional Degree	406913	4103	402810	664134	17998	646136	1748959	49040	1699919
哲　学	Philosophy	3827	656	3171	4576	1022	3554	15386	4859	10527
经济学	Economics	34679	2196	32483	49986	3337	46649	126989	16089	110900
法　学	Law	49699	3178	46521	69584	5797	63787	195401	25798	169603
教育学	Education	56666	1200	55466	80739	3292	77447	227879	12499	215380
文　学	Literature	36165	2132	34033	47484	3338	44146	128854	15484	113370
历史学	History	5763	835	4928	7764	1325	6439	24252	6342	17910
理　学	Science	60793	14737	46056	94162	22716	71446	281949	90887	191062
工　学	Engineering	264719	26175	238544	415092	51755	363337	1183151	212213	970938
农　学	Agriculture	32393	3042	29351	58226	5079	53147	155733	20226	135507
医　学	Medicine	88442	12374	76068	141084	19512	121572	383878	64227	319651
军事学	Military Science	80	16	64	87	8	79	245	51	194
管理学	Administrators	105408	3471	101937	158325	5435	152890	469830	27829	442001
艺术学	Art	25969	677	25292	38434	1220	37214	106197	4816	101381
交叉学科	Interdisciplinary Subject				26	26		26	26	
分学科研究生数（科研机构）	**Research Institutions**	**8158**	**1330**	**6828**	**10957**	**1961**	**8996**	**32603**	**8107**	**24496**
#女	Female	3880	477	3403	5232	888	4344	15103	3182	11921
#学术型学位	Academic Degree	5882	1303	4579	8000	1844	6156	24529	7839	16690
#专业学位	Professional Degree	2276	27	2249	2957	117	2840	8074	268	7806
哲　学	Philosophy	104	23	81	99	16	83	321	83	238
经济学	Economics	588	54	534	747	90	657	2152	564	1588
法　学	Law	711	100	611	839	82	757	2410	385	2025
教育学	Education									
文　学	Literature	40		40	71		71	218		218
历史学	History	53		53	54		54	168		168
理　学	Science	661	169	492	1049	261	788	3117	1112	2005
工　学	Engineering	2680	484	2196	3801	678	3123	11448	3060	8388
农　学	Agriculture	1199	212	987	1453	329	1124	4360	1190	3170
医　学	Medicine	815	172	643	1465	334	1131	3928	954	2974
军事学	Military Science	1		1	4		4	12		12
管理学	Administrators	1027	46	981	1033	74	959	3371	430	2941
艺术学	Art	279	70	209	342	97	245	1098	329	769
交叉学科	Interdisciplinary Subject									

4−16 普通本科分学科学生情况（2021年）
Statistics on Regular Students of Normal Courses in HEIs by Discipline (2021)

单位：人 (person)

项 目	Item	毕业生数 Graduates	招生数 Entrants	在校学生数 Enrolment
总 计	**Total**	**4280970**	**4487350**	**19060341**
#女	Female	2368720	2713686	10080059
哲 学	Philosophy	2488	3504	11864
经济学	Economics	249130	249558	980747
法 学	Law	152722	179010	675628
教育学	Education	184333	264596	883226
文 学	Literature	422799	499187	1862465
历史学	History	19656	27543	98705
理 学	Science	280389	336258	1272888
工 学	Engineering	1403297	1775591	6439996
农 学	Agriculture	71879	91200	315781
医 学	Medicine	302039	384567	1508482
管理学	Management	785537	842795	3018471
艺术学	Art	406701	509851	1862791

4−17 高职专科分学科学生情况（2021年）
Statistics on Students Higher Vocational (Specialist) Schools Field of Study (2021)

单位：人 (person)

项 目	Item	毕业生数 Graduates	招生数 Entrants	在校学生数 Enrolment
总 计	**Total**	**3984094**	**5525801**	**15900966**
#女	Female	2043924	2572870	7417972
农林牧渔大类	Agriculture, Forestry, Husbandry and Fishing	68098	116424	326761
资源环境与安全大类	Resources Environment and Safety	47585	81633	224751
能源动力与材料大类	Energy Power and Material	40465	54933	156757
土木建筑大类	Civil Engineering and Architecture	282408	430634	1252046
水利大类	Water Resources	14682	20629	58411
装备制造大类	Equipment Manufacturing	402082	588298	1613562
生物与化工大类	Biology and Chemical Engineering	29271	46346	127555
轻工纺织大类	Light Idustry and Textile	17841	22826	69319
食品药品与粮食大类	Food, Medicine and Grain	63208	92722	253419
交通运输大类	Transportation and Communication	307791	386829	1103089
电子信息大类	Electronic Information	529861	813154	2301674
医药卫生大类	Medical and Health	552134	785010	2215712
财经商贸大类	Finance, Economics and Business	698664	850443	2664212
旅游大类	Tourism	124153	164458	464728
文化艺术大类	Culture and Arts	193766	267074	769722
新闻传播大类	Journalism and Communication	35364	50436	140572
教育与体育大类	Education and Sport	486187	634041	1783879
公安与司法大类	Public Security and Justice	44823	50656	154047
公共管理与服务大类	Public Administration and Service	45711	69255	220750

4–18 分地区普通本专科学生情况（2021年）
Statistics on Regular Students Enrolled in Normal and Short-cycle Courses in Regular Higher Education by Region (2021)

单位：人 (person)

地区	Region	招生数 Entrants	普通本科 Undergraduates	职业本科 Vocational Undergraduates	专科 Short-cycle Courses	在校生数 Enrolment	普通本科 Undergraduates	职业本科 Vocational Undergraduates	专科 Short-cycle Courses
全国	**National Total**	**10013151**	**4445969**	**41381**	**5525801**	**34961307**	**18931044**	**129297**	**15900966**
北京	Beijing	159757	136298		23459	616978	548951		68027
天津	Tianjin	158484	89647		68837	583353	372830		210523
河北	Hebei	482794	218750	1007	263037	1704330	925538	1007	777785
山西	Shanxi	258098	124848	2852	130398	890774	532480	4724	353570
内蒙古	Inner Mongolia	144869	63785		81084	506809	280205		226604
辽宁	Liaoning	290082	174452	753	114877	1178402	728339	2726	447337
吉林	Jilin	206308	121406		84902	755552	509652		245900
黑龙江	Heilongjiang	239044	137601		101443	879107	574384		304723
上海	Shanghai	147006	98187	662	48157	548733	405818	1038	141877
江苏	Jiangsu	609863	287265	1019	321579	2110805	1209970	4278	896557
浙江	Zhejiang	347490	156244	1638	189608	1210296	680131	3533	526632
安徽	Anhui	440167	173681		266486	1504991	745625		759366
福建	Fujian	293916	130884	1850	161182	1023362	553638	5952	463772
江西	Jiangxi	387085	155224	3381	228480	1348666	656050	11636	680980
山东	Shandong	711083	266467	6069	438547	2429912	1175328	18240	1236344
河南	Henan	823664	297261	2586	523817	2686440	1299765	8764	1377911
湖北	Hubei	470875	224745		246130	1699723	975490		724233
湖南	Hunan	474566	200983	332	273251	1596103	818193	332	777578
广东	Guangdong	694317	293721	3293	397303	2539779	1266623	19104	1254052
广西	Guangxi	403945	133445	5148	265352	1321042	588884	12423	719735
海南	Hainan	66296	29858	1602	34836	245129	125765	7426	111938
重庆	Chongqing	296776	119748	1896	175132	1002720	506480	7683	488557
四川	Sichuan	560377	245431	1349	313597	1920825	1041510	5602	873713
贵州	Guizhou	255207	89575	982	164650	881641	404847	982	475812
云南	Yunnan	319658	115063		204595	1044081	515446		528635
西藏	Tibet	10815	7245		3570	41304	28521		12783
陕西	Shaanxi	351027	177779	2734	170514	1283340	739600	9436	534304
甘肃	Gansu	168317	76110	1441	90766	613378	320959	1441	290978
青海	Qinghai	23539	12176		11363	77125	45306		31819
宁夏	Ningxia	48585	24085		24500	161054	94950		66104
新疆	Xinjiang	169141	64005	787	104349	555553	259766	2970	292817

4-18 续表 continued

单位：人 (person)

地区 Region	毕业生数 Graduates	普通本科 Undergraduates	专科 Short-cycle Courses	授予学位数 Degrees Conferred	预计毕业生数 Estimated Graduates	普通本科 Undergraduates	职业本科 Vocational Undergraduates	专科 Short-cycle Courses
全国 National Total	**8265064**	**4280970**	**3984094**	**4249274**	**10068273**	**4847707**	**9288**	**5211278**
北京 Beijing	150942	124012	26930	123909	164685	137184		27501
天津 Tianjin	143462	84843	58619	85368	165676	95592		70084
河北 Hebei	408859	198519	210340	198202	491184	228456		262728
山西 Shanxi	219441	132905	86536	131868	252629	136922		115707
内蒙古 Inner Mongolia	130344	65721	64623	64885	147302	72560		74742
辽宁 Liaoning	258326	166638	91688	166041	378221	183849		194372
吉林 Jilin	181377	120331	61046	120008	217618	128903		88715
黑龙江 Heilongjiang	196489	131227	65262	130420	249111	142124		106987
上海 Shanghai	135655	92227	43428	91262	156313	105886	38	50389
江苏 Jiangsu	523645	278580	245065	273412	602335	312443	904	288988
浙江 Zhejiang	300419	157518	142901	156462	360249	178751	184	181314
安徽 Anhui	327004	167216	159788	165949	436394	191784		244610
福建 Fujian	224740	125132	99608	124634	294541	141998		152543
江西 Jiangxi	310180	135101	175079	134272	398704	167760	519	230425
山东 Shandong	617855	277063	340792	277326	748511	306874		441637
河南 Henan	678384	305896	372488	304875	794745	346496	601	447648
湖北 Hubei	416408	220745	195663	217638	485261	253027		232234
湖南 Hunan	394182	179771	214411	178247	463134	199151		263983
广东 Guangdong	574407	282227	292180	282311	658827	328997	4178	325652
广西 Guangxi	286009	129050	156959	127857	383064	148509	1048	233507
海南 Hainan	53305	27783	25522	27133	71508	32433	296	38779
重庆 Chongqing	215783	112774	103009	111796	289695	127557	790	161348
四川 Sichuan	451644	226120	225524	224500	536769	267664		269105
贵州 Guizhou	211215	89564	121651	87159	259026	103459		155567
云南 Yunnan	259313	126824	132489	125450	306260	139637		166623
西藏 Tibet	9054	5847	3207	5632	10689	6125		4564
陕西 Shaanxi	291873	171857	120016	170730	373288	189962	210	183116
甘肃 Gansu	140033	71429	68604	70332	171571	81093		90478
青海 Qinghai	20136	9554	10582	9495	21450	10823		10627
宁夏 Ningxia	34761	20231	14530	20025	42952	22386		20566
新疆 Xinjiang	99819	44265	55554	42076	136561	59302	520	76739

4–19　成人本科分学科学生情况(2021年)
Statistics on Adult Students of Normal Courses in HEIs by Discipline(2021)

单位：人　　(person)

项　　目	Item	毕业生数 Graduates	招生数 Entrants	在校学生数 Enrolment
总 计	**Total**	**1420887**	**2042982**	**4591098**
#女	Female	891142	1176639	2707640
哲 学	Philosophy	19		341
经济学	Economics	27506	31878	76981
法 学	Law	53208	85109	175184
教育学	Education	143010	236311	492468
文 学	Literature	86090	126128	260408
历史学	History	1143	1493	3394
理 学	Science	20473	24859	53446
工 学	Engineering	295404	520283	1089349
农 学	Agriculture	18573	28300	58203
医 学	Medicine	399831	391475	1060253
管理学	Management	361824	578221	1266005
艺术学	Art	13806	18925	55066

4–20　成人专科分学科学生情况（2021年）
Statistics on Adult Students of Short-cycle Courses in HEIs by Discipline (2021)

单位：人　　(person)

项　　目	Item	毕业生数 Graduates	招生数 Entrants	在校学生数 Enrolment
总 计	**Total**	**1358598**	**1742306**	**3735423**
#女	Female	760973	973180	2097706
农林牧渔大类	Agriculture, Forestry, Husbandry and Fishing	20861	19924	44844
资源环境与安全大类	Resources Environment and Safety	9316	11308	23820
能源动力与材料大类	Energy Power and Material	4104	4572	10828
土木建筑大类	Civil Engineering and Architecture	96204	185450	365798
水利大类	Water Resources	2879	5496	10392
装备制造大类	Equipment Manufacturing	107062	141117	291598
生物与化工大类	Biology and Chemical Engineering	6196	26382	35850
轻工纺织大类	Light Idustry and Textile	1090	841	2121
食品药品与粮食大类	Food, Medicine and Grain	2694	5102	9067
交通运输大类	Transportation and Communication	81185	49005	141937
电子信息大类	Electronic Information	105227	142778	295259
医药卫生大类	Medical and Health	159228	131289	363193
财经商贸大类	Finance, Economics and Business	409187	602722	1222523
旅游大类	Tourism	24367	21140	49944
文化艺术大类	Culture and Arts	25225	21620	54308
新闻传播大类	Journalism and Communication	1609	1191	3271
教育与体育大类	Education and Sport	203519	240359	536079
公安与司法大类	Public Security and Justice	21862	20457	44780
公共管理与服务大类	Public Administration and Service	76783	111553	229811

4–21 网络本科分学科学生情况（2021年）
Statistics on Web-based Students of Normal Courses in HEIs by Discipline (2021)

单位：人 (person)

项　目	Item	毕业生数 Graduates	招生数 Entrants	在校学生数 Enrolment
总 计	**Total**	**898773**	**1186772**	**3328548**
#女	Female	450129	522563	1507692
经济学	Economics	28438	26213	85947
法 学	Law	70152	99714	277155
教育学	Education	54175	73955	197604
文 学	Literature	45481	58270	158522
历史学	History	440	643	1307
理 学	Science	8835	14383	31375
工 学	Engineering	231649	354233	910016
农 学	Agriculture	9398	13172	30910
医 学	Medicine	72971	82618	248597
管理学	Management	373541	457271	1368487
艺术学	Art	3693	6300	18628

4–22 网络专科分学科学生情况（2021年）
Statistics on Web-based Students of Short-cycle Courses in HEIs by Discipline (2021)

单位：人 (person)

项　目	Item	毕业生数 Graduates	招生数 Entrants	在校学生数 Enrolment
总 计	**Total**	**1691820**	**1652420**	**5410458**
#女	Female	742930	677951	2215626
农林牧渔大类	Agriculture, Forestry, Husbandry and Fishing	21902	22375	65077
资源环境与安全大类	Resources Environment and Safety	29188	13991	47850
能源动力与材料大类	Energy Power and Material	8672	3292	16949
土木建筑大类	Civil Engineering and Architecture	146922	197181	555193
水利大类	Water Resources	7362	6697	23067
装备制造大类	Equipment Manufacturing	103173	97870	320629
生物与化工大类	Biology and Chemical Engineering	4948	20212	35985
轻工纺织大类	Light Idustry and Textile	145		334
食品药品与粮食大类	Food, Medicine and Grain	8884	6413	17324
交通运输大类	Transportation and Communication	40254	32464	156271
电子信息大类	Electronic Information	122184	172855	481535
医药卫生大类	Medical and Health	63114	81492	257609
财经商贸大类	Finance, Economics and Business	472746	390662	1337305
旅游大类	Tourism	9863	17730	53033
文化艺术大类	Culture and Arts	6090	7902	33312
新闻传播大类	Journalism and Communication	807	1509	4893
教育与体育大类	Education and Sport	160069	120820	470376
公安与司法大类	Public Security and Justice	72247	57132	235051
公共管理与服务大类	Public Administration and Service	413250	401823	1298665

4–23 普通高中学校情况(2021年)
Statistics on Regular Senior Secondary Schools(2021)

单位：所 (unit)

项 目	Item	合 计 Total	完全中学 Combined Secondary Schools	高级中学 Regular High Schools	十二年一贯制学校 12-year Schools
总 计	**Total**	**14585**	**5384**	**7407**	**1794**
教育部门办	Run by Ed. Dept.	10450	4305	5821	324
其他部门办	Run by Non-ed. Dept.	106	37	35	34
地方企业办	Run by Local Enterprises	6	3	1	2
民办	Non-government	4008	1038	1536	1434
具有法人资格的中外合作办	Sino-foreign Cooperation Office with Legal Personality	15	1	14	
城区	**Urban Area**	**7684**	**2886**	**3667**	**1131**
教育部门办	Run by Ed. Dept.	5270	2229	2816	225
其他部门办	Run by Non-ed. Dept.	81	28	25	28
地方企业办	Run by Local Enterprises	4	2		2
民办	Non-government	2317	626	815	876
具有法人资格的中外合作办	Sino-foreign Cooperation Office with Legal Personality	12	1	11	
镇区	**Counties & Towns Area**	**6098**	**2216**	**3376**	**506**
教育部门办	Run by Ed. Dept.	4723	1864	2784	75
其他部门办	Run by Non-ed. Dept.	21	7	9	5
地方企业办	Run by Local Enterprises				
民办	Non-government	1351	345	580	426
具有法人资格的中外合作办	Sino-foreign Cooperation Office with Legal Personality	3		3	
乡村	**Rural Area**	**803**	**282**	**364**	**157**
教育部门办	Run by Ed. Dept.	457	212	221	24
其他部门办	Run by Non-ed. Dept.	4	2	1	1
地方企业办	Run by Local Enterprises	2	1	1	
民办	Non-government	340	67	141	132
具有法人资格的中外合作办	Sino-foreign Cooperation Office with Legal Personality				

4–24 普通高中学生情况（2021年）
Statistics on Students of Regular Senior Secondary Schools(2021)

单位：人 (person)

项　目	Item	毕业生数 Graduates	招生数 Entrants	在校学生数 Enrolment
总　计	**Total**	**7802267**	**9049538**	**26050291**
教育部门	Run by Ed. Dept.	6633740	7323319	21437515
其他部门	Run by Non-ed. Dept.	32704	31389	93519
地方企业	Run by Local Enterprises	1770	2448	6389
民办	Non-government	1131454	1689282	4503430
具有法人资格的中外合作办	Sino-foreign Cooperation Office with Legal Personality	2599	3100	9438
城区	**Urban Area**	**3913355**	**4473720**	**12971909**
教育部门	Run by Ed. Dept.	3273320	3579232	10526590
其他部门	Run by Non-ed. Dept.	25673	25432	74858
地方企业	Run by Local Enterprises	863	972	2898
民办	Non-government	610967	865114	2358433
具有法人资格的中外合作办	Sino-foreign Cooperation Office with Legal Personality	2532	2970	9130
镇区	**Counties and Towns Area**	**3641072**	**4201130**	**12089640**
教育部门	Run by Ed. Dept.	3175513	3508662	10255811
其他部门	Run by Non-ed. Dept.	5203	4946	15037
地方企业	Run by Local Enterprises			
民办	Non-government	460289	687392	1818484
具有法人资格的中外合作办	Sino-foreign Cooperation Office with Legal Personality	67	130	308
乡村	**Rural Area**	**247840**	**374688**	**988742**
教育部门	Run by Ed. Dept.	184907	235425	655114
其他部门	Run by Non-ed. Dept.	1828	1011	3624
地方企业	Run by Local Enterprises	907	1476	3491
民办	Non-government	60198	136776	326513
具有法人资格的中外合作办	Sino-foreign Cooperation Office with Legal Personality			

4–25 分地区普通高中情况（2021年）
Statistics on Regular Senior Secondary Schools by Region (2021)

单位：人 (person)

地 区	Region	学校数（所） Schools (unit)	教职工数 Educational Personnel	#专任教师 Full-time Teachers	毕业生数 Graduates	招生数 Entrants	在校学生数 Enrolment
全 国	**National Total**	**14585**	**3119854**	**2028341**	**7802267**	**9049538**	**26050291**
北 京	Beijing	332	66366	21798	45077	62263	176095
天 津	Tianjin	191	32595	17123	51828	64707	190701
河 北	Hebei	738	190153	125082	447668	585863	1648476
山 西	Shanxi	517	107331	65048	207577	235639	683118
内蒙古	Inner Mongolia	307	60197	39273	132419	138161	410955
辽 宁	Liaoning	431	69266	53745	187630	205136	609690
吉 林	Jilin	263	48345	34369	125455	150919	450088
黑龙江	Heilongjiang	366	58753	44127	174127	190854	573916
上 海	Shanghai	262	35530	19391	51692	60462	174454
江 苏	Jiangsu	609	147327	113133	345900	449416	1251876
浙 江	Zhejiang	631	104796	76319	251695	284764	837036
安 徽	Anhui	679	132296	86288	359916	390969	1163441
福 建	Fujian	557	115405	54804	196437	245357	699277
江 西	Jiangxi	544	113635	72115	341650	397179	1158428
山 东	Shandong	723	196816	155902	539843	628796	1826401
河 南	Henan	970	217511	164350	717596	851108	2376877
湖 北	Hubei	548	100183	71973	276792	329871	945007
湖 南	Hunan	686	140096	95092	394244	480904	1354094
广 东	Guangdong	1076	292107	157383	592106	705236	2007726
广 西	Guangxi	521	113050	76598	353003	427099	1212148
海 南	Hainan	133	33328	15175	56505	68311	193696
重 庆	Chongqing	269	76518	42322	201782	217560	639982
四 川	Sichuan	806	200721	106673	452530	489874	1438246
贵 州	Guizhou	478	97482	70536	327933	331022	965576
云 南	Yunnan	616	117146	75028	289905	356676	1015711
西 藏	Tibet	39	7317	6288	24678	26656	75736
陕 西	Shaanxi	453	87850	56934	230361	226178	650421
甘 肃	Gansu	363	63395	47335	171143	171832	515162
青 海	Qinghai	107	15067	10719	41827	45715	131406
宁 夏	Ningxia	70	14893	12079	50447	57485	167356
新 疆	Xinjiang	300	64379	41339	162501	173526	507195

4–26 中等职业学校分学科学生情况（2021年）
Statistics on Students of Secondary Vocational Schools by Field of Education(2021)

单位：人 (person)

项　目	Item	毕业生数 Graduates	#获得职业资格证书 Recipients of Vocational Qualifications	招生数 Entrants	在校学生数 Enrolment
总 计	**Total**	**3753709**	**1934190**	**4889890**	**13118146**
#女	Female	1692115	857725	2183843	5855494
农林牧渔类	Agriculture, Forestry, Husbandry & Fisheries	224756	86264	235169	635204
资源环境类	Resources and Environment	23695	9866	32631	73520
能源与新能源类	Energy Resources & New ER	9826	4746	14015	35774
土木水利类	Civil Engineering & Water Conservancy	105862	52239	154959	395810
加工制造类	Manufacturing	3608	1758	4376	10850
石油化工类	Petroleum & Chemical Industries	373706	221074	513210	1349020
轻纺食品类	Light, Textile & Food Industries	12637	4763	21072	50682
交通运输类	Communication & Transport	49958	25124	53025	145751
信息技术类	Information Technology	15286	5441	24745	61123
医药卫生类	Medicine,Pharmaceuticals & Health Care	425621	233886	494724	1392400
休闲保健类	Recreations Services & Make-up Artists	698092	393116	1001717	2654259
财经商贸类	Finance, Economics,Commerce & Trade	346701	138355	451294	1225980
旅游服务类	Tourist Services	424596	221269	547772	1513892
文化艺术类	Culture & Arts	228095	120745	281661	799422
体育与健身	Sports & Body-building	231398	116568	350250	950555
教育类	Education	28283	15290	42091	106484
司法服务类	Legal Services	463487	243493	545010	1454907
公共管理与服务类	Public Administration & Services	15411	6413	22483	53298
其他	Others	72691	33780	99686	209215

4-27 分地区中等职业学校情况(2021年)
Statistics on Secondary Vocational Schools by Region (2021)

单位：人 (person)

地区	Region	学校数(所) Schools (unit)	教职工数 Educational Personnel	#专任教师 Full-time Teachers	毕业生数 Graduates	#获得职业资格证书 With Professional Qualification Certificates	招生数 Entrants	在校学生数 Enrolment	预计毕业生数 Estimated Graduates for Next Year
全　国	**National**	**7294**	**827727**	**695447**	**3753709**	**1934190**	**4889890**	**13118146**	**4058842**
北　京	Beijing	83	8621	6114	14169	2710	16495	48028	12699
天　津	Tianjin	63	7366	5471	24478	11518	28441	80117	25709
河　北	Hebei	602	65294	53618	255152	150655	356058	910748	291979
山　西	Shanxi	337	30348	25409	89969	73768	118933	322092	100125
内蒙古	Inner Mongolia	200	17604	14375	48568	18670	67352	178668	51637
辽　宁	Liaoning	266	25364	19461	75271	24094	93188	267638	78434
吉　林	Jilin	241	17483	13392	33449	9351	48777	131079	42974
黑龙江	Heilongjiang	195	16496	12734	46062	16279	61788	176725	56071
上　海	Shanghai	87	11667	8051	31894	15151	38730	108907	33274
江　苏	Jiangsu	198	52823	45535	181724	120023	235154	641184	195922
浙　江	Zhejiang	249	41525	38022	159707	130864	182920	556039	180222
安　徽	Anhui	271	35082	31196	263064	159417	298376	752140	243728
福　建	Fujian	165	21036	18693	99079	53805	139845	375367	114463
江　西	Jiangxi	287	23413	19177	117575	30728	204856	519162	141107
山　东	Shandong	400	60026	53576	221047	91898	293603	839144	255706
河　南	Henan	537	57525	51602	355674	164577	442530	1180043	375845
湖　北	Hubei	261	27024	22322	124728	55450	152845	441214	137121
湖　南	Hunan	496	43575	37461	206223	128403	282461	746552	224843
广　东	Guangdong	382	57214	44944	260465	154005	335993	903049	278795
广　西	Guangxi	230	27724	21476	188153	85233	272341	690913	220265
海　南	Hainan	61	5050	3691	32527	8249	48238	121256	33846
重　庆	Chongqing	129	19738	17779	95217	56193	136767	364201	107632
四　川	Sichuan	383	49987	41016	255637	143691	352894	872310	265689
贵　州	Guizhou	183	20617	17228	128181	66780	157849	397515	118531
云　南	Yunnan	363	24347	21620	175462	56876	175398	550892	194524
西　藏	Tibet	13	2645	2526	9970	482	14585	33196	11678
陕　西	Shaanxi	223	20961	17331	71322	30010	104372	296995	90973
甘　肃	Gansu	180	15817	13478	52394	30530	83891	202176	50035
青　海	Qinghai	33	2778	2349	24061	6339	31270	89118	23728
宁　夏	Ningxia	31	3950	3475	23721	8720	28183	76339	23837
新　疆	Xinjiang	145	14627	12325	88766	29721	85757	245339	77450

4–28 技工学校情况
Statistics on Skilled Workers Schools

单位：万人 (10 000 persons)

年 份 Year	技工学校数（个）Schools (unit)	招生数 Entrants	在校学生数 Enrolment	毕业生数 Graduates	在职教职工数 Total Teachers and Staff	兼职教师数 Part-time Teachers	培训社会人员人次（万人次）Trainees from the Society (10 000 person-times)	培训社会人员结业人数 Graduates of Trainees Recruited from the Society
1990	4184	50.6	133.2	41.3	30.8	1.7		
1995	4521	74.6	189.0	68.5	33.7	1.9	89.9	71.3
2000	3792	50.4	140.1	64.6	24.0	2.7	158.5	156.7
2001	3470	55.1	134.7	47.7	22.0	2.6	151.7	163.9
2002	3075	73.3	153.0	45.4	20.3	2.6	208.6	196.9
2003	2970	91.6	193.1	45.3	20.2	3.0	226.9	223.7
2004	2884	109.7	234.4	53.5	20.4	2.9	265.6	257.5
2005	2855	118.4	275.3	69.0	20.4	3.2	273.3	270.1
2006	2880	134.8	320.8	86.4	21.5	3.6	337.7	330.2
2007	2995	158.5	367.1	99.7	24.0	3.8	380.7	369.8
2008	3075	161.4	397.5	109.0	24.7	4.1	400.0	389.8
2009	3064	156.4	414.3	115.2	25.8	4.3	484.1	382.9
2010	2998	158.6	421.0	121.3	26.5	4.4	468.4	371.3
2011	2914	163.5	429.4	118.9	26.5	4.3	527.5	416.1
2012	2892	156.8	422.8	120.2	26.7	4.3	551.3	441.6
2013	2882	133.5	386.6	116.9	26.9	4.1	525.3	397.1
2014	2818	124.4	339.0	106.8	26.5	4.2	508.5	372.3
2015	2545	121.4	321.5	94.6	26.0	4.1	476.6	378.9
2016	2526	127.2	323.2	93.1	26.5	4.3	451.6	349.9
2017	2490	130.9	338.2	90.5	26.9	4.4	456.4	326.1
2018	2379	128.5	341.6	90.3	26.7	4.4	420.6	301.6
2019	2392	143.0	360.3	98.4	27.2	4.4	432.3	308.8
2020	2423	160.1	395.5	101.4	27.9	4.5	485.8	345.8
2021	2492	167.2	426.7	108.7	29.8	5.1	600.7	467.9

4–29 分地区技工学校情况(2021年)
Statistics on Skilled Workers Schools by Region (2021)

单位：人 (person)

地区	Region	学校数(个) Schools (unit)	在职教职工数 Total Teachers and Staff	#女性 Female	专任教师数 Full-time Teachers	招生数 Entrants	在校学生数 Enrolment	#女性 Female	毕业生数 Graduates
全　国	**National**	**2492**	**298255**	**147557**	**223758**	**1672485**	**4267239**	**1410832**	**1087036**
北　京	Beijing	26	3085	1569	1872	10132	26145	7907	8217
天　津	Tianjin	21	2428	1244	1635	8342	21472	5043	6528
河　北	Hebei	205	14975	8200	11685	74149	169332	50851	42009
山　西	Shanxi	74	8879	4837	6468	34059	96142	30444	27868
内蒙古	Inner Mongolia	69	7265	4079	5519	10208	20036	5501	4891
辽　宁	Liaoning	109	8288	4098	5631	26668	70379	22728	19709
吉　林	Jilin	64	3834	2227	2724	30693	62645	19203	28174
黑龙江	Heilongjiang	106	7898	3986	5723	33338	109662	40642	22801
上　海	Shanghai								
江　苏	Jiangsu	107	19569	9866	15439	105811	268421	94311	70712
浙　江	Zhejiang	99	14680	7325	11947	61582	179407	53435	34325
安　徽	Anhui	83	11114	5136	8861	101229	214135	84365	44864
福　建	Fujian	65	5663	2895	4070	51050	119364	44540	24554
江　西	Jiangxi	113	14033	6814	10641	93809	208351	82876	45301
山　东	Shandong	194	32647	15642	26284	169851	442034	156769	104221
河　南	Henan	95	12767	6120	9967	118435	307749	94515	115304
湖　北	Hubei	101	9492	4559	7823	45371	105355	37860	27154
湖　南	Hunan	146	11343	5430	8005	57701	150052	41765	46685
广　东	Guangdong	148	32677	15956	24866	219396	628794	204526	154507
广　西	Guangxi	42	6900	3345	5469	55036	139758	41141	32248
海　南	Hainan	11	1610	718	1349	13541	31837	8445	6580
重　庆	Chongqing	50	5237	2486	3475	45349	120560	36097	25860
四　川	Sichuan	99	13249	6675	10142	70109	165389	61473	42077
贵　州	Guizhou	56	7151	3454	5690	40487	91941	31456	20053
云　南	Yunnan	33	5844	2692	4505	66531	170405	48890	37816
西　藏	Tibet	6	217	77	84	3843	6188	2815	
陕　西	Shaanxi	143	12582	5902	7967	63971	186250	56375	55723
甘　肃	Gansu	40	3216	1410	2570	15939	38579	11056	12494
青　海	Qinghai	14	956	464	714	1130	1903	378	540
宁　夏	Ningxia	24	2369	1261	1860	5547	14064	5627	2682
新　疆	Xinjiang	149	18287	9090	10773	39178	100890	29798	23139

注：专任教师人数包括文化技术理论课教师和生产实习指导教师，不含一体化教师。
a) The number of full-time teacher includes teachers of cultural and technical theory and production guide teachers, not include allround teachers.

4—30 初中阶段学校情况(2021年)
Statistics on Schools of Junior Secondary Education(2021)

单位：所 (unit)

项　目	Item	合计 Total	初级中学 Regular Junior Secondary Schools	九年一贯制学校 9-year Schools	职业初中 Vocational Junior Secondary Schools
总　计	**Total**	**52871**	**34629**	**18233**	**9**
教育部门	Run by Ed. Dept.	46362	33324	13032	6
其他部门	Run by Non-ed. Dept.	342	65	276	1
地方企业办	Run by Local Enterprises	15	4	11	
民办	Non-government	6152	1236	4914	2
具有法人资格的中外合作办	Sino-foreign Cooperation Office with Legal Personality				
城区	**Urban Area**	**14715**	**8885**	**5827**	**3**
教育部门	Run by Ed. Dept.	11582	8242	3338	2
其他部门	Run by Non-ed. Dept.	131	43	87	1
地方企业办	Run by Local Enterprises	6	2	4	
民办	Non-government	2996	598	2398	
具有法人资格的中外合作办	Sino-foreign Cooperation Office with Legal Personality				
镇区	**Counties & Towns Area**	**24635**	**17639**	**6992**	**4**
教育部门	Run by Ed. Dept.	22198	17154	5041	3
其他部门	Run by Non-ed. Dept.	178	17	161	
地方企业办	Run by Local Enterprises	3	1	2	
民办	Non-government	2256	467	1788	1
具有法人资格的中外合作办	Sino-foreign Cooperation Office with Legal Personality				
乡村	**Rural Area**	**13521**	**8105**	**5414**	**2**
教育部门	Run by Ed. Dept.	12582	7928	4653	1
其他部门	Run by Non-ed. Dept.	33	5	28	
地方企业办	Run by Local Enterprises	6	1	5	
民办	Non-government	900	171	728	1
具有法人资格的中外合作办	Sino-foreign Cooperation Office with Legal Personality				

4–31 初中学生情况(2021年)
Statistics on Students of Junior Secondary Schools(2021)

单位：人 (person)

项 目	Item	毕业生数 Graduates	招生数 Entrants	在校生数 Enrolment	#女 Female
总 计	**Total**	**15871485**	**17054376**	**50184373**	**23309774**
教育部门	Run by Ed. Dept.	13602953	14561562	42793969	20205712
其他部门	Run by Non-ed. Dept.	53780	52349	162493	74095
地方企业办	Run by Local Enterprises	3274	5767	14439	6062
民办	Non-government	2211286	2434498	7212729	3023543
具有法人资格的中外合作办	Sino-foreign Cooperation Office with Legal Personality	192	200	743	362
城区	**Urban Area**	**5981409**	**6909326**	**20172559**	**9340299**
教育部门	Run by Ed. Dept.	4804320	5586440	16275458	7682918
其他部门	Run by Non-ed. Dept.	28090	28579	87278	39063
地方企业办	Run by Local Enterprises	2113	4698	10482	4659
民办	Non-government	1146694	1289409	3798598	1613297
具有法人资格的中外合作办	Sino-foreign Cooperation Office with Legal Personality	192	200	743	362
镇区	**Counties & Towns Area**	**7815958**	**8098829**	**23912325**	**11134753**
教育部门	Run by Ed. Dept.	6909725	7143859	21045187	9939851
其他部门	Run by Non-ed. Dept.	21457	18950	60839	28120
地方企业办	Run by Local Enterprises	88	181	598	231
民办	Non-government	884688	935839	2805701	1166551
具有法人资格的中外合作办	Sino-foreign Cooperation Office with Legal Personality				
乡村	**Rural Area**	**2074118**	**2046221**	**6099489**	**2834722**
教育部门	Run by Ed. Dept.	1888908	1831263	5473324	2582943
其他部门	Run by Non-ed. Dept.	4233	4820	14376	6912
地方企业办	Run by Local Enterprises	1073	888	3359	1172
民办	Non-government	179904	209250	608430	243695
具有法人资格的中外合作办	Sino-foreign Cooperation Office with Legal Personality				

4-32 分地区初中情况（2021年）
Statistics on Regular Junior Secondary Schools by Region (2021)

单位：人 (person)

地 区	Region	学校数（所）Schools (unit)	专任教师 Full-time Teachers	城区 Urban Area	镇区 Counties & Town Area	乡村 Rural Area	在校学生数 Enrolment	城区 Urban Area	镇区 Counties & Town Area	乡村 Rural Area
全 国	**National Total**	**52871**	**3971121**	**1558277**	**1877894**	**534950**	**50184373**	**20172559**	**23912325**	**6099489**
北 京	Beijing	335	39406	32861	3725	2820	349611	305649	26391	17571
天 津	Tianjin	344	30401	21819	5826	2756	340858	247876	63907	29075
河 北	Hebei	2516	230664	70664	123185	36815	3089361	949351	1672599	467411
山 西	Shanxi	1538	106246	42941	49127	14178	1092565	490471	480260	121834
内蒙古	Inner Mongolia	719	62953	25435	33499	4019	665544	297953	335874	31717
辽 宁	Liaoning	1528	99927	55594	33783	10550	993434	604481	302123	86830
吉 林	Jilin	1189	66843	27703	25896	13244	601187	293831	226316	81040
黑龙江	Heilongjiang	1409	85456	38652	35935	10869	834518	429220	330424	74874
上 海	Shanghai	605	46052	39780	4909	1363	497550	441206	43610	12734
江 苏	Jiangsu	2286	222691	109110	103956	9625	2638789	1269505	1264205	105079
浙 江	Zhejiang	1768	135947	77602	47720	10625	1663693	957455	586119	120119
安 徽	Anhui	2825	170244	44826	92884	32534	2298698	626977	1290341	381380
福 建	Fujian	1265	112737	44556	51469	16712	1526120	670480	673098	182542
江 西	Jiangxi	2218	150983	47324	77493	26166	2164336	701964	1131827	330545
山 东	Shandong	3296	316086	138777	150042	27267	3881202	1722106	1831434	327662
河 南	Henan	4726	350769	94288	191755	64726	4791855	1345160	2662945	783750
湖 北	Hubei	2161	140865	61582	62787	16496	1772054	801927	779560	190567
湖 南	Hunan	3412	195541	57178	103652	34711	2574016	801476	1386848	385692
广 东	Guangdong	3832	315086	183643	104226	27217	4292084	2521491	1423287	347306
广 西	Guangxi	1757	157292	45221	93610	18461	2298651	672915	1371453	254283
海 南	Hainan	404	29376	12087	13348	3941	392252	171500	172703	48049
重 庆	Chongqing	854	85756	40532	37282	7942	1132272	558980	474648	98644
四 川	Sichuan	3522	224050	76278	118798	28974	2798061	1013208	1478680	306173
贵 州	Guizhou	2013	129760	33197	79878	16685	1799906	460257	1124561	215088
云 南	Yunnan	1692	139066	31252	70743	37071	1835147	426162	942751	466234
西 藏	Tibet	104	12558	3462	6263	2833	145089	39051	71016	35022
陕 西	Shaanxi	1646	104282	40997	54204	9081	1204702	553492	573388	77822
甘 肃	Gansu	1471	82310	20554	47119	14637	884769	252028	508435	124306
青 海	Qinghai	266	16982	5457	8251	3274	222217	71915	109490	40812
宁 夏	Ningxia	248	21100	8792	9516	2792	286945	129770	127474	29701
新 疆	Xinjiang	922	89692	26113	37013	26566	1116887	344702	446558	325627

4–33 普通小学校数、教学点数及学生情况(2021年)
Statistics on Schools, External Teaching Sites and Students in Regular Primary Schools (2021)

项 目	Item	学校数(所) Schools (unit)	教学点数(个) External Teaching Sites (unit)	毕业生数(人) Graduates (person)	招生数(人) Entrants (person)	#受过学前教育 Those Received the Pre-school Education	在校生数(人) Enrolment (person)	#女 Female
总 计	**Total**	**154279**	**83623**	**17180305**	**17825811**	**17729498**	**107799349**	**50359726**
教育部门	Run by Ed. Dept.	148120	83551	15438087	16412537	16322041	97959843	46185197
其他部门	Run by Non-ed. Dept.	130	11	44356	52369	52163	293696	140084
地方企业办	Run by Local Enterprises	20		2407	4230	4229	17529	8099
民办	Non-government	6009	61	1695455	1356675	1351065	9528281	4026346
具有法人资格的中外合作办	Sino-foreign Cooperation Office with Legal Personality							
城区	**Urban Area**	**30055**	**1658**	**6445647**	**7949401**	**7907054**	**44602238**	**20699489**
教育部门	Run by Ed. Dept.	27840	1654	5580367	7093215	7054734	39192424	18360127
其他部门	Run by Non-ed. Dept.	74		20517	26540	26408	140217	66340
地方企业办	Run by Local Enterprises	13		1502	3855	3854	13552	6408
民办	Non-government	2128	4	843261	825791	822058	5256045	2266614
具有法人资格的中外合作办	Sino-foreign Cooperation Office with Legal Personality							
镇区	**Counties & Towns Area**	**42677**	**9060**	**6853935**	**6439156**	**6413101**	**40723223**	**18942694**
教育部门	Run by Ed. Dept.	40578	9050	6206095	6032518	6008006	37491257	17611430
其他部门	Run by Non-ed. Dept.	37	2	20166	21254	21182	127460	61052
地方企业办	Run by Local Enterprises	1		178	172	172	1206	542
民办	Non-government	2061	8	627496	385212	383741	3103300	1269670
具有法人资格的中外合作办	Sino-foreign Cooperation Office with Legal Personality							
乡村	**Rural Area**	**81547**	**72905**	**3880723**	**3437254**	**3409343**	**22473888**	**10717543**
教育部门	Run by Ed. Dept.	79702	72847	3651625	3286804	3259301	21276162	10213640
其他部门	Run by Non-ed. Dept.	19	9	3673	4575	4573	26019	12692
地方企业办	Run by Local Enterprises	6		727	203	203	2771	1149
民办	Non-government	1820	49	224698	145672	145266	1168936	490062
具有法人资格的中外合作办	Sino-foreign Cooperation Office with Legal Personality							
总计中：	**of the Total:**							
九年一贯制学校	9-year Sec Schools			2119817	2147139	2133192	13028261	5915542
十二年一贯制学校	12-year Sec Schools			281751	273160	271482	1712099	726775

4–34 分地区普通小学情况（2021年）
Statistics on Regular Primary Schools by Region (2021)

单位：人 (person)

地 区 Region	学校数（所） Schools (unit)	专任教师 Full-time Teachers	城区 Urban Area	镇区 Counties & Town Area	乡村 Rural Area	在校学生数 Enrolment	城区 Urban Area	镇区 Counties & Town Area	乡村 Rural Area
全 国 National Total	**154279**	**6600799**	**2488913**	**2414174**	**1697712**	**107799349**	**44602238**	**40723223**	**22473888**
北 京 Beijing	837	74442	63030	5748	5664	1036584	912508	67150	56926
天 津 Tianjin	895	49277	37369	5058	6850	751918	593969	74922	83027
河 北 Hebei	11604	412528	110079	162395	140054	6843544	2066401	2787620	1989523
山 西 Shanxi	4668	171741	64202	66249	41290	2328311	1088685	926199	313427
内蒙古 Inner Mongolia	1661	107636	38012	51164	18460	1408464	625083	643420	139961
辽 宁 Liaoning	2601	140647	76399	40326	23922	1973326	1332825	442751	197750
吉 林 Jilin	3199	104324	38807	36488	29029	1151039	574880	421941	154218
黑龙江 Heilongjiang	1380	101192	43655	41027	16510	1173409	642463	438719	92227
上 海 Shanghai	680	63336	54682	6972	1682	892789	778058	91646	23085
江 苏 Jiangsu	4116	359010	183884	146313	28813	5856796	3026465	2412189	418142
浙 江 Zhejiang	3257	228272	129936	70051	28285	3833995	2266703	1155317	411975
安 徽 Anhui	6964	269012	71038	118106	79868	4687309	1345721	2231757	1109831
福 建 Fujian	5077	198335	80250	77009	41076	3528993	1526604	1425022	577367
江 西 Jiangxi	6753	245240	73200	104681	67359	3957907	1361351	1824973	771583
山 东 Shandong	9458	468276	192840	171315	104121	7558069	3354612	2825082	1378375
河 南 Henan	17500	605740	145307	242017	218416	10118713	2800578	4386848	2931287
湖 北 Hubei	5322	219343	93879	78305	47159	3832002	1794163	1410318	627521
湖 南 Hunan	7132	311039	96381	140704	73954	5300555	1816447	2527433	956675
广 东 Guangdong	10599	592196	344406	142694	105096	10790100	6472236	2726500	1591364
广 西 Guangxi	7950	293089	78116	103740	111233	5159552	1506268	1918803	1734481
海 南 Hainan	1374	56690	20021	19699	16970	869933	364685	320779	184469
重 庆 Chongqing	2717	133259	62022	45253	25984	2030863	1107396	676971	246496
四 川 Sichuan	5443	349448	119040	154635	75773	5489827	2118996	2414180	956651
贵 州 Guizhou	6709	212735	51753	94841	66141	3963246	1025732	1904273	1033241
云 南 Yunnan	10533	236287	47612	67780	120895	3852272	887934	1174936	1789402
西 藏 Tibet	832	25381	4776	6534	14071	365581	75869	92687	197025
陕 西 Shaanxi	4559	185039	76301	78870	29868	2964036	1425704	1236732	301600
甘 肃 Gansu	4951	152144	31975	62973	57196	2025009	566207	944213	514589
青 海 Qinghai	729	29995	8206	11466	10323	517669	148322	208951	160396
宁 夏 Ningxia	1129	34995	12630	12005	10360	603706	255360	215101	133245
新 疆 Xinjiang	3650	170151	39105	49756	81290	2933832	740013	795790	1398029

4—35 幼儿园数、班数情况(2021年)
Statistics on Kindergartens, Classes of Pre-primary Education (2021)

项 目	Item	幼儿园数(所) Number of Kindergartens (unit)	班数(个) Classes (unit)
总 计	**Total**	**294832**	**1797500**
教育部门	Run by Ed.Dept.	108700	752512
其他部门办	Run by Non-ed.Dept.	1614	21082
地方企业	Run by Local Enterprises	1629	14710
事业单位	Run by Public Institutions	3838	26244
部队	Run by Army	483	3727
集体办	Run by Communities	11860	70589
民办	Run by Non-government	166702	908574
具有法人资格的中外合作办	Sino-foreign Cooperation Office with Legal Personality	6	62
城区	**Urban Area**	**99620**	**757797**
教育部门	Run by Ed.Dept.	20729	235377
其他部门办	Run by Non-ed.Dept.	1023	12723
地方企业	Run by Local Enterprises	1342	12587
事业单位	Run by Public Institutions	1618	14464
部队	Run by Army	450	3593
集体办	Run by Communities	4729	37655
民办	Run by Non-government	69723	441336
具有法人资格的中外合作办	Sino-foreign Cooperation Office with Legal Personality	6	62
镇区	**Counties & Towns Area**	**96694**	**632386**
教育部门	Run by Ed.Dept.	32211	272873
其他部门办	Run by Non-ed.Dept.	448	5375
地方企业	Run by Local Enterprises	205	1532
事业单位	Run by Public Institutions	970	6313
部队	Run by Army	13	43
集体办	Run by Communities	2476	17103
民办	Run by Non-government	60371	329147
具有法人资格的中外合作办	Sino-foreign Cooperation Office with Legal Personality		
乡村	**Rural Area**	**98518**	**407317**
教育部门	Run by Ed.Dept.	55760	244262
其他部门办	Run by Non-ed.Dept.	143	2984
地方企业	Run by Local Enterprises	82	591
事业单位	Run by Public Institutions	1250	5467
部队	Run by Army	20	91
集体办	Run by Communities	4655	15831
民办	Run by Non-government	36608	138091
具有法人资格的中外合作办	Sino-foreign Cooperation Office with Legal Personality		

4–36 特殊教育学校数和学生情况(2021年)
Statistics on Schools and Students in Special Education (2021)

项　目	Item	学校数(所) Schools (unit)	毕业生数(人) Graduates (person)	招生数(人) Entrants (person)	在校生数(人) Enrolment (person)	#女 Female
总 计	**Total**	**2288**	**145899**	**149062**	**919767**	**336940**
#女	Female		54025	55750	336940	336940
少数民族学生	Minority Student		22434	22772	132793	52452
寄宿生	Resident Student			31118	184988	69351
视力残疾	Visual Disability	26	8956	6979	41806	16686
听力残疾	Hearing Disability	380	16804	15727	92984	39234
言语残疾	Speech Disability		5475	6255	37566	13284
肢体残疾	Extremity Disability		32890	30347	178404	67574
智力残疾	Intellectual Disability	591	65748	67988	443191	159217
精神残疾	Mental Disability		5753	8165	44021	11564
多重残疾	Multiple Disabilities	1291	10273	13601	81795	29381
城区	Urban Area	1148	49187	52772	316785	112258
镇区	Counties & Town Area	961	66469	64972	388112	144173
乡村	Rural Area	179	30243	31318	214870	80509

4–37 分地区特殊教育情况（2021年）
Statistics on Special Education by Region (2021)

单位：人 (person)

地 区	Region	学校数（所）Schools (unit)	专任教师 Full-time Teachers	毕业生数 Graduates	招生数 Entrants	在校学生数 Enrolment	#女 Female
全 国	**National Total**	**2288**	**69353**	**145899**	**149062**	**919767**	**336940**
北 京	Beijing	20	958	1673	1134	7808	2618
天 津	Tianjin	20	640	801	562	4734	1650
河 北	Hebei	163	3678	5598	5492	40990	15223
山 西	Shanxi	86	2037	3251	3498	21073	8313
内蒙古	Inner Mongolia	54	1815	2392	2446	14339	5533
辽 宁	Liaoning	86	2271	2249	2280	16242	5690
吉 林	Jilin	52	1734	2102	2189	12977	4597
黑龙江	Heilongjiang	73	2168	2017	1451	15764	5659
上 海	Shanghai	31	1584	1707	1449	9044	3174
江 苏	Jiangsu	106	3828	6445	6453	41085	14034
浙 江	Zhejiang	86	2817	4208	4359	23493	8301
安 徽	Anhui	77	2178	5599	6521	41581	14826
福 建	Fujian	76	2569	5159	4879	28719	9594
江 西	Jiangxi	92	2065	8537	6577	40514	14531
山 东	Shandong	155	6063	7930	8637	51777	18363
河 南	Henan	150	4379	6981	10024	68013	25801
湖 北	Hubei	88	2009	3744	4189	29355	9935
湖 南	Hunan	99	2946	6977	8333	53886	18854
广 东	Guangdong	150	6589	9289	13198	71170	23656
广 西	Guangxi	85	2309	6826	7377	43913	15574
海 南	Hainan	14	450	928	1089	6624	2094
重 庆	Chongqing	39	1120	4955	4599	27446	10555
四 川	Sichuan	135	3427	12054	10919	65981	25367
贵 州	Guizhou	77	2068	7900	7419	42351	16195
云 南	Yunnan	83	2568	10158	8093	47394	18973
西 藏	Tibet	7	297	1391	1215	7185	3421
陕 西	Shaanxi	77	1733	3243	2867	19357	7453
甘 肃	Gansu	45	1116	3340	3576	21968	8480
青 海	Qinghai	14	239	1622	1209	7731	3258
宁 夏	Ningxia	15	389	1417	1284	7436	2929
新 疆	Xinjiang	33	1309	5406	5744	29817	12289

4-38 进城务工子女和农村留守儿童在校情况（2021年）
Statistics on Children of Migrant Workers and Children Left Behind (2021)

单位：人 (person)

项　目	Item	进城务工人员随迁子女 Children of Migrant Workers	外省迁入 From Other Provinces	本省外县迁入 From Other Counties of the Same Province	农村留守儿童 Rural Children Left Behind
普通小学	**Regular Primary Schools**				
毕业生数	Graduates	1532122	658914	873208	1262665
招生数	Entrants	1590972	667989	922983	1071499
在校学生数	Enrolment	9841120	4185169	5655951	7779315
#女	Female	4475086	1888379	2586707	3613528
初中	**Junior Secondary Schools**				
毕业生数	Graduates	1136205	448935	687270	1317593
招生数	Entrants	1342791	553073	789718	1403043
在校学生数	Enrolment	3883013	1578647	2304366	4212677
#女	Female	1756590	705746	1050844	1955415

4−39 分地区就业训练中心情况(2021年)
Employment Training Centers by Region (2021)

单位：人 (person)

地 区 Region	机构数（个）Number of Employment Trainning Centers (unit)	在职教职工总人数 Total Teachers and Staff	#教师 Teachers	兼职教师人数 Part-time Teachers	经费来源（万元）Resources of Funds (10 000 yuan)	#财政补助费 Financial Allowance	#职业培训补贴 Occupational Training Allowance	培训人数 Trainees
全 国 National Total	**940**	**16514**	**6840**	**7569**	**14.7**	**3.7**	**9.9**	**1437838**
北 京 Beijing	5	104	33	46	0.0		0.0	3561
天 津 Tianjin								
河 北 Hebei	63	1592	966	486	0.8	0.3	0.2	60603
山 西 Shanxi	38	826	99	429	0.3	0.1	0.2	69403
内蒙古 Inner Mongolia	9	71	18	46	0.1	0.0	0.0	1949
辽 宁 Liaoning	15	521	269	188	0.1	0.0	0.1	39485
吉 林 Jilin	6	124	47	62	0.2	0.0	0.0	937
黑龙江 Heilongjiang	20	353	193	41	0.1	0.0	0.1	14045
上 海 Shanghai								
江 苏 Jiangsu	65	844	272	406	1.4	0.7	0.7	115884
浙 江 Zhejiang	10	938	184	635	0.4	0.2	0.2	59715
安 徽 Anhui	23	378	200	129	0.4	0.1	0.2	37014
福 建 Fujian	2	4			0.0	0.0		
江 西 Jiangxi	76	857	228	497	0.3		0.3	59869
山 东 Shandong	15	430	276	148	0.3		0.3	34116
河 南 Henan	160	2384	1000	1199	1.2	0.3	0.8	228101
湖 北 Hubei	97	1695	624	1071	2.1	0.1	1.9	351685
湖 南 Hunan	59	742	228	389	0.8	0.2	0.6	61408
广 东 Guangdong	42	740	254	354	3.9	0.9	2.7	138079
广 西 Guangxi	12	599	339	140	0.3	0.1	0.2	15505
海 南 Hainan								
重 庆 Chongqing	9	101	30	61	0.1	0.0	0.1	4253
四 川 Sichuan	58	311	74	369	0.1	0.0	0.1	15774
贵 州 Guizhou								
云 南 Yunnan								
西 藏 Tibet								
陕 西 Shaanxi	115	1672	837	455	1.5	0.3	1.1	95055
甘 肃 Gansu	27	335	158	177	0.1	0.0	0.1	10159
青 海 Qinghai								
宁 夏 Ningxia	2	74	43	2	0.1	0.1	0.0	1700
新 疆 Xinjiang	12	819	468	239	0.1	0.0	0.1	19538

4-39 续表 continued

单位：人 (person)

地 区 Region		按培训对象分组 Grouped by Personnel		取得证书人次数 Number of Certifiers	按获取证书分组 Grouped by Certification Level			就业人数 Employment
	#女 Female	#失业人员 Unemployment Workers	#农村劳动者 Rural Workers		#职业资格证书 Professional Qualification Certificate	#职业技能等级证书 Vocational Skill Grade Certificate	#专项能力证书 Special Capability Capability Certificate	
全 国 National Total	**750653**	**131673**	**526754**	**1047449**	**41641**	**92402**	**88530**	**685731**
北 京 Beijing	1771	610	2524	2305				491
天 津 Tianjin								
河 北 Hebei	34960	3569	41417	17179	1990	6029	627	11745
山 西 Shanxi	39724	2496	38095	65278	3540	6609	21966	20349
内蒙古 Inner Mongolia	1227	780	1004	1863		103		889
辽 宁 Liaoning	4971	2627	2301	12601	813	6002	1125	8549
吉 林 Jilin	428	314	192	817				266
黑龙江 Heilongjiang	8075	3468	580	13030				10307
上 海 Shanghai								
江 苏 Jiangsu	56469	17839	20235	60495	2688	8378	958	42268
浙 江 Zhejiang	18430	706	10210	54601	7401	6218	3615	18839
安 徽 Anhui	26385	1668	15699	30952	1077	7351	1673	19359
福 建 Fujian								
江 西 Jiangxi	33354	7423	24891	54543	186	674	333	29797
山 东 Shandong	21043	6312	9070	15288	1103	631	4953	19378
河 南 Henan	122751	24728	112771	190997	5538	8642	8399	122222
湖 北 Hubei	212072	41300	142295	276260	5843	11965	11528	197883
湖 南 Hunan	32229	5014	40038	59438	857	1076	1686	37147
广 东 Guangdong	58981	4832	9967	87174	5440	13634	23455	85952
广 西 Guangxi	5605	239	6595	13258	4346	5223	3804	1977
海 南 Hainan								
重 庆 Chongqing	2755	1054	2256	4119		455	651	1751
四 川 Sichuan	9795	884	10500	14627	490	647	244	6403
贵 州 Guizhou								
云 南 Yunnan								
西 藏 Tibet								
陕 西 Shaanxi	47476	1796	30097	44304	75	513	7	29825
甘 肃 Gansu	4363	367	2305	9980				8267
青 海 Qinghai								
宁 夏 Ningxia	667			1130		70		1620
新 疆 Xinjiang	7122	3647	3712	17210	254	8182	3506	10447

4-40 分地区民办职业培训机构综合情况(2021年)

Statistics on Vocational Training Agencies by Region (2021)

单位：人 (person)

地区	Region	机构数(个) Number of Vocational Trainning Agencies (unit)	在职教职工总人数 Total Teachers and Staff	#教师 Teachers	兼职教师人数 Part-time Teachers	经费来源(万元) Resources of Funds (10 000 yuan)	#财政补助费 Financial Allowance	#职业培训补贴 Occupational Training Allowance	培训人数 Trainees
全　国	**National Total**	**29832**	**473260**	**222515**	**192385**	**325.1**	**8.7**	**136.7**	**20595421**
北　京	Beijing	396	5322	2199	2025	48.1	0.4	0.4	260327
天　津	Tianjin	671	8763	3066	4971	3.3		2.5	208035
河　北	Hebei	1432	18887	9860	7684	8.0	0.1	6.1	655106
山　西	Shanxi	778	13324	6003	4984	5.1	0.0	3.7	704911
内蒙古	Inner Mongolia	682	10772	4886	5218	5.1	0.1	4.0	346495
辽　宁	Liaoning	1053	10598	4805	5048	3.1	0.1	0.9	315507
吉　林	Jilin	870	12318	5272	6443	4.1	0.4	2.5	491193
黑龙江	Heilongjiang	811	8975	4457	3561	6.2	0.1	5.8	364760
上　海	Shanghai	531	47113	20324	2820	9.7	0.1	1.0	1220664
江　苏	Jiangsu	1657	21184	8586	10796	8.9	0.3	2.8	1070526
浙　江	Zhejiang	1346	17351	7094	8514	6.8	0.3	3.2	1267810
安　徽	Anhui	1357	18767	7881	8692	5.6	0.2	4.0	605727
福　建	Fujian	569	7045	2875	3527	2.8	0.2	0.9	345169
江　西	Jiangxi	1350	15223	7747	6461	36.9	0.3	33.5	687368
山　东	Shandong	2490	26930	13303	11153	8.3	0.4	3.8	1116113
河　南	Henan	1951	33930	18082	12904	7.0	0.4	4.8	1559059
湖　北	Hubei	1110	17398	8724	6201	6.8	0.2	1.4	746481
湖　南	Hunan	1127	16542	7056	7876	11.4	0.3	6.6	756195
广　东	Guangdong	1535	21071	9544	8165	69.1	0.2	3.4	1415803
广　西	Guangxi	771	10974	5662	4951	4.7	0.1	4.1	476195
海　南	Hainan	261	1450	306	1144	2.9		2.9	274380
重　庆	Chongqing	725	16597	9412	7185	10.7	0.3	5.3	1178619
四　川	Sichuan	1507	21348	10648	9919	10.0	0.3	5.2	993286
贵　州	Guizhou	509	9753	4693	4175	4.7	0.1	2.9	360648
云　南	Yunnan	991	28405	14070	13263	14.6	2.7	9.5	1304207
西　藏	Tibet	182	3214	1882	1054	2.0		1.8	138045
陕　西	Shaanxi	898	10747	4897	4730	3.6	0.2	2.1	414106
甘　肃	Gansu	983	16335	8815	7520	9.2	0.5	7.5	590343
青　海	Qinghai	241	3674	1894	1578	1.7	0.1	1.3	119260
宁　夏	Ningxia	414	7324	4198	2752	2.1	0.2	1.1	251265
新　疆	Xinjiang	634	11926	4274	7071	2.5	0.2	1.6	357818

4-40 续表 continued

单位：人 (person)

地 区	Region	#女 Female	按培训对象分组 Grouped by trainee #失业人员 Unemployment Workers	#农村劳动者 Rural Workers	取得证书人次数 Number of Certifiers	按获取证书分组 Grouped by Certification Level #职业资格证书 Professional Qualification Certificate	#职业技能等级证书 Vocational Skill Grade Certificate	#专项能力证书 Special Capability Capability Certificate	就业人数 Employment
全 国	**National Total**	**9970520**	**1251830**	**6618689**	**15836713**	**749504**	**2556720**	**1795517**	**9526185**
北 京	Beijing	91326	19233	30244	176317	24479	16272	2414	92872
天 津	Tianjin	89303	29219	54577	179123	1020	6200		15778
河 北	Hebei	399164	24996	348375	369911	46867	201668	7887	167847
山 西	Shanxi	419179	38589	432989	948698	39591	171252	156110	177258
内蒙古	Inner Mongolia	169102	52233	99781	264823	10094	44863	18988	219228
辽 宁	Liaoning	129283	34982	47834	222820	31189	12462	32943	90801
吉 林	Jilin	265720	43647	258679	379829	3335	9636	2395	75992
黑龙江	Heilongjiang	191813	30090	196138	251133	647			194993
上 海	Shanghai	444345	2126	502	622774	31112	27331	36411	1206918
江 苏	Jiangsu	490163	126672	136574	815486	29375	277809	50105	427785
浙 江	Zhejiang	573621	69418	208101	924598	58434	269724	150892	413201
安 徽	Anhui	336862	56461	172372	546819	23499	148502	11304	397881
福 建	Fujian	179517	35625	119813	262704	21361	25571	23103	144503
江 西	Jiangxi	344332	65868	190849	610269	14215	48039	14939	390874
山 东	Shandong	630425	83669	451425	841048	30000	34006	210343	486808
河 南	Henan	784318	51365	775748	1328847	73130	136902	115760	713757
湖 北	Hubei	347677	53333	195288	556685	21664	58181	36210	297112
湖 南	Hunan	439763	37041	372238	666384	29721	42934	2656	362049
广 东	Guangdong	603744	63845	211517	700937	22341	38161	322377	681801
广 西	Guangxi	275541	17695	237336	346605	21357	158723	74108	271200
海 南	Hainan	120652	4385	94354	146897	1804	8008	111456	26343
重 庆	Chongqing	558257	65935	187138	1065861	17991	134960	130357	718152
四 川	Sichuan	482177	78733	326738	716994	41205	88881	92571	458962
贵 州	Guizhou	182387	9909	218793	301661	10060	51081	12823	206362
云 南	Yunnan	593407	62602	508067	1088748	65495	375111	122900	401441
西 藏	Tibet	49167	2707	86062	102636	1949	872	1318	51696
陕 西	Shaanxi	208347	17250	140291	303388	16495	25043	3071	139755
甘 肃	Gansu	284307	25243	276217	545900	20607	19670	4201	280029
青 海	Qinghai	53319	10466	69484	94747	2818	1836	2104	61898
宁 夏	Ningxia	97041	12166	55026	185591	18238	49806	17836	159191
新 疆	Xinjiang	136261	26327	116139	268480	19411	73216	27935	193698

4–41 全国职业技能鉴定情况
Statistics on Occupational Skill Testing

单位：人次 (person-time)

年 份 Year	职业技能鉴定机构数（个） Number of Testing Agencies (unit)	考评人员人数（人） Number of the Assessors (person)	本年鉴定考核人次数 Person-time of the Candidates	初 级 Primary	中 级 Medium	高 级 Senior	技 师 Technicians
1996	5682	37859	2685695	932642	1318141	360490	69132
1997	5752	50779	3141832	1044325	1625749	427603	39478
1998	6878	70466	3194218	1185862	1670410	278862	51799
1999	7820	97209	3678723	1548193	1711318	369049	45329
2000	8179	128033	4421880	1818534	2050863	505685	43794
2001	8336	143068	5348001	2057575	2571508	645644	67688
2002	8517	175247	6619012	2373190	3204580	965404	69379
2003	7252	155971	6875444	2461777	3338421	969477	96653
2004	9441	198560	8812781	3145324	4164858	1237088	215859
2005	7654	164442	9577395	3222564	4552986	1456750	290637
2006	7998	161596					
2007	7794	158186	12231413	4389064	5422375	1907654	442715
2008	9933	203883	13374707	5104213	5758542	2029246	403738
2009	9538	232060	14920761	6029998	6110523	2126028	544210
2010	9803	210497	16575457	6768836	6531792	2722092	453762
2011	10677	194795	17459327	7254275	6579593	3098462	428247
2012	10963	213403	18305470	7538797	6611139	3476563	503134
2013	9865	252662	18385729	7752500	6355360	3514734	577770
2014	9521	215761	18539992	6934618	6745021	3930805	654415
2015	12156	264237	18941156	7079392	6986241	4006089	659634
2016	8224	282782	17554798	6410623	6540058	3855614	577112
2017	8071	308612	14729033	4959459	5465266	3610460	540693
2018	8912	251135	11349052	3939496	4034728	2765047	487978
2019	9152	216680	10759349	3865973	4081232	2322529	361527
2020	12310	259600	11958237	4044100	4893151	2631464	282462
2021	20325	411714	10784487	3548904	4250995	2586798	311607

4-41 续表 continued

单位：人次 (person-time)

年份 Year	高级技师 Senior Technicians	本年获取证书人次数 Person-time of the Candidates Got the Certificates	初级 Primary	中级 Medium	高级 Senior	技师 Technicians	高级技师 Senior Technicians
1996	5290	2146895	727215	1094809	271346	51262	2263
1997	4677	2786360	949828	1439046	364024	30506	2956
1998	7285	2858782	1071270	1491968	244529	44995	6020
1999	4780	3141392	1341236	1466663	293584	36699	3210
2000	3004	3726619	1553035	1743885	393201	34175	2323
2001	5586	4570081	1756881	2236967	523010	49689	3534
2002	6459	5562607	2036748	2712382	761195	48852	3430
2003	9116	5839222	2124504	2870097	768890	69501	6230
2004	49652	7375590	2692723	3519811	982528	143818	36710
2005	54458	7857292	2732405	3756905	1133278	195577	39127
2006		9252416	3124130	4390924	1440591	260830	35384
2007	69605	9956079	3687419	4518674	1429235	274176	46575
2008	78968	11372105	4492273	4891989	1606473	318047	63323
2009	110002	12320051	5251357	5134383	1516357	336623	81331
2010	98975	13929377	5899097	5544598	2097432	316663	71587
2011	98750	14820504	6533022	5464700	2464290	286769	71723
2012	175837	15487834	6655352	5604790	2760639	336187	130866
2013	185365	15366664	6766044	5372332	2728517	376144	123627
2014	275133	15542766	6094580	5707155	3117737	429024	194270
2015	209800	15392295	5915465	5831396	3092249	416439	136746
2016	171391	14461529	5549708	5481352	2963711	350596	116162
2017	153155	11987218	4207073	4541983	2804674	330333	103155
2018	121803	9031831	3245567	3333132	2099864	277673	75595
2019	128088	8618572	3184815	3419359	1730493	205600	78305
2020	107060	9625792	3545282	4144967	1677573	184147	73823
2021	86183	8988119	3050279	3577991	2057352	240233	62264

4-42 分地区职业技能鉴定综合情况(2021年)
Statistics on Occupational Skill Testing by Region (2021)

单位：人次 (person-time)

地 区	Region	职业技能鉴定机构数(个) Number of Testing Agencies (unit)	考评人员人数(人) Number of the Assessors (person)	本年鉴定考核人次数 Person-time of the Candidates	初级 Primary	中级 Medium	高级 Senior	技师 Technicians
全 国	**National Total**	**20325**	**411714**	**10784487**	**3548904**	**4250995**	**2586798**	**311607**
北 京	Beijing	143	16693	124764	45165	43559	23462	10696
天 津	Tianjin	159	5653	118398	13118	71068	30780	2633
河 北	Hebei	437	5699	605345	391499	144660	57195	9252
山 西	Shanxi	525	16853	588531	247868	153871	169897	12957
内蒙古	Inner Mongolia	851	10012	165931	34958	85580	29747	11337
辽 宁	Liaoning	464	6342	190690	58478	94971	27929	5762
吉 林	Jilin	142	5688	71544	16051	38298	13354	2443
黑龙江	Heilongjiang	80	10030	57205	10757	22624	18522	2757
上 海	Shanghai	157	8470	88903	34822	31146	15911	5199
江 苏	Jiangsu	2373	38661	987228	259664	433749	275435	16689
浙 江	Zhejiang	2016	4979	836178	153399	294545	344068	40506
安 徽	Anhui	679	17310	496036	150796	244269	91897	6955
福 建	Fujian	262	6459	132353	22897	70551	32480	5199
江 西	Jiangxi	536	6982	97091	6506	62481	24336	3063
山 东	Shandong	2124	14913	630534	133830	284631	172547	27257
河 南	Henan	948	23787	467689	109677	158897	168626	27053
湖 北	Hubei	647	15437	193006	44374	76212	61908	5933
湖 南	Hunan	621	8681	180073	64570	87597	17807	8318
广 东	Guangdong	1555	48384	828098	228242	372251	204736	19348
广 西	Guangxi	365	10399	444810	262244	146671	28861	6092
海 南	Hainan	162	1795	43732	16521	18000	8087	942
重 庆	Chongqing	359	8710	241239	114589	87542	33423	4105
四 川	Sichuan	760	19762	552986	109566	234254	182167	21287
贵 州	Guizhou	195	3901	98914	47059	37609	11969	1735
云 南	Yunnan	745	14542	615638	291270	161185	148299	13208
西 藏	Tibet	34	858	20697	17107	2119	1158	184
陕 西	Shaanxi	455	15070	193970	53887	34668	96669	7084
甘 肃	Gansu	240	2397	81007	35996	34402	7016	3026
青 海	Qinghai	105	2560	17639	6180	7027	2395	1758
宁 夏	Ningxia	133	931	98250	35352	53077	8306	1276
新 疆	Xinjiang	436	22570	265948	167574	54333	28670	10232

4-42 续表 continued

单位：人次 (person-time)

地 区	Region	高级技师 Senior Technicians	本年获取证书人次数 Person-time of the Candidates Got the Certificates	初 级 Primary	中 级 Medium	高 级 Senior	技 师 Technicians	高级技师 Senior Technicians
全 国	**National Total**	**86183**	**8988119**	**3050279**	**3577991**	**2057352**	**240233**	**62264**
北 京	Beijing	1882	123283	44845	42995	23373	10283	1787
天 津	Tianjin	799	107962	11625	65389	27901	2344	703
河 北	Hebei	2739	552643	360717	132195	49320	7878	2533
山 西	Shanxi	3938	465960	210715	117057	126762	8496	2930
内蒙古	Inner Mongolia	4309	141472	30558	75080	24727	7895	3212
辽 宁	Liaoning	3550	181847	54419	91751	26969	5411	3297
吉 林	Jilin	1398	53267	11038	29096	9896	2066	1171
黑龙江	Heilongjiang	2545	40026	7789	16838	12612	1988	799
上 海	Shanghai	1825	58443	24733	20046	9917	2750	997
江 苏	Jiangsu	1691	847816	222757	377351	232777	13548	1383
浙 江	Zhejiang	3660	693030	123450	243175	291548	32392	2465
安 徽	Anhui	2119	435549	131643	214446	82629	5539	1292
福 建	Fujian	1226	102621	18886	59433	19749	3665	888
江 西	Jiangxi	705	78159	6472	50187	18852	2160	488
山 东	Shandong	12269	562603	119399	261382	149482	22295	10045
河 南	Henan	3436	425357	101512	136979	157926	25809	3131
湖 北	Hubei	4579	174257	41076	68484	57199	5080	2418
湖 南	Hunan	1781	151511	58824	76502	11199	3912	1074
广 东	Guangdong	3521	629044	191415	260387	161608	13347	2287
广 西	Guangxi	942	379319	230042	122403	21659	4454	761
海 南	Hainan	182	35896	15302	14504	5499	482	109
重 庆	Chongqing	1580	207828	101786	75655	25209	3679	1499
四 川	Sichuan	5712	445615	95216	198599	134223	14626	2951
贵 州	Guizhou	542	88450	42154	33337	10811	1649	499
云 南	Yunnan	1676	546269	263219	143296	126340	11954	1460
西 藏	Tibet	129	16133	13957	1433	676	62	5
陕 西	Shaanxi	1662	109830	45376	24647	34445	4189	1173
甘 肃	Gansu	567	66120	29378	28858	5514	1990	380
青 海	Qinghai	279	13108	5026	5202	1525	1171	184
宁 夏	Ningxia	239	82455	30924	44720	5832	760	219
新 疆	Xinjiang	5139	224651	147397	46491	21179	6492	3092

4–43 教育经费情况
Statistics on Educational Funds

单位：万元 (10 000 yuan)

年份 地区	Year Region	合计 Total	国家财政性教育经费 Government Appropriation for Education	#一般公共预算教育经费 General Public Budget Expenditure on Education	民办学校中举办者投入 Funds from Sponsors of Non-public Schools	社会捐赠经费 Social Donations for Education	事业收入 Income from Teaching Research and Other Auxiliary Activity	#学杂费 Tuition and Miscel-laneous Fees	其他教育经费 Other Educational Funds
	1992	8670491	7287506	5649364		696285		439319	
	1995	18779501	14115233	10929473	203672	1628414		2012423	
	2000	38490806	25626056	21917652	858537	1139557	9382717	5948304	1483939
	2001	46376626	30570100	27056548	1280895	1128852	11575137	7456014	1821643
	2002	54800278	34914048	32549425	1725549	1272791	14609169	9227792	2278722
	2003	62082653	38506237	36190977	2590148	1045927	17218399	11214985	2721943
	2004	72425989	44658575	42444209	3478529	934204	20114268	13465517	3240414
	2005	84188391	51610759	49460379	4522185	931613	23399991	15530545	3723842
	2006	98153087	63483648	61353481	5490583	899078	24073042	15523301	4206736
	2007	121480663	82802142	80943369	809337	930584	31772357	21309082	5166242
	2008	145007374	104496296	102129675	698479	1026663	33670711	23492983	5115225
	2009	165027065	122310935	119749753	749829	1254991	35275939	25155983	5435371
	2010	195618471	146700670	141639029	1054254	1078839	41060664	30155593	5724045
	2011	238692936	185867009	178217380	1119320	1118675	44246927	33169742	6341005
	2012	286553052	231475698	203141685	1281753	956919	46198404	35048301	6640278
	2013	303647182	244882177	214056715	1474089	855445	49262087	37376869	7173384
	2014	328064609	264205820	225760099	1313476	796700	54271581	40530393	7477031
	2015	361291927	292214511	258618740	1876620	869960	58097239	43173611	8233597
	2016	388883850	313962519	277006325	2032733	810447	62768292	47709339	9309860
	2017	425620069	342077546	299197838	2250061	849974	69575734	52932815	10866754
	2018	461429980	369957704	319927298	2406210	947574	77382499	58958343	10735993
	2019	501781166	400465452	346485685	2201304	1013752	87235021	66863024	10865637
	2020	530338681	429081543	363104728	2292516	1172355	87041177	67614302	10751091
中　央	Central Government	40674106	27096199	16072091		457242	10298509	3551783	2822157
地　方	Local Governments	489664575	401985344	347032637	2292516	715113	76742668	64062520	7928935
北　京	Beijing	15085043	13130881	11279953	11903	5732	1531203	1251681	405325
天　津	Tianjin	6031844	5035674	4405334	28487	4761	873020	753273	89901
河　北	Hebei	21282804	17793662	15817361	43298	8014	3353440	2883392	84389
山　西	Shanxi	10071575	8316903	7304837	37454	2418	1637828	1362299	76972
内蒙古	Inner Mongolia	8510492	7758612	6353943	9909	6227	666788	564898	68956
辽　宁	Liaoning	10988599	8945697	7405621	18694	7637	1925442	1568615	91130
吉　林	Jilin	7204781	6020483	5225820	31916	2509	1059975	913359	89899
黑龙江	Heilongjiang	8422728	7354052	6236095	8956	2860	986589	869954	70271
上　海	Shanghai	14427631	11844027	9729315	17344	11721	2328016	1939391	226522
江　苏	Jiangsu	33717331	27497926	24192277	87825	70608	5164768	4215615	896205
浙　江	Zhejiang	28846115	22022327	18797024	251880	107429	5304608	4250407	1159871
安　徽	Anhui	17478565	14462349	12601055	103860	9025	2648784	2161249	254547
福　建	Fujian	14160989	11593784	10260538	64427	48068	2190788	1836406	263921
江　西	Jiangxi	15772884	13129954	12204760	78148	18427	2351980	1859757	194375
山　东	Shandong	31022594	25265110	22818214	203662	19011	5145069	4398938	389741
河　南	Henan	28022275	21897805	18453074	271095	11219	5549569	4751256	292587
湖　北	Hubei	16783125	13529514	11906234	48910	31863	2970656	2520318	202181
湖　南	Hunan	18852587	14497135	13566662	251568	31163	3815213	3093013	257507
广　东	Guangdong	53869558	41803232	35378186	293126	103610	11181133	9828304	488458
广　西	Guangxi	15418302	12835127	10512199	39943	11456	2324977	1872691	206798
海　南	Hainan	4632077	3952895	3022021	29142	781	612333	504375	36927
重　庆	Chongqing	11823943	9765616	7588120	18849	27409	1787153	1414128	224916
四　川	Sichuan	24660021	19761599	16824264	188006	50635	4078472	3376605	581309
贵　州	Guizhou	14479368	12443314	10740086	52162	24213	1578278	1284096	381402
云　南	Yunnan	16571342	14307642	11565799	59506	31360	1987172	1680079	185661
西　藏	Tibet	3164861	3120455	2933721	60	13154	21661	14264	9531
陕　西	Shaanxi	13169806	10700777	9930278	22279	11632	2256258	1781043	178859
甘　肃	Gansu	8440554	7711029	6629911	8959	6213	649554	525294	64798
青　海	Qinghai	2931351	2718155	2180121	859	7418	135153	94320	69766
宁　夏	Ningxia	2791933	2461993	2072175	5830	4259	251064	201830	68787
新　疆	Xinjiang	11029496	10307613	9097642	4459	24279	375722	291666	317423

注：1.“民办学校中举办者投入”1993—2006年数据为社会团体和公民个人办学总经费。

2.从2017年起，“公共财政教育经费”改为“一般公共预算教育经费”。“一般公共预算教育经费”数据1991—2011年包括教育事业费、基本建设经费、教育费附加、科研经费和其他经费，2012年起仅包括教育事业费、基本建设经费和教育费附加，2015年起教育事业费包含地方教育附加和土地出让收益计提的教育资金。

3.“其他教育经费”数据1991—1997年包含扣除“学费”后的事业收入。

a) "Funds from sponsors of non-public schools" from 1993 to 2006 cover funds from social organizations and from citizens for running schools.

b) Since 2017, the "public expenditure on education" has been changed to "general public budget expenditure on education". From 1991 to 2011, the "general public budget expenditure on education" included the appropriated funds for education, capital construction, education surcharges, scientific research, and other funds. Since 2012, it only includes the appropriated funds for education, capital construction, and education surcharges. Since 2015, the "appropriated funds for education" includes the education funds accrued from local education surcharges and land transfer income.

c) The "other education funds" includes career income after deducting "tuition fees" from 1991 to 1997.

4-44 各类学校教育经费情况(2020年)
Statistics on Educational Funds in Various Schools (2020)

单位：万元 (10 000 yuan)

学校类别	Type of Schools	合计 Total	国家财政性教育经费 Government Appropriation for Education	#一般公共预算教育经费 General Public Budget Expenditure on Education	民办学校中举办者投入 Funds from Sponsors of Non-public Schools	社会捐赠经费 Social Donations for Educatoon	事业收入 Income from Teaching Research and Other Auxiliary Activity	#学杂费 Tuition and Miscellaneous Fees	其他教育经费 Other Educational Funds
全国总计	**National Total**	**501781166**	**400465452**	**346485685**	**2201304**	**1013752**	**87235021**	**66863024**	**10865637**
按学校类别分组	**Grouped by Type of Schools**								
高等学校	Institutions of Higher Education	140037783	89111211	68369607	291989	608192	43010471	29041177	7015920
普通高等学校	Regular Institutions of Higher Education	138295153	88232016	67643250	291989	608105	42193580	28397768	6969464
成人高等学校	Institutions of Higher Education for Adults	1742630	879196	726357		87	816892	643410	46456
中等职业学校	Secondary Vocational Schools	28693624	25477131	20703946	150485	10172	2537603	1554516	518233
中等专业学校	Specialized Secondary Schools	13288813	11854709	9648919	66500	4109	1146596	675826	216899
职业高中	Vocational Senior Secondary Schools	10314086	9453193	7593932	73701	4604	655007	430007	127580
技工学校	Skilled Workers Schools	3970128	3200219	2650795	3861	1221	606180	369648	158647
成人中专学校	Specialized Secondary Schools	1120597	969010	810299	6423	238	129820	79035	15107
中学	Secondary Schools	149981590	131082472	114740275	785040	223305	16601161	14183184	1289611
普通中学	Regular Secondary Schools	149912504	131020541	114683531	785040	223301	16597621	14181479	1286001
普通高中	Regular Senior Secondary Schools	55553027	45511081	39288638	402511	122112	8888826	7258831	628497
普通初中	Regular Junior Secondary Schools	94359477	85509460	75394893	382529	101189	7708795	6922647	657503
#农村	Rural Area	50715089	47694113	42584276	200292	32205	2518637	2176240	269842
成人中学	Secondary Schools for Adults	69086	61932	56744		4	3540	1705	3610
小学	Primary Schools	146709062	136932221	120807460	426022	160355	8248325	7572820	942140
普通小学	Regular Primary Schools	146708473	136931632	120806879	426022	160355	8248325	7572820	942140
#农村	Rural Area	83147937	80079150	70840555	232989	65513	2385803	2074390	384482
成人小学	Primary Schools for Adults	588	588	581					
特殊教育	Special Education Schools	1969270	1942780	1682783	823	2550	9011	4929	14106
幼儿园	Kindergartens	42046284	25336520	22009451	638158	60608	15542962	15196157	468036
教育行政单位	Education Administrative Unit	4087601	3938079	3255643		12988	12382		124152
教育事业单位	Education Institution	8383543	7131185	6121022		93378	868265		290715
其他	Others	8429923	8129943	5414540		807	210995	61521	88178

4–45 分地区一般公共预算教育经费情况(2020年)
Statistics on General Public Budget on Education Expenditure by Region (2020)

地区 Region	一般公共预算教育经费 (亿元) General Public Budget Expenditure on Education (100 million yuan)	一般公共预算教育经费占一般公共预算支出比例(%) Proportion of Education Expenditure on General Public Budget (%)	一般公共预算教育经费本年比上年增长(%) Current Year's Growth of General Public Budget Expenditure on Education over the Previous Year (%)	财政经常性收入本年比上年增长(%) Current This Year's Growth of Finance Regular Income over the Previous Year (%)	一般公共预算教育经费与财政经常性收入增长幅度比较(百分点) Growth Range Comparison of General Public Budget Expenditure on Education and Finance Regular Income (percentage point)
北 京 Beijing	1128.00	15.85	0.23	-3.78	4.01
天 津 Tianjin	440.53	13.98	-5.63	-7.43	1.80
河 北 Hebei	1581.74	17.53	4.36	-4.47	8.83
山 西 Shanxi	730.48	14.29	5.58	-6.20	11.78
内蒙古 Inner Mongolia	635.39	12.06	5.30	-1.68	6.98
辽 宁 Liaoning	740.56	12.34	5.15	3.87	1.28
吉 林 Jilin	522.58	12.66	5.11	-4.22	9.33
黑龙江 Heilongjiang	623.61	11.44	1.81	-8.73	10.54
上 海 Shanghai	972.93	12.01	1.41	-1.66	3.07
江 苏 Jiangsu	2419.23	17.68	9.94	3.32	6.62
浙 江 Zhejiang	1879.70	18.64	6.92	4.65	2.27
安 徽 Anhui	1260.11	16.87	3.34	2.96	0.38
福 建 Fujian	1026.05	19.68	6.23	0.88	5.35
江 西 Jiangxi	1220.48	18.31	7.70	0.50	7.20
山 东 Shandong	2281.82	20.32	5.89	0.20	5.69
河 南 Henan	1845.31	17.77	4.06	0.74	3.32
湖 北 Hubei	1190.62	14.11	4.33	3.59	0.74
湖 南 Hunan	1356.67	16.15	6.49	3.28	3.21
广 东 Guangdong	3537.82	20.23	9.95	-1.86	11.81
广 西 Guangxi	1051.22	17.08	4.20	3.90	0.30
海 南 Hainan	302.20	15.31	10.50	-8.23	18.73
重 庆 Chongqing	758.81	15.51	3.91	-7.48	11.39
四 川 Sichuan	1682.43	15.02	5.55	0.60	4.95
贵 州 Guizhou	1074.01	18.77	1.17	-3.42	4.59
云 南 Yunnan	1156.58	16.58	8.36	2.98	5.38
西 藏 Tibet	293.37	13.29	12.16	-7.49	19.65
陕 西 Shaanxi	993.03	16.74	5.12	0.21	4.91
甘 肃 Gansu	662.99	15.96	4.24	4.73	-0.49
青 海 Qinghai	218.01	11.28	-0.85	2.48	-3.33
宁 夏 Ningxia	207.22	13.97	15.53	-5.61	21.14
新 疆 Xinjiang	909.76	16.68	5.32	3.38	1.94

4-46 分地区各级教育生均一般公共预算教育经费增长情况
Statistics on Growth of Per Student General Public Budget Expenditure on Education by Level and Region

单位：元，% (yuan, %)

地 区	Region	幼儿园 Kindergartens			普通小学 Regular Primary Schools			普通初中 Regular Junior Secondary Schools		
		2019	2020	增长率 Growth Rate	2019	2020	增长率 Growth Rate	2019	2020	增长率 Growth Rate
全 国	**National Total**	**8615.38**	**9410.76**	**9.23**	**11949.08**	**12330.58**	**3.19**	**17319.04**	**17803.60**	**2.80**
北 京	Beijing	41612.72	42575.20	2.31	37292.92	35411.73	-5.04	66365.98	63603.26	-4.16
天 津	Tianjin	23736.47	22666.82	-4.51	20613.06	18850.84	-8.55	34119.26	30806.65	-9.71
河 北	Hebei	6690.75	7189.84	7.46	9443.93	9769.69	3.45	13532.13	13806.52	2.03
山 西	Shanxi	5162.04	5276.64	2.22	11207.93	11382.57	1.56	15673.77	16600.15	5.91
内蒙古	Inner Mongolia	14037.92	14486.64	3.20	14809.79	15208.50	2.69	18692.30	19239.92	2.93
辽 宁	Liaoning	5759.30	5910.97	2.63	11258.39	12229.89	8.63	16731.89	17686.43	5.70
吉 林	Jilin	10469.96	13235.59	26.41	14256.63	15483.11	8.60	18527.10	19796.78	6.85
黑龙江	Heilongjiang	8683.51	10648.35	22.63	14990.53	15446.62	3.04	17040.30	17572.45	3.12
上 海	Shanghai	30904.72	30942.78	0.12	30463.04	30765.87	0.99	45751.02	45036.47	-1.56
江 苏	Jiangsu	8414.59	10007.24	18.93	14229.53	15257.91	7.23	24079.54	25071.46	4.12
浙 江	Zhejiang	14500.18	15516.33	7.01	17593.09	18715.85	6.38	25749.00	27258.20	5.86
安 徽	Anhui	6788.42	7581.24	11.68	11167.92	11428.19	2.33	17306.31	17415.92	0.63
福 建	Fujian	8879.32	8882.01	0.03	11192.60	11227.52	0.31	18285.57	18390.48	0.57
江 西	Jiangxi	10280.09	10280.96	0.01	10455.93	10970.34	4.92	13756.37	14196.33	3.20
山 东	Shandong	4874.31	5411.33	11.02	10512.20	10838.61	3.11	17162.67	17833.11	3.91
河 南	Henan	3788.54	4472.83	18.06	7423.51	7665.53	3.26	11326.29	11575.74	2.20
湖 北	Hubei	6637.92	7126.49	7.36	11039.60	11426.27	3.50	18201.64	18547.58	1.90
湖 南	Hunan	5397.32	5169.95	-4.21	9473.98	9810.41	3.55	13903.61	14633.79	5.25
广 东	Guangdong	6039.55	9521.44	57.65	14234.73	14654.73	2.95	21688.02	21708.59	0.09
广 西	Guangxi	4618.72	4204.45	-8.97	8661.75	8886.27	2.59	11302.89	11597.45	2.61
海 南	Hainan	16956.68	18926.15	11.61	13309.83	13159.59	-1.13	18944.67	18760.32	-0.97
重 庆	Chongqing	7985.21	8372.54	4.85	12993.00	13307.02	2.42	17521.32	17612.65	0.52
四 川	Sichuan	7977.88	8895.39	11.50	11128.87	11588.73	4.13	14972.07	15485.75	3.43
贵 州	Guizhou	8162.19	9101.35	11.51	11302.93	11230.24	-0.64	13622.45	14394.85	5.67
云 南	Yunnan	6840.86	7353.07	7.49	11707.28	12003.17	2.53	14284.70	15081.79	5.58
西 藏	Tibet	23753.48	25298.33	6.50	30341.19	30080.91	-0.86	36912.57	35390.99	-4.12
陕 西	Shaanxi	12169.96	12844.37	5.54	12961.78	13245.49	2.19	19728.08	19865.37	0.70
甘 肃	Gansu	8649.82	9694.75	12.08	12070.48	12697.20	5.19	15143.77	15812.01	4.41
青 海	Qinghai	9468.70	8479.61	-10.45	16313.88	15646.86	-4.09	20466.46	19603.16	-4.22
宁 夏	Ningxia	9616.63	10990.65	14.29	11179.68	12578.20	12.51	15024.62	16563.20	10.24
新 疆	Xinjiang	8330.45	9091.45	9.14	13221.43	13259.28	0.29	21949.75	21540.37	-1.87

4-46 续表 continued

单位：元，% (yuan, %)

地 区	Region	普通高中 Regular Senior Secondary Schools 2019	2020	增长率 Growth Rate	中等职业学校 Secondary Vocational Schools 2019	2020	增长率 Growth Rate	普通高等学校 Regular HEIs 2019	2020	增长率 Growth Rate
全 国	**National Total**	**17821.21**	**18671.83**	**4.77**	**17282.42**	**17446.93**	**0.95**	**23501.26**	**22407.39**	**-4.65**
北 京	Beijing	79584.07	78176.50	-1.77	69775.68	71693.45	2.75	68144.29	65374.15	-4.07
天 津	Tianjin	37151.62	31045.20	-16.44	26011.87	22510.41	-13.46	21667.94	20269.75	-6.45
河 北	Hebei	15938.07	16258.17	2.01	18861.90	17171.07	-8.96	18506.15	17966.55	-2.92
山 西	Shanxi	16185.90	17212.75	6.34	18460.89	18515.10	0.29	16290.83	17584.61	7.94
内蒙古	Inner Mongolia	20147.88	22050.06	9.44	21666.25	23498.69	8.46	20777.24	22066.55	6.21
辽 宁	Liaoning	15479.41	16340.59	5.56	17407.16	18122.00	4.11	16073.08	15705.47	-2.29
吉 林	Jilin	14277.02	15224.32	6.64	27264.52	27275.62	0.04	17840.48	17639.83	-1.12
黑龙江	Heilongjiang	13432.59	13776.92	2.56	20333.28	21682.89	6.64	17754.37	18205.30	2.54
上 海	Shanghai	58776.91	58846.54	0.12	60507.94	62184.53	2.77	39704.40	39714.38	0.03
江 苏	Jiangsu	29991.06	30964.71	3.25	20131.46	21723.04	7.91	21140.56	21684.34	2.57
浙 江	Zhejiang	31748.10	33188.97	4.54	26260.31	27006.24	2.84	26146.31	24756.22	-5.32
安 徽	Anhui	14701.94	15241.26	3.67	15609.70	15764.01	0.99	16257.59	15224.85	-6.35
福 建	Fujian	18502.62	18833.65	1.79	20530.16	19852.36	-3.30	19961.14	19564.27	-1.99
江 西	Jiangxi	14852.74	14943.20	0.61	14683.26	15840.60	7.88	18489.42	18962.91	2.56
山 东	Shandong	16747.37	18285.33	9.18	19022.99	19664.00	3.37	17771.13	17509.59	-1.47
河 南	Henan	11465.93	12359.99	7.80	10233.60	9937.74	-2.89	15509.01	15017.60	-3.17
湖 北	Hubei	20066.20	19001.05	-5.31	15489.44	16199.22	4.58	18615.28	18269.60	-1.86
湖 南	Hunan	14776.83	15588.31	5.49	13904.02	13930.04	0.19	16065.55	15832.02	-1.45
广 东	Guangdong	21657.89	23769.10	9.75	19872.37	20377.74	2.54	36308.51	36894.01	1.61
广 西	Guangxi	11903.01	11217.17	-5.76	11446.29	10722.40	-6.32	15562.21	14130.41	-9.20
海 南	Hainan	19627.96	20219.28	3.01	15436.30	13499.66	-12.55	26640.57	32843.46	23.28
重 庆	Chongqing	15370.42	16132.18	4.96	14036.62	14245.83	1.49	16552.96	15638.75	-5.52
四 川	Sichuan	13448.21	14104.09	4.88	13759.41	13787.02	0.20	18212.80	18208.03	-0.03
贵 州	Guizhou	14773.77	14346.09	-2.89	8846.18	9053.86	2.35	23020.21	19562.70	-15.02
云 南	Yunnan	14514.60	18449.37	27.11	12608.46	12794.24	1.47	16324.87	16570.48	1.50
西 藏	Tibet	41728.42	42357.22	1.51	48928.38	59486.19	21.58	58549.52	91263.60	55.87
陕 西	Shaanxi	17941.68	19532.78	8.87	13764.53	14426.42	4.81	17138.43	17675.37	3.13
甘 肃	Gansu	14567.09	15960.85	9.57	18496.11	18502.17	0.03	20406.63	17332.97	-15.06
青 海	Qinghai	23378.89	21719.00	-7.10	21444.76	19245.95	-10.25	36924.05	39749.32	7.65
宁 夏	Ningxia	14595.05	16757.76	14.82	15981.77	18099.82	13.25	27584.13	29047.35	5.30
新 疆	Xinjiang	18376.65	19133.31	4.12	15908.35	15861.93	-0.29	25806.95	25899.98	0.36

4–47 分地区各级教育生均一般公共预算教育事业费增长情况
Statistics on Growth of Per Student General Public Budget Expenditure on Educational Operating Expenses by Level and Region

单位：元，%　　　　(yuan, %)

地　区	Region	幼儿园 Kindergartens			普通小学 Regular Primary Schools			普通初中 Regular Junior Secondary Schools		
		2019	2020	增长率 Growth Rate	2019	2020	增长率 Growth Rate	2019	2020	增长率 Growth Rate
全　国	**National Total**	**7884.00**	**8645.10**	**9.65**	**11197.33**	**11654.53**	**4.08**	**16009.43**	**16633.35**	**3.90**
北　京	Beijing	37465.30	39094.01	4.35	33775.31	33546.46	-0.68	61004.53	58686.11	-3.80
天　津	Tianjin	22456.98	22821.70	1.62	19479.87	18562.97	-4.71	31321.20	29874.29	-4.62
河　北	Hebei	6464.34	6960.83	7.68	8929.05	9327.11	4.46	12668.01	13048.58	3.00
山　西	Shanxi	4880.77	5164.85	5.82	10486.90	10785.58	2.85	14504.64	15580.37	7.42
内蒙古	Inner Mongolia	11733.65	13276.07	13.15	13633.92	13977.45	2.52	17039.48	17592.88	3.25
辽　宁	Liaoning	5218.16	5228.23	0.19	10791.80	11581.00	7.31	15457.46	16481.23	6.62
吉　林	Jilin	9735.35	11867.63	21.90	13321.06	14703.03	10.37	17058.30	18488.92	8.39
黑龙江	Heilongjiang	8766.56	9955.76	13.57	14404.56	14923.30	3.60	16225.34	16716.47	3.03
上　海	Shanghai	25746.12	27179.96	5.57	24539.11	25083.73	2.22	34788.61	35182.11	1.13
江　苏	Jiangsu	7445.65	8847.31	18.83	13119.23	14060.21	7.17	22144.14	23006.93	3.90
浙　江	Zhejiang	13052.25	14092.10	7.97	16515.73	17737.25	7.40	23925.89	25524.17	6.68
安　徽	Anhui	6502.64	7287.51	12.07	10481.29	10879.76	3.80	16064.27	16360.38	1.84
福　建	Fujian	8446.87	8570.79	1.47	10730.44	10900.04	1.58	17207.17	17712.28	2.94
江　西	Jiangxi	9649.72	9897.22	2.56	9976.48	10572.37	5.97	12958.28	13493.30	4.13
山　东	Shandong	4461.59	5054.06	13.28	9784.69	10251.61	4.77	15826.03	16612.75	4.97
河　南	Henan	3537.44	4059.19	14.75	6950.98	7236.81	4.11	10484.86	10721.18	2.25
湖　北	Hubei	6511.60	7194.75	10.49	11017.75	11455.28	3.97	18109.22	18606.87	2.75
湖　南	Hunan	5097.46	4800.98	-5.82	9115.38	9635.20	5.70	13380.89	14128.91	5.59
广　东	Guangdong	5501.50	7938.67	44.30	13062.28	13464.75	3.08	19229.25	19851.18	3.23
广　西	Guangxi	4077.46	3984.98	-2.27	8355.20	8621.69	3.19	10735.21	11164.02	3.99
海　南	Hainan	15960.61	18201.88	14.04	12551.28	12616.58	0.52	16951.28	17755.75	4.75
重　庆	Chongqing	7016.73	7670.94	9.32	12154.34	12544.47	3.21	16197.57	16434.93	1.47
四　川	Sichuan	7096.62	7925.41	11.68	10479.32	10934.69	4.35	14125.21	14580.46	3.22
贵　州	Guizhou	8036.34	8586.23	6.84	10764.09	10678.38	-0.80	13140.21	13733.72	4.52
云　南	Yunnan	6481.75	7020.30	8.31	11214.73	11407.41	1.72	13870.39	14233.67	2.62
西　藏	Tibet	19100.49	20917.39	9.51	25412.24	26889.26	5.81	30953.41	31835.14	2.85
陕　西	Shaanxi	11212.44	11734.22	4.65	12027.74	12242.53	1.79	17289.39	17870.20	3.36
甘　肃	Gansu	7882.05	8993.74	14.10	11565.44	12112.62	4.73	14221.49	15001.41	5.48
青　海	Qinghai	8094.21	8112.74	0.23	14009.44	14633.37	4.45	18209.99	18635.46	2.34
宁　夏	Ningxia	8144.90	9275.28	13.88	10035.91	12085.48	20.42	13364.74	15665.52	17.22
新　疆	Xinjiang	8062.10	8611.57	6.82	12427.91	12542.67	0.92	19320.15	19497.83	0.92

4-47 续表 continued

单位：元，% (yuan, %)

地区	Region	普通高中 Regular Senior Secondary Schools			中等职业学校 Secondary Vocational Schools			普通高等学校 Regular HEIs		
		2019	2020	增长率 Growth Rate	2019	2020	增长率 Growth Rate	2019	2020	增长率 Growth Rate
全国	**National Total**	**16336.23**	**17187.02**	**5.21**	**15380.52**	**15625.03**	**1.59**	**22086.86**	**20919.17**	**-5.29**
北京	Beijing	70582.25	70295.87	-0.41	66304.61	68451.66	3.24	64026.48	56861.41	-11.19
天津	Tianjin	33566.16	31723.15	-5.49	24843.24	23422.83	-5.72	19359.41	20284.01	4.78
河北	Hebei	15103.81	15324.98	1.46	17076.10	15616.98	-8.54	17490.08	17092.83	-2.27
山西	Shanxi	14835.08	15911.18	7.25	16563.14	17802.56	7.48	15958.11	17772.99	11.37
内蒙古	Inner Mongolia	17987.19	19709.55	9.58	19981.81	21021.61	5.20	20609.24	21309.35	3.40
辽宁	Liaoning	14662.30	14720.10	0.39	15779.68	15479.02	-1.91	14904.55	14926.96	0.15
吉林	Jilin	12383.52	13834.65	11.72	24098.09	23239.53	-3.56	18265.75	15816.35	-13.41
黑龙江	Heilongjiang	12482.67	12608.45	1.01	18960.91	20020.73	5.59	16878.14	17606.38	4.31
上海	Shanghai	43433.71	45367.21	4.45	34682.39	37337.85	7.66	35994.65	35810.64	-0.51
江苏	Jiangsu	26891.86	27299.28	1.52	18466.40	19928.07	7.92	20115.87	20415.53	1.49
浙江	Zhejiang	29093.86	30601.88	5.18	23331.06	24204.22	3.74	23806.35	23507.58	-1.26
安徽	Anhui	13841.62	14062.97	1.60	12672.03	13173.47	3.96	15603.79	14616.66	-6.33
福建	Fujian	17012.22	17768.04	4.44	17219.69	16741.55	-2.78	20898.55	19765.67	-5.42
江西	Jiangxi	13741.68	14019.48	2.02	13837.18	14254.08	3.01	20453.95	19863.95	-2.88
山东	Shandong	15631.74	17020.03	8.88	16225.46	16707.52	2.97	17512.86	17556.45	0.25
河南	Henan	10309.09	11221.52	8.85	9251.24	8827.44	-4.58	14965.64	13967.90	-6.67
湖北	Hubei	20225.29	19123.91	-5.45	15754.56	16193.00	2.78	18969.12	18267.05	-3.70
湖南	Hunan	13447.63	14225.25	5.78	12167.26	12429.85	2.16	15478.53	14674.97	-5.19
广东	Guangdong	20087.35	21185.95	5.47	17821.52	18908.31	6.10	30494.81	29113.08	-4.53
广西	Guangxi	10751.41	10666.71	-0.79	9957.14	9817.15	-1.41	14946.81	13176.18	-11.85
海南	Hainan	19185.46	19777.68	3.09	14595.64	12977.33	-11.09	24146.26	30029.48	24.36
重庆	Chongqing	14532.50	15226.47	4.78	12705.61	12879.80	1.37	16050.19	15340.12	-4.42
四川	Sichuan	12627.16	13333.26	5.59	12870.20	13137.15	2.07	16804.65	17090.08	1.70
贵州	Guizhou	13353.61	13314.89	-0.29	7784.93	7977.93	2.48	21529.12	18169.06	-15.61
云南	Yunnan	13339.17	17470.43	30.97	11633.61	12308.71	5.80	15525.01	16083.77	3.60
西藏	Tibet	34990.97	36280.09	3.68	32708.19	31006.09	-5.20	52383.22	65990.31	25.98
陕西	Shaanxi	15947.03	17359.52	8.86	13306.06	13498.43	1.45	16381.53	16825.64	2.71
甘肃	Gansu	13383.54	15075.80	12.64	16974.51	16279.74	-4.09	19573.09	16113.60	-17.67
青海	Qinghai	20076.73	21896.49	9.06	18796.48	18391.65	-2.15	40490.23	35853.45	-11.45
宁夏	Ningxia	13773.88	16088.74	16.81	13682.21	15890.81	16.14	25580.82	26401.33	3.21
新疆	Xinjiang	16636.77	17898.40	7.58	14598.85	14627.97	0.20	18608.91	22567.45	21.27

4-48 分地区各级教育生均一般公共预算公用经费增长情况
Statistics on Growth of Per Student General Public Budget on Communal Expenditure by Level and Region

单位：元，%　　(yuan, %)

地　区	Region	幼儿园 Kindergartens			普通小学 Regular Primary Schools			普通初中 Regular Junior Secondary Schools		
		2019	2020	增长率 Growth Rate	2019	2020	增长率 Growth Rate	2019	2020	增长率 Growth Rate
全　国	**National Total**	**2711.44**	**3050.22**	**12.49**	**2843.79**	**2873.43**	**1.04**	**4012.45**	**4183.59**	**4.27**
北　京	Beijing	12929.31	12966.63	0.29	9974.53	8472.08	-15.06	17814.78	15479.42	-13.11
天　津	Tianjin	7718.63	7022.25	-9.02	4460.91	3287.58	-26.30	6433.72	5321.83	-17.28
河　北	Hebei	1594.73	1754.08	9.99	2186.30	2353.99	7.67	3194.57	3407.16	6.65
山　西	Shanxi	1644.82	1912.26	16.26	2457.42	2645.99	7.67	3129.63	3844.07	22.83
内蒙古	Inner Mongolia	3462.49	4467.40	29.02	3171.35	3389.43	6.88	3979.01	4393.15	10.41
辽　宁	Liaoning	1638.89	1798.58	9.74	2176.37	2163.24	-0.60	2664.81	2770.80	3.98
吉　林	Jilin	3372.66	4783.26	41.82	2847.86	3211.73	12.78	4004.84	4659.74	16.35
黑龙江	Heilongjiang	2822.97	3803.28	34.73	2746.82	2813.61	2.43	3459.96	3481.83	0.63
上　海	Shanghai	7799.66	8193.53	5.05	7059.70	7147.97	1.25	10544.72	10183.58	-3.42
江　苏	Jiangsu	2136.07	2518.27	17.89	2528.31	2574.73	1.84	4250.86	4516.90	6.26
浙　江	Zhejiang	4688.09	4921.43	4.98	3587.46	3856.36	7.50	5272.83	5612.60	6.44
安　徽	Anhui	2505.19	2886.85	15.23	3015.11	3072.57	1.91	4487.78	4610.58	2.74
福　建	Fujian	2768.92	2638.01	-4.73	2963.20	2813.51	-5.05	4267.63	4256.22	-0.27
江　西	Jiangxi	5639.83	5474.96	-2.92	3840.03	3724.63	-3.01	5551.28	5526.38	-0.45
山　东	Shandong	1586.29	1856.80	17.05	2155.05	2156.50	0.07	3449.92	3653.87	5.91
河　南	Henan	1369.21	1629.10	18.98	2199.80	2206.70	0.31	3446.62	3484.25	1.09
湖　北	Hubei	2476.43	2655.09	7.21	3230.43	3218.10	-0.38	4684.07	4677.91	-0.13
湖　南	Hunan	1956.73	2032.80	3.89	2585.04	2702.64	4.55	3569.45	3822.88	7.10
广　东	Guangdong	1652.88	2660.12	60.94	2952.34	3047.22	3.21	3990.04	4282.69	7.33
广　西	Guangxi	2046.17	1832.39	-10.45	2482.22	2292.60	-7.64	3246.11	3181.85	-1.98
海　南	Hainan	8078.80	12088.88	49.64	4206.24	4414.28	4.95	6234.29	7514.95	20.54
重　庆	Chongqing	3352.07	4193.15	25.09	3245.26	3389.12	4.43	4201.06	4396.07	4.64
四　川	Sichuan	3284.88	3743.86	13.97	2893.83	2911.73	0.62	3684.06	3703.62	0.53
贵　州	Guizhou	2130.45	2236.99	5.00	2293.32	2192.15	-4.41	2625.97	2729.21	3.93
云　南	Yunnan	1734.51	1982.41	14.29	2038.29	2053.26	0.73	2757.81	2641.64	-4.21
西　藏	Tibet	5095.88	6244.21	22.53	5951.06	6446.72	8.33	6625.91	7697.11	16.17
陕　西	Shaanxi	4263.85	4202.23	-1.45	4155.56	4148.46	-0.17	5209.22	5535.56	6.26
甘　肃	Gansu	2441.48	2838.27	16.25	2761.54	2989.00	8.24	3325.02	3728.86	12.15
青　海	Qinghai	3569.24	3647.82	2.20	3475.48	3978.98	14.49	4833.40	4997.23	3.39
宁　夏	Ningxia	4641.38	5718.81	23.21	3147.76	3862.31	22.70	4421.92	5353.23	21.06
新　疆	Xinjiang	2019.28	1842.60	-8.75	2300.70	2351.62	2.21	4168.16	4983.94	19.57

4-48 续表 continued

单位：元，% (yuan, %)

地区	Region	普通高中 Regular Senior Secondary Schools			中等职业学校 Secondary Vocational Schools			普通高等学校 Regular HEIs		
		2019	2020	增长率 Growth Rate	2019	2020	增长率 Growth Rate	2019	2020	增长率 Growth Rate
全　国	**National Total**	**3945.10**	**4305.29**	**9.13**	**5509.59**	**5489.56**	**-0.36**	**9180.87**	**8119.51**	**-11.56**
北　京	Beijing	19742.13	18998.99	-3.76	23283.10	22601.06	-2.93	27433.19	21588.60	-21.30
天　津	Tianjin	7539.01	5139.20	-31.83	6608.59	4237.02	-35.89	9530.44	8839.91	-7.25
河　北	Hebei	3976.40	4157.60	4.56	5583.37	4589.28	-17.80	6190.27	6207.31	0.28
山　西	Shanxi	3651.25	3990.05	9.28	5885.18	6819.23	15.87	6126.92	7543.63	23.12
内蒙古	Inner Mongolia	5338.35	6467.19	21.15	7165.69	7382.99	3.03	9074.30	9190.78	1.28
辽　宁	Liaoning	3063.66	2877.15	-6.09	4914.47	4651.57	-5.35	6052.43	6523.03	7.78
吉　林	Jilin	3151.90	4444.58	41.01	8157.96	7273.13	-10.85	9387.16	7836.04	-16.52
黑龙江	Heilongjiang	2737.15	2968.47	8.45	5398.14	5539.41	2.62	5605.34	7100.75	26.68
上　海	Shanghai	11514.08	12511.18	8.66	10489.13	11504.66	9.68	18320.79	16325.66	-10.89
江　苏	Jiangsu	5353.74	5730.55	7.04	5550.05	5942.57	7.07	8298.02	8642.62	4.15
浙　江	Zhejiang	6114.69	6688.79	9.39	7375.39	7766.13	5.30	10052.33	10026.49	-0.26
安　徽	Anhui	3120.86	3268.92	4.74	5338.02	5779.57	8.27	7682.51	6199.76	-19.30
福　建	Fujian	3702.38	3796.93	2.55	6481.17	5911.72	-8.79	10153.59	8524.55	-16.04
江　西	Jiangxi	5521.51	5454.53	-1.21	7248.54	7352.61	1.44	8268.89	8187.47	-0.98
山　东	Shandong	2312.44	2740.54	18.51	5165.06	5226.97	1.20	5971.31	5440.82	-8.88
河　南	Henan	3182.76	3790.07	19.08	3762.59	3598.03	-4.37	7525.74	6631.36	-11.88
湖　北	Hubei	6258.25	5289.07	-15.49	6639.63	7152.34	7.72	7823.63	7113.14	-9.08
湖　南	Hunan	3048.73	3145.13	3.16	4297.24	4289.20	-0.19	4979.41	4472.65	-10.18
广　东	Guangdong	3497.41	3898.07	11.46	5668.37	5783.03	2.02	12038.79	10740.73	-10.78
广　西	Guangxi	3440.24	2935.13	-14.68	4443.72	4269.59	-3.92	9274.45	7469.82	-19.46
海　南	Hainan	7256.74	8068.83	11.19	7204.28	5860.72	-18.65	12297.36	18094.01	47.14
重　庆	Chongqing	3836.34	4135.19	7.79	5409.91	5615.13	3.79	7351.44	7078.35	-3.71
四　川	Sichuan	2670.13	2931.88	9.80	4954.41	4778.64	-3.55	6013.07	5912.22	-1.68
贵　州	Guizhou	3450.97	2782.11	-19.38	3128.38	3046.92	-2.60	9687.62	7077.95	-26.94
云　南	Yunnan	2675.83	6560.70	145.18	3944.35	4412.64	11.87	5013.46	5674.55	13.19
西　藏	Tibet	9180.85	11443.90	24.65	8982.38	8773.02	-2.33	18668.59	30787.20	64.91
陕　西	Shaanxi	5213.25	5625.36	7.91	4998.52	4769.26	-4.59	8064.09	7688.60	-4.66
甘　肃	Gansu	2665.98	3481.62	30.59	6267.31	5542.30	-11.57	12140.40	8677.07	-28.53
青　海	Qinghai	6488.72	7793.37	20.11	10376.05	9904.55	-4.54	27160.40	22287.40	-17.94
宁　夏	Ningxia	3987.02	5431.10	36.22	6529.21	8654.58	32.55	13266.58	13076.01	-1.44
新　疆	Xinjiang	3591.26	3696.36	2.93	5866.01	5513.87	-6.00	6933.33	9937.68	43.33

五、就　业
Employment

5-1 就业基本情况
Basic Statistics on Employment

项　目	Item	2017	2018	2019	2020	2021
劳动力　（万人）	**Labour Force (10 000 persons)**	**79042**	**78653**	**78985**	**78392**	**78024**
就业人员　（万人）	**Number of Employed Persons (10 000 persons)**	**76058**	**75782**	**75447**	**75064**	**74652**
第一产业	Primary Industry	20295	19515	18652	17715	17072
第二产业	Secondary Industry	21762	21356	21234	21543	21712
第三产业	Tertiary Industry	34001	34911	35561	35806	35868
按城乡分就业人员（万人）	**Number of Employed Persons by Urban and Rural Areas (10 000 persons)**					
城镇就业人员	Urban Employed Persons	43208	44292	45249	46271	46773
乡村就业人员	Rural Employed Persons	32850	31490	30198	28793	27879
按登记注册类型分城镇非私营单位就业人员（万人）	**Number of Employed Persons in Urban Non-private Units by Status of Registration (10 000 persons)**					
国有单位	State-owned Units	6064	5740	5473	5563	5633
城镇集体单位	Urban Collective-owned Units	406	347	296	271	262
股份合作单位	Cooperative Units	77	66	60	69	62
联营单位	Joint Ownership Units	13	12	12	25	22
有限责任公司	Limited Liability Corporations	6367	6555	6608	6542	6526
股份有限公司	Share-holding Corporations Ltd.	1846	1875	1879	1837	1789
港澳台商投资单位	Units with Funds from Hong Kong, Macao and Taiwan	1290	1153	1157	1159	1175
外商投资单位	Foreign Funded Units	1291	1212	1203	1216	1220
城镇登记失业人员（万人）	**Number of Registered Unemployed Persons in Urban Areas (10 000 persons)**	**972**	**974**	**945**	**1160**	**1040**
城镇登记失业率　（%）	**Registered Unemployment Rate in Urban Areas (%)**	**3.9**	**3.8**	**3.62**	**4.24**	**3.96**
城镇调查失业率　（%）	**Surveyed Unemployment Rate in Urban Areas (%)**		**4.9**	**5.2**	**5.2**	**5.1**

注：1990年及以后的劳动力、就业人员数据根据劳动力调查、全国人口普查推算；其中2011—2019年数据是根据第七次全国人口普查修订数(下表同)。

a) From 1990, the total number of labour force and employed persons were estimated according to Labour Force Survey and Population Census. The data from 2011 to 2019 were revised according to the Seventh National Population Census. The same applies to the following tables.

5-2 三次产业就业人员和构成（年底数）
Number and Composition of Employed Persons at Year-end by Three Strata of Industry

年 份 Year	就业人员（万人） Total Employed Persons (10 000 persons)				构成（合计=100） Composition (total=100)		
		第一产业 Primary Industry	第二产业 Secondary Industry	第三产业 Tertiary Industry	第一产业 Primary Industry	第二产业 Secondary Industry	第三产业 Tertiary Industry
1952	20729	17317	1531	1881	83.5	7.4	9.1
1957	23771	19309	2142	2320	81.2	9.0	9.8
1962	25910	21276	2059	2575	82.1	8.0	9.9
1965	28670	23396	2408	2866	81.6	8.4	10.0
1970	34432	27811	3518	3103	80.8	10.2	9.0
1975	38168	29456	5152	3560	77.2	13.5	9.3
1978	40152	28318	6945	4890	70.5	17.3	12.2
1979	41024	28634	7214	5177	69.8	17.6	12.6
1980	42361	29122	7707	5532	68.7	18.2	13.1
1981	43725	29777	8003	5945	68.1	18.3	13.6
1982	45295	30859	8346	6090	68.1	18.4	13.5
1983	46436	31151	8679	6606	67.1	18.7	14.2
1984	48197	30868	9590	7739	64.0	19.9	16.1
1985	49873	31130	10384	8359	62.4	20.8	16.8
1986	51282	31254	11216	8811	60.9	21.9	17.2
1987	52783	31663	11726	9395	60.0	22.2	17.8
1988	54334	32249	12152	9933	59.3	22.4	18.3
1989	55329	33225	11976	10129	60.1	21.6	18.3
1990	64749	38914	13856	11979	60.1	21.4	18.5
1991	65491	39098	14015	12378	59.7	21.4	18.9
1992	66152	38699	14355	13098	58.5	21.7	19.8
1993	66808	37680	14965	14163	56.4	22.4	21.2
1994	67455	36628	15312	15515	54.3	22.7	23.0
1995	68065	35530	15655	16880	52.2	23.0	24.8
1996	68950	34820	16203	17927	50.5	23.5	26.0
1997	69820	34840	16547	18432	49.9	23.7	26.4
1998	70637	35177	16600	18860	49.8	23.5	26.7
1999	71394	35768	16421	19205	50.1	23.0	26.9
2000	72085	36043	16219	19823	50.0	22.5	27.5
2001	72797	36399	16234	20165	50.0	22.3	27.7
2002	73280	36640	15682	20958	50.0	21.4	28.6
2003	73736	36204	15927	21605	49.1	21.6	29.3
2004	74264	34830	16709	22725	46.9	22.5	30.6
2005	74647	33442	17766	23439	44.8	23.8	31.4
2006	74978	31941	18894	24143	42.6	25.2	32.2
2007	75321	30731	20186	24404	40.8	26.8	32.4
2008	75564	29923	20553	25087	39.6	27.2	33.2
2009	75828	28890	21080	25857	38.1	27.8	34.1
2010	76105	27931	21842	26332	36.7	28.7	34.6
2011	76196	26472	22539	27185	34.7	29.6	35.7
2012	76254	25535	23226	27493	33.5	30.4	36.1
2013	76301	23838	23142	29321	31.3	30.3	38.4
2014	76349	22372	23057	30920	29.3	30.2	40.5
2015	76320	21418	22644	32258	28.0	29.7	42.3
2016	76245	20908	22295	33042	27.4	29.3	43.3
2017	76058	20295	21762	34001	26.7	28.6	44.7
2018	75782	19515	21356	34911	25.7	28.2	46.1
2019	75447	18652	21234	35561	24.7	28.2	47.1
2020	75064	17715	21543	35806	23.6	28.7	47.7
2021	74652	17072	21712	35868	22.9	29.1	48.0

5-3 分地区就业人员数(2021年底数)
Number of Employed Persons by Region (End of 2021)

单位：万人 (10 000 persons)

地区	Region	就业人员 Employed Persons	按城乡分 By Urban and Rural Areas		按三次产业分 By Three Industries		
			城镇 Urban	乡村 Rural	第一产业 Primary Industry	第二产业 Secondary Industry	第三产业 Tertiary Industry
全　国	**National Total**	**74652**	**46773**	**27879**	**17072**	**21712**	**35868**
北　京	Beijing	1158	1013	145	27	193	938
天　津	Tianjin	641	534	107	34	219	388
河　北	Hebei	3643	2133	1510	777	1169	1697
山　西	Shanxi	1715	1014	701	401	437	877
内蒙古	Inner Mongolia	1218	790	428	422	210	586
辽　宁	Liaoning	2190	1483	707	600	493	1097
吉　林	Jilin	1228	718	510	454	181	593
黑龙江	Heilongjiang	1420	892	528	516	234	670
上　海	Shanghai	1365	1195	170	25	445	895
江　苏	Jiangsu	4863	3515	1348	630	1957	2276
浙　江	Zhejiang	3897	2804	1093	206	1727	1964
安　徽	Anhui	3215	1816	1399	779	1026	1410
福　建	Fujian	2197	1503	694	301	729	1167
江　西	Jiangxi	2242	1317	925	424	773	1045
山　东	Shandong	5475	3386	2089	1316	1850	2309
河　南	Henan	4840	2627	2213	1172	1446	2222
湖　北	Hubei	3286	1919	1367	881	882	1523
湖　南	Hunan	3258	1897	1361	801	893	1564
广　东	Guangdong	7072	5473	1599	753	2565	3754
广　西	Guangxi	2544	1359	1185	842	659	1043
海　南	Hainan	544	324	220	169	62	313
重　庆	Chongqing	1668	1108	560	366	427	875
四　川	Sichuan	4727	2522	2205	1506	1111	2110
贵　州	Guizhou	1886	995	891	618	475	793
云　南	Yunnan	2774	1309	1465	1187	499	1088
西　藏	Tibet	194	76	118	69	30	95
陕　西	Shaanxi	2091	1253	838	611	444	1036
甘　肃	Gansu	1319	626	693	580	238	501
青　海	Qinghai	277	173	104	69	61	147
宁　夏	Ningxia	345	225	120	81	82	182
新　疆	Xinjiang	1360	774	586	455	195	710

5-4 按登记注册类型和行业分城镇非私营单位就业人员数（2021年底）
Number of Employed Persons in Urban Non-Private Units at Year-end by Status of Registration and Sector (2021)

单位：万人 (10 000 persons)

项目	Item	合计 Total	国有单位 State-owned Units	城镇集体单位 Urban Collective-owned Units	其他单位 Units of Other Types of Ownership
全国总计	**National Total**	**17014.5**	**5633.1**	**261.7**	**11119.8**
农、林、牧、渔业	Agriculture, Forestry, Animal Husbandry and Fishery	86.8	54.9	2.8	29.1
采矿业	Mining	344.8	16.7	2.2	326.0
制造业	Manufacturing	3828.0	51.6	18.8	3757.5
电力、热力、燃气及水生产和供应业	Production and Supply of Electricity, Heat, Gas and Water	382.0	98.5	3.2	280.2
建筑业	Construction	1971.9	89.5	74.5	1807.9
批发和零售业	Wholesale and Retail Trades	797.5	47.9	8.3	741.3
交通运输、仓储和邮政业	Transport, Storage and Post	798.1	104.5	5.8	687.8
住宿和餐饮业	Hotels and Catering Services	265.3	18.7	2.4	244.1
信息传输、软件和信息技术服务业	Information Transmission, Software and Information Technology	519.2	27.6	0.4	491.1
金融业	Financial Intermediation	818.5	65.7	6.5	746.3
房地产业	Real Estate	529.3	21.5	8.7	499.1
租赁和商务服务业	Leasing and Business Services	680.3	94.8	18.6	567.0
科学研究和技术服务业	Scientific Research and Technical Services	450.1	150.9	4.2	295.0
水利、环境和公共设施管理业	Management of Water Conservancy, Environment and Public Facilities	252.6	121.2	5.2	126.2
居民服务、修理和其他服务业	Services to Households, Repair and Other Services	85.9	13.3	3.5	69.0
教育	Education	1971.9	1662.8	53.0	256.1
卫生和社会工作	Health and Social Service	1094.7	934.4	36.2	124.1
文化、体育和娱乐业	Culture, Sports and Entertainment	151.7	85.6	1.7	64.4
公共管理、社会保障和社会组织	Public Management, Social Security and Social Organization	1985.8	1973.0	5.3	7.5

5-5　按行业分城镇非私营单位就业人员数(年底数)
Number of Employed Persons in Urban Non-Private Units at Year-end by Sector

单位：万人　　　　(10 000 persons)

年　份 Year 地　区 Region		合　计 Total	#水利、环境和公共设施管理业 Management of Water Conservancy, Environment and Public Facilities	#居民服务、修理和其他服务业 Services to Households, Repair and Other Services	#教　育 Education	#卫生和社会工作 Health and Social Service	#文化、体育和娱乐业 Culture, Sports and Entertainment	#公共管理、社会保障和社会组织 Public Management, Social Security and Social Organization
	2005	11404.0	180.4	53.9	1483.2	508.9	122.5	1240.8
	2006	11713.2	187.0	56.6	1504.4	525.4	122.4	1265.6
	2007	12024.4	193.5	57.4	1520.9	542.8	125.0	1291.2
	2008	12192.5	197.3	56.5	1534.0	563.6	126.0	1335.0
	2009	12573.0	205.7	58.8	1550.4	595.8	129.5	1394.3
	2010	13051.5	218.9	60.2	1581.8	632.5	131.4	1428.5
	2011	14413.3	230.3	59.9	1617.8	679.1	135.0	1467.6
	2012	15236.4	243.8	62.1	1653.4	719.3	137.7	1541.5
	2013	18108.4	259.2	72.3	1687.2	770.0	147.0	1567.0
	2014	18277.8	269.1	75.4	1727.3	810.4	145.5	1599.3
	2015	18062.5	273.3	75.2	1736.5	841.6	149.1	1637.8
	2016	17888.1	269.6	75.4	1729.2	867.0	150.8	1672.6
	2017	17643.8	268.5	78.2	1730.4	897.9	152.2	1725.6
	2018	17258.2	260.6	77.4	1735.6	912.4	146.6	1817.5
	2019	17161.8	244.5	86.3	1909.3	1006.2	151.2	1989.8
	2020	17039.1	245.6	82.8	1958.9	1051.9	149.5	1972.2
	2021	17014.5	252.6	85.9	1971.9	1094.7	151.7	1985.8
北　京	Beijing	759.5	12.0	5.8	52.5	32.9	19.2	43.6
天　津	Tianjin	256.4	3.1	5.7	21.4	12.4	1.7	20.0
河　北	Hebei	566.0	10.0	2.6	83.5	46.8	5.3	97.4
山　西	Shanxi	442.9	8.1	0.8	55.9	27.2	4.4	63.3
内蒙古	Inner Mongolia	267.7	4.7	0.6	37.0	20.3	3.1	56.5
辽　宁	Liaoning	458.0	8.4	1.6	54.1	34.6	4.3	64.1
吉　林	Jilin	254.7	6.0	1.5	36.2	22.1	3.0	39.5
黑龙江	Heilongjiang	311.2	6.8	1.5	40.0	26.4	2.3	49.6
上　海	Shanghai	683.1	13.6	10.2	38.5	31.2	6.0	19.3
江　苏	Jiangsu	1314.0	14.0	5.3	112.8	63.2	8.9	93.2
浙　江	Zhejiang	1034.6	10.7	4.8	90.1	55.3	7.4	80.9
安　徽	Anhui	563.2	7.1	2.4	68.2	36.9	3.5	60.2
福　建	Fujian	579.0	7.2	3.7	64.0	27.9	4.0	51.8
江　西	Jiangxi	448.0	5.9	1.2	62.8	29.5	3.2	63.1
山　东	Shandong	1108.3	15.8	3.5	133.5	76.0	8.0	134.9
河　南	Henan	915.4	16.2	3.3	124.9	68.9	7.3	123.1
湖　北	Hubei	643.6	9.2	2.5	77.5	47.6	6.3	76.4
湖　南	Hunan	606.0	9.4	2.7	91.1	47.6	6.1	89.0
广　东	Guangdong	2110.9	21.7	12.4	170.2	95.7	13.1	154.2
广　西	Guangxi	410.3	7.1	1.2	77.0	38.5	3.3	59.3
海　南	Hainan	113.7	5.1	0.6	16.9	8.3	1.6	15.0
重　庆	Chongqing	358.1	3.8	0.9	42.4	22.4	2.7	38.0
四　川	Sichuan	871.5	10.8	3.9	112.9	65.6	6.8	110.4
贵　州	Guizhou	336.7	5.1	1.7	57.9	29.4	2.5	72.4
云　南	Yunnan	358.1	7.0	1.8	66.5	35.7	3.7	70.7
西　藏	Tibet	44.5	0.7	0.3	5.3	2.1	0.7	15.4
陕　西	Shaanxi	476.0	9.2	1.5	64.0	34.7	5.5	60.7
甘　肃	Gansu	261.3	4.9	0.9	41.6	20.0	3.0	50.5
青　海	Qinghai	67.1	1.0	0.3	8.7	5.8	0.8	15.3
宁　夏	Ningxia	70.7	1.5	0.1	10.7	5.8	0.9	11.9
新　疆	Xinjiang	324.2	6.6	0.7	54.0	24.0	3.2	86.1

5-6 分地区就业人员受教育程度构成(2021年)
Educational Attainment Composition of Employed Persons by Region (2021)

单位：% (%)

地区	Region	就业人员 Employed Persons	男 Male	女 Female	未上过学 No Schooling	小学 Primary School	初中 Junior Secondary School	高中 Senior Secondary School	大学专科 College	大学本科 University	研究生 Graduate and Higher Level
全国	**National Total**	**100.0**	**56.9**	**43.1**	**2.3**	**15.8**	**41.0**	**17.8**	**11.5**	**10.3**	**1.3**
北京	Beijing	100.0	57.6	42.4	0.2	2.6	18.0	16.4	19.0	31.8	12.0
天津	Tianjin	100.0	59.3	40.7	0.5	5.3	29.9	18.6	17.6	24.2	3.9
河北	Hebei	100.0	56.7	43.3	1.4	12.4	48.6	18.1	10.9	8.0	0.6
山西	Shanxi	100.0	60.4	39.6	0.8	10.5	44.6	19.6	13.2	10.4	0.9
内蒙古	Inner Mongolia	100.0	58.3	41.7	2.5	15.9	38.8	15.9	13.3	12.4	1.2
辽宁	Liaoning	100.0	55.6	44.4	0.5	12.3	46.6	14.2	12.0	12.7	1.6
吉林	Jilin	100.0	55.6	44.4	0.8	17.4	44.4	15.5	9.9	10.9	1.2
黑龙江	Heilongjiang	100.0	57.5	42.5	0.8	15.3	45.3	16.2	10.8	10.7	0.9
上海	Shanghai	100.0	58.4	41.6	0.5	4.6	25.0	17.4	18.4	26.9	7.3
江苏	Jiangsu	100.0	57.1	42.9	1.8	11.9	38.2	20.3	14.1	12.3	1.3
浙江	Zhejiang	100.0	58.1	41.9	2.0	15.1	37.9	17.8	13.6	12.4	1.3
安徽	Anhui	100.0	58.3	41.7	5.3	19.0	41.8	14.3	10.3	8.5	0.9
福建	Fujian	100.0	58.5	41.5	1.9	16.9	39.1	18.4	11.1	11.7	1.0
江西	Jiangxi	100.0	57.0	43.0	1.9	18.7	43.3	18.2	9.6	7.6	0.7
山东	Shandong	100.0	55.6	44.4	2.5	14.2	44.4	18.6	10.4	8.7	1.1
河南	Henan	100.0	54.3	45.7	2.7	14.3	49.0	17.9	9.0	6.3	0.7
湖北	Hubei	100.0	56.9	43.1	2.3	16.4	40.1	19.8	10.9	9.2	1.2
湖南	Hunan	100.0	57.4	42.6	0.9	13.7	41.3	23.3	11.3	8.5	1.0
广东	Guangdong	100.0	58.7	41.3	0.6	9.9	40.2	23.6	13.7	10.8	1.1
广西	Guangxi	100.0	55.9	44.1	1.1	17.2	49.2	15.5	9.0	7.4	0.5
海南	Hainan	100.0	57.3	42.7	1.0	10.2	46.9	19.4	11.4	10.4	0.7
重庆	Chongqing	100.0	56.1	43.9	1.6	22.0	34.5	18.1	12.3	10.5	1.0
四川	Sichuan	100.0	55.6	44.4	4.5	25.4	36.7	15.0	10.0	7.4	0.9
贵州	Guizhou	100.0	55.5	44.5	7.3	27.8	39.7	10.5	7.2	7.2	0.4
云南	Yunnan	100.0	55.4	44.6	4.3	31.6	36.4	11.9	7.9	7.5	0.5
西藏	Tibet	100.0	58.6	41.4	23.3	34.8	18.5	5.4	7.4	10.2	0.3
陕西	Shaanxi	100.0	57.2	42.8	2.6	13.6	43.2	17.6	11.9	10.0	1.1
甘肃	Gansu	100.0	56.0	44.0	7.3	25.2	34.5	13.3	9.7	9.3	0.7
青海	Qinghai	100.0	57.3	42.7	7.5	24.4	31.3	12.7	11.6	11.9	0.6
宁夏	Ningxia	100.0	58.4	41.6	7.4	18.1	33.2	15.0	13.3	12.0	0.9
新疆	Xinjiang	100.0	56.7	43.3	0.9	16.9	42.2	16.4	13.3	9.6	0.5

资料来源：2021年劳动力调查资料(下表同)。
Data Source: 2021 Labor Force Survey. The same applies to the tables following.

5-7　按受教育程度和性别分全国就业人员职业构成(2021年)
Occupation of Employed Persons by Educational Attainment and Sex(2021)

单位：%　(%)

受教育程度 Educational Attainment	合计 Total	单位负责人 Unit Heads	专业技术人员 Technical Personnel	办事人员和有关人员 Clerk and Related Workers	商业、服务业人员 Business Service Personnel	农林牧渔水利业生产人员 Producers of Agriculture, Forestry,Animal Husbandry, Fishery and Water Conservancy	生产运输设备操作人员及有关人员 Production, Transport Equipment Operators and Related Workers	其他 Others
总　计　Total	**100.0**	**1.8**	**9.9**	**11.4**	**31.6**	**22.4**	**22.7**	**0.1**
未上过学　No Schooling	100.0	0.1	0.3	0.9	12.8	73.3	12.4	0.1
小　学　Primary School	100.0	0.3	0.7	2.0	18.9	55.1	22.9	0.1
初　中　Junior Secondary School	100.0	1.2	2.2	5.1	34.2	25.0	32.1	0.1
高　中　Senior Secondary School	100.0	2.7	8.1	14.0	44.4	8.4	22.3	0.1
大学专科　College	100.0	3.6	23.5	26.4	34.2	1.5	10.7	0.1
大学本科　University	100.0	3.7	39.7	30.2	21.8	0.5	4.1	0.0
研究生　Graduate and Higher Level	100.0	3.8	55.0	24.8	14.4	0.3	1.7	0.0
男　Male	**100.0**	**2.4**	**7.7**	**11.9**	**30.9**	**19.2**	**27.8**	**0.1**
未上过学　No Schooling	100.0	0.1	0.5	1.7	13.0	67.1	17.3	0.3
小　学　Primary School	100.0	0.4	0.8	3.0	17.7	49.5	28.4	0.2
初　中　Junior Secondary School	100.0	1.4	2.0	5.7	31.4	22.4	36.8	0.2
高　中　Senior Secondary School	100.0	3.2	5.8	13.7	41.1	8.6	27.3	0.1
大学专科　College	100.0	4.8	16.6	25.9	35.7	1.7	15.2	0.1
大学本科　University	100.0	5.3	31.9	31.7	24.5	0.6	6.0	0.1
研究生　Graduate and Higher Level	100.0	5.5	51.4	25.2	15.5	0.3	2.1	0.0
女　Female	**100.0**	**1.1**	**12.9**	**10.7**	**32.5**	**26.7**	**16.1**	**0.1**
未上过学　No Schooling	100.0	0.1	0.2	0.6	12.7	75.8	10.5	0.1
小　学　Primary School	100.0	0.2	0.5	1.1	20.0	60.4	17.6	0.1
初　中　Junior Secondary School	100.0	0.7	2.4	4.2	38.4	29.1	25.0	0.1
高　中　Senior Secondary School	100.0	1.7	11.9	14.5	49.9	8.1	13.8	0.1
大学专科　College	100.0	2.0	32.5	27.0	32.4	1.2	4.8	0.0
大学本科　University	100.0	1.9	48.5	28.4	18.8	0.4	1.9	0.0
研究生　Graduate and Higher Level	100.0	1.8	59.0	24.4	13.1	0.3	1.3	0.1

5-8 城镇按结束上一份工作原因、性别分的失业人员受教育程度构成(2021)

Educational Attainment Composition of Urban Unemployed Persons by Reason and Sex(2021)

单位：% (%)

受教育程度	Educational Attainment	城镇失业人员 Urban Unemployed Persons	从没工作过 Never worked	退休 Retired	健康或身体原因 Health or Physical Reasons	照顾家庭 To take care of Family	参加学习培训 Participated in Learning and Training	对上份工作不满意 Dissatisfied with last job Last Job
总　计	**Total**	**100.0**	**100.0**	**100.0**	**100.0**	**100.0**	**100.0**	**100.0**
未上过学	No Schooling	0.9	0.5	0.7	2.7	0.9	0.0	0.2
小　学	Primary School	9.7	3.4	9.5	19.2	11.2	0.5	5.6
初　中	Junior Secondary School	33.4	12.5	37.4	42.6	42.6	7.5	31.7
高　中	Senior Secondary School	20.9	12.3	35.3	20.2	23.1	10.9	24.8
大学专科	College	17.1	23.3	13.0	10.3	14.6	27.9	22.5
大学本科	University	15.9	39.9	3.8	4.8	7.2	47.9	14.3
研究生	Graduate and Higher Level	2.1	8.1	0.3	0.2	0.5	5.1	0.8
男	**Male**	**100.0**	**100.0**	**100.0**	**100.0**	**100.0**	**100.0**	**100.0**
未上过学	No Schooling	0.5	0.2	0.9	1.7	0.5	0.0	0.1
小　学	Primary School	9.3	1.4	11.8	20.4	11.7	0.8	5.4
初　中	Junior Secondary School	32.8	8.8	36.2	46.5	40.6	8.1	32.0
高　中	Senior Secondary School	21.7	13.7	31.8	19.6	23.4	13.3	26.8
大学专科	College	17.5	27.3	12.5	7.6	12.7	30.3	22.2
大学本科	University	16.2	41.3	5.8	4.1	10.3	43.1	12.8
研究生	Graduate and Higher Level	2.0	7.3	0.9	0.1	0.7	4.5	0.7
女	**Female**	**100.0**	**100.0**	**100.0**	**100.0**	**100.0**	**100.0**	**100.0**
未上过学	No Schooling	1.2	0.8	0.6	3.5	0.9	0.0	0.4
小　学	Primary School	10.1	5.1	8.6	18.2	11.1	0.3	6.0
初　中	Junior Secondary School	33.8	15.7	37.9	39.3	42.8	7.0	31.2
高　中	Senior Secondary School	20.2	11.1	36.6	20.7	23.0	8.6	22.0
大学专科	College	16.8	19.8	13.2	12.7	14.9	25.6	23.0
大学本科	University	15.7	38.6	3.0	5.4	6.7	52.6	16.4
研究生	Graduate and Higher Level	2.2	8.8	0.1	0.3	0.5	5.8	0.9

5-8 续表 continued

单位：% (%)

受教育程度 Educational Attainment	上一份工作任务完成(包括打零工) Last Job Task Completed (Including Part-time Job)	被解聘 Fired	季节性歇业 Seasonal Shut down	单位/个体经营户倒闭停产 Unit/Self-employed Individuals Closed down or Stopped Production	承包土地被征用或流转 Land Expropriated or Transferred	其 他 Others
总　计 Total	**100.0**	**100.0**	**100.0**	**100.0**	**100.0**	**100.0**
未上过学 No Schooling	1.6	1.0	2.1	0.5	2.8	0.7
小　学 Primary School	18.5	10.1	19.6	7.3	26.5	8.5
初　中 Junior Secondary School	45.2	36.6	49.5	37.2	44.9	40.4
高　中 Senior Secondary School	18.9	26.9	17.8	28.3	19.5	24.0
大学专科 College	9.1	15.2	8.3	17.2	4.4	15.6
大学本科 University	6.1	9.8	2.6	8.9	1.9	10.6
研究生 Graduate and Higher Level	0.6	0.4	0.1	0.5		0.3
男 Male	**100.0**	**100.0**	**100.0**	**100.0**	**100.0**	**100.0**
未上过学 No Schooling	0.9	0.5	0.9	0.3	0.1	0.5
小　学 Primary School	18.0	9.2	18.6	6.3	21.5	8.2
初　中 Junior Secondary School	47.5	36.8	50.6	37.4	47.4	42.2
高　中 Senior Secondary School	19.7	29.0	18.7	30.0	23.7	23.9
大学专科 College	8.5	14.4	8.2	16.6	3.1	14.6
大学本科 University	5.0	9.6	2.8	8.6	4.2	10.5
研究生 Graduate and Higher Level	0.4	0.4	0.2	0.6		0.2
女 Female	**100.0**	**100.0**	**100.0**	**100.0**	**100.0**	**100.0**
未上过学 No Schooling	2.9	1.9	3.9	0.9	5.1	1.0
小　学 Primary School	19.8	11.5	21.1	8.7	30.7	8.9
初　中 Junior Secondary School	40.2	36.1	47.8	36.8	42.9	38.0
高　中 Senior Secondary School	17.1	23.7	16.3	26.0	15.9	24.0
大学专科 College	10.6	16.3	8.6	18.0	5.4	16.8
大学本科 University	8.4	10.2	2.4	9.2		10.8
研究生 Graduate and Higher Level	1.1	0.3		0.4		0.4

5-9 按年龄和性别分城镇就业人员工作时间构成(2021年)
Composition of Urban Employment Working Hours by Age and Sex (2021)

单位：% (%)

年龄 Age	合计 Total	1-8小时 1-8 Hours	9-19小时 9-19 Hours	20-39小时 20-39 Hours	40小时 40 Hours	41-48小时 41-48 Hours	48小时以上 48 Hours+
总计 Total	**100.0**	**0.9**	**1.2**	**5.8**	**33.2**	**23.8**	**35.1**
16-19	100.0	1.9	3.5	7.7	19.6	26.6	40.8
20-24	100.0	1.0	1.0	4.0	34.0	29.0	31.0
25-29	100.0	0.7	0.6	3.4	36.8	27.5	31.1
30-34	100.0	0.6	0.7	3.5	34.7	26.3	34.2
35-39	100.0	0.7	0.7	3.8	35.3	24.5	35.0
40-44	100.0	0.8	0.8	4.1	34.2	23.3	36.9
45-49	100.0	0.8	0.9	5.0	32.6	22.7	38.0
50-54	100.0	0.9	1.4	7.0	30.9	21.2	38.5
55-59	100.0	1.3	1.9	10.0	31.5	19.1	36.3
60-64	100.0	2.1	3.9	16.5	24.3	16.6	36.6
65+	100.0	4.0	8.0	27.9	22.6	12.2	25.3
男 Male	**100.0**	**0.8**	**1.0**	**4.8**	**31.2**	**24.0**	**38.3**
16-19	100.0	1.2	3.2	7.3	17.7	27.0	43.6
20-24	100.0	0.8	0.9	3.7	29.4	29.1	36.0
25-29	100.0	0.5	0.5	2.8	32.1	27.7	36.4
30-34	100.0	0.5	0.6	2.6	30.8	26.8	38.7
35-39	100.0	0.5	0.6	2.9	32.4	24.9	38.7
40-44	100.0	0.7	0.6	3.4	32.3	23.3	39.7
45-49	100.0	0.6	0.7	4.2	31.4	22.8	40.1
50-54	100.0	0.8	1.0	5.4	31.6	21.7	39.6
55-59	100.0	1.0	1.3	7.4	34.0	19.8	36.5
60-64	100.0	1.7	3.1	13.1	24.2	17.9	40.0
65+	100.0	3.4	6.5	25.0	22.8	13.4	29.0
女 Female	**100.0**	**1.1**	**1.5**	**7.0**	**36.0**	**23.5**	**30.8**
16-19	100.0	3.0	3.9	8.2	22.3	25.9	36.6
20-24	100.0	1.3	1.1	4.3	39.9	28.7	24.7
25-29	100.0	0.8	0.8	4.2	42.7	27.2	24.3
30-34	100.0	0.8	0.8	4.6	39.4	25.8	28.6
35-39	100.0	0.9	0.9	4.9	38.8	24.0	30.5
40-44	100.0	0.9	1.0	5.0	36.4	23.3	33.6
45-49	100.0	0.9	1.1	6.0	34.1	22.5	35.5
50-54	100.0	1.2	2.0	9.7	29.8	20.5	36.8
55-59	100.0	1.8	3.4	15.9	25.8	17.5	35.7
60-64	100.0	2.8	5.5	22.7	24.4	14.2	30.3
65+	100.0	5.0	10.3	32.6	22.3	10.4	19.4

5-10 城镇登记失业人数和失业率
Urban Registered Unemployment and Unemployment Rate

单位：万人，%　　(10 000 persons, %)

年 份 Year	登记失业人数 Registered Unemployment	登记失业率 Registered Unemployment Rate
1978	530	5.3
1979	568	5.4
1980	542	4.9
1981	440	3.8
1982	379	3.2
1983	271	2.3
1984	236	1.9
1985	239	1.8
1986	264	2.0
1987	277	2.0
1988	296	2.0
1989	378	2.6
1990	383	2.5
1991	352	2.3
1992	364	2.3
1993	420	2.6
1994	476	2.8
1995	520	2.9
1996	553	3.0
1997	577	3.1
1998	571	3.1
1999	575	3.1
2000	595	3.1
2001	681	3.6
2002	770	4.0
2003	800	4.3
2004	827	4.2
2005	839	4.2
2006	847	4.1
2007	830	4.0
2008	886	4.2
2009	921	4.3
2010	908	4.1
2011	922	4.1
2012	917	4.1
2013	926	4.1
2014	952	4.1
2015	966	4.1
2016	982	4.0
2017	972	3.9
2018	974	3.8
2019	945	3.6
2020	1160	4.2
2021	1040	4.0

注：1.新疆数据不包括新疆生产建设兵团。
　　2.2020年登记失业统计口径有所调整，与历史数据不可比(以下相关表同)。

a) The data of Xinjiang does not include Xinjiang Production and Construction Corps.

b) The statistical caliber of registered unemployment in 2020 has been adjusted, which is not comparable with historical data. The same applies to the relevant following tables.

5-11 分地区城镇登记失业人员及失业率
Urban Registered Unemployment and Increase Rate by Region

单位：万人，% (10 000 persons, %)

地 区	Region	失业人员 Unemployed Persons							失业率 Unemployment Rate						
		1990	2005	2010	2015	2019	2020	2021	1990	2005	2010	2015	2019	2020	2021
北 京	Beijing	1.7	10.6	7.7	7.8	7.4	29.0	37.2	0.4	2.1	1.4	1.4	1.3	2.6	3.2
天 津	Tianjin	8.1	11.7	16.1	25.1	26.1	27.0	27.5	2.7	3.7	3.6	3.5	3.5	3.6	3.7
河 北	Hebei	7.7	27.8	35.1	39.4	36.0	38.5	40.2	1.1	3.9	3.9	3.6	3.1	3.5	3.1
山 西	Shanxi	5.5	14.3	20.4	25.6	21.3	27.7	20.0	1.2	3.0	3.6	3.5	2.7	3.1	2.3
内蒙古	Inner Mongolia	15.2	17.7	20.8	25.9	28.1	30.0	30.5	3.8	4.3	3.9	3.7	3.7	3.8	3.8
辽 宁	Liaoning	23.7	60.4	38.9	46.2	45.6	50.7	47.7	2.2	5.6	3.6	3.4	4.2	4.6	4.3
吉 林	Jilin	10.5	27.6	22.7	23.9	23.9	20.6	19.1	1.9	4.2	3.8	3.5	3.1	3.4	3.3
黑龙江	Heilongjiang	20.4	31.3	36.2	41.0	34.7	31.0	28.5	2.2	4.4	4.3	4.5	3.5	3.4	3.2
上 海	Shanghai	7.7	27.5	27.6	24.8	19.3	19.7	66.9	1.5		4.4	4.0	3.6	3.7	2.7
江 苏	Jiangsu	22.5	41.6	40.6	36.0	35.1	36.7	49.1	2.4	3.6	3.2	3.0	3.0	3.2	2.5
浙 江	Zhejiang	11.2	29.0	31.1	33.7	34.4	42.1	45.3	2.2	3.7	3.2	2.9	2.5	2.8	2.6
安 徽	Anhui	15.2	27.8	26.9	30.9	26.8	30.0	25.4	2.8	4.4	3.7	3.1	2.6	2.8	2.5
福 建	Fujian	9.0	14.9	14.5	15.4	16.8	35.7	38.0	2.6	4.0	3.8	3.7	3.5	3.8	3.3
江 西	Jiangxi	10.3	22.8	26.3	29.9	27.5	29.9	29.9	2.4	3.5	3.3	3.4	2.9	3.2	2.8
山 东	Shandong	26.2	42.9	44.5	43.7	44.2	46.7	62.4	3.2	3.3	3.4	3.4	3.3	3.1	2.9
河 南	Henan	25.1	33.0	38.2	42.5	49.4	62.2	65.3	3.3	3.5	3.4	3.0	3.2	3.2	3.4
湖 北	Hubei	12.7	52.6	55.7	33.4	37.6	55.3	51.3	1.7	4.3	4.2	2.6	2.4	3.4	3.0
湖 南	Hunan	15.9	41.9	43.2	45.1	31.1	31.4	27.7	2.7	4.3	4.2	4.1	2.7	2.7	2.3
广 东	Guangdong	19.2	34.5	39.3	37.0	36.9	73.9	82.5	2.2	2.6	2.5	2.5	2.3	2.5	2.5
广 西	Guangxi	13.9	18.5	19.1	18.1	19.7	22.9	22.7	3.9	4.2	3.7	2.9	2.6	2.8	2.5
海 南	Hainan	3.5	5.1	4.8	4.8	5.6	7.9	10.1	3.0	3.6	3.0	2.3	2.3	2.8	3.1
重 庆	Chongqing		16.9	13.0	14.3	17.5	29.6	18.9		4.1	3.9	3.6	2.6	4.5	2.9
四 川	Sichuan	38.0	34.3	34.6	54.6	50.4	54.4	66.4	3.7	4.6	4.1	4.1	3.3	3.6	3.6
贵 州	Guizhou	10.7	12.1	12.2	14.5	15.3	19.5	32.0	4.1	4.2	3.6	3.3	3.1	3.8	4.5
云 南	Yunnan	7.8	13.0	15.7	19.5	22.9	31.9	30.0	2.5	4.2	4.2	4.0	3.3	3.9	3.8
西 藏	Tibet			2.1	1.8	2.1	2.1	1.8			4.0	2.5	2.9	2.9	2.6
陕 西	Shaanxi	11.2	21.5	21.4	22.3	23.8	24.5	27.7	2.8	4.2	3.9	3.4	3.2	3.6	3.5
甘 肃	Gansu	12.5	9.3	10.7	9.5	10.8	12.2	13.1	4.9	3.3	3.2	2.1	3.0	3.3	3.4
青 海	Qinghai	4.2	3.6	4.2	4.4	3.1	3.1	2.8	5.6	3.9	3.8	3.2	2.2	2.1	1.8
宁 夏	Ningxia	4.0	4.4	4.8	4.9	5.0	5.6	7.0	5.4	4.5	4.4	4.0	3.7	3.9	4.1
新 疆	Xinjiang	9.6	11.1	11.0	10.3	8.4	9.4	8.9	3.0	3.9	3.2	2.9	2.1	2.4	2.0

5-12　各地区研究与试验发展(R&D)人员全时当量(2021年)
Full-time Equivalent of R&D Personnel by Region (2021)

单位：人年　　(man-year)

地　区	Region	R&D人员全时当量 Total	#研究人员 Researchers	#基础研究 Basic Research	#应用研究 Applied Research	#试验发展 Experimental Development
全　国	**National Total**	**5716330**	**2405509**	**471920**	**690956**	**4553469**
北　京	Beijing	338297	228860	75525	97159	165615
天　津	Tianjin	102986	54614	10203	17827	74956
河　北	Hebei	125609	54856	7965	19360	98285
山　西	Shanxi	57228	26899	7755	11298	38176
内蒙古	Inner Mongolia	26427	13141	3119	5331	17977
辽　宁	Liaoning	116505	62035	14958	19660	81889
吉　林	Jilin	50818	33597	14679	16119	20020
黑龙江	Heilongjiang	48639	34220	12562	14129	21948
上　海	Shanghai	235518	130431	35347	36346	163827
江　苏	Jiangsu	755899	277105	33958	39795	682147
浙　江	Zhejiang	575284	165221	16622	32858	525804
安　徽	Anhui	235292	94302	17459	25311	192522
福　建	Fujian	235412	78980	7090	20997	207326
江　西	Jiangxi	124785	41440	7171	10420	107194
山　东	Shandong	447642	164273	29228	38192	380222
河　南	Henan	222433	82126	7769	20944	193722
湖　北	Hubei	230668	102831	14099	34611	181958
湖　南	Hunan	209329	93781	14648	26498	168184
广　东	Guangdong	885248	303103	50137	71940	763171
广　西	Guangxi	55821	28250	9595	11323	34903
海　南	Hainan	13457	6937	3100	2993	7364
重　庆	Chongqing	123446	53792	8781	17960	96706
四　川	Sichuan	197143	103746	18631	37735	140778
贵　州	Guizhou	43084	19965	6161	8791	28132
云　南	Yunnan	58880	30723	12052	9485	37344
西　藏	Tibet	1568	1186	608	391	569
陕　西	Shaanxi	125281	78128	18373	25605	81304
甘　肃	Gansu	33255	20615	7430	9053	16771
青　海	Qinghai	5204	2839	862	1194	3149
宁　夏	Ningxia	15930	6651	1436	1878	12616
新　疆	Xinjiang	19244	10862	4597	5754	8892

5-13 公共就业服务工作情况(2021年)
Statistics on Public Employment Services (2021)

单位：万人次 (10 000 person-time)

项　目	Item	登记招聘人次数 Total Registered Job Vacancies	登记求职人次数 Total Registered Job-seekers	接受职业指导人次数 Person-times Vocational Guidance Accepting	接受创业服务人次数 Person-times Accepting Entrepreneurship Services
总　计	**Total**	**6728**	**3614**	**2512**	**605**
市(地、州)及以上公共就业人才服务机构	Public Employment (Talent) Services Institution of City (Prefecture) and Above	2590	1153	574	158
区(县)公共就业人才服务机构	Public Employment (Talent) Services Institution of District (County)	3248	1896	1359	350
街道(乡镇)公共就业人才服务机构	Public Employment (Talent) Services Institution of Street (Town)	681	434	363	66
社区(行政村)公共就业人才服务窗口	Public Employment (Talent) Services Window of Community (Administrative Village)	209	131	217	31

5-14　各地区公共就业服务工作情况(2021年)
Situations of Public Employment Services by Region (2021)

单位：人次　　(person-time)

地　区	Region	本期单位登记招聘人数 Total Registered Job Vacancies This Year	本期登记求职人数 Total Registered Job-seekers This Year	#脱贫人口 Poverty free population	#应届高校毕业生 College Graduates	#农村劳动者 Rural Labours	本期接受职业指导人数 Person-times of Vocational Guidance This Year	本期接受创业服务人数 Person-times of Vocational Guidance
总　计	**National Total**	**53530487**	**36112450**	**1207906**	**5084789**	**10970302**	**24982042**	**6047962**
北　京	Beijing	683330	296839				1408750	184416
天　津	Tianjin	813281	649784	9944	56999	116722	392889	48339
河　北	Hebei	1466023	1422222	50083	241653	417125	3573990	468537
山　西	Shanxi	984336	1248264	31943	243551	192353	435830	124527
内蒙古	Inner Mongolia	535512	432879	13096	110863	114906	164584	23442
辽　宁	Liaoning	1750330	1120331		110426	134367	233649	85672
吉　林	Jilin	728545	195489		15715	35934	104372	23515
黑龙江	Heilongjiang	1237998	1212611	7180	95111	295664	2429269	134790
上　海	Shanghai	928140	397808		29131		12840	81617
江　苏	Jiangsu	5592176	3803169	46681	590947	1020108	1979114	553263
浙　江	Zhejiang	4641504	2002771	22596	199957	500937	740523	235111
安　徽	Anhui	3282272	1699246	47052	185611	533907	885056	392132
福　建	Fujian	1476378	1204636	2699	69623	734615	204516	14233
江　西	Jiangxi	1013095	774908	72828	93978	358035	608893	194704
山　东	Shandong	2715881	5900878	14197	609399	1847623	2083386	732060
河　南	Henan	2580462	1612354	43669	321036	561106	1070470	153804
湖　北	Hubei	1759283	1033391	78082	148006	434243	861833	492472
湖　南	Hunan	3319910	2458109	106552	327327	708379	1160462	298401
广　东	Guangdong	4849414	2303364	23437	314751	463548	842922	275685
广　西	Guangxi	1797245	764317	39862	493029	91865	691164	174903
海　南	Hainan	301049	135587	12537	22404	39372	61545	13898
重　庆	Chongqing	1005427	566881	6152	25679	164435	649513	96877
四　川	Sichuan	2222770	992499	88420	70872	491447	847461	276743
贵　州	Guizhou	1767293	803496	161728	166474	351196	838140	249907
云　南	Yunnan	1525169	978550	168241	140867	500963	1274684	177569
西　藏	Tibet	56717	21944	1053	16043	5224	20554	1540
陕　西	Shaanxi	1582470	795713	30260	196991	244985	328110	178939
甘　肃	Gansu	1025586	455883	69219	76387	194025	294100	173213
青　海	Qinghai	130840	237181	2115	27815	158550	186055	10421
宁　夏	Ningxia	172322	42788	6449	5720	21032	51746	25531
新　疆	Xinjiang	1585729	448177	51831	69286	205432	509875	149626
			100381		9138	32204	35747	2075

六、收入消费
Earning and Consumption

6-1 城镇非私营单位就业人员工资总额和指数
Total Wage Bill of Employed Persons in Urban Non-Private Units and Indices

年 份 Year	合 计 Total	国有单位 State-owned Units	城镇集体单 位 Urban Collective-owned Units	其他单位 Other Units
工资总额(亿元) Total Wage Bill (100 million yuan)				
1995	8055.8	6172.6	1210.6	672.6
2000	10954.7	7744.9	950.7	2259.1
2005	20627.1	12291.7	906.4	7429.0
2010	47269.9	24886.4	1433.7	20949.7
2011	59954.7	28954.8	1737.4	29262.4
2012	70914.2	32950.0	1990.4	35973.8
2013	93064.3	33359.6	2195.8	57508.9
2014	102817.2	36106.6	2302.7	64408.0
2015	112007.8	40387.9	2239.4	69380.5
2016	120074.8	44462.9	2268.6	73343.3
2017	129889.1	48884.1	2215.6	78789.3
2018	141480.0	51126.6	2082.3	88271.1
2019	154296.1	53743.7	1841.5	98710.9
2020	164126.9	59628.1	1841.8	102657.0
2021	180817.5	64547.9	1920.0	114349.7
指数(上年=100) Indices (preceding year=100)				
1995	119.0	117.4	115.6	142.2
2000	107.9	106.2	95.5	120.8
2005	117.1	111.4	103.4	130.3
2010	117.3	113.8	112.6	122.1
2011	126.8	116.3	121.2	139.7
2012	118.3	113.8	114.6	122.9
2013	131.2	101.2	110.3	159.9
2014	110.5	108.2	104.9	112.0
2015	108.9	111.9	97.3	107.7
2016	107.2	110.1	101.3	105.7
2017	108.2	109.9	97.7	107.4
2018	108.9	104.6	94.0	112.0
2019	109.1	105.1	88.4	111.8
2020	106.4	110.9	100.0	104.0
2021	110.2	108.3	104.2	111.4

注：1995—2008年的城镇非私营单位就业人员工资总额即为原来的城镇单位就业人员劳动报酬总额(以下相关表同)。

a) Total wage bill of employed persons in urban non-private units from 1995 to 2008 refers to total earning of employed persons in urban non-private units. The same applies to the related following tables.

6-2 按登记注册类型和行业分城镇非私营单位就业人员工资总额(2021年)
Total Wage Bill of Employed Persons in Urban Non-Private Units by Status of Registration and Sector (2021)

单位：亿元 (100 million yuan)

项目	Item	绝对数 Value			
		合计 Total	国有单位 State-owned Units	城镇集体单位 Urban Collective-owned Units	其他单位 Units of Other Types of Ownership
全国总计	**National Total**	**17014.5**	**5633.1**	**261.7**	**11119.8**
农、林、牧、渔业	Agriculture, Forestry, Animal Husbandry and Fishery	86.8	54.9	2.8	29.1
采矿业	Mining	344.8	16.7	2.2	326.0
制造业	Manufacturing	3828.0	51.6	18.8	3757.5
电力、热力、燃气及水生产和供应业	Production and Supply of Electricity, Heat, Gas and Water	382.0	98.5	3.2	280.2
建筑业	Construction	1971.9	89.5	74.5	1807.9
批发和零售业	Wholesale and Retail Trades	797.5	47.9	8.3	741.3
交通运输、仓储和邮政业	Transport, Storage and Post	798.1	104.5	5.8	687.8
住宿和餐饮业	Hotels and Catering Services	265.3	18.7	2.4	244.1
信息传输、软件和信息技术服务业	Information Transmission, Software and Information Technology	519.2	27.6	0.4	491.1
金融业	Financial Intermediation	818.5	65.7	6.5	746.3
房地产业	Real Estate	529.3	21.5	8.7	499.1
租赁和商务服务业	Leasing and Business Services	680.3	94.8	18.6	567.0
科学研究和技术服务业	Scientific Research and Technical Services	450.1	150.9	4.2	295.0
水利、环境和公共设施管理业	Management of Water Conservancy, Environment	252.6	121.2	5.2	126.2
居民服务、修理和其他服务业	Services to Households, Repair and Other Services	85.9	13.3	3.5	69.0
教育	Education	1971.9	1662.8	53.0	256.1
卫生和社会工作	Health and Social Service	1094.7	934.4	36.2	124.1
文化、体育和娱乐业	Culture, Sports and Entertainment	151.7	85.6	1.7	64.4
公共管理、社会保障和社会组织	Public Management, Social Security and Social Organization	1985.8	1973.0	5.3	7.5

6-3 分地区城镇非私营单位就业人员工资总额和指数(2021年)
Total Wage Bill and Indices of Employed Persons in Urban Non-Private Units by Region (2021)

地 区	Region	工资总额(亿元) Total Wage Bill (100 million yuan)	国有单位 State-owned Units	城镇集体单位 Urban Collective-owned Units	其他单位 Units of Other Types of Ownership	指数(上年=100) Indices (preceding year =100)	国有单位 State-owned Units	城镇集体单位 Urban Collective-owned Units	其他单位 Units of Other Types of Ownership
全 国	**National Total**	**180817.5**	**64547.9**	**1920.0**	**114349.7**	**110.2**	**108.3**	**104.2**	**111.4**
北 京	Beijing	14811.0	3158.2	70.7	11582.0	112.3	102.1	105.8	115.5
天 津	Tianjin	3178.5	986.0	13.8	2178.8	108.5	113.8	114.0	106.3
河 北	Hebei	4683.0	2063.6	64.8	2554.7	107.8	102.6	99.1	112.6
山 西	Shanxi	3665.0	1330.1	29.3	2305.5	111.1	103.7	94.6	116.1
内蒙古	Inner Mongolia	2427.4	1138.4	16.3	1272.8	104.9	101.1	79.1	108.9
辽 宁	Liaoning	3976.3	1606.0	39.6	2330.7	104.0	107.3	90.5	102.2
吉 林	Jilin	2129.9	1018.4	7.7	1103.7	106.2	107.3	81.1	105.5
黑龙江	Heilongjiang	2530.3	1217.8	14.0	1298.6	106.7	105.8	87.2	107.8
上 海	Shanghai	12964.3	2135.1	92.8	10736.4	116.4	121.6	106.6	115.5
江 苏	Jiangsu	14942.6	4510.2	322.6	10109.7	110.5	112.6	104.6	109.7
浙 江	Zhejiang	12449.3	3913.8	53.0	8482.5	114.0	106.0	101.6	118.1
安 徽	Anhui	5224.6	2077.1	59.5	3088.0	110.2	110.2	103.0	110.4
福 建	Fujian	5631.7	1849.4	62.3	3720.1	107.9	107.9	103.5	108.0
江 西	Jiangxi	3698.7	1712.9	46.4	1939.4	105.8	108.9	99.9	103.3
山 东	Shandong	10457.7	4291.5	118.5	6047.6	109.0	108.6	105.5	109.3
河 南	Henan	6782.9	2877.9	119.6	3785.4	102.2	104.5	102.2	100.6
湖 北	Hubei	6133.9	2614.7	45.3	3473.9	116.1	117.5	106.3	115.3
湖 南	Hunan	5101.5	2388.7	74.7	2638.1	108.3	105.3	97.0	111.6
广 东	Guangdong	24978.7	6855.3	273.4	17850.0	111.4	109.0	104.4	112.5
广 西	Guangxi	3586.9	1774.4	29.0	1783.4	108.1	104.7	84.4	112.2
海 南	Hainan	1103.7	444.6	6.5	652.6	119.1	107.6	108.2	128.6
重 庆	Chongqing	3631.4	1459.5	30.0	2141.9	106.3	110.5	99.6	103.7
四 川	Sichuan	8373.0	3435.7	96.5	4840.7	112.1	109.0	108.5	114.4
贵 州	Guizhou	3139.6	1695.7	18.5	1425.4	106.9	105.6	95.7	108.7
云 南	Yunnan	3503.9	2114.2	100.6	1289.1	106.7	110.0	180.1	98.8
西 藏	Tibet	620.1	427.2	2.2	190.7	124.8	123.2	103.9	128.8
陕 西	Shaanxi	4287.3	1648.1	56.2	2583.1	105.9	105.0	96.3	106.7
甘 肃	Gansu	2200.2	1267.6	31.5	901.0	106.0	105.2	94.5	107.7
青 海	Qinghai	724.3	412.7	5.6	306.1	108.3	106.0	77.4	112.5
宁 夏	Ningxia	748.8	396.8	3.5	348.5	110.0	109.1	113.6	111.1
新 疆	Xinjiang	3131.0	1726.3	15.5	1389.2	110.5	110.9	104.3	110.1

6–4 城镇非私营单位就业人员平均工资和指数
Average Wage of Employed Persons in Urban Non-Private Units and Indices

年份 Year	平均工资(元) Average Wage (yuan)	#在岗职工 Staff and Workers	国有单位 State-owned Units	城镇集体单位 Urban Collective-owned Units	其他单位 Units of Other Types of Ownership
平均工资(元) Average Wage (yuan)					
1995	5348	5500	5553	3934	7728
2000	9333	9371	9441	6241	11238
2005	18200	18364	18978	11176	18362
2010	36539	37147	38359	24010	35801
2011	41799	42452	43483	28791	41323
2012	46769	47593	48357	33784	46360
2013	51483	52388	52657	38905	51453
2014	56360	57361	57296	42742	56485
2015	62029	63241	65296	46607	60906
2016	67569	68993	72538	50527	65531
2017	74318	76121	81114	55243	71304
2018	82413	84744	89474	60664	79453
2019	90501	93383	98899	62612	87195
2020	97379	100512	108132	68590	92721
2021	106837	110221	115583	74491	103182
平均货币工资指数(上年=100) Indices of Average Wage (preceding year=100)					
1995	118.9	121.2	117.3	121.1	119.9
2000	112.2	112.3	111.8	108.4	110.8
2005	114.3	114.6	115.4	114.9	111.2
2010	113.3	113.5	112.4	116.5	114.2
2011	114.4	114.3	113.4	119.9	115.4
2012	111.9	112.1	111.2	117.3	112.2
2013	110.1	110.1	108.9	115.2	111.0
2014	109.5	109.5	108.8	109.9	109.8
2015	110.1	110.3	114.0	109.0	107.8
2016	108.9	109.1	111.1	108.4	107.6
2017	110.0	110.3	111.8	109.3	108.8
2018	110.9	111.3	110.3	109.8	111.4
2019	109.8	110.2	110.5	103.2	109.7
2020	107.6	107.6	109.3	109.5	106.3
2021	109.7	109.7	106.9	108.6	111.3
平均实际工资指数(上年=100) Indices of Average Real Wage (preceding year=100)					
1995	101.8	103.8	100.4	103.7	102.6
2000	111.3	111.4	110.9	107.5	109.9
2005	112.5	112.8	113.6	113.1	109.4
2010	109.8	110.0	108.9	112.9	110.7
2011	108.6	108.5	107.7	113.9	109.6
2012	109.0	109.2	108.3	114.3	109.2
2013	107.3	107.3	106.1	112.2	108.2
2014	107.2	107.2	106.6	107.6	107.5
2015	108.5	108.6	112.3	107.4	106.2
2016	106.7	106.9	108.8	106.2	105.4
2017	108.2	108.5	110.0	107.5	107.0
2018	108.6	109.0	108.0	107.5	109.1
2019	106.8	107.2	107.5	100.4	106.8
2020	105.2	105.2	106.9	107.1	103.9
2021	108.6	108.6	105.8	107.5	110.2

注：1995–2008年的城镇非私营单位就业人员平均工资即为原来的城镇单位就业人员平均劳动报酬(以下相关表同)。

a) Average wage of employed persons in urban non-private units from 1995 to 2008 refers to average earning of employed persons in urban non-private units. The same applies to the related following tables.

6–5 按登记注册类型和行业分城镇非私营单位就业人员平均工资(2021年)

Average Wage of Employed Persons in Urban Non-Private Units by Status of Registration and Sector (2021)

单位：元 (yuan)

项 目	Item	平均工资(元) Average Wage (yuan)	国有单位 State-owned Units	城镇集体单位 Urban Collective-owned Units	其他单位 Units of Other Types of Ownership
全国总计	**National Total**	**106837**	**115583**	**74491**	**103182**
农、林、牧、渔业	Agriculture, Forestry, Animal Husbandry and Fishery	53819	51328	43980	59246
采矿业	Mining	108467	108643	76569	108666
制造业	Manufacturing	92459	112291	58414	92357
电力、热力、燃气及水生产和供应业	Production and Supply of Electricity, Heat, Gas and Water	125332	119479	54836	128207
建筑业	Construction	75762	75155	52758	76733
批发和零售业	Wholesale and Retail Trades	107735	137785	50424	106435
交通运输、仓储和邮政业	Transport, Storage and Post	109851	94422	53365	112647
住宿和餐饮业	Hotels and Catering Services	53631	59699	53967	53158
信息传输、软件和信息技术服务业	Information Transmission, Software and Information Technology	201506	132292	91676	205536
金融业	Financial Intermediation	150843	176429	139096	148816
房地产业	Real Estate	91143	92962	64590	91528
租赁和商务服务业	Leasing and Business Services	102537	83460	61404	107094
科学研究和技术服务业	Scientific Research and Technical Services	151776	139441	93624	158956
水利、环境和公共设施管理业	Management of Water Conservancy, Environment	65802	73087	59924	58921
居民服务、修理和其他服务业	Services to Households, Repair and Other Services	65193	83879	68678	61431
教育	Education	111392	116874	97791	79034
卫生和社会工作	Health and Social Service	126828	132727	100319	90123
文化、体育和娱乐业	Culture, Sports and Entertainment	117329	121486	82997	112720
公共管理、社会保障和社会组织	Public Management, Social Security and Social Organization	111361	111417	100067	104725

6-6 分地区城镇非私营单位就业人员平均工资和指数(2021年)
Average Wage of Employed Persons in Urban Non-Private Units and Indices (2021)

地 区	Region	平均工资(元) Average Wage (yuan)	#在岗职工 Staff and Workers	国有单位 State-owned Units	城镇集体单位 Urban Collective-owned Units	其他单位 Units of Other Types of Ownership	指数(上年=100) Indices (preceding year =100)	#在岗职工 Staff and Workers	国有单位 State-owned Units
全 国	**National Total**	**106837**	**110221**	**115583**	**74491**	**103182**	**109.7**	**109.7**	**106.9**
北 京	Beijing	194651	201504	204427	75525	193990	109.2	108.9	102.6
天 津	Tianjin	123528	128171	149054	69911	115161	107.7	107.8	104.0
河 北	Hebei	82526	85611	81255	62548	84273	106.7	107.1	102.8
山 西	Shanxi	82413	84938	78785	56533	85171	110.3	109.8	105.7
内蒙古	Inner Mongolia	90426	93266	87209	89475	93524	106.0	106.1	104.3
辽 宁	Liaoning	86062	88474	90167	49395	84478	108.3	107.6	108.1
吉 林	Jilin	83028	86658	86029	77947	80475	106.5	106.9	105.8
黑龙江	Heilongjiang	80369	85157	77455	68118	83476	107.8	107.8	105.2
上 海	Shanghai	191844	196053	225085	119507	187323	111.6	112.2	112.1
江 苏	Jiangsu	115133	117868	156244	103460	103371	111.1	111.2	108.0
浙 江	Zhejiang	122309	125351	171582	75225	108374	112.6	112.2	107.2
安 徽	Anhui	93861	97445	116898	85045	83022	109.3	109.0	108.3
福 建	Fujian	98071	101516	124279	75505	89169	111.3	111.5	109.4
江 西	Jiangxi	83766	86116	100170	56827	73913	107.1	107.0	106.5
山 东	Shandong	94768	98094	113670	67351	85375	108.0	108.2	106.4
河 南	Henan	74872	76261	82601	64034	70250	106.6	106.9	103.2
湖 北	Hubei	96994	100190	113163	58287	88265	114.0	114.1	115.4
湖 南	Hunan	85438	88874	96922	59232	78043	108.0	107.9	107.1
广 东	Guangdong	118133	120299	160329	76875	108095	109.3	109.0	107.0
广 西	Guangxi	88170	91369	96057	50220	82448	106.5	106.1	106.4
海 南	Hainan	97471	101090	103847	68803	93933	112.5	112.8	102.3
重 庆	Chongqing	101670	106966	129164	71397	89254	108.4	108.7	106.9
四 川	Sichuan	96741	100469	113183	64911	88483	109.2	109.3	107.4
贵 州	Guizhou	94487	99324	97953	70025	91066	105.9	105.4	104.2
云 南	Yunnan	98730	104286	110703	91304	84311	106.0	106.1	103.7
西 藏	Tibet	140355	145461	161382	76945	109459	116.0	115.2	115.6
陕 西	Shaanxi	90996	94435	88225	65110	93683	109.0	108.5	104.3
甘 肃	Gansu	84500	88289	92296	59787	76515	106.0	105.9	104.7
青 海	Qinghai	109346	112397	115757	88323	102163	107.8	107.9	104.5
宁 夏	Ningxia	105266	109437	111640	81922	99105	108.0	107.5	105.5
新 疆	Xinjiang	94281	96749	92464	93218	96652	109.2	109.0	107.9

6-6 续表 continued

地 区	Region			平均实际工资指数				
		城镇集体单位 Urban Collective-owned Units	其他单位 Units of Other Types of Ownership	(上年=100) Indices of Average Real Wage (preceding year =100)	#在岗职工 Staff and Workers	国有单位 State-owned Units	城镇集体单位 Urban Collective-owned Units	其他单位 Units of Other Types of Ownership
全 国	**National Total**	**108.6**	**111.3**	**108.6**	**108.6**	**105.8**	**107.5**	**110.2**
北 京	Beijing	107.3	111.3	108.1	107.7	101.5	106.1	110.1
天 津	Tianjin	125.6	108.3	106.3	106.4	102.7	124.0	106.9
河 北	Hebei	110.3	109.9	105.8	106.1	101.9	109.3	109.0
山 西	Shanxi	117.5	112.8	109.1	108.6	104.6	116.3	111.5
内蒙古	Inner Mongolia	101.6	107.6	105.2	105.2	103.4	100.8	106.7
辽 宁	Liaoning	109.0	108.1	107.1	106.4	106.9	107.8	106.9
吉 林	Jilin	111.8	106.9	105.9	106.4	105.3	111.2	106.3
黑龙江	Heilongjiang	101.9	110.4	107.2	107.2	104.6	101.3	109.8
上 海	Shanghai	110.3	111.4	110.3	110.9	110.7	109.0	110.0
江 苏	Jiangsu	107.4	111.8	109.4	109.4	106.3	105.7	110.1
浙 江	Zhejiang	108.6	115.8	110.9	110.5	105.6	107.0	114.1
安 徽	Anhui	110.7	109.8	108.1	107.8	107.1	109.5	108.6
福 建	Fujian	107.5	112.0	110.4	110.6	108.5	106.7	111.1
江 西	Jiangxi	101.3	107.0	106.2	106.0	105.5	100.4	106.0
山 东	Shandong	108.9	108.9	106.6	106.8	105.1	107.5	107.5
河 南	Henan	106.9	108.5	105.5	105.8	102.1	105.9	107.4
湖 北	Hubei	103.0	113.2	113.6	113.7	115.0	102.6	112.7
湖 南	Hunan	106.4	109.2	107.2	107.2	106.4	105.7	108.4
广 东	Guangdong	106.5	110.3	108.3	108.0	106.0	105.5	109.2
广 西	Guangxi	102.6	107.1	105.4	105.0	105.2	101.5	105.9
海 南	Hainan	118.8	120.8	112.0	112.2	101.8	118.2	120.1
重 庆	Chongqing	102.8	108.3	108.0	108.4	106.5	102.5	107.9
四 川	Sichuan	109.8	110.7	108.9	109.0	107.1	109.5	110.4
贵 州	Guizhou	108.3	107.8	105.8	105.2	104.1	108.2	107.7
云 南	Yunnan	105.2	107.3	105.8	105.9	103.5	105.0	107.1
西 藏	Tibet	108.8	117.8	115.0	114.2	114.5	107.8	116.7
陕 西	Shaanxi	110.0	112.0	107.3	106.9	102.7	108.4	110.3
甘 肃	Gansu	102.8	107.7	104.8	104.7	103.6	101.7	106.6
青 海	Qinghai	115.3	112.1	106.5	106.5	103.2	113.9	110.6
宁 夏	Ningxia	104.9	110.8	106.4	105.9	103.9	103.4	109.2
新 疆	Xinjiang	106.6	111.0	107.8	107.6	106.5	105.2	109.5

6-7 城乡居民恩格尔系数
Engel's Coefficient of Urban and Rural Households

年份 Year	城镇居民恩格尔系数（%） Engel's Coefficient of Urban Households (%)	农村居民恩格尔系数（%） Engel's Coefficient of Rural Households (%)	年份 Year	城镇居民恩格尔系数（%） Engel's Coefficient of Urban Households (%)	农村居民恩格尔系数（%） Engel's Coefficient of Rural Households (%)
1978	57.5	67.7	2006	35.8	43.0
1980	56.9	61.8	2007	36.3	43.1
1985	53.3	57.8	2008	37.9	43.7
1990	54.2	58.8	2009	36.5	41.0
1995	50.1	58.6	2010	35.7	41.1
1996	48.8	56.3	2011	36.3	40.4
1997	46.6	55.1	2012	36.2	39.3
1998	44.7	53.4	2013	35.0	37.7
1999	42.1	52.6	2014	30.0	33.6
2000	39.4	49.1	2015	29.7	33.0
2001	38.2	47.7	2016	29.3	32.2
2002	37.7	46.2	2017	28.6	31.2
2003	37.1	45.6	2018	27.7	30.1
2004	37.7	47.2	2019	27.6	30.0
2005	36.7	45.5	2020	29.2	32.7
			2021	28.6	32.7

6-8 全国居民人均收支情况
Nationwide Per Capita Income and Consumption Expenditure

单位：元 (yuan)

指 标	Item	2015	2016	2017	2018	2019	2020	2021
全国居民人均收入	**Nationwide Per Capita Income**							
可支配收入	Disposable Income	21966.2	23821.0	25973.8	28228.0	30732.8	32188.8	35128.1
1.工资性收入	1.Income from Wages and Salaries	12459.0	13455.2	14620.3	15829.0	17186.2	17917.4	19629.4
2.经营净收入	2.Net Business Income	3955.6	4217.7	4501.8	4852.4	5247.3	5306.8	5892.7
3.财产净收入	3.Net Income from Properties	1739.6	1889.0	2107.4	2378.5	2619.1	2791.5	3075.5
4.转移净收入	4.Net Income from Transfer	3811.9	4259.1	4744.3	5168.1	5680.3	6173.2	6530.5
现金可支配收入	Disposable Income in Cash	20424.3	22204.5	24201.9	26291.4	28612.1	29918.7	32382.7
1.工资性收入	1.Income of Wages and Salaries	12386.2	13379.0	14537.8	15746.4	17096.9	17817.6	19493.2
2.经营净收入	2.Net Business Income	3782.7	4111.4	4424.1	4880.3	5269.7	5307.1	5664.5
3.财产净收入	3.Net Income from Property	689.5	739.8	811.5	877.8	1001.5	1067.5	1246.5
4.转移净收入	4.Net Income from Transfer	3565.9	3974.3	4428.6	4786.9	5244.0	5726.4	5978.5
全国居民人均支出	**Nationwide Per Capita Expenditure**							
消费支出	Consumption Expenditure	15712.4	17110.7	18322.1	19853.1	21558.9	21209.9	24100.1
#服务性消费	Consumption Expenditure on Services	6459.7	7156.6	7802.6	8780.8	9886.0	9037.3	10644.5
1.食品烟酒	1.Food,Tobacco and Liquor	4814.0	5151.0	5373.6	5631.1	6084.2	6397.3	7178.1
2.衣着	2. Clothing and Footwear	1164.1	1202.7	1237.6	1288.9	1338.1	1238.4	1418.7
3.居住	3. Housing	3419.2	3746.4	4106.9	4646.6	5054.8	5215.3	5641.1
4.生活用品及服务	4.Household Equipments, Furnishings and Services	951.4	1043.7	1120.7	1222.7	1280.9	1259.5	1423.2
5.交通通信	5.Transport and Communications	2086.9	2337.8	2498.9	2675.4	2861.6	2761.8	3155.6
6.教育文化娱乐	6.Education, Culture and Recreation	1723.1	1915.3	2086.2	2225.7	2513.1	2032.2	2598.9
7.医疗保健	7.Health Care and Medical Services	1164.5	1307.5	1451.2	1685.2	1902.3	1843.1	2115.1
8.其他用品及服务	8.Miscellaneous Goods and Services	389.2	406.3	447.0	477.5	524.0	462.2	569.4
现金消费支出	Consumption Expenditure in Cash	12988.7	14142.0	15122.3	16174.8	17526.0	16994.7	19410.7
1.食品烟酒	1.Food, Tobacco and Liquor	4505.0	4846.7	5073.0	5366.2	5798.1	6068.0	6783.4
2.衣着	2.Clothing	1163.5	1202.2	1237.0	1288.3	1337.6	1237.9	1417.9
3.居住	3.Housing	1251.9	1359.8	1519.0	1615.1	1755.7	1774.3	1899.7
4.生活用品及服务	4.Household Equipments, Furnishings and Services	943.8	1036.1	1110.8	1211.0	1266.9	1245.8	1410.5
5.交通通信	5.Transport and Communications	2083.7	2332.9	2495.3	2669.1	2857.4	2758.2	3150.4
6.教育文化娱乐	6.Education, Culture and Recreation	1722.0	1914.3	2085.3	2224.1	2511.7	2031.5	2597.8
7.医疗保健	7.Health Care and Medical Services	933.3	1048.5	1160.7	1332.6	1482.4	1426.0	1597.3
8.其他用品及服务	8.Miscellaneous Goods and Services	385.6	401.5	441.2	468.4	516.2	452.9	553.6

6-9 城镇居民人均收支情况
Per Capita Income and Consumption Expenditure of Urban Households

单位：元 (yuan)

指 标	Item	2015	2016	2017	2018	2019	2020	2021
城镇居民人均收入	**Per Capita Income of Urban Households**							
可支配收入	Disposable Income	31194.8	33616.2	36396.2	39250.8	42358.8	43833.8	47411.9
1.工资性收入	1.Income of Wages and Salaries	19337.1	20665.0	22200.9	23792.2	25564.8	26380.7	28480.8
2.经营净收入	2.Net Business Income	3476.1	3770.1	4064.7	4442.6	4840.4	4710.8	5381.9
3.财产净收入	3.Net Income from Property	3041.9	3271.3	3606.9	4027.7	4390.6	4626.5	5052.0
4.转移净收入	4.Net Income from Transfer	5339.7	5909.8	6523.6	6988.3	7563.0	8115.8	8497.3
现金可支配收入	Disposable Income in Cash	29042.0	31270.0	33757.3	36316.2	39147.6	40377.8	43596.4
1.工资性收入	1.Income of Wages and Salaries	19214.8	20541.7	22072.7	23670.9	25439.1	26240.5	28299.3
2.经营净收入	2.Net Business Income	3714.0	4032.3	4321.9	4808.0	5180.9	4987.5	5630.6
3.财产净收入	3.Net Income from Property	1072.8	1139.6	1234.1	1311.6	1494.7	1569.3	1835.8
4.转移净收入	4.Net Income from Transfer	5040.4	5556.4	6128.5	6525.7	7032.9	7580.6	7830.7
城镇居民人均支出	**Per Capita Expenditure of Urban Households**							
消费支出	Consumption Expenditure	21392.4	23078.9	24445.0	26112.3	28063.4	27007.4	30307.2
#服务性消费	Consumption Expenditure on Services	9192.4	10068.1	10854.5	12130.4	13517.7	12012.8	14058.5
1.食品烟酒	1.Food, Tobacco and Liquor	6359.7	6762.4	7001.0	7239.0	7732.6	7880.5	8678.1
2.衣着	2.Clothing and Footwear	1701.1	1739.0	1757.9	1808.2	1831.9	1644.8	1842.8
3.居住	3.Housing	4726.0	5113.7	5564.0	6255.0	6780.2	6957.7	7405.3
4.生活用品及服务	4.Household Equipments, Furnishings and Services	1306.5	1426.8	1525.0	1629.4	1689.3	1640.0	1819.6
5.交通通信	5.Transport and Communications	2895.4	3173.9	3321.5	3473.5	3671.3	3474.3	3932.0
6.教育文化娱乐	6.Education, Culture and Recreation	2382.8	2637.6	2846.6	2974.1	3328.0	2591.7	3322.0
7.医疗保健	7.Health Care and Medical Services	1443.4	1630.8	1777.4	2045.7	2282.7	2172.2	2521.3
8.其他用品及服务	8.Miscellaneous Goods and Services	577.5	594.7	651.5	687.4	747.2	646.2	786.1
现金消费支出	Consumption Expenditure in Cash	17887.0	19284.1	20329.4	21287.1	22798.0	21555.6	24380.4
1.食品烟酒	1.Food, Tobacco and Liquor	6224.8	6627.7	6861.2	7099.2	7583.9	7709.6	8443.8
2.衣着	2.Clothing and Footwear	1700.5	1738.4	1757.3	1807.5	1831.3	1644.2	1841.8
3.居住	3.Housing	1665.9	1810.4	1986.8	2045.2	2223.5	2222.2	2392.5
4.生活用品及服务	4.Household Equipments, Furnishings and Services	1298.7	1417.8	1514.5	1617.5	1676.2	1627.1	1807.3
5.交通通信	5.Transport and Communications	2889.8	3166.5	3315.6	3466.0	3665.0	3468.9	3925.1
6.教育文化娱乐	6.Education, Culture and Recreation	2381.0	2636.3	2845.4	2972.1	3326.0	2590.7	3320.4
7.医疗保健	7.Health Care and Medical Services	1153.7	1298.7	1403.7	1604.0	1754.6	1658.4	1880.6
8.其他用品及服务	8.Miscellaneous Goods and Services	572.6	588.3	644.8	675.5	737.6	634.6	768.9

6-10 农村居民人均收支情况
Per Capita Income and Consumption Expenditure of Rural Households

单位：元 (yuan)

指标	Item	2015	2016	2017	2018	2019	2020	2021
农村居民人均收入	**Per Capita Income of Rural Households**							
可支配收入	Disposable Income	11421.7	12363.4	13432.4	14617.0	16020.7	17131.5	18930.9
1.工资性收入	1.Income of Wages and Salaries	4600.3	5021.8	5498.4	5996.1	6583.5	6973.9	7958.1
2.经营净收入	2.Net Business Income	4503.6	4741.3	5027.8	5358.4	5762.2	6077.4	6566.2
3.财产净收入	3.Net Income from Property	251.5	272.1	303.0	342.1	377.3	418.8	469.4
4.转移净收入	4.Net Income from Transfer	2066.3	2328.2	2603.2	2920.5	3297.8	3661.3	3937.2
现金可支配收入	Disposable Income in Cash	10577.8	11600.6	12703.9	13912.8	15279.8	16394.5	17596.4
1.工资性收入	1.Income of Wages and Salaries	4583.9	5000.8	5470.9	5961.3	6540.2	6926.6	7881.7
2.经营净收入	2.Net Business Income	3861.3	4203.9	4547.0	4969.5	5382.2	5720.3	5709.1
3.财产净收入	3.Net Income from Property	251.5	272.1	303.0	342.1	377.3	418.8	469.4
4.转移净收入	4.Net Income from Transfer	1881.2	2123.8	2383.0	2639.9	2980.2	3328.9	3536.2
农村居民人均支出	**Per Capita Expenditure of Rural Households**							
消费支出	Consumption Expenditure	9222.6	10129.8	10954.5	12124.3	13327.7	13713.4	15915.6
#服务性消费	Consumption Expenditure on Services	3337.4	3750.9	4130.2	4644.7	5290.2	5189.9	6142.9
1.食品烟酒	1.Food,Tobacco and Liquor	3048.0	3266.1	3415.4	3645.6	3998.2	4479.4	5200.2
2.衣着	2.Clothing and Footwear	550.5	575.4	611.6	647.7	713.3	712.8	859.5
3.居住	3.Housing	1926.2	2147.1	2353.5	2660.6	2871.3	2962.4	3314.7
4.生活用品及服务	4.Household Equipments, Furnishings and Services	545.6	595.7	634.0	720.5	763.9	767.5	900.5
5.交通通信	5.Transport and Communications	1163.1	1359.9	1509.1	1690.0	1836.8	1840.6	2131.8
6.教育文化娱乐	6.Education, Culture and Recreation	969.3	1070.3	1171.3	1301.6	1481.8	1308.7	1645.5
7.医疗保健	7.Health Care and Medical Services	846.0	929.2	1058.7	1240.1	1420.8	1417.5	1579.6
8.其他用品及服务	8.Miscellaneous Goods and Services	174.0	186.0	200.9	218.3	241.5	224.4	283.8
现金消费支出	Consumption Expenditure in Cash	7392.1	8127.3	8856.5	9862.0	10854.5	11097.2	12857.6
1.食品烟酒	1.Food, Tobacco and Liquor	2540.0	2763.4	2921.2	3226.3	3538.2	3945.5	4594.1
2.衣着	2.Clothing and Footwear	549.9	575.0	610.9	647.2	712.9	712.5	859.0
3.居住	3.Housing	779.0	832.8	956.0	1084.0	1163.8	1195.3	1250.0
4.生活用品及服务	4.Household Equipments, Furnishings and Services	538.3	589.7	624.9	709.0	748.9	752.9	887.3
5.交通通信	5.Transport and Communications	1162.6	1357.8	1508.1	1685.0	1835.5	1839.3	2129.0
6.教育文化娱乐	6.Education, Culture and Recreation	969.0	1069.9	1170.7	1300.5	1481.3	1308.4	1645.0
7.医疗保健	7.Health Care and Medical Services	681.4	755.8	868.2	997.4	1137.9	1125.4	1223.7
8.其他用品及服务	8.Miscellaneous Goods and Services	172.0	183.0	196.3	212.7	236.0	217.9	269.6

6-11 城乡居民按收入五等份分组的人均可支配收入情况
Per Capita Disposable Income of Urban and Rural Households by Income Quintile

单位：元 (yuan)

组 别	Item	全国 National Total			城镇 Urban Area			农村 Rural Area		
		2019	2020	2021	2019	2020	2021	2019	2020	2021
20%低收入组家庭人均可支配收入	Lowest 20% Households	7380.4	7868.8	8332.8	15549.4	15597.7	16745.5	4262.6	4681.5	4855.9
20%中间偏下收入组家庭人均可支配收入	Second 20% Households	15777.0	16442.7	18445.5	26783.7	27501.1	30132.6	9754.1	10391.6	11585.8
20%中间收入组家庭人均可支配收入	Third 20% Households	25034.7	26248.9	29053.3	37875.8	39278.2	42498.0	13984.2	14711.7	16546.4
20%中间偏上收入组家庭人均可支配收入	Fourth 20% Households	39230.5	41171.7	44948.9	52907.3	54910.1	59005.2	19732.4	20884.5	23167.3
20%高收入组家庭人均可支配收入	Highest 20% Households	76400.7	80293.8	85835.8	91682.6	96061.6	102595.8	36049.4	38520.3	43081.5

6-12 东、中、西部及东北地区城乡居民人均可支配收入情况
Per Capita Disposable Income of Urban and Rural Households in Eastern, Central, Western and Northeastern Regions

单位：元 (yuan)

组 别 Item	全国 National Total			城镇 Urban Area			农村 Rural Area		
	2019	2020	2021	2019	2020	2021	2019	2020	2021
东部地区 Eastern Region	39438.9	41239.7	44980.3	50145.4	52027.1	56378.3	19988.6	21286.0	23556.1
中部地区 Central Region	26025.3	27152.4	29650.0	36607.5	37658.2	40706.8	15290.5	16213.2	17857.5
西部地区 Western Region	23986.1	25416.0	27798.4	36040.6	37548.1	40582.6	13035.3	14110.8	15608.2
东北地区 Northeastern Region	27370.6	28266.2	30517.7	35130.3	35700.1	38224.6	15356.7	16581.5	18280.4

6-13 分地区城乡居民人均可支配收入情况
Per Capita Disposable Income of Urban and Rural Households by Region

单位：元 (yuan)

地区	Region	全国 National Total			城镇 Urban Area			农村 Rural Area		
		2019	2020	2021	2019	2020	2021	2019	2020	2021
全国	**National Average**	**30732.8**	**32188.8**	**35128.1**	**42358.8**	**43833.8**	**47411.9**	**16020.7**	**17131.5**	**18930.9**
北京	Beijing	67755.9	69433.5	75002.2	73848.5	75601.5	81517.5	28928.4	30125.7	33302.7
天津	Tianjin	42404.1	43854.1	47449.4	46118.9	47658.5	51485.7	24804.1	25690.6	27954.5
河北	Hebei	25664.7	27135.9	29383.0	35737.7	37285.7	39791.0	15373.1	16467.0	18178.9
山西	Shanxi	23828.5	25213.7	27425.9	33262.4	34792.7	37433.1	12902.4	13878.0	15308.3
内蒙古	Inner Mongolia	30555.0	31497.3	34108.4	40782.5	41353.1	44376.9	15282.8	16566.9	18336.8
辽宁	Liaoning	31819.7	32738.3	35111.7	39777.2	40375.9	43050.8	16108.3	17450.3	19216.6
吉林	Jilin	24562.9	25751.0	27769.8	32299.2	33395.7	35645.8	14936.0	16067.0	17641.7
黑龙江	Heilongjiang	24253.6	24902.0	27159.0	30944.6	31114.7	33646.1	14982.1	16168.4	17889.3
上海	Shanghai	69441.6	72232.4	78026.6	73615.3	76437.3	82428.9	33195.2	34911.3	38520.7
江苏	Jiangsu	41399.7	43390.4	47498.3	51056.1	53101.7	57743.5	22675.4	24198.5	26790.8
浙江	Zhejiang	49898.8	52397.4	57540.5	60182.3	62699.3	68486.8	29875.8	31930.5	35247.4
安徽	Anhui	26415.1	28103.2	30904.3	37540.0	39442.1	43008.7	15416.0	16620.2	18371.7
福建	Fujian	35616.1	37202.4	40659.3	45620.5	47160.3	51140.5	19568.4	20880.3	23228.9
江西	Jiangxi	26262.4	28016.5	30609.9	36545.9	38555.8	41684.4	15796.3	16980.8	18684.2
山东	Shandong	31597.0	32885.7	35705.1	42329.2	43726.3	47066.4	17775.5	18753.2	20793.9
河南	Henan	23902.7	24810.1	26811.2	34201.0	34750.3	37094.8	15163.7	16107.9	17533.3
湖北	Hubei	28319.5	27880.6	30829.3	37601.4	36705.7	40277.8	16390.9	16305.9	18259.0
湖南	Hunan	27679.7	29379.9	31992.7	39841.9	41697.5	44866.1	15394.8	16584.6	18295.2
广东	Guangdong	39014.3	41028.6	44993.3	48117.6	50257.0	54853.6	18818.4	20143.4	22306.0
广西	Guangxi	23328.2	24562.3	26726.7	34744.9	35859.3	38529.9	13675.7	14814.9	16362.9
海南	Hainan	26679.5	27904.1	30456.8	36016.7	37097.0	40213.2	15113.1	16278.8	18076.3
重庆	Chongqing	28920.4	30823.9	33802.6	37938.6	40006.2	43502.5	15133.3	16361.4	18099.6
四川	Sichuan	24703.1	26522.1	29080.1	36153.7	38253.1	41443.8	14670.1	15929.1	17575.3
贵州	Guizhou	20397.4	21795.4	23996.2	34404.2	36096.2	39211.2	10756.3	11642.3	12856.1
云南	Yunnan	22082.4	23294.9	25666.2	36237.7	37499.5	40904.9	11902.4	12841.9	14197.3
西藏	Tibet	19501.3	21744.1	24949.9	37410.0	41156.4	46503.3	12951.0	14598.4	16932.3
陕西	Shaanxi	24666.3	26226.0	28568.0	36098.2	37868.2	40713.1	12325.7	13316.5	14744.8
甘肃	Gansu	19139.0	20335.1	22066.0	32323.4	33821.8	36187.3	9628.9	10344.3	11432.8
青海	Qinghai	22617.7	24037.4	25919.5	33830.3	35505.8	37745.3	11499.4	12342.5	13604.2
宁夏	Ningxia	24411.9	25734.9	27904.5	34328.5	35719.6	38290.7	12858.4	13889.4	15336.6
新疆	Xinjiang	23103.4	23844.7	26075.0	34663.7	34838.4	37642.4	13121.7	14056.1	15575.3

6–14 分地区全国居民人均可支配收入来源情况(2021年)
Per Capita Disposable Income of Nationwide Households by Source and Region(2021)

单位：元 (yuan)

地区	Region	可支配收入 Disposable Income	工资性收入 Income from Wages and Salaries	经营净收入 Net Business Income	财产净收入 Net Income from Properties	转移净收入 Net Income from Transfers
全 国	**National Average**	**35128.1**	**19629.4**	**5892.7**	**3075.5**	**6530.5**
北 京	Beijing	75002.2	45675.3	940.3	12459.8	15926.8
天 津	Tianjin	47449.4	29775.1	3242.7	4576.2	9855.4
河 北	Hebei	29383.0	17295.6	4780.2	2273.0	5034.3
山 西	Shanxi	27425.9	14936.0	3688.2	1509.0	7292.6
内蒙古	Inner Mongolia	34108.4	17515.4	9203.8	1780.3	5608.9
辽 宁	Liaoning	35111.7	18779.1	5724.3	1605.1	9003.2
吉 林	Jilin	27769.8	14552.1	6396.3	1163.8	5657.6
黑龙江	Heilongjiang	27159.0	12560.2	5540.5	1251.1	7807.3
上 海	Shanghai	78026.6	48835.1	2062.8	10208.5	16920.2
江 苏	Jiangsu	47498.3	26721.2	6214.7	5315.8	9246.7
浙 江	Zhejiang	57540.5	32820.9	9294.2	6905.5	8519.9
安 徽	Anhui	30904.3	16125.7	6716.2	2167.6	5894.8
福 建	Fujian	40659.3	23784.0	7412.4	4540.3	4922.7
江 西	Jiangxi	30609.9	17015.9	4976.1	2306.6	6311.3
山 东	Shandong	35705.1	20412.9	7593.4	2441.4	5257.4
河 南	Henan	26811.2	13518.9	5492.4	1686.2	6113.6
湖 北	Hubei	30829.3	15349.8	6295.3	2214.7	6969.5
湖 南	Hunan	31992.7	15926.6	6709.5	2413.5	6943.2
广 东	Guangdong	44993.3	30777.3	5729.1	5831.3	2655.6
广 西	Guangxi	26726.7	12597.6	6604.8	2082.2	5442.1
海 南	Hainan	30456.8	16623.8	6134.3	2614.0	5084.7
重 庆	Chongqing	33802.6	18137.6	5358.0	2090.2	8216.8
四 川	Sichuan	29080.1	14392.4	5758.4	1905.3	7024.1
贵 州	Guizhou	23996.2	12583.9	5113.6	1511.3	4787.4
云 南	Yunnan	25666.2	13066.7	5816.1	2323.8	4459.6
西 藏	Tibet	24949.9	13803.7	5785.2	1711.4	3649.5
陕 西	Shaanxi	28568.0	15227.9	3701.4	1840.4	7798.3
甘 肃	Gansu	22066.0	12411.7	4083.1	1301.3	4269.9
青 海	Qinghai	25919.5	14966.5	4159.6	1026.3	5767.0
宁 夏	Ningxia	27904.5	16759.2	4781.0	866.7	5497.6
新 疆	Xinjiang	26075.0	13809.1	5674.4	938.3	5653.3

6–15 分地区城镇居民人均可支配收入来源情况(2021年)
Per Capita Disposable Income of Urban Households by Source and Region(2021)

单位：元 (yuan)

地 区	Region	可支配收入 Disposable Income	工资性收入 Income from Wages and Salaries	经营净收入 Net Business Income	财产净收入 Net Income from Properties	转移净收入 Net Income from Transfers
全 国	**National Average**	**47411.9**	**28480.8**	**5381.9**	**5052.0**	**8497.3**
北 京	Beijing	81517.5	49150.5	794.4	13868.6	17704.0
天 津	Tianjin	51485.7	32679.2	2638.4	5258.7	10909.6
河 北	Hebei	39791.0	24540.4	3631.6	4021.7	7597.3
山 西	Shanxi	37433.1	21605.8	3464.8	2576.9	9785.6
内蒙古	Inner Mongolia	44376.9	26573.6	8698.4	2631.2	6473.7
辽 宁	Liaoning	43050.8	24608.3	4254.3	2208.4	11979.9
吉 林	Jilin	35645.8	22523.1	3468.4	1767.3	7887.0
黑龙江	Heilongjiang	33646.1	19024.9	2872.1	1350.3	10398.8
上 海	Shanghai	82428.9	51494.3	2023.8	11203.8	17707.0
江 苏	Jiangsu	57743.5	33455.8	5815.0	7476.0	10996.7
浙 江	Zhejiang	68486.8	38412.2	9670.9	9765.1	10638.6
安 徽	Anhui	43008.7	25545.5	6639.8	3882.7	6940.6
福 建	Fujian	51140.5	31762.1	6706.5	6989.9	5682.0
江 西	Jiangxi	41684.4	25128.5	3985.1	4136.1	8434.7
山 东	Shandong	47066.4	28019.1	7995.1	3921.2	7131.1
河 南	Henan	37094.8	21082.4	5367.4	3275.3	7369.6
湖 北	Hubei	40277.8	22416.1	5350.1	3688.6	8823.0
湖 南	Hunan	44866.1	24160.9	6878.0	4436.0	9391.2
广 东	Guangdong	54853.6	38605.8	5855.2	8020.1	2372.5
广 西	Guangxi	38529.9	20639.9	6848.0	4015.1	7026.9
海 南	Hainan	40213.2	23777.1	5395.5	4470.1	6570.4
重 庆	Chongqing	43502.5	25396.3	4893.6	3105.7	10106.8
四 川	Sichuan	41443.8	23933.7	4798.8	3322.4	9388.9
贵 州	Guizhou	39211.2	22490.2	6754.6	3405.5	6561.0
云 南	Yunnan	40904.9	24187.2	4408.2	5130.8	7178.6
西 藏	Tibet	46503.3	34549.9	1522.8	4247.6	6183.0
陕 西	Shaanxi	40713.1	23244.6	3058.4	3239.5	11170.6
甘 肃	Gansu	36187.3	24463.3	2700.2	2830.7	6193.0
青 海	Qinghai	37745.3	24732.4	3060.4	1651.1	8301.4
宁 夏	Ningxia	38290.7	25908.1	3660.0	1291.7	7430.9
新 疆	Xinjiang	37642.4	23833.1	3900.0	1582.8	8326.5

6-16 分地区农村居民人均可支配收入来源情况(2021年)
Per Capita Disposable Income of Rural Households by Source and Region(2021)

单位：元 (yuan)

地 区	Region	可支配收 入 Disposable Income	工资性收入 Income from Wages and Salaries	经营净收入 Net Business Income	财产净收入 Net Income from Properties	转移净收入 Net Income from Transfers
全 国	**National Average**	**18930.9**	**7958.1**	**6566.2**	**469.4**	**3937.2**
北 京	Beijing	33302.7	23433.8	1873.9	3442.9	4552.2
天 津	Tianjin	27954.5	15749.2	6161.8	1279.7	4763.9
河 北	Hebei	18178.9	9496.7	6016.5	390.5	2275.2
山 西	Shanxi	15308.3	6859.6	3958.8	216.0	4273.9
内蒙古	Inner Mongolia	18336.8	3602.7	9980.1	473.5	4280.6
辽 宁	Liaoning	19216.6	7108.5	8667.4	397.2	3043.6
吉 林	Jilin	17641.7	4301.8	10161.3	387.9	2790.7
黑龙江	Heilongjiang	17889.3	3322.3	9353.5	1109.4	4104.0
上 海	Shanghai	38520.7	24971.9	2413.1	1276.4	9859.3
江 苏	Jiangsu	26790.8	13109.2	7022.4	949.5	5709.7
浙 江	Zhejiang	35247.4	21433.8	8527.2	1081.5	4204.9
安 徽	Anhui	18371.7	6372.7	6795.3	391.7	4812.0
福 建	Fujian	23228.9	10516.2	8586.3	466.5	3659.9
江 西	Jiangxi	18684.2	8279.7	6043.3	336.4	4024.7
山 东	Shandong	20793.9	10430.1	7066.3	499.3	2798.2
河 南	Henan	17533.3	6695.0	5605.2	252.6	4980.5
湖 北	Hubei	18259.0	5948.6	7552.9	253.9	4503.7
湖 南	Hunan	18295.2	7165.0	6530.2	261.5	4338.5
广 东	Guangdong	22306.0	12765.0	5438.8	795.3	3306.8
广 西	Guangxi	16362.9	5536.1	6391.2	385.1	4050.5
海 南	Hainan	18076.3	7546.4	7071.9	258.7	3199.3
重 庆	Chongqing	18099.6	6386.4	6109.8	446.3	5157.0
四 川	Sichuan	17575.3	5513.8	6651.4	586.6	4823.5
贵 州	Guizhou	12856.1	5330.8	3912.0	124.5	3488.8
云 南	Yunnan	14197.3	4697.3	6875.6	211.2	2413.1
西 藏	Tibet	16932.3	6086.4	7370.8	768.0	2707.1
陕 西	Shaanxi	14744.8	6103.5	4433.1	248.1	3960.0
甘 肃	Gansu	11432.8	3337.0	5124.5	149.6	2821.7
青 海	Qinghai	13604.2	4796.5	5304.2	375.7	3127.8
宁 夏	Ningxia	15336.6	5688.7	6137.4	352.5	3158.1
新 疆	Xinjiang	15575.3	4710.2	7285.0	353.3	3226.8

6–17　分地区全国居民人均消费支出情况(2021年)
Per Capita Consumption Expenditure of Nationwide Households by Region (2021)

单位：元 (yuan)

地　区	Region	消费支出 Consumption Expenditure	食品烟酒 Food, Tobacco and Liquor	衣　着 Clothing and Footwear	居　住 Housing	生活用品及服务 Household Equipments, Furnishings and Services	交通通信 Transport and Communi-cations	教育文化娱乐 Education, Culture and Recreation	医疗保健 Health Care and Medical Services	其他用品及服务 Miscellaneous Goods and Services
全　国	**National Average**	**24100.1**	**7178.1**	**1418.7**	**5641.1**	**1423.2**	**3155.6**	**2598.9**	**2115.1**	**569.4**
北　京	Beijing	43640.4	9306.6	2104.4	16846.7	2559.7	4226.8	3348.0	4285.7	962.5
天　津	Tianjin	33188.4	9138.4	1872.0	7519.5	1940.6	4390.4	3372.5	3747.6	1207.5
河　北	Hebei	19953.6	5646.0	1371.8	4520.9	1216.9	2755.1	2007.3	1983.9	451.8
山　西	Shanxi	17191.2	4622.4	1277.4	3850.8	1029.0	1988.0	2059.1	1935.2	429.3
内蒙古	Inner Mongolia	22658.3	6298.8	1641.0	4532.6	1214.7	3488.4	2543.7	2354.7	584.5
辽　宁	Liaoning	23830.8	6915.6	1627.9	4913.6	1307.5	3033.7	2809.4	2485.1	738.0
吉　林	Jilin	19604.6	5499.4	1346.3	3707.0	1025.8	2655.8	2413.1	2360.7	596.4
黑龙江	Heilongjiang	20635.9	6281.9	1466.3	3842.6	1040.7	2761.2	2254.1	2475.2	513.9
上　海	Shanghai	48879.3	12604.5	2086.9	16136.8	2248.1	5626.2	4709.9	3877.9	1589.1
江　苏	Jiangsu	31451.4	8660.6	1783.9	8433.6	1911.7	4335.7	2984.7	2463.4	877.9
浙　江	Zhejiang	36668.1	10160.3	2051.3	9943.0	2072.9	5196.5	3768.7	2498.9	976.6
安　徽	Anhui	21910.9	7142.6	1430.8	4664.7	1343.0	2479.5	2584.8	1783.6	482.0
福　建	Fujian	28440.1	9167.5	1431.9	8300.8	1472.5	3121.1	2572.2	1768.5	605.5
江　西	Jiangxi	20289.9	6518.5	1079.7	4721.2	1141.9	2342.5	2381.8	1693.8	410.6
山　东	Shandong	22820.9	6196.1	1530.3	4682.7	1716.4	3495.6	2728.6	2015.5	455.6
河　南	Henan	18391.3	5231.5	1405.2	4027.0	1228.9	2103.6	2209.2	1786.8	399.0
湖　北	Hubei	23846.1	7276.1	1464.5	4991.8	1327.2	3186.4	2863.3	2238.7	498.0
湖　南	Hunan	22798.2	6736.5	1329.3	4811.5	1411.2	2891.0	3061.3	2122.2	435.0
广　东	Guangdong	31589.3	10484.6	1278.0	8189.6	1614.1	4164.6	3241.6	1900.9	715.9
广　西	Guangxi	18087.9	5825.2	710.2	3697.6	1058.7	2473.1	2283.9	1752.8	286.3
海　南	Hainan	22241.9	8207.2	745.8	5028.0	1033.9	2650.7	2444.5	1682.9	448.9
重　庆	Chongqing	24597.8	8154.5	1708.3	4490.3	1682.5	3049.8	2601.4	2325.8	585.2
四　川	Sichuan	21518.0	7549.0	1315.4	4035.5	1387.6	2807.4	1891.9	2071.9	459.3
贵　州	Guizhou	17957.3	5553.7	1162.2	3461.8	1097.7	2678.0	2247.7	1368.2	387.9
云　南	Yunnan	18851.0	5963.9	959.3	3954.0	1005.6	2837.7	2059.0	1700.1	371.3
西　藏	Tibet	15342.5	5459.9	1294.4	3622.5	975.8	2104.9	768.0	781.4	335.4
陕　西	Shaanxi	19346.5	5331.6	1264.6	4401.5	1267.1	2284.2	2110.7	2264.6	422.2
甘　肃	Gansu	17456.2	5217.7	1217.3	3706.0	1068.0	2215.4	1893.8	1761.4	376.6
青　海	Qinghai	19020.1	5850.2	1358.7	3580.2	1119.0	3108.7	1627.5	1938.1	437.8
宁　夏	Ningxia	20023.8	5446.5	1370.1	3693.1	1203.1	3378.5	2273.2	2126.6	532.5
新　疆	Xinjiang	18960.6	5739.3	1320.6	3598.3	1149.6	2707.7	1664.4	1990.7	789.9

6-18 分地区城镇居民人均消费支出情况(2021年)
Per Capita Consumption Expenditure of Urban Households by Region (2021)

单位：元 (yuan)

地区	Region	消费支出 Consumption Expenditure	食品烟酒 Food, Tobacco and Liquor	衣着 Clothing and Footwear	居住 Housing	生活用品及服务 Household Equipments, Furnishings and Services	交通通信 Transport and Communi-cations	教育文化娱乐 Education, Culture and Recreation	医疗保健 Health Care and Medical Services	其他用品及服务 Miscellaneous Goods and Services
全国	**National Average**	**30307.2**	**8678.1**	**1842.8**	**7405.3**	**1819.6**	**3932.0**	**3322.0**	**2521.3**	**786.1**
北京	Beijing	46775.7	9719.6	2235.5	18382.0	2744.5	4357.8	3665.4	4609.8	1061.1
天津	Tianjin	36066.9	9708.4	2037.4	8315.0	2105.4	4736.4	3783.7	4021.0	1359.7
河北	Hebei	24192.4	6521.6	1695.0	6108.3	1483.4	3144.3	2440.9	2205.3	593.6
山西	Shanxi	21965.5	5528.5	1665.8	4921.5	1390.9	2537.5	2834.2	2497.2	589.7
内蒙古	Inner Mongolia	27194.2	7325.9	2153.2	5642.6	1547.1	4063.0	3086.7	2617.7	758.1
辽宁	Liaoning	28438.4	8183.9	1993.8	5947.0	1638.3	3432.9	3398.3	2904.8	939.4
吉林	Jilin	24420.9	6622.6	1783.4	4936.7	1377.4	3225.4	2969.5	2701.1	804.9
黑龙江	Heilongjiang	24422.1	7095.1	1780.3	4944.6	1293.1	3092.6	2714.9	2850.5	651.0
上海	Shanghai	51294.6	12877.6	2153.4	17369.5	2328.2	5721.2	5090.0	4063.1	1691.6
江苏	Jiangsu	36558.0	9590.4	2075.1	10321.4	2176.4	4926.7	3563.5	2800.5	1104.0
浙江	Zhejiang	42193.5	11283.4	2437.2	11306.6	2417.9	6105.0	4537.2	2865.6	1240.5
安徽	Anhui	26495.1	8468.6	1794.9	5822.9	1671.2	3039.9	3170.2	1891.2	636.2
福建	Fujian	33942.0	10612.2	1740.9	10349.5	1793.6	3655.6	3119.7	1939.4	731.1
江西	Jiangxi	24586.5	7722.7	1440.2	5469.8	1445.8	2939.6	2943.6	2015.4	609.4
山东	Shandong	29314.3	7693.0	2096.9	6198.9	2319.2	4309.0	3665.8	2403.9	627.6
河南	Henan	23177.5	6438.3	1788.7	5302.5	1621.5	2640.1	2761.2	2058.0	567.1
湖北	Hubei	28505.6	8513.1	1844.9	6241.9	1628.1	3562.7	3487.9	2541.1	686.0
湖南	Hunan	28293.8	8129.8	1857.0	5795.6	1830.0	3802.7	3859.5	2399.2	620.0
广东	Guangdong	36621.1	11622.0	1519.9	9696.4	1874.8	5008.5	3872.8	2143.7	882.9
广西	Guangxi	22555.3	7089.0	995.6	4703.6	1371.1	3008.6	2811.5	2163.1	412.7
海南	Hainan	27564.8	9593.8	993.3	6721.1	1316.0	3369.8	2961.0	2012.3	597.4
重庆	Chongqing	29849.6	9556.8	2214.7	5467.3	2125.5	3795.8	3241.1	2661.9	786.5
四川	Sichuan	26970.8	9246.5	1831.4	5158.2	1723.8	3529.8	2557.5	2281.1	642.5
贵州	Guizhou	25333.0	7765.3	1827.0	4489.6	1590.5	3832.0	3270.8	1952.1	605.7
云南	Yunnan	27440.7	8000.4	1576.0	5952.5	1534.5	4169.8	3005.9	2551.8	649.9
西藏	Tibet	28159.2	9395.4	2625.6	6538.8	2052.5	3651.3	1566.7	1565.8	763.1
陕西	Shaanxi	24783.7	6664.4	1738.9	5589.5	1701.4	2835.3	2880.0	2758.6	615.7
甘肃	Gansu	25756.6	7542.5	1938.8	5732.0	1648.5	3295.7	2692.2	2291.7	615.2
青海	Qinghai	24512.5	7388.6	1792.2	4754.6	1546.3	3928.3	2099.4	2454.1	549.1
宁夏	Ningxia	25385.6	6689.8	1896.7	4610.0	1568.6	4233.1	3075.7	2559.2	752.4
新疆	Xinjiang	25724.0	7752.8	1860.5	4772.1	1627.9	3864.7	2047.3	2850.2	948.6

6-19 分地区农村居民人均消费支出情况(2021年)
Per Capita Consumption Expenditure of Rural Households by Region (2021)

单位：元 (yuan)

地区	Region	消费支出 Consumption Expenditure	食品烟酒 Food, Tobacco and Liquor	衣着 Clothing and Footwear	居住 Housing	生活用品及服务 Household Equipments, Furnishings and Services	交通通信 Transport and Communi-cations	教育文化娱乐 Education, Culture and Recreation	医疗保健 Health Care and Medical Services	其他用品及服务 Miscellaneous Goods and Services
全国	**National Average**	**15915.6**	**5200.2**	**859.5**	**3314.7**	**900.5**	**2131.8**	**1645.5**	**1579.6**	**283.8**
北京	Beijing	23574.0	6663.5	1265.7	7020.2	1377.0	3387.9	1316.7	2211.9	331.0
天津	Tianjin	19285.5	6385.0	1073.1	3677.6	1144.7	2719.5	1386.3	2427.2	472.0
河北	Hebei	15390.7	4703.4	1023.8	2812.2	930.0	2336.1	1540.6	1745.5	299.1
山西	Shanxi	11410.1	3525.1	807.2	2554.2	590.8	1322.5	1120.5	1254.6	235.1
内蒙古	Inner Mongolia	15691.4	4721.2	854.4	2827.6	704.2	2605.8	1709.7	1950.7	317.9
辽宁	Liaoning	14605.9	4376.4	895.3	2844.6	645.1	2234.7	1630.3	1644.9	334.6
吉林	Jilin	13411.0	4055.0	784.2	2125.8	573.6	1923.4	1697.7	1922.9	328.3
黑龙江	Heilongjiang	15225.0	5119.9	1017.6	2267.7	680.0	2287.6	1595.5	1938.8	318.0
上海	Shanghai	27204.8	10153.4	1489.5	5075.1	1529.3	4773.7	1298.3	2216.4	669.1
江苏	Jiangsu	21130.1	6781.3	1195.2	4618.0	1376.6	3141.3	1815.0	1781.9	420.7
浙江	Zhejiang	25415.2	7872.9	1265.3	7166.1	1370.3	3346.0	2203.6	1751.8	439.2
安徽	Anhui	17163.3	5769.3	1053.7	3465.3	1003.1	1899.1	1978.5	1672.1	322.2
福建	Fujian	19290.4	6765.0	917.9	4894.0	938.6	2232.2	1661.7	1484.3	396.6
江西	Jiangxi	15663.1	5221.8	691.4	3915.0	814.6	1699.4	1776.9	1347.4	196.5
山东	Shandong	14298.7	4231.6	786.8	2692.8	925.3	2428.0	1498.7	1505.8	229.8
河南	Henan	14073.2	4142.7	1059.1	2876.3	874.7	1619.6	1711.2	1542.1	247.4
湖北	Hubei	17646.9	5630.5	958.5	3328.7	927.0	2685.8	2032.3	1836.5	247.7
湖南	Hunan	16950.7	5254.1	767.9	3764.4	965.5	1921.0	2212.1	1827.5	238.2
广东	Guangdong	20011.8	7867.4	721.4	4722.4	1014.2	2222.9	1789.4	1342.2	331.8
广西	Guangxi	14165.3	4715.5	459.7	2814.4	784.4	2002.9	1820.6	1392.5	175.3
海南	Hainan	15487.3	6447.6	431.8	2879.5	675.8	1738.2	1789.0	1264.9	260.5
重庆	Chongqing	16095.7	5884.4	888.5	2908.6	965.4	1842.0	1565.8	1781.8	259.3
四川	Sichuan	16444.0	5969.5	835.2	2990.8	1074.7	2135.2	1272.6	1877.3	288.8
贵州	Guizhou	12557.0	3934.3	675.5	2709.2	737.0	1833.1	1498.7	940.8	228.4
云南	Yunnan	12386.3	4431.2	495.2	2450.0	607.5	1835.2	1346.4	1059.2	161.7
西藏	Tibet	10576.6	3996.5	799.4	2538.1	575.5	1529.9	471.0	489.8	176.4
陕西	Shaanxi	13158.0	3814.6	724.8	3049.5	772.9	1657.0	1235.1	1702.3	201.9
甘肃	Gansu	11206.1	3467.1	674.1	2180.4	630.9	1401.9	1292.7	1362.2	197.0
青海	Qinghai	13300.2	4248.1	907.2	2357.3	674.0	2255.1	1136.0	1400.7	321.9
宁夏	Ningxia	13535.7	3941.9	733.0	2583.7	760.9	2344.5	1302.1	1603.2	266.5
新疆	Xinjiang	12821.4	3911.7	830.6	2532.8	715.5	1657.6	1316.8	1210.6	645.8

七、社会保障
Social Security

7–1 社会保险基金收支及累计结余情况
Revenue, Expenses and Balance of Social Insurance Fund

单位：亿元 (100 million yuan)

年 份 Year	基金收入 Revenue	基本养老保险 Basic Endowment Insurance	失业保险 Unemployment Insurance	基本医疗保险 Basic Medical Insurance	工伤保险 Work-related Injury Insurance	生育保险 Birth Insurance
1990	186.8	178.8	7.2			
1995	1006.0	950.1	35.3	9.7	8.1	2.9
2000	2644.9	2278.5	160.4	170.0	24.8	11.2
2001	3101.9	2489.0	187.3	383.6	28.3	13.7
2002	4048.7	3171.5	215.6	607.8	32.0	21.8
2003	4882.9	3680.0	249.5	890.0	37.6	25.8
2004	5780.3	4258.4	290.8	1140.5	58.3	32.1
2005	6975.2	5093.3	340.3	1405.3	92.5	43.8
2006	8643.2	6309.8	402.4	1747.1	121.8	62.1
2007	10812.3	7834.2	471.7	2257.2	165.6	83.6
2008	13696.1	9740.2	585.1	3040.4	216.7	113.7
2009	16115.6	11490.8	580.4	3671.9	240.1	132.4
2010	19276.1	13872.9	649.8	4308.9	284.9	159.6
2011	25153.3	18004.8	923.1	5539.2	466.4	219.8
2012	30738.8	21830.2	1138.9	6938.7	526.7	304.2
2013	35252.9	24732.6	1288.9	8248.3	614.8	368.4
2014	39827.7	27619.9	1379.8	9687.2	694.8	446.1
2015	46012.1	32195.5	1367.8	11192.9	754.2	501.7
2016	53562.7	37990.8	1228.9	13084.3	736.9	521.9
2017	67154.5	46613.8	1112.6	17931.3	853.8	643.0
2018	79254.8	55005.3	1171.1	21384.4	913.0	781.0
2019	83550.4	57025.9	1284.2	24420.9	819.4	
2020	75512.5	49228.6	951.5	24846.1	486.3	
2021	96936.8	65793.3	1459.6	28732.0	951.9	

注：1.2007年及以后基本医疗保险基金中包括职工基本医疗保险和城乡居民基本医疗保险。
2.2010年及以后基本养老保险基金中包括城镇职工基本养老保险和城乡居民基本养老保险。
3.工伤保险累计结余中含储备金(以下相关表同)。
4.2019年起，基本医疗保险基金包含生育保险基金(以下相关表同)。

a) Data of basic medical insurance include the basic medical insurance for workers and the basic medical insurance for urban and rural residents from 2007.
b) Data of basic endowment insurance for 2010 and following years include the basic endowment insurance for urban workers and basic endowment insurance for urban and rural residents.
c) The balance at year-end of work-related injury insurance at year-end include reserve fund. The same applies to the relevant following tables.
d) Since 2019, the data of basic medical care insurance fund includes the data of maternity insurance fund. The same applies to the relevant following tables.

7–1 续表 1 continued

单位：亿元 (100 million yuan)

年 份 Year	基金支出 Expenses	基本养老保险 Basic Endowment Insurance	失业保险 Unemployment Insurance	基本医疗保险 Basic Medical Insurance	工伤保险 Work-related Injury Insurance	生育保险 Birth Insurance
1990	151.9	149.3	2.5			
1995	877.1	847.6	18.9	7.3	1.8	1.6
2000	2385.6	2115.5	123.4	124.5	13.8	8.3
2001	2748.0	2321.3	156.6	244.1	16.5	9.6
2002	3471.5	2842.9	186.6	409.4	19.9	12.8
2003	4016.4	3122.1	199.8	653.9	27.1	13.5
2004	4627.4	3502.1	211.3	862.2	33.3	18.8
2005	5400.8	4040.3	206.9	1078.7	47.5	27.4
2006	6477.4	4896.7	198.0	1276.7	68.5	37.5
2007	7887.8	5964.9	217.7	1561.8	87.9	55.6
2008	9925.1	7389.6	253.5	2083.6	126.9	71.5
2009	12302.6	8894.4	366.8	2797.4	155.7	88.3
2010	15018.9	10755.3	423.3	3538.1	192.4	109.9
2011	18652.9	13363.2	432.8	4431.4	286.4	139.2
2012	23331.3	16711.5	450.6	5543.6	406.3	219.3
2013	27916.3	19818.7	531.6	6801.0	482.1	282.8
2014	33002.7	23325.8	614.7	8133.6	560.5	368.1
2015	38988.1	27929.4	736.4	9312.1	598.7	411.5
2016	46888.4	34004.3	976.1	10767.1	610.3	530.6
2017	57145.6	40423.8	893.8	14421.8	662.3	744.0
2018	67792.7	47550.4	915.3	17823.0	742.0	762.0
2019	75346.6	52342.3	1333.2	20854.2	816.9	
2020	78611.8	54656.5	2103.0	21032.1	820.3	
2021	86734.9	60196.5	1500.0	24048.2	990.2	

7-1 续表 2 continued

单位：亿元 (100 million yuan)

年份 Year	累计结余 Balance at Year-end	基本养老保险 Basic Endowment Insurance	失业保险 Unemployment Insurance	基本医疗保险 Basic Medical Insurance	工伤保险 Work-related Injury Insurance	生育保险 Birth Insurance
1990	117.3	97.9	19.5			
1995	516.8	429.8	68.4	3.1	12.7	2.7
2000	1327.5	947.1	195.9	109.8	57.9	16.8
2001	1622.8	1054.1	226.2	253.0	68.9	20.6
2002	2423.4	1608.0	253.8	450.7	81.1	29.7
2003	3313.8	2206.5	303.5	670.6	91.2	42.0
2004	4493.4	2975.0	385.8	957.9	118.6	55.9
2005	6073.7	4041.0	519.0	1278.1	163.5	72.1
2006	8255.9	5488.9	724.8	1752.4	192.9	96.9
2007	11236.6	7391.4	979.1	2476.9	262.6	126.6
2008	15225.6	9931.0	1310.1	3431.7	384.6	168.2
2009	19006.5	12526.1	1523.6	4275.9	468.8	212.1
2010	23407.5	15787.8	1749.8	5047.1	561.4	261.4
2011	30233.1	20727.8	2240.2	6180.0	742.6	342.5
2012	38106.6	26243.5	2929.0	7644.5	861.9	427.6
2013	45588.1	31274.8	3685.9	9116.5	996.2	514.7
2014	52462.3	35644.5	4451.5	10644.8	1128.8	592.7
2015	59532.5	39937.1	5083.0	12542.8	1285.3	684.4
2016	66349.7	43965.2	5333.3	14964.3	1410.9	675.9
2017	77312.1	50202.2	5552.4	19385.6	1606.9	565.0
2018	89775.5	58151.6	5817.0	23440.0	1784.9	582.0
2019	96977.8	62872.6	4625.4	27696.7	1783.2	
2020	94378.7	58075.2	3354.1	31500.0	1449.3	
2021	104872.1	63970.0	3312.5	36178.3	1411.2	

7-2 社会保险基本情况
Basic Statistics on Social Insurance

单位：万人 (10 000 persons)

年 份 Year	年末参加基本养老保险人数 Basic Endowment Insurance Participants at Year-end	城镇职工基本养老保险 Basic Endowment Insurance for Urban Workers			城乡居民基本养老保险 Basic Endowment Insurance for Urban and Rural Residents
		合 计 Total	职 工 Number of Workers	离退休人 员 Number of Retirees	
1989	5710.3	5710.3	4816.9	893.4	
1990	6166.0	6166.0	5200.7	965.3	
1991	6740.3	6740.3	5653.7	1086.6	
1992	9456.2	9456.2	7774.7	1681.5	
1993	9847.6	9847.6	8008.2	1839.4	
1994	10573.5	10573.5	8494.1	2079.4	
1995	10979.0	10979.0	8737.8	2241.2	
1996	11116.7	11116.7	8758.4	2358.3	
1997	11203.9	11203.9	8670.9	2533.0	
1998	11203.1	11203.1	8475.8	2727.3	
1999	12485.4	12485.4	9501.8	2983.6	
2000	13617.4	13617.4	10447.5	3169.9	
2001	14182.5	14182.5	10801.9	3380.6	
2002	14736.6	14736.6	11128.8	3607.8	
2003	15506.7	15506.7	11646.5	3860.2	
2004	16352.9	16352.9	12250.3	4102.6	
2005	17487.9	17487.9	13120.4	4367.5	
2006	18766.3	18766.3	14130.9	4635.4	
2007	20136.9	20136.9	15183.2	4953.7	
2008	21891.1	21891.1	16587.5	5303.6	
2009	23549.9	23549.9	17743.0	5806.9	
2010	35984.1	25707.3	19402.3	6305.0	10276.8
2011	61573.3	28391.3	21565.0	6826.2	33182.0
2012	78796.3	30426.8	22981.1	7445.7	48369.5
2013	81968.4	32218.4	24177.3	8041.0	49750.1
2014	84231.9	34124.4	25531.0	8593.4	50107.5
2015	85833.4	35361.2	26219.2	9141.9	50472.2
2016	88776.8	37929.7	27826.3	10103.4	50847.1
2017	91548.3	40293.3	29267.6	11025.7	51255.0
2018	94293.3	41901.6	30104.0	11797.7	52391.7
2019	96753.9	43487.9	31177.5	12310.4	53266.0
2020	99864.9	45621.1	32858.7	12762.3	54243.8
2021	102871.4	48074.0	34917.1	13157.0	54797.4

7-2 续表 Contiuned

年 份 Year	失业保险 Unemployment Insurance			基本医疗保险 Basic Medical Insurance			工伤保险 Work-related Injury Insurance		年末参加生育保险人数 Birth Insurance Participants at Year-end
	年末参保人数 Participants at Year-end	全年发放失业保险金人数 Beneficiaries of Unemployment Insurance Fund	全年发放失业保险金（亿元） Unemployed Relief (100 million yuan)	年末参保人数 Participants at Year-end	职工 For Workers	城乡居民 For Urban and Rural Residents	年末参保人数 Participants at Year-end	年末享受工伤待遇的人数 Beneficiaries at Year-end	
1994	7967.8	196.5	5.1	400.3	400.3		1822.1	5.8	915.9
1995	8237.7	261.3	8.2	745.9	745.9		2614.8	7.1	1500.2
1996	8333.1	330.8	13.9	855.7	855.7		3102.6	10.1	2015.6
1997	7961.4	319.0	18.7	1762.0	1762.0		3507.8	12.5	2485.9
1998	7927.9	158.1	20.4	1877.6	1877.6		3781.3	15.3	2776.7
1999	9852.0	271.4	31.9	2065.3	2065.3		3912.3	15.1	2929.8
2000	10408.4	329.7	56.2	3786.9	3786.9		4350.3	18.8	3001.6
2001	10354.6	468.5	83.3	7285.9	7285.9		4345.3	18.7	3455.1
2002	10181.6	657.0	116.8	9401.2	9401.2		4405.6	26.5	3488.2
2003	10372.9	741.6	133.4	10901.7	10901.7		4574.8	32.9	3655.4
2004	10583.9	753.5	137.5	12403.6	12403.6		6845.2	51.9	4383.8
2005	10647.7	677.8	132.4	13782.9	13782.9		8478.0	65.1	5408.5
2006	11186.6	598.1	125.8	15731.8	15731.8		10268.5	77.8	6458.9
2007	11644.6	538.5	129.4	22311.1	18020.0	4291.1	12173.3	96.0	7775.3
2008	12399.8	516.7	139.5	31821.6	19995.6	11826.0	13787.2	117.8	9254.1
2009	12715.5	483.9	145.8	40147.0	21937.4	18209.6	14895.5	129.6	10875.7
2010	13375.6	431.6	140.4	43262.9	23734.7	19528.3	16160.7	147.5	12335.9
2011	14317.1	394.4	159.9	47343.2	25227.1	22116.1	17695.9	163.0	13892.0
2012	15224.7	390.1	181.3	53641.3	26485.6	27155.7	19010.1	190.5	15428.7
2013	16416.8	416.7	203.2	57072.6	27443.1	29629.4	19917.2	195.2	16392.0
2014	17042.6	422.0	233.3	59746.9	28296.0	31450.9	20639.2	198.2	17038.7
2015	17326.0	456.8	269.8	66581.6	28893.1	37688.5	21432.5	201.9	17771.0
2016	18088.8	483.9	309.4	74391.6	29531.5	44860.0	21889.3	196.0	18451.0
2017	18784.2	458.1	318.2	117681.4	30322.7	87358.7	22723.7	192.8	19300.2
2018	19643.5	452.3	357.6	134458.6	31680.8	102777.8	23874.4	198.5	20434.1
2019	20542.7	461.2	396.8	135407.4	32924.7	102482.7	25478.4	194.4	21417.3
2020	21689.5	515.1	413.9	136131.1	34455.1	101676.0	26763.4	187.6	23567.3
2021	22957.9	607.6	530.7	136296.7	35430.9	100865.9	28286.5	206.2	23751.7

7–3 分地区城镇职工基本养老保险情况(2021年)

Statistics on Basic Endowment Insurance for Urban Workers by Region (2021)

地 区	Region	年末参加城镇职工基本养老保险人数(万人) Participants of Basic Endowment Insurance for Urban Workers at Year-end (10 000 persons)	职 工 Number of Workers	离退休人员 Number of Retirees	基金收支情况(亿元) Revenue and Expenses(100 million yuan) 基金收入 Revenue	基金支出 Expenses	累计结余 Balance at Year-end
全 国	**National Total**	**48074.0**	**34917.1**	**13157.0**	**60454.7**	**56481.5**	**52573.6**
北 京	Beijing	1826.8	1507.7	319.0	3265.9	2074.8	6517.4
天 津	Tianjin	765.1	527.2	237.9	1159.9	1196.0	326.6
河 北	Hebei	1805.5	1313.8	491.7	2076.3	2142.2	623.6
山 西	Shanxi	1002.3	710.5	291.8	1429.2	1400.5	1595.5
内蒙古	Inner Mongolia	823.1	503.1	320.0	1195.2	1379.8	336.3
辽 宁	Liaoning	2084.6	1227.6	857.0	2593.9	3329.5	143.5
吉 林	Jilin	922.0	526.6	395.4	1316.8	1510.3	369.6
黑龙江	Heilongjiang	1446.6	811.8	634.8	1824.5	2456.8	-372.3
上 海	Shanghai	1654.4	1126.0	528.4	3379.5	3222.0	1225.0
江 苏	Jiangsu	3609.3	2607.5	1001.8	4391.1	4006.6	4414.4
浙 江	Zhejiang	3367.5	2455.6	911.9	3488.7	3737.2	2128.3
安 徽	Anhui	1384.2	1003.2	381.0	1731.6	1469.6	2129.5
福 建	Fujian	1330.0	1110.3	219.6	1065.1	927.2	707.2
江 西	Jiangxi	1246.9	875.5	371.4	1334.2	1276.4	842.5
山 东	Shandong	3226.7	2437.7	789.0	3454.3	3483.2	1385.6
河 南	Henan	2377.2	1841.2	536.0	2136.7	2114.9	1131.3
湖 北	Hubei	1834.7	1217.5	617.1	2441.9	2441.8	1104.3
湖 南	Hunan	1849.5	1327.7	521.8	1859.6	1874.2	1864.4
广 东	Guangdong	5079.5	4327.1	752.4	6112.5	3483.9	14110.1
广 西	Guangxi	985.3	704.2	281.1	1278.0	1195.5	718.3
海 南	Hainan	329.0	252.9	76.1	387.9	317.7	318.6
重 庆	Chongqing	1354.2	911.5	442.7	1737.8	1440.1	1335.2
四 川	Sichuan	3178.5	2201.5	977.1	3596.7	3346.2	3717.2
贵 州	Guizhou	755.8	591.0	164.9	864.4	711.6	1031.2
云 南	Yunnan	739.3	550.5	188.8	1076.5	891.9	1555.7
西 藏	Tibet	59.5	48.6	10.9	159.7	127.6	217.2
陕 西	Shaanxi	1229.4	946.8	282.6	1604.6	1509.1	851.2
甘 肃	Gansu	502.5	334.0	168.5	694.1	733.4	378.1
青 海	Qinghai	169.0	119.0	50.0	272.4	291.1	26.4
宁 夏	Ningxia	252.1	181.7	70.4	302.3	314.2	230.8
新 疆	Xinjiang	791.5	561.6	229.9	1336.5	1185.4	1493.7
不分地区	Not Classified by Region	92.1	56.0	36.1	886.8	890.6	117.1

注："不分地区"数据包括中央国家机关事业单位、中国人民银行、中国农业发展银行和中央调剂金账户。

a) Data in the category of "Not Classified by Region" include data from the Central government organs and institutions, People's Bank of China, Agricultural Development Bank of China and Central Allocation System account.

7-4 分地区城乡居民基本养老保险情况(2021年)
Statistics on Basic Endowment Insurance for Urban and Rural Residents by Region (2021)

地区	Region	参保人数(万人) Participants at Year-end (10 000 persons)	#实际领取待遇人数 Number of People Actual Received Pension	城镇居民 Urban Residents	农村居民 Rural Residents	基金收支情况(亿元) Revenue and Expenses (100 million yuan): 基金收入 Revenue	基金支出 Expenses	累计结余 Balance at Year-end
全国	**National Total**	**54797.4**	**16213.3**	**2724.4**	**52072.9**	**5338.6**	**3715.0**	**11396.4**
北京	Beijing	192.4	90.8	19.7	172.8	113.6	103.7	179.9
天津	Tianjin	172.0	82.8	18.9	153.0	76.7	50.0	323.1
河北	Hebei	3552.8	1086.9	95.1	3457.7	263.8	172.7	576.2
山西	Shanxi	1637.9	420.9	72.4	1565.6	121.7	72.7	318.8
内蒙古	Inner Mongolia	791.7	249.3	56.5	735.2	88.9	64.1	148.9
辽宁	Liaoning	1040.9	426.6	44.6	996.2	82.9	78.2	92.9
吉林	Jilin	933.7	281.7	271.0	662.8	57.6	43.8	99.4
黑龙江	Heilongjiang	889.9	244.1	48.7	841.2	68.6	48.2	136.7
上海	Shanghai	74.4	52.0	12.0	62.4	92.4	90.2	91.5
江苏	Jiangsu	2355.6	1093.4	84.5	2271.2	503.6	398.4	893.4
浙江	Zhejiang	1055.5	535.6	145.5	910.0	342.6	242.7	354.4
安徽	Anhui	3457.6	913.8	161.9	3295.8	294.8	157.2	726.2
福建	Fujian	1597.4	486.5		1597.4	132.9	102.3	261.6
江西	Jiangxi	2074.3	508.4	97.5	1976.8	146.4	100.7	351.1
山东	Shandong	4614.1	1567.2		4614.1	598.1	383.0	1506.1
河南	Henan	5306.3	1431.7	343.9	4962.4	320.7	222.0	739.8
湖北	Hubei	2612.9	803.4		2612.9	229.9	149.3	525.8
湖南	Hunan	3435.1	850.3	112.0	3323.1	235.2	152.8	493.4
广东	Guangdong	2681.4	894.9	349.4	2332.0	304.9	273.6	506.4
广西	Guangxi	2671.8	588.8		2671.8	146.2	103.7	276.5
海南	Hainan	329.2	77.9	40.0	289.2	39.1	21.9	130.7
重庆	Chongqing	1139.9	334.8	111.7	1028.2	89.6	69.5	191.9
四川	Sichuan	3181.1	1099.5	118.2	3062.9	384.1	231.0	785.5
贵州	Guizhou	1928.6	462.0		1928.6	97.7	64.4	187.3
云南	Yunnan	2460.3	542.7	222.5	2237.8	155.9	99.7	553.9
西藏	Tibet	174.9	26.3	6.0	169.0	12.8	7.5	39.2
陕西	Shaanxi	1799.5	540.5	94.3	1705.2	143.5	102.8	340.8
甘肃	Gansu	1387.9	315.7	61.2	1326.7	103.7	55.2	297.9
青海	Qinghai	262.6	42.0	14.3	248.4	19.0	12.7	66.0
宁夏	Ningxia	230.7	42.5	37.2	193.6	20.3	12.1	51.2
新疆	Xinjiang	754.8	120.5	85.4	669.3	51.4	28.7	149.8

7–5 分地区基本医疗保险参保人数(2021年)
Participants of Basic Medical Insurance by Region (2021)

单位：万人　　　　(10 000 persons)

地 区	Region	年末参保人数合计 Participants at Year-end	职工基本医疗保险 Basic Medical Insurance for Workers	职工 Workers	退休人员 Retirees	城乡居民基本医疗保险 Basic Medical Insurance for Urban and Rural Residents
全 国	**National Total**	**136296.7**	**35430.9**	**26106.5**	**9324.4**	**100865.9**
北 京	Beijing	1886.9	1486.0	1165.5	320.5	400.8
天 津	Tianjin	1175.0	637.6	415.5	222.1	537.4
河 北	Hebei	7091.0	1212.0	846.0	366.0	5879.0
山 西	Shanxi	3246.0	731.1	497.0	234.1	2515.0
内蒙古	Inner Mongolia	2192.2	564.7	380.5	184.2	1627.5
辽 宁	Liaoning	3808.3	1571.0	902.4	668.6	2237.3
吉 林	Jilin	2290.3	537.5	333.3	204.2	1752.8
黑龙江	Heilongjiang	2821.1	884.9	484.3	400.6	1936.2
上 海	Shanghai	1978.5	1613.4	1084.7	528.7	365.0
江 苏	Jiangsu	8063.8	3246.0	2403.9	842.0	4817.8
浙 江	Zhejiang	5654.5	2736.0	2188.2	547.8	2918.5
安 徽	Anhui	6661.9	1010.8	731.6	279.2	5651.0
福 建	Fujian	3872.1	933.0	757.4	175.6	2939.0
江 西	Jiangxi	4689.1	610.1	394.9	215.2	4079.0
山 东	Shandong	9732.4	2435.6	1811.1	624.5	7296.7
河 南	Henan	10339.2	1351.8	949.7	402.1	8987.4
湖 北	Hubei	5619.7	1196.1	838.1	358.0	4423.6
湖 南	Hunan	6748.7	1025.2	712.9	312.3	5723.5
广 东	Guangdong	11271.9	4757.1	4175.8	581.3	6514.8
广 西	Guangxi	5249.3	714.8	531.4	183.4	4534.5
海 南	Hainan	938.8	245.8	179.6	66.2	693.0
重 庆	Chongqing	3261.7	795.9	586.3	209.5	2465.9
四 川	Sichuan	8586.2	1945.8	1435.4	510.4	6640.4
贵 州	Guizhou	4214.5	479.4	357.3	122.1	3735.0
云 南	Yunnan	4521.9	569.2	407.4	161.8	3952.6
西 藏	Tibet	346.0	55.1	43.7	11.3	291.0
陕 西	Shaanxi	3891.6	783.8	566.8	217.0	3107.8
甘 肃	Gansu	2587.2	372.3	253.2	119.2	2214.8
青 海	Qinghai	567.0	114.8	76.7	38.1	452.1
宁 夏	Ningxia	663.4	159.6	119.1	40.5	503.8
新 疆	Xinjiang	2326.4	654.1	476.5	177.7	1672.3

7-6 分地区基本医疗保险基金收支情况（2021年）

Revenue and Expenses of Basic Medical Insurance by Region (2021)

单位：亿元 (100 million yuan)

地区	Region	基金收入 Revenue 合计 Total	职工 Workers	居民 Residents	基金支出 Expenses 合计 Total	职工 Workers	居民 Residents	累计结余 Balance at the Year-end 合计 Total	职工 Workers	居民 Residents
全国	**National Total**	**28732.0**	**19007.5**	**9724.5**	**24048.2**	**14751.8**	**9296.4**	**36178.3**	**29461.8**	**6716.6**
北京	Beijing	1786.1	1672.4	113.6	1465.6	1358.8	106.8	1674.2	1613.1	61.1
天津	Tianjin	440.0	386.6	53.3	385.4	324.1	61.3	467.7	374.3	93.5
河北	Hebei	1130.6	608.0	522.5	931.4	462.1	469.3	1385.0	1068.1	316.9
山西	Shanxi	566.0	322.5	243.5	460.3	244.2	216.0	671.8	508.7	163.1
内蒙古	Inner Mongolia	432.5	279.9	152.6	342.6	209.2	133.3	596.5	479.4	117.1
辽宁	Liaoning	810.4	608.8	201.6	698.8	499.1	199.7	881.3	679.5	201.8
吉林	Jilin	367.4	226.2	141.2	306.8	175.9	130.9	542.5	413.7	128.8
黑龙江	Heilongjiang	551.3	379.9	171.5	477.4	308.0	169.4	782.1	589.8	192.3
上海	Shanghai	1829.1	1730.5	98.6	1133.3	1038.0	95.2	3903.4	3876.0	27.3
江苏	Jiangsu	2176.2	1614.6	561.6	1854.0	1315.1	538.9	2625.7	2348.9	276.9
浙江	Zhejiang	2032.6	1549.5	483.1	1632.5	1174.6	457.8	2860.2	2599.3	260.9
安徽	Anhui	906.7	417.8	488.9	817.8	328.1	489.7	867.5	632.3	235.2
福建	Fujian	715.4	447.9	267.5	618.7	357.8	260.9	963.6	854.0	109.6
江西	Jiangxi	672.1	268.9	403.3	616.8	225.6	391.2	730.9	432.5	298.5
山东	Shandong	1921.5	1223.6	697.9	1827.6	1118.0	709.6	1759.2	1335.4	423.9
河南	Henan	1399.0	614.7	784.2	1275.1	493.4	781.7	1200.3	880.2	320.1
湖北	Hubei	1001.9	598.0	403.9	861.6	469.0	392.6	1042.8	754.3	288.4
湖南	Hunan	956.0	453.2	502.8	806.2	347.9	458.3	1060.5	767.4	293.1
广东	Guangdong	2573.2	1890.5	682.6	2199.3	1572.9	626.4	4042.1	3313.3	728.9
广西	Guangxi	731.0	321.4	409.6	677.3	257.9	419.4	913.9	513.4	400.5
海南	Hainan	197.2	123.6	73.6	141.4	86.0	55.4	277.8	215.3	62.5
重庆	Chongqing	605.5	401.6	203.9	504.7	290.7	214.0	615.7	445.3	170.4
四川	Sichuan	1554.6	962.0	592.6	1247.3	674.3	573.1	2250.4	1749.4	501.1
贵州	Guizhou	588.0	261.4	326.6	489.0	187.4	301.6	647.2	379.6	267.6
云南	Yunnan	760.4	388.4	372.0	640.3	298.9	341.3	853.8	613.8	240.0
西藏	Tibet	87.5	63.6	23.9	40.9	25.7	15.2	194.2	174.8	19.4
陕西	Shaanxi	695.6	415.0	280.6	629.8	351.0	278.7	770.7	605.5	165.1
甘肃	Gansu	402.7	201.6	201.1	318.8	145.9	172.9	376.4	258.5	117.9
青海	Qinghai	139.1	94.9	44.2	110.1	66.9	43.2	215.2	168.7	46.5
宁夏	Ningxia	127.8	78.2	49.7	101.5	54.8	46.7	178.3	140.7	37.5
新疆	Xinjiang	574.5	402.3	172.2	435.8	290.3	145.5	827.2	676.5	150.7

7–7 分地区失业保险情况(2021年)
Statistics on Unemployment Insurance by Region (2021)

地 区 Region	年末参加失业保险人数(万人) Unemployment Insurance Participants at Year-end (10 000 persons)	年末领取失业保险金人数(万人) Beneficiaries of Unemployment Insurance Fund (10 000 persons)	基金收支情况(亿元) Revenue and Expenses (100 million yuan)		
			基金收入 Revenue	基金支出 Expenses	累计结余 Balance at Year-end
全 国 National Total	**22957.9**	**258.8**	**1459.6**	**1500.0**	**3312.5**
北 京 Beijing	1359.0	8.4	122.8	150.6	113.9
天 津 Tianjin	372.3	7.7	28.8	33.8	43.6
河 北 Hebei	747.4	7.0	44.4	35.1	141.3
山 西 Shanxi	504.5	3.7	35.7	25.6	162.4
内蒙古 Inner Mongolia	290.9	2.9	23.5	19.9	117.5
辽 宁 Liaoning	690.9	19.2	42.0	84.0	118.1
吉 林 Jilin	278.0	2.6	24.5	29.8	77.8
黑龙江 Heilongjiang	329.5	3.7	23.6	22.7	109.2
上 海 Shanghai	1021.3	16.6	144.4	121.4	51.3
江 苏 Jiangsu	1967.0	29.2	136.0	137.2	248.3
浙 江 Zhejiang	1793.5	20.0	108.8	76.0	199.7
安 徽 Anhui	616.6	7.4	40.4	26.5	87.6
福 建 Fujian	716.7	6.0	30.8	45.1	84.5
江 西 Jiangxi	308.0	2.4	18.1	20.5	66.2
山 东 Shandong	1542.7	23.2	104.3	102.4	178.4
河 南 Henan	1004.9	9.4	46.7	64.6	81.2
湖 北 Hubei	698.7	7.1	46.4	70.5	107.5
湖 南 Hunan	687.4	6.3	33.8	28.4	113.5
广 东 Guangdong	3725.1	25.8	116.1	150.3	438.8
广 西 Guangxi	475.0	6.8	31.9	28.0	92.9
海 南 Hainan	205.6	2.9	10.0	11.6	21.0
重 庆 Chongqing	598.3	7.6	28.1	18.9	42.0
四 川 Sichuan	1128.9	12.6	76.7	71.8	179.0
贵 州 Guizhou	320.9	3.7	22.5	24.5	61.9
云 南 Yunnan	329.8	6.4	25.5	28.0	94.5
西 藏 Tibet	29.6	0.1	4.2	0.9	25.3
陕 西 Shaanxi	468.7	3.9	30.9	30.1	51.9
甘 肃 Gansu	196.1	0.8	15.2	11.3	73.4
青 海 Qinghai	55.0	0.4	9.7	2.4	24.8
宁 夏 Ningxia	108.5	1.6	7.0	11.4	23.1
新 疆 Xinjiang	387.2	3.5	26.9	17.0	82.1

7-8 分地区工伤保险情况(2021年)
Statistics on Work-related Injury Insurance by Region (2021)

地 区	Region	年末参加工伤保险人数(万人) Participants in Work-related Injury Insurance at Year-end (10 000 persons)	享受工伤保险待遇人次(万人次) Beneficiaries at Year-end (10 000 person-times)	基金收支情况(亿元) Revenue and Expenses (100 million yuan)		
				基金收入 Revenue	基金支出 Expenses	累计结余 Balance at Year-end
全 国	**National Total**	**28286.5**	**206.2**	**951.9**	**990.2**	**1411.2**
北 京	Beijing	1307.2	4.6	46.8	51.3	36.9
天 津	Tianjin	408.4	4.1	15.3	14.1	12.7
河 北	Hebei	1084.7	9.9	62.1	51.1	46.7
山 西	Shanxi	640.1	8.2	45.2	50.1	36.3
内蒙古	Inner Mongolia	338.2	2.5	11.6	15.1	37.6
辽 宁	Liaoning	807.9	12.1	44.3	34.4	52.7
吉 林	Jilin	392.4	5.9	12.9	12.2	35.9
黑龙江	Heilongjiang	444.4	4.4	32.2	28.9	32.0
上 海	Shanghai	1097.3	6.2	42.8	44.2	42.4
江 苏	Jiangsu	2340.6	16.4	88.2	88.4	121.0
浙 江	Zhejiang	2741.6	19.3	75.3	81.4	71.0
安 徽	Anhui	718.0	7.4	24.7	29.4	32.7
福 建	Fujian	984.4	5.1	27.8	28.9	48.0
江 西	Jiangxi	563.5	5.1	19.1	19.3	52.9
山 东	Shandong	1921.9	13.8	61.1	65.1	89.9
河 南	Henan	1045.4	6.9	33.5	32.2	61.9
湖 北	Hubei	828.3	5.4	19.8	22.4	36.8
湖 南	Hunan	853.8	15.3	47.6	48.1	86.8
广 东	Guangdong	4068.6	17.1	51.1	92.4	190.8
广 西	Guangxi	551.3	2.2	12.1	12.4	47.7
海 南	Hainan	184.9	0.4	3.7	2.6	19.3
重 庆	Chongqing	765.7	7.3	28.0	25.2	7.4
四 川	Sichuan	1472.1	8.9	45.3	45.3	72.9
贵 州	Guizhou	529.9	4.2	22.1	20.2	14.2
云 南	Yunnan	541.9	4.1	18.2	18.5	20.8
西 藏	Tibet	49.6	0.1	2.2	1.8	7.3
陕 西	Shaanxi	629.6	3.9	22.5	19.0	38.9
甘 肃	Gansu	278.7	1.6	12.1	9.9	17.8
青 海	Qinghai	95.9	0.6	2.8	3.5	9.7
宁 夏	Ningxia	143.8	0.6	4.8	5.0	9.0
新 疆	Xinjiang	456.1	2.3	16.6	17.7	21.3

7-9 分地区生育保险情况（2021年）
Statistics on Birth Insurance by Region (2021)

地 区	Region	年末参加生育保险人数（万人） Participants in Birth Insurance at Year-end (10 000 persons)	享受生育保险待遇人次（万人次） Beneficiaries at Year-end (10 000 person-times)
全 国	**National Total**	**23751.7**	**1320.5**
北 京	Beijing	1082.7	49.1
天 津	Tianjin	366.1	18.1
河 北	Hebei	900.6	24.4
山 西	Shanxi	379.1	12.8
内蒙古	Inner Mongolia	345.4	9.6
辽 宁	Liaoning	704.8	31.8
吉 林	Jilin	331.7	19.0
黑龙江	Heilongjiang	396.0	12.0
上 海	Shanghai	1084.7	29.3
江 苏	Jiangsu	2094.9	101.9
浙 江	Zhejiang	1810.9	152.1
安 徽	Anhui	700.9	40.2
福 建	Fujian	711.1	18.4
江 西	Jiangxi	380.4	12.4
山 东	Shandong	1607.5	76.1
河 南	Henan	889.4	29.6
湖 北	Hubei	710.1	36.9
湖 南	Hunan	652.8	29.1
广 东	Guangdong	3973.9	420.1
广 西	Guangxi	523.5	17.4
海 南	Hainan	179.6	10.7
重 庆	Chongqing	536.5	26.3
四 川	Sichuan	1201.7	33.2
贵 州	Guizhou	341.7	36.0
云 南	Yunnan	393.3	17.5
西 藏	Tibet	41.6	3.5
陕 西	Shaanxi	560.2	18.1
甘 肃	Gansu	250.7	9.9
青 海	Qinghai	68.4	6.9
宁 夏	Ningxia	111.5	5.3
新 疆	Xinjiang	420.0	12.6

7-10 分地区医疗救助情况(2021年)
Statistics on Medical Aid by Region (2021)

地 区	Region	资助参加基本医疗保险人数(万人) Aid for Basic Medical Insurance (10 000 persons)	门诊和住院医疗救助人数(万人次) Outpatient and Hospitalization Medical Aid (10 000 person-times)	资助参加基本医疗保险资金数(万元) Expenses of Aid for Basic Medical Insurance (10 000 yuan)	门诊和住院医疗救助资金数(万元) Expenses for Outpatient and Hospitalization Medical Aid (10 000 yuan)
全 国	**National Total**	**8815.6**	**10126.0**	**1851109.9**	**3880557.1**
北 京	Beijing	9.6	18.9	4071.0	31396.0
天 津	Tianjin	18.3	94.4	4988.6	20645.5
河 北	Hebei	389.9	407.4	83267.0	146051.0
山 西	Shanxi	81.3	38.8	16337.3	48474.7
内蒙古	Inner Mongolia	122.4	105.0	18495.3	84285.2
辽 宁	Liaoning	143.5	184.5	36234.6	70875.9
吉 林	Jilin	115.8	91.8	20264.4	34791.9
黑龙江	Heilongjiang	178.7	163.0	39281.4	104382.7
上 海	Shanghai	12.9	380.1	8228.0	60192.0
江 苏	Jiangsu	317.3	1761.5	122496.3	299572.4
浙 江	Zhejiang	105.4	1121.4	64401.0	132470.0
安 徽	Anhui	464.3	560.2	117749.0	257048.2
福 建	Fujian	115.5	390.3	33074.6	80791.8
江 西	Jiangxi	89.4	443.4	18800.7	184531.1
山 东	Shandong	248.7	465.5	57065.3	174155.1
河 南	Henan	562.7	345.2	71130.3	162326.1
湖 北	Hubei	305.0	287.9	76901.0	216172.7
湖 南	Hunan	406.6	172.2	76111.5	143415.7
广 东	Guangdong	305.1	620.4	96445.7	287130.6
广 西	Guangxi	373.0	404.7	66192.7	190871.5
海 南	Hainan	64.0	67.3	16576.6	21243.4
重 庆	Chongqing	154.3	500.6	41818.0	106442.0
四 川	Sichuan	895.7	397.9	238480.7	245669.9
贵 州	Guizhou	873.0	300.5	118030.5	168954.8
云 南	Yunnan	983.5	262.1	135280.6	137851.3
西 藏	Tibet	63.2	8.5	10740.5	8598.1
陕 西	Shaanxi	107.7	135.4	19416.6	137514.5
甘 肃	Gansu	729.2	163.3	99292.2	143554.4
青 海	Qinghai	62.3	29.3	19583.7	36972.7
宁 夏	Ningxia	109.8	51.5	29968.4	21416.6
新 疆	Xinjiang	407.5	153.2	90386.7	122759.4

7-11 城市居民最低生活保障情况
Statistics on Subsistence Allowance for Urban Residents

单位：万人 (10 000 persons)

年份 Year	城市居民最低生活保障人数 Number of Urban Residents Entitled to Subsistence Allowance	#残疾人 Disabled Persons	老年人 Aged Persons	在职人员 On-job Persons	灵活就业 Flexibly Employed Persons	登记失业 Unemployed Persons with Registration	无就业条件 No Conditions for Employment	未成年人 Juveniles
2007	2272.1	161.0	298.4	93.9	343.8	627.2	364.3	544.6
2008	2334.8	169.1	316.7	82.2	381.7	564.3	402.2	587.7
2009	2345.6	181.0	333.5	79.0	432.2	510.2	410.9	579.8
2010	2310.5	180.7	338.6	68.2	432.4	492.8	420.0	558.5
2011	2276.8	184.1	346.9	61.5	429.7	472.5	426.7	539.5
2012	2143.5	174.5	339.3	49.6	459.3	400.4	422.1	472.8
2013	2064.2	169.2	330.3	45.1	462.1	365.5	416.8	444.5
2014	1877.0	161.1	315.8	37.5	425.8	312.5	398.7	386.7
2015	1701.1	165.7	293.5	31.1	377.3	264.1	394.0	341.0
2016	1480.2	156.5	258.0	22.7	304.4	252.9	370.9	271.4
2017	1261.0	159.9	219.0	18.6	265.0	153.5	399.6	205.4
2018	1007.0	145.5	180.4	14.0	219.2	109.2	320.6	163.6
2019	860.9	139.4	158.6	10.2	171.8	81.0	300.3	138.9
2020	805.1	146.2	148.1	8.9	155.9	68.7	295.9	127.5
2021	737.8	147.6	139.8	6.7	142.8	54.2	278.6	115.6

注：2015年及以前，城市低保人员分类为老年人、成年人(在职人员、灵活就业、登记失业和未登记失业)、在校生和其他。2015年以后，分类为老年人、成年人(在职人员、灵活就业、登记失业和无就业条件)和未成年人。本表已按新的分类对数据进行了调整。

a) In 2015 and before, the persons receiving subsistence allowance in urban areas are classified as the aged persons, adults (on-job persons, flexible employment persons, unemployed persons with registration and without registration), students and others. After 2015, they are classified as the aged persons, adults (on-job persons, flexible employment persons, unemployed persons with registration and no conditions for employment), and juveniles. The data in this table has adjusted according to the new classification.

7–12 农村社会救助情况
Statistics on Social Assistance for Rural Residents

单位：万人 (10 000 persons)

年份 Year	农村救助总人数 Total Number of Rural Residents Receiving Relief	农村居民最低生活保障人数 Number of Rural Residents Entitled to Subsistence Allowance	农村特困人员集中供养人数 Rural Households in Extreme Difficulty with Centralized Living Arrangement	农村特困人员分散供养人数 Rural Households in Extreme Difficulty with Decentralized Living Arrangement	传统救济人数 Number of Persons Receiving Traditional Relief
2007	4172.6	3566.3	138.0	393.3	75.0
2008	4926.3	4305.5	155.6	393.0	72.2
2009	5375.6	4760.0	171.8	381.6	62.2
2010	5829.8	5214.0	177.4	378.9	59.5
2011	5925.4	5305.7	184.5	366.5	68.7
2012	5969.7	5344.5	185.3	360.3	79.6
2013	5998.3	5388.0	183.5	353.8	73.0
2014	5810.8	5207.2	174.3	354.8	74.5
2015	5484.1	4903.6	162.3	354.4	63.8
2016	5143.6	4586.5	139.7	357.2	60.2
2017	4573.8	4045.2	99.6	367.2	61.8
2018	4030.9	3519.1	86.2	368.8	56.8
2019	3931.9	3455.4	75.0	364.1	37.4
2020	4099.4	3620.8	73.9	372.4	32.3
2021		3474.5	69.2	368.1	

7-13 分地区城市居民最低生活保障情况（2021年）
Statistics on Subsistence Allowance for Urban Residents by Region (2021)

单位：万人，万户 (10 000 persons, 10 000 households)

地 区	Region	城市居民最低生活保障人数 Number of Urban Residents Entitled to Subsistence Allowance	#女 Female	#老年人 Aged Persons	城市居民最低生活保障户数 Number of Households of Urban Residents Entitled to Subsistence Allowance
全 国	**National Total**	**737.79**	**345.25**	**139.83**	**454.92**
北 京	Beijing	7.08	3.06	1.25	4.25
天 津	Tianjin	6.70	2.96	0.90	4.46
河 北	Hebei	15.70	7.54	2.88	10.61
山 西	Shanxi	23.83	11.52	3.80	13.72
内蒙古	Inner Mongolia	28.34	13.94	6.72	18.39
辽 宁	Liaoning	30.87	13.13	4.66	21.31
吉 林	Jilin	35.03	16.68	9.73	26.09
黑龙江	Heilongjiang	48.99	21.97	8.60	35.08
上 海	Shanghai	13.64	5.53	1.18	10.00
江 苏	Jiangsu	9.99	4.27	2.70	6.63
浙 江	Zhejiang	5.96	2.33	1.11	4.64
安 徽	Anhui	31.67	14.99	9.95	21.68
福 建	Fujian	6.50	3.01	1.48	4.30
江 西	Jiangxi	31.05	13.41	3.99	19.63
山 东	Shandong	10.88	5.07	1.99	7.08
河 南	Henan	35.78	17.18	10.34	24.77
湖 北	Hubei	28.29	13.26	5.92	18.33
湖 南	Hunan	39.00	18.39	5.98	25.72
广 东	Guangdong	15.00	7.10	2.52	7.93
广 西	Guangxi	34.40	16.28	5.53	15.36
海 南	Hainan	3.40	1.49	0.21	1.76
重 庆	Chongqing	23.93	10.51	3.30	15.91
四 川	Sichuan	58.87	26.81	10.12	38.77
贵 州	Guizhou	60.77	28.69	12.25	24.37
云 南	Yunnan	39.20	18.80	9.80	25.12
西 藏	Tibet	2.35	1.07	0.43	1.28
陕 西	Shaanxi	18.59	9.41	2.80	10.38
甘 肃	Gansu	32.64	15.56	3.17	14.80
青 海	Qinghai	5.91	3.25	1.08	3.21
宁 夏	Ningxia	7.64	3.89	1.12	4.73
新 疆	Xinjiang	25.78	14.15	4.33	14.62

7-14 分地区农村居民社会救助情况(2021年)
Statistics on Social Assistance for Rural Residents by Region (2021)

单位：万人，万户 (10 000 persons, 10 000 households)

地区	Region	农村居民最低生活保障人数 Number of Rural Residents Entitled to Subsistence Allowance	#女 Female	#老年人 Aged Persons	农村特困人员集中供养人数 Rural Households in Extreme Difficulty with Centralized Living Arrangement	农村特困人员分散供养人数 Rural Households in Extreme Difficulty with Decentralized Living Arrangement	农村居民最低生活保障家庭数 Number of Households of Rural Residents Entitled to Subsistence Allowance
全 国	**National Total**	**3474.47**	**1627.83**	**1285.32**	**69.22**	**368.12**	**1945.03**
北 京	Beijing	3.89	1.64	1.64	0.17	0.36	2.35
天 津	Tianjin	6.06	2.52	1.45	0.09	0.95	3.20
河 北	Hebei	152.09	69.72	74.68	2.88	22.39	107.10
山 西	Shanxi	96.54	47.89	55.88	1.54	11.39	68.56
内蒙古	Inner Mongolia	130.56	69.91	89.50	1.17	7.26	84.50
辽 宁	Liaoning	68.14	31.10	33.29	1.81	10.89	45.74
吉 林	Jilin	54.18	27.46	29.54	1.12	6.50	35.34
黑龙江	Heilongjiang	81.05	40.40	47.65	1.33	7.83	53.51
上 海	Shanghai	3.39	1.70	1.26	0.07	0.13	3.13
江 苏	Jiangsu	62.39	25.66	24.83	3.74	16.03	35.60
浙 江	Zhejiang	53.30	21.07	21.18	1.63	1.68	37.02
安 徽	Anhui	176.93	82.10	70.27	5.17	27.84	107.30
福 建	Fujian	48.40	21.47	12.80	1.12	4.96	26.92
江 西	Jiangxi	142.58	61.25	42.09	3.49	8.88	88.42
山 东	Shandong	134.94	61.89	63.62	5.75	27.17	90.20
河 南	Henan	289.13	135.72	126.02	7.60	40.84	204.92
湖 北	Hubei	137.70	63.73	50.16	4.33	19.18	78.21
湖 南	Hunan	145.26	67.94	45.87	5.21	30.09	80.45
广 东	Guangdong	127.33	58.78	28.34	1.43	18.78	50.70
广 西	Guangxi	242.97	113.50	49.71	0.74	22.68	85.36
海 南	Hainan	14.73	6.70	2.54	0.20	2.06	5.91
重 庆	Chongqing	58.57	26.57	10.85	1.13	8.64	32.53
四 川	Sichuan	359.56	170.76	148.59	7.16	34.62	207.36
贵 州	Guizhou	188.38	87.83	53.51	1.71	7.03	79.79
云 南	Yunnan	226.00	106.22	74.34	1.52	10.12	124.31
西 藏	Tibet	13.06	6.00	1.35	0.60	0.64	3.86
陕 西	Shaanxi	115.94	53.84	41.36	3.80	8.66	50.91
甘 肃	Gansu	143.68	57.78	34.41	0.91	8.30	49.27
青 海	Qinghai	28.70	14.60	5.06	0.29	1.21	10.38
宁 夏	Ningxia	37.33	18.41	16.17	0.29	0.56	26.92
新 疆	Xinjiang	131.70	73.65	27.36	1.26	0.44	65.26

7-15 分地区城市居民最低生活保障平均标准
Average Standard of Subsistence Allowance for Urban Residents by Region

单位：元/人·月 (yuan per capita per month)

地 区	Region	2016	2017	2018	2019	2020	2021
全 国	**National Average**	**494.6**	**540.6**	**579.7**	**624.0**	**677.6**	**711.4**
北 京	Beijing	800.0	900.0	1000.0	1100.0	1170.0	1245.0
天 津	Tianjin	780.0	860.0	920.0	980.0	1010.0	1010.0
河 北	Hebei	501.2	544.0	601.3	663.4	705.3	710.6
山 西	Shanxi	441.1	467.5	495.8	550.5	592.6	615.0
内蒙古	Inner Mongolia	540.2	591.6	640.5	689.0	726.2	762.5
辽 宁	Liaoning	522.8	561.6	590.2	635.8	669.2	705.9
吉 林	Jilin	446.9	483.4	506.9	525.3	546.5	612.4
黑龙江	Heilongjiang	535.9	550.7	564.8	584.0	613.2	650.2
上 海	Shanghai	880.0	970.0	1070.0	1160.0	1240.0	1330.0
江 苏	Jiangsu	610.8	645.6	682.4	718.3	765.6	803.2
浙 江	Zhejiang	673.7	706.2	762.6	811.5	882.3	935.3
安 徽	Anhui	497.1	531.2	569.7	597.1	641.1	686.3
福 建	Fujian	514.8	589.8	605.6	615.2	686.3	714.6
江 西	Jiangxi	480.8	531.7	577.4	635.5	708.2	768.6
山 东	Shandong	494.9	513.6	532.4	576.6	733.1	814.5
河 南	Henan	425.1	459.6	492.9	539.1	583.9	604.6
湖 北	Hubei	487.9	563.6	605.0	636.3	666.0	674.2
湖 南	Hunan	431.3	444.1	468.8	516.9	588.0	591.0
广 东	Guangdong	576.2	674.8	748.6	806.6	874.2	914.8
广 西	Guangxi	457.6	518.0	589.6	665.8	754.2	772.7
海 南	Hainan	467.0	484.4	485.6	562.8	562.8	576.8
重 庆	Chongqing	459.6	500.0	546.0	580.0	620.0	636.0
四 川	Sichuan	419.5	485.1	507.2	552.0	613.5	623.8
贵 州	Guizhou	507.3	557.0	591.7	613.4	645.1	651.1
云 南	Yunnan	442.2	516.0	566.8	619.8	644.7	667.9
西 藏	Tibet	693.5	751.5	805.0	834.1	871.2	970.9
陕 西	Shaanxi	479.5	532.2	568.1	607.8	633.4	651.1
甘 肃	Gansu	410.9	458.6	489.1	530.2	577.6	650.6
青 海	Qinghai	400.8	450.5	503.2	575.4	637.5	665.2
宁 夏	Ningxia	416.4	473.2	570.0	574.6	605.6	609.2
新 疆	Xinjiang	383.9	409.0	433.5	467.2	513.5	586.0

7-16 分地区农村居民最低生活保障平均标准
Average Standard of Subsistence Allowance for Rural Residents by Region

单位：元/人·年 (yuan per capita per year)

地 区	Region	2016	2017	2018	2019	2020	2021
全 国	**National Average**	**3744.0**	**4300.7**	**4833.4**	**5335.5**	**5962.3**	**6362.2**
北 京	Beijing	9600.0	10800.0	12000.0	13200.0	14040.0	14940.0
天 津	Tianjin	9060.0	10320.0	11040.0	11760.0	12120.0	12120.0
河 北	Hebei	3359.0	3829.1	4321.7	4907.1	5496.1	5561.0
山 西	Shanxi	3246.6	3646.9	4072.6	4758.9	5312.5	5682.2
内蒙古	Inner Mongolia	4212.0	4920.2	5453.8	5841.5	6249.0	6661.1
辽 宁	Liaoning	3914.9	4350.9	4629.7	5081.6	5517.4	6063.6
吉 林	Jilin	3444.9	3734.9	3881.1	4065.0	4371.7	5335.1
黑龙江	Heilongjiang	3787.1	3857.5	3974.1	4124.2	4655.0	5292.3
上 海	Shanghai	10440.0	11640.0	12840.0	13920.0	14880.0	15960.0
江 苏	Jiangsu	6480.9	7147.1	7777.1	8457.5	9030.5	9491.3
浙 江	Zhejiang	7292.4	8040.6	9083.3	9740.4	10551.5	11223.5
安 徽	Anhui	3840.4	4427.5	5891.8	6860.4	7613.6	8219.0
福 建	Fujian	3841.4	5054.0	7127.3	7320.7	8171.6	8535.4
江 西	Jiangxi	3314.9	3743.3	4111.7	4638.5	5706.6	6519.1
山 东	Shandong	3777.8	4165.5	4482.0	5092.4	6698.6	7607.1
河 南	Henan	3084.4	3356.4	3617.4	4089.4	4555.6	4781.8
湖 北	Hubei	3828.8	4706.4	5275.2	5692.6	5967.7	6057.6
湖 南	Hunan	3082.0	3689.0	4097.9	4505.2	5007.6	5256.1
广 东	Guangdong	5342.7	6340.8	7114.5	7625.2	8337.3	8806.1
广 西	Guangxi	2985.3	3338.4	3812.3	4473.1	5328.4	5417.8
海 南	Hainan	4163.5	4300.8	4310.4	5236.8	5236.8	6014.4
重 庆	Chongqing	3694.9	4287.7	4984.9	5336.9	6035.7	6291.4
四 川	Sichuan	3154.6	3767.8	4009.1	4476.5	5215.0	5322.5
贵 州	Guizhou	3201.8	3660.0	4191.3	4410.5	4620.3	4678.9
云 南	Yunnan	2710.7	3342.0	3651.9	4353.7	4591.6	4935.8
西 藏	Tibet	2621.5	3355.5	4005.7	4333.2	4545.0	5064.3
陕 西	Shaanxi	3203.3	3733.7	4221.0	4665.3	5111.2	5328.8
甘 肃	Gansu	2932.9	3765.3	3978.8	4167.7	4506.5	4908.7
青 海	Qinghai	2970.0	3335.0	3713.1	4119.7	4688.8	4923.9
宁 夏	Ningxia	3388.9	3468.9	3965.5	4040.0	4660.0	5172.8
新 疆	Xinjiang	2994.2	3561.3	3842.3	4250.7	4757.6	5476.5

7-17 分地区养老机构数(2021年)
Statistics on Elderly Care Institution by Region(2021)

单位：个 (unit)

地 区	Region	合计 Total	按登记批准机关分 by Approval Authority			
			市场监管部门 Market Regulation Administration Department	编制部门 Authorized Strength Department	民政部门 Civil Administration Department	一个机构多个牌子 Registered with Multiple Departments
全 国	**National Total**	**39961**	**5895**	**15894**	**17825**	**347**
北 京	Beijing	578	95	154	329	
天 津	Tianjin	409	34	11	364	
河 北	Hebei	1782	355	276	1145	6
山 西	Shanxi	774	65	149	552	8
内蒙古	Inner Mongolia	665	19	215	418	13
辽 宁	Liaoning	2190	59	135	1819	177
吉 林	Jilin	1520	505	432	583	
黑龙江	Heilongjiang	2073	464	130	1472	7
上 海	Shanghai	684	29	23	632	
江 苏	Jiangsu	2494	470	897	1120	7
浙 江	Zhejiang	1677	287	407	982	1
安 徽	Anhui	2593	379	179	2033	2
福 建	Fujian	759	163	310	280	6
江 西	Jiangxi	1854	89	1446	318	1
山 东	Shandong	2271	424	412	1433	2
河 南	Henan	3397	692	1804	896	5
湖 北	Hubei	1967	182	1257	523	5
湖 南	Hunan	2417	212	1849	343	13
广 东	Guangdong	1954	272	1333	347	2
广 西	Guangxi	583	86	171	303	23
海 南	Hainan	59	6	38	12	3
重 庆	Chongqing	1145	514	389	242	
四 川	Sichuan	2504	308	1656	502	38
贵 州	Guizhou	1002	32	759	198	13
云 南	Yunnan	903	98	675	130	
西 藏	Tibet	59		57		2
陕 西	Shaanxi	765	21	345	391	8
甘 肃	Gansu	283	14	118	149	2
青 海	Qinghai	68	1	25	42	
宁 夏	Ningxia	131	6	49	75	1
新 疆	Xinjiang	401	14	193	192	2

7-17 续表 continued

单位：个 (unit)

地 区	Region	按床位分 by Number of Beds						
		0-49张床位 0-49 Beds	50-99张床位 50-99 Beds	100-199张床位 100-199 Beds	200-299张床位 200-299 Beds	300-399张床位 300-399 Beds	400-499张床位 400-499 Beds	500及以上张床位 500 Beds and over
全 国	**National Total**	**10420**	**11764**	**11018**	**3439**	**1585**	**615**	**1120**
北 京	Beijing	62	164	195	66	28	22	41
天 津	Tianjin	122	97	115	32	18	3	22
河 北	Hebei	394	533	543	133	93	39	47
山 西	Shanxi	214	247	210	52	24	9	18
内蒙古	Inner Mongolia	181	182	204	47	32	4	15
辽 宁	Liaoning	1088	528	354	120	49	23	28
吉 林	Jilin	686	428	252	77	38	11	28
黑龙江	Heilongjiang	1103	476	284	100	48	19	43
上 海	Shanghai	14	145	270	113	60	37	45
江 苏	Jiangsu	338	555	827	389	185	84	116
浙 江	Zhejiang	331	497	466	181	94	35	73
安 徽	Anhui	292	678	1050	367	110	40	56
福 建	Fujian	300	151	144	66	37	20	41
江 西	Jiangxi	653	663	378	77	34	15	34
山 东	Shandong	298	656	741	261	130	56	129
河 南	Henan	812	1337	904	212	84	16	32
湖 北	Hubei	199	582	820	211	73	23	59
湖 南	Hunan	573	1012	574	121	60	20	57
广 东	Guangdong	765	469	379	158	71	41	71
广 西	Guangxi	140	130	187	56	31	14	25
海 南	Hainan	18	9	16	7	5		4
重 庆	Chongqing	312	383	310	81	26	10	23
四 川	Sichuan	453	837	834	220	94	28	38
贵 州	Guizhou	373	340	206	49	20	6	8
云 南	Yunnan	275	285	228	62	32	8	13
西 藏	Tibet	15	10	22	10		1	1
陕 西	Shaanxi	184	140	252	79	78	11	21
甘 肃	Gansu	102	79	62	20	6	8	6
青 海	Qinghai	20	26	14	3	1	1	3
宁 夏	Ningxia	12	33	45	17	9	3	12
新 疆	Xinjiang	91	92	132	52	15	8	11

7-18 分地区每千老年人口养老床位情况
Statistics on Beds per 1000 Senior Citizens by Region

单位：张 (bed)

地 区	Region	2017	2018	2019	2020	2021
全 国	**National Total**	**30.92**	**29.15**	**30.53**	**31.10**	**30.52**
北 京	Beijing	39.58	31.14	33.52	30.29	28.35
天 津	Tianjin	22.44	22.22	23.39	24.43	23.34
河 北	Hebei	32.64	30.09	29.09	30.31	30.44
山 西	Shanxi	23.02	20.19	23.58	24.56	25.19
内蒙古	Inner Mongolia	52.17	54.75	53.25	44.23	44.15
辽 宁	Liaoning	21.43	19.41	21.21	22.31	22.64
吉 林	Jilin	22.86	23.67	28.10	29.97	27.79
黑龙江	Heilongjiang	27.37	27.39	27.03	28.80	28.47
上 海	Shanghai	27.84	27.90	26.89	29.39	28.69
江 苏	Jiangsu	40.23	39.45	40.89	40.78	39.30
浙 江	Zhejiang	57.06	54.17	53.75	53.17	33.35
安 徽	Anhui	32.04	34.75	34.93	37.33	38.70
福 建	Fujian	26.69	26.38	28.87	36.88	40.86
江 西	Jiangxi	29.20	26.83	29.12	34.55	34.01
山 东	Shandong	33.76	27.54	27.78	28.48	30.15
河 南	Henan	22.40	21.39	21.80	22.25	25.09
湖 北	Hubei	31.83	32.77	37.29	40.07	39.04
湖 南	Hunan	23.62	23.85	25.06	30.54	33.42
广 东	Guangdong	33.62	31.02	31.88	30.21	28.29
广 西	Guangxi	25.14	23.95	30.12	32.14	30.07
海 南	Hainan	18.26	11.85	11.07	9.87	8.45
重 庆	Chongqing	25.46	25.14	26.17	25.46	28.83
四 川	Sichuan	31.50	28.41	27.87	26.42	25.17
贵 州	Guizhou	36.73	30.40	30.79	27.56	28.05
云 南	Yunnan	19.05	15.05	16.53	17.28	17.91
西 藏	Tibet	17.32	8.20	23.00	19.39	35.58
陕 西	Shaanxi	25.52	23.30	25.99	26.19	26.62
甘 肃	Gansu	32.41	30.42	30.46	35.01	36.43
青 海	Qinghai	32.57	30.55	28.64	26.38	24.60
宁 夏	Ningxia	29.05	24.52	26.91	27.92	33.19
新 疆	Xinjiang	23.70	16.48	15.51	27.25	28.78

7–19 分地区孤儿和收养登记情况(2021年)
Statistics on Orphans and Children Adoption Registration by Region(2021)

单位：人 (person)

地 区	Region	孤儿数 Numberof Orphans	集中育养 Institutional Rearing	社会散居 Fanily Rearing	被收养儿童 Number of Children Adopted
全 国	**National Total**	**172716**	**53302**	**119414**	**12447**
北 京	Beijing	1331	1049	282	43
天 津	Tianjin	570	413	157	16
河 北	Hebei	5386	1693	3693	328
山 西	Shanxi	4907	2279	2628	150
内蒙古	Inner Mongolia	2022	729	1293	68
辽 宁	Liaoning	3990	1997	1993	80
吉 林	Jilin	3506	1417	2089	25
黑龙江	Heilongjiang	2899	758	2141	75
上 海	Shanghai	1209	1099	110	30
江 苏	Jiangsu	5604	2151	3453	706
浙 江	Zhejiang	2529	1387	1142	1057
安 徽	Anhui	5689	1724	3965	233
福 建	Fujian	2452	969	1483	345
江 西	Jiangxi	4413	1306	3107	300
山 东	Shandong	7940	1817	6123	1411
河 南	Henan	17141	3976	13165	604
湖 北	Hubei	5073	1204	3869	600
湖 南	Hunan	12342	1895	10447	657
广 东	Guangdong	13083	6080	7003	611
广 西	Guangxi	9692	1590	8102	2066
海 南	Hainan	725	213	512	138
重 庆	Chongqing	2707	641	2066	94
四 川	Sichuan	18060	2247	15813	624
贵 州	Guizhou	9387	1464	7923	175
云 南	Yunnan	8573	1550	7023	1071
西 藏	Tibet	4650	3786	864	23
陕 西	Shaanxi	4715	2024	2691	287
甘 肃	Gansu	6078	1397	4681	233
青 海	Qinghai	1258	359	899	67
宁 夏	Ningxia	722	259	463	16
新 疆	Xinjiang	4063	3829	234	314

7–20 分地区儿童福利和救助机构情况(2021年)
Statistics on Child Welfare and Assistance Institutions by Region (2021)

地 区	Region	机构数 (个) Number of Institution (unit)	年末床位数 (张) Number of Beds at Year-end (bed)	年末在院儿童人数 (人) Number of Children in Institution at Year-end (person)
全 国	**National Total**	**815**	**98311**	**43892**
北 京	Beijing	11	2976	1045
天 津	Tianjin	3	867	649
河 北	Hebei	15	1007	504
山 西	Shanxi	16	1464	738
内蒙古	Inner Mongolia	13	2055	999
辽 宁	Liaoning	17	1271	510
吉 林	Jilin	14	3244	1573
黑龙江	Heilongjiang	16	2497	1216
上 海	Shanghai	5	1125	955
江 苏	Jiangsu	44	4282	1715
浙 江	Zhejiang	55	3650	1327
安 徽	Anhui	33	5701	2491
福 建	Fujian	16	1717	731
江 西	Jiangxi	13	1432	496
山 东	Shandong	24	3838	1357
河 南	Henan	32	3628	2071
湖 北	Hubei	52	4002	1436
湖 南	Hunan	47	4203	1528
广 东	Guangdong	62	5871	2658
广 西	Guangxi	47	3671	1480
海 南	Hainan	1	50	13
重 庆	Chongqing	5	2529	523
四 川	Sichuan	104	7784	2558
贵 州	Guizhou	33	4108	1605
云 南	Yunnan	27	2792	1422
西 藏	Tibet	9	4717	2944
陕 西	Shaanxi	18	3104	1825
甘 肃	Gansu	17	2757	1376
青 海	Qinghai	9	2259	1114
宁 夏	Ningxia	10	970	356
新 疆	Xinjiang	47	8740	4677

7-21 分地区优抚和褒扬基本情况(2021年)
Statistics on Preferential Treatment and Praise by Region (2021)

地 区	Region	领取国家抚恤补助的优抚对象人数 (人) Number of preferential treatment recipients for state pension benefits (person)	本年新增评定并完成备案烈士人数 (人) Number of newly assessed and recorded martyrs this year (person)
全 国	**National Total**	**8274163**	**142**
北 京	Beijing	49944	1
天 津	Tianjin	48335	
河 北	Hebei	685458	12
山 西	Shanxi	210109	5
内蒙古	Inner Mongolia	61156	1
辽 宁	Liaoning	188421	5
吉 林	Jilin	127537	3
黑龙江	Heilongjiang	116138	3
上 海	Shanghai	32372	3
江 苏	Jiangsu	393861	11
浙 江	Zhejiang	355459	6
安 徽	Anhui	436941	17
福 建	Fujian	203509	2
江 西	Jiangxi	270370	2
山 东	Shandong	841667	18
河 南	Henan	740830	9
湖 北	Hubei	376979	6
湖 南	Hunan	601372	
广 东	Guangdong	401537	7
广 西	Guangxi	212674	
海 南	Hainan	27501	
重 庆	Chongqing	180097	3
四 川	Sichuan	734113	11
贵 州	Guizhou	204028	4
云 南	Yunnan	271643	1
西 藏	Tibet	5331	
陕 西	Shaanxi	283860	5
甘 肃	Gansu	150423	1
青 海	Qinghai	15415	2
宁 夏	Ningxia	17460	2
新 疆	Xinjiang	29623	2

7–22 分地区残疾人参加社会保险情况(2021年)
Statistics on PWDs Covered by Social Insurance(2021)

单位：万人 (10 000 persons)

地 区	Region	残疾居民参加基本养老保险 Disable Residents Covered by Pension Insurance	享受养老金 Covered by Insurance Pension	60周岁以下参保残疾居民 PWDs under Age 60	重度残疾人 Persons with Severe Disability	#全部或部分代缴 Paid by Subsidy Totally or Partially	其他残疾人 other PWDs	#全部或部分代缴 Paid by Subsidy Totally or Partially
全 国	**National Total**	**2733.1**	**1176.8**	**1556.3**	**708.8**	**686.0**	**847.5**	**292.7**
北 京	Beijing	7.1	2.3	4.8	3.2	3.2	1.7	1.7
天 津	Tianjin	7.9	5.2	2.7	2.3	2.3	0.4	0.4
河 北	Hebei	155.2	62.1	93.1	36.9	35.6	56.2	12.8
山 西	Shanxi	86.7	37.2	49.5	21.0	19.9	28.5	7.7
内蒙古	Inner Mongolia	52.6	25.0	27.6	12.9	12.4	14.7	6.5
辽 宁	Liaoning	49.8	21.9	27.8	12.4	12.1	15.4	3.2
吉 林	Jilin	51.8	20.8	31.1	16.2	15.6	14.8	6.5
黑龙江	Heilongjiang	47.3	18.5	28.8	11.0	10.3	17.8	4.4
上 海	Shanghai	9.9	4.7	5.1	4.1	4.1	1.1	0.3
江 苏	Jiangsu	122.4	55.8	66.6	31.1	30.4	35.5	18.0
浙 江	Zhejiang	79.7	41.5	38.2	14.4	14.4	23.8	22.6
安 徽	Anhui	158.1	64.9	93.2	46.8	46.0	46.4	7.0
福 建	Fujian	70.7	34.0	36.8	20.3	20.1	16.4	14.7
江 西	Jiangxi	95.9	35.8	60.1	25.2	25.0	34.8	16.4
山 东	Shandong	186.4	93.1	93.3	46.3	44.5	47.0	7.9
河 南	Henan	271.0	129.1	141.9	51.8	48.8	90.2	5.3
湖 北	Hubei	122.2	51.2	71.0	39.8	37.4	31.1	8.1
湖 南	Hunan	159.6	68.4	91.2	48.0	47.4	43.2	18.6
广 东	Guangdong	108.0	37.5	70.5	48.0	46.9	22.4	13.8
广 西	Guangxi	103.3	47.5	55.8	29.8	29.6	26.0	10.3
海 南	Hainan	15.5	6.0	9.5	5.6	5.2	3.9	1.3
重 庆	Chongqing	58.3	25.2	33.1	15.1	15.1	18.0	4.4
四 川	Sichuan	233.2	101.5	131.7	53.9	51.9	77.8	25.1
贵 州	Guizhou	98.4	41.4	57.0	22.7	21.3	34.3	5.7
云 南	Yunnan	112.8	40.6	72.2	27.7	26.7	44.5	26.5
西 藏	Tibet	9.6	2.9	6.7	2.2	2.0	4.6	0.8
陕 西	Shaanxi	96.0	41.5	54.6	18.7	18.2	35.9	20.0
甘 肃	Gansu	97.6	38.9	58.7	22.5	21.7	36.2	9.3
青 海	Qinghai	12.1	4.8	7.3	3.6	3.3	3.8	3.1
宁 夏	Ningxia	13.4	6.3	7.0	4.3	4.3	2.7	2.7
新 疆	Xinjiang	40.7	11.2	29.5	11.0	10.2	18.5	7.7

7-23 分地区残疾人托养服务情况(2021年)
Statistics on PWDs Fostering service by Region (2021)

单位：人 (person)

地 区	Region	托养残疾人 PWDs Receiving Care Services	寄宿制机构中托养残疾人 PWDs Fostered in the Form of Bording	#智力残疾人 Persons with Intellectual Disability	#精神残疾人 Persons with Psychiatric Disability	#重度肢体残疾人 Persons with Severe Physical Disabilities	日间照料机构中托养残疾人 PWDs Fostered in the Form of Day Care	#智力残疾人 Persons with Intellectual Disability
全 国	**National Total**	**608988**	**64219**	**12199**	**35131**	**10277**	**73427**	**29082**
北 京	Beijing	43257	1551				4571	2181
天 津	Tianjin	59435	75	59	6	6	187	156
河 北	Hebei	12867	2019	202	1645	68	675	240
山 西	Shanxi	7603	480	115	127	203	18	4
内蒙古	Inner Mongolia	6478	1137	308	418	294	414	126
辽 宁	Liaoning	18880	3101	600	2093	253	621	474
吉 林	Jilin	8437	1460	286	738	315	294	94
黑龙江	Heilongjiang	4828	92	5	82		231	39
上 海	Shanghai							
江 苏	Jiangsu	39369	2467	1024	858	480	19963	8205
浙 江	Zhejiang	24265	4483	1147	1452	1413	19782	9135
安 徽	Anhui	22221	2736	503	1628	381	1134	280
福 建	Fujian	23491	1792	380	549	687	770	442
江 西	Jiangxi	16942	781	113	479	111	1450	497
山 东	Shandong	24187	5933	1296	3490	665	2520	895
河 南	Henan	25347	12096	2103	6485	2601	3701	532
湖 北	Hubei	14261	2329	325	1825	62	2021	612
湖 南	Hunan	23381	2559	981	732	581	3614	1604
广 东	Guangdong	5509	187	79	24	58	3393	1123
广 西	Guangxi	40253	3586	195	2991	117	497	209
海 南	Hainan	31164	1002	36	939	1	5	
重 庆	Chongqing	24600	897	148	600	101	1132	315
四 川	Sichuan	42581	2342	384	1409	426	912	425
贵 州	Guizhou	10291	674	75	452	45	195	21
云 南	Yunnan	31381	2243	261	1737	104	661	110
西 藏	Tibet	37	30	3		17		
陕 西	Shaanxi	17194	2820	422	1717	432	818	234
甘 肃	Gansu	15377	1749	415	882	157	2057	569
青 海	Qinghai	3042	577	207	124	162	818	297
宁 夏	Ningxia	7195	683	182	301	121	241	49
新 疆	Xinjiang	5115	2338	345	1348	416	732	214

7-23 续表 continued

单位：人 (person)

地 区	Region	#精神残疾人 Persons with Psychiatric Disability	#重度肢体残疾人 Persons with Severe Physical Disabilities	接受居家服务的残疾人 PWDs Receiving Home-based Services Facilities	#智力残疾人 Persons with Intellectual Disability	#精神残疾人 Persons with Psychiatric Disability	#重度肢体残疾人 Persons with Severe Physical Disabilities
全 国	**National Total**	**22389**	**16074**	**471342**	**116233**	**134323**	**147396**
北 京	Beijing	2103	287	37135			
天 津	Tianjin	12	5	59173	18460	12099	19387
河 北	Hebei	105	239	10173	2837	2245	4503
山 西	Shanxi	3	11	7105	2445	1475	2834
内蒙古	Inner Mongolia	93	165	4927	2224	1174	1159
辽 宁	Liaoning	69	28	15158	4246	5755	4400
吉 林	Jilin	39	134	6683	1585	1834	2857
黑龙江	Heilongjiang	16	171	4505	1659	1035	1709
上 海	Shanghai						
江 苏	Jiangsu	4897	5635	16939	5489	3881	6602
浙 江	Zhejiang	6280	2101				
安 徽	Anhui	517	249	18351	3178	9394	4344
福 建	Fujian	173	39	20929	4909	6202	8512
江 西	Jiangxi	545	308	14711	1762	2395	9094
山 东	Shandong	794	637	15734	5641	3898	4721
河 南	Henan	1307	1715	9550	2486	2234	4210
湖 北	Hubei	698	597	9911	2148	3094	3774
湖 南	Hunan	1117	589	17208	4573	5756	5627
广 东	Guangdong	1098	809	1929	273	679	660
广 西	Guangxi	109	144	36170	8162	13287	12381
海 南	Hainan	2	3	30157	7182	12358	8752
重 庆	Chongqing	448	304	22571	6836	8318	6200
四 川	Sichuan	176	219	39327	12273	12959	11965
贵 州	Guizhou	36	105	9422	2428	2645	3139
云 南	Yunnan	288	201	28477	6425	10846	9033
西 藏	Tibet			7			2
陕 西	Shaanxi	223	286	13556	2995	4082	4868
甘 肃	Gansu	909	410	11571	3127	3736	3432
青 海	Qinghai	89	346	1647	405	198	788
宁 夏	Ningxia	72	84	6271	1746	1963	2120
新 疆	Xinjiang	171	253	2045	739	781	323

7–24 保险公司业务经济技术指标
Economic and Technical Indicators of Insurance Companies

单位：亿元 (100 million yuan)

项　目	Item	2019		2020		2021	
		保　费 Premium	赔款及给　付 Claim and Payment	保　费 Premium	赔款及给　付 Claim and Payment	保　费 Premium	赔款及给　付 Claim and Payment
合　计	**Total**	**42644.8**	**12893.9**	**45257.3**	**13907.1**	**44900.2**	**15608.6**
财产保险公司	**Property Insurance Companies**	**13016.3**	**7278.7**	**13583.7**	**7880.4**	**13676.5**	**8848.0**
企业财产保险	Enterprise Property Insurance	464.1	237.0	490.3	245.1	519.8	290.6
家庭财产保险	Family Property Insurance	91.2	36.7	90.8	33.6	98.2	39.4
机动车辆保险	Motor Vehicle Insurance	8188.3	4613.4	8244.8	4725.5	7772.7	5343.8
工程保险	Engineering Insurance	117.8	67.6	138.4	63.3	143.7	81.4
责任保险	Liability Insurance	753.3	341.7	901.1	395.1	1018.4	460.3
信用保险	Export Credit Insurance	200.0	113.4	204.9	138.4	203.9	131.2
保证保险	Guarantee Insurance	843.7	376.7	688.6	559.1	521.2	397.4
船舶保险	Ship Insurance	55.5	35.2	57.7	39.5	57.8	38.7
货物运输保险	Freight Transport Insurance	130.1	69.7	136.0	69.0	167.7	74.6
特殊风险保险	Special Risks Insurance	68.9	39.5	72.2	45.0	72.7	21.2
农业保险	Agriculture Insurance	672.5	527.9	814.9	592.5	975.8	720.2
健康险	Health Insurance	840.3	623.4	1114.2	757.7	1378.1	959.8
意外伤害保险	Accident Injury Insurance	526.6	153.6	540.9	168.0	627.3	200.7
其他险	Other Insurance	64.1	42.9	89.0	48.7	119.3	88.4
人寿保险公司	**Life Insurance Companies**	**29628.4**	**5615.1**	**31673.6**	**6026.6**	**31223.7**	**6760.6**
寿险	Life Insurance	22754.1	3742.9	23981.9	3715.0	23571.8	3540.3
健康险	Health Insurance	6225.7	1728.1	7058.5	2163.5	7068.9	3068.7
人身意外伤害险	Personal Accident Insurance	648.6	144.0	633.2	148.1	582.9	151.7

注：本表人寿保险公司中包括中华控股寿险业务。
a) Life insurance companies include life insurance of China United Insurance Holding Company.

7-25 分地区原保险保费收入和赔付支出情况（2021年）
Premium of Primary Insurance and Claim Payment by Region (2021)

单位：亿元 (100 million yuan)

地 区	Region	原保险保费收入 Premium of Primary Insurance			赔付支出 Claim Payment		
		小计 Sub-total	财产险业务 Property Insurance	人身险业务 Life Insurance	小计 Sub-total	财产险业务 Property Insurance	人身险业务 Life Insurance
全 国	**National Total**	**44900.17**	**11671.11**	**33229.06**	**15608.64**	**7687.50**	**7921.14**
北 京	Beijing	2526.93	443.49	2083.44	838.47	270.69	567.78
天 津	Tianjin	660.47	154.11	506.36	187.30	96.19	91.10
山 西	Shanxi	1994.50	544.78	1449.72	636.95	344.56	292.39
河 北	Hebei	997.50	230.50	767.00	336.99	150.85	186.14
内蒙古	Inner Mongolia	645.56	205.38	440.18	231.12	133.91	97.22
辽 宁	Liaoning	980.03	289.18	690.85	398.79	189.56	209.23
#大 连	Dalian	378.20	83.46	294.75	128.21	75.95	52.26
吉 林	Jilin	691.29	170.51	520.78	242.81	112.70	130.11
黑龙江	Heilongjiang	995.47	198.51	796.96	339.29	137.09	202.19
上 海	Shanghai	1970.90	523.91	1446.99	737.95	286.56	451.39
江 苏	Jiangsu	4051.10	1002.17	3048.94	1254.78	625.77	629.01
浙 江	Zhejiang	2484.66	745.04	1739.63	869.84	499.02	370.82
#宁 波	Ningbo	375.10	175.68	199.42	159.75	120.41	39.35
安 徽	Anhui	1379.67	436.81	942.86	519.27	293.57	225.70
福 建	Fujian	1051.79	256.81	794.99	347.06	165.53	181.53
#厦 门	Xiamen	242.70	71.24	171.45	81.91	50.56	31.35
江 西	Jiangxi	909.60	264.81	644.80	334.14	177.28	156.86
山 东	Shandong	2816.49	668.04	2148.46	977.93	453.83	524.11
#青 岛	Qingdao	461.84	144.18	317.66	162.38	95.55	66.84
河 南	Henan	2360.03	549.72	1810.31	890.63	494.20	396.43
湖 北	Hubei	1878.11	379.76	1498.35	577.34	247.34	329.99
湖 南	Hunan	1508.75	391.25	1117.50	528.90	258.47	270.43
广 东	Guangdong	4153.20	1019.18	3134.03	1414.99	596.49	818.50
#深 圳	Shenzhen	1426.51	376.73	1049.78	466.05	213.54	252.52
广 西	Guangxi	780.60	241.23	539.37	293.45	159.35	134.10
海 南	Hainan	198.30	74.03	124.27	74.61	46.84	27.76
重 庆	Chongqing	965.50	213.75	751.75	302.17	147.66	154.51
四 川	Sichuan	2204.91	557.33	1647.57	793.00	367.05	425.95
贵 州	Guizhou	496.26	214.66	281.60	206.95	140.37	66.58
云 南	Yunnan	690.20	262.08	428.13	286.00	160.88	125.12
西 藏	Tibet	39.98	27.44	12.54	29.30	24.46	4.84
陕 西	Shaanxi	1052.37	254.71	797.66	338.55	169.67	168.88
甘 肃	Gansu	490.32	131.00	359.33	174.57	94.96	79.62
青 海	Qinghai	106.89	44.86	62.03	38.78	25.81	12.97
宁 夏	Ningxia	211.14	65.35	145.79	73.04	45.82	27.22
新 疆	Xinjiang	685.69	228.81	456.89	287.27	165.70	121.57
集团、总公司本级	Head Offices	37.42	30.50	6.92	48.09	49.30	-1.22

注：1.本表数据为各公司上报中国保险统计信息系统年报数据，未经审计。
2.集团、总公司本级是指集团、总公司直接开展的业务，不计入任何地区。

a) Data in this table are of annual data that reported to China Insurance Statistical Information System by insurance companies.
b) Data of business run by head offices do not count to any region.

八、居住环境
Living Condition

8-1 城镇环境基础设施建设投资情况(2021年)
Statistics on Investment in Urban Environmental Infrastructure (2021)

单位：万元 (10 000 yuan)

地 区	Region	城镇环境基础设施建设投资 Investment in Urban Environmental Infrastructure	燃气 Gas Supply	集中供热 Centralized Heating	排水 Drainage Works	园林绿化 Gardening & Greening	市容环境卫生 Environmental Sanitation
全 国	**National Total**	**65782796**	**3051501**	**5582929**	**27147391**	**20031098**	**9969877**
北 京	Beijing	2195863	132161	294232	572900	1016026	180544
天 津	Tianjin	406949	14575	26666	161886	104959	98863
河 北	Hebei	3657128	109137	693760	1155385	916752	782094
山 西	Shanxi	1227003	25217	614458	294414	152121	140793
内蒙古	Inner Mongolia	1123116	16116	518733	292552	170668	125047
辽 宁	Liaoning	1049848	143111	204810	332523	141534	227870
吉 林	Jilin	634073	78129	79281	262897	157897	55869
黑龙江	Heilongjiang	1094573	21598	385209	286540	151292	249934
上 海	Shanghai	1259338	115946		717799	192461	233132
江 苏	Jiangsu	4229827	166388	13131	1671125	1922517	456666
浙 江	Zhejiang	3790177	158235	9800	1374984	1828039	419119
安 徽	Anhui	3057511	240952	42364	1419689	966853	387653
福 建	Fujian	2007258	153805		1002785	505217	345451
江 西	Jiangxi	3322602	125026		1727380	1064401	405795
山 东	Shandong	5041214	155659	1219633	1530685	1550288	584949
河 南	Henan	5667609	141877	445618	1310721	2773672	995721
湖 北	Hubei	3005685	85333	20315	1350598	1265387	284052
湖 南	Hunan	2399124	225349	1000	1517796	385235	269744
广 东	Guangdong	4398527	318326		2613872	385103	1081226
广 西	Guangxi	1521118	85002		825371	299834	310911
海 南	Hainan	258893	18931		107114	62629	70219
重 庆	Chongqing	2063093	37034		888047	726081	411931
四 川	Sichuan	4720372	73756	21308	2394644	1594410	636254
贵 州	Guizhou	1255021	93214	4680	642671	127696	386760
云 南	Yunnan	1402702	77218		794322	303188	227974
西 藏	Tibet	129742	23837	85	42096	45620	18104
陕 西	Shaanxi	2311014	112999	252800	898855	814918	231442
甘 肃	Gansu	865108	31486	177771	415537	134885	105429
青 海	Qinghai	147759	6544	28372	75917	21422	15504
宁 夏	Ningxia	361573	12883	94828	152379	37506	63977
新 疆	Xinjiang	1178976	51657	434075	313907	212487	166850

8-2 城市公用事业基本情况
Basic Statistics on City Public Utilities

项　　目	Item	1990	1995	2000	2010	2015	2021
城市建设	**City Areas and Floor Space of Buildings**						
城市个数(个)	Number of Cities (unit)			663	657	656	687
城区面积(平方公里)	Urban Area (sq.km)	1165970	1171698	878015	178692	191776	188300
建成区面积(平方公里)	Area of Built Districts (sq.km)	12856	19264	22439	40058	52102	62421
城市建设用地面积(平方公里)	Area of Land Used for Urban Construction (sq.km)	11608	22064	22114	39758	51584	
城市人口密度(人/平方公里)	Population Density of City Districts (persons/sq.km)	279	322	442	2209	2399	2868
城市供水、燃气及集中供热	**Water Supply, Gas Supply and Heating**						
全年供水总量(亿立方米)	Annual Volume of Tap Water Supply (100 million cu.m)	382.3	481.6	469.0	507.9	560.5	673.3
#生活用水	Water Consumption for Residential Use	100.1	158.1	200.0	238.8	287.3	375.4
人均生活用水(吨)	Per Capita Water Consumption for Residential Use (ton)	67.9	71.3	95.5	62.6	63.7	67.5
用水普及率(%)	Coverage Rate of Urban Population with Access to Tap Water (%)	48.0	58.7	63.9	96.7	98.1	99.4
人工煤气供气量(亿立方米)	Gaswork Gas Supply (100 million cu.m)	174.7	126.7	152.4	279.9	47.1	18.7
#家庭用量	Consumption of Gaswork Gas for Residential Use	27.4	45.7	63.1	26.9	10.8	4.3
天然气供气量(亿立方米)	Natural Gas Supply (100 million cu.m)	64.2	67.3	82.1	487.6	1040.8	1721.1
#家庭用量	Consumption of Natural Gas for Residential Use	11.6	16.4	24.8	117.2	208.0	412.0
液化石油气供气量(万吨)	Liquefied Petroleum Gas (10 000 tons)	219.0	488.7	1053.7	1268.0	1039.2	860.7
#家庭用量	Consumption of Liquefied Gas for Residential Use	142.8	370.2	532.3	633.9	587.1	493.6
供气管道长度(万公里)	Length of Gas Pipelines (10 000 km)	2.4	4.4	8.9	30.9	52.8	94.1
燃气普及率(%)	Coverage Rate of Urban Population with Access to Gas(%)	19.1	34.3	45.4	92.0	95.3	98.0
集中供热面积(亿平方米)	Area of Centralized Heating (100 million sq.m)	2.1	6.5	11.1	43.6	67.2	106.0
城市市政设施	**Municipal Infra-structure**						
年末实有道路长度(万公里)	Length of Paved Roads at Year-end (10 000 km)	9.5	13.0	16.0	29.4	36.5	53.2
每万人拥有道路长度(公里)	Length of Paved Roads Per 10 000 Persons (km)	3.1	3.8	4.1	7.5	7.9	9.5
年末实有道路面积(亿平方米)	Area of Paved Roads at Year-end (100 million sq.m)	10.2	16.5	23.8	52.1	71.8	105.4
人均拥有道路面积(平方米)	Per Capita Area of Paved Roads (sq.m)	3.1	4.4	6.1	13.2	15.6	18.8
城市排水管道长度(万公里)	Length of City Sewage Pipes (10 000 km)	5.8	11.0	14.2	37.0	54.0	87.2
城市公共交通	**Public Traffic**						
年末公共汽电车运营数(万辆)	Number of Public Vehicles under Operation at Year-end (Buses and Trolley Buses, etc.) (10 000 units)				37.5	48.3	70.9
每万人拥有公共汽电车辆(标台)	Number of Public Transportation Vehicles Per 10 000 Persons (unit)				10.7	12.2	11.2
出租汽车数(万辆)	Taxis (10 000 units)	11.1	50.4	82.5	98.6	109.2	139.1
城市绿化和园林	**City Greening**						
城市绿地面积(万公顷)	Area of Green Land (10 000 hectares)	47.5	67.8	86.5	213.4	267.0	348.0
人均公园绿地面积(平方米)	Per Capita Area of Parks and Green Land (sq.m)	1.8	2.5	3.7	11.2	13.3	14.9
公园个数(个)	Number of Parks and Zoos (unit)	1970	3619	4455	9955	13834	22062
公园面积(万公顷)	Area of Parks (10 000 hectares)	3.9	7.3	8.2	25.8	38.4	64.8
城市环境卫生	**Environmental Sanitation**						
生活垃圾清运量(万吨)	Volume of Garbage Disposal (10 000 tons)	6767	10671	11819	15805	19142	24869
每万人拥有公厕(座)	Number of Public Toilets per 10 000 Persons (unit)	3.0	3.0	2.7	3.0	2.7	3.3

注：1.2006年以前“城区面积”为“城市面积”。
2.计算人均和普及率指标所使用的人口数2006年以前为城市人口，2006年起为城区人口与城区暂住人口之和，以公安部门的户籍统计和暂住人口统计为准。
3.2006年以前“人均公园绿地面积”为“人均公共绿地面积”。
4.2020年全国城市面积、建成区面积及城市人口密度不含北京市数据。

a) Before 2006, urban area referred to the area of the city proper.
b) Per capita data and coverage rate are calculated on the basis of city population before 2006. Since 2006, they are calculated on the basis of the sum of urban area population and temporary residing population from the household registration by the Ministry of Public Security.
c) Since 2006, Public Green Space Per Capita is changed to be Public Recreational Green Space Per Capita.
d) Urban Area, Area of Built District and Population Density of City Districts do not include those in Beijing in 2020.

8–3 分地区城市市容环境卫生情况(2021年)
Statistics on Urban Sanitation in Cities by Region (2021)

地 区	Region	清扫保洁面 积(万平方米) Area under Cleaning Program (10 000 sq.m)	生活垃圾清运量(万吨) Volume of Garbage Disposal (10 000 tons)	市容环卫专用车辆设备总数(台) Number of Special Vehicles for Environmental Sanitation (unit)	公共厕所(座) Number of Public Lavatories (unit)	#三类以上 Third Grade and Above
全 国	**National Total**	**1034211**	**24869.2**	**327512**	**184063**	**158111**
北 京	Beijing	17439	784.2	12215	6343	6343
天 津	Tianjin	14361	335.7	5601	4348	4006
河 北	Hebei	37331	788.1	13326	7429	6745
山 西	Shanxi	25061	488.7	7040	4197	3123
内蒙古	Inner Mongolia	25178	365.3	6828	6853	5209
辽 宁	Liaoning	45838	1029.8	11763	5423	3882
吉 林	Jilin	18796	469.1	8367	4724	3705
黑龙江	Heilongjiang	27553	521.9	10177	5997	3423
上 海	Shanghai	19477	955.1	10454	6289	3957
江 苏	Jiangsu	74920	1903.6	23037	15284	14210
浙 江	Zhejiang	57717	1531.1	12129	9636	8468
安 徽	Anhui	47682	714.9	10872	6685	5787
福 建	Fujian	23281	905.3	8842	6885	5566
江 西	Jiangxi	27592	567.5	11192	5435	4866
山 东	Shandong	80294	1769.0	21853	9104	8549
河 南	Henan	50624	1107.8	19357	12273	11781
湖 北	Hubei	45681	1075.7	14777	6447	5732
湖 南	Hunan	34431	868.5	7678	5018	3769
广 东	Guangdong	123268	3288.6	29047	13585	13064
广 西	Guangxi	29136	583.5	10609	1987	1854
海 南	Hainan	9164	265.3	15317	934	925
重 庆	Chongqing	24008	670.3	5000	4917	3869
四 川	Sichuan	54194	1267.6	14446	9603	8059
贵 州	Guizhou	18616	393.6	6112	3968	3227
云 南	Yunnan	20622	546.9	5971	5860	5713
西 藏	Tibet	4643	69.2	1419	875	158
陕 西	Shaanxi	24121	669.4	5572	6475	6183
甘 肃	Gansu	14537	285.8	5949	2986	2326
青 海	Qinghai	4073	120.5	969	774	661
宁 夏	Ningxia	9051	126.9	2862	948	885
新 疆	Xinjiang	25523	400.3	8731	2781	2066

8–4 分地区城市生活垃圾无害化处理情况(2021年)

Statistics on Harmless Treatment of Consumption Wastes in Cities by Region (2021)

地 区	Region	生活垃圾清运量(万吨) Consumption Wasts Collected and Transported (10 000 tons)	无害化处理厂(座) Number of Harmless Treatment Plants/Grounds (unit)	卫生填埋 Sanitary Landfill	焚烧 Incineration	其他 Others	无害化处理能力(吨/日) Harmless Treatment Capacity (ton/day)	卫生填埋 Sanitary Landfill
全 国	**National Total**	**24869.2**	**1407**	**542**	**583**	**282**	**1057064**	**261555**
北 京	Beijing	784.2	42	9	11	22	33861	7491
天 津	Tianjin	335.7	19	1	13	5	19750	400
河 北	Hebei	788.1	62	27	28	7	42704	9704
山 西	Shanxi	488.7	26	15	10	1	11611	5675
内蒙古	Inner Mongolia	365.3	30	25	5		13247	8697
辽 宁	Liaoning	1029.8	48	27	13	8	37760	18657
吉 林	Jilin	469.1	38	23	12	3	21025	9195
黑龙江	Heilongjiang	521.9	46	30	12	4	22629	12187
上 海	Shanghai	955.1	24	1	13	10	33880	5000
江 苏	Jiangsu	1903.6	82	21	49	12	83304	10978
浙 江	Zhejiang	1531.1	77	1	51	25	80078	1000
安 徽	Anhui	714.9	52	12	25	15	35959	7296
福 建	Fujian	905.3	37	6	23	8	31746	2767
江 西	Jiangxi	567.5	31	8	17	6	22240	2745
山 东	Shandong	1769.0	104	29	56	19	73601	14639
河 南	Henan	1107.8	52	27	21	4	42213	14028
湖 北	Hubei	1075.7	60	27	21	12	36144	11474
湖 南	Hunan	868.5	46	26	11	9	35346	14906
广 东	Guangdong	3288.6	182	41	73	68	176736	40830
广 西	Guangxi	583.5	35	19	15	1	21724	7714
海 南	Hainan	265.3	13	1	10	2	10785	500
重 庆	Chongqing	670.3	26	13	8	5	23070	5170
四 川	Sichuan	1267.6	58	18	31	9	44133	6414
贵 州	Guizhou	393.6	42	15	18	9	21926	6567
云 南	Yunnan	546.9	37	21	15	1	18660	4543
西 藏	Tibet	69.2	9	8	1		2355	1655
陕 西	Shaanxi	669.4	41	28	6	7	28418	14918
甘 肃	Gansu	285.8	27	16	7	4	10567	3957
青 海	Qinghai	120.5	12	10		2	2296	2126
宁 夏	Ningxia	126.9	11	6	3	2	5410	2403
新 疆	Xinjiang	400.3	38	31	5	2	13886	7920

8-4 续表 continued

地区	Region			无害化处理量(万吨) Amount of Harmless Treated (10 000 tons)				生活垃圾无害化处理率(%) Proportion of Harmless Treated Garbage (%)
		焚烧 Incineration	其他 Others		卫生填埋 Sanitary Landfill	焚烧 Incineration	其他 Others	
全 国	**National Total**	**719533**	**75976**	**24839.3**	**5208.5**	**18019.7**	**1611.1**	**99.9**
北 京	Beijing	16950	9420	784.2	57.3	476.1	250.9	100.0
天 津	Tianjin	18200	1150	335.7	0.1	309.8	25.8	100.0
河 北	Hebei	30750	2250	788.1	175.8	572.6	39.6	100.0
山 西	Shanxi	5836	100	488.7	184.1	291.9	12.7	100.0
内蒙古	Inner Mongolia	4550		364.9	213.8	151.1		99.9
辽 宁	Liaoning	17281	1822	1028.0	505.6	467.2	55.2	99.8
吉 林	Jilin	11150	680	469.1	160.3	298.6	10.2	100.0
黑龙江	Heilongjiang	9642	800	521.9	249.5	259.6	12.8	100.0
上 海	Shanghai	22500	6380	955.1	80.6	734.9	139.5	100.0
江 苏	Jiangsu	67560	4766	1903.6	90.9	1704.9	107.8	100.0
浙 江	Zhejiang	72090	6988	1531.1	12.0	1374.0	145.1	100.0
安 徽	Anhui	26360	2303	714.9	32.1	638.4	44.3	100.0
福 建	Fujian	25859	3120	905.3	23.5	839.5	42.3	100.0
江 西	Jiangxi	18550	945	567.5	30.3	524.8	12.4	100.0
山 东	Shandong	55412	3550	1769.0	76.2	1605.3	87.5	100.0
河 南	Henan	28100	85	1107.8	418.8	685.0	4.0	100.0
湖 北	Hubei	19886	4784	1075.7	342.1	602.9	130.7	100.0
湖 南	Hunan	17850	2590	868.5	333.1	483.2	52.2	100.0
广 东	Guangdong	122701	13205	3288.6	529.6	2554.1	204.8	100.0
广 西	Guangxi	13900	110	583.5	270.3	312.6	0.6	100.0
海 南	Hainan	9785	500	265.3	2.8	243.7	18.8	100.0
重 庆	Chongqing	14100	3800	647.7	108.8	458.7	80.2	96.6
四 川	Sichuan	36247	1472	1267.5	150.5	1079.6	37.4	100.0
贵 州	Guizhou	14150	1209	389.7	151.9	220.5	17.2	99.0
云 南	Yunnan	13917	200	546.9	167.9	371.8	7.2	100.0
西 藏	Tibet	700		69.0	47.9	21.1		99.7
陕 西	Shaanxi	11550	1950	669.4	267.1	383.4	18.9	100.0
甘 肃	Gansu	5700	910	285.8	113.3	154.5	18.0	100.0
青 海	Qinghai		170	119.8	110.1		9.7	99.4
宁 夏	Ningxia	2507	500	126.9	32.4	76.9	17.7	100.0
新 疆	Xinjiang	5750	217	400.3	269.8	123.0	7.5	100.0

8-5 分地区城市设施水平情况(2021年)
Statistics on Level of Public Facilities in Cities by Region (2021)

地 区	Region	城市供水普及率(%) Coverage Rate of Urban Population with Access to Tap Water (%)	城市燃气普及率(%) Coverage Rate of Urban Population with Access to Gas (%)	每万人拥有公共汽电车辆(标台) Number of Public Transportation Vehicles Per 10 000 Population (unit)	人均城市道路面积(平方米) Per Capita Area of Paved Roads (sq.m)	人均公园绿地面积(平方米) Per Capita Public Green Areas (sq.m)	每万人拥有公共厕所(座) Number of Public Lavatories Per 10 000 Population (unit)
全 国	**National Average**	**99.38**	**98.04**	**11.25**	**18.84**	**14.87**	**3.29**
北 京	Beijing	98.80	100.00	16.45	7.72	16.62	3.31
天 津	Tianjin	100.00	100.00	12.51	15.44	9.74	3.73
河 北	Hebei	100.00	99.79	11.34	20.99	15.14	3.71
山 西	Shanxi	99.53	97.90	10.32	18.29	13.66	3.38
内蒙古	Inner Mongolia	99.58	97.86	9.87	25.52	19.96	7.58
辽 宁	Liaoning	99.66	97.86	11.95	19.80	13.44	2.40
吉 林	Jilin	95.91	94.85	9.57	16.19	13.55	3.88
黑龙江	Heilongjiang	99.17	92.23	13.11	16.54	13.60	4.31
上 海	Shanghai	100.00	100.00	8.98	4.81	9.02	2.53
江 苏	Jiangsu	100.00	99.92	14.67	25.62	15.60	4.21
浙 江	Zhejiang	100.00	100.00	13.22	18.03	12.87	2.98
安 徽	Anhui	99.81	99.48	11.23	23.74	14.49	3.44
福 建	Fujian	99.92	99.34	11.54	20.97	15.01	4.65
江 西	Jiangxi	99.17	98.76	8.29	23.85	16.22	4.33
山 东	Shandong	99.88	99.33	14.41	26.50	17.94	2.23
河 南	Henan	99.32	97.65	9.67	16.37	15.08	4.48
湖 北	Hubei	99.87	98.86	9.85	18.74	14.63	2.61
湖 南	Hunan	98.99	97.45	11.97	20.15	12.61	2.61
广 东	Guangdong	100.00	98.26	10.88	15.40	17.74	2.08
广 西	Guangxi	99.81	99.47	8.41	23.92	13.80	1.48
海 南	Hainan	95.73	99.42	13.13	25.96	12.96	2.85
重 庆	Chongqing	96.26	98.19	9.38	15.95	16.67	2.98
四 川	Sichuan	98.66	98.12	9.03	17.89	13.73	3.05
贵 州	Guizhou	98.44	90.19	8.43	22.10	16.01	4.38
云 南	Yunnan	99.02	78.53	10.28	18.10	12.94	5.72
西 藏	Tibet	98.90	68.09	5.63	21.48	13.33	9.00
陕 西	Shaanxi	98.16	98.77	11.35	17.60	12.90	4.64
甘 肃	Gansu	99.46	96.87	10.63	22.20	14.88	4.40
青 海	Qinghai	98.83	94.48	12.78	18.93	12.81	3.54
宁 夏	Ningxia	99.66	97.75	10.75	26.23	20.48	3.04
新 疆	Xinjiang	99.43	98.80	10.33	21.73	15.40	2.91

注：1.人均和普及率指标按城区人口与暂住人口之和计算，以公安部门的户籍统计和暂住人口统计为准。
2.2021年起，每万人拥有公共汽电车辆统计范围为城市和县城。

a) Per capita data and coverage rate are calculated on the basis of the sum of urban population and temporarily residing population from the registration of the Ministry of Public Security.

b) Since 2021, the statistical range of public buses and electric vehicles owned by every 10000 people is cities and counties.

8–6 分地区城市绿地和园林情况(2021年)
Statistics on Parks and Green Areas in Cities by Region (2021)

地 区	Region	城市绿地面积(公顷) Area of Green Land (hectare)	#公园绿地 Park Green Areas	公园(个) Number of Parks (unit)	公园面积(公顷) Area of Parks (hectare)	建成区绿化覆盖率(%) Green Covered Area as % of Completed Area (%)
全 国	**National Total**	**3479788**	**835659**	**22062**	**647962**	**42.4**
北 京	Beijing	93127	36397	360	36397	49.3
天 津	Tianjin	46072	11353	166	3310	38.3
河 北	Hebei	101483	30274	893	22118	42.9
山 西	Shanxi	56597	16951	395	13404	43.7
内蒙古	Inner Mongolia	70793	18032	400	15248	42.0
辽 宁	Liaoning	147670	30356	674	22136	41.8
吉 林	Jilin	94452	16481	423	12702	41.1
黑龙江	Heilongjiang	73045	18914	444	12631	37.4
上 海	Shanghai	171215	22463	434	3651	37.7
江 苏	Jiangsu	314448	56620	1243	34943	43.7
浙 江	Zhejiang	183218	41603	1699	23619	41.5
安 徽	Anhui	127602	28190	619	20547	44.1
福 建	Fujian	80850	22219	776	16955	44.3
江 西	Jiangxi	79564	20338	782	16059	46.9
山 东	Shandong	272462	73314	1420	50067	43.0
河 南	Henan	128190	41318	633	19939	41.6
湖 北	Hubei	113284	36124	651	21092	42.8
湖 南	Hunan	97624	24263	656	17507	42.2
广 东	Guangdong	532886	115853	4657	164065	42.9
广 西	Guangxi	76105	18529	414	15937	40.2
海 南	Hainan	18443	4251	132	2590	40.8
重 庆	Chongqing	73383	27504	536	16192	42.6
四 川	Sichuan	139518	43252	879	26629	43.1
贵 州	Guizhou	99356	14509	401	14977	41.8
云 南	Yunnan	53238	13250	1031	11005	42.5
西 藏	Tibet	6372	1296	156	1061	38.2
陕 西	Shaanxi	76176	17998	410	11798	41.8
甘 肃	Gansu	31168	10102	206	6819	36.3
青 海	Qinghai	8721	2797	65	1773	34.8
宁 夏	Ningxia	27111	6397	113	3649	42.0
新 疆	Xinjiang	85614	14709	394	9143	41.0

注：1.公园绿地面积包括综合公园、社区公园、专类公园、带状公园和街旁绿地。
2.北京市的各项绿化数据均为该市调查面积内数据。

a) Area of park green areas includes comprehensive park, community park, theme park, belt-shaped park and green area nearby street.
b) All the greening-related data for Beijing are those for the areas surveyed in the city.

8–7 分地区城市公共交通情况(2021年)
Statistics on Public Transportation in Cities by Region (2021)

地区	Region	公共汽电车 Bus and Trolley Bus			轨道交通 Subways, Light Rail, Streetcar			出租汽车(辆) Number of Taxi (unit)
		运营车数(辆) Number of Bus in Operation (unit)	运营线路总长度(公里) Length of Lines in Operation (km)	客运总量(万人次) Total Passenger Traffic (10 000 person-times)	配属车辆数(辆) Number of Attached Vehicles (unit)	运营里程(公里) Length in Operation (km)	客运总量(万人次) Total Passenger Traffic (10 000 person-times)	
全　国	**National Total**	**709443**	**1593829**	**4891570**	**57286**	**8736**	**2372692**	**1391315**
北　京	Beijing	23079	28580	229634	7098	783	306621	79600
天　津	Tianjin	13258	27713	67323	1448	272	46379	31779
河　北	Hebei	31888	82017	110051	486	74	9202	71265
山　西	Shanxi	16963	48766	117448	144	23	3919	42041
内蒙古	Inner Mongolia	12233	47334	72412	312	49	5377	67967
辽　宁	Liaoning	24112	41253	238302	1653	407	56058	92706
吉　林	Jilin	11979	31657	114855	893	124	20553	68569
黑龙江	Heilongjiang	19977	47324	135430	522	78	7239	98998
上　海	Shanghai	17637	25180	146693	7227	831	356997	35317
江　苏	Jiangsu	53365	113079	307542	4627	947	155748	54504
浙　江	Zhejiang	45683	149165	238410	3615	649	117476	43838
安　徽	Anhui	28301	73315	148263	1290	200	27371	55298
福　建	Fujian	20633	43403	159501	1080	157	28862	22015
江　西	Jiangxi	15604	51781	94061	816	129	25602	17482
山　东	Shandong	67125	187331	308625	1629	377	30389	70263
河　南	Henan	36929	57246	172793	1638	249	44949	63511
湖　北	Hubei	24910	38513	217860	3124	479	101270	43589
湖　南	Hunan	32903	52634	227396	894	162	58790	35043
广　东	Guangdong	67683	131583	410330	7311	1138	508358	58031
广　西	Guangxi	14322	36351	76692	876	128	28876	20665
海　南	Hainan	4949	12838	19737	14	8	107	6333
重　庆	Chongqing	15023	29159	221052	2248	370	109709	24478
四　川	Sichuan	33468	57156	310246	4622	558	180098	45976
贵　州	Guizhou	11586	27611	163917	498	74	8974	45310
云　南	Yunnan	16797	55040	110337	792	153	21906	31163
西　藏	Tibet	874	3253	8482				2357
陕　西	Shaanxi	18617	27747	161773	2094	253	102303	38592
甘　肃	Gansu	10298	21828	123341	173	38	6500	39281
青　海	Qinghai	3969	15041	38320				14092
宁　夏	Ningxia	3837	10341	29072				16653
新　疆	Xinjiang	11441	19593	111675	162	27	3062	54599

注：2021年起，城市公共交通数据统计范围为城市和县城。

a) Since 2021, the statistical scope of urban public transport data will cover cities and counties.

8-8 分地区城市污水排放和处理情况(2021年)
Statistics on Urban Waste Water Discharged and Treated by Region (2021)

地 区	Region	城市污水排放量(万立方米) Waste Water Discharged (10 000 cu.m)	污水处理厂(座) Waste Water Treatment Plants (unit)	#二、三级处理 Secondary & Tertiary Treatment	污水处理厂污水处理能力(万立方米/日) Treatment Capacity (10 000 cu.m/day)	#二、三级处理 Secondary & Tertiary Treatment	污水处理厂污水处理量(万立方米) Volume of Waste Water Treated (10 000 cu.m)
全 国	**National Total**	**6250763**	**2827**	**2640**	**20767.2**	**19733.2**	**6015749**
北 京	Beijing	211927	75	75	707.9	707.9	202581
天 津	Tianjin	118750	44	44	342.5	342.5	114038
河 北	Hebei	153849	96	94	690.6	675.6	152425
山 西	Shanxi	107799	49	41	355.1	312.7	105739
内蒙古	Inner Mongolia	64201	40	40	246.1	246.1	62830
辽 宁	Liaoning	324784	137	95	1029.5	810.6	318013
吉 林	Jilin	137790	51	37	457.2	375.0	134478
黑龙江	Heilongjiang	130546	73	73	432.4	432.4	121636
上 海	Shanghai	233201	42	42	857.3	857.3	225939
江 苏	Jiangsu	515351	215	211	1596.2	1562.2	472710
浙 江	Zhejiang	386870	115	115	1317.3	1317.3	375015
安 徽	Anhui	228288	96	96	772.3	772.3	219407
福 建	Fujian	162744	63	61	525.8	518.2	154056
江 西	Jiangxi	126146	79	67	439.9	345.9	122516
山 东	Shandong	364625	229	229	1444.0	1444.0	358254
河 南	Henan	254096	121	113	1008.8	934.8	252084
湖 北	Hubei	322900	110	106	930.1	901.6	292767
湖 南	Hunan	259188	99	85	789.4	707.0	255239
广 东	Guangdong	923690	343	327	2889.2	2790.2	904176
广 西	Guangxi	167459	73	70	505.6	497.1	152008
海 南	Hainan	41134	27	24	125.5	113.6	40862
重 庆	Chongqing	150294	85	80	448.9	422.4	148151
四 川	Sichuan	289696	196	189	930.0	917.4	272219
贵 州	Guizhou	101890	103	103	347.9	347.9	100160
云 南	Yunnan	122190	71	66	365.7	351.6	118415
西 藏	Tibet	10904	10	6	30.7	10.7	9106
陕 西	Shaanxi	167263	67	58	535.8	484.8	162417
甘 肃	Gansu	48746	30	29	170.4	167.2	47418
青 海	Qinghai	18090	14	14	62.4	62.4	17315
宁 夏	Ningxia	29345	23	20	120.6	108.1	28829
新 疆	Xinjiang	77007	51	30	292.6	197.0	74946

8-8 续表 continued

地 区	Region	其他污水处理设施 Other Waste Water Treatment Equipments 处理能力(万立方米/日) Treatment Capacity (10 000 cu.m/day)	处理量(万立方米) Volume of Treatment (10 000 cu.m)	污水处理总能力(万立方米/日) Total Treatment Capacity (10 000 cu.m/day)	污水处理总量(万吨) Total Volume of Waste Water Treated (10 000 tons)	市政再生水利用量(万立方米) Total Volume of Waste Water Recycled & Reused (10 000 cu.m)	城市污水处理率(%) Waste Water Treatment Rate (%)	#污水处理厂集中处理率 Waste Water Treatment Concentration Rate
全 国	**National Total**	**978.5**	**103207**	**21745.7**	**6118956**	**1610515**	**97.9**	**96.2**
北 京	Beijing	19.9	3391	727.8	205971	55159	97.2	95.6
天 津	Tianjin	3.4	934	345.9	114972	38772	96.8	96.0
河 北	Hebei			690.6	152425	75969	99.1	99.1
山 西	Shanxi	2.0	333	357.1	106073	24536	98.4	98.1
内蒙古	Inner Mongolia	1.5	1	247.6	62831	27709	97.9	97.9
辽 宁	Liaoning	11.5	1775	1041.0	319789	65136	98.5	97.9
吉 林	Jilin	0.2	6	457.4	134484	22809	97.6	97.6
黑龙江	Heilongjiang	36.9	4764	469.2	126399	18217	96.8	93.2
上 海	Shanghai			857.3	225939		96.9	96.9
江 苏	Jiangsu	219.5	27010	1815.7	499720	140598	97.0	91.7
浙 江	Zhejiang	21.5	3806	1338.8	378820	39752	97.9	96.9
安 徽	Anhui	37.4	2348	809.7	221755	99882	97.1	96.1
福 建	Fujian	42.4	5892	568.2	159948	35149	98.3	94.7
江 西	Jiangxi	6.8	1239	446.6	123755	2965	98.1	97.1
山 东	Shandong	5.7	515	1449.7	358769	170528	98.4	98.3
河 南	Henan	2.0	1	1010.8	252085	107241	99.2	99.2
湖 北	Hubei	71.3	22880	1001.4	315646	56188	97.8	90.7
湖 南	Hunan	15.0	393	804.4	255632	31478	98.6	98.5
广 东	Guangdong	40.5	4598	2929.7	908773	373256	98.4	97.9
广 西	Guangxi	369.4	14009	875.0	166016	30070	99.1	90.8
海 南	Hainan	0.5	123	125.9	40985	2942	99.6	99.3
重 庆	Chongqing	2.9	460	451.8	148611	1595	98.9	98.6
四 川	Sichuan	40.7	7072	970.7	279291	50811	96.4	94.0
贵 州	Guizhou	11.0	170	358.9	100330	4457	98.5	98.3
云 南	Yunnan	8.6	1489	374.3	119904	39446	98.1	96.9
西 藏	Tibet			30.7	9106		83.5	83.5
陕 西	Shaanxi			535.8	162417	39728	97.1	97.1
甘 肃	Gansu	8.0		178.4	47418	7328	97.3	97.3
青 海	Qinghai			62.4	17315	4041	95.7	95.7
宁 夏	Ningxia			120.6	28829	9018	98.2	98.2
新 疆	Xinjiang			292.6	74946	35740	97.3	97.3

8-9 分地区农村水电建设和发电量、农村用电量情况

Statistics on Rural Hydropower Construction and Amount of Electric Power Generation, Electricity Consumption

年份 Year / 地区 Region		本年完成投资额（万元）Amount of Investment Completed This Year (10 000 yuan)	在建电站规模（千瓦）Scale of Power Plants under Construction (kW)	#当年新开工电站规模 Scale of Newly Started Power Stations in the Year	农村用电量（亿千瓦时）Electricity Consumed in Rural Areas (100 million kWh)
1978					253.1
1980					320.8
1985					508.9
1990		348848			844.5
1995		1321689	10760000		1655.7
2000		2220993	7459500	2384000	2421.3
2005		4343826	17727677	4284511	4375.7
2010		4398453	13700560	2425973	6632.3
2015		3082737	8038846	929005	9026.9
2020		585684	3481550	182800	9717.2
2021		489020	3268635	40385	6736.3
北　京	Beijing				66.9
天　津	Tianjin				62.0
河　北	Hebei	45	18060		476.1
山　西	Shanxi	382	60945		156.4
内蒙古	Inner Mongolia				119.8
辽　宁	Liaoning	253	12055		167.9
吉　林	Jilin	18950	215925	9445	72.3
黑龙江	Heilongjiang	11200	106500		117.1
上　海	Shanghai				11.3
江　苏	Jiangsu				520.2
浙　江	Zhejiang	14449	11590		424.5
安　徽	Anhui	12000	8640		280.4
福　建	Fujian	4600	18000		311.7
江　西	Jiangxi	2451	43440		167.2
山　东	Shandong				507.8
河　南	Henan				451.4
湖　北	Hubei	31200	148740		203.6
湖　南	Hunan	19146	52620	8000	331.2
广　东	Guangdong	12057	18520		690.4
广　西	Guangxi	10257	58860	5640	236.8
海　南	Hainan				62.7
重　庆	Chongqing	27098	187940	1200	85.6
四　川	Sichuan	68787	1057760	8600	273.2
贵　州	Guizhou	105922	465940		168.0
云　南	Yunnan	25806	702800		173.8
西　藏	Tibet				4.8
陕　西	Shaanxi	99696			154.3
甘　肃	Gansu	13615	60800		114.0
青　海	Qinghai		12000		14.5
宁　夏	Ningxia				40.6
新　疆	Xinjiang	11105	7500	7500	269.9
水利部直属	Directly under The Ministry of Water Resources				

注：本表2020年及以前除农村用电量以外数据由水利部农村水利水电司提供。

农村水电是以小水电为主体，直接为农村经济社会发展服务的水电站及其供电网络。

a) The data in this table in 2020 and before, except for rural electricity consumption, are provided by the Department of Rural Water Resources and Hydropower, Ministry of Water Resources.With small hydropower stations as the main body, rural hydropower consists of hydropower stations and electricity networks directly providing services for rural economic and social development.

8-10 分地区村庄公共设施情况(2021年)
Public Facilities of Villages by Region(2021)

地　区	Region	集中供水的行政村 Administrative Villages With Access to Piped Water		年生活用水量（万立方米）Annual Domestic Water Consumption (10 000 cu.m)	供水管道长度（公里）Length of Water Supply Pipelines (km)	#本年新增 Added This Year	用水人口（万人）Population with Access to Water (10 000 persons)	供水普及率(%) Water Coverage Rate (%)
		个数（个）Number (unit)	比例(%) Percent (%)					
全　国	**National Total**	**366460**	**83.64**	**1998884.30**	**2123745.87**	**111121.22**	**55144.10**	**85.33**
北　京	Beijing	2632	83.96	17941.48	16479.99	265.02	428.36	91.14
天　津	Tianjin	2326	93.79	8328.63	13421.89	255.23	218.40	96.92
河　北	Hebei	34943	85.93	120532.08	195565.67	6565.64	3869.33	93.64
山　西	Shanxi	15247	82.92	42292.59	66209.53	2118.36	1432.96	89.26
内蒙古	Inner Mongolia	7576	73.55	22777.67	51631.51	1114.15	741.02	74.03
辽　宁	Liaoning	6159	64.54	38491.10	43583.75	1579.73	1084.31	72.08
吉　林	Jilin	7567	91.00	27179.07	63923.20	8339.68	854.54	82.37
黑龙江	Heilongjiang	7294	92.40	32311.78	65117.15	680.14	1045.71	86.18
上　海	Shanghai	1280	94.26	16027.81	9509.33	151.10	419.29	93.50
江　苏	Jiangsu	12386	98.87	109837.71	106477.05	1932.68	3237.77	97.56
浙　江	Zhejiang	11391	81.49	96833.81	64990.48	2351.85	1799.74	84.29
安　徽	Anhui	11149	85.54	98038.37	86571.53	5372.77	2874.33	80.66
福　建	Fujian	10493	91.61	56697.71	40465.78	1637.09	1509.74	92.33
江　西	Jiangxi	10847	70.76	86036.96	51885.80	4110.03	1732.57	68.16
山　东	Shandong	50804	96.93	152817.26	169314.29	6322.64	4587.12	95.02
河　南	Henan	32639	85.23	148620.26	120212.24	5504.41	4751.66	83.18
湖　北	Hubei	15907	81.65	120658.38	91179.64	5149.74	2120.89	79.29
湖　南	Hunan	14001	65.16	81158.71	76438.90	3987.53	2310.76	68.08
广　东	Guangdong	14328	86.24	136526.05	97828.26	17558.49	3403.10	90.34
广　西	Guangxi	9625	72.32	93338.06	63863.25	3968.67	2448.77	86.04
海　南	Hainan	2462	93.83	17637.67	11609.28	689.63	475.25	92.55
重　庆	Chongqing	6623	86.16	36721.40	41138.95	3412.75	1008.93	86.24
四　川	Sichuan	18467	76.91	113540.13	119313.18	7102.67	3253.64	76.86
贵　州	Guizhou	9251	76.10	68021.06	78859.26	4258.70	1863.21	86.31
云　南	Yunnan	9808	83.25	99697.63	115070.90	6653.44	2797.67	89.16
西　藏	Tibet	2280	44.51	10172.17	12545.59	376.08	203.11	86.64
陕　西	Shaanxi	13114	90.87	53282.80	57290.52	3879.85	1662.08	90.73
甘　肃	Gansu	12136	82.63	40235.75	74145.53	2918.22	1395.32	88.16
青　海	Qinghai	3117	79.29	9980.87	21234.73	155.58	336.14	97.15
宁　夏	Ningxia	1915	99.64	9155.95	18835.00	566.33	273.70	97.28
新　疆	Xinjiang	7289	89.71	31783.77	69402.37	1799.44	952.18	93.08
新疆兵团	Xinjiang Production and Construction Corps	1404	84.78	2209.61	9631.32	343.58	52.49	87.98

8-10 续表 1 continued

地 区	Region	人均日生活用水量 Per Capita Daily Water Consumption (liter)	用气人口（万人） Population with Access to Gas (10 000 persons)	燃气普及率(%) Gas Coverage Rate (%)	集中供热面积（万平方米） Area of Centrally Heated District (10 000 sq.m)	村庄内道路长度（公里） The Length of Roads within Villages (km)	本年新增 Added This Year	本年更新改造 Renewal and Upgrading during The Reported Year
全 国	**National Total**	**99.31**	**24682.12**	**38.19**	**35324.58**	**3486668.25**	**78948.26**	**85422.22**
北 京	Beijing	114.75	200.50	42.66	1422.32	18193.25	51.38	602.22
天 津	Tianjin	104.48	176.94	78.52	1508.15	16280.31	0.37	491.60
河 北	Hebei	85.34	2912.15	70.47	7153.54	255251.14	1592.17	7086.03
山 西	Shanxi	80.86	332.43	20.71	5841.54	86592.05	681.72	1229.58
内蒙古	Inner Mongolia	84.21	118.84	11.87	1302.41	84925.03	842.95	365.12
辽 宁	Liaoning	97.26	223.49	14.86	1248.37	76952.10	1296.78	3808.27
吉 林	Jilin	87.14	119.11	11.48	557.39	87821.24	1052.87	3461.78
黑龙江	Heilongjiang	84.66	65.28	5.38	446.13	81852.76	456.38	1220.63
上 海	Shanghai	104.73	335.55	74.83	20.70	11236.88	63.07	382.61
江 苏	Jiangsu	92.94	2866.27	86.36	11.65	143440.98	2277.43	3440.27
浙 江	Zhejiang	147.41	1009.91	47.30	11.70	82375.73	1511.54	2776.45
安 徽	Anhui	93.45	1417.83	39.79		163321.13	6256.90	3059.80
福 建	Fujian	102.89	1003.69	61.38		73975.70	1272.30	1219.95
江 西	Jiangxi	136.05	755.44	29.72	696.86	99106.69	3788.88	3270.21
山 东	Shandong	91.27	2660.71	55.12	9767.44	339835.69	4812.29	11023.97
河 南	Henan	85.69	1372.33	24.02	884.43	203542.86	7484.75	4230.06
湖 北	Hubei	155.86	890.73	33.30	459.30	212307.06	5437.30	6006.77
湖 南	Hunan	96.22	910.23	26.82	138.61	174496.06	3927.64	4438.79
广 东	Guangdong	109.91	2576.27	68.39		165117.10	5496.83	3917.34
广 西	Guangxi	104.43	1702.43	59.81	7.10	118998.69	2542.08	2498.71
海 南	Hainan	101.68	369.68	71.99		29578.11	914.61	401.47
重 庆	Chongqing	99.72	370.94	31.71	21.30	34482.61	1961.97	1362.00
四 川	Sichuan	95.61	1489.68	35.19		295517.75	10392.05	5633.08
贵 州	Guizhou	100.02	96.99	4.49	5.63	130895.94	3032.36	1434.02
云 南	Yunnan	97.63	141.70	4.52		155842.58	3777.05	3465.39
西 藏	Tibet	137.21	26.92	11.48	8.70	18384.32	329.37	337.93
陕 西	Shaanxi	87.83	318.80	17.40	632.50	102482.10	2935.93	2616.00
甘 肃	Gansu	79.00	83.58	5.28	1231.26	92311.40	2320.33	2215.32
青 海	Qinghai	81.35	13.96	4.03	152.67	30029.93	190.90	900.16
宁 夏	Ningxia	91.65	30.93	10.99	373.51	26557.24	640.58	880.55
新 疆	Xinjiang	91.45	71.55	6.99	1297.69	65527.93	1453.43	1353.83
新疆兵团	Xinjiang Production and Construction Corps	115.33	17.26	28.93	123.68	9435.89	154.05	292.31

8-10 续表 2 continued

地 区	Region	硬化道路 Hardened Roads	村庄内道路面积（万平方米）The Area of Roads within Villages (10 000 sq.m)	本年新增 Added This Year	本年更新改造 Renewal and Upgrading during The Reported Year	硬化道路 Hardened Roads	排水管道沟渠长度（公里）The Length of Drainage Pipelines and Canals (km)	#本年新增 Added This Year
全 国	**National Total**	**1984398.93**	**2526178.84**	**116312.84**	**79421.12**	**1108617.18**	**1235339.14**	**42057.24**
北 京	Beijing	13757.35	11767.53	84.72	448.74	8112.70	9963.04	333.97
天 津	Tianjin	12594.05	7919.05	11.92	632.44	5632.83	6749.03	127.13
河 北	Hebei	180734.21	117415.11	969.96	3895.41	80835.46	60217.70	728.83
山 西	Shanxi	44684.19	54744.99	623.43	1449.04	29960.02	56326.72	428.12
内蒙古	Inner Mongolia	56229.17	45127.73	589.48	170.10	27097.09	9822.85	213.50
辽 宁	Liaoning	44805.65	51066.97	9127.60	2124.00	22782.67	36715.28	269.83
吉 林	Jilin	63465.27	46727.00	1267.54	2025.31	31192.58	46808.88	566.16
黑龙江	Heilongjiang	47710.13	40930.25	211.75	559.26	20920.08	27590.45	253.26
上 海	Shanghai	7784.70	18812.61	32.29	271.12	16941.38	6877.46	77.66
江 苏	Jiangsu	109065.87	135128.76	13289.64	11343.85	81358.23	51720.41	2557.62
浙 江	Zhejiang	29278.95	72656.08	1895.88	2517.56	22747.52	41220.96	1116.92
安 徽	Anhui	93061.94	117156.30	18001.70	2734.78	48132.37	45575.15	2255.61
福 建	Fujian	42822.39	42542.81	1291.37	991.75	21191.61	60475.81	1333.49
江 西	Jiangxi	52492.95	99519.41	5188.90	2652.85	23712.98	39457.35	2442.82
山 东	Shandong	235687.84	213773.18	7027.62	10217.69	124948.89	225777.13	5813.84
河 南	Henan	106427.43	214294.92	10390.14	4435.02	71583.80	56637.13	2849.28
湖 北	Hubei	70926.90	187395.95	6203.19	6616.51	43080.65	60081.86	2028.08
湖 南	Hunan	77944.18	143836.26	3686.82	3753.96	41172.01	51557.43	1369.26
广 东	Guangdong	82603.21	135919.28	5793.01	4053.54	51006.64	64920.40	5215.95
广 西	Guangxi	82342.26	67244.18	1894.27	1550.94	39419.42	29748.26	1299.74
海 南	Hainan	7028.82	15298.92	737.35	435.48	3781.12	4484.96	258.81
重 庆	Chongqing	18432.61	17393.43	1150.68	722.69	8983.32	15243.45	750.73
四 川	Sichuan	193440.92	193585.41	8419.07	4202.88	92119.29	77904.86	2687.11
贵 州	Guizhou	43164.13	131775.60	6050.16	1530.22	47312.93	24874.12	1088.01
云 南	Yunnan	67041.55	123639.54	4280.05	3710.94	38412.60	44764.56	2125.86
西 藏	Tibet	5162.21	14604.67	409.82	299.71	2677.74	2523.00	80.05
陕 西	Shaanxi	72034.25	54600.87	2316.97	2033.52	30095.55	32046.00	1350.63
甘 肃	Gansu	52921.13	51401.35	1651.15	1714.93	25525.26	21342.12	883.05
青 海	Qinghai	14746.25	14133.23	102.43	484.15	6843.07	5124.78	188.12
宁 夏	Ningxia	20295.69	18651.90	727.71	666.02	12813.06	10888.22	342.06
新 疆	Xinjiang	32512.98	58555.06	2757.85	933.68	24534.49	6086.20	769.30
新疆兵团	Xinjiang Production and Construction Corps	3199.75	8560.49	128.37	243.03	3689.82	1813.57	252.44

8-11　互联网主要指标发展情况(年底数)
Main Indicators on Internet Development at Year-end

年份 Year 地区 Region		域名数(万个) Number of Domain Names (10 000 units)	网页数(万个) Number of Webpages (10 000 pages)	IPv4地址数(万个) IPv4 Addresses (10 000)	互联网宽带接入端口(万个) Broad Band Subscribers Port of Internet (10 000 ports)
	2005	259.2		7439.1	4874.7
	2006	410.9	447257.8	9801.6	6486.4
	2007	1193.1	847108.5	13527.5	8539.3
	2008	1682.6	1608637.0	18127.3	10890.4
	2009	1681.8	3360173.2	23244.6	13835.7
	2010	865.6	6000806.0	27763.7	18781.1
	2011	774.8	8658229.8	33044.0	23239.4
	2012	1341.2	12274681.7	33053.5	32108.4
	2013	1843.6	15004076.3	33030.8	35945.3
	2014	2059.6	18991864.9	33198.8	40546.1
	2015	3101.4	21229622.4	33652.0	57709.4
	2016	4227.6	23599758.4	33810.3	71276.9
	2017	3848.0	26039903.0	33870.5	77599.1
	2018	3792.8	28162240.6	33892.5	86752.3
	2019	5094.2	29782991.5	33909.3	91578.0
	2020	4197.8	31550109.8	34066.8	94604.7
	2021	3593.1	33496371.3	34388.1	101784.7
北　京	Beijing	566.0	12321699.2	8642.2	2030.8
天　津	Tianjin	30.3	555770.5	356.1	1352.5
河　北	Hebei	81.3	1277345.5	965.2	5012.5
山　西	Shanxi	34.9	358371.0	432.4	2478.7
内蒙古	Inner Mongolia	12.4	20150.3	262.7	1750.1
辽　宁	Liaoning	42.5	302076.0	1129.8	3274.0
吉　林	Jilin	21.6	195089.3	411.0	1743.1
黑龙江	Heilongjiang	25.1	168148.9	408.8	2260.4
上　海	Shanghai	148.4	2380356.1	1531.4	2340.4
江　苏	Jiangsu	172.5	1491443.6	1613.4	7464.3
浙　江	Zhejiang	130.8	3991027.3	2193.5	6237.8
安　徽	Anhui	133.4	289242.5	559.2	3889.0
福　建	Fujian	433.1	945975.9	659.8	3546.6
江　西	Jiangxi	57.3	267565.5	586.4	2642.3
山　东	Shandong	193.4	645152.4	1656.6	7037.0
河　南	Henan	130.1	2009360.2	891.7	5631.0
湖　北	Hubei	85.9	305096.9	812.0	3667.8
湖　南	Hunan	99.4	188204.2	801.0	3513.0
广　东	Guangdong	496.7	4369014.0	3234.7	9333.7
广　西	Guangxi	66.3	245321.3	467.0	3579.2
海　南	Hainan	17.5	151407.6	160.0	1096.0
重　庆	Chongqing	54.5	54932.2	567.9	2612.1
四　川	Sichuan	126.2	573811.6	939.6	6708.5
贵　州	Guizhou	230.3	12663.8	149.7	2045.1
云　南	Yunnan	42.6	177664.5	330.5	2431.9
西　藏	Tibet	1.3	379.4	43.5	254.2
陕　西	Shaanxi	59.3	167413.9	551.6	2943.8
甘　肃	Gansu	14.6	17658.7	160.9	1622.6
青　海	Qinghai	2.3	3463.7	59.7	438.3
宁　夏	Ningxia	4.7	1889.9	93.8	596.6
新　疆	Xinjiang	11.7	8675.3	204.7	2251.6
不分地区	Not Classified by Region	66.7		3511.3	

注：各地区IPv4地址数是根据各地区占全国的比例推算数据。
a) The number of IPv4 addresses in each region is calculated according to the proportion of the regions in the whole country.

8-11 续表 continued

年 份 地 区	Year Region	移动互联网用户（万户）Mobile Internet Subscribers (10 000 subscribers)	互联网宽带接入用户（万户）Broadband Subscribers of Internet (10 000 subscribers)	#城市宽带接入用户 Urban Broadband Subscribers	#农村宽带接入用户 Rural Broadband Subscribers
	2005		3735.0		
	2006		5085.3		
	2007		6641.4		
	2008		8287.9		
	2009		10397.8		
	2010		12629.1	9963.5	2475.7
	2011		15000.1	11691.4	3308.8
	2012		17518.3	13442.4	4075.9
	2013		18890.9	14153.6	4737.3
	2014	87522.1	20048.3	15174.6	4873.7
	2015	96447.2	25946.6	19547.2	6398.4
	2016	109395.0	29720.7	22266.6	7454.0
	2017	127153.7	34854.0	25476.7	9377.3
	2018	127481.5	40738.2	28996.5	11741.7
	2019	131852.6	44927.9	31450.5	13477.3
	2020	134851.9	48355.0	34165.3	14189.7
	2021	141564.9	53578.7	37808.2	15770.5
北 京	Beijing	3379.4	806.3	713.2	93.0
天 津	Tianjin	1536.8	584.5	524.8	59.8
河 北	Hebei	7512.5	2796.9	1664.1	1132.8
山 西	Shanxi	3325.8	1350.4	1098.4	252.0
内蒙古	Inner Mongolia	2665.2	796.2	701.5	94.7
辽 宁	Liaoning	3994.1	1464.9	1295.9	169.1
吉 林	Jilin	2454.6	734.2	615.1	119.1
黑龙江	Heilongjiang	3093.9	1013.5	830.8	182.7
上 海	Shanghai	3616.6	995.4	988.6	6.9
江 苏	Jiangsu	8753.6	4071.6	2510.9	1560.7
浙 江	Zhejiang	7483.4	3117.0	2191.8	925.3
安 徽	Anhui	5276.7	2335.8	1409.0	926.8
福 建	Fujian	4146.6	1985.1	1383.8	601.4
江 西	Jiangxi	3855.9	1700.2	1143.4	556.8
山 东	Shandong	9368.0	3863.7	2736.1	1127.6
河 南	Henan	9136.6	3505.8	2508.0	997.8
湖 北	Hubei	5041.1	2081.3	1435.1	646.3
湖 南	Hunan	6026.2	2323.0	1546.3	776.7
广 东	Guangdong	15070.3	4277.7	3243.7	1034.1
广 西	Guangxi	5011.4	1827.4	1043.9	783.6
海 南	Hainan	989.4	450.2	307.8	142.4
重 庆	Chongqing	3288.5	1338.5	984.3	354.3
四 川	Sichuan	7990.8	3220.9	2013.9	1207.0
贵 州	Guizhou	3811.0	1187.4	815.2	372.2
云 南	Yunnan	4063.2	1451.9	989.4	462.6
西 藏	Tibet	299.8	115.3	78.2	37.2
陕 西	Shaanxi	4115.2	1567.4	1213.6	353.8
甘 肃	Gansu	2434.2	1025.2	661.3	364.0
青 海	Qinghai	609.1	209.4	152.1	57.2
宁 夏	Ningxia	750.8	317.1	246.9	70.2
新 疆	Xinjiang	2464.3	1064.2	761.4	302.8
不分地区	Not Classified by Region				

九、文化休闲
Culture and Leisure

9–1 主要文化机构情况
Statistics on Main Cultural Institutions

单位：个 (unit)

年 份 Year	公共图书馆 Public Libraries	文化馆(站) Cultural Centers	省级、地市级文化馆 Cultural Centers at Provincial & Prefecture Level	县市级文化馆 Cultural Centers at County & City Level	乡镇(街道)文化站 Township (sub-district) Cultural Centers	博物馆 Museums	艺术表演团体 Art Performance Troupes	艺术表演场馆 Art Performance Venues
1978	1218	6893	92	2748	4053	349	3150	1095
1980	1732	8739	218	2912	5609	365	3533	1444
1985	2344	8576	335	2960	5281	711	3317	1377
1986	2406	8913	337	2993	5583	777	3195	2058
1987	2440	8974	348	2973	5653	827	3094	2148
1988	2485	9045	358	2975	5712	903	2985	2081
1989	2512	9037	366	2955	5716	967	2850	2050
1990	2527	9216	366	2955	5895	1013	2805	1955
1991	2535	10507	371	2894	7242	1075	2772	2068
1992	2558	9564	372	2900	6292	1106	2753	2037
1993	2572	10155	370	2886	6899	1130	2707	2024
1994	2589	11276	374	2887	8015	1161	2698	1998
1995	2615	13487	373	2886	10228	1194	2682	1958
1996	2620	45253	392	2892	41969	1219	2664	1934
1997	2628	45449	385	2901	42163	1282	2663	1947
1998	2662	45834	386	2901	42547	1339	2652	1929
1999	2669	45837	389	2905	42543	1363	2632	1911
2000	2675	45321	390	2907	42024	1392	2619	1900
2001	2696	43379	399	2842	40138	1461	2605	1854
2002	2697	42516	389	2854	39273	1511	2587	1829
2003	2709	41816	382	2846	38588	1515	2601	1900
2004	2720	41402	380	2841	38181	1548	2759	1928
2005	2762	41588	375	2851	38362	1581	2805	1866
2006	2778	40088	395	2819	36874	1617	2866	1839
2007	2799	40601	411	2806	37384	1722	4512	1732
2008	2820	41156	389	2829	37938	1893	5114	1662
2009	2850	41959	361	2862	38736	2252	6139	1499
2010	2884	43382	374	2890	40118	2435	6864	1461
2011	2952	43675	379	2906	40390	2650	7055	1429
2012	3076	43876	382	2919	40575	3069	7321	1279
2013	3112	44260	385	2930	40945	3473	8180	1344
2014	3117	44423	385	2928	41110	3658	8769	1338
2015	3139	44291	386	2929	40976	3852	10787	2143
2016	3153	44497	389	2933	41175	4109	12301	2285
2017	3166	44521	390	2938	41193	4721	15742	2455
2018	3176	44464	390	2936	41138	4918	17123	2478
2019	3196	44073	390	2936	40747	5132	17795	2716
2020	3212	43687	390	2931	40366	5452	17581	2770
2021	3215	43531	390	2926	40215	5772	18370	3093

注：1.1996年以前文化站数据未包括其他部门所属乡镇文化站。1996—1998年包括其他部门所属文化站，1999年以后，其他部门所属文化站划归文化部门管理。
2.2007年以前艺术表演团体为系统内数据，2007年起含系统外单位。
3.2015年以前艺术表演场馆为公有制艺术表演场馆，2015年起含民营艺术表演场馆。

a) Culture stations did not include township culture stations of other departments before 1996. During 1996-1998, culture stations of other departments Since 1999, culture stations of other department were put under the management of culture departments.

b) Art performance troupes referred to those under the cultural departments before 2007, and expanded to cover those both under and outside the cultural departments starting from 2007.

c) Art performance venues refer to those of state-owned before 2015, and include those of non-state venues since 2015.

9–2 分地区艺术表演团体、艺术表演场馆演出情况(2021年)
Statistics on Operation of Art Performance Troupes and Art Performance Venues by Region (2021)

地区	Region	艺术表演团体 Art Performance Troupes				艺术表演场馆 Art Performance Venues				
		机构数 (个) Number of Institutions (unit)	演出场次 (万场次) Number of Performances (10 000 shows)	#国内演出 Domestic Performances	国内演出观众人次 (万人次) Number of Domestic Audience (10 000 person-times)	机构数 (个) Number of Institutions (unit)	演(映)出场次 (万场次) Number of Performances (10 000 shows)	#艺术演出 Art Performances	观众人次 (万人次) Number of Audience (10 000 person-times)	#艺术演出 Art Performances
全　国	**National Total**	**18370**	**232.53**	**232.05**	**92804**	**3093**	**107.04**	**64.26**	**11209**	**8351**
中　央	Central Level	9	0.11	0.11	83	7	0.06	0.05	39	34
北　京	Beijing	495	2.29	2.29	1186	64	3.02	2.27	320	229
天　津	Tianjin	112	1.00	1.00	234	114	2.40	1.43	301	175
河　北	Hebei	874	4.26	4.24	1923	128	4.27	0.32	190	96
山　西	Shanxi	814	21.34	21.27	3975	172	9.55	3.12	336	174
内蒙古	Inner Mongolia	221	1.88	1.84	677	36	0.73	0.13	94	51
辽　宁	Liaoning	184	1.28	1.28	515	85	2.59	2.36	383	315
吉　林	Jilin	114	0.62	0.61	387	104	2.15	0.55	75	36
黑龙江	Heilongjiang	97	0.65	0.65	229	62	0.34	0.32	50	43
上　海	Shanghai	298	2.80	2.80	1411	83	1.99	1.61	802	721
江　苏	Jiangsu	704	9.89	9.88	3069	329	13.58	2.38	995	566
浙　江	Zhejiang	1357	26.51	26.51	5947	273	9.80	5.56	1450	1233
安　徽	Anhui	2870	40.77	40.74	6119	106	0.69	0.37	169	114
福　建	Fujian	545	7.49	7.48	3010	72	3.77	0.89	297	175
江　西	Jiangxi	395	6.86	6.82	1406	82	10.88	9.09	575	448
山　东	Shandong	1572	17.93	17.92	6235	198	11.58	9.21	542	404
河　南	Henan	2249	22.90	22.90	11748	222	1.73	1.52	467	358
湖　北	Hubei	415	3.80	3.78	2740	70	1.84	1.55	249	165
湖　南	Hunan	675	9.75	9.75	6628	122	5.93	5.55	1178	885
广　东	Guangdong	447	8.93	8.91	4538	136	1.79	0.96	661	471
广　西	Guangxi	72	0.89	0.88	259	34	0.33	0.27	250	240
海　南	Hainan	127	0.91	0.91	238	44	1.57	1.37	353	320
重　庆	Chongqing	1286	12.39	12.39	2394	62	0.65	0.56	130	106
四　川	Sichuan	663	4.50	4.50	14891	159	3.88	3.61	373	313
贵　州	Guizhou	133	1.71	1.71	1526	23	1.73	1.62	69	34
云　南	Yunnan	312	2.44	2.43	1406	50	0.82	0.77	450	436
西　藏	Tibet	89	0.64	0.62	327	27	0.07	0.07	5	4
陕　西	Shaanxi	577	7.31	7.29	4298	102	2.59	1.36	139	75
甘　肃	Gansu	392	7.15	7.10	3587	55	0.87	0.57	103	83
青　海	Qinghai	116	1.52	1.51	1110	44	4.97	4.62	99	33
宁　夏	Ningxia	43	0.38	0.37	173	6	0.05	0.05	9	8
新　疆	Xinjiang	113	1.63	1.56	537	22	0.77	0.14	58	7

9–3 分地区公共图书馆基本情况(2021年)
Statistics on Public Libraries by Region (2021)

地区	Region	公共图书馆(个) Number of Public Library (unit)	总藏量(万册件) Total Collections (10 000 copies)	人均拥有公共图书馆藏量(册) Collections of Public Libraries Per Person (copy)	有效借书证数(万个) Number of Active Library Cards Distributed (10 000 units)	总流通人次(万人次) Total Number of Circulation (10 000 person-times)	#书刊文献外借人次 Borrowing from Libraries of Books and Periodicals	书刊文献外借册次(万册次) Number of Books and Periodicals Lent to Readers (10 000 copies-times)	阅览室座席数(个) Seats of Reading Rooms (unit)	每万人拥有公共图书馆建筑面积(平方米) Floor Space of Public Libraries per 10 000 Population (sq.m)
总　计	**National Total**	**3215**	**126178**	**0.89**	**10313.93**	**74614**	**23809**	**58730**	**1344188**	**135.5**
北　京	Beijing	20	3317	1.52	192.94	724	152	630	18078	156.8
天　津	Tianjin	20	2282	1.66	138.84	861	212	741	21658	317.7
河　北	Hebei	177	3984	0.53	228.19	2157	936	1866	56849	97.1
山　西	Shanxi	128	2296	0.66	205.03	1477	579	1023	42932	167.2
内蒙古	Inner Mongolia	117	2145	0.89	98.89	837	248	477	35801	209.8
辽　宁	Liaoning	129	4670	1.10	230.40	1738	488	1889	40967	147.0
吉　林	Jilin	66	2401	1.01	107.81	510	161	354	23434	138.6
黑龙江	Heilongjiang	103	2430	0.78	67.96	509	145	354	28641	116.3
上　海	Shanghai	22	8222	3.30	587.23	1294	276	1536	22565	177.9
江　苏	Jiangsu	123	11161	1.31	2026.69	10961	4500	8020	79767	191.0
浙　江	Zhejiang	103	10619	1.62	793.08	10999	1824	7399	97889	238.9
安　徽	Anhui	133	3770	0.62	367.70	4099	1136	2281	50833	104.0
福　建	Fujian	96	5251	1.25	236.20	2295	1044	3391	46217	159.5
江　西	Jiangxi	114	3111	0.69	199.46	2651	864	1752	52462	129.8
山　东	Shandong	153	7526	0.74	597.94	4251	1755	3494	74398	119.5
河　南	Henan	169	4106	0.42	258.45	3091	1280	2014	67239	84.2
湖　北	Hubei	117	4651	0.80	281.24	1996	815	1731	50777	128.2
湖　南	Hunan	144	4828	0.73	340.82	4107	1729	3582	53150	106.6
广　东	Guangdong	150	12687	1.00	1531.10	8654	2007	8676	133606	138.7
广　西	Guangxi	116	3027	0.60	199.11	1790	396	869	38166	98.7
海　南	Hainan	24	697	0.68	36.42	437	83	224	7057	98.2
重　庆	Chongqing	43	2341	0.73	293.43	1465	485	1184	33944	124.7
四　川	Sichuan	207	4613	0.55	322.05	2146	826	1618	68708	98.7
贵　州	Guizhou	99	1825	0.47	93.95	1390	496	753	31650	100.6
云　南	Yunnan	151	2419	0.52	78.44	1085	354	907	35053	91.7
西　藏	Tibet	82	263	0.72	1.80	34	4	9	4322	196.4
陕　西	Shaanxi	117	2295	0.58	84.20	1126	380	751	33771	108.8
甘　肃	Gansu	104	1953	0.78	56.46	801	268	578	35810	154.0
青　海	Qinghai	50	602	1.01	20.36	111	28	49	8125	217.7
宁　夏	Ningxia	27	856	1.18	35.77	368	129	222	14147	204.6
新　疆	Xinjiang	110	1601	0.62	65.95	485	189	325	30833	145.8

9-3 续表 continued

地 区	Region	组织各类讲座次数 (次) Number of Lectures (time)	参加讲座人次 (万人次) Participants to Lectures (10 000 person-times)	举办展览 (个) Exhibitions Held (unit)	参观展览人次 (万人次) Visitors to Exhibitions (10 000 person-times)	举办培训班 (个) Training Classes Held (unit)	参加培训人次 (万人次) Participants to Training Classes (10 000 person-times)	计算机 (台) Computers (set)	#电子阅览室终端数 Terminals in Electronic Media Reading Rooms
总 计	**National Total**	**83278**	**2148.03**	**49839**	**9213.95**	**69451**	**530.51**	**224473**	**139417**
北 京	Beijing	1765	75.81	595	125.84	686	3.77	4724	2029
天 津	Tianjin	1056	6.63	547	99.81	1003	4.50	4562	2829
河 北	Hebei	3940	56.62	2935	285.47	2741	24.58	8112	5708
山 西	Shanxi	2060	24.60	1197	407.00	1785	36.22	6983	4560
内蒙古	Inner Mongolia	789	9.93	662	36.86	317	2.40	6331	4086
辽 宁	Liaoning	1439	33.41	1084	236.05	1351	10.16	9438	5688
吉 林	Jilin	1518	11.99	1072	100.66	330	4.44	4398	2656
黑龙江	Heilongjiang	693	4.06	575	65.50	415	1.46	5254	3240
上 海	Shanghai	1632	29.92	333	141.32	1078	5.30	6713	2697
江 苏	Jiangsu	5512	88.20	4071	1767.71	5760	50.37	13144	6886
浙 江	Zhejiang	6583	258.39	4741	912.75	11338	69.72	11842	7169
安 徽	Anhui	3946	75.66	2561	266.70	3321	20.33	8198	5696
福 建	Fujian	1852	32.28	1036	128.68	1415	7.81	7298	4422
江 西	Jiangxi	3102	44.57	1659	220.84	1098	9.74	7233	5240
山 东	Shandong	7259	69.82	3164	352.51	6749	40.38	11690	7692
河 南	Henan	4552	64.88	1972	304.26	1944	17.76	10512	6853
湖 北	Hubei	2078	62.64	1495	188.40	1711	13.39	7047	4395
湖 南	Hunan	5415	691.01	2495	440.62	4337	50.84	7918	5383
广 东	Guangdong	10292	294.29	3629	1599.61	9297	52.92	20155	12466
广 西	Guangxi	1685	21.50	1235	278.90	1509	8.26	6548	4316
海 南	Hainan	407	4.19	152	51.81	1655	4.25	1588	1034
重 庆	Chongqing	1535	15.92	1379	139.25	1438	10.43	4073	2758
四 川	Sichuan	2972	35.06	1486	220.40	1241	6.77	10902	7601
贵 州	Guizhou	1451	21.68	979	136.52	1155	10.39	5794	3810
云 南	Yunnan	3482	34.80	2242	177.71	987	5.12	7405	4907
西 藏	Tibet	63	0.46	211	1.11	159	0.51	1441	1020
陕 西	Shaanxi	1861	36.68	2512	147.16	1344	44.06	6224	4105
甘 肃	Gansu	1560	13.74	869	91.59	507	4.71	5346	3360
青 海	Qinghai	240	2.88	194	9.71	112	0.83	2216	1203
宁 夏	Ningxia	251	5.32	265	128.92	116	0.84	2178	1470
新 疆	Xinjiang	2240	20.34	2485	147.65	1044	3.78	5102	3635

9–4　分地区文化馆(站)基本情况(2021年)
Statistics on Cultural Centers by Region (2021)

单位：个　　(unit)

地　区	Region	文化馆(站) Cultural Centers (Stations)	文化馆 Cultural Centers	文化站 Cultural Stations
全　国	**National Total**	**43531**	**3316**	**40215**
北　京	Beijing	356	19	337
天　津	Tianjin	272	17	255
河　北	Hebei	2460	180	2280
山　西	Shanxi	1491	130	1361
内蒙古	Inner Mongolia	1201	118	1083
辽　宁	Liaoning	1478	123	1355
吉　林	Jilin	990	80	910
黑龙江	Heilongjiang	1395	141	1254
上　海	Shanghai	241	23	218
江　苏	Jiangsu	1381	116	1265
浙　江	Zhejiang	1451	101	1350
安　徽	Anhui	1628	123	1505
福　建	Fujian	1210	97	1113
江　西	Jiangxi	1854	117	1737
山　东	Shandong	1979	158	1821
河　南	Henan	2692	207	2485
湖　北	Hubei	1428	126	1302
湖　南	Hunan	2355	146	2209
广　东	Guangdong	1761	144	1617
广　西	Guangxi	1300	125	1175
海　南	Hainan	242	23	219
重　庆	Chongqing	1072	41	1031
四　川	Sichuan	4295	206	4089
贵　州	Guizhou	1721	99	1622
云　南	Yunnan	1608	149	1459
西　藏	Tibet	779	82	697
陕　西	Shaanxi	1477	122	1355
甘　肃	Gansu	1453	105	1348
青　海	Qinghai	442	54	388
宁　夏	Ningxia	272	27	245
新　疆	Xinjiang	1247	117	1130

9–5 分地区博物馆基本情况(2021年)
Statistics on Museums by Region (2021)

地 区 Region	机 构 (个) Number of Institutions (unit)	从业人员 (人) Number of Employed Persons (person)	#专业技术人员 Professional & Technical Staff	藏品 (件/套) Number of Collections (piece/set)	基本陈列展览 (个) Regular Exhibitions (unit)	参观人次 (万人次) Visitors (10 000 person-times)	门票销售总额 (万元) Revenue from Entrance Ticket (10 000 yuan)
总 计 National Total	**5772**	**125704**	**41257**	**46648282**	**31931**	**74850**	**297113.7**
中 央 Central Level	5	3053	1756	3418340	170	1095	35882.4
北 京 Beijing	79	4657	1145	2507722	418	1106	8269.1
天 津 Tianjin	69	1567	702	762720	430	1130	2202.5
河 北 Hebei	172	4469	1349	430874	900	1728	1099.5
山 西 Shanxi	182	4620	1315	1635012	566	1545	9156.8
内蒙古 Inner Mongolia	168	2978	1093	1253740	622	963	135.8
辽 宁 Liaoning	65	2465	967	538510	410	1210	5960.7
吉 林 Jilin	105	2050	835	854346	591	580	2530.2
黑龙江 Heilongjiang	177	2872	1063	987239	823	1088	28.7
上 海 Shanghai	116	4178	1967	3407545	736	2004	20447.6
江 苏 Jiangsu	366	7990	2712	1970348	2141	6330	10770.4
浙 江 Zhejiang	425	6766	2143	1572122	2792	4070	54598.9
安 徽 Anhui	223	3472	1185	925034	1302	1962	125.6
福 建 Fujian	140	2824	1018	748831	1193	1779	392.4
江 西 Jiangxi	189	4164	1263	725931	1256	4354	3644.3
山 东 Shandong	629	10114	3380	4712435	4125	4956	7263.7
河 南 Henan	367	7837	2198	1257209	1553	5082	12718.3
湖 北 Hubei	227	4664	1851	2190909	1289	3052	2043.6
湖 南 Hunan	162	4100	1138	698711	769	5776	1807.0
广 东 Guangdong	339	6545	2384	2544257	2360	3849	5502.2
广 西 Guangxi	169	2839	1032	411996	671	2517	278.6
海 南 Hainan	39	685	240	178695	210	269	140.4
重 庆 Chongqing	111	3258	858	725555	707	2508	8177.3
四 川 Sichuan	267	6879	1755	4657256	1326	6068	29755.8
贵 州 Guizhou	97	1879	459	213868	369	2064	460.0
云 南 Yunnan	165	2119	1042	1594615	1003	1176	150.8
西 藏 Tibet	13	284	102	76533	51	49	
陕 西 Shaanxi	312	8511	2103	4387060	1276	2782	40576.4
甘 肃 Gansu	228	5303	1413	589624	1246	2600	29255.9
青 海 Qinghai	24	470	156	74966	90	99	
宁 夏 Ningxia	64	885	264	373387	247	494	3738.8
新 疆 Xinjiang	78	1207	369	222892	289	567	

9-6 全国文化事业费基本情况
Basic Statistics on Operating Expenses of Culture

单位：亿元，%　　　　(100 million yuan,%)

年　份 Year	文化事业费 Operating Expenses of Culture	国家财政总支出 Total Government Financial Expenditures	文化事业费总支出占国家财政总支出比重 Proportion of Operating Expenses of Culture in Government Financial Expenditures
1978	4.44	1122.09	0.40
1979	5.84	1281.79	0.46
1980	5.61	1228.83	0.46
“六五”时期 6th Five-Year Period	**36.03**	**7483.18**	**0.48**
1985	9.32	2004.25	0.47
“七五”时期 7th Five-Year Period	**62.45**	**12865.67**	**0.49**
1986	10.74	2204.91	0.49
1987	10.77	2262.18	0.48
1988	12.18	2491.21	0.49
1989	13.57	2823.78	0.48
1990	15.19	3083.59	0.49
“八五”时期 8th Five-Year Period	**121.33**	**24387.47**	**0.50**
1991	17.28	3386.62	0.51
1992	19.46	3742.20	0.52
1993	22.37	4642.30	0.48
1994	28.83	5792.62	0.50
1995	33.39	6823.72	0.49
“九五”时期 9th Five-Year Period	**254.51**	**57043.46**	**0.45**
1996	38.77	7937.55	0.49
1997	46.19	9233.56	0.50
1998	50.78	10798.18	0.47
1999	55.61	13187.67	0.42
2000	63.16	15886.50	0.40
“十五”时期 10th Five-Year Period	**496.13**	**128022.85**	**0.39**
2001	70.99	18902.58	0.38
2002	83.66	22053.15	0.38
2003	94.03	24649.95	0.38
2004	113.63	28486.89	0.40
2005	133.82	33930.28	0.39
“十一五”时期 11th Five-Year Period	**1220.40**	**318672.05**	**0.38**
2006	158.03	40422.73	0.39
2007	198.96	49781.35	0.40
2008	248.04	62592.66	0.40
2009	292.31	76299.93	0.38
2010	323.06	89575.38	0.36
“十二五”时期 12th Five-Year Period	**2669.62**	**703076.19**	**0.38**
2011	392.62	109247.79	0.36
2012	480.10	125952.97	0.38
2013	530.49	140212.10	0.38
2014	583.44	151661.54	0.38
2015	682.97	175877.77	0.39
“十三五”时期 13th Five-Year Period	**4708.11**	**1096282.23**	**0.43**
2016	770.69	187755.21	0.41
2017	855.80	203085.49	0.42
2018	928.33	220904.13	0.42
2019	1065.02	238858.37	0.45
2020	1088.26	245679.03	0.44
“十四五”时期 14th Five-Year Period	**1132.88**	**245673.00**	**0.46**
2021	1132.88	245673.00	0.46

注：1.国家财政总支出系国家财政决算数。
2.文化事业费：1953～1980年系国家财政决算数(“一五”至“四五”时期含文物、出版经费，“五五”时期不含文物、出版经费)；1981年以后系文化事业统计年报数(不含文物、出版及科学研究费；不含基本建设的财政拨款和行政运行经费，以下各表同)。

a) Government financial expenditures is final accounting.

b) Operating expenses of culture: 1953-1980, is national financial final accounting (1st Five-Year Period to 4th Five-Year Period, includes expenditure of antique and publish, 5th Five-Year Period, exclusives expenditure of antique and publish), after 1981, is data from culture operating statistics annual report (exclusives expenditure of antique, publish and research, fiscal appropriation of capital construction and expenditure of administrative operation), same with the table related.

9–7 分地区文化事业费及占财政支出比重
Operating Expenses of Culture and Proportion in Government Financial Expenditures by Region

地 区	Region	文化事业费(万元) Operating Expenses of Culture (10 000 yuan)					
		2000	2005	2010	2015	2020	2021
全 国	**National Total**	**631591**	**1338193**	**3230646**	**6829708**	**10882645**	**11328810**
中 央	Central Level	55498	113028	152788	369620	252249	305081
北 京	Beijing	24008	64587	161693	275832	463029	439536
天 津	Tianjin	9796	31592	56348	153744	133272	135123
河 北	Hebei	18984	39626	70307	185348	353883	360111
山 西	Shanxi	12347	29832	78000	182007	274503	286593
内蒙古	Inner Mongolia	14515	30543	112982	228905	295807	316283
辽 宁	Liaoning	26790	47578	113430	165405	179199	188375
吉 林	Jilin	15711	26566	90327	156425	207929	201602
黑龙江	Heilongjiang	16598	33742	74631	152601	210064	222599
上 海	Shanghai	42608	79201	186266	365523	483672	590110
江 苏	Jiangsu	38527	77658	163123	403417	860604	871549
浙 江	Zhejiang	35334	110397	242002	488225	850347	1048686
安 徽	Anhui	15849	30541	76813	146252	225055	228851
福 建	Fujian	22174	42949	101855	187522	335728	305356
江 西	Jiangxi	10696	23398	73401	127094	230014	267697
山 东	Shandong	30944	61687	138876	299770	503101	530152
河 南	Henan	20948	37708	95143	206034	332758	358209
湖 北	Hubei	19367	43585	114389	235648	432862	469331
湖 南	Hunan	16564	34771	86133	193798	347866	371421
广 东	Guangdong	58321	128095	269940	539257	1107240	1154761
广 西	Guangxi	14608	28089	80097	172230	322285	247902
海 南	Hainan	3468	6007	27356	57512	82829	67432
重 庆	Chongqing	9151	17505	77350	169727	230720	245862
四 川	Sichuan	20500	44523	143902	395788	520403	562922
贵 州	Guizhou	9131	18731	53676	119936	246931	197105
云 南	Yunnan	23945	42036	86881	191211	353527	331149
西 藏	Tibet	4264	8003	21050	57816	112986	111209
陕 西	Shaanxi	13976	23462	89457	205168	265389	266859
甘 肃	Gansu	9130	20882	55563	113802	184417	183183
青 海	Qinghai	3696	7349	41114	65393	114591	99418
宁 夏	Ningxia	3625	9646	24483	58611	94306	93600
新 疆	Xinjiang	10518	24877	71273	160088	275083	270743

注：各地财政支出不含中央转移支付部分。
a) Government Financial Expenditures excluding around the central transfer payments.

9-7 续表 1 continued

地区	Region	文化事业费占财政支出比重(%) Proportion of Operating Expenses of Culture in Government Financial Expenditures(%)					
		2000		2005		2010	
		比重 Proportion	位次 Rank	比重 Proportion	位次 Rank	比重 Proportion	位次 Rank
全 国	**National Total**	**0.40**		**0.39**		**0.36**	
中 央	Central Level						
北 京	Beijing	0.54	14	0.61	4	0.60	2
天 津	Tianjin	0.53	15	0.71	3	0.41	14
河 北	Hebei	0.46	28	0.40	24	0.25	31
山 西	Shanxi	0.55	11	0.44	14	0.40	15
内蒙古	Inner Mongolia	0.59	8	0.44	15	0.50	7
辽 宁	Liaoning	0.52	17	0.39	25	0.35	22
吉 林	Jilin	0.90	1	0.42	18	0.51	6
黑龙江	Heilongjiang	0.45	30	0.42	19	0.33	25
上 海	Shanghai	0.68	5	0.48	9	0.56	4
江 苏	Jiangsu	0.61	6	0.46	12	0.33	26
浙 江	Zhejiang	0.82	2	0.87	1	0.75	1
安 徽	Anhui	0.49	23	0.42	20	0.30	29
福 建	Fujian	0.69	4	0.72	2	0.60	3
江 西	Jiangxi	0.48	26	0.41	22	0.38	18
山 东	Shandong	0.51	18	0.42	21	0.34	23
河 南	Henan	0.47	27	0.33	31	0.28	30
湖 北	Hubei	0.53	15	0.55	6	0.46	10
湖 南	Hunan	0.49	23	0.39	26	0.32	28
广 东	Guangdong	0.55	11	0.55	7	0.50	8
广 西	Guangxi	0.57	10	0.45	13	0.40	16
海 南	Hainan	0.51	18	0.39	27	0.47	9
重 庆	Chongqing	0.49	23	0.35	29	0.45	11
四 川	Sichuan	0.45	30	0.41	23	0.34	24
贵 州	Guizhou	0.46	28	0.35	30	0.33	27
云 南	Yunnan	0.58	9	0.54	8	0.38	19
西 藏	Tibet	0.71	3	0.43	16	0.38	20
陕 西	Shaanxi	0.51	18	0.36	28	0.40	17
甘 肃	Gansu	0.50	22	0.48	10	0.38	21
青 海	Qinghai	0.55	11	0.43	17	0.55	5
宁 夏	Ningxia	0.60	7	0.60	5	0.44	12
新 疆	Xinjiang	0.51	18	0.47	11	0.42	13

9-7 续表 2 continued

地 区 Region	文化事业费占财政支出比重(%) Proportion of Operating Expenses of Culture in Government Financial Expenditures(%)					
	2015		2020		2021	
	比重 Proportion	位次 Rank	比重 Proportion	位次 Rank	比重 Proportion	位次 Rank
全 国 National Total	**0.39**		**0.44**		**0.46**	
中 央 Central Level						
北 京 Beijing	0.48	8	0.65	2	0.61	5
天 津 Tianjin	0.48	9	0.42	23	0.43	23
河 北 Hebei	0.33	27	0.39	26	0.41	25
山 西 Shanxi	0.53	4	0.54	10	0.57	10
内蒙古 Inner Mongolia	0.54	3	0.56	9	0.60	6
辽 宁 Liaoning	0.37	24	0.30	30	0.32	30
吉 林 Jilin	0.49	7	0.50	15	0.55	12
黑龙江 Heilongjiang	0.38	21	0.39	27	0.44	22
上 海 Shanghai	0.59	2	0.60	7	0.70	2
江 苏 Jiangsu	0.42	15	0.63	5	0.60	7
浙 江 Zhejiang	0.73	1	0.84	1	0.95	1
安 徽 Anhui	0.28	31	0.30	31	0.30	31
福 建 Fujian	0.47	10	0.64	3	0.59	9
江 西 Jiangxi	0.29	30	0.35	28	0.39	26
山 东 Shandong	0.36	25	0.45	19	0.45	19
河 南 Henan	0.30	28	0.32	29	0.34	28
湖 北 Hubei	0.38	22	0.51	12	0.59	8
湖 南 Hunan	0.34	26	0.41	25	0.44	20
广 东 Guangdong	0.42	16	0.63	6	0.63	4
广 西 Guangxi	0.42	17	0.52	11	0.43	24
海 南 Hainan	0.46	12	0.42	24	0.34	29
重 庆 Chongqing	0.45	13	0.47	17	0.51	15
四 川 Sichuan	0.53	5	0.46	18	0.50	16
贵 州 Guizhou	0.30	29	0.43	22	0.35	27
云 南 Yunnan	0.41	20	0.51	13	0.50	17
西 藏 Tibet	0.42	18	0.51	14	0.55	11
陕 西 Shaanxi	0.47	11	0.45	20	0.44	21
甘 肃 Gansu	0.38	23	0.44	21	0.46	18
青 海 Qinghai	0.43	14	0.59	8	0.53	13
宁 夏 Ningxia	0.51	6	0.64	4	0.66	3
新 疆 Xinjiang	0.42	19	0.50	16	0.51	14

9–8 图书、期刊和报纸出版情况
Statistics on Books, Periodicals and Newspapers Published

年份 Year	图书 Books Published			期刊 Magazines Published		报纸 Newspapers Published	
	种数(种) Number of Publications (kind)	#新出版 New Publications	总印数(亿册、亿张) Printed Copies (100 million copies)	种数(种) Number of Publications (kind)	总印数(亿册) Total Printed Copies (100 million copies)	种数(种) Number of Publications (kind)	总印数(亿份) Total Printed Copies (100 million copies)
1995	101381	59159	63.2	7583	23.4	2089	263.3
1996	112813	63647	71.6	7916	23.1	2163	274.3
1997	120106	66585	73.1	7918	24.4	2149	287.6
1998	130613	74719	72.4	7999	25.4	2053	300.4
1999	141831	83095	73.2	8187	28.5	2038	318.4
2000	143376	84235	62.7	8725	29.4	2007	329.3
2001	154526	91416	63.1	8889	28.9	2111	351.1
2002	170962	100693	68.7	9029	29.5	2137	367.8
2003	190391	110812	66.7	9074	29.5	2119	383.1
2004	208294	121597	64.1	9490	28.3	1922	402.4
2005	222473	128578	64.7	9468	27.6	1931	412.6
2006	233971	160757	64.1	9468	28.5	1938	424.5
2007	248283	136226	62.9	9468	30.4	1938	438.0
2008	274123	148978	70.6	9549	31.0	1943	442.9
2009	301719	168296	70.4	9851	31.5	1937	439.1
2010	328387	189295	71.7	9884	32.2	1939	452.1
2011	369523	207506	77.1	9849	32.9	1928	467.4
2012	414005	241986	79.2	9867	33.5	1918	482.3
2013	444427	255981	83.1	9877	32.7	1915	482.4
2014	448431	255890	81.8	9966	30.9	1912	463.9
2015	475768	260426	86.6	10014	28.8	1906	430.1
2016	499884	262415	90.4	10084	27.0	1894	390.1
2017	512487	255106	92.4	10130	24.9	1884	362.5
2018	519250	247108	100.1	10139	22.9	1871	337.3
2019	505979	224762	106.0	10171	21.9	1851	317.6
2020	489051	213636	103.7	10192	20.4	1810	289.1
2021	529197	225253	118.6	10185	20.1	1752	283.0

9–9 图书出版情况(2021年)
Statistics on Books Published by Categories (2021)

类　别	Category	种　数 (种) Number of Publications (item)	印　数 (万册) Printed Copies (10 000 copies)
图书总计	**Total**	**529197**	**1186381**
使用“中国标准书号”部分合计	**Publications with "China Standard Book Numbering"**	**528850**	**1184463**
马列主义、毛泽东思想	Marxism-Leninism, Mao Zedong Thought	1012	2559
哲学	Philosophy	9363	8175
社会科学总论	General Social Sciences	5669	3378
政治、法律	Politics and Law	18530	61340
军事	Military Affairs	1313	1005
经济	Economics	35554	15247
文化、科学、教育、体育	Culture, Science, Education and Sports	219040	900214
语言、文字	Languages	18949	25530
文学	Literature	54780	79217
艺术	Arts	24504	18907
历史、地理	History and Geography	19569	18331
自然科学总论	General Natural Sciences	1034	1104
数理科学、化学	Mathematics and Chemistry	11551	6560
天文学、地球科学	Astronomy and Geology	3935	1823
生物科学	Biology	4351	3182
医学、卫生	Medicine and Health Care	23008	12039
农业科学	Agricultural Science	5279	1426
工业技术	Industrial Technology	56028	17939
交通运输	Transportation	7034	2222
航空、航天	Aeronautics and Aerospace	1039	337
环境科学	Environmental Science	3093	1044
综合性图书	General Books	4215	2884
不使用“中国标准书号”部分合计	**Publications without "China Standard Book Numbering"**	**347**	**1918**
图片	Pictures	347	283
国标(GB)、部标(BB)等标准类文件印品	Standards Publications such as National Standards, Ministry Standards		1000
活页文选、活页歌篇、小件印品等	Loose-leaf Collectanea, Loose-leaf Song Collections and Prints of Small Volume		635

9–10 课本出版情况(2021年)
Statistics on Publication of Textbooks (2021)

项　目	Item	种数 (种) Number of Publications (kind)	#新出版 New Publications	总印数 (万册) Printed Copies (10 000 copies)	总印张 (千印张) Printed Sheets (1 000 sheets)	定价总金额 (万元) Total Priced Value (10 000 yuan)
总　计	**Total**	**90143**	**20075**	**432063**	**33587497**	**4890588**
大专及以上课本	Textbooks for Colleges and Universities	66257	16451	33605	6014554	1498942
中专、技校课本	Textbooks for Secondary Technical Schools	7399	1025	10945	1509138	324498
中学课本	Textbooks for Secondary Schools	5438	722	188125	15144425	1632630
小学课本	Textbooks for Primary Schools	5257	848	195095	10190265	1228265
业余教育课本	Textbooks for Spare-time Education	1848	558	1425	265075	69627
扫盲课本	Textbooks for Eliminating Illiteracy	3	3	1	59	34
教学用书	Teaching Materials	3941	468	2867	463981	136592

9–11 图书、期刊、报纸进出口情况(2021年)
Statistics on Imports and Exports of Books, Periodicals and Newspapers (2021)

指　标	Item	出　口 Exports		进　口 Imports	
		数量 (万册、份) Number (10 000 copies)	金额 (万美元) Value (10 000 USD)	数量 (万册、份) Number (10 000 copies)	金额 (万美元) Value (10 000 USD)
总　计	**Total**	**699.47**	**3539.03**	**4435.73**	**37858.58**
图书	Books Published	552.77	3211.32	3636.71	25138.51
哲学、社会科学	Philosophy, Social Science	88.78	905.37	130.41	2127.63
文化、教育	Culture and Education	120.66	554.28	654.38	4448.07
文学、艺术	Literature and Art	75.79	561.84	843.94	5736.99
自然、科学技术	Natural Science and S&T	25.15	217.94	266.99	3330.71
少儿读物	For Children	151.37	182.72	967.09	3343.54
综合性图书	General Books	91.02	789.17	773.90	6151.57
期刊	Magazines Published	141.10	326.26	226.73	11732.55
报纸	Newspapers Published	5.60	1.45	572.29	987.52

注：本表数据为全国有出版物进口经营许可证的出版物进出口经营单位数据。
a) Data are from national publication import and export units that have publication import business certificate.

9-12 分地区各类出版物情况(2021年)
Statistics on Publications Published by Region (2021)

地区	Region	图书 Books Published 种数(种) Number of Publication (kind)	#新出版 New Publication	#少数民族 Minority	#盲文 Braille	总印数(万册、万张) Printed Copies (10 000 copies)	期刊 Magazines Published 种数(种) Number of Publication (kind)	#少数民族 Minority	总印数(万册) Total Printed Copies (10 000 copies)
全 国	**National Total**	**529197**	**225253**	**5506**	**613**	**1186381**	**10185**	**229**	**200906.7**
中 央	Central Level	216059	89335	350	613	335362	3106	17	71580.2
北 京	Beijing	14775	6242			40002	171		2273.0
天 津	Tianjin	7857	3999			9746	249		2527.8
河 北	Hebei	10855	2928			38355	225		3854.2
山 西	Shanxi	3187	1767			11906	199		1940.2
内蒙古	Inner Mongolia	3049	1179	1911		6261	151	45	1081.7
辽 宁	Liaoning	11433	5195	174		19423	322		5905.8
吉 林	Jilin	27597	13147	483		31118	241	14	3711.1
黑龙江	Heilongjiang	8562	5566	47		8809	316	2	2324.5
上 海	Shanghai	30082	12885			49517	642		5914.5
江 苏	Jiangsu	28273	9844			79015	478		11997.7
浙 江	Zhejiang	16211	7041			48612	236		6342.4
安 徽	Anhui	10121	3558			32402	186		3443.4
福 建	Fujian	4833	2353			15467	174		2003.2
江 西	Jiangxi	10217	5246			29306	166		7875.1
山 东	Shandong	15591	5170			58015	279		6445.3
河 南	Henan	9670	4286			44654	252		6585.2
湖 北	Hubei	14910	6472			32154	433		7564.5
湖 南	Hunan	11045	4293			50979	259		9217.9
广 东	Guangdong	11565	5692			50569	387		9538.7
广 西	Guangxi	7054	2776	45		33817	179	1	3561.3
海 南	Hainan	4048	1630			7589	42		344.0
重 庆	Chongqing	5626	1984			14484	143		3105.5
四 川	Sichuan	14406	7190	528		41932	360	6	5077.1
贵 州	Guizhou	1202	787	57		12714	93		1409.8
云 南	Yunnan	6169	3347	108		19661	129	3	1826.9
西 藏	Tibet	541	207	350		1684	40	16	248.2
陕 西	Shaanxi	12497	4991			22810	288		3347.5
甘 肃	Gansu	4562	1948	233		11445	131	3	8192.8
青 海	Qinghai	613	281	220		1423	55	13	232.2
宁 夏	Ningxia	2384	1157			5276	37		376.4
新 疆	Xinjiang	4203	2757	1000		21874	216	109	1058.7

9-12 续表 continued

地 区	Region	报纸 Newspapers Published 种数(种) Number of Publication (kind)	报纸 总印数(万份) Total Printed Copies (10000 copies)	音像制品 Audio-Video Published 种数(种) Number of Publication (kind)	音像制品 出版数量(万盒、万张) Total Printed Copies (10000 cassettes, 10000 discs)	电子出版物 Electronic Published 种数(种) Number of Publication (kind)	电子出版物 数量(万张) Number of Electronic Publications (10000 discs)
全 国	**National Total**	**1752**	**2830201**	**8172**	**17200.8**	**8199**	**31773.1**
中 央	Central Level	204	753460	3271	12987.6	3958	25592.7
北 京	Beijing	30	26900	338	156.8	36	23.8
天 津	Tianjin	16	18775	25	1.7	1	0.0
河 北	Hebei	62	102681	42	447.3	119	155.7
山 西	Shanxi	54	224164	64	78.6	37	1.9
内蒙古	Inner Mongolia	53	23238	19	2.7	100	89.3
辽 宁	Liaoning	66	54203	132	158.4	216	125.8
吉 林	Jilin	46	55184	215	99.2	66	5.8
黑龙江	Heilongjiang	51	31499	11	0.1	22	168.8
上 海	Shanghai	67	64749	1070	1369.4	448	953.4
江 苏	Jiangsu	75	189585	165	83.6	442	2295.5
浙 江	Zhejiang	66	167758	130	201.6	229	674.2
安 徽	Anhui	48	54808	23	1.2	40	0.3
福 建	Fujian	42	65213	34	6.8	33	9.8
江 西	Jiangxi	37	73110	292	434.3	65	78.8
山 东	Shandong	80	147459	184	25.1	584	121.6
河 南	Henan	77	129096	30	2.2	302	172.8
湖 北	Hubei	68	59818	79	17.9	198	30.9
湖 南	Hunan	44	66948	201	196.0	106	140.4
广 东	Guangdong	92	144834	1140	449.7	426	989.1
广 西	Guangxi	42	45354	128	58.7	10	0.8
海 南	Hainan	13	16259	21	3.0		
重 庆	Chongqing	27	17028	43	12.1	112	49.1
四 川	Sichuan	72	99972	58	4.7	502	38.6
贵 州	Guizhou	27	22100			8	2.5
云 南	Yunnan	40	30235	104	18.2	14	40.9
西 藏	Tibet	26	9674	17	39.2	20	2.0
陕 西	Shaanxi	43	44317	127	81.9	102	8.6
甘 肃	Gansu	45	31006	16	2.6	2	0.2
青 海	Qinghai	25	7324	12	0.3	1	0.0
宁 夏	Ningxia	13	8578				
新 疆	Xinjiang	101	44871	181	260.0		

9–13 分地区少年儿童读物和课本出版情况(2021年)
Statistics on Juvenile and Children's Books, Textbooks by Region(2021)

地 区	Region	种数(种) Number of Publications (kind)		总印数（万册） Printed Copies (10 000 copies)		总印张(千印张) Printed Sheets (1 000 sheets)	
		少儿读物 Juvenile and Children's Books	课 本 Textbooks	少儿读物 Juvenile and Children's Books	课 本 Textbooks	少儿读物 Juvenile and Children's Books	课 本 Textbooks
全 国	**National Total**	**46322**	**90143**	**96994**	**432063**	**5592253**	**33587497**
中 央	Central Level	11520	55297	26487	115852	1517020	11541919
北 京	Beijing	3180	715	8662	2307	570231	227575
天 津	Tianjin	1012	459	1688	1801	89813	136797
河 北	Hebei	1053	315	1934	17250	90208	1173849
山 西	Shanxi	139	207	90	5719	6798	407396
内蒙古	Inner Mongolia	375	768	132	4378	10581	312603
辽 宁	Liaoning	1056	2569	1498	6439	94902	538087
吉 林	Jilin	2636	534	2647	4399	152869	312594
黑龙江	Heilongjiang	694	1006	568	3438	35384	263726
上 海	Shanghai	1686	6269	7664	15062	258012	1221203
江 苏	Jiangsu	1996	3588	2808	27910	197549	1868931
浙 江	Zhejiang	2445	1510	3542	18450	266253	1160873
安 徽	Anhui	1868	727	2810	13615	184936	1005899
福 建	Fujian	668	309	1361	6714	77302	460840
江 西	Jiangxi	2349	321	6125	8802	334688	704121
山 东	Shandong	2256	1300	4181	22329	278789	1564338
河 南	Henan	471	1171	1093	25673	35448	1641687
湖 北	Hubei	1169	2709	3070	9245	236712	756542
湖 南	Hunan	997	1120	2842	16958	212200	1080529
广 东	Guangdong	944	1912	1452	27966	75181	1751063
广 西	Guangxi	2002	506	2630	12365	136698	840904
海 南	Hainan	224	44	233	2206	17179	139466
重 庆	Chongqing	167	2167	141	7120	6395	507246
四 川	Sichuan	2743	2133	8013	14516	450135	1021399
贵 州	Guizhou	229	95	1839	8055	55529	573671
云 南	Yunnan	681	214	1223	9412	89308	667894
西 藏	Tibet	49	76	25	1259	921	90456
陕 西	Shaanxi	540	1808	1234	7903	48914	582150
甘 肃	Gansu	310	34	390	4102	23329	307819
青 海	Qinghai	7	137	4	1116	159	84660
宁 夏	Ningxia	125	17	238	1077	20690	80535
新 疆	Xinjiang	731	106	370	8625	18120	560725

9-14 国家综合档案馆基本情况
Basic Statistics on National Comprehensive Archives

年 份 Year	馆藏档案 (万卷、万件) Number of Archives (10 000 volumes, 10 000 pieces)	照片档案 (万张) Photos (10 000 sheets)	开放档案 (万卷次、万件) Archives Open to Public (10 000 volume, 10 000 pieces)	利用档案 (万卷次、万件次) Utilized Archives (10 000 volume-times, 10 000 piece-times)	档案馆建筑面积 (万平方米) Floor Space of Archive Institutions (10 000 sq.m)
1991	9637.4	371.0	2094.3	937.0	348.1
1992	10003.5	402.4	2018.7	773.8	255.7
1993	10726.8	435.5	2140.7	891.9	275.9
1994	10783.0	449.6	2454.6	674.4	268.3
1995	11318.3	485.5	2790.3	529.3	282.5
1996	11341.4	494.6	2939.2	485.4	297.5
1997	12222.9	553.0	3304.6	501.0	347.6
1998	12276.5	579.7	3556.5	446.5	310.7
1999	12866.8	584.5	3808.2	508.5	328.4
2000	13314.0	631.7	4072.0	494.4	336.2
2001	13756.6	642.8	4129.7	575.4	342.0
2002	14790.7	720.5	4301.1	548.9	351.0
2003	15945.9	797.4	4618.4	602.6	361.4
2004	17601.5	827.9	4868.3	813.9	376.8
2005	18688.7	908.8	5132.3	868.0	393.1
2006	21656.5	1277.2	5746.3	1166.4	406.1
2007	23675.3	1393.3	5875.5	1244.9	421.9
2008	25051.0	1505.3	6072.2	1257.4	465.4
2009	28089.2	1646.3	6687.4	1308.0	473.3
2010	32198.6	1809.2	7428.6	1417.3	504.4
2011	35445.5	1965.8	7828.4	1564.5	551.1
2012	40547.7	1827.4	8254.6	1521.1	627.1
2013	42454.5	1927.6	8900.5	1477.8	709.3
2014	53470.3	2041.8	9179.7	1688.8	736.0
2015	58641.7	2102.4	9266.3	1978.3	785.5
2016	65062.5	2228.2	9707.9	2033.7	859.8
2017	65371.1	2336.5	10151.7	2078.0	949.3
2018	75051.1	2056.0	11222.1	1819.1	1050.9
2019	82850.7	2203.8	13171.6	2140.0	1164.6
2020	91789.8	2401.0	14584.5	2064.4	1268.4
2021	104671.1	2676.6	17549.7	2407.4	1410.8

9–15 档案馆机构和人员情况
Statistics on Archive Institutions and Personnel

单位：个，人 (unit, person)

年 份 Year	国家综合档案馆 National Comprehensive Archives		国家专门档案馆 National Special Archives		部门档案馆 Department Archives		企业档案馆数 Number of Archives of Enterprise	事业单位档案馆数 Number of Archives of Institutional Units	科技事业单位档案馆数 Number of Archives of Science and Technology Units
	馆数 Number of Institutions	专职人员 Full-time Personnel	馆数 Number of Institutions	专职人员 Full-time Personnel	馆数 Number of Institutions	专职人员 Full-time Personnel			
1991	2957	21657	211	2038	128	2171	229	19	28
1992	2962	22226	206	2082	122	2258	231	19	28
1993	2980	23624	200	2245	122	1448	221	20	31
1994	2983	23568	205	2294	136	2160	209	20	36
1995	3024	24777	216	2484	144	2168	213	27	38
1996	3011	24542	226	2658	134	2072	232	23	44
1997	3021	24904	223	2578	162	2521	228	26	46
1998	3034	24197	232	3200	149	2411	245	27	46
1999	3046	23530	225	3436	142	2123	304	40	59
2000	3070	23701	234	3319	141	1865	307	53	80
2001	3100	23652	243	3448	142	2086	286	47	84
2002	3110	22825	253	3435	148	2109	299	75	93
2003	3121	23086	260	3514	141	1770	300	75	85
2004	3127	23401	258	3591	149	1932	300	79	99
2005	3142	23413	238	3452	145	2020	301	105	63
2006	3154	22689	239	3537	137	1699	216	110	95
2007	3161	21399	245	3737	146	1985	215	126	94
2008	3170	21414	240	3663	154	1886	241	141	87
2009	3191	20949	241	3626	149	1814	233	167	96
2010	3194	19750	252	3833	167	1747	223	160	111
2011	3196	19985	255	3843	170	2121	183	179	124
2012	3237	18009	238	3577	183	2161	204	260	
2013	3325	18106	240	3579	218	2182	189	274	
2014	3319	17863	247	3538	209	2129	169	252	
2015	3322	18386	234	3457	237	2263	176	224	
2016	3336	17511	236	3521	213	2021	180	272	
2017	3333	16799	234	3275	202	1939	167	274	
2018	3315	22584	211	3119	143	1739	158	309	
2019	3337	34349	256	3300	140	1566	181	320	
2020	3341	35028	260	3413	133	1584	177	322	
2021	3320	35833	256	3372	130	1573	118	312	

注：2012年以前的事业单位档案馆数指文化事业档案馆数，2012年新修订的《全国档案事业统计年报制度》不再细分事业单位的属性，统称“省部属事业单位档案馆”，包括文化事业档案馆和科技事业单位档案馆。

a) Institutional archives before 2012 referred to archives of cultural institutions. The revised Annual Report of National Archive Statistics in 2012 does not further subcategorize institutional archives by their attributes, but generally call them institutional archives affiliated to ministries or provincial governments, which include cultural archives and archives of science and technology units.

9−16 全国成年国民阅读情况
Statistics on Reading of Adult

年 份 year	图书阅读率(%) Reading Rate of Book (%)	数字化阅读方式接触率(%) Contact Rate of Digital Reading (%)	人均纸质图书阅读量(本) Per Capital Reading Paper Books (book)
2010	52.3	32.8	4.25
2011	53.9	38.6	4.35
2012	54.9	40.3	4.39
2013	57.8	50.1	4.77
2014	58.0	58.1	4.56
2015	58.4	64.0	4.58
2016	58.8	68.2	4.65
2017	59.1	73.0	4.66
2018	59.0	76.2	4.67
2019	59.3	79.3	4.65
2020	59.5	79.4	4.70
2021	59.7	79.6	4.76

注：本表数据来自中国新闻出版研究院“全国国民阅读调查”结果。
a) Data resource is Chinese Academy of Press and Publication “National Reading Survey”.

9−17 广播电视电影事业发展情况
Statistics on Radio, Television and Films

指 标	Item	2010	2020	2021
广播	**Radio**			
广播节目综合人口覆盖率（%）	Radio Coverage Rate of the Population (%)	96.78	99.38	99.48
#农村	Rural	95.64	99.17	99.26
公共广播节目套数（套）	Number of Public Radio Programs (set)	2549	2932	2941
公共广播节目播出时间(万小时)	Length of Public Radio Programs Broadcasted(10 000 hours)	1266.0	1580.7	1589.5
广播节目制作时间（万小时）	Length of Radio Programs Produced (10 000 hours)	681.4	821.0	812.7
电视	**Television**			
电视节目综合人口覆盖率（%）	TV Coverage Rate of the Population (%)	97.62	99.59	99.66
#农村	Rural	96.78	99.45	99.52
有线广播电视实际用户数(万户)	Actual Users of Cable Radio and TV (10 000 households)	18872	20745	20423
#农村	Rural	7293	7055	6719
#数字电视	Users of Digital TV	8870	19889	19634
有线广播电视实际用户数占家庭总户数比重（%）	Actual Popularization Rate of Cable Radio and TV (%)	46.40	46.23	44.63
#农村有线广播电视实际用户数占农村家庭总户数比重	Actual Rural Popularization Rate of Cable Radio and TV	29.35	30.18	33.11
公共电视节目套数（套）	Number of Public TV Programs (set)	3272	3603	3613
公共电视节目播出时间(万小时)	Length of Public TV Programs Broadcasted (10 000 hours)	1635.5	1988.3	2014.0
电视剧播出数（万部）	Number of TV Plays Broadcasted (10 000 sets)	24.92	21.27	20.89
#进口电视剧播出数	Imported TV Plays	0.88	0.04	0.03
电视剧播出数（万集）	Number of TV Plays Broadcasted (10 000 parts)	635.86	739.38	744.14
#进口电视剧播出数	Imported TV Plays	19.51	1.18	0.98
动画电视播出时间（万小时）	Number of Cartoons Broadcasted (10 000 hours)		44.61	45.24
#进口动画电视播出时间	Imported Cartoons		0.71	0.29
电视节目制作时间（万小时）	Length of TV Programs Produced (10 000 hours)	274.3	328.2	306.0
电影	**Films**			
国有电影制片厂（个）	State-owned Movie Studios (unit)	38		
#电影故事片厂	Feature Film Studios	31		
电影院线（条）	Movie Circuit (line)	37	51	51
银幕（块）	Movie Screen (unit)	6256	75581	82248
全国电影票房收入（亿元）	Domestic Movie Box Office Revenue	157.21	204.17	472.58
国产电影票房收入	Chinese Movies		170.93	399.27
进口电影票房收入	Imported Movies		33.24	73.31

9–18 广播电视节目制作时间
Statistics on Production of Radio and Television Programs

单位：小时 (hour)

项　目	Item	1995	2005	2010	2015	2020	2021
广播节目制作	**Production of Radio Programs**	**2332164**	**6139227**	**6814226**	**7718163**	**8210448**	**8127066**
新闻资讯	News Programs	353368	1066880	1216632	1436129	1452701	1457219
专题服务	Special Subject Programs	1054140	1822621	1955180	2072348	2241754	2226133
综艺	General Entertainment Programs	924656	1937290	1942828	2078791	1977798	1938630
广播剧	Radio Play Programs		75456	80181	183124	218581	223858
广告	Advertising Programs		671071	775931	752705	684014	712183
其他	Others		565909	843474	1195065	1635600	1569044
电视节目制作	**Production of TV Programs**	**383513**	**2553861**	**2742949**	**3520190**	**3282440**	**3059642**
新闻资讯	News Programs	80800	637956	719680	978801	1097543	1093688
专题服务	Special Subject Programs	193391	525528	640857	930283	899825	792714
综艺益智	General Entertainment Programs	109322	382350	407849	511398	341886	300189
影视剧	TV Play Programs		193771	93536	120604	95403	75241
广告	Advertising Programs		524892	526839	481973	389655	379452
其他	Others		289364	354188	497131	458128	418358

9–19 公共广播电视节目播出时间
Statistics on Broadcasting of Public Radio and Television Programs

单位：小时 (hour)

年　份 Year	总　计 Total	新闻资讯类节目 News	专题服务类节目 Special Subject	综艺益智类节目 General Entertainment	广播(影视)剧类节目 Radio/TV Dramas	广告类节　目 Advertising	其他类节　目 Others
广播 Radio							
2013	**13795461**	2820086	3108653	3732369	770085	1259269	2104998
2014	**14058328**	2837111	3167377	3748730	784852	1312388	2207871
2015	**14218253**	2841836	3111009	3861989	823465	1224789	2355164
2016	**14565058**	2934010	3258408	3882453	831977	1218478	2439732
2017	**14918863**	2973289	3226312	3853327	948163	1330122	2587650
2018	**15267407**	2994363	3257941	3841622	971618	1359222	2842642
2019	**15533983**	3021475	3332910	3757602	1002209	1344945	3074842
2020	**15807230**	3135478	3338991	3642425	974411	1414110	3301814
2021	**15894889**	3133267	3364658	3543340	977790	1434397	3441435
电视 Television							
2013	**17057212**	2352285	2108918	1419911	7366010	1951125	1858964
2014	**17476126**	2443782	2196434	1436727	7426969	2032610	1939603
2015	**17796010**	2520624	2254774	1446914	7621202	1953734	1998761
2016	**17924388**	2601767	2286042	1445203	7651965	1923282	2016128
2017	**18810197**	2718463	2508151	1471166	7988062	2081640	2042715
2018	**19250257**	2789802	2561239	1421652	8220875	2136678	2120012
2019	**19509935**	2797166	2561957	1305022	8484507	2119710	2241573
2020	**19883117**	2855504	2619993	1159168	8731162	2249658	2267632
2021	**20139917**	2888358	2742201	1094621	8843308	2260300	2311129

9–20 分地区广播电视节目播出情况(2021年)
Statistics on Broadcasting of Radio and TV Programs by Region (2021)

地 区	Region	公共广播节目套数(套) Number of Public Radio Programs (set)	公共电视节目套数(套) Number of TV Programs (set)	电视剧播出数(部) Number of TV Dramas Broadcasted (set)	#进口 Import	电视动画播出时间(小时) Number of Cartoons Broadcasted (hour)	#进口 Import
全 国	**National Total**	**2941**	**3613**	**208923**	**314**	**452408**	**2939**
中央广播电视总台	China Media Group	23	30	1588		6156	723
其他部门所属单位	Under other Depatment		5	104		324	43
北 京	Beijing	21	27	1040		8034	
天 津	Tianjin	22	24	1403	3	7170	
河 北	Hebei	184	208	11974	1	14877	
山 西	Shanxi	128	134	6339	11	8028	107
内蒙古	Inner Mongolia	126	120	7709		17093	
辽 宁	Liaoning	110	125	8618		10253	
吉 林	Jilin	83	77	5330		3915	
黑龙江	Heilongjiang	106	104	4574		9674	
上 海	Shanghai	21	21	984	24	17653	21
江 苏	Jiangsu	120	122	6228		14406	
浙 江	Zhejiang	112	113	6555	1	22573	
安 徽	Anhui	112	134	8885	13	11808	
福 建	Fujian	93	100	3801		17037	
江 西	Jiangxi	96	128	7105	102	15231	1248
山 东	Shandong	171	267	16037	2	27008	157
河 南	Henan	160	172	13016		9128	23
湖 北	Hubei	100	115	10976		18496	
湖 南	Hunan	123	143	11793	24	26371	57
广 东	Guangdong	139	156	6368	8	35022	
广 西	Guangxi	78	119	6211	69	15306	
海 南	Hainan	25	16	895		5081	
重 庆	Chongqing	39	48	2234		9817	
四 川	Sichuan	154	212	15315	38	26637	15
贵 州	Guizhou	48	111	5353		9779	365
云 南	Yunnan	79	171	7497	9	19476	
西 藏	Tibet	30	82	1499		2729	
陕 西	Shaanxi	107	125	6804	9	5817	
甘 肃	Gansu	99	117	6114		12668	182
青 海	Qinghai	47	50	2110		6304	
宁 夏	Ningxia	24	30	1719		5921	
新 疆	Xinjiang	161	207	12745		32614	

9-21 分地区广播电视节目综合人口覆盖情况(2021年)
Statistics on Population Coverage of Radio and TV Programs by Region (2021)

单位：%　　(%)

地 区	Region	广播节目综合人口覆盖率 Population Coverage Rate of Radio Programs	#乡村 Rural	电视节目综合人口覆盖率 Population Coverage Rate of TV Programs	#乡村 Rural
全 国	**National Total**	**99.48**	**99.26**	**99.66**	**99.52**
北 京	Beijing	100.00	100.00	100.00	100.00
天 津	Tianjin	100.00	100.00	100.00	100.00
河 北	Hebei	99.79	99.68	99.86	99.80
山 西	Shanxi	98.84	98.19	99.22	98.91
内蒙古	Inner Mongolia	99.74	99.55	99.74	99.52
辽 宁	Liaoning	99.48	99.05	99.46	99.05
吉 林	Jilin	99.51	99.40	99.60	99.37
黑龙江	Heilongjiang	99.94	99.95	99.93	99.93
上 海	Shanghai	100.00	100.00	100.00	100.00
江 苏	Jiangsu	100.00	100.00	100.00	100.00
浙 江	Zhejiang	99.79	99.81	99.86	99.87
安 徽	Anhui	99.94	99.92	99.92	99.90
福 建	Fujian	99.85	99.79	99.87	99.83
江 西	Jiangxi	99.23	98.99	99.63	99.44
山 东	Shandong	99.51	99.27	99.65	99.58
河 南	Henan	99.66	99.61	99.64	99.58
湖 北	Hubei	99.89	99.83	99.85	99.78
湖 南	Hunan	99.42	98.98	99.75	99.59
广 东	Guangdong	99.98	99.94	99.98	99.97
广 西	Guangxi	98.56	98.19	99.31	99.07
海 南	Hainan	99.35	99.17	99.39	99.24
重 庆	Chongqing	99.49	99.28	99.56	99.41
四 川	Sichuan	99.17	98.95	99.58	99.49
贵 州	Guizhou	95.96	95.29	97.76	97.30
云 南	Yunnan	99.60	99.45	99.63	99.52
西 藏	Tibet	99.24	99.32	99.39	99.34
陕 西	Shaanxi	99.36	99.06	99.66	99.49
甘 肃	Gansu	99.43	99.20	99.49	99.31
青 海	Qinghai	99.10	98.61	99.17	98.66
宁 夏	Ningxia	99.93	99.89	99.98	99.98
新 疆	Xinjiang	99.15	98.95	99.24	99.11

9-22 分地区有线广播电视传输干线网络及实际用户情况（2021年）
Statistics on Transmission Trunk and Actual Users of Cable Radio and TV by Region (2021)

地区	Region	有线广播电视传输干线网络总长(万公里) Total Length of Transmission Trunk for Cable Radio and TV (10 000 km)	有线广播电视实际用户数(万户) Actual Users of Cable Radio and TV (10 000 households)	#农村有线广播电视 Rural Cable Radio and TV	#数字电视 Users of Digital TV	#增值业务 Value-Added Service	有线广播电视实际用户数占家庭总户数的比重(%) Actual Popularization Rate of Cable Radio and TV (%)	#乡村 Rural
全国合计	**National Total**	**220.63**	**20423.18**	**6718.86**	**19634.49**	**6058.62**	**44.63**	**33.11**
北京	Beijing	22.24	614.67	97.13	614.39	93.14	110.24	99.07
天津	Tianjin	0.42	360.97	50.44	356.05	0.72	86.79	69.73
河北	Hebei	7.79	627.80	128.63	599.02	104.47	23.83	12.03
山西	Shanxi	7.66	398.68	92.34	332.67	13.90	110.49	83.54
内蒙古	Inner Mongolia	1.26	216.91	40.28	216.91		23.30	12.19
辽宁	Liaoning	2.91	566.00	140.00	530.05	158.34	36.63	21.68
吉林	Jilin	1.74	621.59	212.32	621.59	321.85	60.64	49.74
黑龙江	Heilongjiang	9.72	563.97	107.15	557.93	202.98	40.18	19.38
上海	Shanghai	9.36	753.56		738.72	179.73	134.33	
江苏	Jiangsu	4.35	1335.45	496.67	1332.24	339.70	52.32	35.51
浙江	Zhejiang	4.11	1304.10	776.93	1290.62	343.42	74.93	111.01
安徽	Anhui	3.50	789.91	268.44	614.77	181.78	36.28	18.85
福建	Fujian	22.87	733.45	496.19	733.45	541.76	63.05	62.43
江西	Jiangxi	10.98	525.56	251.77	500.78	74.80	35.53	43.61
山东	Shandong	44.15	1549.98	647.90	1442.99	495.73	45.39	36.58
河南	Henan	5.12	666.08	184.85	642.22	169.65	20.05	11.98
湖北	Hubei	3.05	1257.10	563.76	1245.85	458.89	60.24	63.09
湖南	Hunan	10.93	631.32	133.44	605.88	134.40	26.42	13.56
广东	Guangdong	21.81	1709.82	363.21	1642.01	880.74	54.40	59.22
广西	Guangxi	1.26	780.57	317.29	780.57	221.80	46.28	40.53
海南	Hainan	0.24	133.91	43.13	124.28		49.91	27.55
重庆	Chongqing	0.67	610.60	155.05	545.83	244.54	50.84	29.30
四川	Sichuan	3.23	929.80	286.71	894.52	272.97	29.21	15.12
贵州	Guizhou	1.66	869.08	451.09	869.08	150.59	65.20	61.84
云南	Yunnan	3.61	409.29	124.50	384.47	127.82	25.85	17.41
西藏	Tibet	0.50	28.14	0.05	26.50		27.75	0.07
陕西	Shaanxi	4.47	758.71	251.97	758.71	275.01	56.51	59.50
甘肃	Gansu	1.67	161.97	18.49	122.62	9.54	18.47	4.63
青海	Qinghai	0.76	98.10	0.46	97.67	11.28	57.32	0.61
宁夏	Ningxia	0.51	122.27	11.26	120.15		44.78	12.64
新疆	Xinjiang	4.08	293.82	7.41	291.95	49.07	33.30	2.25

9–23 电影生产情况
Statistics on Film Production

年 份 Year	电影故事片厂（个） Number of Feature Film Studios (unit)	生产故事影片（部） Feature Films (film)	生产动画影片（部） Cartoon Films (reel)	生产科教影片（部） Popular Science Films (reel)	生产纪录影片（部） Documentary Films (reel)	生产特种影片（部） Special Films (reel)
1978	12	46	26	289	202	
1979	17	65	25	349	317	
1980	17	82	32	337	242	
1981	19	105	33	277	276	
1982	19	112	33	284	259	
1983	19	127	37	343	299	
1984	20	144	37	387	337	
1985	20	127	45	357	419	
1986	20	134	46	383	417	
1987	22	146	45	353	347	
1988	22	158	38	344	350	
1989	22	136	53	334	259	
1990	22	134	51	326	296	
1991	22	130	46	351	283	
1992	22	170	56	354	307	
1993	22	154	47	252	300	
1994	22	148	32	182	22	
1995	30	146	37	40	111	
1996	30	110	58	33	39	
1997	31	88	28	34	95	
1998	31	82	9	30	54	
1999	31	99	3	20	14	
2000	31	91	1	49	10	
2001	27	88	1	56	9	
2002	31	100	2	60	7	
2003	31	140	2	53	6	
2004	31	212	4	30	10	
2005	32	260	7	33	2	
2006	32	330	13	36	13	
2007	32	402	6	34	9	
2008	33	406	16	39	16	2
2009	31	456	27	52	19	4
2010	31	526	16	54	16	9
2011	31	558	24	76	26	5
2012	31	745	33	74	15	26
2013	31	638	29	121	18	18
2014	31	618	40	52	25	23
2015	31	686	51	96	38	17
2016	31	772	49	67	32	24
2017	31	798	32	68	44	28
2018		902	51	61	57	11
2019		850	51	74	47	15
2020		531	45	25	31	18
2021		565	47	54	55	19

注：1.本表电影故事片厂指国有电影故事片厂。
2.2005年及以前动画片数为美术片数。

a) Number of feature film studios in this table refers to state-owned film studios.

b) Cartoon films before 2005 referred to puppet films .

9–24 全国电影市场情况 Statistics on Movie

项　目	Item	2010	2012	2013	2014	2015	2016	2017	2018	2019	2020	2021
电影院线(条)	Movie Circuit(line)	37	46	46	47	48	48	48	48	50	51	51
影院(家)	Cinema(unit)	2000	2984	3849	4866	6395	8106	9293	10955	12408	13374	14480
银幕(块)	Movie Screen(unit)	6256	13118	18195	23592	31627	41179	50776	60079	69787	75581	82248
院线观众人次（亿人次）	Audience Person Times (100 million person times)	2.81	4.66	6.17	8.36	12.62	13.74	16.24	17.19	17.27	5.48	11.67
全国电影票房收入（亿元）	Movie Box Office Income (100 million yuan)	101.7	170.7	217.7	296.4	440.7	492.8	559.1	609.8	642.7	204.2	399.3

9–25 体育系统机构及人员情况(2021年) Statistics on Sports-Related Institutions and Personnel (2021)

单位：个，人 (unit, person)

指　标	Item	合 计 Total		国家级 National Level	
		机构 Institutions	人员 Persons	机构 Institutions	人员 Persons
总计	**Total**	**6693**	**159346**	**44**	**5683**
体育行政机关	Administrative Agencies of Sports	3048	32443	1	234
运动项目管理部门	Sports Events Management Departments	269	34004	20	1781
本科院校	Universities and Colleges	8	5416	1	1144
职业、运动技术学院	Sports Technical Institutes	16	5306		
体育运动学校	Physical Education and Sports Schools	215	15955		
竞技体校	Competitive Sports Schools	17	744		
少儿体育运动学校（业余体校）	Spare-time Sports Schools	1238	19037		
单项运动学校	Sport Event Schools	15	470		
体育中学	Secondary Schools of Physical Education	33	1844		
训练基地	Training Bases	62	2718	5	598
体育场馆	Stadiums and Gymnasiums	528	11375	1	451
体育科研机构	Sports Science Research Institute	47	1290	1	126
其他事业单位	Other Institutions	1137	26042	13	796
其他	Others	60	2702	2	553

9–26 运动员获世界冠军情况
Statistics on World Championships Won by Chinese Athletes

年 份 Year	项 数 (项) Number of Events (item)	人 数 (人) Number of Persons (person)	个 数 (个) Number of Champions (time)
1978	4	4	4
1979	12	20	12
1980	3	3	3
1981	25	53	25
1982	12	31	13
1983	37	50	39
1984	33	46	37
1985	42	70	46
1986	26	56	26
1987	64	72	69
1988	54	59	54
1989	80	83	82
1990	54	61	54
1991	88	86	93
1992	86	68	89
1993	101	106	103
1994	79	86	79
1995	98	187	102
1996	72	58	75
1997	87	96	92
1998	75	89	83
1999	91	129	92
2000	92	109	110
2001	79	138	90
2002	99	123	110
2003	17	94	84
2004	27	175	101
2005	22	159	106
2006	24	169	141
2007	22	217	123
2008	24	151	120
2009	30	223	142
2010	22	180	108
2011	24	198	138
2012	24	140	107
2013	22	164	124
2014	22	206	98
2015	25	214	127
2016	23	154	107
2017	24	248	106
2018	27	222	118
2019	33	305	128
2020	3	4	4
2021	16	90	67

注：1.自2003年起，我国运动员获世界冠军项数开始按照大项统计。
2.受新型冠状病毒肺炎疫情影响，2020年国际级体育赛事大幅减少，我国运动员获世界冠军数及创世界记录数比往年有所减少

a) Since 2003, the number of events for world championships won by Chinese athletes has been counted according to major events.

b) The number of Chinese athletes winning world championships and setting the world record decreased compared with previous years as the number of international sports events in 2020 decreased significantly due to the COVID-19 pandemic.

9–27 分地区按文化程度分在岗专职教练员情况(2021年)
Statistics on Coaches with Full-time Contracts by Educational Attainment by Region (2021)

单位：人 (person)

地 区	Region	合 计 Total	按文化程度分 by Educational Attainment 研究生及以上 Post- graduates and Above	本 科 Under-graduates	专 科 Junior College	中专(中学)及以下 Secondary Technical Schools
全 国	**National Total**	**25759**	**904**	**19410**	**4808**	**637**
国家直属	Directly Under the Jurisdiction of State	126	42	78	5	1
北 京	Beijing	711	33	601	75	2
天 津	Tianjin	543	40	414	71	18
河 北	Hebei	983	29	798	132	24
山 西	Shanxi	689	13	489	165	22
内蒙古	Inner Mongolia	552	10	376	127	39
辽 宁	Liaoning	1269	67	986	195	21
吉 林	Jilin	795	36	577	160	22
黑龙江	Heilongjiang	1053	28	741	262	22
上 海	Shanghai	1150	42	1028	77	3
江 苏	Jiangsu	1443	90	1217	121	15
浙 江	Zhejiang	1057	23	925	103	6
安 徽	Anhui	640	21	433	175	11
福 建	Fujian	1133	14	897	213	9
江 西	Jiangxi	564	8	339	190	27
山 东	Shandong	2727	78	2135	421	93
河 南	Henan	944	43	760	127	14
湖 北	Hubei	850	56	512	229	53
湖 南	Hunan	955	22	607	290	36
广 东	Guangdong	1804	34	1492	246	32
广 西	Guangxi	797	33	539	196	29
海 南	Hainan	116	1	96	11	8
重 庆	Chongqing	285	5	221	56	3
四 川	Sichuan	1137	55	776	285	21
贵 州	Guizhou	299	7	207	78	7
云 南	Yunnan	841	10	613	205	13
西 藏	Tibet	48	1	26	20	1
陕 西	Shaanxi	809	32	572	177	28
甘 肃	Gansu	503	15	375	103	10
青 海	Qinghai	148	5	101	38	4
宁 夏	Ningxia	144	4	105	33	2
新 疆	Xinjiang	644	7	374	222	41

9–28　分类型体育场地和面积情况(截至2021年12月31日)
Statistics on Sports Ground and Area By Type(by 2021.12.31)

类　型	Type	场地数量（万个）Number of Sports Ground (10000 units)	场地面积（亿平方米）Area of Sports Ground (100 million sq.m)
全国体育场地	**Total Sports Grounds**	**397.14**	**34.11**
#基础大项场地	**Basic Categories**		
田径场地	Track and Field	18.92	10.01
游泳场地	Swimming	3.25	0.74
球类运动场地	**Ball Games**		
足球场地	Football	12.65	3.45
篮球场地	Basketball	105.36	6.22
排球场地	Volleyball	9.68	0.31
乒乓球场地	TableTennis	88.48	0.54
羽毛球场地	Badminton	22.59	0.44
冰雪运动场地	**Winter Sports**		
滑冰场地	Skating	0.15	0.49
滑雪场地	Skiing	0.08	0.28
体育健身场地	**Physical Fitness**		
全民健身路径	Comprehensive Fitness Equipments	92.93	
健身房	Gyms	12.89	0.59
健身步道	Fitness Trails	10.59	7.47

9–29　分机构类型体育场地分布情况(截至2021年12月31日)
Statistics on Sports Ground by Organization Type (by 2021.12.31)

场地类型	Ground Type	场地面积（亿平方米）Area of Sports Ground (100 million sq.m)
合　计	**Total**	**34.11**
事业单位	Government-affiliated Institutions	14.56
企业	Enterprises	5.96
村委会	Villager's Committees	6.78
居委会	Resident's Committees	3.81
机关	Institutional Units	1.34
民办非企业	Private Non-Enterprise Units	0.61
其他	Others	1.05

9–30 分年龄城乡居民参加体育锻炼情况 Statistics on Urban and Rural Residents Participating in Physical Exercises by Age

单位：% (%)

年 龄 Age	2007		2014		2020	
	参加过锻炼比例 Ever Participating in Physical Exercises	经常参加锻炼比例 Often Participating in Physical Exercises	参加过锻炼比例 Ever Participating in Physical Exercises	经常参加锻炼比例 Often Participating in Physical Exercises	参加过锻炼比例 Ever Participating in Physical Exercises	经常参加锻炼比例 Often Participating in Physical Exercises
30–39	33.1	6.1	41.7	12.4	69.9	28.4
40–49	31.5	8.0	41.1	14.9	66.7	31.7
50–59	29.9	10.8	40.0	18.0	60.0	31.6
60–69	28.4	11.7	36.2	18.2	52.4	29.5

注：本表数据来自全民健身活动状况调查结果。
a) Data resource is national fitness activities survey.

9–31 分年龄接受体育锻炼指导的人数比重(2014年) Proportion of People Accepting Guidance of Physical Exercises by Age(2014)

单位：% (%)

项 目	Item	合计 Total	年龄 Age					
			20-29	30-39	40-49	50-59	60-69	≥70
合 计	**Total**	**100.0**	**100.0**	**100.0**	**100.0**	**100.0**	**100.0**	**100.0**
专业教练指导	Guided by Professional Coach	5.7	11.4	6.4	4.2	2.9	2.9	1.9
社会体育指导员	Guided by Social Physical Instructor	5.3	5.3	4.5	5.6	5.7	5.7	4.9
其他受过相关专业训练的指导	Guided by Other Related Professional Exercises	4.7	6.4	4.8	4.3	3.6	4.5	2.9
同事、朋友相互指导	Guided by Friends or Colleagues	32.3	37.4	34.4	31.6	30.8	26.5	21.4
看资料(书刊、视频)指导	Guided by Book or Video	5.0	5.3	5.4	4.7	4.8	4.5	3.9
没有指导	No Guided	47.1	34.2	44.5	49.6	52.2	55.9	65.0

注：本表数据来自全民健身活动状况调查结果。
a) Data resource is national fitness activities survey.

9-32 国内游客旅游情况
Statistics on Domestic Visitors

指　　标	Indicator	2015	2018	2019	2020	2021
绝对数	**Value**					
国内居民出境人数（万人次）	Number of Chinese Outbound Visitors (10 000 person-times)	12786.00	16199.34	16920.54		
#因私出境人数	For Private Purpose	12172.00	15501.69	16211.43		
国内游客(亿人次)	Number of Domestic Visitors (100 million person-times)	40.00	55.39	60.06	28.79	32.46
国际旅游收入（亿美元）	Foreign Exchange Earnings from International Tourism (100 million USD)	1136.50	1271.03	1312.54		
国内旅游收入(亿元)	Earnings from Domestic Tourism(100 million yuan)	34195.05	51278.29	57250.92	22286.30	29190.70
比上年增长(%)	**Increase Rate (%)**					
国内居民出境人数	Number of Chinese Outbound Visitors	9.66	13.50	4.45		
#因私出境人数	For Private Purpose	10.63	14.14	4.58		
国内游客	Number of Domestic Visitors	10.77	10.76	8.43	-52.06	12.75
国际旅游收入	Foreign Exchange Earnings from International Tourism	99.69	2.99	3.27		
国内旅游收入	Earnings from Domestic Tourism	12.81	12.30	11.65	-61.07	30.98

9–33 城乡居民国内旅游情况
Statistics on Tourism of Urban and Rural Residents

年 份 Year	国内游客（百万人次） Domestic Tourists (million person-times)	城镇居民 Urban Residents	农村居民 Rural Residents	旅游总花费（亿元） Tourism Expenditure (100 million yuan)	城镇居民 Urban Residents	农村居民 Rural Residents	人均花费（元） Per Capita Expenditure (yuan)	城镇居民 Urban Residents	农村居民 Rural Residents
1994	524	205	319	1023.5	848.2	175.3	195.3	414.7	54.9
1995	629	246	383	1375.7	1140.1	235.6	218.7	464.0	61.5
1996	640	256	383	1638.4	1368.4	270.0	256.2	534.1	70.5
1997	644	259	385	2112.7	1551.8	560.9	328.1	599.8	145.7
1998	695	250	445	2391.2	1515.1	876.1	345.0	607.0	197.0
1999	719	284	435	2831.9	1748.2	1083.7	394.0	614.8	249.5
2000	744	329	415	3175.5	2235.3	940.3	426.6	678.6	226.6
2001	784	375	409	3522.4	2651.7	870.7	449.5	708.3	212.7
2002	878	385	493	3878.4	2848.1	1030.3	441.8	739.7	209.1
2003	870	351	519	3442.3	2404.1	1038.2	395.7	684.9	200.0
2004	1102	459	643	4710.7	3359.0	1351.7	427.5	731.8	210.2
2005	1212	496	716	5285.9	3656.1	1629.7	436.1	737.1	227.6
2006	1394	576	818	6229.7	4414.7	1815.0	446.9	766.4	221.9
2007	1610	612	998	7770.6	5550.4	2220.2	482.6	906.9	222.5
2008	1712	703	1009	8749.3	5971.7	2777.6	511.0	849.4	275.3
2009	1902	903	999	10183.7	7233.8	2949.9	535.4	801.1	295.3
2010	2103	1065	1038	12579.8	9403.8	3176.0	598.2	883.0	306.0
2011	2641	1687	954	19305.4	14808.6	4496.8	731.0	877.8	471.4
2012	2957	1933	1024	22706.2	17678.0	5028.2	767.9	914.5	491.0
2013	3262	2186	1076	26276.1	20692.6	5583.5	805.5	946.6	518.9
2014	3611	2483	1128	30311.9	24219.8	6092.1	839.7	975.4	540.2
2015	4000	2802	1188	34195.1	27610.9	6584.2	857.0	985.5	554.2
2016	4440	3195	1240	39390.0	32241.3	7147.8	888.2	1009.1	576.4
2017	5001	3677	1324	45660.8	37673.0	7987.7	913.0	1024.6	603.3
2018	5539	4119	1420	51278.3	42590.0	8688.3	925.8	1034.0	611.9
2019	6006	4471	1535	57250.9	47509.0	9741.9	953.3	1062.6	634.7
2020	2879	2065	814	22286.3	17966.5	4319.8	774.1	870.3	530.5
2021	3246	2342	904	29190.7	23644.2	5546.6	899.3	1009.6	613.6

9–34 按城乡和性别划分的个人自由支配活动平均时间(2018年)
Average Time Use on Free Time Activities by Urban/Rural Residence and Gender (2018)

单位：分钟 (minutes)

个人自由支配活动	Free Time Activities	合计 Total			城镇 Urban			农村 Rural		
		合计 Total	男 Male	女 Female	合计 Total	男 Male	女 Female	合计 Total	男 Male	女 Female
合　计	**Total**	**236**	**253**	**220**	**250**	**270**	**233**	**213**	**227**	**199**
健身锻炼	Physical Exercise	31	32	30	41	43	40	16	17	16
听广播或音乐	Listening to Radio or Music	6	6	5	6	7	6	5	6	4
看电视	Watching TV	100	104	97	98	101	95	104	108	100
阅读书报期刊	Reading	9	11	8	12	14	10	5	6	4
休闲娱乐	Leisure and Entertainment	65	73	58	69	78	61	58	64	52
社会交往	Social Life	24	27	22	24	27	21	25	27	23
工作日	**Weekday**	**220**	**234**	**208**	**231**	**245**	**217**	**205**	**217**	**193**
健身锻炼	Physical Exercise	30	31	30	40	41	39	16	16	15
听广播或音乐	Listening to Radio or Music	6	6	5	6	6	5	5	6	4
看电视	Watching TV	97	100	94	94	96	92	102	105	98
阅读书报期刊	Reading	9	10	7	11	13	10	5	6	4
休闲娱乐	Leisure and Entertainment	58	64	52	60	67	53	55	60	50
社会交往	Social Life	21	23	19	20	21	18	23	25	21
休息日	**Weekend**	**274**	**299**	**250**	**300**	**331**	**272**	**233**	**251**	**215**
健身锻炼	Physical Exercise	33	35	31	44	46	41	17	18	16
听广播或音乐	Listening to Radio or Music	6	7	6	7	8	6	6	6	5
看电视	Watching TV	109	114	104	109	114	104	110	115	105
阅读书报期刊	Reading	11	13	9	14	17	12	5	6	4
休闲娱乐	Leisure and Entertainment	83	93	72	94	106	82	66	73	58
社会交往	Social Life	32	37	28	34	40	28	29	32	27

注：1.数据来源于国家统计局2018年全国时间利用调查。
2.平均时间即用于某类活动的全部时间总和除以全部调查对象人数。对工作日和休息日数据分别按5/7和2/7加权汇总得出全部调查对象一天的平均时间。

a) Data resource is NBS 2018 National Time Use Survey.
b) Average time refers to the total time spent on a particular activity divided by the total number of respondents. The average time of all respondents for a certain activity in a day is obtained by weighting 5/7 and 2/7 of the data on weekday and weekend, respectively.

9–35 按城乡和性别划分的个人自由支配活动参与率(2018年)
Participation Rate on Free Time Activities by Urban/Rural Residence and Gender (2018)

单位：% (%)

个人自由支配活动	Free Time Activities	合计 Total			城镇 Urban			农村 Rural		
		合计 Total	男 Male	女 Female	合计 Total	男 Male	女 Female	合计 Total	男 Male	女 Female
合　计	**Total**	**91**	**93**	**89**	**91**	**93**	**90**	**90**	**92**	**88**
健身锻炼	Physical Exercise	31	31	31	39	39	38	19	19	18
听广播或音乐	Listening to Radio or Music	7	7	6	8	8	7	6	6	5
看电视	Watching TV	67	67	66	64	64	63	71	72	70
阅读书报期刊	Reading	10	12	9	13	15	12	5	6	4
休闲娱乐	Leisure and Entertainment	41	44	38	44	47	41	36	39	34
社会交往	Social Life	18	19	17	17	18	16	18	19	17
工作日	**Weekday**	**90**	**92**	**88**	**91**	**92**	**89**	**90**	**92**	**88**
健身锻炼	Physical Exercise	31	31	31	38	39	38	19	19	18
听广播或音乐	Listening to Radio or Music	7	7	6	7	8	7	5	6	5
看电视	Watching TV	65	66	65	63	63	62	70	71	69
阅读书报期刊	Reading	10	12	9	13	15	12	5	6	4
休闲娱乐	Leisure and Entertainment	39	42	36	41	44	38	36	38	33
社会交往	Social Life	16	17	16	16	16	15	17	18	16
休息日	**Weekend**	**92**	**94**	**91**	**93**	**94**	**92**	**91**	**93**	**89**
健身锻炼	Physical Exercise	31	32	31	39	40	38	19	20	18
听广播或音乐	Listening to Radio or Music	7	8	7	8	9	8	6	7	5
看电视	Watching TV	69	70	68	67	67	66	73	74	71
阅读书报期刊	Reading	10	12	9	14	16	12	5	6	4
休闲娱乐	Leisure and Entertainment	45	48	42	50	53	46	38	41	35
社会交往	Social Life	21	23	19	21	24	19	20	21	19

注：1.数据来源于国家统计局2018年全国时间利用调查。
2.活动参与率即参与某类活动的人数(参与者人数)除以全部调查对象人数。对工作日和休息日数据分别按5/7和2/7加权汇总得出某类活动的参与率。

a) Data resource is NBS 2018 National Time Use Survey.

b) Participation rate refers to the number of participants in a particular activity divided by the total number of respondents. The participation rate for a certain activity in a day is obtained by weighting 5/7 and 2/7 of the data on weekday and weekend, respectively.

9-36 按城乡和性别划分的个人自由支配活动参与者平均时间(2018年)

Average Time Use of Participants on Free Time Activities by Urban/Rural Residence and Gender (2018)

单位：分钟 (minutes)

个人自由支配活动	Free Time Activities	合计 Total			城镇 Urban			农村 Rural		
		合计 Total	男 Male	女 Female	合计 Total	男 Male	女 Female	合计 Total	男 Male	女 Female
合　计	**Total**	**259**	**272**	**247**	**274**	**290**	**260**	**236**	**246**	**226**
健身锻炼	Physical Exercise	101	103	99	106	109	103	86	88	85
听广播或音乐	Listening to Radio or Music	84	86	83	81	82	80	91	92	89
看电视	Watching TV	151	154	148	153	157	150	147	150	143
阅读书报期刊	Reading	92	95	88	90	94	87	97	100	94
休闲娱乐	Leisure and Entertainment	159	165	152	158	165	150	159	163	154
社会交往	Social Life	136	142	129	135	143	127	136	139	134
工作日	**Weekday**	**244**	**254**	**235**	**255**	**265**	**245**	**228**	**236**	**219**
健身锻炼	Physical Exercise	99	101	98	104	106	102	85	86	84
听广播或音乐	Listening to Radio or Music	83	85	82	80	81	79	91	92	89
看电视	Watching TV	148	150	146	150	152	148	145	148	142
阅读书报期刊	Reading	88	90	85	86	89	83	94	96	91
休闲娱乐	Leisure and Entertainment	149	154	143	146	152	139	154	157	150
社会交往	Social Life	129	134	124	126	133	120	133	135	131
休息日	**Weekend**	**297**	**319**	**276**	**323**	**351**	**297**	**256**	**270**	**242**
健身锻炼	Physical Exercise	106	109	102	111	115	107	90	92	88
听广播或音乐	Listening to Radio or Music	86	87	86	84	85	83	91	91	90
看电视	Watching TV	158	163	153	162	169	156	151	156	147
阅读书报期刊	Reading	102	106	97	101	105	97	106	109	100
休闲娱乐	Leisure and Entertainment	183	192	173	188	199	177	173	179	165
社会交往	Social Life	153	162	143	157	169	143	145	149	142

注：1.数据来源于国家统计局2018年全国时间利用调查。
2.参与者平均时间即用于某类活动的全部时间总和除以参与者人数。对工作日和休息日数据分别按5/7和2/7加权汇总得出某类活动的参与者平均时间。

a) Data resource is NBS 2018 National Time Use Survey.

b) Average time use of participants refers to the total time spent on a particular activity divided by the number of participants. The average time use of participants for a certain activity in a day is obtained by weighting 5/7 and 2/7 of the data on weekday and weekend, respectively.

十、资源环境
Resources and Environment

10−1 全国自然生态情况
Statistics on Natural Ecology

年 份 Year	自然保护区 数 (个) Number of Nature Reserves (unit)	自然保护区面 积 (万公顷) Area of Nature Reserves (10 000 hectares)	保护区面积占辖区面积比重 (%) Percentage of Nature Reserves in the Region (%)	累计除涝面 积 (万公顷) Area with Flood Prevention Measures (10 000 hectares)	累计水土流失治理面积 (万公顷) Area of Soil Erosion under Control (10 000 hectares)
2000	1227	9821	9.9		8096.1
2001	1551	12989	12.9		8153.9
2002	1757	13295	13.2		8541.0
2003	1999	14398	14.4	2113.9	8971.4
2004	2194	14823	14.8	2119.8	9200.5
2005	2349	14995	15.0	2134.0	9465.5
2006	2395	15154	15.2	2137.6	9749.1
2007	2531	15188	15.2	2141.9	9987.1
2008	2538	14894	14.9	2142.5	10158.7
2009	2541	14775	14.7	2158.4	10454.5
2010	2588	14944	14.9	2169.2	10680.0
2011	2640	14971	14.9	2172.2	10966.4
2012	2669	14979	14.9	2185.7	10295.3
2013	2697	14631	14.8	2194.3	10689.2
2014	2729	14699	14.8	2236.9	11160.9
2015	2740	14703	14.8	2271.3	11557.8
2016	2750	14733	14.9	2306.7	12041.2
2017	2750	14717	14.3	2382.4	12583.9
2018				2426.2	13153.2
2019				2453.0	13732.5
2020				2458.6	14312.2
2021				2461.9	14955.2

10–2 分地区自然保护基本情况(2021年)
Basic Statistics on Natural Protection by Region (2021)

地区	Region	国家级自然保护区个数(个) Number of National Nature Reserves (unit)	国家级自然保护区面积(万公顷) Area of National Nature Reserves (10 000 hectares)
全国	**National Total**	**474**	**9821.3**
北京	Beijing	2	2.9
天津	Tianjin	3	3.1
河北	Hebei	14	27.1
山西	Shanxi	8	14.1
内蒙古	Inner Mongolia	29	434.9
辽宁	Liaoning	19	90.5
吉林	Jilin	24	122.8
黑龙江	Heilongjiang	49	389.4
上海	Shanghai	2	6.5
江苏	Jiangsu	3	30.2
浙江	Zhejiang	11	14.8
安徽	Anhui	8	14.4
福建	Fujian	17	22.7
江西	Jiangxi	16	26.1
山东	Shandong	7	22.1
河南	Henan	13	44.2
湖北	Hubei	22	54.6
湖南	Hunan	23	60.6
广东	Guangdong	15	33.9
广西	Guangxi	23	37.2
海南	Hainan	10	16.3
重庆	Chongqing	7	25.5
四川	Sichuan	32	304.9
贵州	Guizhou	11	29.0
云南	Yunnan	21	152.2
西藏	Tibet	11	3712.3
陕西	Shaanxi	26	62.8
甘肃	Gansu	21	671.7
青海	Qinghai	7	2116.2
宁夏	Ningxia	9	46.6
新疆	Xinjiang	15	1232.0

10–3 水资源情况
Statistics on Water Resources

年份 Year	水资源总量（亿立方米）Total Amount of Water Resources (100 million cu.m)	地表水资源量 Surface Water Resources	地下水资源量 Groundwater Resources	地表水与地下水资源重复量 Duplicated Measurement Between Surface Water and Groundwater	人均水资源量（立方米/人）Per Capita Water Resources (cu.m/person)
2000	27700.8	26561.9	8501.9	7363.0	2193.9
2005	28053.1	26982.4	8091.1	7020.4	2151.8
2006	25330.1	24358.1	7642.9	6670.8	1932.1
2007	25255.2	24242.5	7617.2	6604.5	1916.3
2008	27434.3	26377.0	8122.0	7064.7	2071.1
2009	24180.2	23125.2	7267.0	6212.1	1816.3
2010	30906.4	29797.6	8417.0	7308.2	2310.4
2011	23256.7	22213.6	7214.5	6171.4	1729.1
2012	29528.8	28373.3	8296.4	7140.9	2180.5
2013	27957.9	26839.5	8081.1	6962.7	2050.8
2014	27266.9	26263.9	7745.0	6742.0	1987.6
2015	27962.6	26900.8	7797.0	6735.2	2026.5
2016	32466.4	31273.9	8854.8	7662.3	2339.4
2017	28761.2	27746.3	8309.6	7294.7	2059.9
2018	27462.5	26323.2	8246.5	7107.2	1957.7
2019	29041.0	27993.3	8191.5	7143.8	2062.9
2020	31605.2	30407.0	8553.5	7355.3	2239.8
2021	29638.2	28310.5	8195.7	6868.0	2098.5

10-4 分地区水资源情况(2021年)
Statistics on Water Resources by Region(2021)

地 区	Region	水资源总量(亿立方米) Total Amount of Water Resources (100 million cu.m)	地表水资源量 Surface Water Resources	地下水资源量 Groundwater Resources	地表水与地下水资源重复量 Duplicated Measurement Between Surface Water and Groundwater	人均水资源量(立方米/人) Per Capita Water Resources (cu.m/person)
全 国	**National Total**	**29638.2**	**28310.5**	**8195.7**	**6868.0**	**2098.5**
北 京	Beijing	61.3	31.6	47.5	17.8	280.0
天 津	Tianjin	39.8	30.5	11.0	1.7	288.4
河 北	Hebei	376.6	227.6	220.2	71.2	505.1
山 西	Shanxi	207.9	155.9	113.7	61.7	596.6
内蒙古	Inner Mongolia	942.9	788.8	238.6	84.5	3926.3
辽 宁	Liaoning	511.7	460.0	150.8	99.1	1206.3
吉 林	Jilin	459.2	380.0	166.2	87.0	1923.8
黑龙江	Heilongjiang	1196.3	1020.5	346.7	170.9	3800.2
上 海	Shanghai	53.9	45.6	11.2	2.9	216.6
江 苏	Jiangsu	500.8	442.5	135.3	77.0	589.8
浙 江	Zhejiang	1344.7	1323.3	261.8	240.4	2067.5
安 徽	Anhui	883.3	798.0	211.7	126.4	1445.9
福 建	Fujian	758.7	757.3	238.7	237.3	1817.7
江 西	Jiangxi	1419.7	1400.6	332.0	312.9	3142.3
山 东	Shandong	525.3	381.8	237.7	94.2	516.6
河 南	Henan	689.2	556.9	257.0	124.7	695.3
湖 北	Hubei	1188.8	1170.4	326.2	307.8	2054.1
湖 南	Hunan	1790.6	1783.6	437.4	430.4	2699.3
广 东	Guangdong	1221.2	1211.3	301.3	291.4	965.1
广 西	Guangxi	1541.2	1540.5	349.2	348.5	3065.2
海 南	Hainan	341.6	334.9	92.9	86.2	3362.2
重 庆	Chongqing	750.8	750.8	129.4	129.4	2338.6
四 川	Sichuan	2924.5	2923.4	625.9	624.8	3493.4
贵 州	Guizhou	1091.4	1091.4	263.7	263.7	2831.1
云 南	Yunnan	1615.8	1615.8	562.9	562.9	3433.5
西 藏	Tibet	4408.9	4408.9	993.5	993.5	120461.7
陕 西	Shaanxi	852.5	810.9	200.0	158.4	2155.8
甘 肃	Gansu	279.0	268.2	120.0	109.2	1118.0
青 海	Qinghai	842.2	824.4	362.5	344.7	14190.4
宁 夏	Ningxia	9.3	7.5	16.4	14.6	128.6
新 疆	Xinjiang	809.0	767.8	434.2	393.0	3124.2

10–5 供水用水情况

Statistics on Water Supply and Water Use

年 份 Year	供水总量 (亿立方米) Water Supply (100 million cu.m)	地表水 Surface Water	地下水 Ground-water	其 他 Others	用水总量 (亿立方米) Water Use (100 million cu.m)	农 业 Agricul-ture	工 业 Industry	生 活 Consump-tion	生 态 Ecological Protection	人均用水量 (立方米/人) Per Capita Water Use (cu.m/person)
2000	5530.7	4440.4	1069.2	21.1	5497.6	3783.5	1139.1	574.9		435.4
2005	5633.0	4572.2	1038.8	22.0	5633.0	3580.0	1285.2	675.1	92.7	432.1
2006	5795.0	4706.7	1065.5	22.7	5795.0	3664.4	1343.8	693.8	93.0	442.0
2007	5818.7	4723.9	1069.1	25.7	5818.7	3599.5	1403.0	710.4	105.7	441.5
2008	5910.0	4796.4	1084.8	28.7	5910.0	3663.5	1397.1	729.3	120.2	446.2
2009	5965.2	4839.5	1094.5	31.2	5965.2	3723.1	1390.9	748.2	103.0	448.1
2010	6022.0	4881.6	1107.3	33.1	6022.0	3689.1	1447.3	765.8	119.8	450.2
2011	6107.2	4953.3	1109.1	44.8	6107.2	3743.6	1461.8	789.9	111.9	454.1
2012	6131.2	4952.8	1133.8	44.6	6131.2	3902.5	1380.7	739.7	108.3	452.8
2013	6183.4	5007.3	1126.2	49.9	6183.4	3921.5	1406.4	750.1	105.4	453.6
2014	6094.9	4920.5	1116.9	57.5	6094.9	3869.0	1356.1	766.6	103.2	444.3
2015	6103.2	4969.5	1069.2	64.5	6103.2	3852.2	1334.8	793.5	122.7	442.3
2016	6040.2	4912.4	1057.0	70.8	6040.2	3768.0	1308.0	821.6	142.6	435.2
2017	6043.4	4945.5	1016.7	81.2	6043.4	3766.4	1277.0	838.1	161.9	432.8
2018	6015.5	4952.7	976.4	86.4	6015.5	3693.1	1261.6	859.9	200.9	428.8
2019	6021.2	4982.5	934.2	104.5	6021.2	3682.3	1217.6	871.7	249.6	427.7
2020	5812.9	4792.3	892.5	128.1	5812.9	3612.4	1030.4	863.1	307.0	411.9
2021	5920.2	4928.1	853.8	138.3	5920.2	3644.3	1049.6	909.4	316.9	419.2

注：1.生态用水仅包括部分河湖、湿地人工补水和城市环境用水。
2.2012年起，生活用水量中的牲畜用水量调整至农业用水量中。
a) Water use by ecological protection only includes artificial supplement of river & lake, wetland and city entironment.
b) Since 2012, water use for animal husbandry in water use for consumption is moved to rural water use.

10-6 分地区供水用水情况(2021年)
Statistics on Water Supply and Water Use by Region (2021)

地区	Region	供水总量(亿立方米) Water Supply (100 million cu.m)	地表水 Surface Water	地下水 Ground-water	其他 Others	用水总量(亿立方米) Water Use (100 million cu.m)	农业 Agricul-ture	工业 Industry	生活 Consump-tion	生态 Ecological Protection	人均用水量(立方米/人) Per Capita Water Use (cu.m/person)
全国	**National Total**	**5920.2**	**4928.1**	**853.8**	**138.3**	**5920.2**	**3644.3**	**1049.6**	**909.4**	**316.9**	**419.2**
北京	Beijing	40.8	21.6	13.6	5.5	40.8	2.8	2.9	19.4	15.7	186.4
天津	Tianjin	32.3	23.8	2.7	5.8	32.3	9.3	4.8	7.0	11.3	234.1
河北	Hebei	181.9	96.2	73.2	12.5	181.9	97.1	17.7	27.8	39.3	244.0
山西	Shanxi	72.6	38.5	28.2	6.0	72.6	40.8	12.3	15.1	4.5	208.3
内蒙古	Inner Mongolia	191.7	105.7	79.0	7.0	191.7	137.5	13.4	11.7	29.1	798.3
辽宁	Liaoning	129.0	76.7	46.5	5.8	129.0	77.2	16.5	26.6	8.7	304.1
吉林	Jilin	110.2	74.3	33.8	2.1	110.2	79.9	9.2	13.1	8.1	461.7
黑龙江	Heilongjiang	324.5	200.2	122.0	2.2	324.5	289.2	17.8	15.9	1.6	1030.8
上海	Shanghai	105.8	105.5		0.2	105.8	15.3	65.0	24.7	0.9	425.2
江苏	Jiangsu	567.5	552.4	3.2	11.9	567.5	246.2	250.2	66.1	5.1	668.4
浙江	Zhejiang	166.4	161.7	0.2	4.5	166.4	73.3	35.8	50.6	6.8	255.8
安徽	Anhui	271.7	239.5	25.8	6.3	271.7	144.1	82.1	36.5	9.0	444.8
福建	Fujian	182.6	175.3	3.3	4.0	182.6	99.8	35.4	32.4	14.9	437.5
江西	Jiangxi	249.4	241.9	5.0	2.5	249.4	167.3	48.7	28.8	4.6	552.0
山东	Shandong	210.1	128.9	66.8	14.4	210.1	115.8	32.6	40.3	21.4	206.6
河南	Henan	222.9	115.6	96.9	10.3	222.9	115.0	28.0	45.1	34.8	224.9
湖北	Hubei	336.1	330.5	5.4	0.3	336.1	177.7	85.6	51.9	21.0	580.7
湖南	Hunan	322.4	312.1	6.7	3.6	322.4	199.9	62.1	48.4	11.9	486.0
广东	Guangdong	407.0	394.0	8.6	4.4	407.0	204.2	78.2	117.9	6.7	321.6
广西	Guangxi	268.5	258.2	7.1	3.2	268.5	189.6	36.5	36.1	6.3	534.0
海南	Hainan	45.0	43.3	1.3	0.4	45.0	34.0	1.5	8.5	1.0	442.9
重庆	Chongqing	72.1	66.2	0.5	5.4	72.1	28.7	19.3	22.5	1.6	224.6
四川	Sichuan	244.3	236.4	6.5	1.4	244.3	158.6	21.8	57.0	6.9	291.8
贵州	Guizhou	104.1	100.6	2.1	1.4	104.1	62.1	20.0	20.0	2.0	270.0
云南	Yunnan	160.3	153.2	3.9	3.2	160.3	112.1	15.7	27.5	5.0	340.6
西藏	Tibet	32.4	29.0	3.3	0.1	32.4	27.3	1.1	3.5	0.4	885.2
陕西	Shaanxi	91.8	57.7	29.2	4.9	91.8	54.6	10.9	20.3	5.9	232.1
甘肃	Gansu	110.1	83.9	23.5	2.7	110.1	82.6	6.5	9.7	11.3	441.2
青海	Qinghai	24.5	19.1	5.0	0.5	24.5	17.5	2.5	2.9	1.7	412.8
宁夏	Ningxia	68.1	61.9	5.2	1.0	68.1	56.9	4.2	3.7	3.3	941.9
新疆	Xinjiang	573.9	424.1	145.0	4.8	573.9	527.9	11.2	18.7	16.2	2216.3

10—7 分地区森林资源情况
Statistics on Forest Resources by Region

地 区	Region	林业用地面积（万公顷）Area of Afforested Land (10 000 hectares)	森林面积（万公顷）Forest Area (10 000 hectares)	#人工林 Man-made Forest	森林覆盖率（%）Forest Coverage Rate (%)	活立木总蓄积量（万立方米）Total Standing Forest Stock (10 000 cu.m)	森林蓄积量（万立方米）Stock Volume of Forest (10 000 cu.m)
全 国	**National Total**	**32368.55**	**22044.62**	**8003.10**	**22.96**	**1900713.20**	**1756022.99**
北 京	Beijing	107.10	71.82	43.48	43.77	3000.81	2437.36
天 津	Tianjin	20.39	13.64	12.98	12.07	620.56	460.27
河 北	Hebei	775.64	502.69	263.54	26.78	15920.34	13737.98
山 西	Shanxi	787.25	321.09	167.63	20.50	14778.65	12923.37
内蒙古	Inner Mongolia	4499.17	2614.85	600.01	22.10	166271.98	152704.12
辽 宁	Liaoning	735.92	571.83	315.32	39.24	30888.53	29749.18
吉 林	Jilin	904.79	784.87	175.94	41.49	105368.45	101295.77
黑龙江	Heilongjiang	2453.77	1990.46	243.26	43.78	199999.41	184704.09
上 海	Shanghai	10.19	8.90	8.90	14.04	664.32	449.59
江 苏	Jiangsu	174.98	155.99	150.83	15.20	9609.62	7044.48
浙 江	Zhejiang	659.77	604.99	244.65	59.43	31384.86	28114.67
安 徽	Anhui	449.33	395.85	232.91	28.65	26145.10	22186.55
福 建	Fujian	924.40	811.58	385.59	66.80	79711.29	72937.63
江 西	Jiangxi	1079.90	1021.02	368.70	61.16	57564.29	50665.83
山 东	Shandong	349.34	266.51	256.11	17.51	13040.49	9161.49
河 南	Henan	520.74	403.18	245.78	24.14	26564.48	20719.12
湖 北	Hubei	876.09	736.27	197.42	39.61	39579.82	36507.91
湖 南	Hunan	1257.59	1052.58	501.51	49.69	46141.03	40715.73
广 东	Guangdong	1080.29	945.98	615.51	53.52	50063.49	46755.09
广 西	Guangxi	1629.50	1429.65	733.53	60.17	74433.24	67752.45
海 南	Hainan	217.50	194.49	140.40	57.36	16347.14	15340.15
重 庆	Chongqing	421.71	354.97	95.93	43.11	24412.17	20678.18
四 川	Sichuan	2454.52	1839.77	502.22	38.03	197201.77	186099.00
贵 州	Guizhou	927.96	771.03	315.45	43.77	44464.57	39182.90
云 南	Yunnan	2599.44	2106.16	507.68	55.04	213244.99	197265.84
西 藏	Tibet	1798.19	1490.99	7.84	12.14	230519.15	228254.42
陕 西	Shaanxi	1236.79	886.84	310.53	43.06	51023.42	47866.70
甘 肃	Gansu	1046.35	509.73	126.56	11.33	28386.88	25188.89
青 海	Qinghai	819.16	419.75	19.10	5.82	5556.86	4864.15
宁 夏	Ningxia	179.52	65.60	43.55	12.63	1111.14	835.18
新 疆	Xinjiang	1371.26	802.23	121.42	4.87	46490.95	39221.50

注：1.本表为第九次全国森林资源清查（2014—2018)资料。
2.除林业用地面积外，其他指标全国总计数包括台湾省和香港、澳门特别行政区数据。

a) Data in the table are results of the Ninth National Forestry Survey (2014-2018).

b) Data of national total include forest resources in Taiwan province and Hong Kong SAR and Macao SAR except Area of Afforested Land.

10-8 分地区草原建设利用情况(2021年)

Statistics on Grassland Protection and Use by Region (2021)

单位：千公顷 (1 000 hectares)

地区 Region	种草面积 Grass Planting Area	草原改良面积 Grassland Improvement Area	草原鼠害 Rat Plague in Grassland		草原虫害 Insect Plague in Grassland		草原火灾受害面积(公顷) Area Affected by Fire (hectare)
			发生面积 Area of Occurrence	防治面积 Area of Prevention and Control	发生面积 Area of Occurrence	防治面积 Area of Prevention and Control	
全 国 National Total	**1313.6**	**1981.3**	**37618.9**	**10191.3**	**7919.3**	**3239.9**	**4198.8**
北 京 Beijing	2.0						
天 津 Tianjin							
河 北 Hebei	11.0	33.7	142.2	137.5	155.6	140.1	
山 西 Shanxi	2.1	43.7	314.9	39.3	356.8	82.2	
内蒙古 Inner Mongolia	622.4	393.4	5389.8	3330.6	3046.6	1459.4	3246.7
辽 宁 Liaoning	56.4		164.7	82.0	229.8	99.9	
吉 林 Jilin	6.2	21.6	31.4	34.2	34.8	40.2	
黑龙江 Heilongjiang	6.1	28.7	74.0	71.7	111.5	96.1	
上 海 Shanghai							
江 苏 Jiangsu							
浙 江 Zhejiang							
安 徽 Anhui	0.2						
福 建 Fujian							
江 西 Jiangxi							
山 东 Shandong							
河 南 Henan	3.9	4.3					
湖 北 Hubei	0.1						
湖 南 Hunan	0.8	2.1					
广 东 Guangdong							
广 西 Guangxi	0.4	1.3					
海 南 Hainan							
重 庆 Chongqing	0.1	0.0					
四 川 Sichuan	53.9	151.8	1774.8	426.0	618.2	60.0	6.1
贵 州 Guizhou	7.3						
云 南 Yunnan	60.7	19.0	40.2	33.7	58.2	48.8	
西 藏 Tibet	30.9	463.1	16466.7	270.0	533.3	49.2	
陕 西 Shaanxi	8.7	6.5	265.2	132.4	99.9	34.2	
甘 肃 Gansu	81.5	160.5	2733.2	682.2	960.7	296.7	640.1
青 海 Qinghai	247.5	314.1	9215.5	3627.0	944.0	302.0	285.5
宁 夏 Ningxia	1.7	30.3	85.1	642.0	60.9	27.0	20.3
新 疆 Xinjiang	109.5	307.2	921.3	682.7	708.7	504.0	

10-9 主要城市气候情况(2021年)
Statistics on Climate of Major Cities (2021)

城市	City	年平均气温(摄氏度) Annual Average Temperature (℃)	年极端最高气温(摄氏度) Annual Maximum Temperature (℃)	年极端最低气温(摄氏度) Annual Minimum Temperature (℃)	年平均相对湿度(%) Annual Average Humidity (%)	全年日照时数(小时) Annual Average Sunshine Hours (hour)	全年降水量(毫米) Annual Average Precipitation (millimeter)
北京	Beijing	13.6	37.2	-19.6	56	2285.0	686.5
天津	Tianjin	13.6	36.9	-19.9	61	2475.1	913.9
石家庄	Shijiazhuang	15.3	39.1	-15.0	58	2889.7	1063.0
太原	Taiyuan	11.7	37.2	-19.4	58	2214.1	593.3
呼和浩特	Hohhot	7.7	34.9	-30.0	49	2734.3	390.7
沈阳	Shenyang	9.2	34.8	-26.0	65	2131.1	791.6
大连	Dalian	12.3	32.7	-16.7	65	2242.0	799.5
长春	Changchun	7.2	32.7	-26.7	66	2187.4	858.6
哈尔滨	Harbin	5.5	33.3	-32.5	70	2330.6	613.8
上海	Shanghai	18.1	37.8	-7.8	77	2051.1	1386.3
南京	Nanjing	17.6	37.0	-8.1	72	1946.0	1259.8
杭州	Hangzhou	18.8	38.2	-6.4	71	1842.9	1936.8
合肥	Hefei	16.7	36.2	-11.0	77	2022.3	1167.8
福州	Fuzhou	21.8	40.5	1.4	74	1756.4	1486.6
南昌	Nanchang	19.7	37.6	-4.2	72	1626.2	1894.3
济南	Jinan	15.5	37.6	-18.3	56	2406.9	1043.4
青岛	Qingdao	14.3	34.3	-15.9	71	2210.7	847.0
郑州	Zhengzhou	16.9	39.8	-11.1	61	1797.1	1570.5
武汉	Wuhan	17.9	38.3	-8.5	78	1572.9	1205.8
长沙	Changsha	18.2	38.0	-5.2	77	1578.1	1255.5
广州	Guangzhou	22.9	38.1	1.1	76	1955.0	1523.1
南宁	Nanning	22.6	37.1	3.3	76	1654.7	958.9
桂林	Guilin	20.9	39.1	-0.7	71	1476.8	2136.7
海口	Haikou	25.1	38.9	6.1	81	1942.6	1909.2
重庆(沙坪坝)	Chongqing(Shapingba)	19.5	41.0	1.0	76	1054.5	1216.2
成都(温江)	Chengdu(Wenjiang)	16.7	37.7	-5.8	81	1383.8	910.3
贵阳	Guiyang	15.4	34.4	-4.9	80	1482.2	1404.7
昆明	Kunming	16.9	31.5	-2.0	66	3235.7	1020.7
拉萨	Lhasa	10.3	28.7	-9.2	36	3067.9	438.6
西安(泾河)	Xi'an(Jinghe)	15.5	38.9	-10.2	62	1908.9	1006.6
兰州(皋兰)	Lanzhou(Gaolan)	8.3	37.8	-25.1	51	2482.5	163.2
西宁	Xining	6.6	33.7	-19.6	53	2426.7	454.3
银川	Yinchuan	11.3	38.9	-23.1	48	2717.5	146.4
乌鲁木齐	Urumqi	8.4	38.7	-24.5	52	2634.0	258.6

注：1.数据来自中国气象局。
a) Data source is China Meteorological Administration.

10-10 主要城市空气质量情况(2021年)

Statistics on Ambient Air Quality in Key Cities of Environmental Protection (2021)

城　市	City	二氧化硫年平均浓度(微克/立方米) Annual Average Concentration of SO_2 ($\mu g/m^3$)	二氧化氮年平均浓度(微克/立方米) Annual Average Concentration of NO_2 ($\mu g/m^3$)	可吸入颗粒物(PM_{10})年平均浓度(微克/立方米) Annual Average Concentration of PM_{10} ($\mu g/m^3$)	一氧化碳日均值第95百分位浓度(毫克/立方米) 95th Percentile Daily Average Concentration of CO (mg/m^3)	臭氧(O_3)日最大8小时第90百分位浓度(微克/立方米) 90th Percentile Daily Maximum 8 Hours Average Concentration of O_3($\mu g/m^3$)	细颗粒物($PM_{2.5}$)年平均浓度(微克/立方米) Annual Average Concentration of $PM_{2.5}$ ($\mu g/m^3$)	空气质量达到及好于二级的天数(天) Days of Air Quality Equal to or Above Grade II (day)
北　京	Beijing	3	26	55	1.1	149	33	79
天　津	Tianjin	8	37	69	1.4	160	39	72
石家庄	Shijiazhuang	9	32	84	1.4	173	46	66
太　原	Taiyuan	14	39	83	1.5	192	44	61
呼和浩特	Hohhot	11	28	60	1.4	144	28	87
沈　阳	Shenyang	15	33	65	1.5	135	38	86
长　春	Changchun	9	31	54	1.0	116	31	90
哈尔滨	Harbin	16	31	57	1.2	128	37	85
上　海	Shanghai	6	35	43	0.9	145	27	92
南　京	Nanjing	6	33	56	1.0	168	29	82
杭　州	Hangzhou	6	34	55	0.9	162	28	88
合　肥	Hefei	7	36	63	1.0	143	32	86
福　州	Fuzhou	4	18	39	0.8	113	21	100
南　昌	Nanchang	8	27	61	1.1	134	31	92
济　南	Jinan	11	33	78	1.3	181	40	63
郑　州	Zhengzhou	8	32	76	1.2	177	42	65
武　汉	Wuhan	8	40	59	1.3	155	37	79
长　沙	Changsha	7	29	52	1.1	144	43	83
广　州	Guangzhou	8	34	46	1.0	160	24	89
南　宁	Nanning	8	25	47	1.0	129	28	97
海　口	Haikou	4	10	28	0.7	124	14	98
重　庆	Chongqing	9	32	54	1.0	127	35	89
成　都	Chengdu	6	35	61	1.0	151	40	82
贵　阳	Guiyang	10	20	42	0.9	114	23	99
昆　明	Kunming	9	23	41	0.9	134	24	98
拉　萨	Lhasa	6	16	24	0.8	121	10	100
西　安	Xi'an	8	40	82	1.3	154	41	73
兰　州	Lanzhou	15	46	72	2.0	145	32	81
西　宁	Xining	18	36	58	2.0	142	32	90
银　川	Yinchuan	14	30	63	1.5	152	27	84
乌鲁木齐	Urumqi	7	38	65	1.8	134	39	81

10-11 自然灾害和救灾情况
Statistics on Natural Disasters and Disaster Relief

年 份 Year	受灾人口 (万人次) Population Affected by Disasters (10 000 person-times)	因灾死亡人口 (人) Number of Persons Died in Disasters (person)	紧急转移人口 (万人) Population Evacuated in Emergency (10 000 persons)	直接经济损失 (亿元) Direct economic losses (100 million yuan)	倒塌房屋 (万间) Collapsed Houses (10 000 rooms)	农作物受灾面积 (万公顷) Crops Areas Affected by Disaster (10 000 hectares)
1978		4965			73.1	4844.0
1979		6962			152.1	3937.0
1980		6821			137.3	5003.0
1981	26710.0	7422			261.5	3979.0
1982	22900.7	7935			320.3	3313.0
1983	22439.0	10952		260.9	345.4	3471.0
1984	20894.0	6927			274.7	3189.0
1985	26446.0	4394	290.5	410.4	224.9	4437.0
1986	29928.0	5410	345.8		209.7	4714.0
1987	23512.0	5495	348.0	326.3	180.0	4207.0
1988	36169.0	7306	582.9		258.0	5087.0
1989	34569.0	5952	365.3	525.0	194.1	4699.0
1990	29348.0	7338	579.2	616.0	247.4	3847.0
1991	41941.0	7315	1308.5	1215.1	581.5	5547.0
1992	37174.0	5741	303.6	853.9	196.6	5133.0
1993	37541.0	6125	307.7	933.2	271.6	4867.0
1994	43799.0	8549	1054.0	1876.0	512.1	5504.0
1995	24215.0	5561	1064.0	1863.0	439.3	4587.0
1996	32305.0	7273	1216.0	2882.0	809.0	5975.0
1997	47886.0	3212	511.3	1975.0	288.0	5343.0
1998	35216.0	5511	2082.4	3007.4	821.4	2229.0
1999	35319.0	2966	664.8	1962.4	174.5	4998.0
2000	45652.3	3014	467.1	2045.3	147.3	5469.0
2001	37255.9	2583	211.1	1942.0	92.2	5215.0
2002	37841.8	2840	471.8	1717.4	175.7	4711.9
2003	49745.9	2259	707.3	1884.2	343.0	5438.6
2004	33920.6	2250	563.2	1602.3	155.0	3710.6
2005	40653.7	2475	1570.3	2042.1	226.4	3881.8
2006	43453.3	3186	1384.5	2528.1	193.3	4109.1
2007	39777.9	2325	1499.1	2363.0	146.7	4899.0
2008	47795.0	88928	2682.2	11752.4	1097.8	3999.0
2009	47933.5	1528	709.9	2523.7	83.8	4721.4
2010	42610.2	7844	1858.4	5339.9	273.3	3742.6
2011	43290.0	1126	939.4	3096.4	93.5	3247.1
2012	29421.7	1530	1109.6	4185.5	90.6	2496.2
2013	38818.7	2284	1215.0	5808.4	87.5	3135.0
2014	24353.7	1818	601.7	3373.8	45.0	2489.1
2015	18620.3	819	644.4	2704.1	24.8	2177.0
2016	18911.7	1432	910.1	5032.9	52.1	2622.1
2017	14448.0	881	525.3	3018.7	15.3	1847.8
2018	13553.9	589	524.5	2644.6	9.7	2081.4
2019	13759.0	909	528.6	3270.9	12.6	1925.7
2020	13829.7	591	589.1	3701.5	10.0	1995.8
2021	10731.0	867	573.9	3340.2	16.2	1173.9

10–12 分地区自然灾害损失情况(2021年)
Statistics on Loss Caused by Natural Disasters by Region (2021)

单位：千公顷 (1 000 hectares)

地 区	Region	农作物受灾面积合计 Total Areas Affected of Farm Crops		旱 灾 Drought		洪涝、地质灾害和台风 Flood, Geological Disaster, Typhoon	
		受灾 Area Affected	绝收 Total Crop Failure	受灾 Area Affected	绝收 Total Crop Failure	受灾 Area Affected	绝收 Total Crop Failure
全 国	**National Total**	**11739.2**	**1632.8**	**3426.2**	**464.1**	**5206.7**	**918.4**
北 京	Beijing	15.0	0.5			3.8	0.2
天 津	Tianjin	6.4	0.5			2.3	0.5
河 北	Hebei	388.9	68.9			211.9	51.5
山 西	Shanxi	1163.4	162.5	626.5	98.1	331.3	50.4
内蒙古	Inner Mongolia	1283.6	83.1	335.5	9.7	520.5	54.3
辽 宁	Liaoning	249.1	11.2	8.1	0.2	53.4	4.6
吉 林	Jilin	245.2	11.5	44.1	6.1	135.0	4.4
黑龙江	Heilongjiang	831.5	176.8	320.7	27.1	408.1	145.0
上 海	Shanghai	24.9	2.5			24.4	2.4
江 苏	Jiangsu	88.3	2.3			64.4	1.3
浙 江	Zhejiang	149.3	12.1	16.4	0.9	127.3	11.2
安 徽	Anhui	296.1	33.3			249.3	30.0
福 建	Fujian	47.0	5.6	1.3	0.1	30.2	3.8
江 西	Jiangxi	421.1	27.4	163.7	9.9	173.8	9.5
山 东	Shandong	108.7	3.2			50.7	1.2
河 南	Henan	1588.1	328.0	12.7		1268.9	315.6
湖 北	Hubei	506.3	59.7			372.0	55.2
湖 南	Hunan	436.2	56.1	157.9	19.1	272.4	36.7
广 东	Guangdong	76.4	14.4	31.2	1.2	17.8	3.9
广 西	Guangxi	152.4	11.1	97.3	5.6	47.8	4.2
海 南	Hainan	31.9	3.0	0.6		31.3	3.0
重 庆	Chongqing	59.6	13.1	3.2	0.4	52.9	11.9
四 川	Sichuan	266.2	42.1	0.5		244.0	39.3
贵 州	Guizhou	143.9	24.3	6.6	0.3	81.3	12.8
云 南	Yunnan	519.5	43.6	325.4	13.9	92.1	14.4
西 藏	Tibet	7.1	1.1	0.1	0.0	2.1	0.6
陕 西	Shaanxi	972.9	192.6	492.1	117.6	268.5	46.7
甘 肃	Gansu	547.6	88.6	410.0	79.9	40.2	3.6
青 海	Qinghai	44.9	0.7	9.1		3.6	0.2
宁 夏	Ningxia	375.8	76.7	352.0	73.7	5.8	0.1
新 疆	Xinjiang	692.0	76.3	11.3	0.4	19.6	0.1

注：农作物受灾面积合计、受灾人口、死亡人口(含失踪)和直接经济损失含地震、森林、海洋等灾害。

a) Total areas affected of farm crops, population affected, deaths (including missing) and direct economic loss include earthquake, forest disasters and sea disasters.

10-12 续表 continued

单位：千公顷 (1 000 hectares)

地 区 Region	风雹灾害 Wind and Hail		低温冷冻和雪灾 Low-temperature, Freezing and Snow Disaster		人口受灾 Population		直接经济损失(亿元) Direct Economic Loss (100 million yuan)
	受灾 Area Affected	绝收 Total Crop Failure	受灾 Area Affected	绝收 Total Crop Failure	受灾人口(万人次) Population Affected (10 000 person-times)	死亡人口(含失踪)(人) Deaths (including missing) (person)	
全 国 National Total	**2711.9**	**205.7**	**378.6**	**44.4**	**10731.0**	**867**	**3340.2**
北 京 Beijing	11.2	0.3			10.5	2	13.0
天 津 Tianjin	0.9		3.2	0.0	4.5	6	5.4
河 北 Hebei	156.8	15.4	20.2	2.0	328.2	8	102.4
山 西 Shanxi	151.0	10.8	54.5	3.2	768.5	60	231.0
内蒙古 Inner Mongolia	422.3	18.9	2.9	0.2	232.1	23	76.4
辽 宁 Liaoning	177.9	5.8	9.6	0.6	172.3	3	84.6
吉 林 Jilin	65.8	1.1	0.3	0.1	75.7		13.8
黑龙江 Heilongjiang	102.0	4.6	0.8	0.0	101.4	2	57.2
上 海 Shanghai			0.5	0.1	73.4		9.2
江 苏 Jiangsu	23.8	1.0			65.0	32	8.9
浙 江 Zhejiang	0.0		5.7		322.9	14	124.6
安 徽 Anhui	46.8	3.3			265.9	5	31.7
福 建 Fujian	1.9	0.2	13.7	1.5	44.5	5	32.9
江 西 Jiangxi	54.9	3.0	28.8	5.1	573.4	11	46.1
山 东 Shandong	57.3	2.0	0.7	0.0	109.9	9	23.1
河 南 Henan	300.8	11.9	5.7	0.6	2449.2	434	1322.5
湖 北 Hubei	133.2	4.4	1.2	0.1	654.1	46	99.9
湖 南 Hunan	5.9	0.4			652.4	8	82.4
广 东 Guangdong	1.7	0.5	25.6	8.8	100.1	2	24.1
广 西 Guangxi	3.6	0.3	3.6	1.0	261.1	7	22.8
海 南 Hainan					36.8	4	10.0
重 庆 Chongqing	2.5	0.3	1.0	0.5	140.0	19	29.8
四 川 Sichuan	20.7	2.6	1.0	0.2	714.3	31	248.7
贵 州 Guizhou	55.9	11.2	0.2		244.6	5	30.2
云 南 Yunnan	69.0	12.0	33.0	3.4	791.5	38	104.9
西 藏 Tibet	4.2	0.5	0.7	0.0	19.1	15	8.1
陕 西 Shaanxi	187.5	22.0	24.8	6.4	834.5	56	317.3
甘 肃 Gansu	85.9	4.6	6.8	0.4	389.1	1	67.3
青 海 Qinghai	32.2	0.5	0.1	0.0	49.5	13	45.7
宁 夏 Ningxia	14.5	2.2	3.5	0.7	132.2	2	13.7
新 疆 Xinjiang	521.8	66.2	130.5	9.7	114.7	6	52.7

10-13 森林火灾情况(2021年)
Statistics on Forest Fires (2021)

地区	Region	森林火灾次数(次) Forest Fires (time)	一般火灾 Ordinary Fires	较大火灾 Major Fires	重大火灾 Severe Fires	特别重大火灾 Especially Severe Fires	火场总面积(公顷) Total Area of Fires (hectare)	受害森林面积(公顷) Destructed Forest Area (hectare)	伤亡人数(人) Casualties (person)	其他损失折款(万元) Economic Loss (10 000 yuan)
全国	**National Total**	**616**	**295**	**321**			**14124**	**4457**	**28**	**3324.1**
北京	Beijing									
天津	Tianjin									
河北	Hebei	5	4	1			290	24		27.8
山西	Shanxi	8	4	4			1219	244		
内蒙古	Inner Mongolia	15	7	8			108	58		443.1
辽宁	Liaoning	13	9	4			138	39		
吉林	Jilin	11	10	1			18	6		8.1
黑龙江	Heilongjiang	3	3					1		
上海	Shanghai									
江苏	Jiangsu	2	2				1			
浙江	Zhejiang	21	8	13			198	88	1	119.1
安徽	Anhui	5	5				7	1		0.2
福建	Fujian	44	15	29			516	307		215.9
江西	Jiangxi	50	19	31			677	303	2	192.7
山东	Shandong	2	2				5	1		
河南	Henan	7	6	1			21	3		96.6
湖北	Hubei	30	20	10			178	76		4.4
湖南	Hunan	58	33	25			708	277	2	70.1
广东	Guangdong	99	31	68			2337	1024	1	490.6
广西	Guangxi	97	32	65			1181	495		156.6
海南	Hainan	15	8	7			76	46		1.9
重庆	Chongqing	8	7	1			15	12		7.6
四川	Sichuan	22	13	9			1736	239		618.0
贵州	Guizhou	9	5	4			130	49		314.4
云南	Yunnan	45	22	23			3028	836	13	514.1
西藏	Tibet	6		6			848	159		
陕西	Shaanxi	17	11	6			100	45	1	12.0
甘肃	Gansu	11	7	4			77	23		14.4
青海	Qinghai	2	1	1			228	94		0.5
宁夏	Ningxia	6	6				285	8	8	10.1
新疆	Xinjiang	5	5				0	0		6.0

10–14 分地区火灾事故情况(2019年)
Basic Statistics on Fire Accidents by Region (2019)

地区	Region	发生数(起) Number of Fire Accidents (case)	死亡人数(人) Number of Deaths (person)	受伤人数(人) Number of Injuries (person)	直接经济损失(万元) Direct Economic Loss (10 000 yuan)	人口火灾发生率(1/10万人) Population Fire Rate (1/100 000 persons)	平均每起事故损失(元) Average Loss per Accident (yuan)
全国	**National Total**	**255625**	**1369**	**889**	**402992.2**	**18.3**	**15764**
北京	Beijing	3034	27	29	7170.7	14.1	23634
天津	Tianjin	1570	14	17	4163.0	10.1	26516
河北	Hebei	4001	32	26	20711.1	5.3	51765
山西	Shanxi	4625	51	25	8446.6	12.4	18263
内蒙古	Inner Mongolia	5421	30	13	8113.0	21.3	14966
辽宁	Liaoning	17576	99	19	12665.1	40.4	7206
吉林	Jilin	6984	34	14	4956.5	26.0	7097
黑龙江	Heilongjiang	10530	32	25	10215.1	28.1	9701
上海	Shanghai	3988	44	43	13850.7	16.4	34731
江苏	Jiangsu	12866	92	67	30123.5	15.9	23413
浙江	Zhejiang	10545	60	56	26091.3	18.0	24743
安徽	Anhui	9698	44	31	16689.8	15.2	17210
福建	Fujian	7116	93	37	14204.6	17.9	19962
江西	Jiangxi	9342	34	32	22329.5	20.0	23902
山东	Shandong	19010	52	21	19075.0	18.9	10034
河南	Henan	10122	30	25	13854.8	10.5	13688
湖北	Hubei	14907	20	4	11918.6	25.2	7995
湖南	Hunan	7419	78	69	18104.9	10.7	24403
广东	Guangdong	25048	98	58	41594.4	21.7	16606
广西	Guangxi	5315	47	42	10213.8	10.7	19217
海南	Hainan	1590	6	4	3078.5	16.8	19361
重庆	Chongqing	6474	64	33	12440.3	20.7	19216
四川	Sichuan	14248	63	91	16658.8	17.0	11692
贵州	Guizhou	5580	43	42	10530.9	15.4	18873
云南	Yunnan	7486	78	30	14262.4	15.4	19052
西藏	Tibet	149			1904.5	4.2	127818
陕西	Shaanxi	8136	59	19	13407.6	21.0	16479
甘肃	Gansu	7979	10	9	4475.0	30.1	5608
青海	Qinghai	1556	10	1	1842.1	25.6	11839
宁夏	Ningxia	4652	2	1	2744.5	66.9	5900
新疆	Xinjiang	8658	23	6	7155.5	34.3	8265

10-15 突发环境事件情况(2021年)
Statistics on Environmental Emergencies (2021)

地区	Region	突发环境事件次数(次) Number of Environmental Emergencies (time)	特别重大环境事件 Extraordinarily Serious Environmental Emergencies	重大环境事件 Serious Environmental Emergencies	较大环境事件 Comparatively Serious Environmental Emergencies	一般环境事件 Ordinary Environmental Emergencies
全国	**National Total**	**199**		**2**	**9**	**188**
北京	Beijing	2				2
天津	Tianjin					
河北	Hebei					
山西	Shanxi	24			1	23
内蒙古	Inner Mongolia	6				6
辽宁	Liaoning	4			1	3
吉林	Jilin	2				2
黑龙江	Heilongjiang	3				3
上海	Shanghai	1				1
江苏	Jiangsu	12				12
浙江	Zhejiang	6				6
安徽	Anhui	2			1	1
福建	Fujian	4			1	3
江西	Jiangxi	3				3
山东	Shandong	3			1	2
河南	Henan	13		1		12
湖北	Hubei	21				21
湖南	Hunan	3			2	1
广东	Guangdong	24				24
广西	Guangxi	8				8
海南	Hainan	2				2
重庆	Chongqing	5				5
四川	Sichuan	8				8
贵州	Guizhou	4				4
云南	Yunnan	5				5
西藏	Tibet					
陕西	Shaanxi	9		1	1	7
甘肃	Gansu	5		1	1	3
青海	Qinghai	5				5
宁夏	Ningxia	9				9
新疆	Xinjiang	7				7

10-16 工业污染治理投资完成情况(2021年)
Statistics on Investment Completed in the Treatment of Industrial Pollution(2021)

单位：万元 (10 000 yuan)

地 区	Region	工业污染治理完成投资 Investment Completed in the Treatment of Industrial Pollution	治理废水 Treatment of Wastewater	治理废气 Treatment of Waste Gas	治理固体废物 Treatment of Solid Waste	治理噪声 Treatment of Noise Pollution	治理其他 Treatment of Other Pollution
全 国	**National Total**	**3352364**	**361241**	**2220982**	**36611**	**5437**	**728094**
北 京	Beijing	6350	762	5273		84	231
天 津	Tianjin	10076	600	9014			462
河 北	Hebei	95548	4821	80811			9917
山 西	Shanxi	76071	7747	44865	1153	178	22128
内蒙古	Inner Mongolia	330854	26783	212010	8181		83880
辽 宁	Liaoning	120759	3573	94691	536	35	21925
吉 林	Jilin	39423	216	36793	65		2349
黑龙江	Heilongjiang	131055	6839	21268		183	102765
上 海	Shanghai	110942	16142	77635	10	120	17035
江 苏	Jiangsu	98229	24098	63207	1	100	10823
浙 江	Zhejiang	175538	31903	115652	5689	1406	20888
安 徽	Anhui	165279	23696	128598	16	22	12947
福 建	Fujian	120401	2194	93704	1208	1699	21596
江 西	Jiangxi	87284	16513	22895	9	195	47672
山 东	Shandong	376918	77620	250164	989	40	48105
河 南	Henan	75012	5326	62442		120	7124
湖 北	Hubei	138490	12177	114745			11568
湖 南	Hunan	105596	14483	90300			813
广 东	Guangdong	380607	15852	225528	24	2	139202
广 西	Guangxi	119600	3323	113170	34	22	3051
海 南	Hainan	11091	1604	4995	6		4487
重 庆	Chongqing	20657	2546	16735			1376
四 川	Sichuan	81009	25489	50678	30	690	4123
贵 州	Guizhou	97800	10387	44888	15957	466	26101
云 南	Yunnan	71485	4757	46396	640	72	19621
西 藏	Tibet	10			8		2
陕 西	Shaanxi	64414	5380	26477	23	2	32532
甘 肃	Gansu	53787	2059	46122			5607
青 海	Qinghai	11826	15	11471			340
宁 夏	Ningxia	65360	9967	40943			14450
新 疆	Xinjiang	110892	4371	69514	2032		34974

十一、公共安全

Public Safety

11-1 公安机关立案的刑事案件和构成
Criminal Cases Registered in Public Security Organs and Composition

案件类别	Category of Cases	立案(起) Number of Cases Registered (case)		构成(%) Composition (%)	
		2020	2021	2020	2021
合计	**Total**	**4780624**	**5027829**	**100.00**	**100.00**
杀人	Homicide	7157	6522	0.15	0.13
伤害	Injury	79662	82476	1.67	1.64
抢劫	Robbery	11303	9700	0.24	0.19
强奸	Rape	33579	39577	0.70	0.79
拐卖妇女儿童	Abducting Women or Children	3035	2860	0.06	0.06
盗窃	Larceny	1658609	1602450	34.69	31.87
诈骗	Fraud	1915429	1954276	40.07	38.87
走私	Smuggling	4655	5057	0.10	0.10
伪造、变造货币,出售、购买、运输、持有、使用假币	Forging Currency, Selling, Buying, Transporting, Holding and Using Counterfeit Currency	750	713	0.02	0.01
其他	Others	1066445	1324198	22.31	26.34

11-2 公安机关受理和查处治安案件数(2021年)
Cases of Offence Against Public Order Handled by Public Security Organs (2021)

案件类别	Category of Cases	受理(起) Number of Cases Accepted (case)	查处(起) Number of Cases Investigated and Treated (case)	每万人口受理案件数(起) Number of Cases Accepted per 10 000 Population (case)
合 计	**Total**	**9060768**	**8205100**	**64.2**
扰乱单位秩序	Disturbing Business Orders	47843	45993	0.3
扰乱公共场所秩序	Disturbing Orders in Public Places	165149	164705	1.2
寻衅滋事	Causing Quarrels and Making Troubles	111555	106365	0.8
阻碍执行职务	Obstructing Government Officials in Performing Their Duties	34780	33492	0.2
非法携带枪支、弹药、管制工具	Violation of Firearms Control Regulations	23094	22200	0.2
违反危险物质管理规定	Violation of Explosives Control Regulations	46364	45131	0.3
殴打他人	Battering Other Persons	2316131	2164362	16.4
故意伤害	Intentional Injuring Others	109959	98851	0.8
盗窃	Stealing Property	2337264	1963694	16.6
敲诈勒索	Extortion and Blackmail	60934	54384	0.4
抢夺	Robbery and Snatch	5716	4810	0.0
盗窃、损毁公共设施	Stealing and Damaging Public Facilities	16653	14583	0.1
伪造、变造、倒卖有价票证、凭证	Forge/Alter/Scalp Valuable Coupons or Certificates	2039	1884	0.0
违反旅馆业管理	Violating Hotel Management Regulations	68205	67818	0.5
违反房屋出租管理	Violating House Rent Control Regulations	128215	127843	0.9
诈骗	Swindling, Seizing and Extorting Property	657489	541456	4.7
卖淫、嫖娼	Prostitution or Soliciting Prostitutes	135171	133375	1.0
赌博	Gambling	275765	269961	2.0
毒品违法活动	Illegal Drug Related Action	241500	239724	1.7
其他	Others	2276942	2104469	16.1

11–3 交通事故情况(2021年)
Statistics on Traffic Accidents (2021)

类 别	Type	发生数 (起) Number of Traffic Accidents (case)	死亡人数 (人) Number of Deaths (person)	受伤人数 (人) Number of Injuries (person)	直接财产损失 (万元) Direct Property Losses (10 000 yuan)
总计	**Total**	**273098**	**62218**	**281447**	**145035.9**
机动车	Motor Vehicles	233729	56249	238035	134548.6
#汽车	Automobiles	171941	43601	166473	118578.2
摩托车	Motorcycles	51740	10137	61122	12380.3
拖拉机	Tractors	1502	495	1483	486.9
非机动车	Non-motor Vehicles	35141	4525	40156	8032.2
#自行车	Bicycles	2844	493	2772	613.5
行人乘车人	Pedestrians and Passengers	4086	1413	3107	2345.1
其他	Others	142	31	149	110.0

11–4 分地区交通事故情况(2021年)
Statistics on Traffic Accidents by Region (2021)

地 区	Region	发生数(起) Number of Traffic Accidents (case)	死亡人数(人) Number of Deaths (person)	受伤人数(人) Number of Injuries (person)	直接财产损失(万元) Direct Property Losses (10 000 yuan)
全 国	**National Total**	**273098**	**62218**	**281447**	**145035.9**
北 京	Beijing	5363	1112	4417	5297.3
天 津	Tianjin	7548	936	7274	4239.1
河 北	Hebei	4268	2354	3235	3983.8
山 西	Shanxi	9213	2118	9516	4651.2
内蒙古	Inner Mongolia	3576	899	3528	2396.5
辽 宁	Liaoning	4876	1893	4334	2055.1
吉 林	Jilin	11026	1778	12230	3687.0
黑龙江	Heilongjiang	5133	1008	5632	3620.7
上 海	Shanghai	930	797	330	525.7
江 苏	Jiangsu	10529	3671	8495	7318.6
浙 江	Zhejiang	11262	2812	11078	9691.5
安 徽	Anhui	10267	2241	11244	5162.5
福 建	Fujian	8578	1617	9143	1861.3
江 西	Jiangxi	4352	1768	4123	4646.1
山 东	Shandong	12660	3381	11554	6090.0
河 南	Henan	18696	2699	20657	9906.3
湖 北	Hubei	31757	4681	36061	15711.1
湖 南	Hunan	8625	3897	7860	8525.0
广 东	Guangdong	25693	4622	24357	7167.2
广 西	Guangxi	19313	3704	21966	5687.6
海 南	Hainan	2998	684	3433	2279.1
重 庆	Chongqing	4782	922	5323	2804.1
四 川	Sichuan	9636	2412	11680	8389.6
贵 州	Guizhou	18052	3256	20462	9013.5
云 南	Yunnan	6884	2407	6088	2557.7
西 藏	Tibet	557	135	614	1014.5
陕 西	Shaanxi	4887	946	5175	3129.3
甘 肃	Gansu	2856	1142	2955	655.0
青 海	Qinghai	1821	524	1767	1577.1
宁 夏	Ningxia	1588	456	1443	508.8
新 疆	Xinjiang	5372	1346	5473	883.5

11–5 人民检察院审查逮捕、审查起诉情况(2021年)
Arrests and Prosecution Approved by People's Procuratorate (2021)

案件分类	Category of Cases	批捕、决定逮捕合计 Arrests	决定起诉合计 Prosecutions
合计	**Total**	**868445**	**1748962**
危害公共安全案	Offences Against Public Security	42780	449915
破坏社会主义市场经济秩序案	Offences Against Socialist Market Economic Order	66774	134068
侵犯公民人身、民主权利案	Offences Against Citizens' Personal and Democratic Rights	116446	171780
侵犯财产案	Offences Against Properties	240880	356646
妨害社会管理秩序案	Offences Against Social Management of Order	391226	618192
贪污贿赂案	Offences Against Corruption and Bribery	8205	14834
渎职侵权案	Offences Against Dereliction of Duty and Infringement of Rights	1202	2344
其他	Others	932	1183

11−6 人民检察院处理申诉案件情况(2021年)
Statistics on Appeals Cases Handled by People's Procuratorate (2021)

单位：件 (case)

案件分类	Category of Cases	受 案 Cases Accepted	复查决定 Among Retrial Decision 改变原决定 Original Decision Changed	纠正原决定 Original Decision Rectified	提出抗诉 Presenting Protest Appeal	提出再审检察建议 Giving Retrial Procuratorate Suggestion
合 计	**Total**	**9196**	**64**	**119**	**32**	**429**
不服检察机关处理决定	Appeals against Decision of Procuratorate's Offices	4157	64	119		
不服不批捕	Appeals against Rejection of Arrest	379	13	4		
不服不起诉	Appeals against Rejection of Prosecuting	3415	50	108		
不服撤案	Appeals against Withdrawal of the Case	21		2		
不服其他诉讼终结的刑事处理决定	Appeals against Other Criminal Decisions	342	1	5		
不服法院刑事判决裁定	Appeals against Judgment of Criminal Cases	5039			32	429

11−7 人民检察院办理刑事抗诉案件情况(2021年)
Statistics on Criminal Appeals Handled by People's Procuratorate (2021)

案件类别	Category of Cases	提出抗诉 Presenting Protest Appeal (件) (case)	审判结果 合 计 Total Result of Judgement (件) (case)	改 判 Revising Judgment (件) (case)	改 判 Revising Judgment (人) (person)	维持原判 Affirming Original Judgment (件) (case)	发回重审 Remanding for Retrial (件) (case)
合 计	**Total**	**8850**	**6380**	**2932**	**4725**	**2050**	**1398**
贪污贿赂案件	Corruption and Bribery Cases	369	311	159	182	89	63
渎职侵权案件	Dereliction of Duty and Infingement of Right Cases	102	90	37	41	28	25
其他刑事案件	Other Criminal Cases	8379	5979	2736	4502	1933	1310

11–8 人民检察院办理民事、行政抗诉案件情况（2021年）

Statistics on Civil and Administrative Protest Cases Handled by People's Procuratorate (2021)

单位：件　　(case)

项　目	Item	合 计 Total	民事案件 Civil Cases	行政案件 Administrative Cases
提出抗诉	Presenting Protest	5564	5319	245
抗诉案件再审	Retrial of Protested Cases	4127	4006	121
改 判	Revising Judgment	2754	2703	51
调 解	Mediation	180	179	1
发回重审	Remanding for Retrial	600	574	26
和解撤诉	Reconciliation and Withdrawal	83	74	9
维持原判	Affirming Original Judgment	458	428	30
其 他	Others	52	48	4
提出再审检察建议	Giving Retrial Procuratorate Suggestion	9025	8803	222
采纳再审检察建议再审情况	Retrial after Adopting Procuratorate Suggestion	5793	5711	82
改 判	Revising Judgment	4661	4626	35
调 解	Mediation	288	259	29
发回重审	Remanding for Retrial	50	49	1
和解撤诉	Reconciliation and Withdrawal	209	204	5
维持原判	Affirming Original Judgment	84	82	2
其 他	Others	501	491	10

11–9 人民检察院纠正违法情况

Statistics on Law-breaking Cases Rectified by People's Procuratorate

项　目	Item	2020	2021
已纠正件次合计(件次)	**Total of Rectification (case-times)**	**124476**	**185181**
立案监督小计	Sub-total of Supervision of Cases Registered	45948	54244
监督立案	Supervision of Cases Filing	21960	24951
监督撤案	Supervision of Cases Withdrawn	23988	29293
侦查监督	Supervision of Investigation	46078	72791
刑事执行活动检察	Prosecution of Criminal Execution activities	32450	58146
已纠正案件涉及人次合计(人次)	**Sub-total of Rectified Cases (person-times)**	**216401**	**253607**
立案监督小计	Sub-total of Supervision of Cases Registered	57724	67537
监督立案	Supervision of Cases Filing	27977	31854
监督撤案	Supervision of Cases Withdrawed	29747	35683
侦查监督小计	Sub-total of Supervision of Investigation	49548	57098
纠正漏捕	Rectified of Missed Arrests	20477	24853
纠正漏诉	Rectified of Missed Appeals	29071	32245
减刑、假释、暂予监外执行检察	Commutation of Sentence, Parole and Temporary Execution Outside Prison	50598	58026
监外执行和社区矫正监管活动检察	Prosecution of Outside Prison Execution and Community Correction	58531	70946

11-10 人民法院审理一审案件情况
First Trial Cases by People's Courts

单位：件 (case)

年份 Year	收案 Cases Accepted (case)	刑事 Criminal	民事 Civil	行政 Administrative	行政赔偿 Administrative Compensation
1978	447755	146968	300787		
1980	763535	197856	565679		
1985	1319741	246655	846391	916	
1986	1611282	299720	989409	632	
1987	1875229	289614	1213219	5940	
1988	2290624	313306	1455130	8573	
1989	2913515	392564	1815385	9934	
1990	2916774	459656	1851897	13006	
1991	2901685	427840	1880635	25667	
1992	3051157	422991	1948786	27125	
1993	3414845	403267	2089257	27911	
1994	3955475	482927	2383764	35083	
1995	4545676	495741	2718533	52596	
1996	5312580	618826	3093995	79966	
1997	5288379	436894	3277572	90557	
1998	5410798	482164	3375069	98350	
1999	5692434	540008	3519244	97569	
2000	5356294	560432	3412259	85760	
2001	5344934	628996	3459025	100921	
2002	5132199	631348	4420123	80728	
2003	5130760	632605	4410236	87919	
2004	5072881	647541	4332727	92613	
2005	5161170	684897	4380095	96178	
2006	5183794	702445	4385732	95617	
2007	5550062	724112	4724440	101510	
2008	6288831	767842	5412591	108398	
2009	6688963	768507	5800144	120312	
2010	6999350	779595	6090622	129133	
2011	7596116	845714	6614049	136353	
2012	8442657	996611	7316463	129583	
2013	8876733	971567	7781972	123194	
2014	9489787	1040457	8307450	141880	
2015	11444950	1126748	10097804	220398	
2016	12088800	1101191	10762124	225485	
2017	12907729	1294377	11373753	230432	9167
2018	13920964	1203055	12449685	256656	11568
2019	15439600	1293911	13852052	279574	14063
2020	14518468	1107610	13136436	260220	14202
2021	18226928	1277197	16612893	319977	16861

注：1.一审案件指人民法院按照诉讼级别管辖按第一审程序审理的案件。
2.2002年起，经济纠纷和海事海商并入民事案件中。
3.2017年起，行政赔偿案件从行政案件中分离出来。

a) First trial cases refer to cases accepted by people's courts according to the first trial proceedings.
b) Data of civil cases include cases of economic disputes and maritime disputes since 2002.
c) Data of administrative compensation cases are separated from administrative cases since 2017.

11-11 人民法院审理刑事一审案件收结案情况(2021年)
First Trial Criminal Cases Accepted and Settled by People's Courts and Composition (2021)

单位：件 (case)

项 目	Item	收 案 Cases Accepted	结 案 Cases Settled
合 计	**Total**	**1277197**	**1255671**
危害公共安全罪	Offences Against Public Security	435951	433269
破坏社会主义市场经济秩序罪	Offences Against Socialist Economic Order	74734	73728
侵犯公民人身权利民主权利罪	Offences Against Citizens' Personal and Democratic Rights	149046	145273
侵犯财产罪	Offences Against Properties	271533	269145
妨害社会管理秩序罪	Offences Against Social Management of Order	330311	319603
危害国防利益罪	Offences Against National Defense	437	434
贪污贿赂罪	Offences on Corruption and Bribery	12881	12118
渎职罪	Offences on Dereliction of Duty	2001	1846
其他	Others	303	255
合计中含自诉案件	Private Prosecution Among the Total	9267	9023

注：结案中含上年旧存(以下各表同)。
a) Data of cases settled include cases turned over from previous year. The same applies to the tables following.

11-12 人民法院审理刑事案件罪犯情况
Statistics on Criminal Offenders Heard by People's Courts

单位：人，% (person, %)

年 份 Year	刑事罪犯总数 Number of Offenders	#青少年罪犯 Juvenile Offenders	不满18岁 Less Than 18 Years	18岁至25岁 Between 18 and 25 Years	青少年罪犯占刑事罪犯比重 Proportion of Juvenile Offenders in the Total
1997	526312	199212	30446	168766	37.9
1998	528301	208076	33612	174464	39.4
1999	602380	221153	40014	181139	36.7
2000	639814	220981	41709	179272	34.5
2001	746328	253465	49883	203582	34.0
2002	701858	217909	50030	167879	31.0
2003	742261	231715	58870	172845	31.2
2004	764441	248834	70086	178748	32.6
2005	842545	285801	82692	203109	33.9
2006	889042	303631	83697	219934	34.2
2007	931745	316298	87506	228792	33.9
2008	1007304	322061	88891	233170	32.0
2009	996666	302023	77604	224419	30.3
2010	1006420	287978	68193	219785	28.6
2011	1050747	282429	67280	215149	26.9
2012	1173406	282990	63782	219208	24.1
2013	1157784	265439	55817	209622	22.9
2014	1183784	249576	50415	199161	21.1
2015	1231656	236341	43839	192502	19.2
2016	1219569	204657	35743	168914	16.8
2017	1268985	183471	32778	150693	14.5
2018	1428772	243275	34365	208910	17.0
2019	1659550	281860	43038	238822	17.0
2020	1526811	245074	33768	211306	16.1
2021	1714942	283565	34616	248949	16.5

11-13 人民法院审理婚姻家庭、继承一审案件收结案情况(2021年)
Statistics on First Trial Civil Cases of Marriage, Family Affairs and Inheritance Accepted and Settled by People's Courts (2021)

单位：件 (case)

项目	Item	收案 Cases Accepted	结案 Cases Settled	判决 Judgment	不予受理 Dismiss	驳回起诉 Reject	撤诉 With-drawal	调解 Mediation	其他 Other
合计	**Total**	**1898588**	**1830655**	**688420**	**1835**	**20875**	**384211**	**718798**	**16516**
婚姻家庭纠纷	Marriage and Family Disputes	1769487	1709455	654048	1651	17973	362291	658007	15485
离婚纠纷	Divorce	1440908	1394548	537041	1010	12513	286335	546865	10784
抚养纠纷	Upbringing Disputes	135986	130743	46553	147	1720	28775	52046	1502
扶养纠纷	Maintenance Disputes	4029	3869	1498	5	77	983	1235	71
赡养纠纷	Support Disputes	24117	23196	8992	19	337	6525	6848	475
收养关系纠纷	Adoption Relation Disputes	1778	1727	659	7	44	354	641	22
监护权纠纷	Guardianship Disputes	732	691	213	5	23	232	209	9
探望权纠纷	Visitation Disputes	7808	7435	2782	14	79	1633	2760	167
其他	Others	154129	147246	56310	444	3180	37454	47403	2455
继承纠纷	Inheritance	127128	119057	33680	178	2863	21384	59952	1000
法定继承纠纷	Legal Inheritance	53358	50365	8822	41	769	7642	32813	278
遗嘱继承纠纷	Testament Inheritance	8282	7322	2963	7	178	1391	2714	69
其他	Others	65488	61370	21895	130	1916	12351	24425	653
其他	Others	1973	2143	692	6	39	536	839	31

11-14 人民法院审理民事一审案件收结案情况(2021年)
Statistics on First Trial Civil Cases Accepted and Settled People's Courts (2021)

单位：件 (case)

项目	Item	收案 Cases Accepted	结案 Cases Settled	判决 Judgment	不予受理 Dismiss	驳回起诉 Reject	撤诉 With-drawal	调解 Mediation	其他 Other
合计	**Total**	**16612893**	**15745884**	**7361443**	**36593**	**421804**	**4250271**	**3483469**	**192304**
人格权纠纷	Personality Disputes	192675	181768	93817	421	3561	42124	40781	1064
婚姻家庭、继承纠纷	Disputes of Marriage, Family and Inheritance	1898588	1830655	688420	1835	20875	384211	718798	16516
物权纠纷	Property Rights Disputes	388106	359180	159759	3574	28646	111703	52064	3434
合同、无因管理、不当得利纠纷	Contract, Non-cause Management, Improper Profit Disputes	11331129	10765884	5107577	24554	304273	3041011	2182156	106313
知识产权与竞争纠纷	Intellectual Property Rights and Competition Disputes	550263	515861	181492	605	4921	262566	45729	20548
劳动争议、人事争议	Labor Disputes, Personnel Disputes	533204	499546	255350	2277	21072	89122	115379	16346
海事海商纠纷	Maritime Disputes	14663	13695	5240	47	205	4557	3278	368
与公司、证券、保险、票据等有关的民事纠纷	Civil Disputes Relating to Companies, Securities, Insurance, Bills, etc	547113	500007	268991	1668	16955	108919	80526	22948
侵权责任纠纷	Tort Liability Dispute	1073014	1003495	549854	1331	15570	188581	243863	4296
其他	Others	84138	75793	50943	281	5726	17477	895	471

11–15 人民法院审理行政一审案件收结案情况(2021年)
First Trial Administrative Cases Accepted and Settled by People's Courts(2021)

单位：件 (case)

项 目	Item	收 案 Cases Accepted	结 案 Cases Settled	判决 Judgment	不予立案 Not to Put on Record	驳回起诉 Reject	撤 诉 With-drawal	调解 Mediation	其 他 Other
合计	**Total**	**319977**	**298301**	**144010**	**15194**	**66589**	**59095**	**2142**	**11271**
公安	Public Security	32292	30278	14581	1893	4880	8189	31	704
资源	Resource	51835	49126	20973	2708	14095	8896	241	2213
城乡建设	Urban and Rural Construction	67195	62753	26927	2850	17497	11471	558	3450
计划生育	Family Planning	121	115	51	10	29	24		1
工商	Industry and Commerce	7834	7312	2694	560	1643	2118	45	252
卫生	Health	1364	1284	551	88	328	270	10	37
环境保护	Environment Protection	2943	2702	1311	30	367	902	27	65
交通运输	Traffic and Transport	2906	2853	1246	122	464	955	9	57
税务	Tax	1055	923	319	103	264	214	3	20
劳动和社会保障	Labour and Social Security	25858	24314	15362	738	2297	5391	79	447
乡政府	Townships Government	24654	21828	9364	1241	5423	4221	244	1335
其他	Other	101920	94813	50631	4851	19302	16444	895	2690

11-16 律师、公证和调解工作基本情况
Basic Statistics on Lawyers, Notarization and Mediation

项　目	Item	2016	2017	2018	2019	2020	2021
律师工作	**Lawyers**						
律师事务所（个）	Number of Law Offices (unit)	26150	28382	30647	32621	34441	36504
律师人数（人）	Number of Lawyers (person)	325540	357193	423758	473036	522510	574042
#专职律师	Full-time Lawyers	293586	316771	364345	397329	424475	457378
兼职律师	Part-time Lawyers	11567	12369	12002	12589	13515	14400
#女	Female	105557	119061	152816	176120	200239	208783
#博士	With Doctor's Degree	4413	5229	10088	6622	7033	11206
硕士	With Master's Degree	54014	50876	79038	93944	104983	116282
法律专业本科	Undergraduates Majoring in Law	216136	212226	260290	295018	323232	351141
担任法律顾问（家）	Number of Units with Legal Advisors (unit)	579360	629742	700027	736917	779760	846336
民事案件代理（件）	Agent of Civil Cases (case)	2744896	3872852	3969240	4792176	5327052	6601598
刑事案件辩护及代理(件)	Agent and Defender of Criminal Cases (case)	704447	705213	814570	1094423	1049632	1228117
行政案件代理（件）	Agent of Administrative Action (case)	98989	156971	165840	189342	208030	262246
非诉讼法律事务（件）	Non-Litigious Legal Affairs (case)	844414	848806	1058594	1336860	1233002	1679879
咨询和代书（万件）	Legal Consulting and Writing (10 000 cases)	530.2	452.4	322.6	309.8	253.7	249.2
公证工作	**Notarization**						
公证机构（家）	Number of Notary Offices (unit)	3002	2952	2956	2956	2942	2947
公证员（人）	Notaries (person)	13175	13231	13335	13428	13620	14600
办理公证(出证)总数（万件）	Number of Notarized Documents (10 000 cases)	1399.7	1448.7	1337.3	1374.3	1173.8	1210.0
人民调解工作	**People's Mediation**						
人民调解委员会（万个）	Number of People's Mediation Committees (10 000 units)	78.4	75.9	75.2	73.5	70.8	68.9
调解人员（万人）	Number of Mediators (10 000 persons)	385.2	362.9	349.7	337.8	320.9	316.2
调解案件总数（万件）	Number of Civil Disputes Mediated (10 000 cases)	901.9	874.1	953.2	931.5	819.6	874.4

注：全国律师人数中包括各省(区、市)和新疆兵团律师以及司法部批准的公职律师、公司律师、中国法律律师事务所律师和军队律师。

a) The number of lawyers nationwide includes lawyers from all provinces (autonomous regions and municipalities) and Xinjiang corps, as well as public lawyers, corporate lawyers, lawyers from Chinese law firms and military lawyers approved by the Ministry of Justice.

11-17 分地区律师和公证员情况(2021年)
Statistics on Lawyers and Notaries by Region (2021)

单位：人 (person)

地 区	Region	律师人数 Number of Lawyers	#女 Female	#专职律师 Full-time Lawyers	公证员 Notaries	#女 Female
全 国	**National Total**	**574042**	**208783**	**457378**	**14600**	**7802**
北 京	Beijing	42163	13298	37590	441	267
天 津	Tianjin	9778	4528	7722	185	109
河 北	Hebei	21175	8379	15916	762	433
山 西	Shanxi	12131	5281	9105	405	206
内蒙古	Inner Mongolia	10889	4181	8775	561	300
辽 宁	Liaoning	18105	7400	14061	414	210
吉 林	Jilin	7473	2454	5605	429	225
黑龙江	Heilongjiang	7260	2991	5595	448	258
上 海	Shanghai	35252	15331	30860	513	255
江 苏	Jiangsu	39185	13714	30655	878	480
浙 江	Zhejiang	30825	12418	24460	578	302
安 徽	Anhui	18417	5259	13117	406	174
福 建	Fujian	16686	5771	12834	483	246
江 西	Jiangxi	10433	3019	7183	340	154
山 东	Shandong	33960	11594	29454	1014	508
河 南	Henan	29245	10302	24886	749	388
湖 北	Hubei	17818	6143	14287	424	199
湖 南	Hunan	20481	7555	15610	447	253
广 东	Guangdong	61946	22631	52803	1090	594
广 西	Guangxi	12674	4247	9380	368	189
海 南	Hainan	5200	2192	4019	103	50
重 庆	Chongqing	14580	4937	11337	246	129
四 川	Sichuan	30137	11837	24415	989	595
贵 州	Guizhou	12544	3679	9285	292	143
云 南	Yunnan	13577	5140	11046	640	342
西 藏	Tibet	727	311	449	33	15
陕 西	Shaanxi	14660	6621	11699	471	250
甘 肃	Gansu	6820	2297	4869	277	139
青 海	Qinghai	1463	409	1140	99	54
宁 夏	Ningxia	3925	1560	2903	131	93
新 疆	Xinjiang	7510	3304	6318	384	242

注：全国律师人数中包含其他律师数7003人。
a) Total number of layers included other layers 7003 person.

11–18 公证业务分类(2021年)
Notarial Services by Type (2021)

分　类	Item	办证件数(件) Number of Notarial Documents Issued (case)	比重 (%) Percentage (%)
合　计	**Total**	**12099545**	**100.00**
合同(协议)	Contracts (Agreements)	661760	5.47
继承	Inheritance	1509158	12.47
#小额继承	Small inheritance	318967	2.64
委托	Power of Attorney	2947383	24.36
声明	Declaration	1167493	9.65
赠与	Gift	40558	0.34
遗嘱	Testaments	158263	1.31
现场监督	Field Supervision	195491	1.62
婚姻状况、亲属关系、收养关系	Marital Status, Kinship Confirmation, Adoptive Relationship	244297	2.02
出生、生存、死亡	Births, Survival, Deaths	206223	1.70
身份、经历、学历、学位、职务、职称	Identity, Resume, Education Background, Academic Degree, Professional Titles	94841	0.78
有无违法犯罪记录	Illegal and Criminal Record Check	344681	2.85
公司章程	Corporation Constitutions	2311	0.02
保全证据	Evidence Preservation	696994	5.76
证书、执照	Certificate, Licence	792145	6.55
签名、印鉴	Signature, Seal	292434	2.42
文本相符	Conformity of Documentation	761188	6.29
赋予强制执行效力	Executor Force	1501674	12.41
执行证书	Certificate of Execution	38699	0.32
抵押登记	Mortgage Registration	20038	0.17
提存	Drawing	9821	0.08
保管	Storage	4065	0.03
其他	Others	410028	3.39

11–19 调解民间纠纷分类情况
Civil Disputes Mediated by Type

项　目	Item	调解纠纷（万件） Civil Disputes Mediated (10 000 cases)		比重（%） Percentage (%)	
		2020	2021	2020	2021
合　计	**Total**	**819.6**	**874.4**	**100.0**	**100.0**
#婚姻家庭	Marriage and Family Disputes	129.9	121.8	15.9	13.9
房屋、宅基地	Housing and Housing Sites	36.3	32.4	4.4	3.7
邻　里	Neighbor Disputes	204.0	210.4	24.9	24.1
损害赔偿	Compensation for Damages	65.6	70.9	8.0	8.1
医　疗	Health Care	6.1	6.3	0.7	0.7
道路交通事故	Traffic Accidents	63.0	72.8	7.7	8.3

11–20 劳动人事争议仲裁情况
Arbitration of Labor and Personnel Disputes

项　目	Item	2016	2017	2018	2019	2020	2021
上期未结案数(件)	**Number of Cases Left Over from Last Period(case)**	**37977**	**38545**	**35506**	**48687**	**49723**	**43525**
案件受理情况	**Cases Accepted**						
当期案件受理数(件)	Number of Current Cases(case)	828410	785323	894053	1069638	1094788	1252045
#集体劳动争议案件数	Number of Collective Labour Disputes	9745	7513	8699	9235	8321	7446
劳动者申诉案件数	Number of Cases Appealed by Laborers	801190	762572	869421	1021334	1041567	1199847
按争议原因分(件)	By Cause of the Disputes(case)						
#劳动报酬	Labour Remuneration	345685	331463	380751	446572	462729	524473
社会保险	Social Insurances	145671	135211	144533	149966	136496	164102
解除、终止劳动合同	Dissolution or Termination of Labour Contract	188642	169456	195063	259550	280058	293924
劳动者当事人数(人)	Number of Laborers Involved(person)	1112408	979016	1110175	1274124	1283491	1404754
#集体劳动争议	Collective Labour Disputes	289924	203963	234943	220174	200824	159898
案件处理情况	**Cases Settled**						
结案数(件)	Number of Cases Settled(case)	827717	790448	884223	1068413	1100681	1256162
按处理方式分	By Manners of Settlement						
仲裁调解	By Mediation	389109	390278	458353	552584	599797	703373
仲裁裁决	By Arbitrition Lawsuit	366742	336073	357666	430309	430863	471819
其他方式	Others	71866	64097	68204	85520	70021	80970
按处理结果分	By Result of Settlement						
用人单位胜诉	Lawsuit Won by Employers	92405	89928	93823	112747	112053	127910
劳动者胜诉	Lawsuit Won by Laborers	285824	259898	276642	314097	310819	341245
双方部分胜诉及其他	Lawsuit Partly Won by Both Parties and Others	369429	440622	513758	641569	677809	787007
案外调解案件数(件)	**Cases Mediated(case)**	**240101**	**208491**	**214288**	**242479**	**255328**	**320621**

11–21 全国生产安全事故情况
Statistics on Production Safety Accident Nation Wide

单位：起，人 (case, person)

项目	Item	总计 Total				较大事故 Larger Accident			
		2020		2021		2020		2021	
		发生数 Case	死亡人数 Death	发生数 Case	死亡人数 Death	发生数 Case	死亡人数 Death	发生数 Case	死亡人数 Death
合　计	**Total**	**38050**	**27412**	**34612**	**26307**	**517**	**1984**	**515**	**1935**
农林牧渔业	Agriculture, Forestry, Animal Husbandry and Fishery	290	364	262	327	22	92	20	91
农业机械	Agricultural Machinery	58	43	96	80				
渔业船舶	Fishery Vessel	90	150	72	138	12	59	16	79
其　他	Others	142	171	94	109	10	33	4	12
采矿业	Mining and Quarrying	766	599	664	569	19	83	21	95
煤矿	Coal Mine	446	238	342	182	10	49	12	52
金属非金属矿山	Metal Mine and Non-Metallic Mine	312	348	272	331	8	29	7	37
其　他	Others	8	13	36	39	1	5	1	3
商贸制造业	Trading Manufacturing	2341	2361	2421	2477	55	239	65	257
化工	Chemical Industry	144	178	130	157	10	41	9	35
烟花爆竹	Fireworks and Crackers	9	9	11	13			1	3
冶金机械八行业	Metallurgical Machinery and Mther 8 Industries	1257	1320	1953	1968	42	185	50	197
其　他	Others	931	854	327	339	3	13	5	22
建筑业	Construction	3254	3492	3854	3993	84	308	65	237
房屋建筑及市政工程	Building Construction and Municipal Engineering	1517	1608	1349	1372	49	185	19	73
交通建设工程	Traffic Construction Project	472	518	1005	1124	13	51	30	105
其　他	Others	1265	1366	1500	1497	22	72	16	59
交通运输业	Transportation Industry	30322	19497	26390	17808	317	1195	313	1147
铁路运输业	Rail Transportation	606	507	499	438	4	6	1	9
道路运输业	Road Transportation	29416	18553	25616	16998	287	1071	279	998
水上运输业	Water Transportation	114	258	92	201	23	109	29	125
航空运输业	Air Transportation	9	15	16	18	3	9	3	12
其　他	Others	177	164	167	153			1	3
其他行业	Others	1077	1099	1021	1133	20	67	31	108

11-21 续表 continued

单位：起，人 (case, person)

项　目	Item	重大事故 Serious and Major Accidents				特别重大事故 Extraordinarily Serious Accident			
		2020		2021		2020		2021	
		发生数 Case	死亡人数 Death	发生数 Case	死亡人数 Death	发生数 Case	死亡人数 Death	发生数 Case	死亡人数 Death
合　计	**Total**	**16**	**262**	**17**	**241**				
农林牧渔业	Agriculture, Forestry, Animal Husbandry and Fishery	1	21						
农业机械	Agricultural Machinery								
渔业船舶	Fishery Vessel	1	21						
其　他	Others								
采矿业	Mining and Quarrying	3	52	4	65				
煤矿	Coal Mine	3	52	2	41				
金属非金属矿山	Metal Mine and Non-Metallic Mine			2	24				
其　他	Others								
商贸制造业	Trading Manufacturing								
化工	Chemical Industry								
烟花爆竹	Fireworks and Crackers								
冶金机械八行业	Metallurgical Machinery and Mther 8 Industries								
其　他	Others								
建筑业	Construction	2	58	2	31				
房屋建筑及市政工程	Building Construction and Municipal Engineering			1	17				
交通建设工程	Traffic Construction Project			1	14				
其　他	Others	2	58						
交通运输业	Transportation Industry	9	118	8	86				
铁路运输业	Rail Transportation								
道路运输业	Road Transportation	4	61	6	75				
水上运输业	Water Transportation	5	57	2	11				
航空运输业	Air Transportation								
其　他	Others								
其他行业	Others	1	13	3	59				

11-22 按投诉性质分全国消协组织受理投诉情况
Statistics on Complaints Accepted by Consumer Society Nationwide by Nature of Complaints

单位：件，%　　(case, %)

项　目	Item	2020 投诉件数 Complaint Case	2020 比　重 Percentage	2021 投诉件数 Complaint Case	2021 比　重 Percentage
合　计	**Total**	**982249**	**100.00**	**1044859**	**100.00**
售后服务	After-sales Service	278652	28.37	329561	31.54
合同	Contract	246657	25.11	284361	27.22
质量	Quality	202799	20.65	208922	20.00
价格	Price	76900	7.83	46209	4.42
虚假宣传	False Propaganda	46899	4.77	46121	4.41
安全	Safety	30039	3.06	30575	2.93
假冒	Case of Counterfeit	12617	1.28	15740	1.51
人格尊严	Personal Dignity	9661	0.98	7527	0.72
计量	Case of Weighing	7033	0.72	7462	0.71
其他	Others	70992	7.23	68381	6.54

注：资料来自《全国消协组织受理投诉情况分析报告》(以下相关表同)。
a) Data source is Analysis Report of Statistics on Complaints Accepted by Consumer Society. The same applies to the relevant following tables.

11-23 按商品大类分全国消协组织受理投诉情况
Statistics on Complaints Accepted by Consumer Society Nationwide by Merchandise Type Accepted

单位：件，%　　(case, %)

项　目	Item	2020 投诉件数 Complaint Case	2020 比　重 Percentage	2021 投诉件数 Complaint Case	2021 比　重 Percentage
合　计	**Total**	**982249**	**100.00**	**1044859**	**100.00**
#家用电子电器类	Household Electrical Appliance	94366	9.61	108421	10.38
日用商品类	Commodity	74331	7.57	89073	8.52
食品类	Food	64351	6.55	77301	7.40
服装鞋帽类	Clothing Shoes and Hats	56191	5.72	74242	7.11
交通工具类	Vehicle	52429	5.34	59077	5.65
房屋及建材类	Building Materials	31084	3.16	33328	3.19
首饰及文体用品类	Jewelry and Stationery and Sporting Goods	16694	1.70	21692	2.08
烟、酒和饮料类	Tobacco and Beverages	11613	1.18	15062	1.44
医药及医疗用品类	Medicine and Medical Supplies	35153	3.58	9849	0.94
农用生产资料类	Agricultural Production Material	3139	0.32	2995	0.29

11–24 按服务大类分全国消协组织受理投诉情况
Statistics on Complaints Accepted by Consumer Society Nationwide by Service Type

单位：件，%　　(case,%)

项　目	Item	2020 投诉件数 Complaint Case	2020 比　重 Percentage	2021 投诉件数 Complaint Case	2021 比　重 Percentage
合　计	**Total**	**982249**	**100.00**	**1044859**	**100.00**
#生活、社会服务类	Life and Social Services	138670	14.12	144524	13.83
互联网服务	Internet	95915	9.76	102674	9.83
教育培训服务	Education and Training	56165	5.72	80528	7.71
文化、娱乐、体育服务	Culture, Entertainment and Sports	38676	3.94	47376	4.53
销售服务	Sales	59904	6.10	33260	3.18
公共设施服务	Public Facilities	32043	3.26	27719	2.65
电信服务	Telecommunication	23329	2.38	23508	2.25
房屋装修及物业服务	House Decoration and Property Services	15799	1.61	21865	2.09
邮政业服务	Postal	10292	1.05	14545	1.39
旅游服务	Tourism	17080	1.74	7377	0.71
金融服务	Finance	6311	0.64	6926	0.66
卫生保健服务	Health care	3630	0.37	4474	0.43
保险服务	Insurance	1677	0.17	2357	0.23

11–25 受理药品投诉和查处案件情况
Statistics on Complaint and Investigation Case of Medicine

单位：件　　(case)

项　目	Item	2018	2019	2020	2021
查处药品案件	Investigate and Treat Medicine Case	96229	77093	61697	80355
查处医疗器械案件	Investigate and Treat Medical Equipment Case	18420	15373	26695	27336
查处化妆品案件	Investigate and Treat Cosmetics Case	10465	8703	14316	22839

十二、社会参与

Social Participation

12-1 历届全国人民代表大会代表人数
Number of Deputies to Previous National People's Congresses

单位：人 (person)

届别	Congress	年份 Year	代表总数 Total Number of Deputies	#女代表 Female Deputies	#少数民族代表 Ethnic Minority Deputies	占代表总数比重(%) As Percentage to Total Deputies (%) 女代表 Female Deputies	少数民族代表 Ethnic Minority Deputies
一 届	First Congress	1954	1226	147	177	12.0	14.4
二 届	Second Congress	1959	1226	150	180	12.2	14.7
三 届	Third Congress	1964	3040	542	373	17.8	12.3
四 届	Fourth Congress	1975	2885	653	270	22.6	9.4
五 届	Fifth Congress	1978	3497	740	381	21.2	10.9
六 届	Sixth Congress	1983	2978	632	404	21.2	13.6
七 届	Seventh Congress	1988	2970	634	445	21.3	15.0
八 届	Eighth Congress	1993	2978	626	439	21.0	14.7
九 届	Ninth Congress	1998	2979	650	428	21.8	14.4
十 届	Tenth Congress	2003	2984	604	415	20.2	13.9
十一届	Eleventh Congress	2008	2987	637	411	21.3	13.8
十二届	Twelfth Congress	2013	2987	699	409	23.4	13.7
十三届	Thirteenth Congress	2018	2980	742	438	24.9	14.7

12-2 历届全国政治协商会议委员人数
Number of Members of Previous Chinese People's Political Consultative Conferences

单位：人 (person)

届别	Congress	年份 Year	委员总数 Total Number of Deputies	#中国共产党委员 Deputies from the Communist Party of China	#少数民族委员 Ethnic Minority Deputies	占委员总数比重(%) As Percentage to Total Deputies (%) 中国共产党委员 Deputies from the Communist Party of China	少数民族委员 Ethnic Minority Deputies
一 届	First Congress	1949	180	59	19	32.8	10.6
二 届	Second Congress	1954	559	150	61	26.8	10.9
三 届	Third Congress	1959	1071	378	78	35.3	7.3
四 届	Fourth Congress	1965	1199	502	81	41.9	6.8
五 届	Fifth Congress	1978	1988	972	143	48.9	7.2
六 届	Sixth Congress	1983	2039	816	179	40.0	8.8
七 届	Seventh Congress	1988	2081	832	221	40.0	10.6
八 届	Eighth Congress	1993	2093	831	241	39.7	11.5
九 届	Ninth Congress	1998	2196	877	257	39.9	11.7
十 届	Tenth Congress	2003	2238	895	262	40.0	11.7
十一届	Eleventh Congress	2008	2237	892	250	39.9	11.2
十二届	Twelfth Congress	2013	2237	893	258	39.9	11.5
十三届	Thirteenth Congress	2018	2158	859	245	39.8	11.4

注：本表统计的是每届全国政协届初时的情况。
a) Statistics in this table are given at the beginning of each CPPCC congress.

12-3 分地区居委会选举情况(2021年)
Statistics on Election of Neighborhood Committee by Region(2021)

地 区	Region	社区居委会(个) Neighborhood Committee (unit)	当年完成选举的社区居委会(个) Neighborhood Committee Completing the Election in the Current Year (unit)	当年完成选举的社区选民登记数(人) Electorates Registered of Neighborhood Committee Completing the Election in the Current Year (person)	#本届登记选民数 Electorates Registered in the Current Session	#参加投票人数 Persons Joining in Voting
全 国	**National Total**	**116551**	**83084**	**163088582**	**135480803**	**99078676**
北 京	Beijing	3422	3309	5820346	5776069	2637181
天 津	Tianjin	1792	549	1041049	324802	287132
河 北	Hebei	4983	3974	2178384	2023337	1608955
山 西	Shanxi	2806	2407	2234721	1938756	941316
内蒙古	Inner Mongolia	2628	1733	3440647	2741908	1062208
辽 宁	Liaoning	4535	1708	1130690	660259	359443
吉 林	Jilin	2021	536	584017	49417	64091
黑龙江	Heilongjiang	3182	3182	5000185	4239417	2765501
上 海	Shanghai	4576	4445	7348329	7147244	6622264
江 苏	Jiangsu	7536	3148	15638709	5756478	4264771
浙 江	Zhejiang	5166	2023	5254513	5155679	4786685
安 徽	Anhui	3688	3587	10243162	9515348	7497384
福 建	Fujian	2918	2506	5981603	3959651	1949620
江 西	Jiangxi	4191	3141	4712715	4467996	3554344
山 东	Shandong	6840	6840	6401990	5555273	3519836
河 南	Henan	7334	5999	7683977	7163136	5213174
湖 北	Hubei	4951	4830	12807779	12048603	9668303
湖 南	Hunan	5582	5528	11112744	10100909	6602602
广 东	Guangdong	7013	5622	11976319	11462804	8972895
广 西	Guangxi	2288	1756	7059503	6521350	5187123
海 南	Hainan	665	498	161163	147824	135291
重 庆	Chongqing	3272	2861	7543936	6937802	5865033
四 川	Sichuan	8266	5217	12484404	10550735	8803079
贵 州	Guizhou	4642	2006	3458329	3248207	1752615
云 南	Yunnan	3026	1809	4846130	2459399	1924786
西 藏	Tibet	248	35	42935	41575	25460
陕 西	Shaanxi	3150	1760	2292931	2124355	1677305
甘 肃	Gansu	1477	834	2398127	1613832	795517
青 海	Qinghai	517	56	83551	30505	29624
宁 夏	Ningxia	648	642	1219475	1115859	150255
新 疆	Xinjiang	3188	543	906219	602274	354883

12-4 分地区村委会选举情况(2021年)
Statistics on Election of Village Committee by Region (2021)

地 区	Region	村民委员会(个) Village Committee (unit)	当年完成选举的村委会(个) Village Committee Completing the Election in the Current Year (unit)	当年完成选举的村委会选民登记数(人) Electorates Registered of Village Committee Completing the Election in the Current Year (person)	#本届登记选民数 Electorates Registered in the Current Session	#参加投票人数 Persons Joining in Voting
全 国	**National Total**	**489573**	**367931**	**504565484**	**455224294**	**393012862**
北 京	Beijing	3784	3573	2817348	2798297	2569487
天 津	Tianjin	3519	2108	2264265	985623	796137
河 北	Hebei	48428	44371	39411152	37066951	31847509
山 西	Shanxi	19086	17139	15400932	12681561	10952656
内蒙古	Inner Mongolia	11027	6254	5423139	4994210	3987554
辽 宁	Liaoning	11566	4572	7517932	6163109	5209493
吉 林	Jilin	9342	2419	2813306	575047	533218
黑龙江	Heilongjiang	9026	9026	7650968	6052271	4661614
上 海	Shanghai	1556	1517	3085377	2816438	2774635
江 苏	Jiangsu	13767	7029	16933735	13354603	12648662
浙 江	Zhejiang	19785	6416	9355594	9297210	8859881
安 徽	Anhui	14253	13872	34469300	32731427	27505953
福 建	Fujian	14267	13769	20295220	17865549	15202668
江 西	Jiangxi	16989	11923	21766767	21434235	19545185
山 东	Shandong	54621	54621	50679801	48871400	35767198
河 南	Henan	44700	37426	48471837	43948331	36454200
湖 北	Hubei	21626	21251	27290111	26397155	23662470
湖 南	Hunan	23704	23621	37742138	36712870	33337015
广 东	Guangdong	19430	16238	36374263	33980406	33196077
广 西	Guangxi	14172	11861	27428169	26251111	23754608
海 南	Hainan	2532	1728	2683672	2667479	2491552
重 庆	Chongqing	7956	6469	8520598	7312229	6249729
四 川	Sichuan	26092	14014	25170099	19874539	16026578
贵 州	Guizhou	13216	7436	10700639	10334190	8847905
云 南	Yunnan	11722	7121	13339827	8802854	7867182
西 藏	Tibet	5313	1527	395164	322293	230794
陕 西	Shaanxi	16859	11048	14068169	12820232	11024027
甘 肃	Gansu	15923	5974	8549727	4921925	4359098
青 海	Qinghai	4149	354	364145	151183	141184
宁 夏	Ningxia	2212	2204	2917365	2602465	2111857
新 疆	Xinjiang	8951	1050	664725	437101	396736

12–5 社区服务机构情况
Statistics on Community Service Facilities

地 区 Region		社区服务机构和设施(个) Number of Community Service Agencies and Facilities (unit)	社区服务中心(站)覆盖率(%) Coverage Rate of Community Service Centers(%)	
			城市 Urban	农村 Rural
全 国	**National Total**	**567077**	**100.0**	**79.5**
北 京	Beijing	8538	100.0	100.0
天 津	Tianjin	5086	97.8	81.4
河 北	Hebei	51390	100.0	90.3
山 西	Shanxi	21130	100.0	92.6
内蒙古	Inner Mongolia	2653	69.3	5.3
辽 宁	Liaoning	17036	100.0	92.1
吉 林	Jilin	12371	100.0	100.0
黑龙江	Heilongjiang	11441	100.0	76.5
上 海	Shanghai	9131	69.8	84.5
江 苏	Jiangsu	29639	95.8	60.1
浙 江	Zhejiang	32107	100.0	95.0
安 徽	Anhui	19410	100.0	88.4
福 建	Fujian	20728	100.0	100.0
江 西	Jiangxi	22159	100.0	99.9
山 东	Shandong	66546	100.0	100.0
河 南	Henan	49636	100.0	89.0
湖 北	Hubei	25442	100.0	88.1
湖 南	Hunan	31928	100.0	100.0
广 东	Guangdong	31894	100.0	100.0
广 西	Guangxi	4426	77.4	16.4
海 南	Hainan	3332	100.0	93.6
重 庆	Chongqing	12370	100.0	91.5
四 川	Sichuan	14068	76.4	18.6
贵 州	Guizhou	19769	100.0	100.0
云 南	Yunnan	14645	97.7	97.7
西 藏	Tibet	51	6.0	0.1
陕 西	Shaanxi	4380	78.0	8.4
甘 肃	Gansu	5616	100.0	23.4
青 海	Qinghai	5143	100.0	85.7
宁 夏	Ningxia	2146	77.3	69.4
新 疆	Xinjiang	12866	100.0	88.0

12-6 社会组织情况
Statistics on NGOs

单位：个 (unit)

年 份 Year	社会组织合计 Total Number of NGOs	社会团体 Social Organizations	民办非企业 Non-enterprise Units Run by NGO	基金会 Foundations
1988	4446	4446		
1989	4544	4544		
1990	10855	10855		
1991	82814	82814		
1992	154502	154502		
1993	167506	167506		
1994	174060	174060		
1995	180583	180583		
1996	184821	184821		
1997	181318	181318		
1998	165600	165600		
1999	142665	136764	5901	
2000	153322	130668	22654	
2001	210939	128805	82134	
2002	244509	133297	111212	
2003	266612	141167	124491	954
2004	289432	153359	135181	892
2005	319762	171150	147637	975
2006	354393	191946	161303	1144
2007	386916	211661	173915	1340
2008	413660	229681	182382	1597
2009	431069	238747	190479	1843
2010	445631	245256	198175	2202
2011	461971	254969	204388	2614
2012	499268	271131	225108	3029
2013	547245	289026	254670	3549
2014	606048	309736	292195	4117
2015	662425	328500	329141	4784
2016	702405	335932	360914	5559
2017	761539	354794	400438	6307
2018	817360	366234	444092	7034
2019	866335	371638	487112	7585
2020	894162	374771	510959	8432
2021	901870	371110	521883	8877

注：2001年以前的基金会含在社会团体内。
a) Data of social organizations included foundations before 2001.

12-7 分地区社会组织情况(2021年)
Statistics on Social Organizations(2021)

地 区	Region	单位数(个) Number of Institutions (unit)	社会团体 Social Organi-zation	#省级 Provincial Level	#地级 Prefecture-level	#县级 County Level	基金会 Fund Organi-zation
全 国	**National Total**	**901870**	**371110**	**32105**	**90690**	**246343**	**8877**
中央级	Central-level	2279	1972				215
北 京	Beijing	12892	4444	2122		2322	806
天 津	Tianjin	6357	2494	1040		1454	110
河 北	Hebei	36825	11937	1089	3214	7634	517
山 西	Shanxi	18533	7762	893	2406	4463	151
内蒙古	Inner Mongolia	17288	7777	1007	3022	3748	166
辽 宁	Liaoning	26893	6630	666	3221	2743	106
吉 林	Jilin	13439	5723	982	1738	3003	121
黑龙江	Heilongjiang	20313	6911	1160	2614	3137	120
上 海	Shanghai	17368	4304	1415		2889	574
江 苏	Jiangsu	89247	34284	1009	6557	26718	781
浙 江	Zhejiang	72825	26166	1209	5285	19672	904
安 徽	Anhui	35615	15679	993	4130	10556	189
福 建	Fujian	35436	19249	1382	3718	14149	477
江 西	Jiangxi	28300	12752	828	3239	8685	88
山 东	Shandong	63687	19274	1083	6399	11792	284
河 南	Henan	49917	13384	1087	4500	7797	160
湖 北	Hubei	31536	12339	942	3215	8182	194
湖 南	Hunan	38384	16448	971	4585	10892	395
广 东	Guangdong	71834	32089	2114	11876	18099	1382
广 西	Guangxi	29485	13011	1017	3135	8859	113
海 南	Hainan	8830	3506	1344	758	1404	129
重 庆	Chongqing	18561	8548	1087		7461	89
四 川	Sichuan	45535	20793	1199	4784	14810	195
贵 州	Guizhou	14742	7234	823	1734	4677	67
云 南	Yunnan	23011	12890	873	2774	9243	107
西 藏	Tibet	633	560	309	128	123	22
陕 西	Shaanxi	31210	17114	1025	2893	13196	179
甘 肃	Gansu	21554	14227	646	1870	11711	90
青 海	Qinghai	5997	4096	527	513	3056	33
宁 夏	Ningxia	5070	2869	720	778	1371	78
新 疆	Xinjiang	8274	4644	543	1604	2497	35

12-7 续表 continued

地 区	Region	公募 Public Placement	非公募 Non-public Placement	民办非企业单位 Non-enterprise Units Run by NGO	法人 League Person	合伙 Partnership	个体 Individual
全 国	**National Total**	**2189**	**6688**	**521883**	**466525**	**6681**	**48677**
中央级	Central-level	80	135	92	91	1	
北 京	Beijing	50	756	7642	7124	1	517
天 津	Tianjin	19	91	3753	3700	3	50
河 北	Hebei	499	18	24371	18503	228	5640
山 西	Shanxi	28	123	10620	9994	121	505
内蒙古	Inner Mongolia	92	74	9345	7934	135	1276
辽 宁	Liaoning	6	100	20157	17098	148	2911
吉 林	Jilin	27	94	7595	5238	15	2342
黑龙江	Heilongjiang	42	78	13282	10280	297	2705
上 海	Shanghai	28	546	12490	11752	9	729
江 苏	Jiangsu	232	549	54182	51178	399	2605
浙 江	Zhejiang	178	726	45755	45711	11	33
安 徽	Anhui	24	165	19747	16720	362	2665
福 建	Fujian	37	440	15710	14569	263	878
江 西	Jiangxi	56	32	15460	13991	188	1281
山 东	Shandong	41	243	44129	41064	200	2865
河 南	Henan	55	105	36373	30480	1480	4413
湖 北	Hubei	26	168	19003	17719	321	963
湖 南	Hunan	155	240	21541	17530	572	3439
广 东	Guangdong	200	1182	38363	37019	141	1203
广 西	Guangxi	25	88	16361	15240	74	1047
海 南	Hainan	24	105	5195	4673	26	496
重 庆	Chongqing	25	64	9924	9696	14	214
四 川	Sichuan	85	110	24547	21314	628	2605
贵 州	Guizhou	31	36	7441	5077	181	2183
云 南	Yunnan	7	100	10014	8466	526	1022
西 藏	Tibet	10	12	51	47	2	2
陕 西	Shaanxi	29	150	13917	11602	159	2156
甘 肃	Gansu	7	83	7237	5922	81	1234
青 海	Qinghai	18	15	1868	1798	22	48
宁 夏	Ningxia	42	36	2123	1530	28	565
新 疆	Xinjiang	11	24	3595	3465	45	85

12–8 自治组织情况
Statistics on Autonomy Organizations

年 份 Year	社区居委会 (个) Number of Neighbourhood Committees (unit)	社区居委会成员 (万人) Membership of Neighbourhood Committees (10 000 persons)	村民委员会 (万个) Number of Villagers' Committees (10 000 units)	村民委员会成员 (万人) Membership of Villagers' Committees (10 000 persons)
1979	46810			
1980				
1981	57169			
1982				
1983	65519		31.2	
1984	75609		92.7	
1985	80943	34.9	94.9	379.6
1986	86824	36.2	86.6	365.9
1987	86799	37.0	84.5	359.9
1988	95684	36.1	88.3	366.6
1989	93691	36.6	93.4	379.4
1990	98814	43.1	100.1	409.4
1991	100347	44.1	101.9	424.4
1992	104136	46.5	100.4	430.9
1993	107173	47.9	101.3	456.0
1994	110112	48.0	100.7	458.5
1995	111860	48.0	93.2	400.5
1996	113690	49.3	92.8	397.5
1997	117915	49.8	90.6	378.8
1998	119042	50.8	83.3	358.6
1999	114815	50.1	80.1	351.3
2000	108424	48.4	73.2	315.0
2001	91893	46.4	70.0	316.4
2002	86087	39.6	68.1	294.2
2003	77431	39.7	66.3	319.1
2004	77884	42.5	64.4	292.1
2005	79947	45.4	62.9	265.7
2006	80717	44.3	62.4	243.0
2007	82006	41.6	61.3	241.1
2008	83413	42.2	60.4	233.9
2009	84689	43.1	59.9	234.0
2010	87057	43.9	59.5	233.4
2011	89480	45.4	59.0	231.9
2012	91153	46.9	58.8	232.3
2013	94620	48.4	58.9	232.3
2014	96693	49.7	58.5	230.5
2015	99679	51.2	58.1	229.7
2016	103292	54.0	55.9	225.3
2017	106491	56.5	55.4	224.3
2018	107869	57.9	54.2	221.5
2019	109620	59.6	53.3	218.0
2020	113089	61.6	50.2	207.3
2021	116551	65.7	49.0	208.9

12-9 分地区自治组织和年末成员情况(2021年)
Statistics on Autonomy Organizations and Members by Region(2021)

地 区	Region	单位数(个) Number of Institutions (unit)	社区居委会 Neighborhood Committee	村民委员会 Village Committee	年末成员数(万人) Member at Year-end (10 000 persons)	#女 Female	社区居委会 Neighborhood Committee	村民委员会 Village Committee
全 国	**National Total**	**606124**	**116551**	**489573**	**274.5**	**91.8**	**65.7**	**208.9**
北 京	Beijing	7206	3422	3784	3.8	2.2	2.4	1.4
天 津	Tianjin	5311	1792	3519	2.5	1.0	1.2	1.3
河 北	Hebei	53411	4983	48428	19.9	5.8	2.6	17.3
山 西	Shanxi	21892	2806	19086	9.5	2.9	1.5	8.0
内蒙古	Inner Mongolia	13655	2628	11027	5.9	2.1	1.5	4.5
辽 宁	Liaoning	16101	4535	11566	7.9	3.6	3.0	4.8
吉 林	Jilin	11363	2021	9342	3.9	1.4	0.9	3.0
黑龙江	Heilongjiang	12208	3182	9026	6.1	2.3	2.0	4.1
上 海	Shanghai	6132	4576	1556	3.1	1.8	2.4	0.7
江 苏	Jiangsu	21303	7536	13767	11.1	3.7	4.2	6.9
浙 江	Zhejiang	24951	5166	19785	10.6	3.7	2.6	8.0
安 徽	Anhui	17941	3688	14253	8.8	3.5	2.2	6.6
福 建	Fujian	17185	2918	14267	7.4	2.6	1.7	5.7
江 西	Jiangxi	21180	4191	16989	10.2	3.4	2.2	7.9
山 东	Shandong	61461	6840	54621	24.7	8.2	3.6	21.1
河 南	Henan	52034	7334	44700	23.1	6.0	3.9	19.2
湖 北	Hubei	26577	4951	21626	11.1	4.6	2.8	8.3
湖 南	Hunan	29286	5582	23704	12.3	4.3	2.7	9.5
广 东	Guangdong	26443	7013	19430	13.7	4.8	4.4	9.3
广 西	Guangxi	16460	2288	14172	9.3	3.0	1.6	7.8
海 南	Hainan	3197	665	2532	1.7	0.5	0.4	1.3
重 庆	Chongqing	11228	3272	7956	6.1	2.9	2.1	4.0
四 川	Sichuan	34358	8266	26092	15.1	4.8	4.0	11.1
贵 州	Guizhou	17858	4642	13216	8.9	2.8	2.7	6.2
云 南	Yunnan	14748	3026	11722	7.8	1.9	1.8	6.0
西 藏	Tibet	5561	248	5313	3.2	0.5	0.2	3.1
陕 西	Shaanxi	20009	3150	16859	8.9	2.6	1.8	7.1
甘 肃	Gansu	17400	1477	15923	7.1	1.5	0.7	6.4
青 海	Qinghai	4666	517	4149	2.2	0.5	0.3	1.9
宁 夏	Ningxia	2860	648	2212	1.4	0.7	0.5	1.0
新 疆	Xinjiang	12139	3188	8951	7.1	2.2	2.0	5.0

12-10 分地区工会组织情况(2021年)
Statistics on Trade Unions by Region (2021)

地区	Region	工会基层组织数（万个）Number of Grassroot Trade Unions (10 000 units)	全国已建工会组织的基层单位的职工与会员人数（万人）Staff and Workers and Membership of Grassroot Units with Established Trade Unions (10 000 persons) 职工人数 Staff and Workers	#女性 Female	会员人数 Membership	#女性 Female	工会专职工作人员人数（万人）Number of Full-time Personnel of Trade Unions (10 000 persons)
全　国	**National Total**	**221.4**	**26595.0**	**10311.2**	**25491.8**	**9941.2**	**82.9**
北　京	Beijing	3.4	566.0	195.7	516.1	180.7	1.5
天　津	Tianjin	1.6	252.8	98.0	249.9	97.4	0.6
河　北	Hebei	12.5	1432.0	473.3	1409.5	468.2	4.8
山　西	Shanxi	5.3	722.0	242.6	689.0	230.4	3.6
内蒙古	Inner Mongolia	5.2	490.8	161.8	469.1	156.3	1.6
辽　宁	Liaoning	5.7	967.9	371.2	929.6	357.6	2.5
吉　林	Jilin	2.8	369.9	145.7	358.4	142.6	1.2
黑龙江	Heilongjiang	4.1	512.2	175.7	489.7	169.7	2.6
上　海	Shanghai	4.8	737.6	284.7	699.2	272.0	1.4
江　苏	Jiangsu	14.6	2137.4	910.9	2033.5	867.6	3.0
浙　江	Zhejiang	13.6	1917.1	813.9	1846.1	793.5	2.8
安　徽	Anhui	11.0	1011.3	377.5	961.3	362.2	3.8
福　建	Fujian	9.4	791.1	338.4	772.0	332.6	1.4
江　西	Jiangxi	7.9	867.4	316.4	822.5	308.9	5.4
山　东	Shandong	10.5	1468.6	557.7	1408.2	537.7	6.6
河　南	Henan	13.8	1488.8	562.1	1413.8	537.2	10.0
湖　北	Hubei	10.0	1113.8	420.5	1066.2	406.3	2.7
湖　南	Hunan	11.6	1109.5	399.6	1053.3	383.3	6.1
广　东	Guangdong	13.7	2143.5	940.2	2002.0	875.3	6.0
广　西	Guangxi	6.3	576.6	238.1	559.1	233.1	1.5
海　南	Hainan	1.5	162.4	68.5	153.8	65.0	0.3
重　庆	Chongqing	4.4	544.5	211.9	522.3	203.3	1.7
四　川	Sichuan	14.1	1935.6	755.8	1890.9	742.2	3.0
贵　州	Guizhou	5.5	717.0	268.7	700.1	264.8	1.4
云　南	Yunnan	6.7	478.1	196.8	459.3	189.3	1.2
西　藏	Tibet	0.9	67.5	27.2	60.7	24.2	0.2
陕　西	Shaanxi	10.7	898.1	322.7	877.0	316.1	3.3
甘　肃	Gansu	3.6	384.7	143.7	375.2	140.9	1.0
青　海	Qinghai	1.4	120.5	48.2	115.7	46.3	0.2
宁　夏	Ningxia	1.2	122.9	50.8	120.5	49.9	0.2
新　疆	Xinjiang	3.6	443.7	173.6	425.5	167.8	1.2
中央和国家机关	Central and State Organs	0.2	43.5	19.3	42.3	18.8	0.1

十三、国际资料
International Statistical Indicators

13–1 人类发展指数(2021年)
Human Development Index (2021)

人类发展指数排名 HDI Rank	国家和地区	Country or Area	人类发展指数 Human Development Index	预期寿命(年) Life expectancy at birth	预期受教育年限(年) Expected years of schooling
	极高人类发展水平	Very high human development	0.896	78.52	16.51
	高人类发展水平	High human development	0.754	74.71	14.22
	中等人类发展水平	Medium human development	0.636	67.44	11.94
	低人类发展水平	Low human development	0.518	61.31	9.46
极高人类发展水平		**Very high human development**			
1	瑞士	Switzerland	0.962	83.99	16.50
2	挪威	Norway	0.961	83.23	18.19
2	冰岛	Iceland	0.959	82.68	19.16
4	中国香港特别行政区	Hong Kong, China (SAR)	0.952	85.47	17.28
4	澳大利亚	Australia	0.951	84.53	21.05
6	丹麦	Denmark	0.948	81.38	18.71
7	瑞典	Sweden	0.947	82.98	19.42
8	爱尔兰	Ireland	0.945	82.00	18.95
8	德国	Germany	0.942	80.63	17.01
10	荷兰	Netherlands	0.941	81.69	18.69
11	芬兰	Finland	0.940	82.04	19.05
11	新加坡	Singapore	0.939	82.75	16.52
13	比利时	Belgium	0.937	81.88	19.60
14	新西兰	New Zealand	0.937	82.45	20.28
14	加拿大	Canada	0.936	82.66	16.40
16	列支敦士登	Liechtenstein	0.935	83.26	15.18
17	卢森堡	Luxembourg	0.930	82.63	14.40
18	大不列颠联合王国	United Kingdom	0.929	80.74	17.31
19	日本	Japan	0.925	84.78	15.22
19	韩国	Korea (Republic of)	0.925	83.70	16.52
19	美国	United States	0.921	77.20	16.28
22	以色列	Israel	0.919	82.26	16.05
23	马耳他	Malta	0.918	83.78	16.84
23	斯洛文尼亚	Slovenia	0.918	80.69	17.65
25	奥地利	Austria	0.916	81.58	16.01
26	阿拉伯联合酋长国	United Arab Emirates	0.911	78.71	15.72
27	西班牙	Spain	0.905	83.01	17.92
28	法国	France	0.903	82.50	15.81
29	塞浦路斯	Cyprus	0.896	81.20	15.65
29	意大利	Italy	0.895	82.85	16.23
31	爱沙尼亚	Estonia	0.890	77.14	15.93
32	捷克	Czechia	0.889	77.73	16.22
33	希腊	Greece	0.887	80.11	20.03
34	波兰	Poland	0.876	76.46	16.03

资料来源(Source)：https://hdr.undp.org/data-center/documentation-and-downloads

13-1 续表 1 continued

人类发展指数排名 HDI Rank	国家和地区	Country or Area	人类发展指数 Human Development Index	预期寿命（年） Life expectancy at birth	预期受教育年限（年） Expected years of schooling
35	巴林	Bahrain	0.875	78.76	16.30
36	立陶宛	Lithuania	0.875	73.72	16.29
37	沙特阿拉伯	Saudi Arabia	0.875	76.94	16.14
38	葡萄牙	Portugal	0.866	81.04	16.87
39	拉脱维亚	Latvia	0.863	73.58	16.20
40	安道尔	Andorra	0.858	80.37	13.30
40	克罗地亚	Croatia	0.858	77.58	15.11
42	智利	Chile	0.855	78.94	16.73
43	卡塔尔	Qatar	0.855	79.27	12.64
43	圣马力诺	San Marino	0.853	80.88	12.27
45	斯洛伐克	Slovakia	0.848	74.91	14.51
46	匈牙利	Hungary	0.846	74.53	15.03
47	阿根廷	Argentina	0.842	75.39	17.87
48	土耳其	Türkiye	0.838	76.03	18.34
49	黑山	Montenegro	0.832	76.34	15.08
50	科威特	Kuwait	0.831	78.67	15.32
51	文莱达鲁萨兰国	Brunei Darussalam	0.829	74.64	13.95
52	俄罗斯联邦	Russian Federation	0.822	69.42	15.77
53	罗马尼亚	Romania	0.821	74.18	14.23
54	阿曼	Oman	0.816	72.54	14.57
55	巴哈马	Bahamas	0.812	71.60	12.90
56	哈萨克斯坦	Kazakhstan	0.811	69.36	15.77
57	特立尼达和多巴哥	Trinidad and Tobago	0.810	72.97	14.54
58	哥斯达黎加	Costa Rica	0.809	77.02	16.55
58	乌拉圭	Uruguay	0.809	75.44	16.83
60	白俄罗斯	Belarus	0.808	72.44	15.17
61	巴拿马	Panama	0.805	76.22	13.06
62	马来西亚	Malaysia	0.803	74.88	13.34
62	佐治亚州	Georgia	0.802	71.69	15.57
64	毛里求斯	Mauritius	0.802	73.56	15.17
64	塞尔维亚	Serbia	0.802	74.19	14.40
66	泰国	Thailand	0.800	78.72	15.88
高人类发展水平		**High human development**			
67	阿尔巴尼亚	Albania	0.796	76.46	14.45
67	保加利亚	Bulgaria	0.795	71.80	13.90
69	格林纳达	Grenada	0.795	74.94	18.66
70	巴巴多斯	Barbados	0.790	77.57	15.71
70	安提瓜和巴布达	Antigua and Barbuda	0.788	78.50	14.18
72	塞舌尔	Seychelles	0.785	71.29	13.94
73	斯里兰卡	Sri Lanka	0.782	76.40	14.14
74	波斯尼亚和黑塞哥维那	Bosnia and Herzegovina	0.780	75.30	13.80

13-1 续表 2 continued

人类发展指数排名 HDI Rank	国家和地区	Country or Area	人类发展指数 Human Development Index	预期寿命（年） Life expectancy at birth	预期受教育年限（年） Expected years of schooling
74	圣基茨和尼维斯	Saint Kitts and Nevis	0.777	71.68	15.43
74	伊朗	Iran (Islamic Republic of)	0.774	73.87	14.62
74	乌克兰	Ukraine	0.773	71.62	14.96
78	北马其顿	North Macedonia	0.770	73.84	13.62
79	中国	China	0.768	78.21	14.24
79	多米尼加共和国	Dominican Republic	0.767	72.61	14.47
81	摩尔多瓦共和国	Moldova (Republic of)	0.767	68.85	14.43
82	帕劳	Palau	0.767	66.02	15.78
83	古巴	Cuba	0.764	73.68	14.44
84	秘鲁	Peru	0.762	72.38	15.39
85	亚美尼亚	Armenia	0.759	72.04	13.12
86	墨西哥	Mexico	0.758	70.21	14.86
86	巴西	Brazil	0.754	72.75	15.60
88	哥伦比亚	Colombia	0.752	72.83	14.44
88	圣文森特和格林纳丁斯	Saint Vincent and the Grenadines	0.751	69.63	14.67
90	马尔代夫	Maldives	0.747	79.92	12.64
91	阿尔及利亚	Algeria	0.745	76.38	14.63
92	阿塞拜疆	Azerbaijan	0.745	69.37	13.50
93	汤加	Tonga	0.745	70.99	16.05
94	土库曼斯坦	Turkmenistan	0.745	69.26	13.21
95	厄瓜多尔	Ecuador	0.740	73.67	14.62
95	蒙古	Mongolia	0.739	70.98	14.98
97	埃及	Egypt	0.731	70.22	13.79
97	突尼斯	Tunisia	0.731	73.77	15.43
99	斐济	Fiji	0.730	67.11	14.74
100	苏里南	Suriname	0.730	70.27	13.04
101	乌兹别克斯坦	Uzbekistan	0.727	70.86	12.48
102	多米尼加	Dominica	0.720	72.81	13.32
103	乔丹	Jordan	0.720	74.26	10.65
104	利比亚	Libya	0.718	71.91	12.85
105	巴拉圭	Paraguay	0.717	70.26	12.99
106	巴勒斯坦国	Palestine, State of	0.715	73.47	13.36
107	圣卢西亚	Saint Lucia	0.715	71.11	12.87
107	圭亚那	Guyana	0.714	65.67	12.50
107	南非	South Africa	0.713	62.34	13.64
110	牙买加	Jamaica	0.709	70.50	13.40
111	萨摩亚	Samoa	0.707	72.77	12.42
111	加蓬	Gabon	0.706	65.82	12.98
113	黎巴嫩	Lebanon	0.706	75.05	11.29
114	印度尼西亚	Indonesia	0.705	67.57	13.75
115	越南	Viet Nam	0.703	73.62	12.95

13-1 续表 3 continued

人类发展指数排名 HDI Rank	国家和地区	Country or Area	人类发展指数 Human Development Index	预期寿命（年） Life expectancy at birth	预期受教育年限（年） Expected years of schooling
中等人类发展水平		**Medium human development**			
116	菲律宾	Philippines	0.699	69.27	13.13
117	博茨瓦纳	Botswana	0.693	61.14	12.27
117	玻利维亚	Bolivia (Plurinational State of)	0.692	63.63	14.95
119	吉尔吉斯斯坦	Kyrgyzstan	0.692	69.98	13.20
120	委内瑞拉玻利瓦尔共和国	Venezuela (Bolivarian Republic of)	0.691	70.55	12.82
121	伊拉克	Iraq	0.686	70.38	12.09
122	塔吉克斯坦	Tajikistan	0.685	71.59	11.65
123	伯利兹	Belize	0.683	70.47	12.99
124	摩洛哥	Morocco	0.683	74.04	14.15
125	萨尔瓦多	El Salvador	0.675	70.75	12.67
126	尼加拉瓜	Nicaragua	0.667	73.84	12.64
127	不丹	Bhutan	0.666	71.82	13.23
128	佛得角	Cabo Verde	0.662	74.05	12.55
129	孟加拉国	Bangladesh	0.661	72.38	12.44
130	图瓦卢	Tuvalu	0.641	64.55	9.40
131	马绍尔群岛	Marshall Islands	0.639	65.27	10.24
132	印度	India	0.633	67.24	11.87
133	加纳	Ghana	0.632	63.80	12.05
134	密克罗尼西亚联邦	Micronesia (Federated States of)	0.628	70.71	11.55
135	危地马拉	Guatemala	0.627	69.24	10.56
136	基里巴斯	Kiribati	0.624	67.42	11.80
137	洪都拉斯	Honduras	0.621	70.12	10.13
138	圣多美和普林西比	Sao Tome and Principe	0.618	67.59	13.37
138	纳米比亚	Namibia	0.615	59.27	11.93
140	老挝	Lao People's Democratic Republic	0.607	68.06	10.14
141	东帝汶	Timor-Leste	0.607	67.74	12.62
142	瓦努阿图	Vanuatu	0.607	70.45	11.54
143	尼泊尔	Nepal	0.602	68.45	12.89
144	斯威士兰	Eswatini (Kingdom of)	0.597	57.07	13.74
145	赤道几内亚	Equatorial Guinea	0.596	60.59	9.73
146	柬埔寨	Cambodia	0.593	69.58	11.47
147	津巴布韦	Zimbabwe	0.593	59.25	12.11
148	安哥拉	Angola	0.586	61.64	12.17
149	缅甸	Myanmar	0.585	65.67	10.91
150	阿拉伯叙利亚共和国	Syrian Arab Republic	0.577	72.06	9.16
151	喀麦隆	Cameroon	0.576	60.33	13.11
151	肯尼亚	Kenya	0.575	61.43	10.70
153	刚果	Congo	0.571	63.52	12.33
154	赞比亚	Zambia	0.565	61.22	10.93

13-1 续表 4 continued

人类发展指数排名 HDI Rank	国家和地区	Country or Area	人类发展指数 Human Development Index	预期寿命(年) Life expectancy at birth	预期受教育年限(年) Expected years of schooling
155	所罗门群岛	Solomon Islands	0.564	70.35	10.33
156	科摩罗	Comoros	0.558	63.42	11.92
157	巴布亚新几内亚	Papua New Guinea	0.558	65.35	10.36
158	毛里塔尼亚	Mauritania	0.556	64.36	9.38
159	科特迪瓦	Côte d'Ivoire	0.550	58.60	10.68
低人类发展水平		**Low human development**			
160	坦桑尼亚	Tanzania (United Republic of)	0.549	66.20	9.22
161	巴基斯坦	Pakistan	0.544	66.10	8.66
162	多哥	Togo	0.539	61.62	12.95
163	海地	Haiti	0.535	63.19	9.70
163	尼日利亚	Nigeria	0.535	52.68	10.13
165	卢旺达	Rwanda	0.534	66.07	11.23
166	贝宁	Benin	0.525	59.82	10.77
166	乌干达	Uganda	0.525	62.70	10.15
168	莱索托	Lesotho	0.514	53.06	12.04
169	马拉维	Malawi	0.512	62.90	12.68
170	塞内加尔	Senegal	0.511	67.09	8.96
171	吉布提	Djibouti	0.509	62.30	7.43
172	苏丹	Sudan	0.508	65.27	7.95
173	马达加斯加	Madagascar	0.501	64.49	10.13
174	冈比亚	Gambia	0.500	62.08	9.42
175	埃塞俄比亚	Ethiopia	0.498	64.97	9.65
176	厄立特里亚	Eritrea	0.492	66.54	8.06
177	几内亚比绍	Guinea-Bissau	0.483	59.65	10.61
178	利比里亚	Liberia	0.481	60.75	10.42
179	刚果	Congo (Democratic Republic of the)	0.479	59.19	9.82
180	阿富汗	Afghanistan	0.478	61.98	10.26
181	塞拉利昂	Sierra Leone	0.477	60.06	9.57
182	几尼	Guinea	0.465	58.89	9.81
183	也门	Yemen	0.455	63.75	9.10
184	布基纳法索	Burkina Faso	0.449	59.27	9.14
185	莫桑比克	Mozambique	0.446	59.32	10.22
186	马里	Mali	0.428	58.94	7.42
187	布隆迪	Burundi	0.426	61.66	10.72
188	中非共和国	Central African Republic	0.404	53.89	8.04
189	尼日尔	Niger	0.400	61.58	6.96
190	乍得	Chad	0.394	52.53	8.04
191	南苏丹	South Sudan	0.385	54.98	5.54

13-1 续表 5 continued

人类发展指数排名 HDI Rank	国家和地区	Country or Area	平均受教育年限（年） Mean years of schooling	人均国民总收入 (2017 PPP $) GNI per capita (2017 PPP $)	2020年人类发展指数排名 HDI rank 2020
	极高人类发展水平	Very high human development	12.32	43751.60	
	高人类发展水平	High human development	8.33	15167.25	
	中等人类发展水平	Medium human development	6.87	6353.49	
	低人类发展水平	Low human development	4.86	3009.12	
极高人类发展水平		**Very high human development**			
1	瑞士	Switzerland	13.86	66933.00	3
2	挪威	Norway	13.00	64660.11	1
2	冰岛	Iceland	13.77	55782.05	2
4	中国香港特别行政区	Hong Kong, China (SAR)	12.23	62606.85	4
4	澳大利亚	Australia	12.73	49238.43	5
6	丹麦	Denmark	12.96	60364.79	5
7	瑞典	Sweden	12.61	54489.37	9
8	爱尔兰	Ireland	11.58	76168.98	8
8	德国	Germany	14.09	54534.22	7
10	荷兰	Netherlands	12.58	55979.41	10
11	芬兰	Finland	12.87	49452.17	12
11	新加坡	Singapore	11.92	90918.64	10
13	比利时	Belgium	12.38	52293.40	16
14	新西兰	New Zealand	12.94	44057.31	13
14	加拿大	Canada	13.83	46807.99	15
16	列支敦士登	Liechtenstein	12.54	146829.70	14
17	卢森堡	Luxembourg	13.02	84649.47	17
18	大不列颠联合王国	United Kingdom	13.41	45224.77	17
19	日本	Japan	13.37	42274.29	19
19	韩国	Korea (Republic of)	12.51	44500.93	20
19	美国	United States	13.68	64765.22	21
22	以色列	Israel	13.34	41523.74	22
23	马耳他	Malta	12.21	38884.46	26
23	斯洛文尼亚	Slovenia	12.80	39746.02	23
25	奥地利	Austria	12.26	53618.67	23
26	阿拉伯联合酋长国	United Arab Emirates	12.69	62573.59	25
27	西班牙	Spain	10.61	38353.60	27
28	法国	France	11.61	45937.05	28
29	塞浦路斯	Cyprus	12.44	38188.42	29
29	意大利	Italy	10.74	42839.51	32
31	爱沙尼亚	Estonia	13.55	38048.26	30
32	捷克	Czechia	12.87	38745.21	30
33	希腊	Greece	11.41	29002.49	33
34	波兰	Poland	13.16	33033.96	36

13-1 续表 6 continued

人类发展指数排名 HDI Rank	国家和地区	Country or Area	平均受教育年限（年）Mean years of schooling	人均国民总收入(2017 PPP $) GNI per capita (2017 PPP $)	2020年人类发展指数排名 HDI rank 2020
35	巴林	Bahrain	11.05	39497.25	35
36	立陶宛	Lithuania	13.50	37931.30	34
37	沙特阿拉伯	Saudi Arabia	11.31	46111.55	38
38	葡萄牙	Portugal	9.58	33154.53	39
39	拉脱维亚	Latvia	13.25	32803.23	37
40	安道尔	Andorra	10.56	51166.63	45
40	克罗地亚	Croatia	12.19	30132.29	41
42	智利	Chile	10.93	24563.24	43
43	卡塔尔	Qatar	10.00	87134.13	42
43	圣马力诺	San Marino	10.80	52653.83	46
45	斯洛伐克	Slovakia	12.91	30690.49	40
46	匈牙利	Hungary	12.25	32789.01	44
47	阿根廷	Argentina	11.15	20925.27	47
48	土耳其	Türkiye	8.63	31032.80	48
49	黑山	Montenegro	12.18	20838.80	52
50	科威特	Kuwait	7.33	52919.76	54
51	文莱达鲁萨兰国	Brunei Darussalam	9.18	64489.54	49
52	俄罗斯联邦	Russian Federation	12.77	27166.31	49
53	罗马尼亚	Romania	11.28	30027.29	53
54	阿曼	Oman	11.65	27054.33	51
55	巴哈马	Bahamas	12.64	30486.18	58
56	哈萨克斯坦	Kazakhstan	12.35	23942.82	59
57	特立尼达和多巴哥	Trinidad and Tobago	11.61	23392.02	56
58	哥斯达黎加	Costa Rica	8.80	19974.27	57
58	乌拉圭	Uruguay	8.98	21268.88	55
60	白俄罗斯	Belarus	12.14	18848.97	60
61	巴拿马	Panama	10.54	26956.84	67
62	马来西亚	Malaysia	10.65	26657.94	61
62	佐治亚州	Georgia	12.82	14664.17	64
64	毛里求斯	Mauritius	10.43	22025.35	62
64	塞尔维亚	Serbia	11.37	19123.03	62
66	泰国	Thailand	8.70	17030.15	64
高人类发展水平		**High human development**			
67	阿尔巴尼亚	Albania	11.29	14131.11	68
67	保加利亚	Bulgaria	11.41	23078.96	64
69	格林纳达	Grenada	9.03	13483.58	70
70	巴巴多斯	Barbados	9.85	12306.34	71
70	安提瓜和巴布达	Antigua and Barbuda	9.29	16792.37	71
72	塞舌尔	Seychelles	10.28	25830.62	69
73	斯里兰卡	Sri Lanka	10.83	12578.22	75
74	波斯尼亚和黑塞哥维那	Bosnia and Herzegovina	10.54	15241.91	73

13-1 续表 7 continued

人类发展指数排名 HDI Rank	国家和地区	Country or Area	平均受教育年限（年） Mean years of schooling	人均国民总收入（2017 PPP $） GNI per capita (2017 PPP $)	2020年人类发展指数排名 HDI rank 2020
74	圣基茨和尼维斯	Saint Kitts and Nevis	8.66	23358.33	76
74	伊朗	Iran (Islamic Republic of)	10.64	13000.71	77
74	乌克兰	Ukraine	11.13	13255.51	78
78	北马其顿	North Macedonia	10.23	15917.75	79
79	中国	China	7.60	17504.40	82
79	多米尼加共和国	Dominican Republic	9.31	17989.60	82
81	摩尔多瓦共和国	Moldova (Republic of)	11.82	14875.33	81
82	帕劳	Palau	12.49	13818.68	80
83	古巴	Cuba	12.50	7878.85	73
84	秘鲁	Peru	9.89	12245.89	85
85	亚美尼亚	Armenia	11.33	13157.99	87
86	墨西哥	Mexico	9.22	17896.29	88
86	巴西	Brazil	8.13	14369.89	86
88	哥伦比亚	Colombia	8.86	14384.36	88
88	圣文森特和格林纳丁斯	Saint Vincent and the Grenadines	10.83	11961.09	82
90	马尔代夫	Maldives	7.32	15448.13	97
91	阿尔及利亚	Algeria	8.07	10800.23	96
92	阿塞拜疆	Azerbaijan	10.54	14256.74	100
93	汤加	Tonga	11.39	6822.03	90
94	土库曼斯坦	Turkmenistan	11.26	13020.72	93
95	厄瓜多尔	Ecuador	8.82	10311.63	99
95	蒙古	Mongolia	9.42	10588.23	90
97	埃及	Egypt	9.57	11731.69	97
97	突尼斯	Tunisia	7.43	10257.54	94
99	斐济	Fiji	10.92	9980.11	94
100	苏里南	Suriname	9.78	12672.20	92
101	乌兹别克斯坦	Uzbekistan	11.90	7916.79	107
102	多米尼加	Dominica	8.14	11487.62	106
103	乔丹	Jordan	10.45	9923.71	104
104	利比亚	Libya	7.60	15335.71	117
105	巴拉圭	Paraguay	8.86	12349.29	100
106	巴勒斯坦国	Palestine, State of	9.94	6582.90	109
107	圣卢西亚	Saint Lucia	8.55	12048.30	104
107	圭亚那	Guyana	8.62	22464.66	107
107	南非	South Africa	11.37	12948.37	102
110	牙买加	Jamaica	9.15	8834.48	110
111	萨摩亚	Samoa	11.40	5307.95	112
111	加蓬	Gabon	9.44	13366.93	113
113	黎巴嫩	Lebanon	8.72	9525.83	103
114	印度尼西亚	Indonesia	8.56	11466.07	116
115	越南	Viet Nam	8.37	7867.37	113

13-1 续表 8 continued

人类发展指数排名 HDI Rank	国家和地区	Country or Area	平均受教育年限（年） Mean years of schooling	人均国民总收入（2017 PPP $） GNI per capita (2017 PPP $)	2020年人类发展指数排名 HDI rank 2020
中等人类发展水平		**Medium human development**			
116	菲律宾	Philippines	8.97	8920.43	113
117	博茨瓦纳	Botswana	10.34	16198.32	110
117	玻利维亚	Bolivia (Plurinational State of)	9.83	8111.19	119
119	吉尔吉斯斯坦	Kyrgyzstan	11.37	4566.30	121
120	委内瑞拉玻利瓦尔共和国	Venezuela (Bolivarian Republic of)	11.11	4810.88	118
121	伊拉克	Iraq	7.91	9977.25	122
122	塔吉克斯坦	Tajikistan	11.33	4547.74	126
123	伯利兹	Belize	8.85	6309.10	120
124	摩洛哥	Morocco	5.92	7302.82	122
125	萨尔瓦多	El Salvador	7.15	8295.67	124
126	尼加拉瓜	Nicaragua	7.14	5624.79	129
127	不丹	Bhutan	5.17	9437.54	125
128	佛得角	Cabo Verde	6.29	6230.20	127
129	孟加拉国	Bangladesh	7.38	5472.10	128
130	图瓦卢	Tuvalu	10.57	6351.44	131
131	马绍尔群岛	Marshall Islands	10.88	4619.54	131
132	印度	India	6.66	6589.98	130
133	加纳	Ghana	8.33	5744.50	135
134	密克罗尼西亚联邦	Micronesia (Federated States of)	7.80	3696.17	136
135	危地马拉	Guatemala	5.68	8723.29	133
136	基里巴斯	Kiribati	7.98	4062.59	137
137	洪都拉斯	Honduras	7.09	5297.96	138
138	圣多美和普林西比	Sao Tome and Principe	6.22	4021.35	139
138	纳米比亚	Namibia	7.19	8633.50	134
140	老挝	Lao People's Democratic Republic	5.37	7699.58	142
141	东帝汶	Timor-Leste	5.44	4460.87	140
142	瓦努阿图	Vanuatu	7.06	3085.41	142
143	尼泊尔	Nepal	5.12	3877.32	144
144	斯威士兰	Eswatini (Kingdom of)	5.60	7678.59	141
145	赤道几内亚	Equatorial Guinea	5.91	12073.96	147
146	柬埔寨	Cambodia	5.09	4078.70	148
147	津巴布韦	Zimbabwe	8.71	3809.89	145
148	安哥拉	Angola	5.42	5465.62	149
149	缅甸	Myanmar	6.38	3850.52	145
150	阿拉伯叙利亚共和国	Syrian Arab Republic	5.10	4191.93	152
151	喀麦隆	Cameroon	6.15	3620.93	150
151	肯尼亚	Kenya	6.65	4473.57	150
153	刚果	Congo	6.17	2889.28	153
154	赞比亚	Zambia	7.19	3217.77	154

13-1 续表 9 continued

人类发展指数排名 HDI Rank	国家和地区	Country or Area	平均受教育年限（年）Mean years of schooling	人均国民总收入（2017 PPP $）GNI per capita (2017 PPP $)	2020年人类发展指数排名 HDI rank 2020
155	所罗门群岛	Solomon Islands	5.71	2481.51	155
156	科摩罗	Comoros	5.08	3142.06	156
157	巴布亚新几内亚	Papua New Guinea	4.74	4008.62	157
158	毛里塔尼亚	Mauritania	4.92	5075.31	158
159	科特迪瓦	Côte d'Ivoire	5.20	5217.45	159
低人类发展水平		**Low human development**			
160	坦桑尼亚	Tanzania (United Republic of)	6.37	2664.33	160
161	巴基斯坦	Pakistan	4.54	4623.71	161
162	多哥	Togo	5.02	2166.62	163
163	海地	Haiti	5.55	2847.50	162
163	尼日利亚	Nigeria	7.18	4790.28	163
165	卢旺达	Rwanda	4.43	2209.80	165
166	贝宁	Benin	4.30	3408.97	166
166	乌干达	Uganda	5.73	2181.44	166
168	莱索托	Lesotho	6.01	2700.44	168
169	马拉维	Malawi	4.49	1465.64	169
170	塞内加尔	Senegal	2.94	3344.31	170
171	吉布提	Djibouti	4.10	5024.99	171
172	苏丹	Sudan	3.82	3575.19	171
173	马达加斯加	Madagascar	5.12	1483.52	173
174	冈比亚	Gambia	4.64	2172.21	173
175	埃塞俄比亚	Ethiopia	3.20	2361.07	175
176	厄立特里亚	Eritrea	4.89	1728.74	176
177	几内亚比绍	Guinea-Bissau	3.58	1908.24	177
178	利比里亚	Liberia	5.08	1288.74	179
179	刚果	Congo (Democratic Republic of the)	7.02	1076.10	180
180	阿富汗	Afghanistan	2.99	1824.19	177
181	塞拉利昂	Sierra Leone	4.58	1621.51	181
182	几尼	Guinea	2.20	2480.89	182
183	也门	Yemen	3.20	1314.27	183
184	布基纳法索	Burkina Faso	2.11	2117.92	185
185	莫桑比克	Mozambique	3.20	1198.07	184
186	马里	Mali	2.31	2132.63	186
187	布隆迪	Burundi	3.13	731.79	187
188	中非共和国	Central African Republic	4.33	966.06	188
189	尼日尔	Niger	2.12	1239.87	189
190	乍得	Chad	2.57	1364.17	190
191	南苏丹	South Sudan	5.73	767.79	191

13–2 国土面积和人口(2021年)
Surface Area and Population (2021)

国家和地区	Country or Area	国土面积①(万平方公里) Surface Area① (10 000 sq.km)	年中人口数(万人) Mid-year Population (10 000 persons)	人口年增长率(%) Population Growth (annual %)	人口密度①(人/平方公里) Population Density① (persons/sq.km)
世界	**World**	**13454.3**	**783663**	**0.94**	**60**
中国	China	960.0	141236	0.09	150
孟加拉国	Bangladesh	14.8	16630	0.98	1278
文莱	Brunei Darussalam	0.6	44	0.92	84
柬埔寨	Cambodia	18.1	1695	1.35	96
印度	India	298.0	139341	0.97	469
印度尼西亚	Indonesia	191.7	27636	1.03	147
伊朗	Iran, Islamic Rep.	174.5	8503	1.23	52
以色列	Israel	2.2	936	1.60	433
日本	Japan	37.8	12568	-0.46	345
哈萨克斯坦	Kazakhstan	272.5	1900	1.31	7
韩国	Korea, Rep.	10.0	5174	-0.18	531
老挝	Lao PDR	23.7	738	1.42	32
马来西亚	Malaysia	33.0	3278	1.26	100
蒙古	Mongolia	156.4	333	1.54	2
缅甸	Myanmar	67.7	5481	0.73	84
巴基斯坦	Pakistan	79.6	22520	1.93	292
菲律宾	Philippines	30.0	11105	1.33	372
新加坡	Singapore	0.1	545	-4.17	7692
斯里兰卡	Sri Lanka	6.6	2216	1.08	358
泰国	Thailand	51.3	6995	0.22	137
越南	Vietnam	33.1	9817	0.85	317
埃及	Egypt, Arab Rep.	100.2	10426	1.86	105
尼日利亚	Nigeria	92.4	21140	2.52	232
南非	South Africa	121.9	6004	1.23	50
加拿大	Canada	988.0	3825	0.55	4
墨西哥	Mexico	196.4	13026	1.03	67
美国	United States	983.2	33189	0.12	36
阿根廷	Argentina	278.0	4581	0.95	17
巴西	Brazil	851.6	21399	0.67	26
委内瑞拉	Venezuela, RB	91.2	2870	0.94	33
捷克	Czech Republic	7.9	1070	0.05	139
法国	France	54.9	6750	0.18	123
德国	Germany	35.8	8313	-0.04	238
意大利	Italy	30.2	5907	-0.65	198
荷兰	Netherlands	4.2	1753	0.53	521
波兰	Poland	31.3	3778	-0.31	123
俄罗斯	Russian Federation	1709.8	14345	-0.44	9
西班牙	Spain	50.6	4733	-0.08	95
土耳其	Turkey	78.5			
乌克兰	Ukraine	60.4	4381	-0.72	76
英国	United Kingdom	24.4	6733	0.37	278
澳大利亚	Australia	774.1	2574	0.18	3
新西兰	New Zealand	26.8	512	0.64	19

注：①2018年数据。
资料来源：世界银行数据库，更新时间2022年9月7日。
Note: ①Data refer to 2018.
Source: World Bank Database, last updated date 2022/9/7.

13-3 人口粗出生率和粗死亡率
Crude Birth Rate and Crude Death Rate

单位：‰ (‰)

国家和地区	Country or Area	粗出生率 Crude Birth Rate			粗死亡率 Crude Death Rate		
		2000	2010	2020	2000	2010	2020
世界	**World**	**21.6**	**19.9**	**17.3**	**8.6**	**7.9**	**7.7**
中国	China	14.0	11.9	8.5	6.5	7.1	7.1
中国香港	Hong Kong SAR, China	8.1	12.6	5.8	5.1	6.0	6.8
中国澳门	Macao SAR, China	9.1	10.0	10.7	3.9	3.7	4.1
孟加拉国	Bangladesh	27.6	21.3	17.5	6.9	5.7	5.5
文莱	Brunei Darussalam	21.9	17.5	14.1	3.5	3.8	4.7
柬埔寨	Cambodia	28.1	25.5	21.6	9.4	6.5	6.0
印度	India	26.5	21.6	17.4	8.7	7.5	7.3
印度尼西亚	Indonesia	21.5	21.0	17.4	7.5	6.7	6.6
伊朗	Iran, Islamic Rep.	18.8	18.3	17.9	5.1	4.9	4.8
以色列	Israel	21.7	21.8	19.2	6.0	5.2	5.3
日本	Japan	9.4	8.5	6.8	7.7	9.5	11.1
哈萨克斯坦	Kazakhstan	14.7	22.5	22.8	10.1	9.0	8.6
韩国	Korea, Rep.	13.3	9.4	5.3	5.2	5.1	5.9
老挝	Lao PDR	31.9	28.1	22.7	9.8	7.4	6.3
马来西亚	Malaysia	22.5	16.8	16.4	4.5	4.6	5.3
蒙古	Mongolia	19.3	23.9	22.6	7.7	6.6	6.4
缅甸	Myanmar	24.3	19.6	17.2	9.9	8.9	8.3
巴基斯坦	Pakistan	32.0	30.2	27.4	8.9	7.6	6.8
菲律宾	Philippines	29.6	24.6	19.9	5.4	5.6	6.0
新加坡	Singapore	11.8	9.3	8.5	4.5	4.4	5.2
斯里兰卡	Sri Lanka	18.5	17.5	15.3	6.9	6.0	6.9
泰国	Thailand	14.4	11.7	10.0	6.9	7.2	7.9
越南	Vietnam	17.5	17.5	16.1	5.7	5.8	6.4
埃及	Egypt, Arab Rep.	25.0	27.1	25.1	6.5	6.2	5.7
尼日利亚	Nigeria	43.0	41.1	37.0	17.9	14.3	11.4
南非	South Africa	24.4	21.5	19.8	12.1	12.1	9.4
加拿大	Canada	10.9	11.1	9.4	7.1	7.0	8.1
墨西哥	Mexico	24.2	20.0	17.0	4.7	5.3	6.2
美国	United States	14.4	13.0	10.9	8.5	8.0	10.3
阿根廷	Argentina	19.4	18.2	16.6	7.8	7.7	7.6
巴西	Brazil	20.9	15.6	13.5	6.2	6.0	6.6
委内瑞拉	Venezuela, RB	23.7	20.7	17.3	5.1	5.6	7.2
捷克	Czechia	8.9	11.2	10.3	10.6	10.2	12.1
法国	France	13.3	12.9	10.9	8.9	8.5	9.9
德国	Germany	9.3	8.3	9.3	10.2	10.5	11.9
意大利	Italy	9.5	9.5	6.8	9.8	9.9	12.6
荷兰	Netherlands	13.0	11.1	9.7	8.8	8.2	9.7
波兰	Poland	9.9	10.9	9.4	9.6	9.9	12.6
俄罗斯	Russian Federation	8.7	12.5	9.8	17.1	16.1	14.6
西班牙	Spain	9.9	10.4	7.1	8.9	8.2	10.4
土耳其	Turkiye	21.6	17.9	15.5	6.5	5.7	5.5
乌克兰	Ukraine	7.8	10.8	7.8	15.4	15.2	15.9
英国	United Kingdom	11.5	12.9	10.2	10.3	8.9	10.4
澳大利亚	Australia	13.0	13.7	11.5	6.7	6.5	6.3
新西兰	New Zealand	14.7	14.7	11.3	6.9	6.5	6.4

资料来源：世界银行数据库，更新时间2022年9月7日。
Source: World Bank Database, last updated date 2022/9/7.

13–4 人口出生时预期寿命
Life Expectancy at Birth

单位：岁 (years)

国家和地区	Country or Area	总体 Total		男性 Male		女性 Femal	
		2000	2020	2000	2020	2000	2020
世界	**World**	**67.5**	**72.7**	**65.4**	**70.6**	**69.9**	**75.1**
中国	China	71.4	77.1	69.6	75.0	73.4	79.4
中国香港	Hong Kong SAR, China	80.9	85.4	78.0	82.9	83.9	88.0
中国澳门	Macao SAR, China	80.4	84.4	77.8	81.4	82.9	87.3
孟加拉国	Bangladesh	65.4	72.9	65.0	71.1	66.0	74.9
文莱	Brunei Darussalam	72.8	76.0	71.7	74.9	74.1	77.3
柬埔寨	Cambodia	58.4	70.1	56.2	67.7	60.6	72.2
印度	India	62.5	69.9	61.7	68.7	63.3	71.2
印度尼西亚	Indonesia	65.8	71.9	64.3	69.8	67.2	74.2
伊朗	Iran, Islamic Rep.	70.2	76.9	69.3	75.8	71.1	78.1
以色列	Israel	79.0	82.7	77.1	80.7	80.9	84.8
日本	Japan	81.1	84.6	77.7	81.6	84.6	87.7
哈萨克斯坦	Kazakhstan	65.5	71.4	60.2	67.1	71.2	75.5
韩国	Korea, Rep.	75.9	83.4	72.3	80.5	79.7	86.5
老挝	Lao PDR	58.8	68.2	57.0	66.4	60.6	70.1
马来西亚	Malaysia	72.6	76.3	70.6	74.4	74.8	78.5
蒙古	Mongolia	62.9	70.1	60.1	66.0	65.9	74.3
缅甸	Myanmar	60.1	67.4	57.0	64.3	63.1	70.3
巴基斯坦	Pakistan	62.8	67.4	62.1	66.5	63.7	68.5
菲律宾	Philippines	68.8	71.4	65.5	67.4	72.3	75.6
新加坡	Singapore	78.0	83.7	76.0	81.5	80.0	86.1
斯里兰卡	Sri Lanka	71.3	77.1	67.9	73.8	75.1	80.4
泰国	Thailand	70.6	77.3	66.9	73.7	74.5	81.1
越南	Vietnam	73.0	75.5	68.4	71.4	77.7	79.6
埃及	Egypt, Arab Rep.	68.6	72.2	66.2	69.9	71.1	74.5
尼日利亚	Nigeria	46.3	55.0	45.4	54.1	47.2	56.0
南非	South Africa	56.0	64.4	53.1	61.0	59.2	67.9
加拿大	Canada	79.1	81.7	76.6	79.7	81.8	83.9
墨西哥	Mexico	74.3	75.1	71.7	72.3	77.0	77.9
美国	United States	76.6	77.3	74.1	74.5	79.3	80.2
阿根廷	Argentina	73.6	76.8	70.1	73.4	77.0	80.1
巴西	Brazil	70.1	76.1	66.4	72.5	74.0	79.7
委内瑞拉	Venezuela, RB	72.1	72.1	68.5	68.3	76.0	76.0
捷克	Czechia	75.0	78.2	71.7	75.3	78.4	81.3
法国	France	79.1	82.2	75.3	79.2	83.0	85.3
德国	Germany	77.9	80.9	75.0	78.6	81.0	83.4
意大利	Italy	79.8	82.3	76.9	80.1	82.8	84.7
荷兰	Netherlands	78.0	81.4	75.5	79.8	80.6	83.1
波兰	Poland	73.7	76.6	69.7	72.6	78.0	80.8
俄罗斯	Russian Federation	65.5	71.3	59.0	66.5	72.3	76.4
西班牙	Spain	79.0	82.3	75.6	79.7	82.5	85.1
土耳其	Turkiye	70.0	77.9	66.4	75.0	73.8	80.8
乌克兰	Ukraine	67.7	71.2	62.1	66.4	73.5	76.2
英国	United Kingdom	77.7	80.9	75.4	79.0	80.2	82.9
澳大利亚	Australia	79.2	83.2	76.6	81.2	82.0	85.3
新西兰	New Zealand	78.6	82.1	76.1	80.3	81.3	83.9

资料来源：世界银行数据库，更新时间2022年9月7日。
Source: World Bank Database, last updated date 2022/9/7.

13–5 人口构成(2021年)
Population Composition(2021)

单位：%　　(%)

国家和地区	Country or Area	年龄构成 Age Composition 0–14岁人口占比 Population ages 14 and below	15–64岁人口占比 Population ages 15 to 64	65岁以上人口占比 Population ages 65 and above	女性人口比重 Female Population as Percentage of Tatal	城市人口比重 Urban Population as Percentage of Tatal
世界	**World**	**25.3**	**65.1**	**9.5**	**49.6**	**56.6**
中国	China	17.6	70.0	12.4	48.7	62.5
中国香港	Hong Kong SAR, China	13.0	68.1	18.9	54.2	100.0
中国澳门	Macao SAR, China	14.6	72.6	12.7	51.9	100.0
孟加拉国	Bangladesh	26.3	68.4	5.3	49.5	38.9
文莱	Brunei Darussalam	21.9	72.1	6.0	48.1	78.6
柬埔寨	Cambodia	30.7	64.3	5.0	51.2	24.7
印度	India	25.8	67.4	6.8	48.0	35.4
印度尼西亚	Indonesia	25.6	67.9	6.5	49.7	57.3
伊朗	Iran, Islamic Rep.	24.8	68.4	6.8	49.5	76.3
以色列	Israel	27.7	59.7	12.6	50.2	92.7
日本	Japan	12.3	59.0	28.7	51.2	91.9
哈萨克斯坦	Kazakhstan	29.2	62.7	8.2	51.4	57.8
韩国	Korea, Rep.	12.3	71.2	16.6	49.9	81.4
老挝	Lao PDR	31.6	64.0	4.4	49.8	36.9
马来西亚	Malaysia	23.3	69.3	7.4	48.6	77.7
蒙古	Mongolia	31.2	64.3	4.5	50.8	68.8
缅甸	Myanmar	25.1	68.4	6.5	51.8	31.4
巴基斯坦	Pakistan	34.6	61.0	4.4	48.5	37.4
菲律宾	Philippines	29.5	64.7	5.7	49.8	47.7
新加坡	Singapore	12.4	73.3	14.3	47.7	100.0
斯里兰卡	Sri Lanka	23.4	64.9	11.6	52.1	18.9
泰国	Thailand	16.3	70.2	13.5	51.4	52.2
越南	Vietnam	23.2	68.6	8.2	50.1	38.1
埃及	Egypt, Arab Rep.	33.8	60.7	5.4	49.5	42.9
尼日利亚	Nigeria	43.3	53.9	2.8	49.3	52.7
南非	South Africa	28.6	65.8	5.6	50.8	67.8
加拿大	Canada	15.8	65.7	18.6	50.4	81.7
墨西哥	Mexico	25.5	66.7	7.8	51.1	81.0
美国	United States	18.2	64.7	17.0	50.5	82.9
阿根廷	Argentina	24.3	64.2	11.5	51.2	92.2
巴西	Brazil	20.5	69.6	9.9	50.9	87.3
委内瑞拉	Venezuela, RB	26.5	65.3	8.2	50.8	88.3
捷克	Czechia	15.8	63.8	20.4	50.7	74.2
法国	France	17.5	61.4	21.1	51.6	81.2
德国	Germany	14.0	64.0	22.0	50.5	77.5
意大利	Italy	12.8	63.6	23.6	51.3	71.3
荷兰	Netherlands	15.5	64.0	20.5	50.2	92.6
波兰	Poland	15.2	65.4	19.4	51.6	60.1
俄罗斯	Russian Federation	18.5	65.5	16.0	53.6	74.9
西班牙	Spain	14.2	65.5	20.3	50.8	81.1
土耳其	Turkiye	23.6	67.1	9.3	50.6	76.6
乌克兰	Ukraine	15.9	66.8	17.3	53.7	69.8
英国	United Kingdom	17.6	63.5	18.8	50.6	84.2
澳大利亚	Australia	19.3	64.2	16.5	50.2	86.4
新西兰	New Zealand	19.3	64.0	16.7	50.9	86.8

资料来源：世界银行数据库，更新时间2022年9月7日。
Source: World Bank Database, last updated date 2022/9/7.

13-6 按三次产业分就业人员构成
Employment by Type of Industry

单位：% (%)

国家和地区	Country	第一产业 Primary Industry		第二产业 Secondary Industry		第三产业 Tertiary Industry	
		2018	2019	2018	2019	2018	2019
中　　国	China	26.1	25.3	28.3	27.4	45.6	47.3
孟加拉国	Bangladesh	39.4	38.3	20.8	21.3	39.8	40.4
文　　莱	Brunei Darussalam	1.1	2.0	19.4	20.8	79.5	77.3
柬 埔 寨	Cambodia	36.4	34.5	27.0	27.9	36.6	37.6
印　　度	India	43.3	42.6	25.0	25.1	31.7	32.3
印度尼西亚	Indonesia	29.6	28.5	22.3	22.4	48.1	49.1
伊　　朗	Iran	17.7	17.4	32.0	31.4	50.3	51.2
以 色 列	Israel	1.0	0.9	17.3	17.2	81.8	81.9
日　　本	Japan	3.5	3.4	24.4	24.2	72.1	72.4
哈萨克斯坦	Kazakhstan	15.8	14.9	20.8	21.0	63.4	64.2
韩　　国	Korea, Rep.	5.0	5.1	25.2	24.6	69.8	70.3
老　　挝	Laos	62.4	61.4	12.7	12.9	25.0	25.6
马来西亚	Malaysia	10.6	10.3	27.1	27.0	62.3	62.7
蒙　　古	Mongolia	26.7	25.3	20.6	21.6	52.7	53.1
缅　　甸	Myanmar	48.2	48.9	17.3	16.9	34.6	34.2
巴基斯坦	Pakistan	37.4	36.9	25.0	25.0	37.6	38.1
菲 律 宾	Philippines	24.3	22.9	19.1	19.1	56.6	58.0
新 加 坡	Singapore	0.1		16.0	15.6	84.0	84.4
斯里兰卡	Sri Lanka	25.5	25.0	27.9	27.9	46.6	47.2
泰　　国	Thailand	32.1	31.4	22.8	22.8	45.1	45.7
越　　南	Viet Nam	38.7	37.2	26.6	27.4	34.7	35.3
埃　　及	Egypt	21.7	20.6	26.9	26.9	51.5	52.4
尼日利亚	Nigeria	35.5	35.0	12.0	12.0	52.5	53.0
南　　非	South Africa	5.2	5.3	23.1	22.3	71.7	72.4
加 拿 大	Canada	1.5	1.5	19.6	19.3	78.9	79.2
墨 西 哥	Mexico	12.8	12.5	26.1	25.6	61.1	62.0
美　　国	United States	1.4	1.4	19.9	19.9	78.8	78.7
阿 根 廷	Argentina	0.1	0.1	21.9	21.8	78.0	78.1
巴　　西	Brazil	9.3	9.1	20.1	20.0	70.6	70.9
委内瑞拉	Venezuela	7.5	7.9	16.7	15.3	75.8	76.8
捷　　克	Czech Rep.	2.8	2.7	37.5	37.3	59.7	60.1
法　　国	France	2.5	2.5	20.2	20.4	77.3	77.0
德　　国	Germany	1.3	1.2	27.3	27.2	71.4	71.6
意 大 利	Italy	3.8	3.9	26.1	25.9	70.1	70.2
荷　　兰	Netherlands	2.1	2.1	16.2	16.1	81.7	81.8
波　　兰	Poland	9.6	9.2	31.8	32.1	58.6	58.7
俄 罗 斯	Russia	5.9	5.8	26.8	26.8	67.3	67.4
西 班 牙	Spain	4.2	4.0	20.3	20.4	75.5	75.5
土 耳 其	Turkey	18.4	18.1	26.7	25.3	54.9	56.6
乌 克 兰	Ukraine	14.4	13.8	24.6	25.0	61.0	61.2
英　　国	United Kingdom	1.1	1.1	18.1	18.1	80.8	80.8
澳大利亚	Australia	2.6	2.6	19.9	19.1	77.5	78.4
新 西 兰	New Zealand	5.9	5.8	19.8	19.3	74.3	74.9

资料来源：世界银行数据库，更新时间2022年9月7日。
Source: World Bank Database, last updated date 2022/9/7.

13-7 享有卫生设施人口占总人口比重
Percentage of Population with Access to Improved Sanitation Facilities

单位：% (%)

国家和地区	Country or Area	享有卫生设施人口占总人口比重 Percentage of Population with Access to Improved Sanitation Facilities		城市享有卫生设施人口占总人口比重 Percentage of Population with Access to Improved Sanitation Facilities in Urban Areas		农村享有卫生设施人口占总人口比重 Percentage of Population with Access to Improved Sanitation Facilities in Rural Areas	
		2000	2015	2000	2015	2000	2015
世界	**World**	**58.8**	**67.5**	**79.4**	**82.2**	**40.9**	**50.3**
高收入国家	**High Income**	**98.6**	**99.4**	**99.2**	**99.5**	**97.0**	**99.0**
中等收入国家	**Middle Income**	**53.3**	**65.3**	**73.6**	**79.3**	**38.8**	**50.8**
低收入国家	**Low Income**	**20.3**	**28.3**	**36.1**	**39.7**	**14.8**	**23.2**
中国	China	58.8	76.5	75.3	86.6	49.6	63.7
孟加拉国	Bangladesh	45.4	60.6	51.1	57.7	43.7	62.1
柬埔寨	Cambodia	16.3	42.4	43.3	88.1	10.2	30.5
印度	India	25.6	39.6	54.5	62.6	14.5	28.5
印度尼西亚	Indonesia	47.1	60.8	65.8	72.3	33.6	47.5
伊朗	Iran	78.9	90.0	84.1	92.8	69.5	82.3
以色列	Israel	100.0	100.0	100.0	100.0	100.0	100.0
日本	Japan	100.0	100.0	100.0	100.0	100.0	100.0
哈萨克斯坦	Kazakhstan	96.8	97.5	96.5	97.0	97.1	98.1
韩国	Korea, Rep.	100.0	100.0	100.0	100.0	100.0	100.0
老挝	Laos	28.0	70.9	66.1	94.5	17.2	56.0
马来西亚	Malaysia	91.2	96.0	92.8	96.1	88.5	95.9
蒙古	Mongolia	48.2	59.7	65.1	66.4	25.8	42.6
缅甸	Myanmar	61.9	79.6	78.6	84.3	55.8	77.1
巴基斯坦	Pakistan	36.9	63.5	71.6	83.1	19.6	51.1
菲律宾	Philippines	63.8	73.9	72.5	77.9	55.9	70.8
新加坡	Singapore	99.7	100.0	99.7	100.0		
斯里兰卡	Sri Lanka	81.2	95.1	85.1	88.1	80.3	96.7
泰国	Thailand	91.3	93.0	89.4	89.9	92.2	96.1
越南	Viet Nam	52.9	78.0	76.7	94.4	45.2	69.7
埃及	Egypt	84.3	94.7	94.5	96.8	76.7	93.1
尼日利亚	Nigeria	34.0	29.0	35.8	32.8	33.1	25.4
南非	South Africa	57.2	66.4	66.0	69.6	45.6	60.5
加拿大	Canada	99.8	99.8	100.0	100.0	99.0	99.0
墨西哥	Mexico	74.7	85.2	82.7	88.0	51.2	74.5
美国	United States	99.7	100.0	99.9	100.0	99.2	100.0
阿根廷	Argentina	91.4	96.4	92.5	96.2	81.9	98.3
巴西	Brazil	74.7	82.8	82.8	88.0	39.6	51.5
委内瑞拉	Venezuela	88.3	94.4	92.7	97.5	56.0	69.9
捷克	Czech Rep.	99.1	99.1	99.1	99.1	99.3	99.2
法国	France	98.7	98.7	98.6	98.6	98.9	98.9
德国	Germany	99.2	99.2	99.3	99.3	99.0	99.0
意大利	Italy	99.5	99.5	99.5	99.5	99.6	99.6
荷兰	Netherlands	98.1	97.7	97.5	97.5	99.9	99.9
波兰	Poland	87.0	97.2	94.0	97.5	75.8	96.7
俄罗斯联邦	Russian Fed.	72.5	72.2	77.5	77.0	58.5	58.7
西班牙	Spain	99.9	99.9	99.9	99.8	100.0	100.0
土耳其	Turkey	88.1	94.9	96.9	98.3	72.0	85.5
乌克兰	Ukraine	94.7	95.9	97.1	97.4	89.7	92.6
英国	United Kingdom	99.2	99.2	99.1	99.1	99.6	99.6
澳大利亚	Australia	100.0	100.0	100.0	100.0	100.0	100.0

资料来源：世界卫生组织数据库，更新时间2022年11月19日。
Source: World Health Organization Database, last updated date 2022/11/19.

13-8 享有清洁饮用水源人口占总人口比重
Percentage of Population with Access to Improved Water Source

单位：%　　(%)

国家和地区	Country or Area	享有清洁饮用水源人口占总人口比重 Percentage of Population with Access to Improved Water Source		城市享有清洁饮用水源人口占总人口比重 Percentage of Population with Access to Improved Water Source in Urban Areas		农村享有清洁饮用水源人口占总人口比重 Percentage of Population with Access to Improved Water Source in Rural Areas	
		2000	2015	2000	2015	2000	2015
世界	**World**	**82.5**	**91.0**	**95.5**	**96.5**	**71.2**	**84.6**
高收入国家	**High Income**	**98.8**	**99.5**	**99.5**	**99.7**	**96.6**	**98.9**
中等收入国家	**Middle Income**	**81.5**	**92.2**	**94.4**	**96.1**	**72.3**	**88.1**
低收入国家	**Low Income**	**52.4**	**65.6**	**83.5**	**86.7**	**41.7**	**56.3**
中国	China	80.3	95.5	97.2	97.5	70.8	93.0
孟加拉国	Bangladesh	76.0	86.9	83.2	86.5	73.7	87.0
柬埔寨	Cambodia	41.6	75.5	57.1	100.0	38.1	69.1
印度	India	80.6	94.1	92.3	97.1	76.1	92.6
印度尼西亚	Indonesia	77.9	87.4	91.3	94.2	68.2	79.5
伊朗	Iran	94.1	96.2	98.3	97.7	86.8	92.1
以色列	Israel	100.0	100.0	100.0	100.0	100.0	100.0
日本	Japan	100.0	100.0	100.0	100.0	100.0	100.0
哈萨克斯坦	Kazakhstan	93.8	92.9	98.0	99.4	88.5	85.6
韩国	Korea, Rep.	93.4		98.1	99.7	75.3	
老挝	Laos	45.5	75.7	72.2	85.6	37.9	69.4
马来西亚	Malaysia	94.1	98.2	97.4	100.0	88.6	93.0
蒙古	Mongolia	56.3	64.4	74.2	66.4	32.4	59.2
缅甸	Myanmar	66.6	80.6	84.6	92.7	59.9	74.4
巴基斯坦	Pakistan	88.5	91.4	95.4	93.9	85.0	89.9
菲律宾	Philippines	87.1	91.8	92.0	93.7	82.5	90.3
新加坡	Singapore	100.0	100.0	100.0	100.0		
斯里兰卡	Sri Lanka	79.7	95.6	94.8	98.5	76.3	95.0
泰国	Thailand	91.9	97.8	96.6	97.6	89.7	98.0
越南	Viet Nam	77.4	97.6	93.6	99.1	72.2	96.9
埃及	Egypt	95.9	99.4	98.1	100.0	94.1	99.0
尼日利亚	Nigeria	51.8	68.5	78.2	80.8	37.7	57.3
南非	South Africa	86.5	93.2	98.5	99.6	70.6	81.4
加拿大	Canada	99.8	99.8	100.0	100.0	99.0	99.0
墨西哥	Mexico	88.6	96.1	93.8	97.2	73.0	92.1
美国	United States	98.8	99.2	99.6	99.4	95.8	98.2
阿根廷	Argentina	96.3	99.1	98.1	99.0	81.3	100.0
巴西	Brazil	93.5	98.1	97.6	100.0	75.7	87.0
委内瑞拉	Venezuela	91.1	93.1	93.6	95.0	72.5	77.9
捷克	Czech Rep.	99.8	100.0	99.9	100.0	99.6	100.0
法国	France	100.0	100.0	100.0	100.0	100.0	100.0
德国	Germany	100.0	100.0	100.0	100.0	100.0	100.0
意大利	Italy	100.0	100.0	100.0	100.0	100.0	100.0
荷兰	Netherlands	100.0	100.0	100.0	100.0	100.0	100.0
波兰	Poland	95.9	98.3	99.0	99.3	91.0	96.9
俄罗斯	Russian Fed.	94.9	96.9	98.2	98.9	85.6	91.2
西班牙	Spain	99.9	100.0	99.9	100.0	100.0	100.0
土耳其	Turkey	92.6	100.0	96.8	100.0	84.7	100.0
乌克兰	Ukraine	97.6	96.2	99.9	95.5	93.0	97.8
英国	United Kingdom	100.0	100.0	100.0	100.0	100.0	100.0
澳大利亚	Australia	100.0	100.0	100.0	100.0	100.0	100.0
新西兰	New Zealand	100.0	100.0	100.0	100.0	100.0	100.0

资料来源：世界卫生组织数据库，更新时间2022年11月19日。
Source: World Health Organization Database, last updated date 2022/11/19.

13-9 每千人口医生数和医院床位数
Physicians and Hospital Beds per 1000 Persons

国家和地区	Country or Area	每千人口医生数(人) Physicians per 1000 Persons (person)			每千人口医院床位数(张) Hospital Beds per 1000 Persons (bed)		
		2000	2010	2017	2000	2010	2017
世界	**World**	**1.24**	**1.33**	**1.56**	**2.9**	**2.6**	**2.9**
高收入国家	**High Income**	**2.56**	**2.75**	**3.07**	**6.1**	**5.4**	**5.3**
中等收入国家	**Middle Income**	**1.00**	**1.12**	**1.38**	**2.1**	**2.0**	**2.4**
低收入国家	**Low Income**	**0.15**	**0.30**	**0.32**			
中国	China	1.24	1.45	1.98	1.7	2.5	4.3
孟加拉国	Bangladesh		0.36	0.54			
文莱	Brunei Darussalam	1.01	1.45	1.61	2.5	2.5	2.9
柬埔寨	Cambodia	0.17	0.23			0.8	
印度	India	0.53	0.66	0.78	0.7	0.5	0.5
印度尼西亚	Indonesia	0.16	0.14	0.38		0.6	1.0
伊朗	Iran, Islamic Rep.		0.89	1.13	1.6	1.7	1.6
以色列	Israel	3.82	3.52	3.48	3.9	3.2	3.0
日本	Japan	2.01	2.21		14.7	13.5	13.1
哈萨克斯坦	Kazakhstan	3.28	3.93		7.2	7.3	
韩国	Korea, Rep.	1.30	1.98	2.36	4.7	8.7	12.3
老挝	Lao PDR	0.29	0.78	0.37		0.7	
马来西亚	Malaysia	0.70	1.17			1.8	1.9
蒙古	Mongolia		2.76			6.0	8.0
缅甸	Myanmar	0.30	0.52	0.86	0.7		1.0
巴基斯坦	Pakistan	0.65	0.81	1.00	0.7	0.6	0.6
菲律宾	Philippines	1.22	1.27	0.60		1.1	
新加坡	Singapore		1.72				2.5
斯里兰卡	Sri Lanka	0.42	0.72	0.93	2.9	3.5	4.2
泰国	Thailand	0.37	0.39	0.81	2.2	2.1	
越南	Vietnam		0.71		2.3	2.9	
埃及	Egypt, Arab Rep.	2.12	2.83	0.80	2.1	1.7	1.4
尼日利亚	Nigeria	0.27	0.18		1.2		
南非	South Africa		0.73	0.91		2.3	
加拿大	Canada		2.04	2.61	3.8	2.8	2.5
墨西哥	Mexico	1.98	2.24	2.38	1.1	1.1	1.0
美国	United States	2.59	2.44	2.61	3.5	3.1	2.9
阿根廷	Argentina		3.21	3.99	4.1	4.5	5.0
巴西	Brazil	1.13	1.81	2.17	2.8	2.4	2.1
委内瑞拉	Venezuela, RB						0.9
捷克	Czechia	3.36	3.52	4.07	7.8	7.3	6.6
法国	France	3.35	3.37	3.26	8.0	6.4	6.0
德国	Germany	3.28	3.76	4.25	9.1	8.3	8.0
意大利	Italy	3.46	3.82	3.98	4.7	3.6	3.2
荷兰	Netherlands	2.44	2.95	3.61	4.9	4.1	3.3
波兰	Poland	2.21	2.17	2.38	4.9	6.6	6.6
俄罗斯	Russian Federation	2.32	2.39		11.4	9.4	8.1
西班牙	Spain	3.12	3.03	3.87	3.7	3.1	3.0
土耳其	Turkiye	1.35	1.71	1.85	2.1	2.7	2.8
乌克兰	Ukraine	3.03	3.48		8.8	9.4	
英国	United Kingdom	1.99	2.63	2.79	4.1	2.9	2.5
澳大利亚	Australia	2.50	3.34	3.68	4.0	3.8	
新西兰	New Zealand		3.07	3.47		2.8	2.7

资料来源：世界银行数据库，更新时间2022年9月7日。
Source: World Bank Database, last updated date 2022/9/7.

13-10 儿童健康情况
Statistics on Children Health

国家和地区	Country or Area	新生儿死亡率 (‰) Neonatal Mortality Rate (‰)		5岁以下儿童死亡率 (‰) Mortality Rate of Children Aged＜5 (‰)	
		2000	2020	2000	2020
世界	**World**	**30.3**	**17.0**	**75.8**	**38.7**
高收入国家	**High Income**	**4.4**	**2.7**	**8.2**	**5.3**
中等收入国家	**Middle Income**	**31.9**	**16.6**	**73.3**	**35.9**
低收入国家	**Low Income**	**41.2**	**26.4**	**143.6**	**70.9**
中国	China	21.0	3.5	36.8	7.8
孟加拉国	Bangladesh	42.8	17.5	86.5	31.0
文莱	Brunei Darussalam	5.0	6.1	10.3	12.6
柬埔寨	Cambodia	35.3	13.2	106.3	28.6
印度	India	45.0	20.3	91.8	32.2
印度尼西亚	Indonesia	22.8	11.7	52.2	25.4
伊朗	Iran, Islamic Rep.	18.8	8.3	34.3	13.6
以色列	Israel	3.6	1.9	6.9	3.8
日本	Japan	1.8	0.8	4.5	2.6
哈萨克斯坦	Kazakhstan	22.7	4.8	42.2	11.3
韩国	Korea, Rep.	3.4	1.5	7.5	3.3
老挝	Lao PDR	38.0	21.7	106.4	48.5
马来西亚	Malaysia	4.9	4.6	10.2	9.3
蒙古	Mongolia	23.5	7.9	65.5	17.1
缅甸	Myanmar	37.3	22.3	89.0	47.8
巴基斯坦	Pakistan	56.9	40.4	107.5	69.6
菲律宾	Philippines	16.3	12.6	37.7	29.1
新加坡	Singapore	1.6	0.8	3.9	2.4
斯里兰卡	Sri Lanka	9.6	4.0	16.5	7.6
泰国	Thailand	12.8	4.9	22.0	9.5
越南	Vietnam	15.4	10.0	29.7	24.4
埃及	Egypt, Arab Rep.	22.3	10.3	46.6	20.7
尼日利亚	Nigeria	46.3	35.5	183.1	120.1
南非	South Africa	14.9	10.6	71.1	34.8
加拿大	Canada	3.7	3.2	6.2	5.4
墨西哥	Mexico	14.2	8.4	28.2	14.9
美国	United States	4.6	3.4	8.4	6.9
阿根廷	Argentina	10.9	4.6	19.6	9.6
巴西	Brazil	18.0	8.7	34.6	16.4
委内瑞拉	Venezuela, RB	11.1	14.6	21.6	26.2
捷克	Czechia	2.7	1.6	5.5	3.3
法国	France	2.7	2.6	5.4	4.8
德国	Germany	2.8	2.2	5.4	3.9
意大利	Italy	3.5	1.7	5.6	3.1
荷兰	Netherlands	3.8	2.7	6.2	4.6
波兰	Poland	5.8	2.7	9.3	4.7
俄罗斯	Russian Federation	9.0	2.3	19.3	6.0
西班牙	Spain	2.8	1.7	5.4	3.5
土耳其	Turkiye	18.7	5.0	38.6	10.1
乌克兰	Ukraine	11.2	4.8	18.3	8.9
英国	United Kingdom	3.8	2.7	6.5	4.6
澳大利亚	Australia	3.5	2.4	6.2	4.0
新西兰	New Zealand	3.5	2.6	7.4	5.1

资料来源：世界银行数据库，更新时间2022年9月7日。
Source: World Bank Database, last updated date 2022/9/7.

13–11 生殖健康情况
Statistics on Reproductive Health

国家和地区	Country or Area	总和生育率 Total Fertility Rate		15–49岁女性避孕普及率 (%) Contraceptive Prevalence (% of women ages 15-49)		孕产妇死亡率① (1/10 0000) Maternal Mortality Ratio (1/10 0000)	
		2000	2020	2000	2019	2000	2017
世界	**World**	**2.7**	**2.4**	**60.3**	**62.9**	**342**	**211**
中国	China	1.6	1.7	83.8		59	29
中国香港	Hong Kong SAR, China	1.0	0.9				
中国澳门	Macao SAR, China	1.0	1.2				
孟加拉国	Bangladesh	3.2	2.0	54.3	62.7	434	173
文莱	Brunei Darussalam	2.3	1.8			28	31
柬埔寨	Cambodia	3.8	2.5	23.8		488	160
印度	India	3.3	2.2	46.9		370	145
印度尼西亚	Indonesia	2.5	2.3	54.8		272	177
伊朗	Iran, Islamic Rep.	2.1	2.1	73.8		48	16
以色列	Israel	3.0	2.9			7	3
日本	Japan	1.4	1.3	55.9		9	5
哈萨克斯坦	Kazakhstan	1.8	3.1			61	10
韩国	Korea, Rep.	1.5	0.8	79.3		17	11
老挝	Lao PDR	4.3	2.6	32.2		544	185
马来西亚	Malaysia	2.8	2.0			38	29
蒙古	Mongolia	2.1	2.8	67.4		155	45
缅甸	Myanmar	2.9	2.1			340	250
巴基斯坦	Pakistan	5.0	3.4		34.0	286	140
菲律宾	Philippines	3.8	2.5	47.0		160	121
新加坡	Singapore	1.6	1.1			13	8
斯里兰卡	Sri Lanka	2.2	2.2	70.0		56	36
泰国	Thailand	1.7	1.5	79.2	73.0	43	37
越南	Vietnam	2.0	2.0	74.2	76.5	68	43
埃及	Egypt, Arab Rep.	3.3	3.2	56.1		64	37
尼日利亚	Nigeria	6.1	5.2			1200	917
南非	South Africa	2.7	2.4			160	119
加拿大	Canada	1.5	1.4			9	10
墨西哥	Mexico	2.7	2.1	70.0		55	33
美国	United States	2.1	1.6			12	19
阿根廷	Argentina	2.5	2.2			66	39
巴西	Brazil	2.3	1.7			69	60
委内瑞拉	Venezuela, RB	2.8	2.2			119	125
捷克	Czechia	1.2	1.7			7	3
法国	France	1.9	1.8	81.8		10	8
德国	Germany	1.4	1.5			7	7
意大利	Italy	1.3	1.2			4	2
荷兰	Netherlands	1.7	1.6			13	5
波兰	Poland	1.4	1.4			7	2
俄罗斯	Russian Federation	1.2	1.5			56	17
西班牙	Spain	1.2	1.2			5	4
土耳其	Turkiye	2.5	2.0			42	17
乌克兰	Ukraine	1.1	1.2	71.6		35	19
英国	United Kingdom	1.6	1.6	76.0		10	7
澳大利亚	Australia	1.8	1.6			7	6
新西兰	New Zealand	2.0	1.6			12	9

注：数据是通过回归模型得出的估计值，使用了生育、分娩护理、以及艾滋病流行率等方面的信息。

资料来源：世界银行数据库，更新时间2022年9月7日。

Note: The data are estimated with a regression model using information on the proportion of maternal deaths among non-AIDS deaths in women ages 15-49, fertility and birth attendants.

Source: World Bank Database, last updated date 2022/9/7.

13–12　经常性卫生费用与国内生产总值之比及构成
Current Health Expenditure as Percentage of GDP and Composition

单位：%　　(%)

国家和地区	Country or Area	经常性卫生费用与国内生产总值之比 Current Health Expenditure as Percentage of GDP		广义政府卫生支出占经常性卫生费用的比重 Domestic General Government Health Expenditure as Percentage of Current Health Expenditure		私人部门卫生支出占经常性卫生费用的比重 Domestic Private Health Expenditure as Percentage of Current Health Expenditure	
		2000	2019	2000	2019	2000	2019
中国	China	4.5	5.4	22.0	56.0	78.0	44.0
孟加拉国	Bangladesh	2.0	2.5	28.7	18.6	63.4	75.3
文莱	Brunei Darussalam	2.5	2.2	84.2	94.3	15.8	5.7
柬埔寨	Cambodia	6.5	7.0	19.8	24.3	78.1	69.2
印度	India	4.0	3.0	20.7	32.8	76.6	66.4
印度尼西亚	Indonesia	1.9	2.9	28.8	48.9	68.4	50.5
伊朗	Iran, Islamic Rep.	4.7	6.7	37.7	49.5	62.3	50.5
以色列	Israel	6.8	7.5	63.1	64.8	34.6	33.1
日本	Japan	7.2	10.7	80.4	83.9	19.6	16.1
哈萨克斯坦	Kazakhstan	4.2	2.8	50.9	59.9	49.1	40.1
韩国	Korea, Rep.	3.9	8.2	50.3	59.5	49.7	40.5
老挝	Lao PDR	4.3	2.6	28.8	36.9	61.3	41.9
马来西亚	Malaysia	2.5	3.8	46.4	52.2	53.6	47.8
蒙古	Mongolia	4.9	3.8	74.3	56.6	24.6	38.2
缅甸	Myanmar	1.7	4.7	13.2	15.8	85.7	76.0
巴基斯坦	Pakistan	2.9	3.4	35.1	32.0	64.1	60.9
菲律宾	Philippines	3.2	4.1	44.4	40.6	52.1	59.0
新加坡	Singapore	3.3	4.1	36.3	50.2	63.7	49.8
斯里兰卡	Sri Lanka	4.2	4.1	53.6	47.2	45.5	51.4
泰国	Thailand	3.1	3.8	55.2	71.7	44.8	28.2
越南	Vietnam	4.8	5.2	34.9	43.8	60.9	55.2
埃及	Egypt, Arab Rep.	4.9	4.7	35.2	27.8	64.8	71.2
尼日利亚	Nigeria	3.2	3.0	18.3	15.9	64.7	71.3
南非	South Africa	7.4	9.1	36.8	58.8	61.7	40.1
加拿大	Canada	8.3	10.8	72.9	70.2	27.1	29.8
墨西哥	Mexico	4.4	5.4	45.2	49.3	54.8	50.7
美国	United States	12.5	16.8	44.2	50.8	55.8	49.2
阿根廷	Argentina	8.5	9.5	54.7	62.4	45.2	37.4
巴西	Brazil	8.3	9.6	41.6	40.7	58.0	59.1
委内瑞拉	Venezuela, RB	7.3	5.4	45.9	46.0	54.1	53.9
捷克	Czechia	5.7	7.8	88.7	81.5	11.3	18.5
法国	France	9.6	11.1	72.7	75.3	27.3	24.7
德国	Germany	9.9	11.7	78.2	77.7	21.8	22.3
意大利	Italy	7.6	8.7	72.6	73.9	27.4	26.1
荷兰	Netherlands	7.7	10.1	69.0	65.9	31.0	34.1
波兰	Poland	5.3	6.4	68.2	71.4	31.8	28.6
俄罗斯	Russian Federation	5.0	5.6	59.4	61.2	40.4	38.8
西班牙	Spain	6.8	9.1	71.6	70.6	28.4	29.4
土耳其	Turkiye	4.6	4.3	61.7	77.9	38.3	22.1
乌克兰	Ukraine	5.3	7.1	47.3	44.8	52.5	54.5
英国	United Kingdom	7.3	10.2	76.8	79.5	23.2	20.5
澳大利亚	Australia	7.6	9.9	71.8	71.7	28.2	28.3
新西兰	New Zealand	7.5	9.7	74.5	75.6	25.5	24.4

资料来源：世界银行数据库，更新时间2022年9月7日。
Source: World Bank Database, last updated date 2022/9/7.

13–13 人均经常性卫生费用及人均广义政府卫生支出
Current Health Expenditure per Capita and Domestic General Government Health Expenditure per Capita

单位：美元 (USD)

国家和地区	Country or Area	人均经常性卫生费用 Current Health Expenditure per Capita			人均广义政府卫生支出 Domestic General Government Health Expenditure per Capita		
		2000	2010	2019	2000	2010	2019
中国	China	42.1	186.5	535.1	9.3	96.8	299.6
孟加拉国	Bangladesh	8.6	20.8	45.9	2.5	4.4	8.5
文莱	Brunei Darussalam	508.5	803.5	671.6	428.0	737.1	633.4
柬埔寨	Cambodia	19.7	54.3	113.3	3.9	10.7	27.5
印度	India	18.5	45.1	63.7	3.8	11.8	20.9
印度尼西亚	Indonesia	16.2	92.5	120.1	4.7	23.8	58.8
伊朗	Iran, Islamic Rep.	80.9	445.7	470.4	30.5	144.2	232.9
以色列	Israel	1513.9	2234.9	3456.4	955.3	1403.6	2239.0
日本	Japan	2740.7	4060.5	4360.5	2204.3	3326.6	3656.6
哈萨克斯坦	Kazakhstan	51.0	249.3	273.0	26.0	168.0	163.6
韩国	Korea, Rep.	474.0	1366.4	2624.5	238.5	810.9	1562.3
老挝	Lao PDR	14.4	35.0	68.2	4.1	7.3	25.2
马来西亚	Malaysia	111.3	292.0	436.6	51.7	153.9	227.9
蒙古	Mongolia	27.0	98.8	163.4	20.1	64.6	92.6
缅甸	Myanmar	4.3	19.6	60.0	0.6	1.9	9.5
巴基斯坦	Pakistan	15.6	25.3	39.5	5.5	5.6	12.6
菲律宾	Philippines	32.8	91.6	142.1	14.6	29.2	57.7
新加坡	Singapore	797.3	1496.8	2632.7	289.7	537.0	1321.7
斯里兰卡	Sri Lanka	43.7	108.3	160.7	23.4	43.8	75.9
泰国	Thailand	62.3	172.1	296.2	34.4	127.0	212.2
越南	Vietnam	18.9	78.6	180.7	6.6	31.2	79.2
埃及	Egypt, Arab Rep.	73.7	113.2	149.8	25.9	37.3	41.6
尼日利亚	Nigeria	17.7	76.8	71.5	3.2	10.4	11.4
南非	South Africa	225.5	543.4	546.7	83.0	286.8	321.2
加拿大	Canada	2007.9	5048.3	5048.4	1462.8	3694.1	3542.3
墨西哥	Mexico	318.5	554.0	540.4	144.0	269.5	266.4
美国	United States	4564.5	7930.2	10921.0	2017.0	3857.1	5552.6
阿根廷	Argentina	708.8	985.0	946.0	387.9	580.7	589.9
巴西	Brazil	312.5	896.7	853.4	130.1	403.7	347.7
委内瑞拉	Venezuela, RB	355.1	945.9	338.8	162.9	358.2	156.0
捷克	Czechia	342.9	1373.9	1844.2	304.2	1142.1	1503.0
法国	France	2161.9	4598.3	4491.7	1572.3	3240.3	3382.8
德国	Germany	2344.4	4611.8	5440.3	1833.4	3491.1	4228.5
意大利	Italy	1524.2	3217.7	2905.5	1107.2	2524.4	2147.7
荷兰	Netherlands	2028.2	5191.7	5335.3	1400.2	3492.1	3515.8
波兰	Poland	238.0	809.2	1014.0	162.3	577.4	723.9
俄罗斯	Russian Federation	95.4	566.1	653.4	56.6	347.5	399.6
西班牙	Spain	1005.3	2789.5	2711.2	727.3	2076.6	1914.6
土耳其	Turkiye	199.5	539.3	396.5	123.0	420.7	308.9
乌克兰	Ukraine	35.1	202.3	248.1	16.6	109.5	111.1
英国	United Kingdom	2054.2	3955.5	4312.9	1578.2	3254.4	3427.4
澳大利亚	Australia	1638.8	4945.0	5427.5	1177.3	3578.1	3890.5
新西兰	New Zealand	1053.9	3216.2	4211.0	785.1	2517.4	3181.9

资料来源：世界银行数据库，更新时间2022年9月7日。
Source: World Bank Database, last updated date 2022/9/7.

13-14　15岁及以上成人识字率
Adult Literacy Rate as Percentage of People Aged 15 and Above

单位：%　　　　(%)

国家和地区	Country or Area	总计 Total		男性 Male		女性 Female	
		2010	2018	2010	2018	2010	2018
世界	**World**	**84.0**	**86.2**	**88.3**	**89.8**	**79.8**	**82.7**
高收入国家	**High Income**						
中等收入国家	**Middle Income**	**83.5**	**86.1**	**88.1**	**89.9**	**78.9**	**82.3**
低收入国家	**Low Income**	**54.3**	**60.5**	**63.9**	**68.3**	**44.9**	**52.9**
中国	China	95.1	96.8	97.5	98.5	92.7	95.2
孟加拉国	Bangladesh		73.9		76.7		71.2
文莱	Brunei Darussalam		97.2		98.1		96.3
柬埔寨	Cambodia						
印度	India		74.4		82.4		65.8
印度尼西亚	Indonesia		95.7		97.3		94.0
伊朗	Iran, Islamic Rep.						
以色列	Israel						
日本	Japan						
哈萨克斯坦	Kazakhstan	99.8	99.8	99.8	99.8	99.7	99.7
韩国	Korea, Rep.						
老挝	Lao PDR						
马来西亚	Malaysia	93.1	94.9	95.4	96.1	90.7	93.5
蒙古	Mongolia	98.3		98.2		98.3	
缅甸	Myanmar						
巴基斯坦	Pakistan	55.4	57.0	68.9	69.3	41.0	45.4
菲律宾	Philippines						
新加坡	Singapore	95.9	97.3	98.0	98.9	93.8	95.9
斯里兰卡	Sri Lanka	91.2	91.7	92.6	92.8	90.0	90.8
泰国	Thailand	96.4	93.8	96.4	95.2	96.4	92.4
越南	Vietnam						
埃及	Egypt, Arab Rep.	72.0		80.3		63.5	
尼日利亚	Nigeria		62.0		71.3		52.7
南非	South Africa	92.9		94.1		91.7	
加拿大	Canada						
墨西哥	Mexico	93.1	95.4	94.4	96.2	91.9	94.6
美国	United States						
阿根廷	Argentina	99.0	99.0	99.0	98.9	98.9	99.1
巴西	Brazil	90.4	93.2	90.1	93.0	90.7	93.4
委内瑞拉	Venezuela, RB						
捷克	Czechia						
法国	France						
德国	Germany						
意大利	Italy		99.2		99.4		99.0
荷兰	Netherlands						
波兰	Poland						
俄罗斯	Russian Federation	99.7	99.7	99.7	99.7	99.6	99.7
西班牙	Spain	97.7	98.4	98.5	98.9	97.0	98.0
土耳其	Turkiye	92.7		97.3		88.1	
乌克兰	Ukraine						
英国	United Kingdom						
澳大利亚	Australia						
新西兰	New Zealand						

资料来源：世界银行数据库，更新时间2021年9月7日。
Source: World Bank Database, last updated date 2021/9/7.

13-15 25岁以上人口平均受教育年限
Mean Schooling Years of Population Over 25 Years Old

单位：年 (year)

国家和地区	Country or Area	2016	2017	2018	2019	2020
中国	China					
中国香港	Hong Kong, China		12.2		12.2	
中国澳门	Macao, China	10.5				
孟加拉国	Bangladesh	6.1	6.3	6.4	6.6	7.4
印度尼西亚	Indonesia	8.0		8.2		8.6
以色列	Israel					
哈萨克斯坦	Kazakhstan			12.2		
韩国	Korea, Rep.					
科威特	Kuwait		7.2	7.2		
马来西亚	Malaysia	10.4			10.7	
蒙古	Mongolia					9.4
巴基斯坦	Pakistan	5.2	5.1		4.5	
菲律宾	Philippines		8.5		9.0	
新加坡	Singapore	11.6	11.6	11.7	11.9	11.9
塔吉克斯坦	Tajikistan		11.4			
泰国	Thailand	8.3		8.4	8.7	
塞内加尔	Senegal		2.8			
南非	South Africa		10.1		11.4	
墨西哥	Mexico	8.6	8.7	8.9		9.2
美国	United States	13.3		13.5		13.7
巴西	Brazil	7.7	7.9	8.0		
委内瑞拉	Venezuela	10.3				
捷克	Czech Rep.	12.7	12.8		12.9	
法国	France	11.4	11.4		11.6	
德国	Germany	14.1		14.1		14.3
意大利	Italy					10.7
荷兰	Netherlands	12.2		12.3		12.6
波兰	Poland	13.0				13.2
俄罗斯	Russia					
西班牙	Spain	10.0		10.1		10.6
英国	United Kingdom		13.2			13.4
澳大利亚	Australia	12.4	12.4	12.6	12.7	12.7

资料来源：联合国教科文组织统计研究所数据中心，更新时间2022年9月。
Source: UNESCO Institute of Statistics Data Centre, last updated date September 2022.

13–16 各级教育毛入学率
Gross Enrollment Ratio of School by Level

单位：% (%)

国家和地区	Country or Area	初等教育 Primary Education		中等教育 Secondary Education		高等教育 Tertiary Education	
		2000	2019	2000	2019	2000	2019
中国	China		101.9	60.3		7.6	53.8
中国香港	Hong Kong, China		109.3		107.7		81.0
中国澳门	Macao, China	104.1	101.3	83.1	101.0	27.6	100.1
孟加拉国	Bangladesh			49.8	72.6	5.6	24.0
文莱	Brunei Darussalam	110.2	100.1	84.6	92.1	12.7	31.5
柬埔寨	Cambodia	106.9	106.5	17.3		2.5	14.7
印度	India	94.3	96.8	44.9	73.8	9.5	28.6
印度尼西亚	Indonesia	108.8		55.1		14.9	
伊朗	Iran	101.2		77.5		18.7	60.4
以色列	Israel	107.2	104.5	104.2	105.0	50.0	60.3
日本	Japan		97.6①		102.0①		64.1①
哈萨克斯坦	Kazakhstan	97.0	104.4	93.7	113.2	31.8	61.7
韩国	Korea, Rep.	100.6	101.0	96.0	95.9	76.7	98.4
老挝	Laos	107.0	100.0	34.1	65.8	2.7	14.5
马来西亚	Malaysia	98.7	104.4	77.4	83.7	25.6	43.1
蒙古	Mongolia	99.0	103.4	65.1	91.5	30.2	68.8
缅甸	Myanmar	98.1		36.9			
巴基斯坦	Pakistan	70.9	95.5		44.9		12.2
菲律宾	Philippines	109.4	99.1		89.8		
新加坡	Singapore		100.7		104.7		91.1
斯里兰卡	Sri Lanka		100.2				21.1
泰国	Thailand	97.6	101.1		115.2	34.9	
越南	Viet Nam	109.5	115.4			9.5	28.6
埃及	Egypt	93.8	106.4	82.0	89.5		
尼日利亚	Nigeria	98.7		24.6			
南非	South Africa	101.5	98.4	81.0	102.6		23.9
加拿大	Canada	100.8	101.0	101.9	114.3	59.1	75.7
墨西哥	Mexico	109.0	104.7	71.8	104.6	20.5	42.8
美国	United States		101.0		100.1		87.9
阿根廷	Argentina	115.7	109.5	95.9	108.2	54.0	95.4
巴西	Brazil		112.0		104.0		55.1
委内瑞拉	Venezuela	101.4		60.5		28.7	
捷克	Czech Rep.	103.3	100.3	88.3	101.3	28.3	65.6
法国	France	100.4	102.5	105.6	104.3	50.6	68.4
德国	Germany	105.3	102.5	99.9	97.5		73.5
意大利	Italy	103.9	101.0	93.1	101.2	49.8	66.1
荷兰	Netherlands	108.0	106.1	122.4	134.4	52.3	
波兰	Poland	98.6	97.2	100.1	111.8	49.7	69.2
俄罗斯	Russian Fed.	102.8	104.2		103.6	55.8	86.4
西班牙	Spain	104.5	102.4	110.3	125.9	57.7	92.9
乌克兰	Ukraine	113.2		102.1		48.8	
英国	United Kingdom	100.4	100.5	101.9	118.7	58.5	65.8
澳大利亚	Australia	100.7	99.7		140.6		116.0
新西兰	New Zealand	99.5	101.7	110.8	123.1		80.3

注：①2018年数据。
资料来源：联合国教科文组织统计研究所数据中心，更新时间2022年9月7日。
Note: ①Data refer to 2018.
Source: UNESCO Institute of Statistics Data Centre, last updated date 2022/9/7.

13–17　教育经费情况
Statistics on Education Expenditure

国家和地区	Country or Area	政府教育支出与国内生产总值之比(%) Government Expenditure on Education as Percentage of GDP(%)			政府教育支出占政府总支出的比重(%) Government Expenditure on Education as Percentage of Total Government Expenditure(%)		
		2000	2010	2020	2000	2010	2020
中国	China		3.8	3.6		13.6	10.5
中国香港	Hong Kong SAR, China		3.5	4.4		19.9	20.6
中国澳门	Macao SAR, China	3.3	2.6	6.3	11.8	13.0	12.3
孟加拉国	Bangladesh	2.1			20.5	21.0	11.8
文莱	Brunei Darussalam	3.7	2.0		8.9	5.3	
柬埔寨	Cambodia	1.7	1.5		11.1	7.3	
印度	India	4.3	3.4	4.5	16.7	11.8	16.5
印度尼西亚	Indonesia		2.8			16.7	19.2
伊朗	Iran, Islamic Rep.	4.0	3.7	3.6	20.6	19.3	23.1
以色列	Israel	6.1	5.5		13.7	13.7	
日本	Japan						
哈萨克斯坦	Kazakhstan	3.3	3.5				
韩国	Korea, Rep.						
老挝	Lao PDR	1.5	1.7	2.2	7.3	7.2	
马来西亚	Malaysia	6.0	5.0	3.9	21.4	18.4	15.4
蒙古	Mongolia	5.6	4.6		16.1	14.7	16.4
缅甸	Myanmar		0.9			7.5	
巴基斯坦	Pakistan	1.8	2.3		8.5	11.9	
菲律宾	Philippines	3.2	2.3	3.9	15.2		14.2
新加坡	Singapore	3.3	3.1	2.5	20.3	18.6	11.9
斯里兰卡	Sri Lanka		1.7			8.6	
泰国	Thailand	5.3	3.5		28.4	16.2	12.1
越南	Vietnam		5.1			17.1	14.4
埃及	Egypt, Arab Rep.		3.5	2.5			12.3
尼日利亚	Nigeria						5.1
南非	South Africa	5.4	5.7	6.2		18.0	19.5
加拿大	Canada	5.4	5.4		13.0	12.3	
墨西哥	Mexico	4.0	5.2		19.6	18.6	
美国	United States						
阿根廷	Argentina	4.6	5.0		16.2	15.0	
巴西	Brazil	3.9	5.6		11.5	14.2	
委内瑞拉	Venezuela, RB						
捷克	Czechia	3.6	4.0		8.9	9.3	
法国	France						
德国	Germany		4.9			10.3	
意大利	Italy	4.3	4.3		9.2	8.7	
荷兰	Netherlands	4.6	5.5		11.1	11.7	
波兰	Poland	5.0	5.1		11.9	11.1	
俄罗斯	Russian Federation	2.9			9.0		
西班牙	Spain	4.2	4.9		10.7	10.5	
土耳其	Turkiye	2.5			6.4		
乌克兰	Ukraine	4.2	7.4		11.4	15.2	13.1
英国	United Kingdom	4.0	5.7		11.8	12.8	
澳大利亚	Australia	4.9	5.6		13.4	14.3	
新西兰	New Zealand		7.0			15.7	

资料来源：世界银行数据库，更新时间2022年9月7日。
Source: World Bank Database, last updated date 2022/9/7.

13–18 劳动力及劳动参与率(2021年)
Labor Force and Labor Force Participation Rate(2021)

国家和地区	Country or Area	劳动力总数(万人) Total Labor Force (10 000 persons)	女性劳动力占劳动力总数的比重(%) Proportion of Female Labor Force in Total Labor Force(%)
世界	**World**	**345007**	**39.2**
高收入国家	**High Income**	**62521**	**44.5**
中等收入国家	**Middle Income**	**254346**	**37.4**
低收入国家	**Low Income**	**27073**	**43.9**
中国	China	79208	44.5
孟加拉国	Bangladesh	6982	30.4
文莱	Brunei Darussalam	22	40.9
柬埔寨	Cambodia	936	48.4
印度	India	47130	20.3
印度尼西亚	Indonesia	13916	39.6
伊朗	Iran, Islamic Rep.	2641	17.3
以色列	Israel	421	47.7
日本	Japan	6822	44.4
哈萨克斯坦	Kazakhstan	929	48.2
韩国	Korea, Rep.	2855	42.6
老挝	Lao PDR	386	49.1
马来西亚	Malaysia	1628	38.5
蒙古	Mongolia	135	45.0
缅甸	Myanmar	2247	39.3
巴基斯坦	Pakistan	7378	20.2
菲律宾	Philippines	4383	39.3
新加坡	Singapore	327	41.2
斯里兰卡	Sri Lanka	824	33.6
泰国	Thailand	3905	45.9
越南	Vietnam	5615	47.6
埃及	Egypt, Arab Rep.	2846	18.6
尼日利亚	Nigeria	6448	44.2
南非	South Africa	2267	44.8
加拿大	Canada	2101	47.2
墨西哥	Mexico	5730	38.5
美国	United States	16479	46.3
阿根廷	Argentina	2095	43.0
巴西	Brazil	9943	43.2
委内瑞拉	Venezuela, RB	1067	35.0
捷克	Czechia	538	44.3
法国	France	3097	48.7
德国	Germany	4385	47.1
意大利	Italy	2495	42.6
荷兰	Netherlands	990	47.1
波兰	Poland	1825	44.9
俄罗斯	Russian Federation	7177	48.6
西班牙	Spain	2331	47.0
土耳其	Turkiye	3262	32.5
乌克兰	Ukraine	2031	47.7
英国	United Kingdom	3465	47.3
澳大利亚	Australia	1365	47.0
新西兰	New Zealand	290	47.7

资料来源：世界银行数据库，更新时间2022年9月7日。
Source: World Bank Database, last updated date 2022/9/7.

13-19 居民消费支出
Household Consumption Expenditure

国家和地区	Country or Area	居民最终消费支出（现价，亿美元）Household Final Consumption Expenditure (current 100 million USD)				消费价格指数（2010年=100）Consumer Price Index (2010 = 100)
		2000	2010	2020	2021	2021
世界	**World**	**202442.4**	**380322.8**	**469574.4**		
高收入国家	**High Income**	**165416.8**	**272061.5**	**312042.5**		
中等收入国家	**Middle Income**	**34525.3**	**101779.7**	**152492.8**		
低收入国家	**Low Income**	**1554.0**	**4685.0**	**3578.4**	**4109.2**	
中国	China	5660.9	20895.0	56107.4		129.4
孟加拉国	Bangladesh	400.3	854.4	2503.3	2862.9	200.4
文莱	Brunei Darussalam	14.9	20.2	28.5	34.3	102.7
柬埔寨	Cambodia	32.5	91.4	179.8	175.7	137.9
印度	India	2985.5	9169.8	16211.2	18823.5	192.4
印度尼西亚	Indonesia	1017.4	4244.9	6241.4	6600.3	156.5
伊朗	Iran, Islamic Rep.	545.0	2089.5	1109.6		
以色列	Israel	700.3	1328.8	2015.4	2434.9	109.1
日本	Japan	26664.6	32751.0	27113.1		105.2
哈萨克斯坦	Kazakhstan	113.2	671.8	905.8		
韩国	Korea, Rep.	3140.2	5770.1	7603.8	8326.6	118.7
老挝	Lao PDR	15.2	53.2			148.2
马来西亚	Malaysia	410.4	1227.1	2050.1	2156.8	123.1
蒙古	Mongolia	8.5	39.7	80.5	78.9	217.4
缅甸	Myanmar			403.9	301.0	
巴基斯坦	Pakistan	618.9	1412.3	2442.8	2932.0	219.1
菲律宾	Philippines	600.1	1462.6	2715.6	2966.3	137.9
新加坡	Singapore	402.1	871.4	1126.3	1229.5	116.8
斯里兰卡	Sri Lanka	116.7	388.3	574.5	594.1	176.7
泰国	Thailand	684.2	1779.7	2652.8	2633.9	113.7
越南	Vietnam					171.9
埃及	Egypt, Arab Rep.	757.4	1633.0	3134.9	3597.1	319.9
尼日利亚	Nigeria	282.8	2427.5	2762.8	2739.5	354.3
南非	South Africa	995.9	2603.0	2088.2	2545.3	171.6
加拿大	Canada	4061.6	9218.6	9404.4	10859.1	121.6
墨西哥	Mexico	4809.4	6912.7	6860.5	8356.8	154.7
美国	United States	67671.8	102602.6	140475.7		124.3
阿根廷	Argentina	1970.4	2721.1	2474.7	3037.7	
巴西	Brazil	4233.7	13302.2	9110.1	9809.3	187.1
委内瑞拉	Venezuela, RB	606.2	2197.7			
捷克	Czechia	311.6	1025.5	1119.2	1289.6	124.8
法国	France	7355.0	14642.6	13977.1	15397.6	112.4
德国	Germany	10967.0	18735.1	19508.5	20851.5	117.0
意大利	Italy	6943.1	12971.5	10952.9	12133.0	112.5
荷兰	Netherlands	2101.2	3851.3	3828.9	4230.7	120.5
波兰	Poland	1099.4	2950.5	3386.4	3817.5	123.9
俄罗斯	Russian Federation	1199.5	7851.5	7569.1	8864.1	199.4
西班牙	Spain	3567.3	8260.9	7173.2	7921.2	114.0
土耳其	Turkiye	1836.3	4870.1	4085.5	4518.5	314.8
乌克兰	Ukraine	186.0	914.7	1147.8	1385.7	
英国	United Kingdom	11082.5	16001.0	16790.3	19591.0	123.8
澳大利亚	Australia	2408.4	6426.9	7029.7	7967.7	124.3
新西兰	New Zealand	304.7	847.3	1220.3		120.8

资料来源：世界银行数据库，更新时间2022年9月7日。
Source: World Bank Database, last updated date 2022/9/7.

13–20 国际旅游人数
Number of Arrivals and Departures of International Tourism

单位：万人 (10 000 persons)

国家和地区	Country or Area	入境旅游人数 Number of Arrivals			出境旅游人数 Number of Departures		
		2000	2010	2020	2000	2010	2020
世界	**World**	**133238**	**175572**		**112242**	**145702**	
高收入国家	**High Income**	**92978**	**112427**		**64464**	**81113**	
中等收入国家	**Middle Income**	**36902**	**55736**		**30624**	**41923**	
低收入国家	**Low Income**		**1344**				
中国	China	8344	13376	3040	1047	5739	2033
孟加拉国	Bangladesh	20	14		113	191	
文莱	Brunei Darussalam	98		107			
柬埔寨	Cambodia	47	251	131	4	51	33
印度	India	265	578		442	1299	
印度尼西亚	Indonesia	506	700	405	221	624	292
伊朗	Iran, Islamic Rep.	134	294	155			155
以色列	Israel	267	344		353	427	
日本	Japan	476	861	412	1782	1664	317
哈萨克斯坦	Kazakhstan	168	410	204		602	287
韩国	Korea, Rep.	532	880	252	551	1249	428
老挝	Lao PDR	74	251	89		169	71
马来西亚	Malaysia	1022	2458	433	3053		
蒙古	Mongolia	16	56	7			
缅甸	Myanmar	42	79	90			
巴基斯坦	Pakistan	56	91				
菲律宾	Philippines	199	352	148	167		148
新加坡	Singapore	769	1164	274	444	734	154
斯里兰卡	Sri Lanka	45	77	54	52	112	31
泰国	Thailand	958	1594		191	545	
越南	Vietnam	214	505	384			
埃及	Egypt, Arab Rep.	551	1473			462	
尼日利亚	Nigeria	149	611				
南非	South Africa	600	1130	389			
加拿大	Canada	4864	2562			5362	
墨西哥	Mexico	10567	8195	5113	12727	9166	3606
美国	United States	7834	16228	4504	8797	12157	6055
阿根廷	Argentina	291	680			608	
巴西	Brazil	531	516		323	646	
委内瑞拉	Venezuela, RB	60	54		95	148	
捷克	Czechia		2194			867	240
法国	France		18983	11711		2997	2129
德国	Germany	1898	2688	1245	8051	8587	
意大利	Italy	6270	7323	3842	4463	5530	2145
荷兰	Netherlands	1000	1088	727	1390	1837	
波兰	Poland	8452	5834		5668	4276	
俄罗斯	Russian Federation	2117	2228	636	1837	3932	1236
西班牙	Spain	7458	9374	3641		1425	624
土耳其	Turkiye	1043	3300	1597	528	656	224
乌克兰	Ukraine	1169	2411	338		1774	1125
英国	United Kingdom	2521	3040	1110	5684	6465	2383
澳大利亚	Australia	493	579	183	350	710	283
新西兰	New Zealand	179	253	100	128	203	51

资料来源：世界银行数据库，更新时间2022年9月7日。
Source: World Bank Database, last updated date 2022/9/7.

附　录
Appendix

附录　主要统计指标解释

人口家庭

人口数　指一定时点、一定地区范围内有生命的个人总和。

年度统计的年末人口数指每年 12 月 31 日 24 时的人口数。年度统计的全国人口总数内未包括香港、澳门特别行政区和台湾省以及海外华侨人数。

城镇人口和乡村人口　城镇人口是指居住在城镇范围内的全部常住人口；乡村人口是除上述人口以外的全部人口。

出生率　指在一定时期内(通常为一年)一定地区的出生人数与同期内平均人数(或期中人数)之比，用千分率表示。本资料中的出生率指年出生率，其计算公式为：

$$出生率=\frac{年出生人数}{年平均人数}\times 1000‰$$

式中：出生人数指活产婴儿，即胎儿脱离母体时(不管怀孕月数)，有过呼吸或其他生命现象。年平均人数指年初、年底人口数的平均数，也可用年中人口数代替。

死亡率　指在一定时期内(通常为一年)一定地区的死亡人数与同期内平均人数(或期中人数)之比，用千分率表示。本资料中的死亡率指年死亡率，其计算公式为：

$$死亡率=\frac{年死亡人数}{年平均人数}\times 1000‰$$

人口自然增长率　指在一定时期内(通常为一年)人口自然增加数(出生人数减死亡人数)与该时期内平均人数(或期中人数)之比，用千分率表示。计算公式为：

$$人口自然增长率=\frac{本年出生人数-本年死亡人数}{年平均人数}\times 1000‰$$

$$=人口出生率-人口死亡率$$

总抚养比　也称总负担系数。指人口总体中非劳动年龄人口数与劳动年龄人口数之比。通常用百分比表示。说明每 100 名劳动年龄人口大致要负担多少名非劳动年龄人口。计算公式为：

$$GDR=\frac{P_{0\sim14}+P_{65^{+}}}{P_{15\sim64}}\times 100\%$$

其中：GDR 为总抚养比；

$P_{0\sim14}$为 0～14 岁少年儿童人口数；

P_{65}+为 65 岁及以上的老年人口数；

$P_{15\sim64}$为 15～64 岁劳动年龄人口数。

老年人口抚养比　也称老年人口抚养系数。指某一人口中老年人口数与劳动年龄人口数之比。通常用百分比表示。用以表明每 100 名劳动年龄人口要负担多少名老年人。计算公式为：

$$ODR=\frac{P_{65^{+}}}{P_{15\sim64}}\times 100\%$$

其中：ODR 为老年人口抚养比；

P_{65}+为 65 岁及以上的老年人口数；

$P_{15\sim64}$为 15～64 岁的劳动年龄人口数。

少年儿童抚养比 也称少年儿童抚养系数。指某一人口中少年儿童人口数与劳动年龄人口数之比。通常用百分比表示。以反映每 100 名劳动年龄人口要负担多少名少年儿童。计算公式为：

$$CDR=\frac{P_{0\sim14}}{P_{15\sim64}}\times100\%$$

其中：CDR 为少年儿童抚养比；

$P_{0\sim14}$为 0～14 岁少年儿童人口数；

$P_{15\sim64}$为 15～64 岁劳动年龄人口数。

结婚率 指某地区当年结婚对数占该地区年平均人口的比重。通常用千分比表示。计算公式为：

$$\text{结婚率}=\frac{\text{结婚对数}}{(\text{当年期初人口数}+\text{当年期末人口数})/2}\times1000‰$$

离婚率 指某地区当年离婚对数占该地区年平均人口的比重。通常用千分比表示。计算公式为：

$$\text{离婚率}=\frac{\text{离婚对数}}{(\text{当年期初人口数}+\text{当年期末人口数})/2}\times1000‰$$

卫生健康

医疗卫生机构 指从卫生健康行政部门取得《医疗机构执业许可证》，或从民政、工商行政、机构编制管理部门取得法人单位登记证书，为社会提供医疗保健、疾病控制、卫生监督服务或从事医学科研和医学在职培训等工作的单位。医疗卫生机构包括医院、基层医疗卫生机构、专业公共卫生机构、其他医疗卫生机构。

医院 包括综合医院、中医医院、中西医结合医院、民族医院、各类专科医院和护理院，不包括专科疾病防治院、妇幼保健院和疗养院。

基层医疗卫生机构 包括社区卫生服务中心（站）、街道卫生院、乡镇卫生院、村卫生室、门诊部、诊所(医务室)。

专业公共卫生机构 包括疾病预防控制中心、专科疾病防治机构、妇幼保健机构、健康教育机构、急救中心(站)、采供血机构、卫生监督机构、卫生健康部门主管的计划生育技术服务机构。

卫生人员 指在医院、基层医疗卫生机构、专业公共卫生机构及其他医疗卫生机构工作的职工，包括卫生技术人员、乡村医生和卫生员、其他技术人员、管理人员和工勤人员。一律按支付年底工资的在岗职工统计，包括各类聘任人员(含合同工)及返聘本单位半年以上人员，不包括临时工、离退休人员、退职人员、离开本单位仍保留劳动关系人员、本单位返聘和临聘不足半年人员。

卫生技术人员 包括执业医师、执业助理医师、注册护士、药师(士)、检验技师(士)、影像技师、卫生监督员和见习医(药、护、技)师(士)等卫生专业人员。不包括从事管理工作的卫生技术人员(如院长、副院长、党委书记等)。

执业医师 指《医师执业证》“级别”为“执业医师”且实际从事医疗、预防保健工作的人员，不包括实际从事管理工作的执业医师。执业医师类别分为临床、中医、口腔和公共卫生四类。

执业助理医师 指《医师执业证》“级别”为“执业助理医师”且实际从事医疗、预防保健工作的人员，不包括实际从事管理工作的执业助理医师。执业助理医师类别分为临床、中医、口腔和公共卫生四类。

每千人口执业(助理)医师 每千人口执业(助理)医师=(执业医师数+执业助理医师数)/人口数×1000。

每千人口卫生技术人员 每千人口卫生技术人员=卫生技术人员数/人口数×1000。

床位数 指年末医疗卫生机构实有床位，包括正规床、简易床、监护床、超过半年加床、正在消毒和修理床位、因扩建或大修而停用的床位，不包括产科新生儿床、接产室待产床、库存床、观察床、临时加床和病人家属陪待床。

每千人口医疗卫生机构床位　每千人口医疗卫生机构床位=医疗卫生机构床位数/人口数×1000。

甲乙类法定报告传染病发病率　是指某年每10万人口中甲乙类法定报告传染病发病数。即甲乙类法定报告传染病报告发病率=甲乙类法定报告传染病发病数/人口数×100000。

甲乙类法定报告传染病报告死亡率　是指某年每10万人口中甲乙类法定报告传染病死亡数。即甲乙类法定报告传染病死亡率=甲乙类法定报告传染病死亡数/人口数×100000。

孕产妇死亡率　指年内每10万名孕产妇的死亡人数。孕产妇死亡指从妊娠期至产后42天内，由于任何妊娠或妊娠处理有关的原因导致的死亡，但不包括意外原因死亡者。按国际通用计算方法，"孕产妇总数"以"活产数"代替计算。

活产数　指年内妊娠满28周及以上（如孕周不清楚，可参考出生体重达1000克及以上），娩出后有心跳、呼吸、脐带搏动、随意肌收缩四项生命体征之一的新生儿数。

5岁以下儿童死亡率　指年内未满5岁儿童死亡人数与活产数之比，一般以‰表示。

新生儿死亡率　指年内新生儿死亡数与活产数之比，一般以‰表示。新生儿死亡指出生至28天以内(即0–27天)死亡人数。

卫生总费用　指一个国家或地区在一定时期内，为开展卫生服务活动从全社会筹集的卫生资源的货币总额，按来源法核算。它反映一定经济条件下，政府、社会和居民个人对卫生保健的重视程度和费用负担水平，以及卫生筹资模式的主要特征和卫生筹资的公平性合理性。

政府卫生支出　指各级政府用于医疗卫生服务、医疗保障补助、卫生和医疗保障行政管理、人口与计划生育事务支出等各项事业的经费。

社会卫生支出　指政府支出外的社会各界对卫生事业的资金投入。包括社会医疗保障支出、商业健康保险费、社会办医支出、社会捐赠援助、行政事业性收费收入等。

个人卫生支出　指城乡居民在接受各类医疗卫生服务时的现金支付，包括享受各种医疗保险制度的居民就医时自付的费用。可分为城镇居民、农村居民个人卫生支出，反映城乡居民医疗卫生费用的负担程度。

人均卫生费用　即某年卫生总费用与同期平均人口数之比。

卫生总费用与GDP之比　指某年卫生总费用与同期国内生产总值（GDP）之比。是用来反映一定时期国家对卫生事业的资金投入力度，以及政府和全社会对卫生事业、居民健康的重视程度。

教育培训

普通高等学校　指通过国家普通高等教育招生考试，招收高中毕业生为主要培养对象，实施高等学历教育的全日制大学、独立设置的学院、独立学院和高等专科学校、高等职业学校及其他普通高教机构。

大学、独立设置的学院主要实施本科及本科层次以上的教育。独立学院主要实施本科层次的教育。高等专科学校、高等职业学校实施专科层次的教育。其他普通高教机构是指承担国家普通招生计划任务不计校数的机构，包括普通高等学校分校、大专班等。

独立学院　指由普通本科高校按新机制、新模式举办的本科层次的二级学院。一些普通本科高校按公办机制和模式建立的二级学院、"分校"或其他类似的二级办学机构不属此范畴。

成人高等学校　指通过国家成人高等教育招生考试，招收具有高中毕业或同等学力的人员为主要培养对象，利用函授、业余、脱产等多种形式，对其实施高等学历教育的学校。包括：职工高等学校、农民高等学校、管理干部学院、教育学院、独立函授学院、广播电视大学、其他成人高教机构。其他成人高教机构是指承担国家成人招生计划任务不计校数的机构。

民办的其他高等教育机构　指经省、自治区、直辖市教育行政部门审批并颁发办学许可证，不具有颁发普通本专科和成人本专科学历文凭资格的实施高等教育的单位。

中等职业教育 调整后的中等职业学校是指将普通中等专业学校（中等技术学校、中等师范学校）、成人中等专业学校、职业高中学校、其他机构等各种实施中等职业教育的办学类型，通过合并、共建、联办、划转等形式调整为统一的办学类型。

其他中职机构 指承担中等职业教育不计校数的教育机构（包括停办的学校和高等学校附设的中等职业教育机构）。

职业初中 指经县或县以上教育行政部门批准设立，招收小学毕业生实施初级中等职业技术教育的教学机构。

初等教育 指由县或县以上教育行政部门批准，招收学龄儿童实施初等教育的教学机构。

特殊教育 指独立设置的招收盲聋哑和智残儿童，以及其他特殊需要的儿童、青少年进行普通或职业初、中等教育的独立设置学校。

学前教育 包括幼儿园和学前班。学前班是指在部分不能满足学龄前幼儿三年入园的地区，组织学龄前儿童进行学前一年教育的一种组织形式。

完全中学 指普通初、高中合设的教育机构。

小学学龄儿童净入学率 指调查范围内已入小学学习的学龄儿童占校内外学龄儿童总数的比重。计算公式为：

$$\text{小学学龄儿童净入学率} = \frac{\text{已入学的小学学龄儿童数}}{\text{校内外小学学龄儿童总数}} \times 100\%$$

教职工（基础教育） 指编制在学校，并从事教学、管理和后勤保障工作的固定人员（不包括临时工和聘任教师）。

教职工按工作性质可分为教师、行政人员、教辅人员和工勤人员。

教职工（高等和中职教育） 指在学校（机构）工作并由学校（机构）支付工资的教职工人数，人员包括①在编人员，即根据原人事管理制度，人事关系和档案均在学校的人员；②聘任制人员，即人事制度改革后，高校（机构）招聘录用的长期、全时工作人员。聘任制人员的人事关系在学校但档案不在学校。

教职工数包括校本部教职工、科研机构人员、校办企业职工、其他附设机构人员。

专任教师 是指具有教师资格，专门从事教学工作的人员。

国家财政性教育经费 包括一般公共预算安排的教育经费，政府性基金预算安排的教育经费，企业办学中的企业拨款，校办产业和社会服务收入用于教育的经费，其他属于国家财政性教育经费。其中，企业办学中的企业拨款是指中央和地方所属企业在企业营业外资金列支或企业自有资金列支，并实际拨付所属学校的办学经费；校办产业和社会服务收入用于教育的经费是指学校举办的校办产业和各种经营取得的收益及投资收益中用于补充教育经费的部分。

一般公共预算教育经费 指学校（单位）从同级财政部门取得的一般公共预算拨款。包括教育事业费、基本建设经费、教育费附加和其他经费。

就业

经济活动人口 亦称劳动力。指年满 16 周岁，有劳动能力，参加或要求参加社会经济活动的人口。包括就业人员和失业人员。

就业人员 指年满 16 周岁，为取得报酬或经营利润，在调查周内从事了 1 小时（含 1 小时）以上劳动的人员；或由于在职学习、休假等原因在调查周内暂时未工作的人员；或由于停工、单位不景气等原因临时未工作的人员。

单位就业人员 指报告期末最后一日在本单位工作，并取得工资或其他形式劳动报酬的人员数。该指标为时点指标，不包括最后一日当天及以前已经与单位解除劳动合同关系的人员，是在岗职工、劳务派遣人员及其他就业人员之和。就业人员不包括：

(1)离开本单位仍保留劳动关系，并定期领取生活费的人员；

(2)在本单位实习的各类在校学生；

(3)本单位以劳务外包形式使用的人员，如：建筑业整建制使用的人员。

城镇私营就业人员　指在工商管理部门注册登记，其经营地址设在县城关镇(含县城关镇)以上的私营企业就业人员，包括私营企业投资者和雇工。

城镇个体就业人员　指在工商管理部门注册登记，并持有城镇户口或在城镇长期居住，经批准从事个体工商经营的就业人员，包括个体经营者和在个体工商户劳动的家庭帮工和雇工。

城镇登记失业人员　劳动年龄内（年满 16 周岁（含）至依法享受基本养老保险待遇），有劳动能力，有就业要求，处于无业状态，并在公共就业和人才服务机构进行失业登记的城镇常住人员。

城镇登记失业率　指报告期末，登记失业人员期末实有人数占期末从业人员总数与登记失业人员期末实有人数之和的比重。

研究与试验发展（R&D）　指为增加知识存量（也包括有关人类、文化和社会的知识），以及设计已有知识的新应用而进行的创造性、系统性工作，包括基础研究、应用研究、试验发展三种类型。国际上通常采用 R&D 活动的规模和强度指标反映一国的科技实力和核心竞争力。

R&D 人员全时当量　指报告期 R&D 人员按实际从事 R&D 活动时间计算的工作量，以“人年”为计量单位。为国际上比较科技人力投入而制定的可比指标。

收入消费

居民可支配收入　指居民可用于最终消费支出和储蓄的总和，即居民可用于自由支配的收入。既包括现金收入，也包括实物收入。按照收入的来源，可支配收入包含四项，分别为：工资性收入、经营性净收入、财产性净收入和转移性净收入。

居民消费支出　是指居民用于满足家庭日常生活消费需要的全部支出，既包括现金消费支出，也包括实物消费支出。消费支出可划分为食品烟酒、衣着、居住、生活用品及服务、交通通信、教育文化娱乐、医疗保健以及其他用品及服务八大类。

工资总额　指根据《关于工资总额组成的规定》(1990 年 1 月 1 日国家统计局发布的一号令)进行修订，本单位在报告期内(季度或年度)直接支付给本单位全部就业人员的劳动报酬总额。包括计时工资、计件工资、奖金、津贴和补贴、加班加点工资、特殊情况下支付的工资，是在岗职工工资总额、劳务派遣人员工资总额和其他就业人员工资总额之和。

工资总额是税前工资，包括单位从个人工资中直接为其代扣或代缴的房费、水费、电费、住房公积金和社会保险基金个人缴纳部分等。

工资总额不论是计入成本的还是不计入成本的，不论是以货币形式支付的还是以实物形式支付的，均应列入工资总额的计算范围。

平均工资　指单位就业人员在一定时期内平均每人所得的工资额。它表明一定时期工资收入的高低程度，是反映就业人员工资水平的主要指标。计算公式为：

$$\text{平均工资}=\frac{\text{报告期就业人员工资总额}}{\text{报告期就业人员平均人数}}$$

平均货币工资指数　指报告期就业人员平均工资与基期就业人员平均工资的比率，是反映不同时期就业人员货币工资水平变动情况的相对数。计算公式为：

$$\text{平均货币工资指数}=\frac{\text{报告期就业人员平均工资}}{\text{基期就业人员平均工资}}\times 100\%$$

平均实际工资指数　就业人员平均实际工资指扣除物价变动因素后的就业人员平均工资。就业人员平均实际工资指数是反映实际工资变动情况的相对数，表明就业人员实际工资水平提高或降低的程度。计算公式为：

$$平均实际工资指数=\frac{报告期就业人员平均工资指数}{报告期城镇居民消费价格指数}\times 100\%$$

社会保障

城镇职工基本养老保险

参保职工人数　指报告期末参加城镇职工基本养老保险并在社保经办机构已建立缴费记录档案的职工人数，包括中断缴费但未终止养老保险关系的职工人数，不包括只登记未建立缴费记录档案的人数。

离退休人员人数　指报告期末参加城镇职工基本养老保险的离休、退休和退职人员的人数。

基金收入　指根据国家有关规定，由纳入职工基本养老保险范围的缴费单位和个人按国家规定的缴费基数和缴费比例缴纳的养老保险费，以及通过其他方式取得的形成基金来源的收入。包括单位和职工个人缴纳的基本养老保险费、基本养老保险基金利息收入、委托投资收益、上级补助收入、下级上解收入、转移收入、财政补贴和其他收入。

基金支出　指按照国家政策规定的开支范围和开支标准从职工养老保险基金中支付给参加职工基本养老保险的个人养老待遇支出，以及由于保险关系转移、上下级之间补助、上解等原因而发生的支出。包括基本养老金、医疗补助金、丧葬补助金和抚恤金、病残津贴补助下级支出、上解上级支出、转移支出、其他支出等。

基金累计结余　指职工基本养老保险基金收支相抵后的期末累计余额。

城乡居民基本养老保险

参保人数　指报告期末，参加城乡居民养老保险（在经办机构参保登记并已建立缴费记录以及制度实施当年已经年满60周岁并在经办机构参保登记）的人数（不包括已经办理注销登记手续的人数）。

基金收入　指根据国家有关规定，由参加城乡居民基本养老保险的个人按规定缴费的城乡居民基本养老保险费，以及通过集体补助、财政补助等其他方式取得的形成基金来源的收入。包括个人缴费收入、集体补助收入、政府补贴收入、利息收入、委托投资受益转移收入、上级补助收入、下级上解收入和其他收入。

基金支出　指按照国家政策规定的开支范围和开支标准从城乡居民基本养老保险基金中支付给参加城乡居民基本养老保险的个人养老金待遇支出，以及由于参保人员跨统筹地区或跨制度流动而发生的支出等。包括养老金待遇支出、转移支出、补助下级支出、上解上级支出、其他支出。

基金累计结余　指城乡居民基本养老保险基金收支相抵后的期末累计余额。

基本医疗保险

基金收入（含生育保险）　基本医疗保险基金收入包括职工基本医疗保险基金收入（含生育保险）和城乡居民基本医疗保险基金收入。职工基本医疗保险基金收入（含生育保险）包括基本医疗保险费收入（含生育保险）、利息收入、财政补贴收入、其他收入、待转保险费收入、待转利息收入、转移收入。城乡居民基本医疗保险基金收入包括基本医疗保险费收入、利息收入、财政补贴收入、其他收入。

基金支出（含生育保险）　基本医疗保险基金支出包括职工基本医疗保险基金支出（含生育保险）和城乡居民基本医疗保险基金支出。职工基本医疗保险基金支出（含生育保险）包括基本医疗保险待遇支出、生育保险待遇支出、其他支出、转移支出。城乡居民基本医疗保险基金支出包括基本医疗保险待遇支出、购买大病保险支出、其他支出。

基金累计结余（含生育保险）　指截止报告期末基本医疗保险基金（含生育保险）累计结余金额。

失业保险

参保人数　指报告期末城镇企业、事业单位职工参加失业保险的人数及按地方规定参加失业保险的其他人员人数之和。

基金收入　指报告期内筹集的失业保险基金的总额，包括失业保险费收入、利息收入、财政补贴收入、其他收入、转移收入。

基金支出　指报告期内为保障失业人员基本生活、预防失业、促进再就业等支出的基金总额，包括失业保险金支出、基本医疗保险费支出、丧葬补助金和抚恤金支出、技能提升补贴支出、其他支出、转移支出。

基金累计结余　指截止报告期末失业保险基金收支相抵后的累计余额。

工伤保险

参保人数　指报告期末参加工伤保险的职工人数和有雇工的个体工商户的雇工数。

享受保险待遇人数　指报告期内因工伤或职业病而享受工伤保险待遇的人数。为享受伤残待遇人数以及享受因工死亡待遇人数之和。

基金收入　指根据国家有关规定，由参加工伤保险的单位按国家规定的缴费基数和缴费比例缴纳的工伤保险基金，以及通过其他形式取得的形成基金来源的款项。包括：工伤保险费收入、上级补助收入、下级上解收入、利息收入、其他收入。

基金支出　指按照国家政策规定的开支范围和开支标准从工伤保险基金中支付给参加工伤保险的人员及供养直系亲属工伤保险待遇支出及其他支出。包括工伤医疗待遇支出、伤残待遇支出、工亡待遇支出、劳动能力鉴定支出、补助下级支出、上解上级支出、工伤预防费用、其他支出。

基金累计结余　指截止报告期末工伤保险基金收支相抵后的累计结余金额。

生育保险

参保人数　指报告期末依据有关规定参加生育保险的人数。

提供住宿的民政机构　指能为老年人、残疾人、智障与精神病人、儿童等人员提供住宿的社会服务机构数。包括社会福利院、农村特困人员救助供养机构、其他各类养老机构、社会福利医院、儿童福利院、未成年人救助保护中心、流浪乞讨人员救助管理站、安置农场以及其他提供住宿的机构。

每千人口社会服务床位数　指养老床位数、智障和精神疾病服务床位数、儿童收养救助床位数及其他社会服务床位数的总和除以当年期末人口数乘以1000。计算公式为：

$$\text{每千人口社会服务床位数}=\frac{\text{社会服务床位数}}{\text{年末人口数}}\times 1000$$

其中，养老床位数包括养老机构床位（包括社会福利院、农村特困人员救助供养机构、光荣院、养老公寓等其他养老机构床位数）和社区养老服务床位（包括未登记的农村特困人员救助供养机构床位、社区养老照料机构和设施床位、社区互助型养老设施床位）；智障和精神疾病床位数即社会福利医院床位数；儿童服务床位数包括儿童福利院和未成年人流浪乞讨救助保护中心床位数；其他社会服务床位数包括生活无着人员救助管理站、安置农场、其他提供住宿机构的相关床位数。

孤儿数　指失去父母或查找不到生父母的未满18周岁的未成年人的人数。由地方县级以上民政部门依据有关规定和条件认定，并已经领取了孤儿补助费的孤儿。

被收着儿童　指通过收养登记被家庭收养儿童人数的总和。

被中国公民收养　指收养人是中国公民（包括港澳台居民及华侨）的儿童收养登记。

被外国人收养　指收养人是具有外国国籍（包括无国籍人）的人员。夫妻共同收养有一方是外国人的，按外国人办理收养登记。

城市居民最低生活保障人数　指在报告期末纳入当地城市最低生活保障范围，并已发放补助经费的人数。

农村居民最低生活保障人数　指报告期末在纳入当地农村最低生活保障范围，并已发放补助经费的人数。

残疾居民参加城乡社会养老保险人数　指在"符合参保条件的残疾居民人数"中实际缴费参加城乡居民社会养老保险并已建立缴费记录档案的残疾居民人数。包括城镇居民养老保险制度和新型农村社会养老保险制度实施时，已年满 60 周岁、未享受城镇职工基本养老保险待遇，直接按月领取城镇居民社会养老保险和新型农村社会养老保险制度基础养老金的残疾居民，不包括只登记未建立缴费记录档案的人数。

托养服务机构　指为有托养服务需求的智力、精神、无生活自理能力、长期需要专人照料或护理的残疾人提供基本生活照料和护理、生活自理能力训练、心理及行为辅导、康复训练及医疗保健、社会适应辅导、休闲生活辅导、劳动技能训练和职业康复等方面服务的场所。包括各级各类寄宿制集中托养机构和日间照料机构。

寄宿制托养服务机构合计　指截止本年度末，实际建立的可以对残疾人进行寄宿托养服务的托养服务机构总数。

日间照料托养服务机构合计　指截止本年度末，实际建立的可以对残疾人进行日间照料的托养服务的机构总数。

居家托养服务　指以社区（村）为依托，以社会服务组织、志愿服务人员、家庭邻里等为载体，采取派人包户、定期上门、临时陪护、发放服务券等多种形式，为居住在家。

享受居家托养服务残疾人　指居住在家并符合托养条件，获得政府和残联组织提供的多种形式的生活照料、康复护理、精神慰藉、安全保护的等上门服务的残疾人。

居住环境

供水管道长度　指从送水泵至用户水表之间所有管道的长度。不包括新安装尚未使用、水厂内以及用户建筑物内的管道。

全年供水总量　指报告期供水企业(单位)供出的全部水量。包括有效供水量和漏损水量。

生活用水　指城市范围内所有居民家庭的日常生活用水。包括城市居民、农民家庭、公共供水站用水。

用水普及率　指报告期末城区用水人口数与城市人口总数的比率。计算公式：

$$\text{用水普及率}=\frac{\text{城区用水人口(含暂住人口)}}{\text{城区人口+城区暂住人口}}\times 100\%$$

供气管道长度　指报告期末从气源厂压缩机的出口或门站出口至各类用户引入管之间的全部已经通气、投入使用的管道长度。不包括煤气生产厂、输配站、液化气储存站、灌瓶站、储配站、气化站、混气站、供应站等厂(站)内的管道。

燃气普及率　指报告期末城区使用燃气的城市人口数与城市人口总数的比率。其中燃气包括人工煤气、天然气、液化石油气三种。计算公式为：

$$\text{燃气普及率}=\frac{\text{城区用气人口(含暂住人口)}}{\text{城区人口+城区暂住人口}}\times 100\%$$

道路长度　指道路长度和与道路相通的桥梁、隧道的长度，按车行道中心线计算。

城市排水管道长度　指所有排水总管、干管、支管、检查井及连接井进出口等长度之和。

年末公共交通车辆运营数　指年末城市用于公共交通运营业务的全部车辆数。新购、新制和调入的运营车辆，自投入之日起开始计算；调出、报废和调作他用的运营车辆，自上级主管机关批准之日起不再计入。

城市绿地面积 指报告期末用作园林和绿化的各种绿地面积。包括公园绿地、生产绿地、防护绿地、附属绿地和其他绿地的面积。

公园绿地 城市中向公众开放的、以游憩为主要功能，有一定的游憩设施和服务设施，同时兼有健全生态、美化景观、防灾减灾等综合作用的绿化用地。包括综合公园、社区公园、专类公园、带状公园和街旁绿地。其中综合公园、专类公园和带状公园面积之和为公园面积。

清扫保洁面积 指报告期末对城市道路和公共场所（主要包括城市行车道、人行道、车行隧道、人行过街地下通道、道路附属绿地、地铁站、高架路、人行过街天桥、立交桥、广场、停车场及其他设施等）进行清扫保洁的面积。一天清扫保洁多次的，按清扫保洁面积最大的一次计算。

市容环卫专用车辆设备 指用于环境卫生作业、监察的专用车辆和设备，包括用于道路清扫、冲洗、洒水、除雪、垃圾粪便清运、市容监察以及与其配套使用的车辆和设备。

每万人拥有公共汽电车辆 指按城市人口计算的每万人平均拥有的公共汽电车辆标台数。计算公式：

$$\text{每万人拥有公共汽电车辆} = \frac{\text{公共汽电车辆标抬数}}{\text{城区人口}+\text{城区暂住人口}} \times 100\%$$

突发环境事件 指突然发生，造成或可能造成重大人员伤亡、重大财产损失和对全国或者某一地区的经济社会稳定、政治安定构成重大威胁和损害，有重大社会影响的涉及公共安全的环境事件。

文化休闲

使用“中国标准书号”部分合计 使用统一书号的主要有两类：1.各级技术标准文献；2.年画、年历画、台历、无书名页的单张美术印刷品或折页美术印刷品，不另加封面的出版物（如活页文选、活页歌篇、小件印品）等。

不使用“中国标准书号”部分合计 指图片、图标（GB）、部标（BB）等标准类文件印品、活页文选、活页歌篇、小件印品等。

少年儿童读物和课本出版种数 少年儿童读物指供初中及初中以下少年儿童阅读的书籍，课本指供大、中、小学生及业余教育使用的书籍。

国家综合档案馆 指由中央或地方各级档案行政管理部门直接管理的，按行政区划或历史时期设置的，收集和管理所辖范围内多种门类档案的档案馆。

公共广播节目套数 指经国家广电总局批准的、广播电视播出机构开办的不向听众收取收听费用，以为大众提供公共广播服务为主要目的，用固定频率播出，并编有整套自办节目时间表的广播节目套数。

广播节目制作时间 指广播电视节目制作机构全年自采、自编、自录的及合作制作、加工制作的各类广播节目的制作时间，包括直播广播节目。

公共广播节目播出时间 指广播电视播出机构自办节目频率内公共节目全年播出的时间（含节目重复播出时间）。

公共电视节目套数 指经国家广电总局批准的、广播电视播出机构开办的不向观众收取收看费用，以为大众提供公共电视服务为主要目的，用固定频率播出的自办电视节目套数。

电视节目制作时间 指广播电视节目制作机构全年自采、自编、自录的及合作制作、加工制作的各类电视节目的制作时间，包括直播电视节目。

公共电视节目播出时间 指广播电视播出机构自办节目频道内全年播出公共电视节目的时间（含重复播出时间）。

中、短波转播发射台 指经省以上广电行政部门批准的有固定人员编制，固定频率和播出时间的中、短波发射台和转播台。

调频转播发射台 指经省以上广电行政部门批准的有固定人员编制，固定频率和播出时间的调频发射台和转播台。

电视转播发射台 指经省以上广电部门批准的有固定人员编制，固定频率和播出时间的电视发射台和转播台。

有线广播电视实际用户数 指通过广播电视有线传输网收看电视节目的家庭用户数，包括接收模拟信号和接收数字信号的有线电视用户数。

数字电视用户数 指通过广播电视有线传输网收看数字信号电视节目的家庭用户数。

广播节目综合人口覆盖率 指根据国家广电总局制定的《广播电视人口覆盖率统计技术标准和方法》进行统计调查的，在对象区内能接收到由中央、省、地市或县通过无线、有线或卫星等各种技术方式转播的各级广播节目的人口数占全部总人口数的百分比。

电视节目综合人口覆盖率 根据国家广电总局制定的《广播电视人口覆盖率统计技术标准和方法》进行统计调查的，在对象区内能接收到由中央、省、地市、或县通过无线、有线或卫星等各种技术方式转播的中央电视节目的人口数占全部总人口数的百分比。

有线广播电视用户数占家庭总户数比重 计算公式为：（有线广播电视用户数/全国总户数）×100%

艺术表演团体 指由文化部门主办或实行行业管理（经文化市场行政部门审批或已申报登记并领取相关许可证），专门从事表演艺术等活动的各类专业艺术表演团体，含民间职业剧团。不包括群众业余文艺表演团体。

艺术表演场馆 指由文化部门主办或实行行业管理（经文化市场行政部门审批或已申报登记并领取相关许可证），有观众席、舞台、灯光设备，公开售票、专供文艺团体演出的文化活动场所。

博物馆 指为了研究、教育、欣赏的目的，收藏、保护、展示人类活动和自然环境的见证物，向公众开放，非营利性、永久性社会服务机构，包括以博物馆（院）、纪念馆（舍）、美术（艺术）馆、科技馆、陈列馆等专有名称开展活动的单位。

总藏量 指图书馆已编目的古籍、图书、期刊和报纸的合订本、小册子、手稿，以及缩微制品、录像带、录音带、光盘等视听文献资料数量之和。

文物藏品 指文博机构根据收藏品的文化属性、自然属性等情况，所划分的文物藏品、标本藏品、模型藏品（含具有收藏、展示价值的雕塑、绘画等艺术作品）和复制品藏品的总和。本指标所统计的藏品是指报告期末，该机构已经整理并登记入账的藏品数。

出境人数 亦称出境游客。指中国（大陆）居民因公或因私出境前往其他国家、中国香港特别行政区、澳门特别行政区和台湾省观光、度假、探亲访友、就医疗养、购物、参加会议或从事经济、文化、体育、宗教活动的人数（即出境游客）。统计时，出境游客按每出境一次统计 1 人次。

国内游客 指报告期内在中国（大陆）观光游览、度假、探亲访友、就医疗养、购物、参加会议或从事经济、文化、体育、宗教活动的中国（大陆）居民人数，其出游的目的不是通过所从事的活动谋取报酬。统计时，国内游客按每出游一次统计 1 人次。

国际旅游收入 指入境游客在中国（大陆）境内旅行、游览过程中用于交通、参观游览、住宿、餐饮、购物、娱乐等全部花费。

国内旅游收入 亦称旅游总花费。指国内游客在国内旅行、游览过程中用于交通、参观游览、住宿、餐饮、购物、娱乐等全部花费。

资源环境

年平均气温 气温指空气的温度，我国一般以摄氏度为单位表示。气象观测的温度表是放在离地面约 1.5 米处通风良好的百叶箱里测量的，因此，通常说的气温指的是离地面 1.5 米处百叶箱中的温度。计算方法：月平均气温是将全月各日的平均气温相加，除以该月的天数而得。年平均气温是将 12 个月的月平均气温累加后除以 12 而得。

年平均相对湿度　指空气中实际水气压与当时气温下的饱和水气压之比。其统计方法与气温相同。

全年降水量　指从天空降落到地面的液态或固态(经融化后)水，未经蒸发、渗透、流失而在地面上积聚的深度。计算方法：月降水量是将全月各日的降水量累加而得。年降水量是将 12 个月的月降水量累加而得。

全年日照时数　指太阳实际照射地面的时数，通常以小时为单位表示。其统计方法与降水量相同。

水资源总量　指当地降水形成的地表和地下产水总量，即地表径流量与降水入渗补给量之和。

地表水资源量　指河流、湖泊以及冰川等地表水体中可以逐年更新的动态水量，即天然河川径流量。

地下水资源量　指地下饱和含水层逐年更新的动态水量，即降水和地表水入渗对地下水的补给量。

地表水与地下水重复计算量　指地表水和地下水相互转化的部分，即天然河川径流量中的地下水排泄量和地下水补给量中来源于地表水的入渗补给量。

供水总量　指各种水源为用水户提供的包括输水损失在内的毛水量。

地表水源供水量　指地表水体工程的取水量，按蓄、引、提、调四种形式统计。从水库、塘坝中引水或提水，均属蓄水工程供水量；从河道或湖泊中自流引水的，无论有闸或无闸，均属引水工程供水量；利用扬水站从河道或湖泊中直接取水的，属提水工程供水量；跨流域调水指水资源一级区或独立流域之间的跨流域调配水量，不包括在蓄、引、提水量中。

地下水源供水量　指水井工程的开采量，按浅层淡水、深层承压水和微咸水分别统计。城市地下水源供水量包括自来水厂的开采量和工矿企业自备井的开采量。

用水总量　指各类用水户取用的包括输水损失在内的毛水量。

农业用水　包括农田灌溉用水、林果地灌溉用水、草地灌溉用水、鱼塘补水和畜禽用水。

工业用水　指工矿企业在生产过程中用于制造、加工、冷却、空调、净化、洗涤等方面的用水，按新水取用量计，不包括企业内部的重复利用水量。

生活用水　包括城镇生活用水和农村生活用水。城镇生活用水由居民用水和公共用水（含第三产业及建筑业等用水）组成；农村生活用水指居民生活用水。

生态用水　仅包括人为措施供给的城镇环境用水和部分河湖、湿地补水，而不包括降水、径流自然满足的水量。

城市污水日处理能力　指污水处理厂(或污水处理装置)每昼夜处理污水量的设计能力。

生活垃圾清运量　指报告期收集和运送到各生活垃圾处理厂(场)和生活垃圾最终消纳点的生活垃圾数量。生活垃圾指城市日常生活或为城市日常生活提供服务的活动中产生的固体废物以及法律行政规定的视为城市生活垃圾的固体废物。包括：居民生活垃圾、商业垃圾、集市贸易市场垃圾、街道清扫垃圾、公共场所垃圾和机关、学校、厂矿等单位的生活垃圾。

生活垃圾无害化处理率　指报告期生活垃圾无害化处理量与生活垃圾产生量的比率。在统计上，由于生活垃圾产生量不易取得，可用清运量代替。计算公式为：

$$\text{生活垃圾无害化处理率}=\frac{\text{生活垃圾无害化处理量}}{\text{生活垃圾产生量}}\times 100\%$$

森林面积　包括郁闭度 0.2 以上的乔木林地面积和竹林面积，国家特别规定的灌木林地面积，农田林网以及村旁、路旁、水旁、宅旁林木的覆盖面积。

人工林面积　指由人工播种、植苗或扦插造林形成的生长稳定，(一般造林 3–5 年后或飞机播种 5–7 年后)每公顷保存株数大于或等于造林设计植树株数 80%或郁闭度 0.20 以上(含 0.20)的林分面积。

森林覆盖率　以行政区域为单位的森林面积占区域土地总面积的百分比。计算公式为：

$$\text{森林覆盖率}=\frac{\text{森林面积}}{\text{土地总面积}}\times 100\%$$

活立木总蓄积量　指一定范围土地上全部树木蓄积的总量，包括森林蓄积、疏林蓄积、散生木蓄积和四旁树蓄积。

森林蓄积量 指一定森林面积上存在着的林木树干部分的总材积。

湿地 指天然或人工、长久或暂时性的沼泽地、泥炭地或水域地带，包括静止或流动、淡水、半咸水、咸水体，低潮时水深不超过 6 米的水域以及海岸地带地区的珊瑚滩和海草床、滩涂、红树林、河口、河流、淡水沼泽、沼泽森林、湖泊、盐沼及盐湖。

自然保护区 指为了保护自然环境和自然资源，促进国民经济的持续发展，将一定面积的陆地和水体划分出来，并经各级人民政府批准而进行特殊保护和管理的区域个数。根据保护对象，自然保护区分为自然生态系统类、野生生物类、自然遗迹类。风景名胜区、文物保护区不计在内。

山体滑坡 指斜坡上不稳定的岩土体在重力作用下沿一定软弱面(或滑动带)整体向下滑动的物理地质现象。

泥石流 指山地突然爆发的饱含大量泥沙、石块的特殊洪流。

森林火灾次数 指发生在城市市区外的一切森林、林木和林地的火灾次数。按照受害森林面积和伤亡人数，森林火灾分为一般森林火灾、较大森林火灾、重大森林火灾和特别重大森林火灾：1.一般森林火灾：受害森林面积在 1 公顷以下或者其他林地起火的，或者死亡 1 人以上 3 人以下的，或者重伤 1 人以上 10 人以下的；2.较大森林火灾：受害森林面积在 1 公顷以上 100 公顷以下的，或者死亡 3 人以上 10 人以下的，或者重伤 10 人以上 50 人以下的；3.重大森林火灾：受害森林面积在 100 公顷以上 1000 公顷以下的，或者死亡 10 人以上 30 人以下的，或者重伤 50 人以上 100 人以下的；4.特别重大森林火灾：受害森林面积在 1000 公顷以上的，或者死亡 30 人以上的，或者重伤 100 人以上的。本条所称“以上”包括本数，“以下”不包括本数。

地震灾害次数 指发生形成灾害(包括人员伤亡或经济损失)的所有震级的地震次数。

公共安全

人民检察院直接立案侦查案件 指按照管辖的规定，由人民检察院直接立案侦查的贪污贿赂犯罪、渎职侵权犯罪、国家机关工作人员利用职权实施的侵犯公民人身权利和民主权利的犯罪以及经省级人民检察院决定立案侦查的国家机关工作人员利用职权实施的其他重大犯罪案件。

受案 指本年新受理的案件。

立案 指人民检察院对受理的案件进行初步调查后，认为存在职务犯罪事实，应追究刑事责任，并决定作为刑事案件进行侦查的诉讼活动，是追究犯罪的开始。该指标主要反映人民检察院依法将职务犯罪线索作为刑事案件进行侦查的诉讼活动。

结案 指侦查程序的结束。

要案 指县、处级以上的干部犯罪案件。该指标主要反映职务犯罪案件中县、处级以上干部被人民检察院依法立案侦查的情况。

批准逮捕 指人民检察院对公安机关、国家安全机关、监狱管理机关提出逮捕的犯罪嫌疑人进行审查，根据事实，依法做出逮捕决定。该指标主要反映人民检察院对提请逮捕犯罪嫌疑人进行审查后依法做出批准逮捕决定的情况。

决定逮捕 指人民检察院对直接立案侦查的案件，认为需要逮捕犯罪嫌疑人时，依据法律作出的逮捕决定。该指标主要反映人民检察院对直接受理的案件行使决定逮捕权的情况。

刑事案件 指按照管辖的规定由公安机关、国家安全机关、监狱管理机关侦查的案件。

一审 指公诉案件的第一审程序。

再审 指人民法院按照审判监督程序重新审判的案件。

提出抗诉 指人民检察院对人民法院的判决、裁定认为确有错误，向人民法院提出对案件重新进行审理的诉讼活动。包括按照第二审程序提出的抗诉和按照审判监督程序（再审程序）提出的抗诉。

立案　指决定立案审查的案件。

立案监督　指人民检察院对侦查机关刑事立案活动的监督。包括对应当立案而不立案的监督和不应立案而立案的监督。

监督立案　包括侦查机关接到要求说明不立案理由后主动立案和执行通知立案两个内容。

监督撤案　指人民检察院对侦查机关不应当立案而立案的监督。

监管活动　指人民检察院对监狱等监管改造场所的管理活动进行的监督。

受理　指人民检察院接受申诉的情况。包括来信和来访。

立案复查　指人民检察院接受申诉后，经审查决定立案进行复查。

结案　指立案复查有结果的案件。

首次举报　指单位或个人以来信、来访形式检举国家工作人员涉嫌贪污、贿赂犯罪，国家机关工作人员涉嫌渎职、侵权犯罪。不包括重复举报数。

首次控告　指单位或个人以来信、来访形式检举国家工作人员违法或涉嫌刑事犯罪。不包括重复控告数。

首次申诉　不服人民检察院处理决定的或不服人民法院判决或裁定的以来信、来访形式的申诉。不包括重复申诉。

处理　指人民检察院对受理的举报、控告、申诉案件，经审查，分不同情况，或由控告申诉部门直接办理、或转本院有关业务部门、或转其他人民检察院。

行政案件　指公民、法人和其他组织认为行政机关和行政机关工作人员的行政行为侵犯其合法权益，向人民法院提起行政诉讼，人民法院依法审理的案件。

行政赔偿案件　指公民、法人或者其他组织认为其合法权益受到行政机关及其工作人员违法行使职权的侵害，向人民法院单独或与行政诉讼一并提起赔偿诉讼，人民法院依法审理的案件。

公证（出证）　指公证处根据当事人申请，依照事实和法律，按照法定程序制作的，具有法律效力的司法证明文书。

调解人员　指在人民调解委员会担负调解民间纠纷工作的人员，包括调解委员会的委员和调解小组的调解员。

调解民间纠纷　指调解委员会按照法律规定，根据自愿原则，用说服教育的方法调解民间发生的有关民事权利和义务争执的件数，包括调解成功数和调解未成功数。

受理劳动人事争议案件数　指劳动人事争议仲裁委员会根据国家法律、法规及有关规章、政策规定，对劳动人事争议当事人提出的仲裁申请进行审查后，符合受理条件而正式立案的劳动人事争议案件数。

社会参与

社区服务机构和设施　是面向全体城乡居民提供社区服务的机构和设施。原则上，城乡社区服务机构应能提供以公共服务为主体的综合性服务，城乡社区服务设施面积应能满足社区组织办公和社区综合服务所需，并配置多功能社区居民活动场所。在此基础上可根据社区居民的实际需求，重点强化若干类服务功能。社区服务机构和设施包括（1）社区服务指导中心；（2）社区服务中心；（3）社区服务站；（4）未登记注册的农村特困供养机构；（5）社区养老照料机构和设施；（6）社区互助型养老设施；（7）其他社区服务机构和设施。

社区服务中心(站)覆盖率　计算公式为：

社区服务中心(站)覆盖率=(社区服务中心数+社区服务站数)/(村委会数+居委会数)*100%

社会工作师　指通过全国社会工作师职业水平考试并取得社会工作师职业水平证书的人员。

助理社会工作师　指通过全国社会工作师职业水平考试并取得助理社会工作师职业水平证书的人员。

社区居委会数　指报告期末城市和建制镇在城镇居民集中居住的地区设立的居民委员会实有个数（含家

委会）。

村民委员会数 指报告期末乡镇在农业人口的居住地区设立的群众性自治组织（即村民委员会）实有个数。

当年完成选举的村（居）委会数 指本年度内进行了村（居）委会选举，而且当选成员人数足够组成新一届村（居）委会开展工作的村（居）委会。

当年完成选举的村（居）选民登记数 指对本年度内完成村（居）委会选举的村统计这一数字。一个村的选民登记总数少于本村村民数，大于等于本届登记选民数。

本届登记选民数 指在本年度内完成村（居）委会选举的村（社区）中，按照村（居）民选举委员会发布的公告，于有效日前在村（居）民选举委员会依法登记，有资格参加投票的本村（社区）选民。

参加投票人数 指在本年度内完成村（居）委会选举的村中，以亲自投票、委托投票等形式参加了选举的选民人数。每个村（社区）的参选人数，从数值上，应当等于从票箱里收回的全部选票数。

社会团体 指中国公民自愿组成，为实现会员共同意愿，按照其章程开展活动的非营利性社会组织。是在中华人民共和国境内组织的各种协会、学会、联合会、研究会、基金会、联谊全、促进会、商会等合法机构的总称。各种社团，均不得从事以盈利为目的的经营性活动，并具备以下四项法人条件：①依法成立；②必要的财产或者经费；③有自己的名称、组织机构和场所；④能够独立承担民事责任。否则，不能统计为社团机构数。报告期末合法社团总数，即为年末实有社团机构数。

民办非企业单位 即社会服务机构，是指企业事业单位、社会团体和其他社会力量以及公民个人利用非国有资产举办的，从事非营利性社会服务活动的社会组织。目前，民办非企业单位主要分布在教育、卫生、文化、科技、体育、劳动、民政、社会中介、服务业等行(事)业中。

基金会 指利用自然人、法人或者其他组织捐赠的财产，以从事公益事业为目的，按照《基金会管理条例》规定成立的非营利性法人。基金会分为具有公开募捐资格的基金会和不具有公开募捐资格的基金会。

国际资料

人类发展指数 是由联合国开发计划署(UNDP)在《1990 年人文发展报告》中提出的，用以衡量联合国各成员国经济社会发展水平的指标，以“预期寿命、教育获得和生活质量”人类发展三项基础变量，按照一定的计算方法，得出的综合指标。首先设置最小值和最小值充当“自然零”和“理想目标”，以便将不同单位标准化表示的指标转换为 0 到 1 之间的指数，计算方式如下：

1.预期寿命指数(LEI)=(LE-20)/(85-20)

2.教育指数(EI)=(MYSI+EYSI)/2

2.1 平均学校教育年数指数(MYSI)=(MYS-0)/(15-0)

2.2 预期学校教育年数指数(EYSI)=(EYS-0)/(18-0)

3.收入指数(II)=(ln(GNIpc)-ln(100))/(ln(75 000)-ln(100))

而 HDI 值为三个基本指数的几何平均数。

其中，LE：预期寿命（年，最小值为 20，最大值为 85）

MYS：平均受教育年限（年，最小值为 0，最大值为 15）

EYS：预期受教育年限（年，最小值为 0，最大值为 18）

GNIpc：人均国民收入(2011 不变美元价，最小值为 100，最大值为 75 000)

卫生设施 经改善的卫生设施具有最基本的处理排泄物设施，这些设施能够有效防止人畜及蚊蝇与排泄物接触。经改善的卫生设施包括简单但有防护的厕坑和连通污水管道的直冲式厕所。为了保证有效，卫生设施的修建方式必须正确并得到适当维护。

清洁饮用水源　指改善的能够饮用的水源包括诸如接入家庭的输水管线、公共水管、蓄水池、受到保护的井、泉以及雨水收集。未经改善的水源包括售水机、水罐车、未加保护的井和泉。合理地获得水源意味着每人每天从距离居所 1 公里范围内的水源可获取至少 20 升水。

经常性卫生费用　为筹资机构法的核算结果（分为广义政府卫生支出、私人部门卫生支出和其他卫生支出），包括卫生保健商品和服务的消费性支出，不包括资本性卫生费用（如建筑、机器、信息技术和应急疫苗库存等）。其他卫生支出主要是指外援支出，一般来自国际组织。

广义政府卫生支出　反映所有中央和地方政府机构以及各级政府的社会保障基金作为筹资主体所发挥的作用，包括狭义政府卫生支出和社会医疗保障支出。

私人部门卫生支出　是指非公共性质的筹资主体所发生的卫生支出，包括私人社会保险、商业健康保险、居民现金卫生支出、为家庭提供服务的非营利机构支出及企业卫生支出。